縄張図・断面図・鳥瞰図で見る

信濃の山城と館 1

佐久編

宮坂武男◎著

戎光祥出版

はじめに

山城と呼ばれる中世の城館跡が、四、五百年の長い歳月を風雪に耐え、落ち葉に埋もれ、また、時には耕作されたりしながらも、ひっそりと山の中に残っている。その姿を見ると、よくぞ今まで命を繋いで生き延びてくれたものぞと、いとおしく思えてくる。それと同時に、いろいろと事情があったにせよ、無残に破壊された姿は何とも悲しく哀れで、どうしてもっと大事にしてもらえなかったのかと、残念に思えて仕方がない。

歴史的な遺物は、長い年月の間に風化し、忘れ去られ、消滅して行く運命にはあるが、人のかかわり方によってその命は随分と違ってくる。今、山野に散在する山城は残すも壊すも、すべて人の手に委ねられていることが多く、私たちが、その価値をどう見るかということに、大きくかかわってくる。

調査に出て思うことであるが、山下の村で聞き取りをしていると、その山が目の前にありながら山城や砦の存在を知らない場合がある。村の歴史や伝承を聞いていて答えられる人が、非常に少なくなっていることに気づく。

「あの家には、年寄りがいるから知っているかもしれない」

「私は嫁に来たもので、昔のことは知らない」

「家には、年寄りがいないのでわからない」

と、そんな答えが返ってくる。もし、年寄りがいなくなったら、どうなるのであろう。山の名も沢の名も、地名も山道も、薮の中に埋もれたり、朽ちかけている石祠や社も、このまま忘れ去られてしまうのではないかと、心配になる。

山城の調査は、一度や二度では、とうてい完全を期すことは不可能である。何回も訪れ、地名や伝承も頼りに確かめ、場合によっては発掘調査を経て、より確かな縄張図ができるのだが、私の体力も世の中の事情もそれを許してくれない。そのため、不安は残るが、私なりに見取った遺構の様子をひとまずまとめてみる事にした。

今までも、調査でお世話になった方々にコピーをお送りして喜んでいただいてきたので、費用のことも考え手作りの「資料集」という形でまとめ、調査の合間を見て、順次、地域別にごく少冊数を出版してきた。

幸い長野日報社のご厚意で、第四集以後は出版していただけることになったので、調査のほうへ時間と費用をかけられるようになり、大変ありがたかった。

またこのたびは、戎光祥出版より今までの調査資料集を補遺編や拾遺編もまとめて「図解山城探訪」資料集の集大成として出版されることになり、より多くの人々が利用しやすくなった。ありがたく思っている。

ここに改めて、今まで貴重な資料を惜しげもなく提供してくださり、ご指導いただいた先学の方々はじめ、ご協力いただいた多くの地元の皆さんに心より感謝を申し上げたい。また、多大な犠牲を強いてきた家族にも礼を言いたい。

私のささやかな「調査資料集」が、少しでも多くの方々に見ていただいて、ご批正をいただくことができ、いささかでも文化財の保護に役立つことができれば光栄である。

平成24年10月

宮坂武男

【本文目次】

［第一部］南佐久郡

［第二部］佐久市

［第三部］北佐久郡

［第四部］小諸市

【カラー鳥瞰図 目次】

【コラム：山城の歩き方 目次】

＜凡　例＞

編集部

一、宮坂武男著『縄張図・断面図・鳥瞰図で見る信濃の山城と館』全8巻は、宮坂武男著『図解山城探訪』全二十一集（私家版・平成12年〜24年　長野日報社製作）のうち、「信濃」編を再刊するものである。

一、本書には、宮坂武男著『図解山城探訪』全二十一集のうち、以下の巻を収録した。

○第八集「佐久北部資料編」（80ヶ城収録・平成12年2月10日発行）

○第九集「佐久南部資料編」（88ヶ城収録・平成12年6月10日発行）

○第十四集「補遺資料編 東北信版」（平成16年7月1日発行）の東信地区63ヶ城

以上に拾遺編の8ヶ城を加え、『縄張図・断面図・鳥瞰図で見る信濃の山城と館』第1巻「佐久編」と改題して刊行するものである。本巻には、旧佐久地域内すべての城館を収録した。

一、各城跡の所在地は、近年の長野県内における市町村合併により、調査当時の行政区域とは異なる。本書の本文に掲げた城館所在地は、調査当時の旧市町村から新市町村へ変更した。なお、旧佐久地域の行政単位の変更は、以下の通りである。

○八千穂村・佐久町→佐久穂町となる

○臼田町・浅科村・望月町→佐久市に編入

また、旧北佐久郡北御牧村は東御市に編入合併のため、村内所在の6ヶ城は『縄張図・断面図・鳥瞰図で見る信濃の山城と館』第3巻「上田・小県編」の東御市の部に収録した。

一、本書のカラー鳥瞰図・城館所在地図・本文は、著者との約定によって自筆原本を一部修正・再構成して使用している。各所に著者の書き込み等も残るが、原本の情報を生かすため、それらには一部を除き編集上の削除・変更等を加えなかった。

一、城館の所在地図は、国土地理院発行の1/25,000地形図を原図として用いた。

一、表記・用語については以下の通り。

1）本文鳥瞰図中、並びに所在地のうしろに付された「4C」の表記は、口絵にカラー鳥瞰図が掲載されている城館を示す。

2）城館所在地図頁の（　）付き数字は、地区外の城館を示す。それらは、別の部または別の巻を参照のこと。また、地図上で波線で囲われた部分は城館の推定範囲を示す。

3）城館名の読み方（ふりがな）について、文献や聞き取り調査でも判明しないものが若干数ある。その場合には、読み方を付さないこととした。

4）➡は、当該城館が掲載される城館所在地図の頁数を示す。

3. 海の口城跡

4. 海尻城推定図

9. 松原城跡

11. 本間城跡

19. 見張城跡

20. 火燈城跡

23. 相木城跡

24. 蟻城跡

28. 権現山砦跡

29. 佐口城跡

30. 下畑城跡　31. 下畑下の城跡

32. 花岡城跡

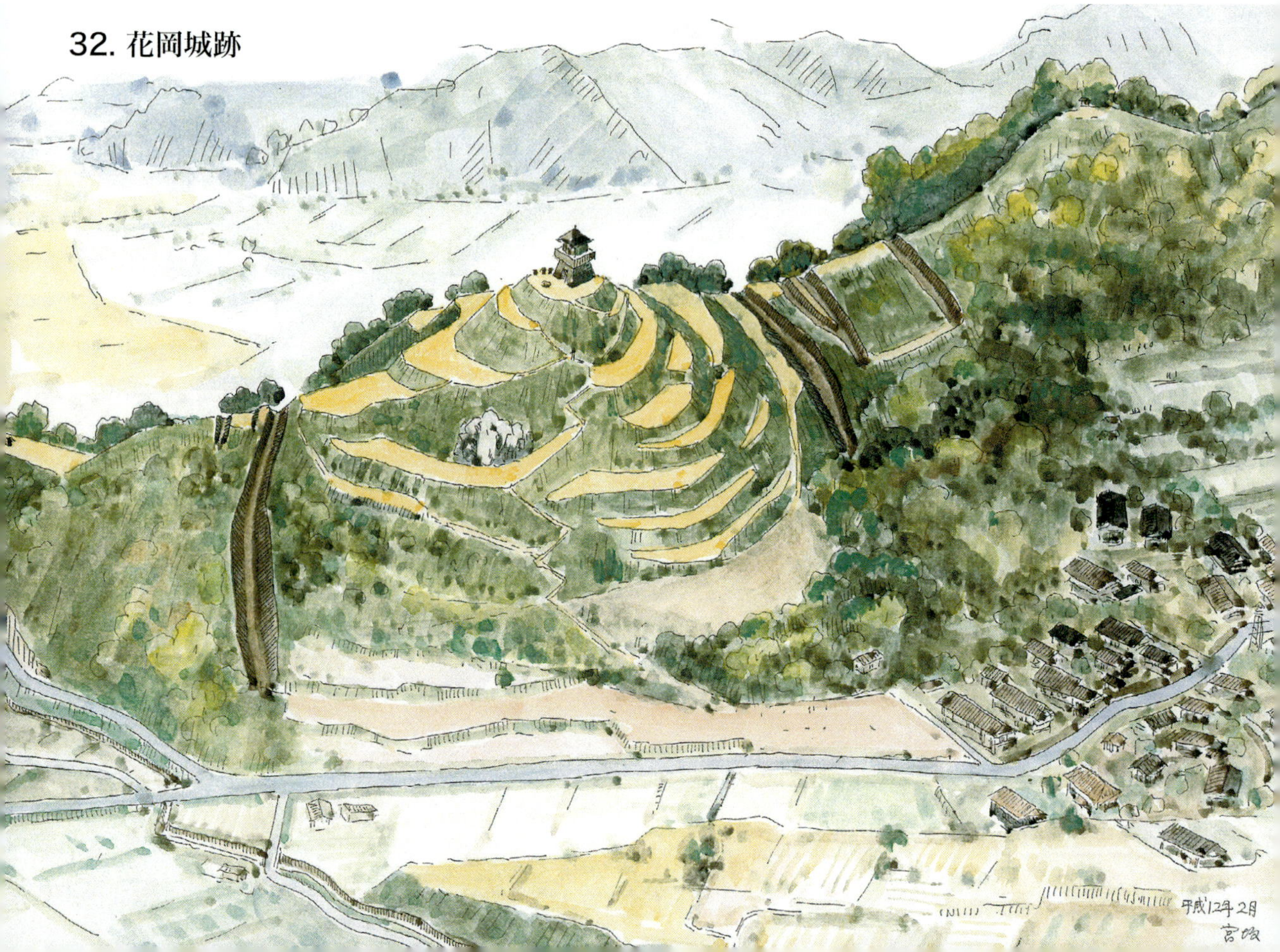

35. 大涯城跡

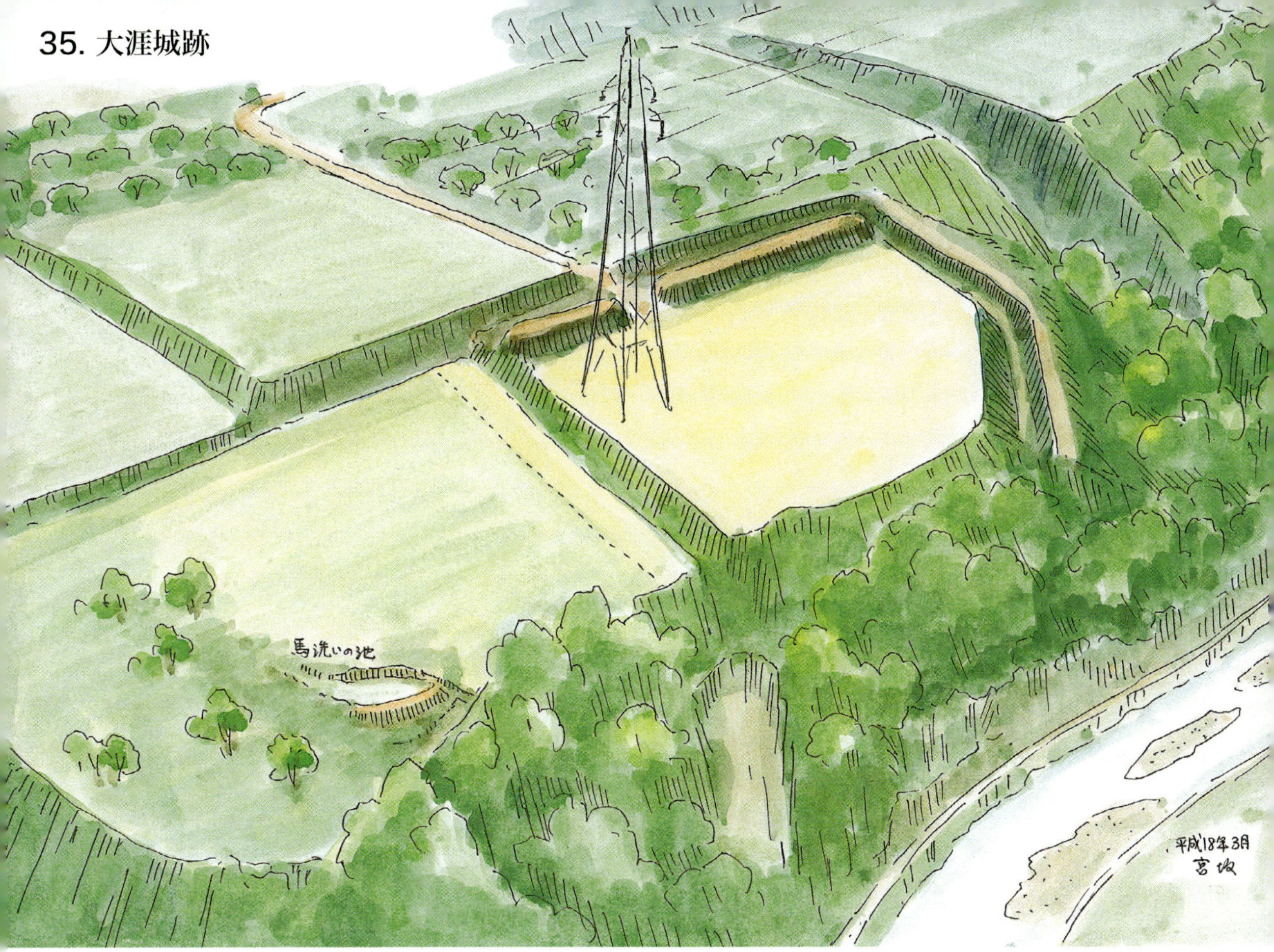

36. 勝見城跡

38. 松山砦跡

42. 福田城跡

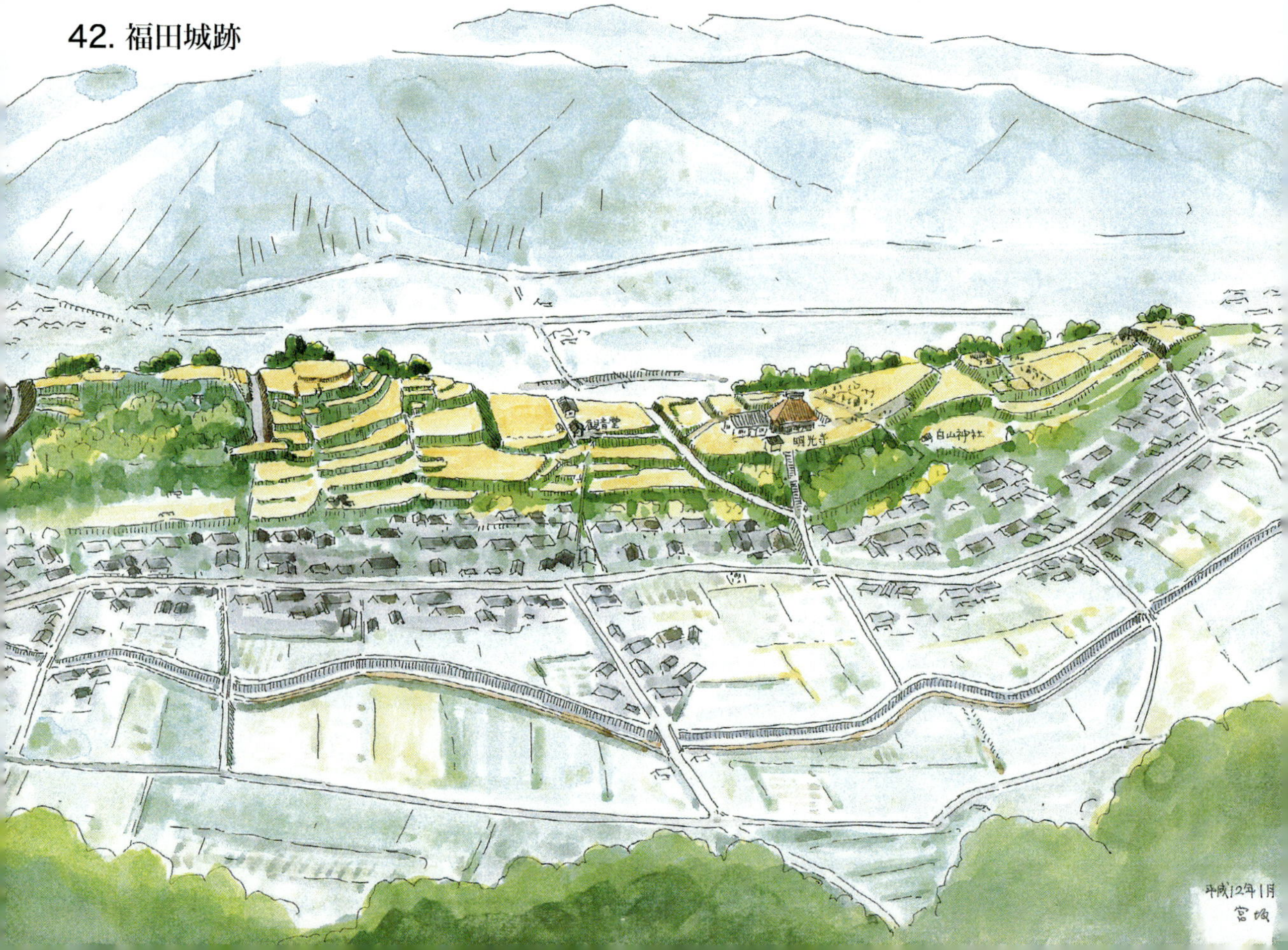

［第一部］

南佐久郡

南牧村

●

川上村

●

小海町

●

南相木村

●

北相木村

●

佐久穂町

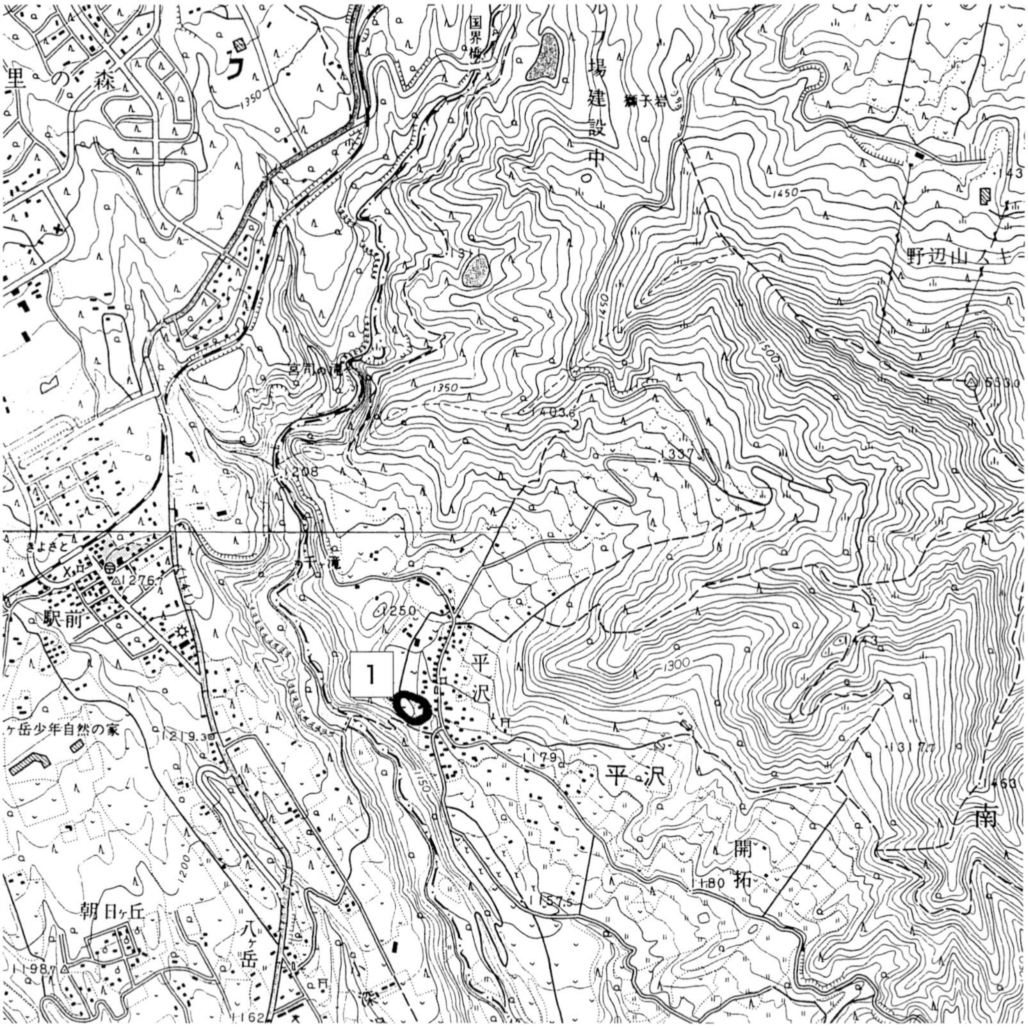

里の森
国界橋
獅子岩
野辺山スキ
宮司の滝
きよさと
駅前
平沢
1
平沢
開拓
ヶ岳少年自然の家
朝日ヶ丘
八ヶ岳

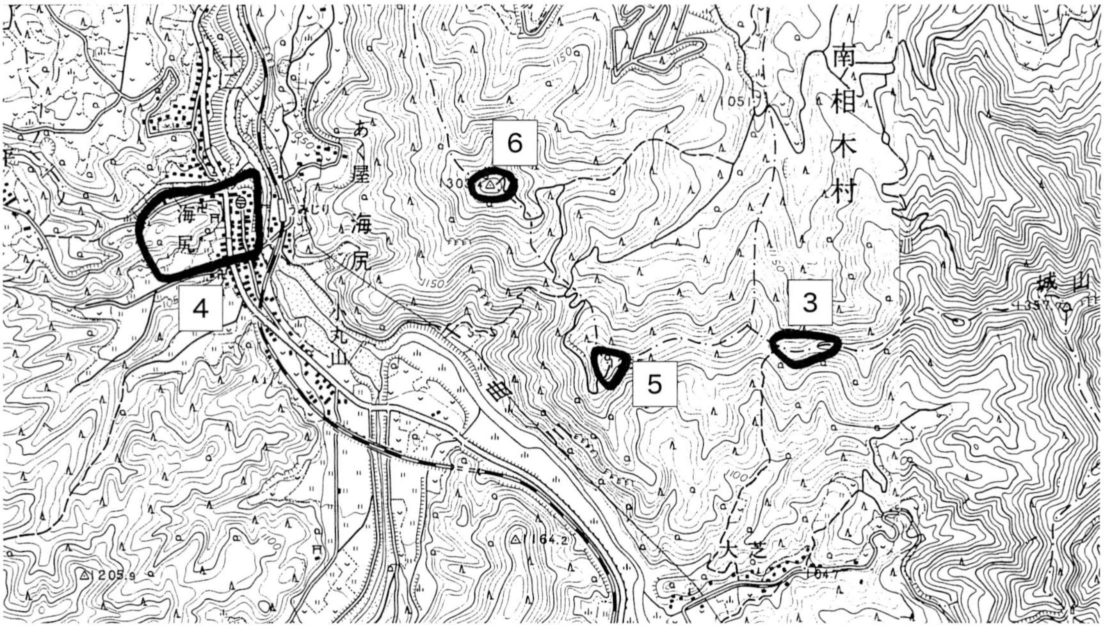

南相木村
6
海尻
うみじり
4
小丸山
5
3
城山
大芝

1、平沢城
2、広瀬城
3、海の口城
4、海尻城
5、遠見
6、大遠火
8、川上氏居館

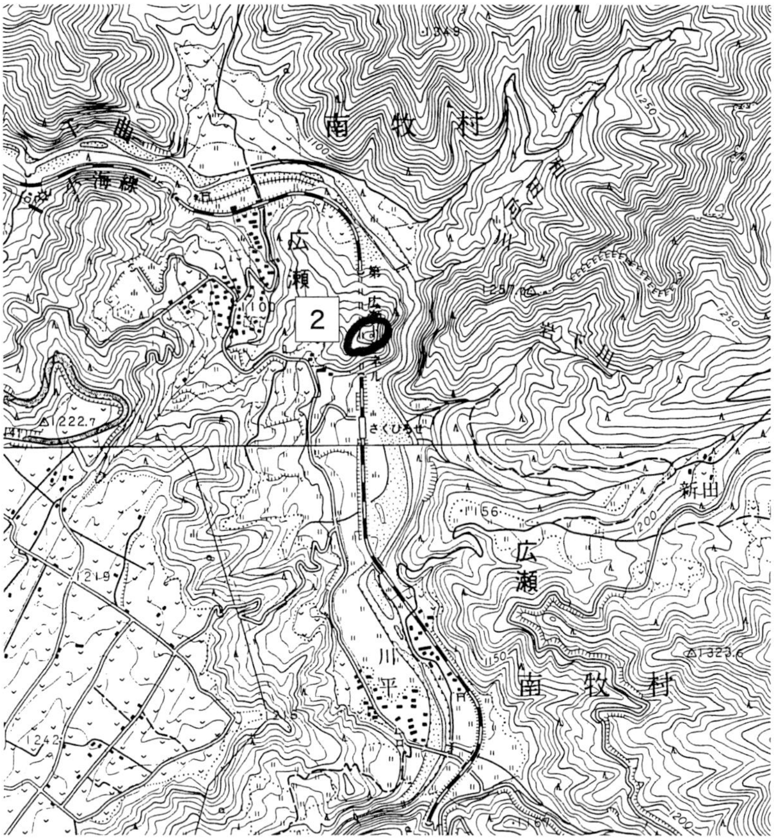

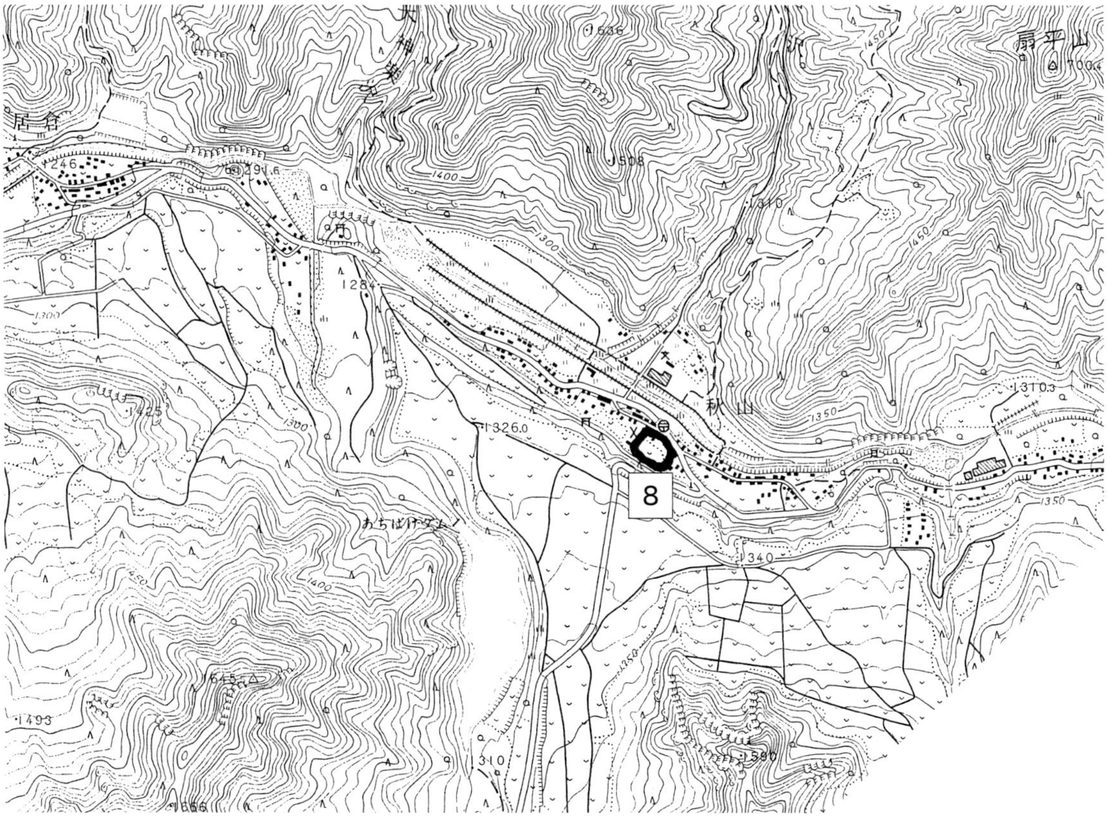

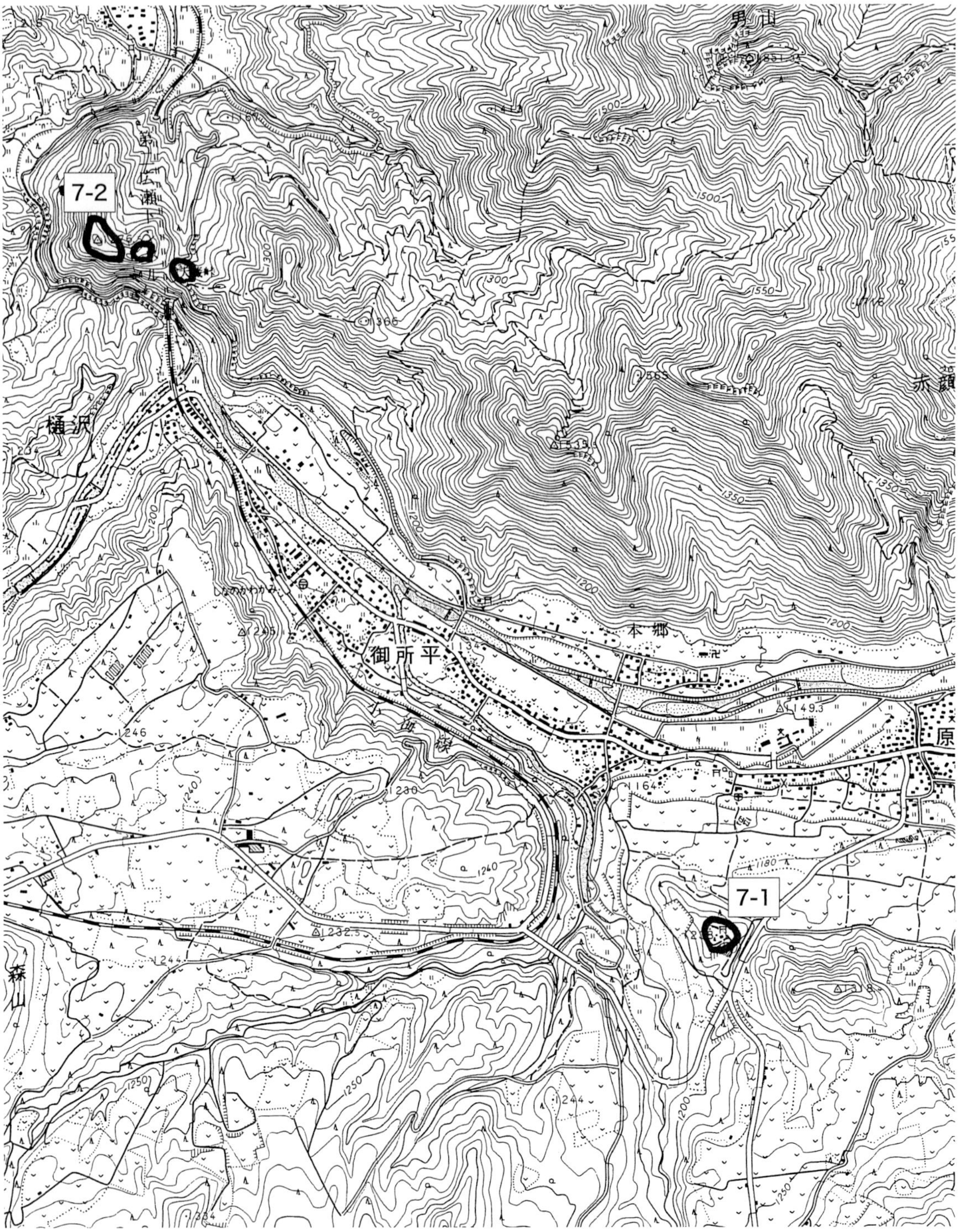

7、信州峠筋の狼煙台（7-1、藤塚　7-2、大蔵峠の山）

4、海尻城
6、大遠火
9、松原城
10、根小屋烽火台
13、旗立台
14、稲子の古城
15、小海原狼煙台
16、小屋の窪

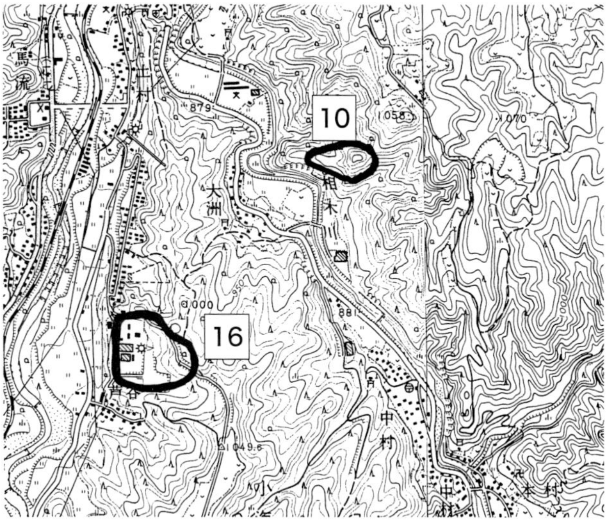

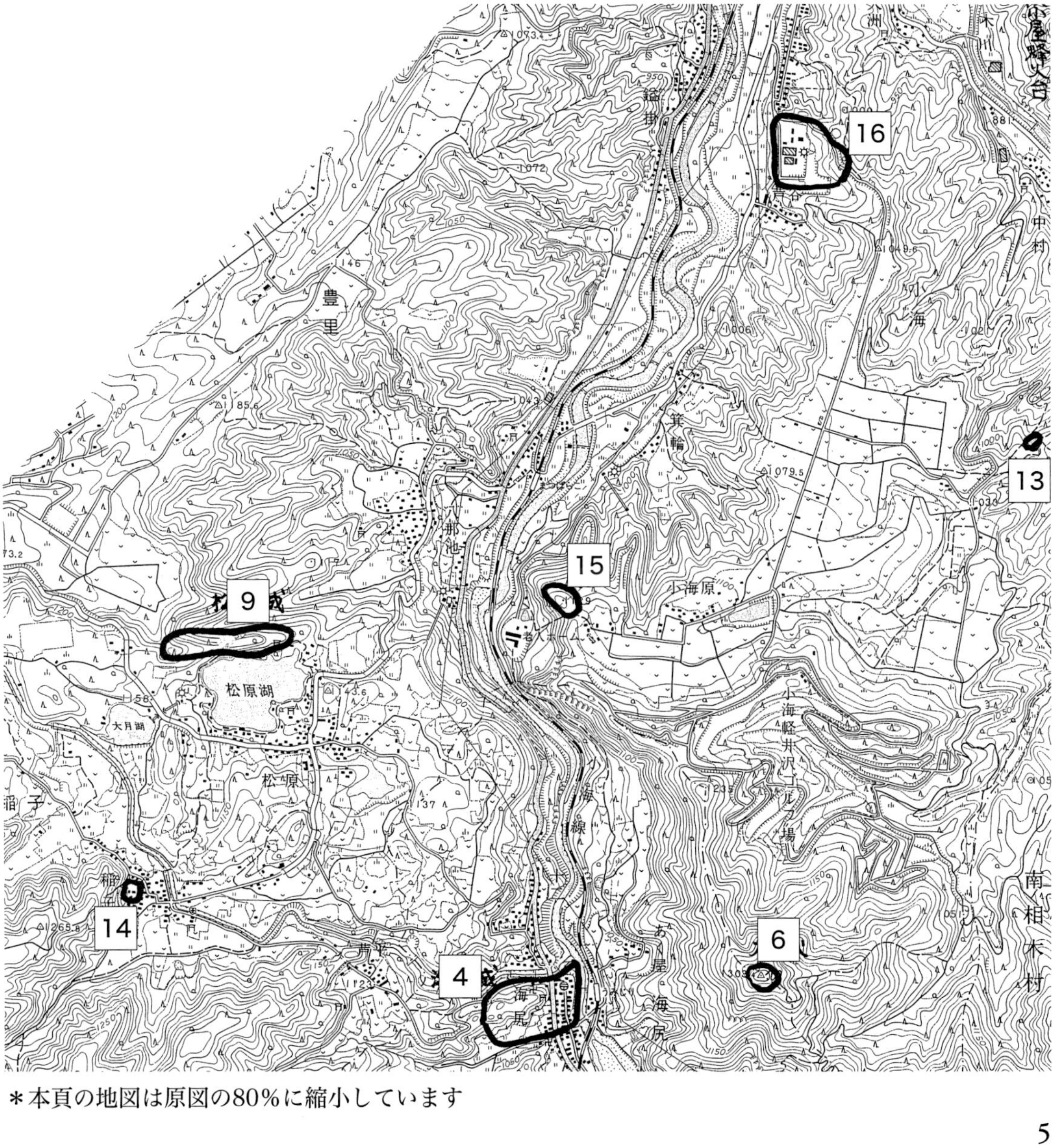

＊本頁の地図は原図の80％に縮小しています

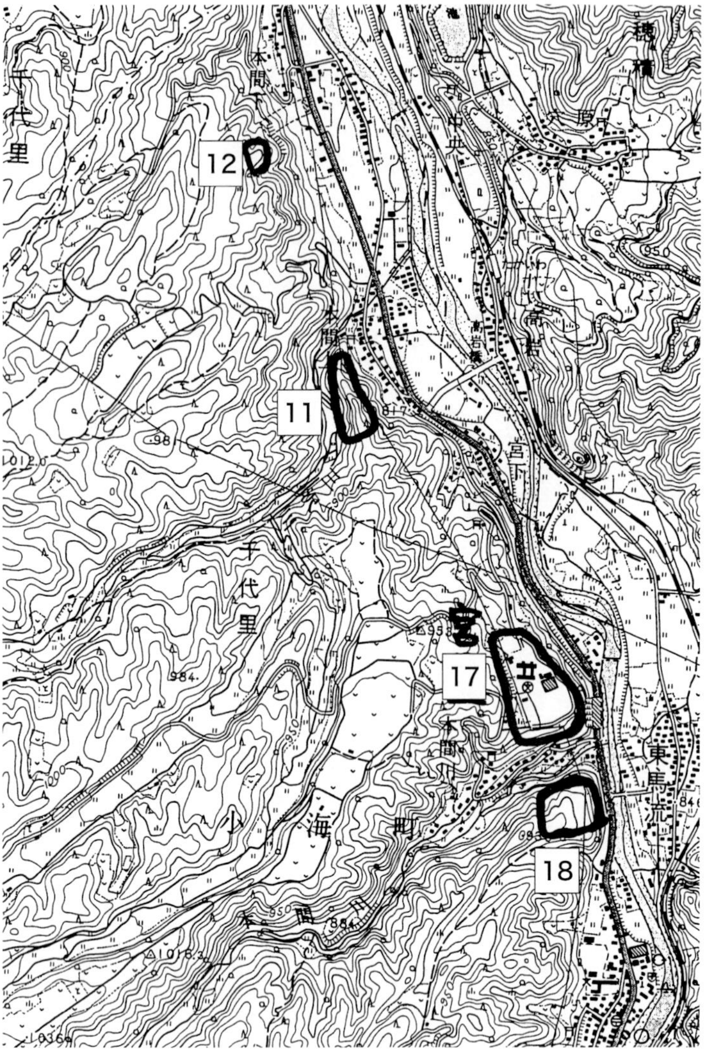

11、本間城
12、本間下の城
17、宮の上
18、岩鼻の砦

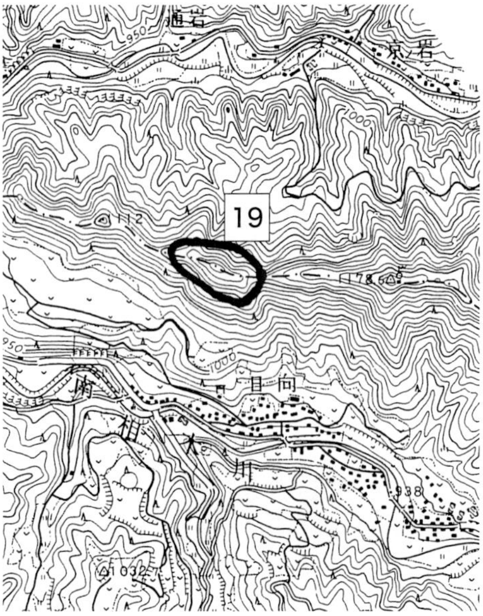

19、見張城

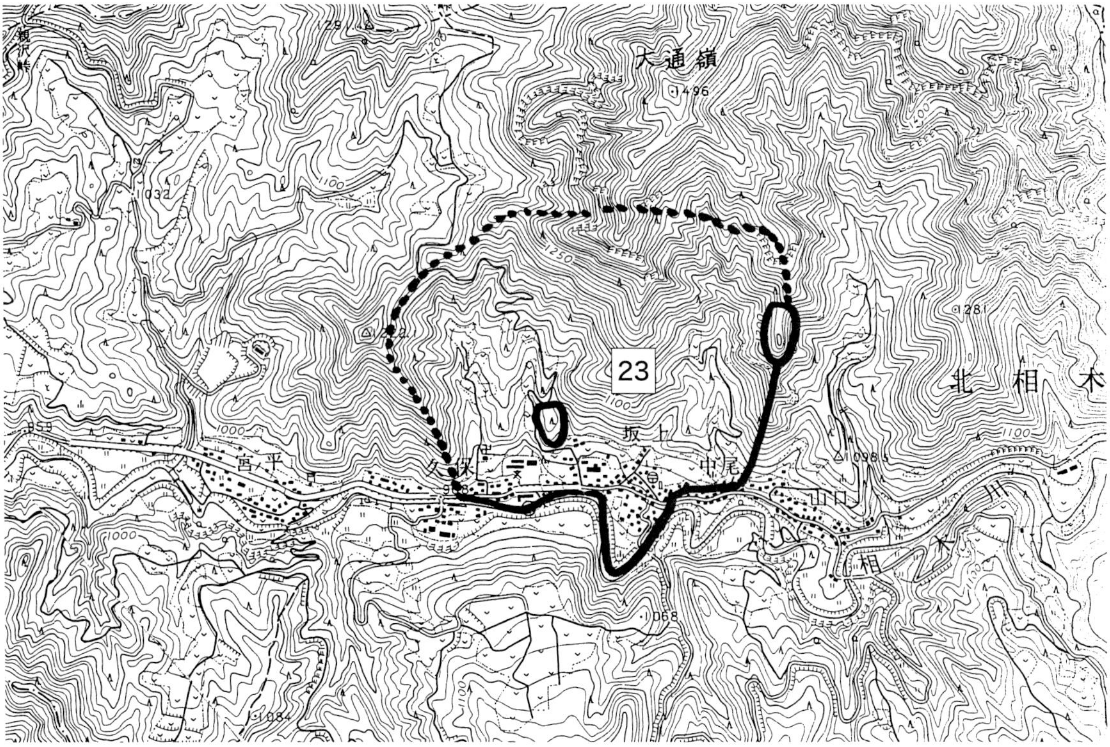

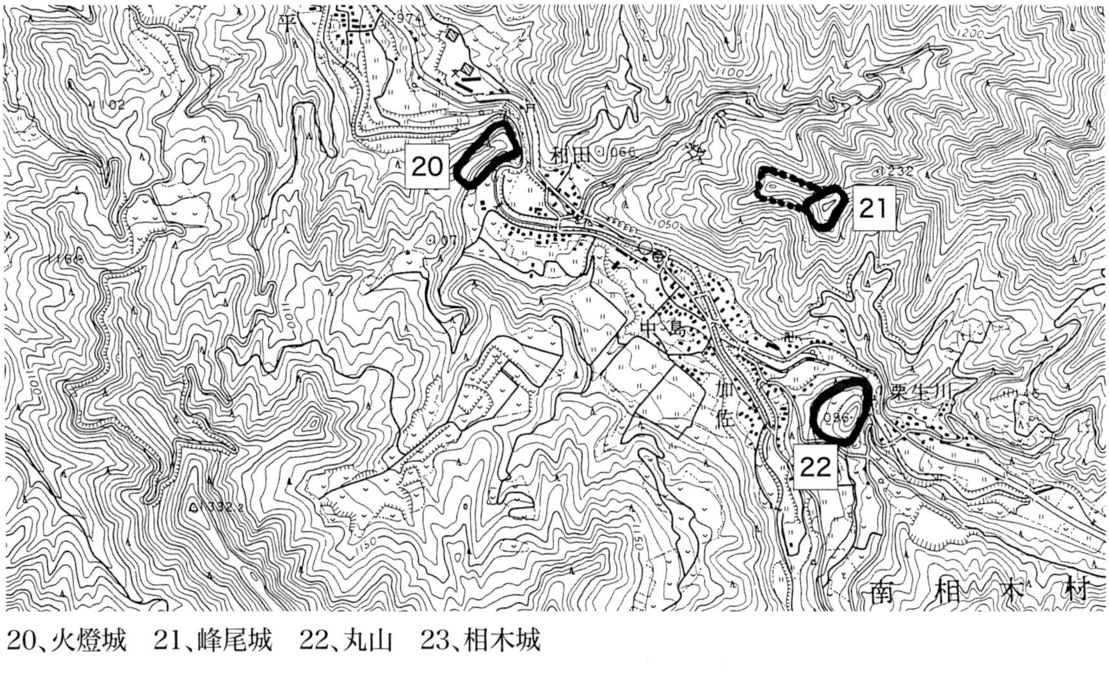

20、火燈城　21、峰尾城　22、丸山　23、相木城

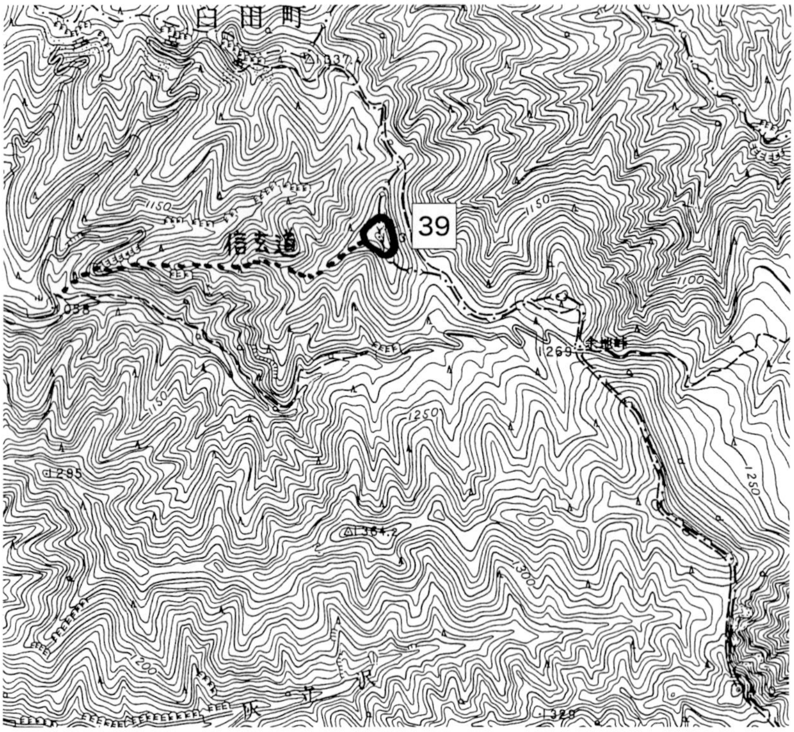

39、余地峠信玄道の砦

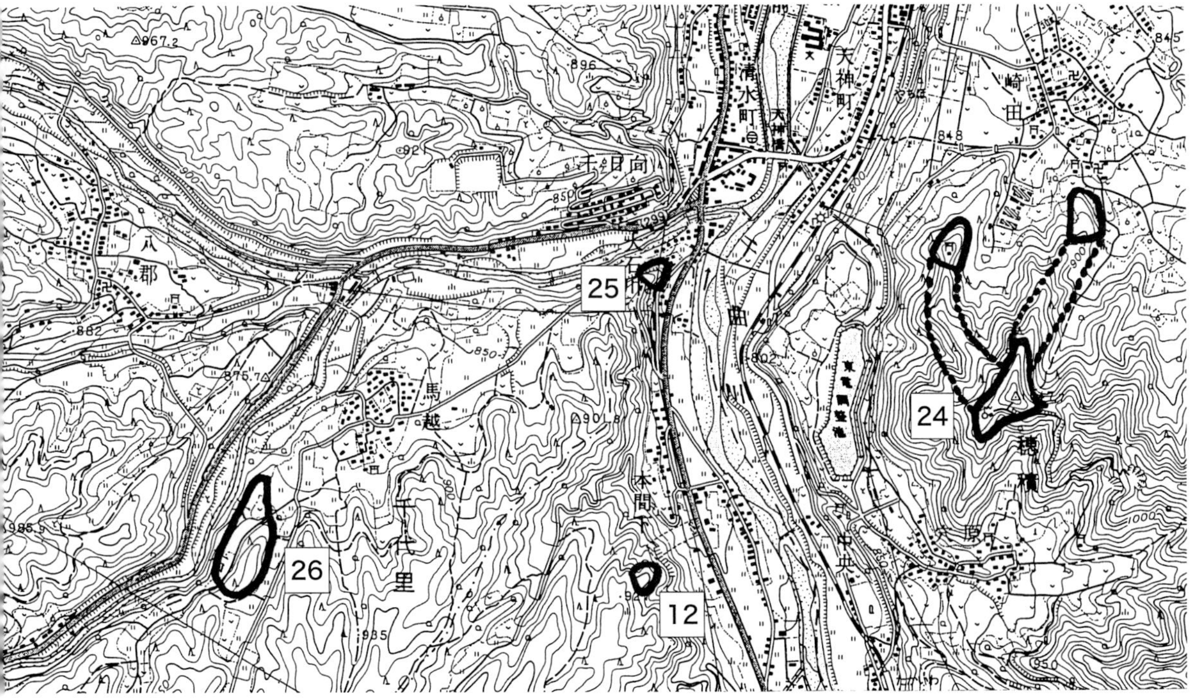

12、本間下の城　24、蟻城　25、大石川烽火台　26、馬越城　27、通城

28、権現山砦　29、佐口城　30、下畑城　31、下畑下の城　32、花岡城　34、海瀬城

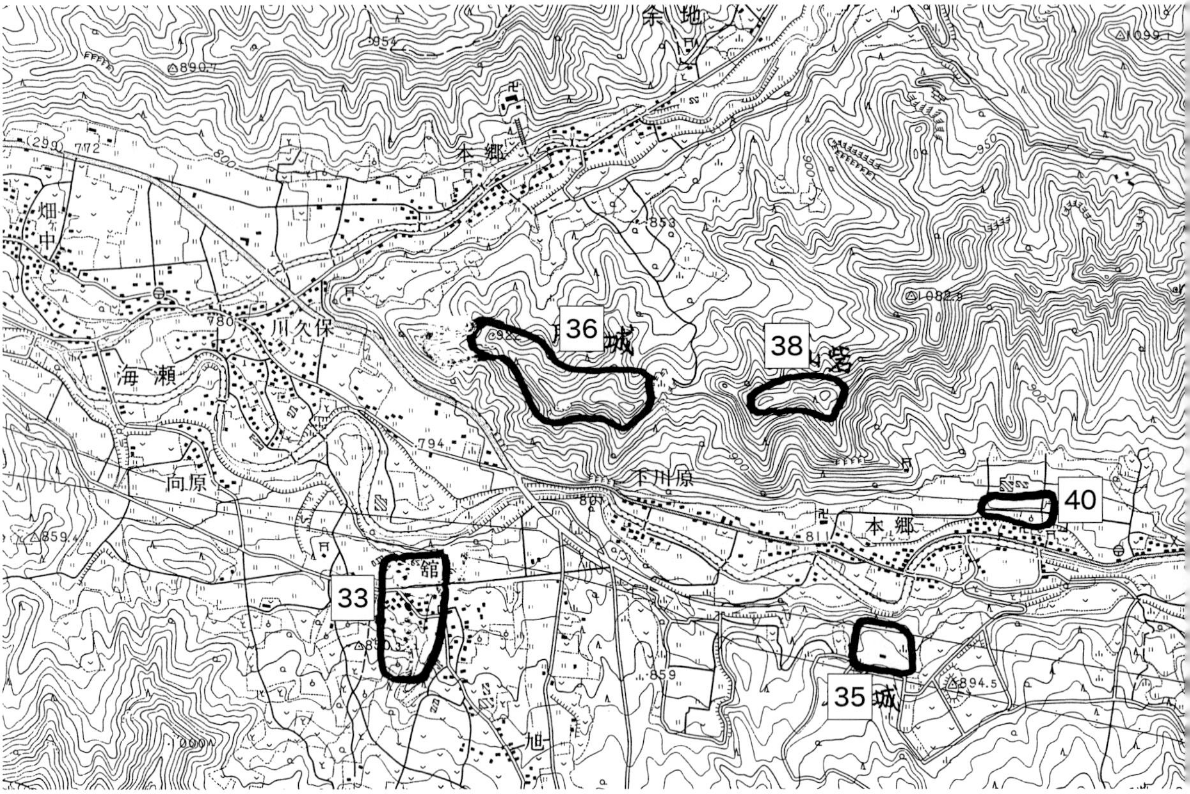

33、館　35、大涯城　36、勝見城　38、松山砦　40、中居城　41、灰立山狼煙台

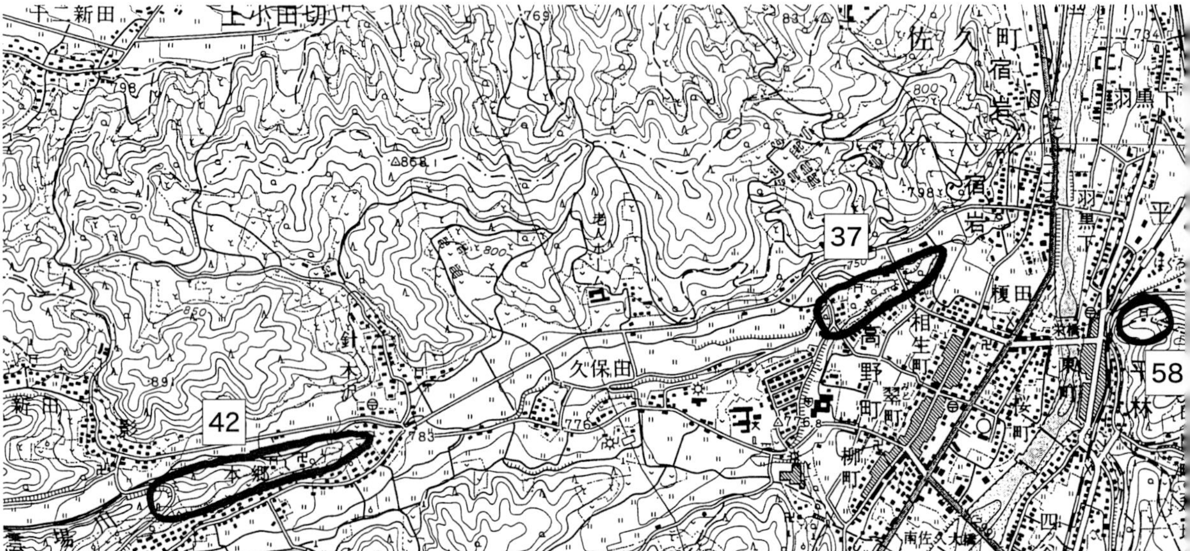

37、高野城　42、福田城　(58)、羽黒山狼煙台

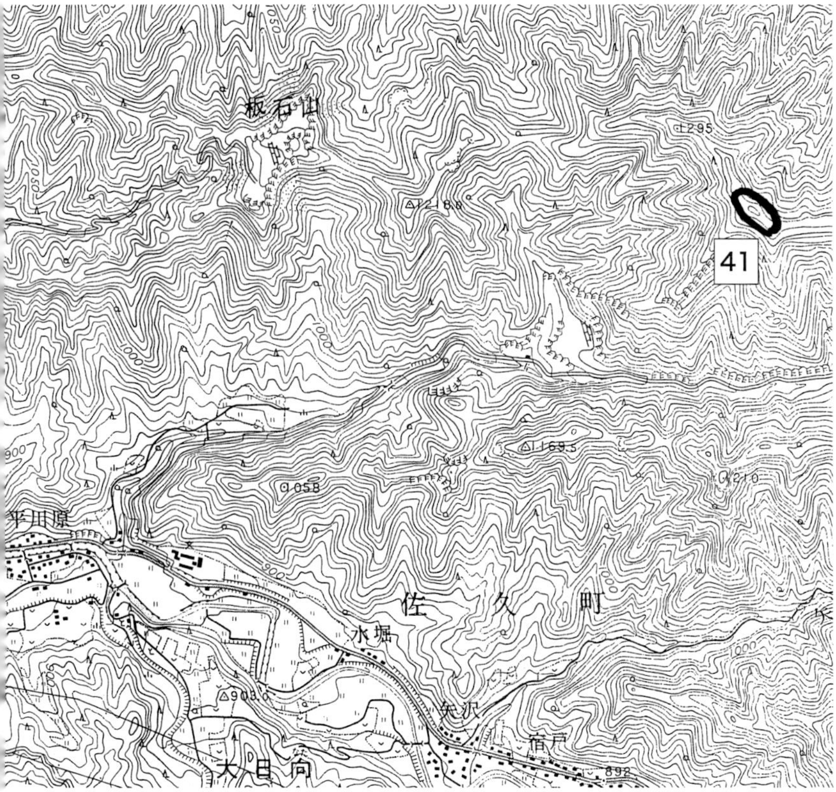
板石山
41
平川原
佐　久　町
水堀
矢沢
宿戸
大日向
1295
△1169.5
1058
1210
△908.0
892

1、平沢城《ひらさわじょう》（うえんだ）

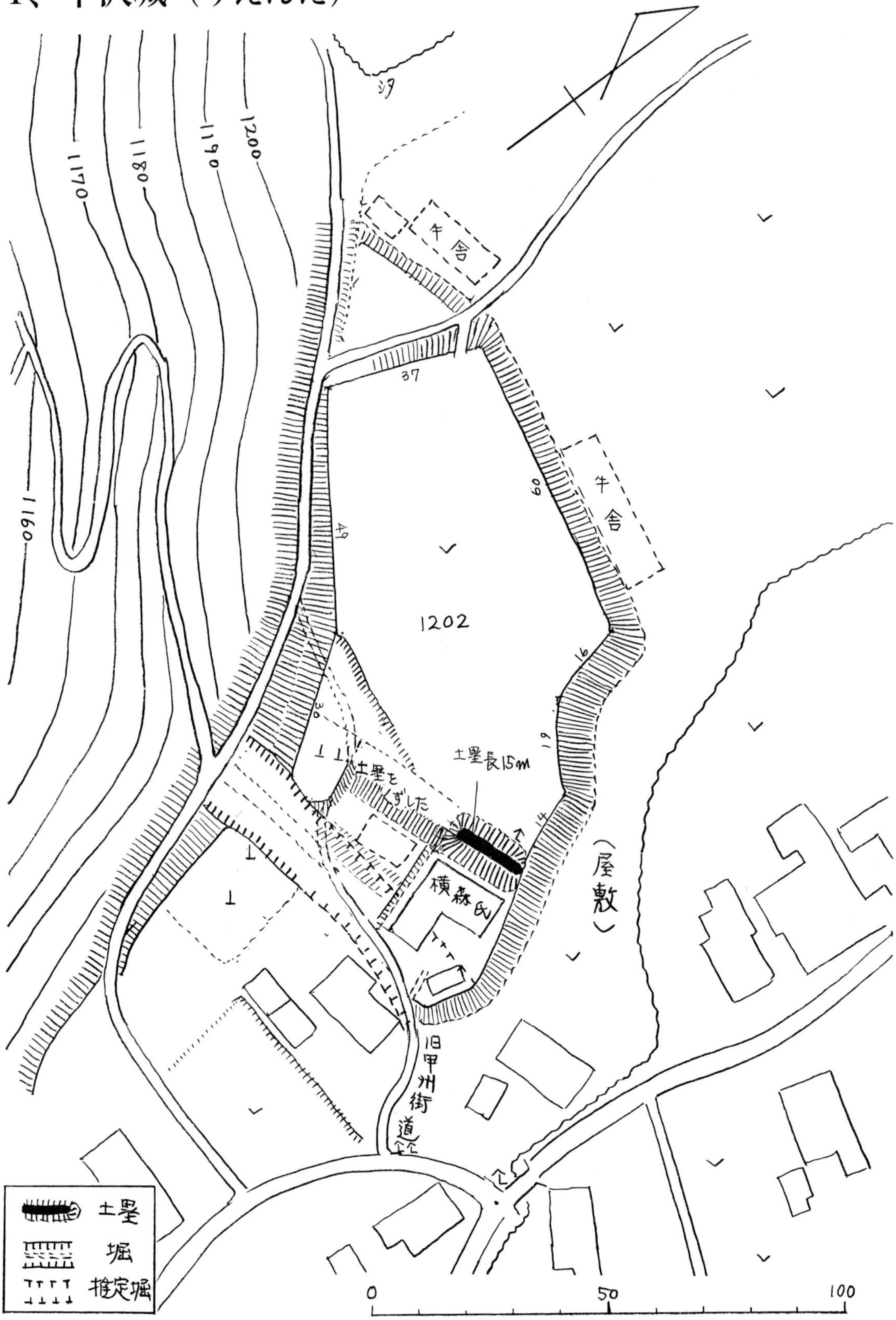

1、平沢城《ひらさわじょう》（うえんだ）

南牧村平沢

➔2頁

平成12年3月13日調・同日作図
標高1202m.　比高12m.

［東西断面］

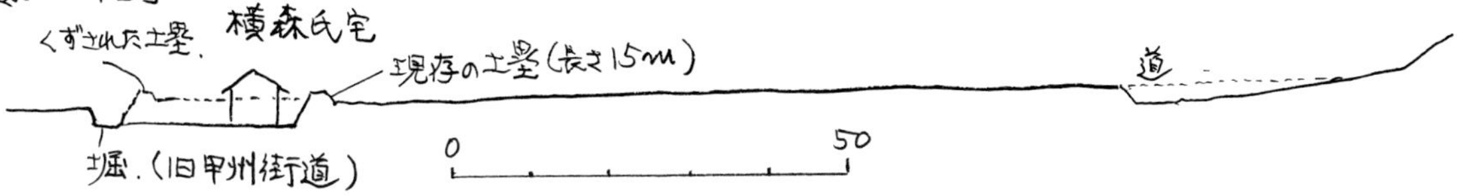

○立地　平沢集落の中央部の道が分岐する所の西側が平沢城跡になる。通称「うえんだ」（上の段と考えられている）、小字は屋敷で、東側は前川が流れ、西側は大門川が深い谷を作っている。集落の中央部を通る南北の道を北へ登ると平沢峠になり、峠の頂上には、平賀源心の胴塚がある。甲州から佐久へ入る重要なルートの一つである。

○城主・城歴、　『平賀成頼佐久一統平鈞之図』と呼ばれる古図によると、平沢の城は、小村入道源心が永一二五貫四〇文（一二九貫四〇文とも）で領知していることになっていて、その地図により発見された城跡である。小村氏についてはわからないが、同図に出てくる城主の多くが武田氏に属する武将であることなどから察すると、武田氏に従い、平沢峠下の街道筋を守ったものであろうか。あるいは、武田氏へ備えて配置された者であろうか。

○城跡、　西側大門川との高低差は大きく険しい地形であるが、東側の集落との間は10m内外で、南北.50m、東西100mほどの平地が城跡であろう。東側横森徳明氏宅の北に長さ15mほどの土塁が残り、その西側が低くなっているが、土塁を崩して客土をしたという。また、堀に面して高さ1mほどの土塁があったが、これも崩して埋められたらしい。

○以上のことから、旧街道に面して堀があり、土塁で廻された館城があったことが想像できる。そして、平沢峠を控えて、佐久への交通路を見張る任務があったと思われ、狼煙のつなぎをやっていたことも考えられよう。近くに見通しのきく狼煙台があったと思われる。
　平賀源心の話は、信じがたいにしても、平沢峠のあたりに狼煙台があってもよい。城跡の周辺は、牛舎等の建設で改変を受けているが、往古の姿は何とか想像できる現状である。

2、広瀬城《ひろせじょう》（城山《じょうやま》）

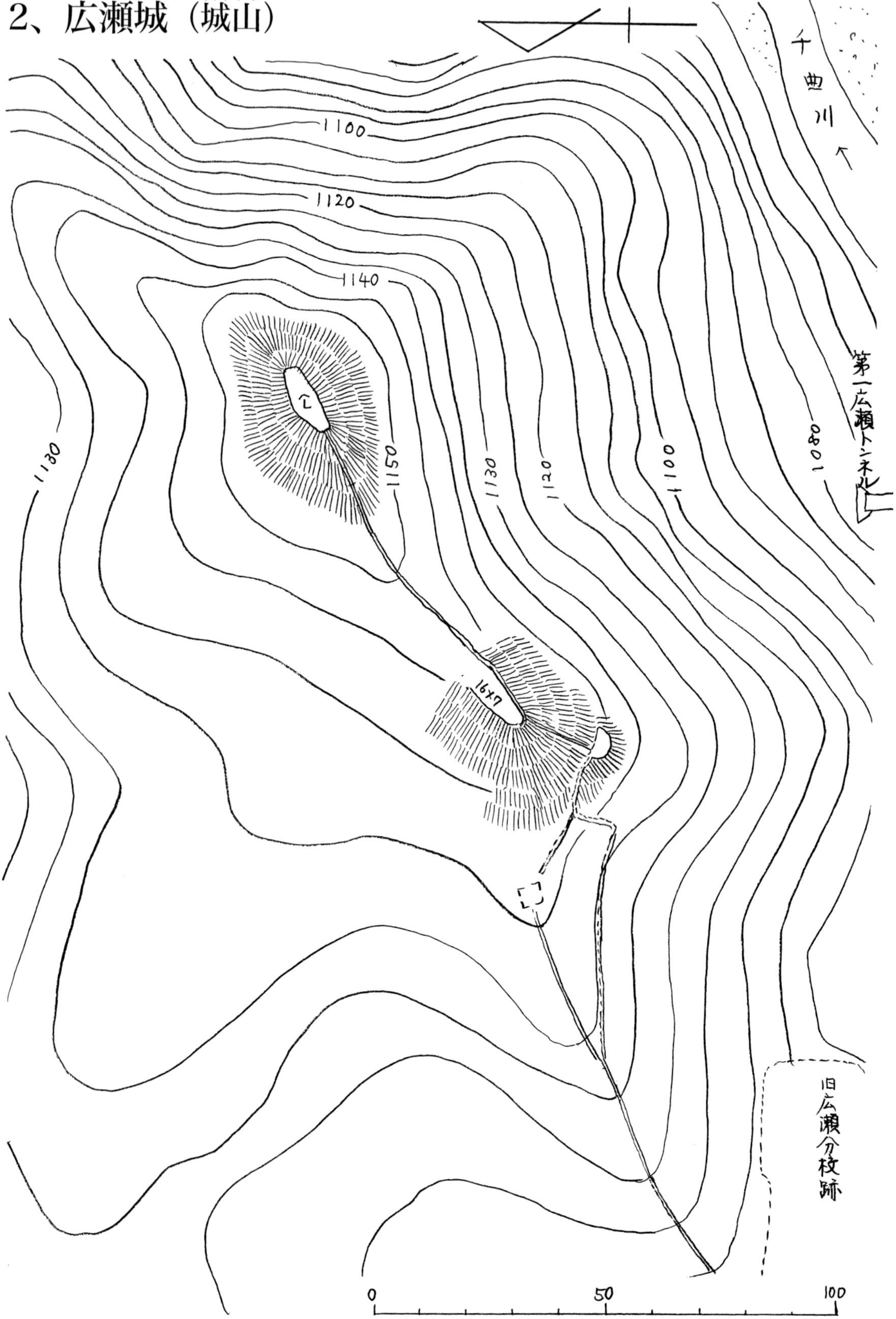

2、広瀬城《ひろせじょう》（城山《じょうやま》）

南牧村広瀬城山 ▶3頁

平成12年3月5日調・同8日作図

標高1166.5m、比高96m（トンネルより）

〔東西断面〕

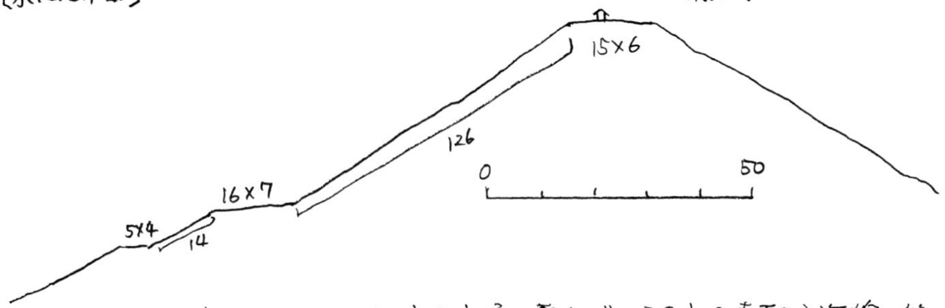

○立地　広瀬地区の旧小学校分校跡の裏山で、この山の真下を小海線の第一広瀬トンネルが通過している。東の山裾を千曲川が流れていて、この山が谷中に残された形になっているために、川筋の眺望はよくきく。南方2kmの所には川平の大蔵峠があり、そこを越えれば川上村になる。北へ向かい千曲川を渡って合羽坂を越えれば南相木谷の日向地区になり、見張城の直下へ出る。

戦国の頃、野辺山原から川平、本郷、古屋敷、より瀬戸を越え、海の口の大芝から小海町の軽井沢へ抜け、更に宿渡、筆岩、崎田へ通じる古道に面しているために、この道を押える城であろうと考えられている。

○城主・城歴　守っていたのは広瀬にいた武士、恐らく菊池氏と考えられる。（『南牧村誌』）

○城跡　千曲川に面する南面と東面は急崖で、西面が緩傾斜でそこに小屋がけができそうな平地がある。頂上は15×6ほどの平地で小祠がある。堀・土塁の類は見当らず、西の中段が城山公園になり整備されている。砦と言うより、狼煙台の類に属するものであろう。

3、海《うみ》の口城《くちじょう》（鳥井城《とりいじょう》）

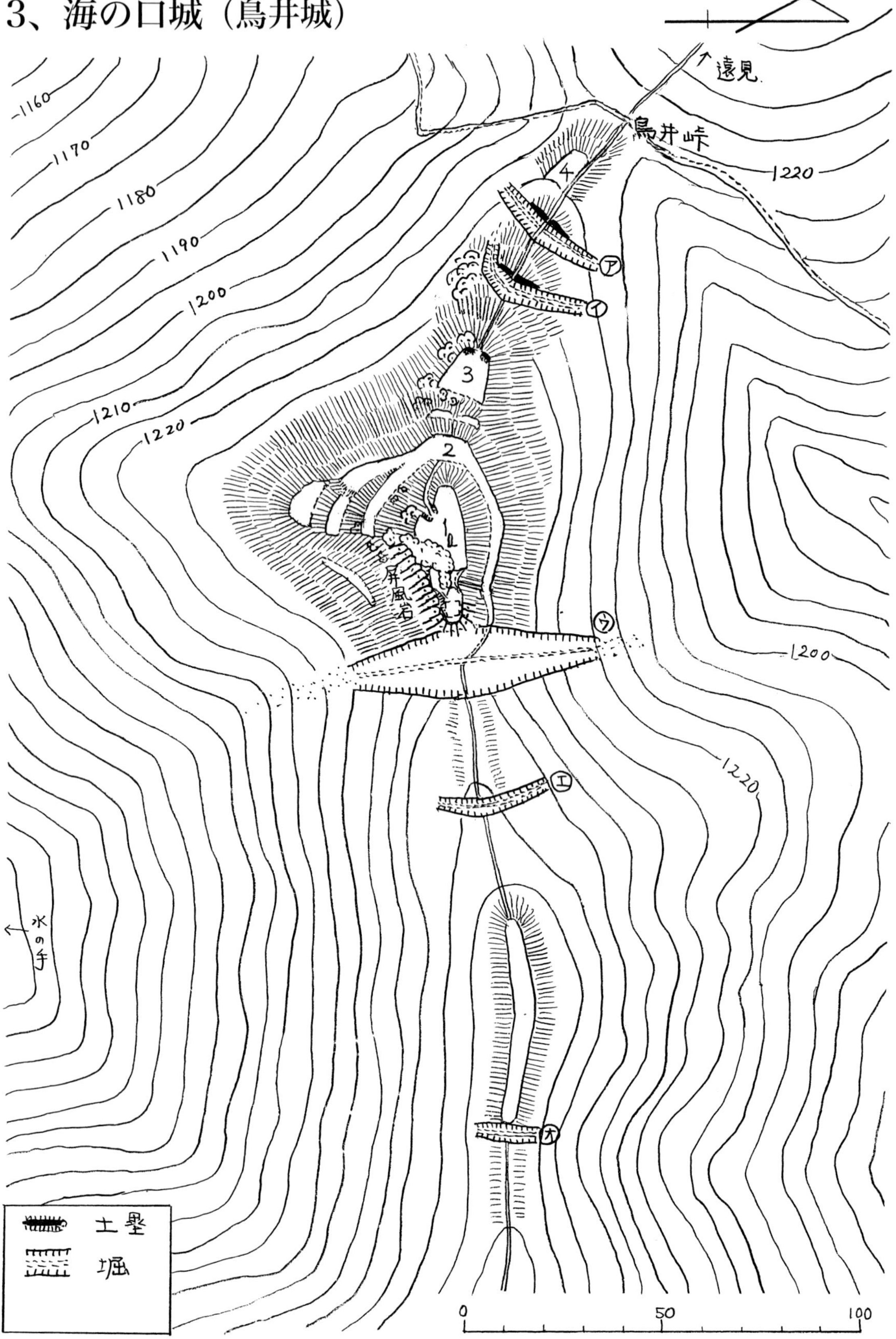

3、海《うみ》の口城《くちじょう》（鳥井城《とりいじょう》）

南牧村大芝　（村史跡）　➡2頁

平成12年3月5日調・同6日作図

標高1255m、比高205m（大芝集落より）

〔東西断面〕

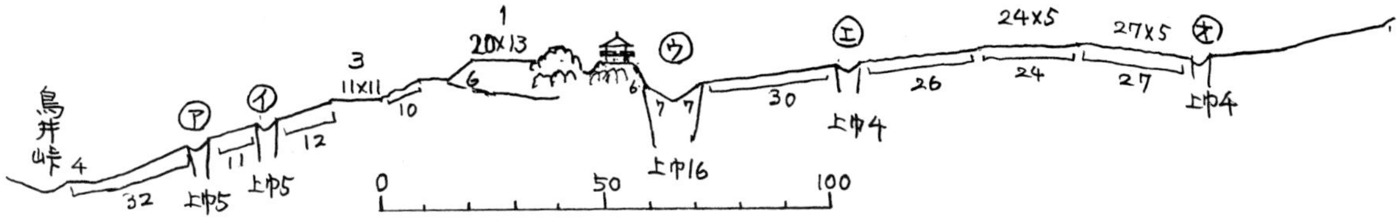

○立地　海の口城は、甲信国境に近く、大芝集落から南相木の谷へ越える鳥井峠に接した山上にある。この山嶺は、東へ辿ると、城山を経て、千曲川流域の海の口と南相木を結ぶ大芝峠や広瀬から登る合羽坂峠、更には臨幸峠があり、この山嶺は佐久への大きな関門となっている。その一角に海の口城があるから、その任務は自らはっきりしてくるであろう。海尻城の支城として境い目の城である。

○城主・城歴　天文五年（1536）の末、この城を攻撃していた武田信虎は、引き揚げると見せかけて、城兵の油断に乗じて急襲し、平賀源心以下を討ち取り、武田晴信の初陣功名話は『甲陽軍鑑』に伝えられているが、他資料にはなく、城跡からしても、無理があり、疑問視されている。しかし、立地や附近から鉄鏃・刀・等が出土しているので、合戦があったことは間違いないと考えられている。平賀源心も実在の人物かはっきりしない。

○城跡　大芝集落から裏の沢を経て鳥井峠への道を登る。道はよく馬でも越えられる道で峠へ出る。途中に水場がある。峠に接して平地4がある。峠を守る施設があり城門があったであろう。㋐㋑の2条の堀を越えると3の曲輪、2の曲輪になる。2は主郭を取り巻いて南北に腰曲輪となる。南の尾根筋にはあと2段ほどの曲輪がある。主郭1は20x13ほどの平地で、南側に屏風岩と呼ばれる巨岩があり、南面した岩下には岩穴がある。東には8x5ほどの岩頭があり、今は物見台が造られている。
後背の尾根には㋒の大堀切りと平坦な尾根上にあと2条の堀が残る。

○西方600mの1265m峰は遠見と呼ばれ、物見あるいは狼煙台として使われたらしい。海尻城との中間に当り、連絡に使われたのであろう。

なぜ、私が城跡を記録するようになったのか

私が、「山城」と言われる中世の城館跡の調査を始めて、もう随分になる。人が近づかないほどの薮の中へ、巻き尺を手に入り込み、地形から図面を作り上げるのである。

寝坊な私が、朝早く起きて出かけるのを見て女房は、「一銭にもならないのに、よくやること」とあきれている。人からは「なぜ、山城なんかを調査するのか」と、よく聞かれる。

今、あちこちの城跡がどんどん破壊されている。昔のものだから必要ないと言わんばかりに、少し便利になるからと、いとも簡単に破壊してしまう。そんな惨状を見るたびに、居たたまれなくなるのである。四百年以上も山野に埋もれて、落ち葉の下や薮の中に残っていた遺跡を、現代人の都合であっさりと壊してしまっていいはずがない。

そうした山城を何とか記録しておく必要性から、私の調査が始まった。近くに住む人たちさえ忘れかけている山城を、私の仕事によって少しは思い出してもらえたり、知ってもらえれば、破壊される城跡も少なくなるのではないかと期待している。

そんな動機で始まった調査であるが、県下のあちこちを歩き回る中で、忘れられないいくつかの事柄に出会った。

まず、山道が消えかけている。かつてはたくさんの子どもや、村人が通ったと思われる道が、今はその痕跡さえはっきりしなくなっている。山の名も、沢の名も、地名も忘れ去られてしまっている。家には年寄りがいないから、くわしいことはわからないという。

山の畑で耕されているのは稀で、ほとんどが荒れ放題である。祖先伝来の家や村が放置され、消えかかっている。秋祭りで賑わった山の上のお宮も、道端の石仏も、村の辻のお堂も荒れるに任せているのだ。

そんな山村でも、たまに年寄りが残って小さな畑を耕している場所がある。若い人たちは里へ下りたが、「達者で動けるうちは、ここがいい」と言って、慎ましい暮らしを続けている。

あと何年、この村は持ちこたえられるだろうか――。そのようなたまらない寂寥感が、私の胸に去来するのである。

4、海尻城《うみじりじょう》（城山《じょうやま》）

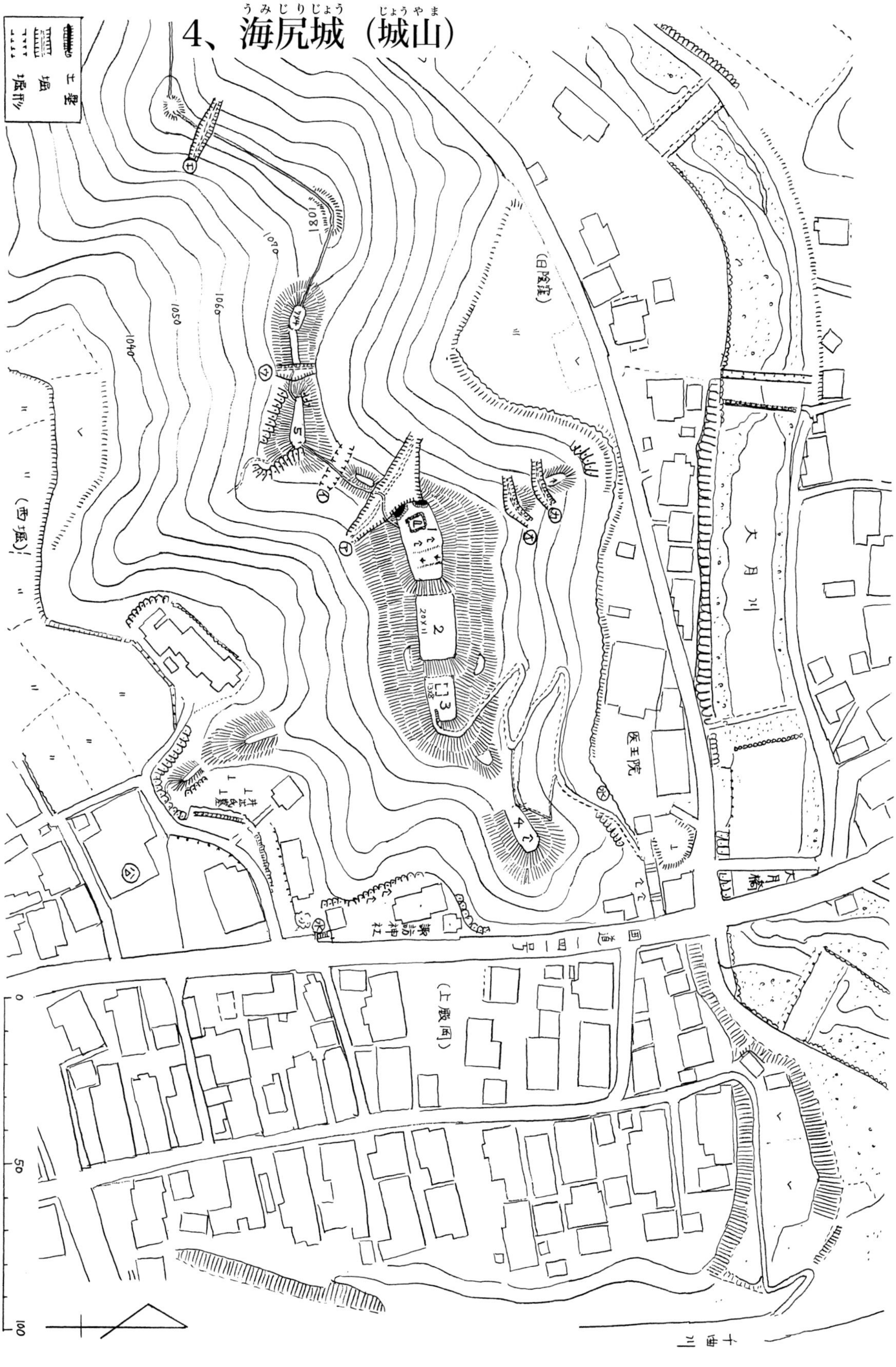

4、海尻城《うみじりじょう》（城山《じょうやま》）

南牧村海尻　（村史跡）　⊃2・5頁

平成12年3月5日調・同日作図

〔東西断面〕

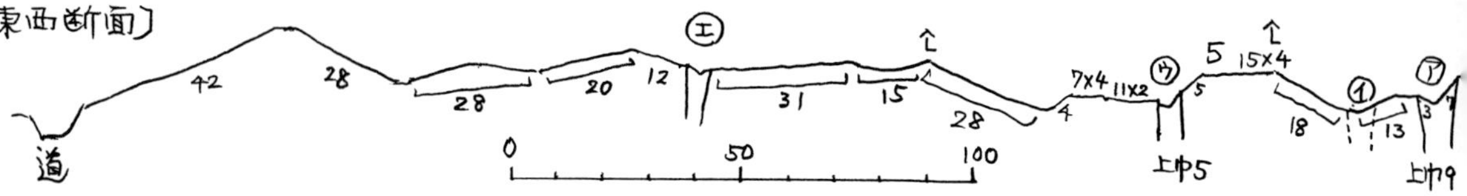

○立地　海尻城は八ケ岳の東麓の丘陵の先端部が細い山尾根となって千曲川に落ちこむ所に位置している。北側には大月川が自然の堀となり、南には西堀と呼ばれる湿田地帯があり更に新殿《しんでん》川（新田川）が流れ、やゝ離れて湯川と高石川が合流して千曲川へ流れこんでいて東は千曲川の崖があり、要害の地形である。

東山下の千曲川の段丘上を甲州往還（現国道141号）が通り、交通の要衝にある。目の前千曲川対岸の高峯は大遠火《おおとや》と呼ばれる山で、ここからは千曲川沿いの様子や南東1.1kmの海の口城、南700mの至近には遠見と呼ばれる山もある。

南の甲州方面から佐久平へ入るには、千曲川沿いの海尻城下を通るか、大芝から島井峠を越える海の口城の傍を通るかしないといけないことになる。

このことから、海尻城は、佐久南端の関門であり、海の口城は、山越えのルートを押える海尻城の支城ということになる。

○城主・城歴　甲信国境に近く、対武田防衛線の最前線に築かれた城と考えられている。

『南佐久郡志』によると、「往昔前山城主伴野の幕下井出長門守の築きしものなりという。」とあり、南佐久まで勢力を延ばした村上氏の支城とされる。天文5年（1536）に武田信虎の佐久侵入があるが、その頃村上氏は薬師寺右近らに海尻城を守らせる。

『千曲之真砂』によると、天文九年（1540）正月、武田氏の臣板垣信方の謀略によって海尻城は武田方の手中に落ち、小山田備中守昌行（あるいはその父の昌辰）らが守っていた。

同年12月、佐久勢の要請により村上氏より額岸寺和泉が兵300余を率いて来援、急襲したため、二の丸、三の丸の日向大和や長坂左衛門は防ぎ切れずに城外へ逃れ、危機に落ち入ったが、城将小山田氏は本丸に拠って防戦する。武田信虎は急報を受け、3000の兵を出して救援したために、連合軍は囲みを解いて退散したという。（『甲陽軍鑑』）

この海尻城の戦いにより、武田氏の佐久への橋頭堡が確保され、5月には大軍で侵入して数十城を攻め落し、前山城を修築して佐久の根拠地としている。

海尻の文献上の初見は天文十七年（1548）の武田晴信宛行状で、「海尻之井手縫殿丞」に伴野庄小宮山の内百貫文を与えている。

また、武田信虎は天文九年（1540）八月二日に、海の口郷に伝馬を命じて武田氏の軍用道路が整備されていく。

○城跡　『甲陽軍鑑』の天文九年の海尻城の攻防戦の二の丸、三の丸のことや『千曲之真砂』の海尻城図からすると、この城は、山上のものだけでなく、山の上を主郭部として、その山下の南の所から、上殿岡の集落の部分、北山下の医王院のあたりまでが城域に含まれていたと思われる。即ち、甲州道を城内に取りこんで、北の大月川、東の千曲川、南の新殿《しんでん》川の中に囲まれる部分が海尻城ということになる。

山上の主郭部　尾根上に城址碑の建つ1の曲輪から小さな段差で、2、3と続き、大きく下がって先端部に4の曲輪がある。後背の尾根筋は主郭1に続いて㋐の堀があ

標高1080m、比高40m

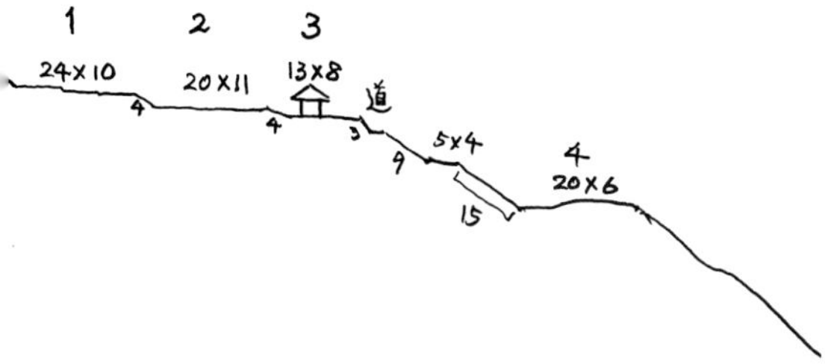

り、続いて自然地形の㋑の堀が備えとなっている。

北面の大月川へ張り出す小尾根上には小さいながらも2条の堀がある。(㋔、㋕)

後背の尾根は、岩山の15×4ほどの⑤の曲輪になる。主郭と並立する形の搦手の大事な防御拠点である。

西に上幅5mの㋒の堀があり、ここから更に小山を1つ越えた90m余先に㋓の堀がある。城の西限は一応この㋓の堀ということになろうか。

・山下の根小屋部分：　北山下の医王院から日陰窪にかけての大月川の内側部分、諏訪神社から墓地、尾根を越えその西の山懐の住宅部分に根小屋と呼ばれる施設があり、千曲川の崖までの間の上殿岡の集落部分にも広がっていたであろう。従って、南の新殿川と大月川に面して内構えがあり、ある程度の兵力を置く広さがあったと思われる。

天文九年の合戦の時の二の丸、三の丸は、山下の部分で、ここは急襲により占拠されたが、山の上の部分だけを小山田氏は持ちこたえたということになろう。

水の手は、諏訪神社の入口に井戸があり、今も清水をたたえている。医王院の所にも水の手がある。

山の南の水田の所は湿田（ヒドロッ田）で自然の堀となっていた。

◦以上のように、山上の主郭部は小さいが、山下一帯の根小屋部分も含めて、相当に堅固な備えとなっていたことが想像できる。これも甲信の勢力の境い目の城で、どちらにとっても重要な城であったことが伺える。ここを押えることが、佐久平の支配にかかわる点で、この城の争奪は何回かにわたって行われたものであろう。

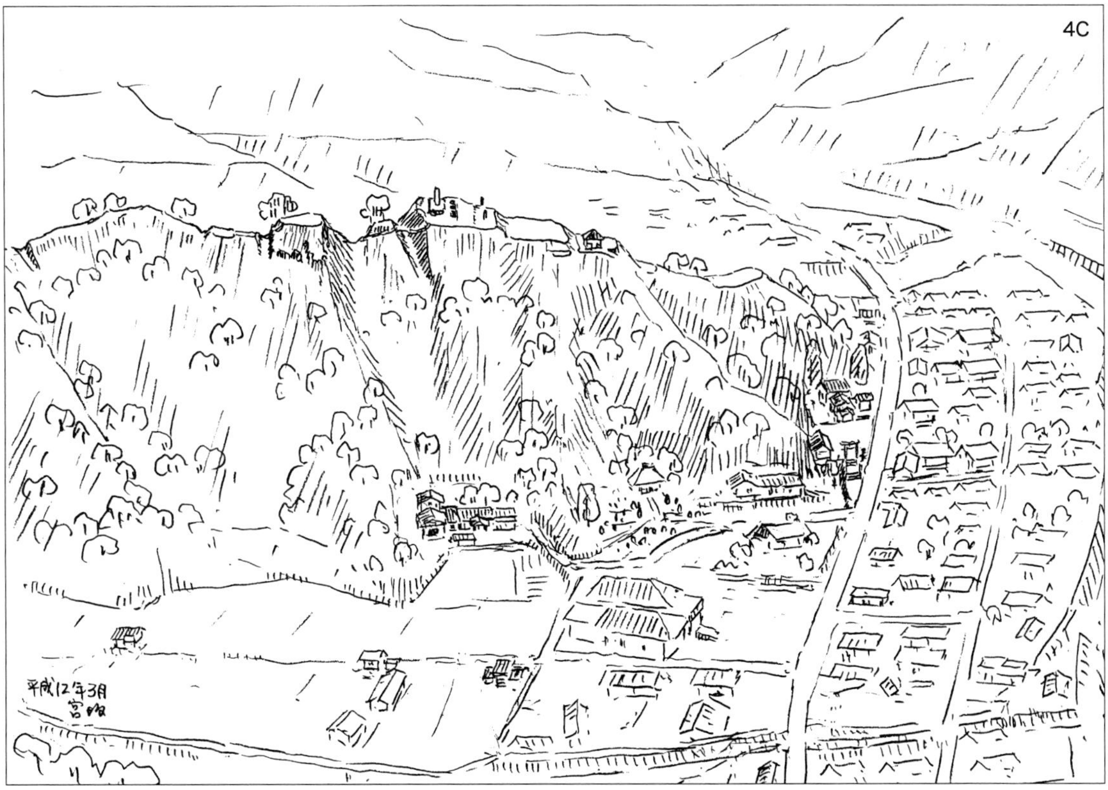

5、遠見《とおみ》　6、大遠火《おおとや》

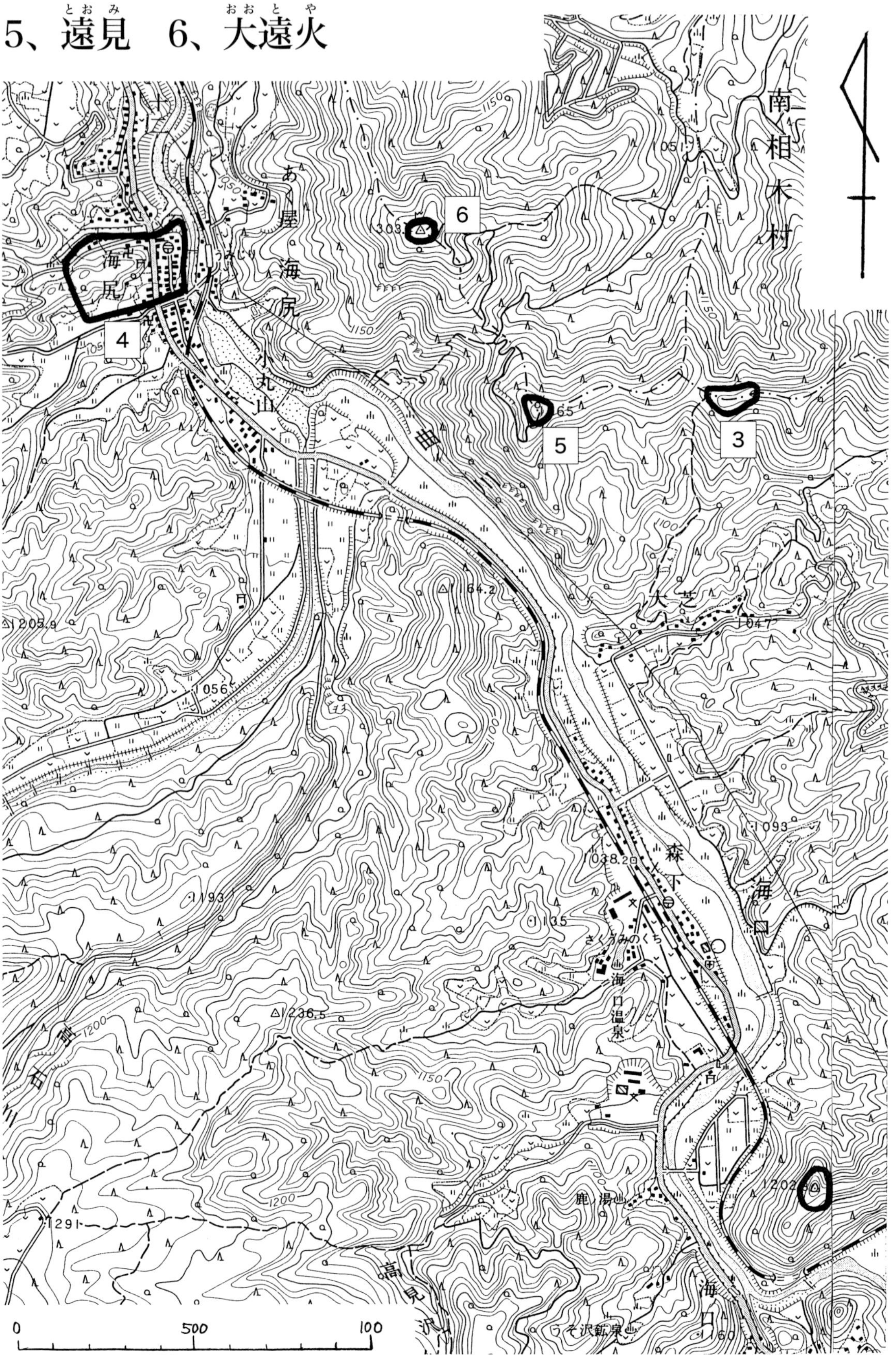

5、遠見《とおみ》 6、大遠火《おおとや》

南牧村南相木村境 ➡2・5頁

平成12年3月5日調・同6日作図・

標高 5、遠見 1265m 比高 225m

6、大遠火 1303.4m 比高 265m

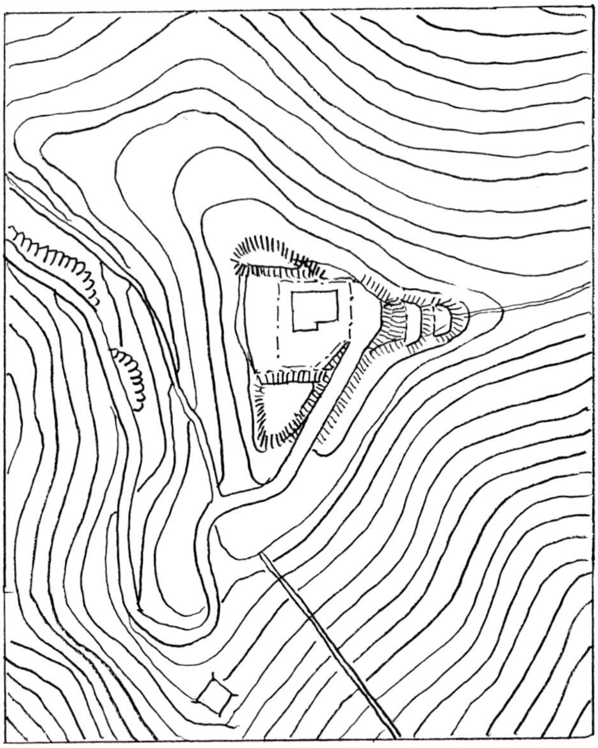

遠見要図

5、遠見《とおみ》

「遠見」と呼ばれるこの山は、海の口城の西、鳥井峠の西の山尾根を数百m西行した所にある。

この山は西側は千曲川に削られて急崖になっていて、千曲川の谷に聳立した形になっているために、千曲川の川筋はよく見通しがきく。そのために物見に使われたのであろう。

また、海尻城と海の口城は近くにありながら直接見ることができないために、その中間のこの山を通して連絡を取ったことが考えられよう。

山頂は現在、電々公社のアンテナが建設されて、殆ど原形を止めないほど改変を受けていて、旧状は知ることができない。

想像するに三角形に近い山頂部に若干の削平地があったのではないかと思われる。

現在、アンテナの建つ平地は、もとの山頂より少し低いようで、南北に高みが残っている。

三つの尾根筋には堀のような地形は見当らないが、東の尾根へ続く所に2段ほどの削平地らしい地形がある。しかしこれもアンテナ建設の時にできたものとも考えられ、結局何も残っていないと言うより外にない。

北北西700mの至近にここよりもやゝ高い大遠火の山がある。

6、大遠火《おおとや》 字からすると狼煙ということになる。似たような目的に使われたと思われる山が2つ至近に並んでいるのが珍しい。この山は海尻城に対面する山であるために、考えられることは、海尻城が低い所にあるために視野は限られるので、この山がその弱点を補って、目の役目を受け持ったのではなかろうか。

武田氏の時代になると、狼煙台のつなぎの一環にも加えられたとも考えられる。大遠火については今回の調査で、山頂を見てないが、ここにも電波塔が建設され、道路もあいているので、遠見と同じような状況になっているものと思われる。

- 海の口鹿ノ湯対岸の山 武田氏の狼煙台のつなぎのことを考えると、鹿ノ湯対岸の1202.8m峰あたりに次の狼煙台があれば、距離的には適当であるし、広瀬の城山へ続きそうだが、何か伝承か地名かないものだろうか。今後の研究で解明されるのが楽しみである。

7、信州峠筋《しんしゅうとうげすじ》の狼煙台《のろしだい》　（7-1、藤塚《ふじづか》　7-2 大蔵峠《おおくらとうげ》の山）

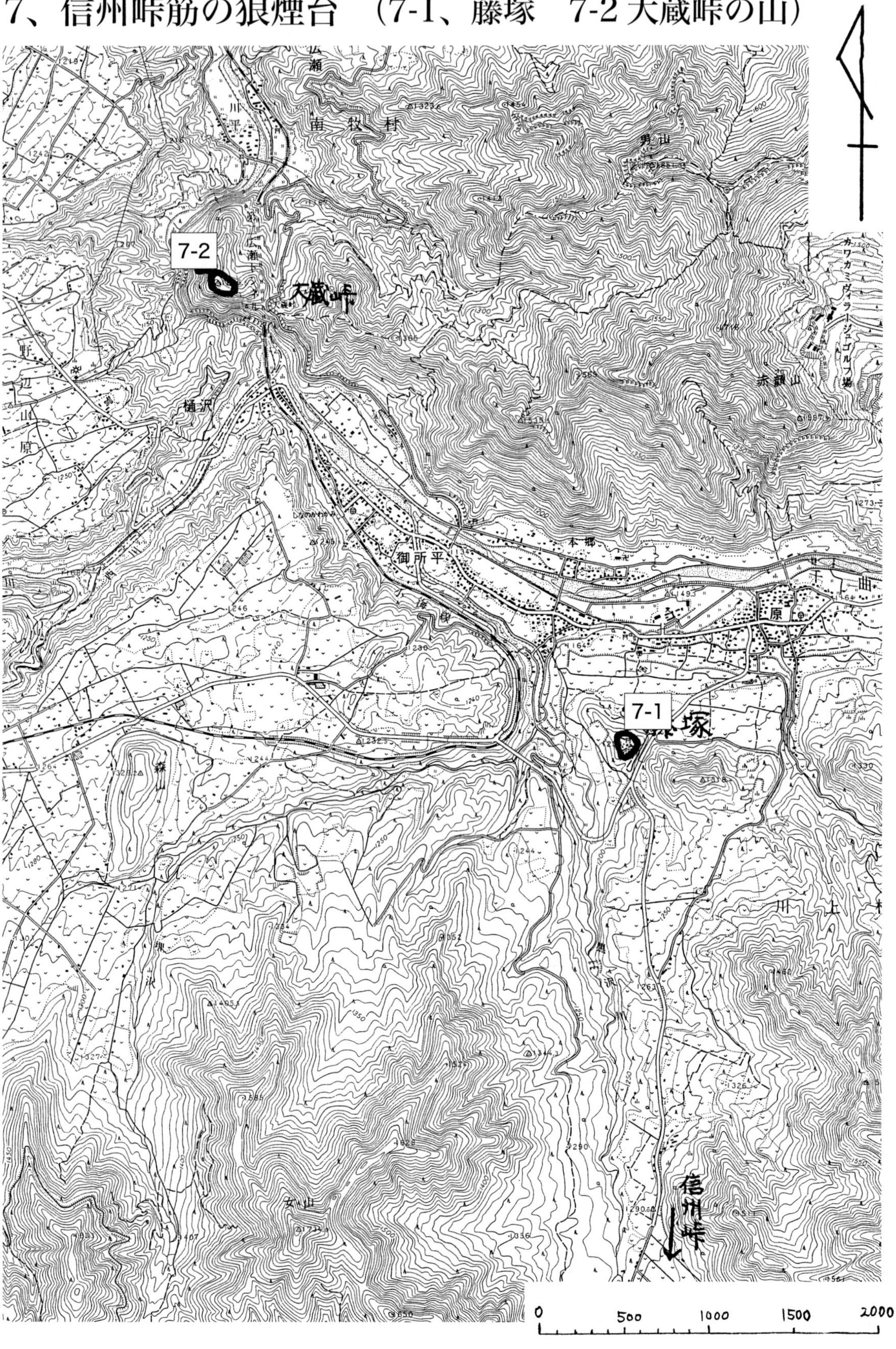

7、信州峠筋《しんしゅうとうげすじ》の狼煙台《のろしだい》　(7-1、藤塚《ふじづか》　7-2 大蔵峠《おおくらとうげ》の山)

➡4頁

。海尻城と海の口城の近くに、これらの城と関連がありそうな「遠見《とおみ》」「大遠火《おおとや》」と呼ばれる山がある。字からしても、物見や狼煙台を想定できる名である。

佐久平から甲府までの「飛脚かがり」つまり狼煙台がどのように連絡を保っていたか、部分的に分かってはいるものの断片的で、確実に伝わるというようにはつながっていないのが現状である。

。狼煙台の立地について

見通しのきく所がよいのであるが、遠見がきくからと言って、余り高い山は、天候に左右され易く、曇天や霧の多い時などは用をなさなくなる恐れがある。従ってなるべくなら低い所の方が確実である。

峠越の場合は止むを得ないが、そうでない場合には、そこを担当する者にとっても、村から余り離れない方が便利で維持管理がしやすくなる。多くの場合、狼煙台は百姓が分担させられ当番で交替しながら、土豪の指揮下で任務についたと思われるので、高山の場合は負担が大きくなるし、安全性から言っても問題が出る。

以上のことから、狼煙台は考えるほど高い所にあるのでなく、里山にあったものと思われる。しかし、谷筋や山が入り組んでいる場合には、そうもいかないこともあったであろう。

それに天候の悪い時や夜間等、うまく伝わらない時が予想される。そのために太鼓や鐘が使われたであろう。この方がむしろ伝達の内容は多く便利であったに違いない。所によっては狼煙台のあった所を「たいこん堂」(太鼓堂)とか「鐘撞堂」と呼んでいる例がある。

このことからすると、狼煙台間の距離は、太鼓や鐘の音が届く範囲が望ましく、2～3k程度ということになる。10km余も離れていたら、余程条件のよい時でない限り、伝わることは無理であろう。

以上の観点から佐久の狼煙台を見たときに、所々で不安な所が出てくる。

。信州峠筋の狼煙台

なぜここを問題にしたかと言うと、武田軍が佐久へ侵入する時の重要な道筋に当るために、この道に沿った狼煙台があったであろうと思うからで、何人かの方が研究されているのも同じ理由によると思われる。(『佐久の城』岡村知彦氏の仮説 参照)

野辺山原を越えるルートもあったと思われるが確かなことが言えないのが現状で今後の研究課題として海尻城近辺の所でもふれたが、ここでも1、2気になる所をあげてみる。

7-2、南牧村 川平 大蔵峠の山

少し高過ぎるが広瀬の城山と連絡がとれ易く、正面に見える山である。峠の東西に山があり、どれでもよいが、2の山は三角点の所が24×4ほどの山頂で、野辺山原まで見えて適地であるが伝承等ない。節操の名がある険しい山である。野辺山原方面へつなぐにしても大事な地点になる。

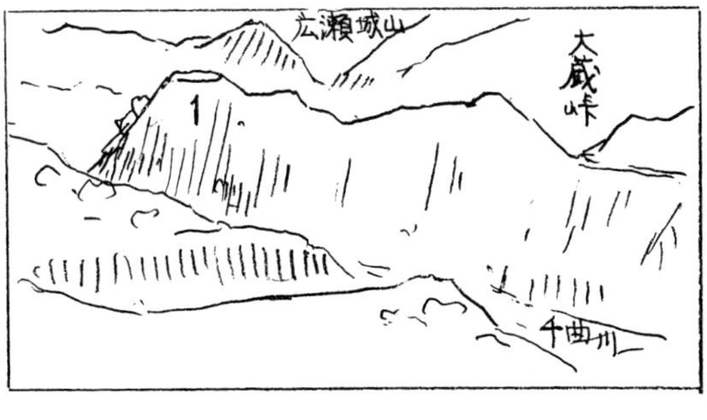

7-1、川上村 原 藤塚

信州峠への登り口になり、ここから谷筋が一直線に峠へ向かう。比高は少なく、村にも近く格好の場所である。大蔵峠もよく見え、信州峠側へ中継所があれば伝わる。ここも伝承や地名から確証は得られていない。山頂に稲荷社があり、金山マレットゴルフ場等で改変を受けているために現地からは何とも言えない。

8、川上氏居館《かわかみしきょかん》（秋山城《あきやまじょう》）

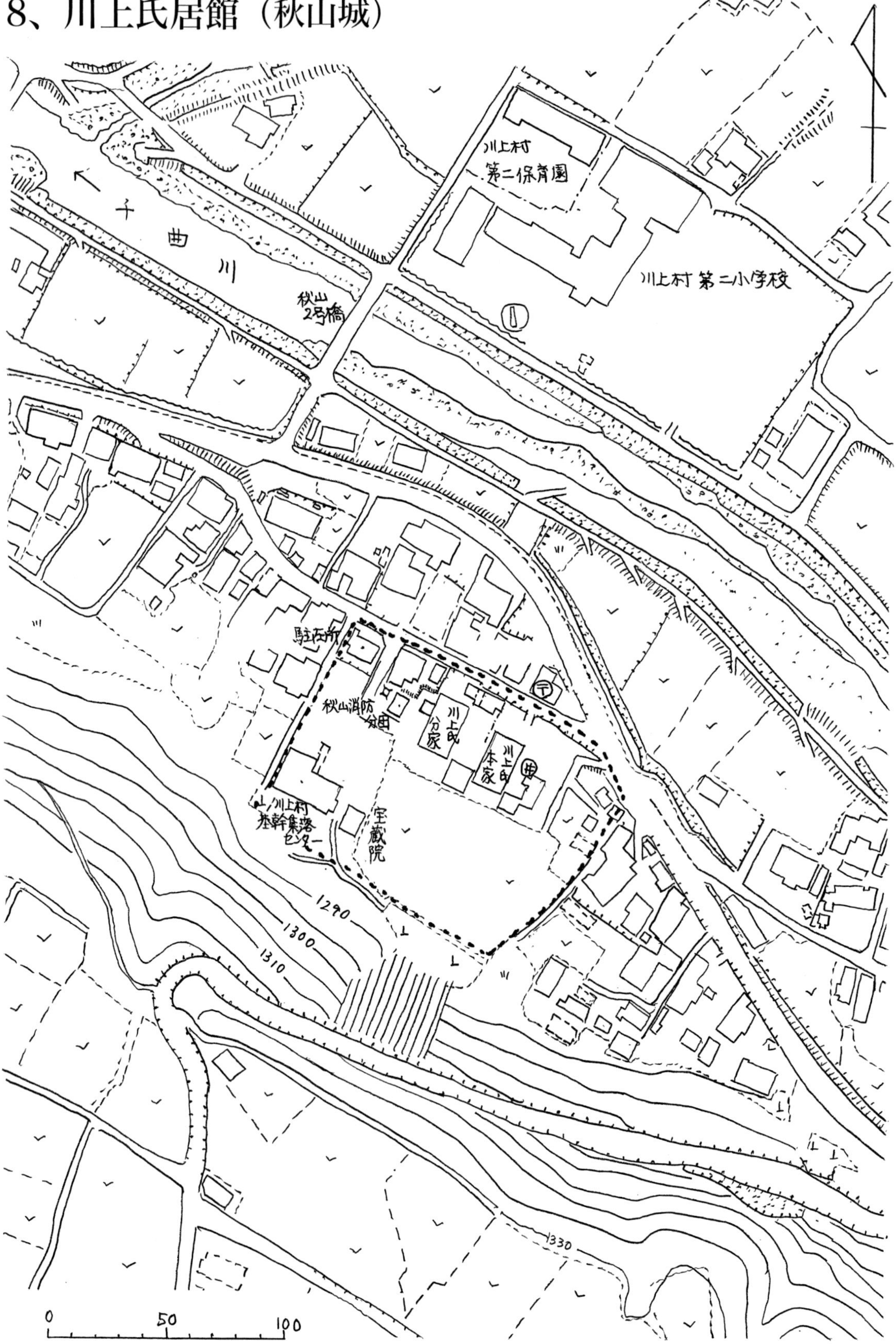

8、川上《かわかみ》氏《し》居館《きょかん》（秋山城《あきやまじょう》）

川上村秋山 ➔3頁

平成15年4月10日調・同11日作図
標高1287m

◦立地　千曲川の源流に近い旧秋山村の地に川上氏の居館がある。この谷を東行すれば、三国峠、あるいは十文字峠を経て関東に通じ、南行すれば大弛峠を越えて甲斐に至る所で、周囲の山は険しく高い秘境とも言える里である。

◦館主・館歴

『長野県町村誌』に「川上氏居館の址」として、「本村（秋山村）字根岸にあり、今屋敷となる。川上氏数世居住すと云ふ。承久記に承久三年六月北条氏京領乱入の際、川上左近これに属す。美濃国大井戸に戦死す。子孫事蹟不詳。西梓久保の内長尾山と云ふ金山あり、村東南の方一里十八町にあり。往古金鉱山にして、武田晴信これを坑取せしより、天正年間に至り、坑業益盛にして、本村富饒し、戸数千戸有せしに後休となり、漸く衰微して村民他村へ移り僅かに存すと云ふ。」とある。

長尾金山については、同書の「川端下村」の所にも「村（川端下村）東にあり、元標より十町許にあり。往古金を穿たる跡数ケ所ありて存す。里俗の口碑に、永禄、天正年間、武田晴信其子勝頼の代これを産出せしを、慶長年間廃ると云伝ふ。」とある。

天文年間に武田氏が佐久へ侵攻した時に、平賀成頼入道源心は戦死し、相木市兵衛と川上入道は武田氏に降ったとされる。（『秋山村誌』）

『南佐久郡志』によると、「川上入道は秋山（川上村）の人なり。初め名は源三郎成政、入道して宗円と号す。武田氏海の口城を屠るの後、武田氏に降り、常に旗下に属し軍に従う。天文十九年（1550）九月一日武田晴信小県郡戸石城を攻むるや、入道随って軍にあり。後、事により晴信の怒りに触れ終りを全うせず。入道子あり。三蔵宗安と云う。武田氏に仕え各所に転戦し、遠州高天神に戦死す。」とある。

また古老の言うには、「川上入道、武田晴信の怒りに触れてより、川上の姓を名乗ることができず、永く林の姓を以てした。後に再び川上姓を名乗って今日に及ぶ。」とする。

更に、『信濃佐久古城記』（天保11年3月の記録）の「秋山城」の部に、「林佐渡守これに居る。年代不詳。其の後川上入道と申す人居る。弘化二年（1845）御代官川上金吾助様、中条詰御影両陣屋侍、午の四月郡中廻り、其の節川上秋山の墓参あり。今の林喜兵衛屋に塚あり。当国の松本産なり。美濃国に川上氏あり。」とある。（南佐久教育会『南佐久郡古城址調査』昭和10年）

川上入道の墓碑は秋山の川上氏墓地に現存するが後代に建てたものという。入道の卒去の日は天文15年丙午年（1546）3月18日で、戒名は「玄心院川上入道雄山英忠居士位」とある。川上入道は戸石合戦の4日後に武田晴信により成敗されたという。村の古老の話では、入道は戸石城攻めの先陣を仰せ付られたが、敵の逆襲で退却したので、信玄の怒りに触れ、引き上げの途中平沢峠（大門峠）で成敗された。供の者が急ぎ飛び帰り、入道の子重政が林姓（母方＝林源左衛門勝久の娘＝の姓ともいう）を名乗ることによって、一門の難を免れたと語り伝えているという。

しかし、こうした伝承もどこまで正確であるかということについては確証は見当らない。

◦館跡

千曲川左岸の旧道に接して、川上氏の本家、分家が並んでいる所が居館跡とされる。現在の屋敷は東西70m、南北45mほどの広さがあり、北向きである。

しかし、屋敷の続き具合からみると、消防分団、基幹集落センター、宝蔵院から、南側の畑地を含めた範囲が本来の居館跡ではないかと想像できる。

後背の南の段丘崖の所に堀形が何条か見られるかはっきりしたことは言えない。

往古は東、北、西の三面に土塁や堀があった可能性はあるが今はその遺構は見当らない。

近世に至り村役人を勤めるなどして、多くの文書を残している。

9、松原城《まつばらじょう》

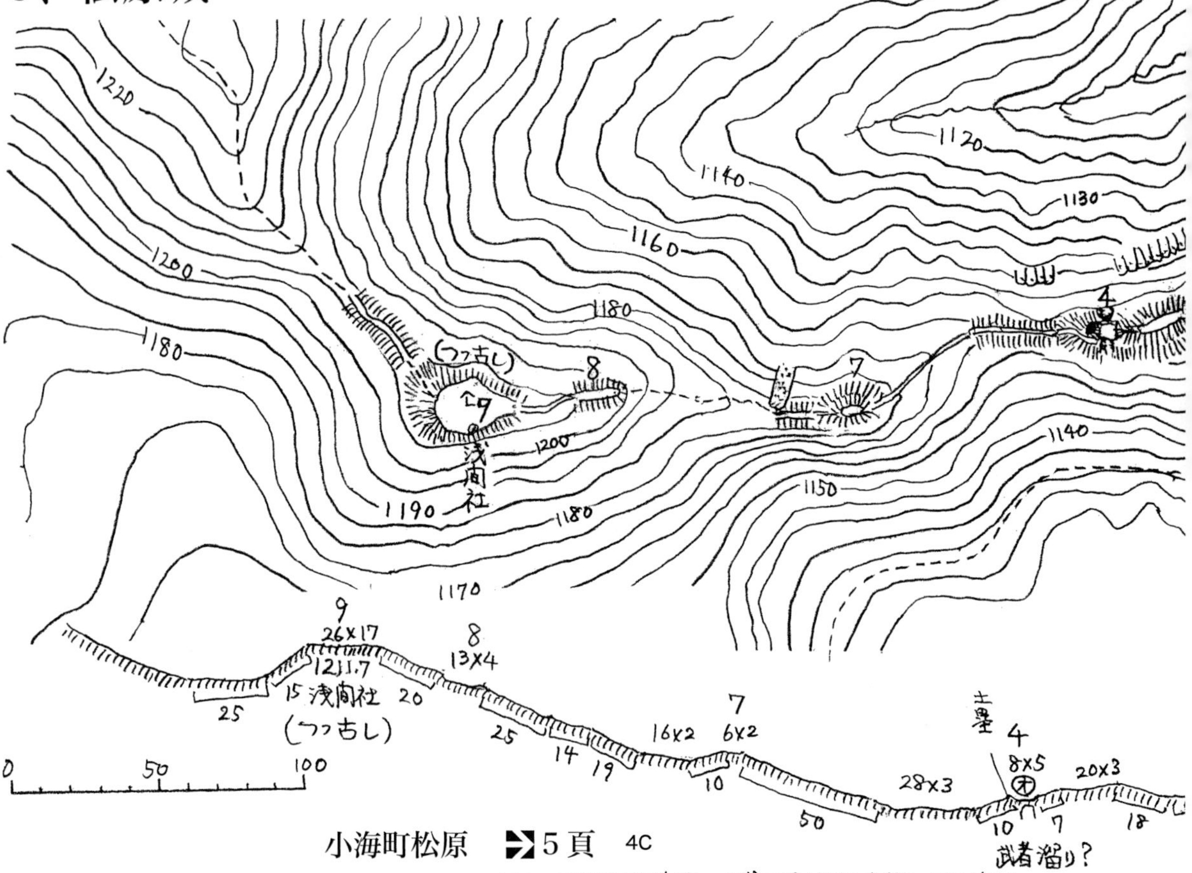

小海町松原　➔5頁　4C

平成12年2月29日調・同3月1日作図、平成23年1月9日再調・同日作図
標高　主郭1　1165m　比高 44m、
　　9の郭(つっ古し曲輪)1211.7m、比高　91m

○立地　松原猪名湖の北岸、諏訪神社下社の後背の山尾根上に松原城がある。この山は猪名湖北をせき止める堤防のような形で聳立する岩山で、東西に細長く、南北の両斜面は断崖に近い急斜面で屏風を立てたような山容である。登路は東端の諏訪神社下社の鳥居の所の稲荷社の前から遊歩道が整備されている。ここからしか道はなく、従って、東端が大手筋となる。ここへ東山下の八那池の方から古道があり、6の東下に古寺があったとの伝承があるようである。

○城主・城歴　『平賀入道成瀬佐久一統平釣之図』(いわゆる天正の古図と呼ばれる絵図)に松原大弥太が永500貫文(50貫文とも)で松原城に在城したとされるのがこの城である。『南佐久郡誌、古代中世編』では、同図をもとに、松原大弥太は松原、馬流、稲子を所領して永500貫文(50貫文とも)とある。同書では「佐久で一貫文は一石七斗五升四合ぐらいに当る」と言っているので、500貫文とするとおよそ900石位になり、50貫文なら90石程度になる。何れにしてもそれほど強力な土豪ではなかったと考えられよう。

　また、この城は、『小海町誌 川西篇、鷹野一弥著』には、この城跡が上記絵図によって発見されたいきさつなどが記されていて、「腰巻」「網張場」の地名があることや竪穴があったことが述べられているが、その場所等については、詳しいことは分かっていない。それにこの城跡は「南佐久教育会の古城址調査」でも取り上げられず、1983年の長野県教育委員会が4年かけて行った『長野県中世城館跡分布調査』にも入っていない。どこかで伝承も消えて忘れ去られていたようであるが、地元では、上図の地字「つっ古し」の浅間社の石祠のある9の場所が松原城の場所だという伝承があるようである。上記絵図に松原湖の東北方に「城」の記載があるということから世に知られた城跡であるが詳しいことは分からない点が多い。

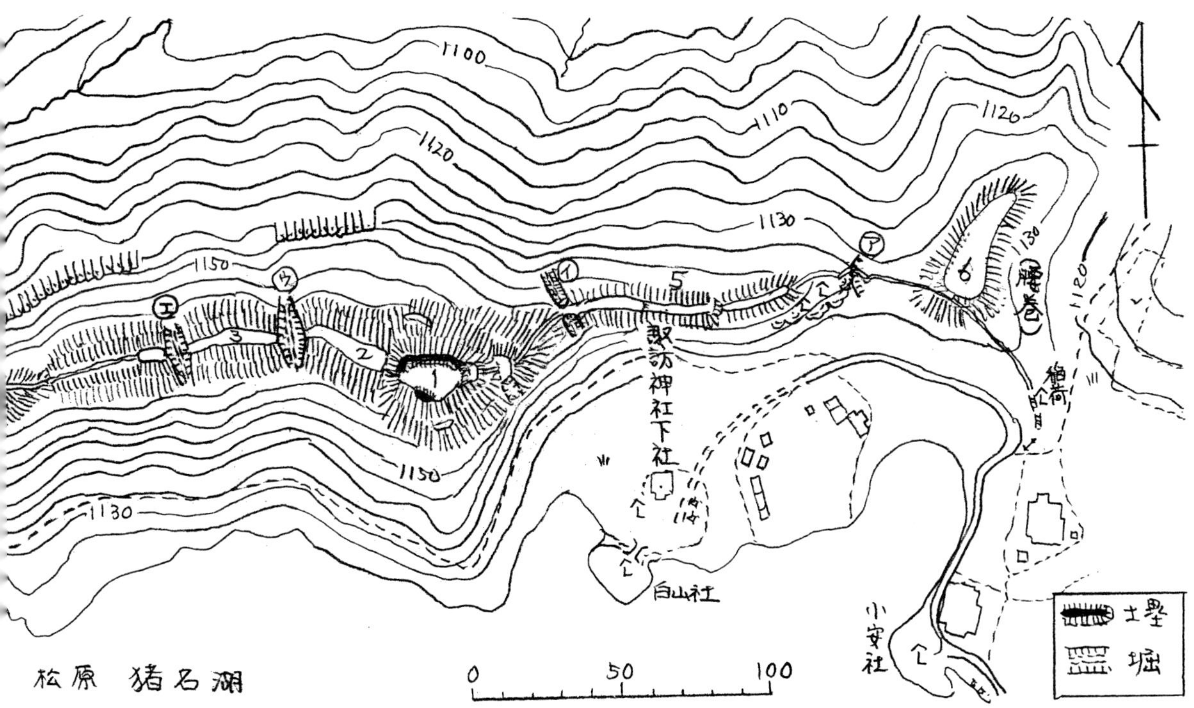

松原　猪名湖

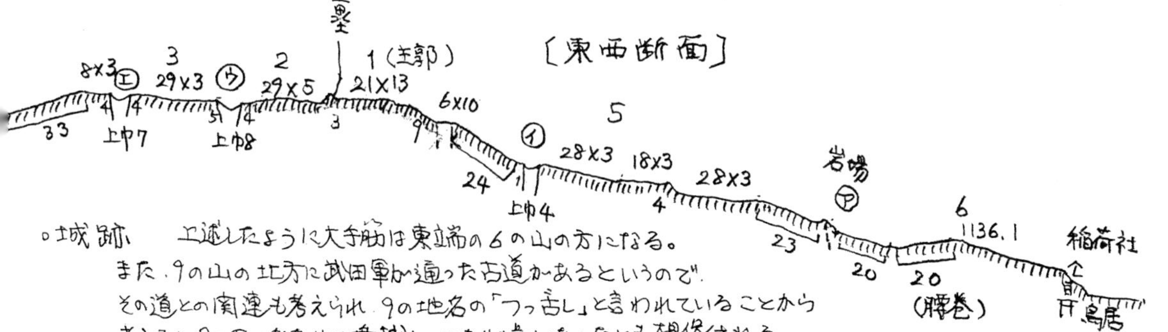

○城跡　上述したように大手筋は東端の6の山の方になる。
また、9の山の北方に武田軍が通った古道があるというので、
その道との関連も考えられ、9の地名の「つっ苫し」と言われていることから
考えると9の西のあたりに乗越し、つまり峠があったとも想像される。

6の山は殆ど自然地形であるが、大手の物見場的な場所である。㋐は岩壁を利用した木戸などの防御地点である。5は幅3mに満たない細尾根が続き、㋑の堀は、上幅4mの堀で土橋を渡って急な登りとなる。①から24m上に6×10の小曲輪があるが、馬出しの働きをする主郭前の平地で湖水側に堀形があるので、居跡かも知れない。ここから主郭の南北斜面に武者走りが通じ柵列があったようにも見て取れる。

主郭へは坂虎口の平入りで入る。北、西、南に土塁痕があるので往古は、土塁が全周していたことも考えられる。東側に倒木の根の穴ができている。主郭は東西21m、南北13mの所で、周囲は急崖で侵入は難しい。

後背の平らの尾根上には㋒（上幅8m）、㋓（上幅7m）の2条の堀があり、更に50m先に20×3mの平らな尾根に続いて4の小曲輪がある。西側に土塁があり、両側に堀形があり、窪地となっているので、武者溜りのような働きを持った虎口で、西の大事な防御点であったと思われる。ここから10m下ると尾根の鞍部になり、前回はここを城域の西限とした。

しかし、地元では更に上部の9の場所が松原城跡という伝承があると聞いて今回の再調査をした。鞍部から50m上に小突起6×2mの7の堡塁があり、尾根は急登して8の13×4mのたるみを経て20m登ると9になる。東西26m、南北17mの不整形の平場で、浅間社の石祠がある。明らかに削平されているが周縁に土塁はなく、堀切や武者走り、腰曲輪は見当らない。高所のため眺望はよく、背後の古道方面も一望にできるが、造りは、下部の1、2、3地区のものと異る。従って、同時期に造られたとは考えにくいものであるが、1の詰め城、あるいは逃げ込み城という性格のものともとらえられる。又、ある時期に武田氏の軍用道路の見張りや狼煙台として設置された部分、更には、天正10年、北条氏が甲州で徳川氏と対陣する時に兵站路の確保のために設けたことも視野に入れて考える必要のものとも考えられる。しかし、同一の尾根上にあるためにここでは松原城の一連のものとしてとらえるが、様々なことが想像できる部分である。以上不明の点を多く残すが、1を主郭として6から9までを城域と見る。

10、根小屋烽火台《ねごやのろしだい》（すだて城《じょう》）

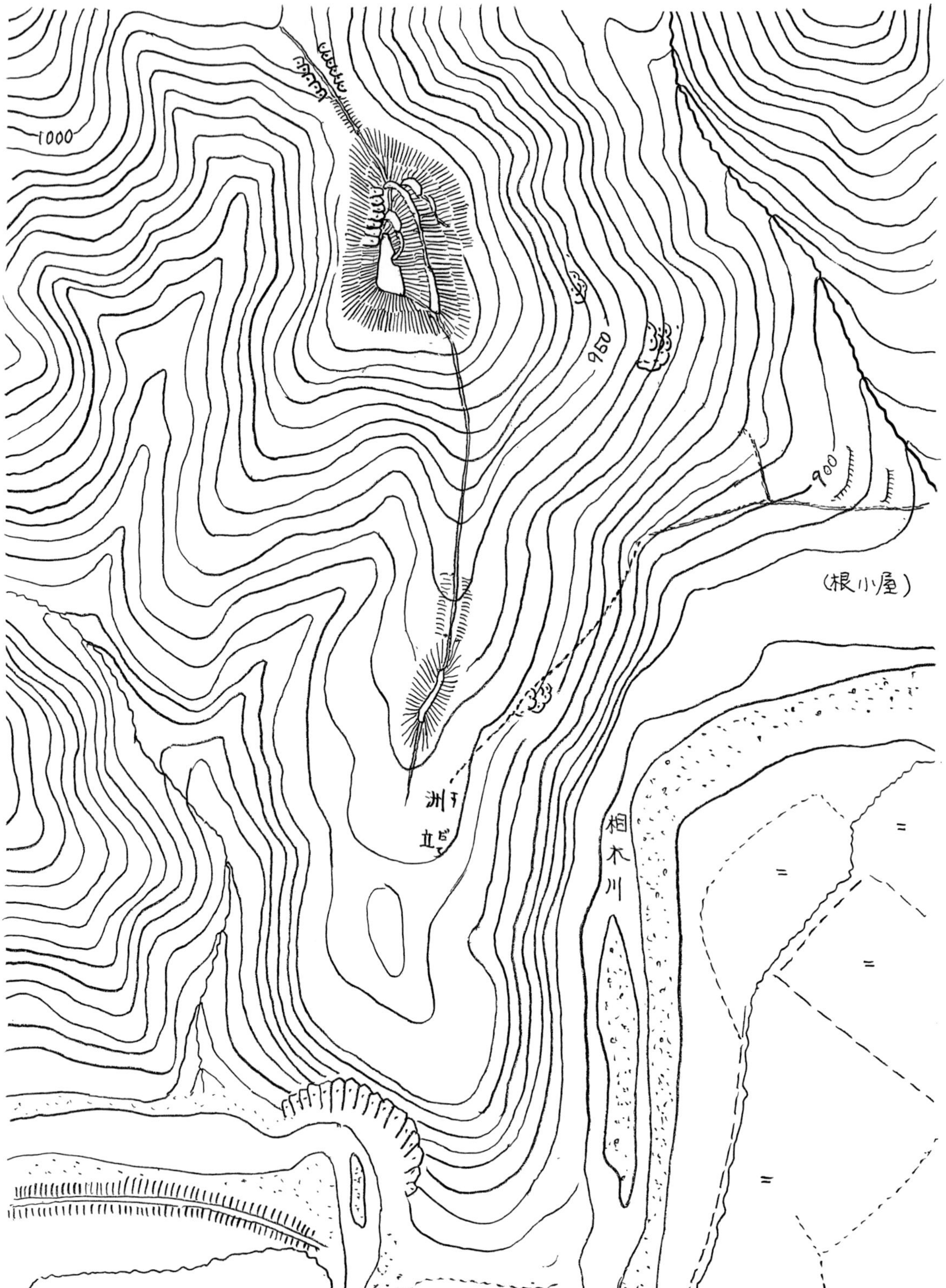

10、根小屋烽火台《ねごやのろしだい》（すだて城《じょう》）

小海町中村 ➡5頁

平成12年2月29日調・3月1日作図
標高1007m．比高120m

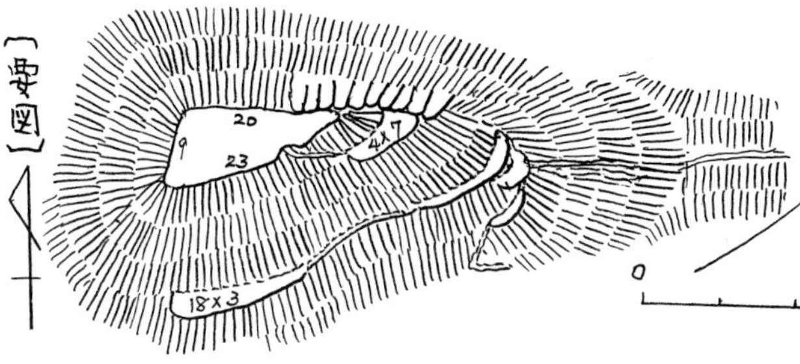

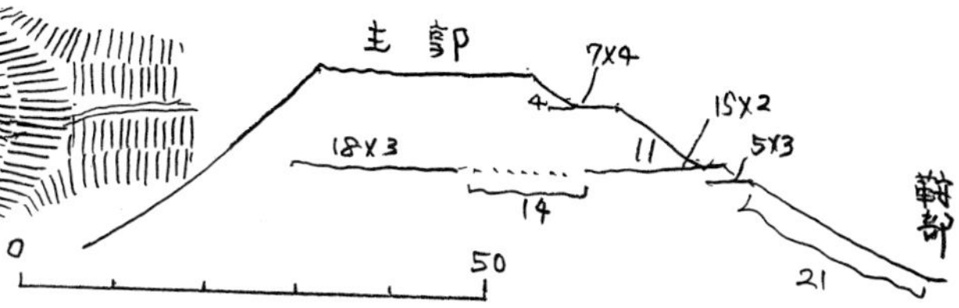

○立地　相木谷の谷口近く．相木川の右岸の丘陵先端部の山尾根上にある。南山麓の相木川との間の一帯を根小屋と言っている。登路は大洲《おおしゅう》の東端より黒沢きのこ園へ向かって下り、相木川を渡った所から．南へ張り出した尾根筋を登るとよい。沢筋には．祢古屋権現の小祠があり．上流中村には五輪沢があり．そこに10基の五輪塔がある。

○城主・城歴．相木氏の本貫地である相木谷の入口を押さえる砦で．相木氏の支城の一つとされる。根小屋城主を黒沢駿河守重慶《しげよし》とする説があるが．黒沢重慶は上州神流川上流域の山中谷の地侍であったようで．相木氏領内の根小屋城主とするのは．無理があると考えられている。中村の五輪塔が根小屋城主のものと言われているが はっきりしたことは分らない。何れ相木氏に属するものが守ったものであろう。

○城跡．急峻な狭い山頂部は 20×9mほどの三角形の平地で．南下14mに18×3．の腰曲輪があり．東の後背の尾根筋は急落しているが．そこに2〜3段の小曲輪が残る。西の洲立と呼ばれる尾根は急でしかも細尾根になり、ここには特に遺構は見当らない。

南の沢には水があり．沢中と南西の小尾根の末端部に削平地があるので．居住区は南の山下にあったと思われる。相木谷へ侵入する者があれば．それを相木城へ知らせたであろう。

旧来の呼び方にならったが．根小屋砦と言うべきもので．ある時期狼煙台として使われたと思われる。

11、本間城《ほんまじょう》（じょう）

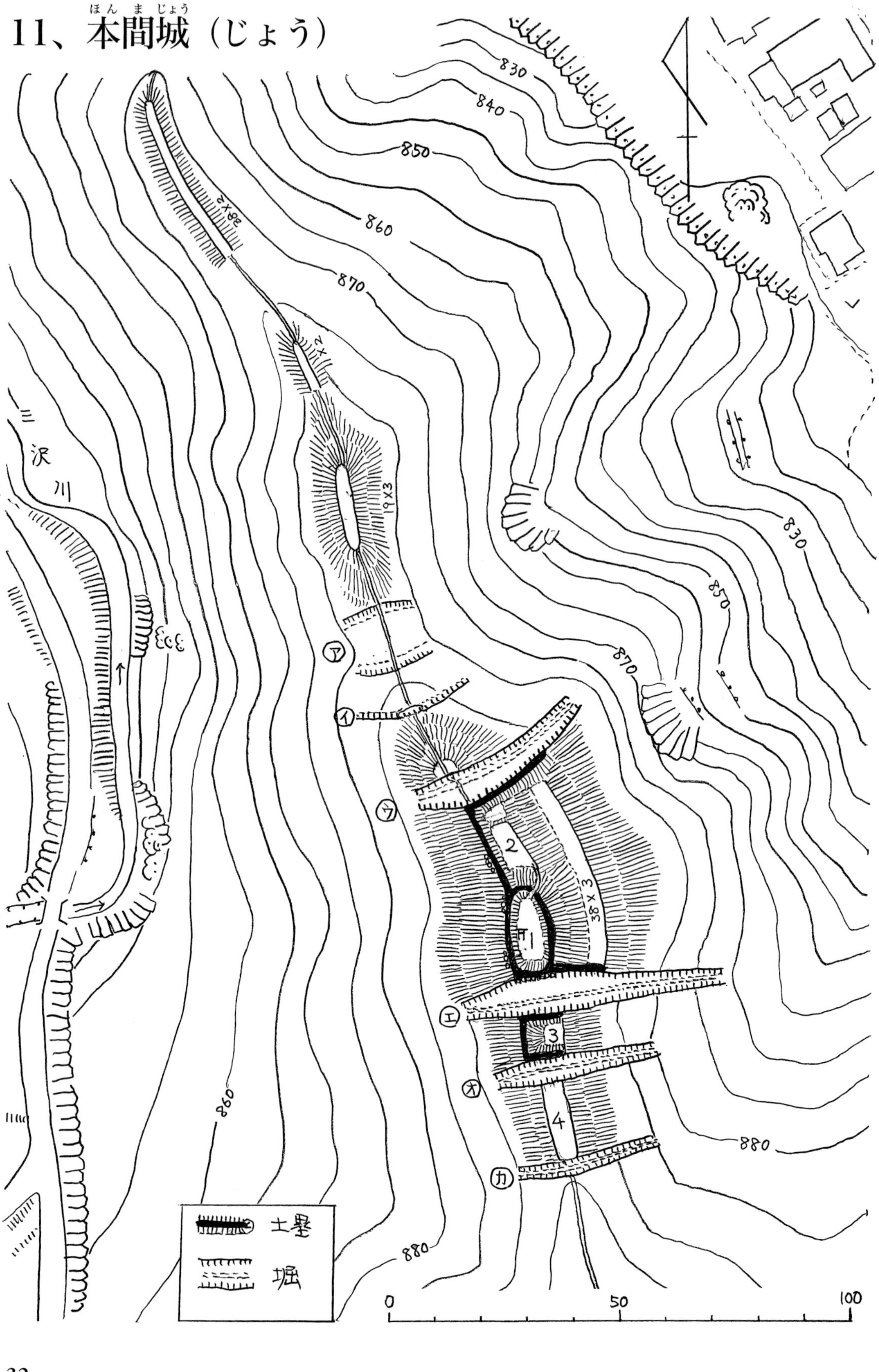

11、本間城《ほんまじょう》（じょう）　小海町千代里本間上　➔6頁

平成12年2月18日調・同19日作図
標高898m、比高85m

〔南北断面〕

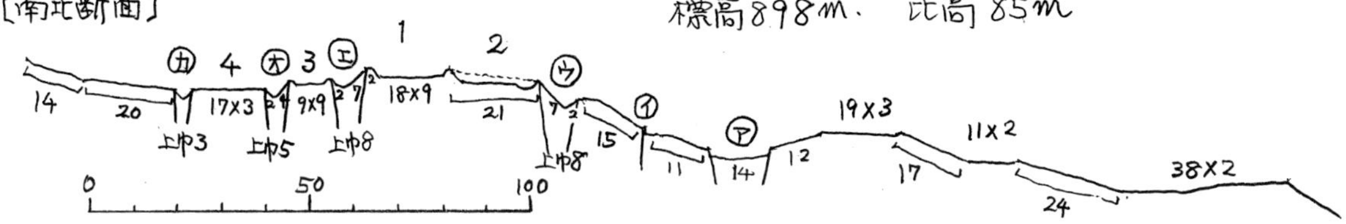

○立地　千曲川が峡谷から出て佐久の平野部へ出る所に本間城がある。ここは、八ケ岳から東へ続く丘陵の東端に当り、千曲川へ断崖となって落ちこんでいる。対岸には高岩があり、北東1.6kmには蟻城があり、南1kmの段丘上には、信玄の宿営地である宮の上があり、北700mの至近に本間下の城がある。眼下に佐久甲州道が通り、上州へ侵出する時の武田軍の千曲川の渡河点は目の下で、そこから余地峠へ向かった。

○城主・城歴　記録はないが、立地からして、武田氏の軍道の警備に当った砦で、宮の上の宿営地との関連が考えられている。西側に三沢川の深い沢があり、急な細尾根の小さな砦であることから、発生は在地土豪層の要害城として造られたものを、手を加えながら、軍道の警備と狼煙のつなぎ及び見張城として活用されたものと思われる。

○城跡　登路は北の尾根先から尾根伝いに登るしかない。側面から登るのは困難である。あるいは、南の小海高校のある宮の上の段丘から、一段上の段丘を経て丘陵の先端部の尾根を下るとよい。

以上のことからも宮の上の宿営地とは深い関係が伺える。

城跡の中心部は細尾根の中段部にあり、主郭の1は18x9ほどのだ円形の平場で四周に土塁が回っていて、中に小社（神名不明）がある。北下に2の曲輪があるが、西と㋒の堀に面して土塁で守られている。9m下には38x3の腰曲輪がある。北側の尾根上には鞍部の自然地形を生かした㋐の堀と、中間の㋑は切岸になっているが堀であったとも考えられる。

1の後背は3条の堀で尾根を遮断していて、3の曲輪は三方に土塁がまわる勢溜りとなっている。大手は北で、途中に平地がいくつかあるが、殆ど地山のまゝである。

12、本間下《ほんましも》の城《じょう》（じょう）

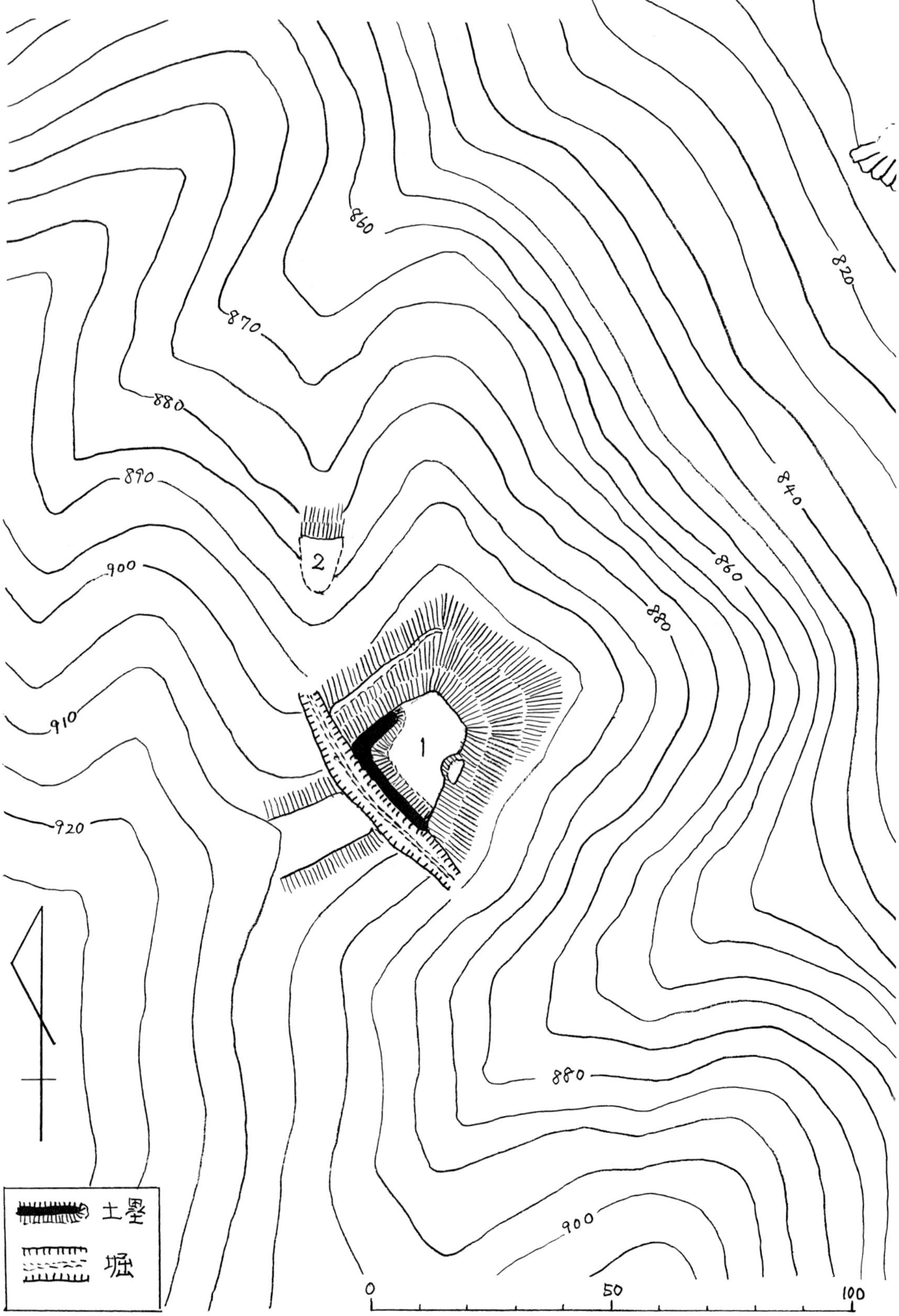

12、本間下《ほんましも》の城《じょう》（じょう）

小海町千代里本間下

▶6・9頁

平成12年2月18日調・同19日作図.
標高907m. 比高105m.

〔東西断面〕

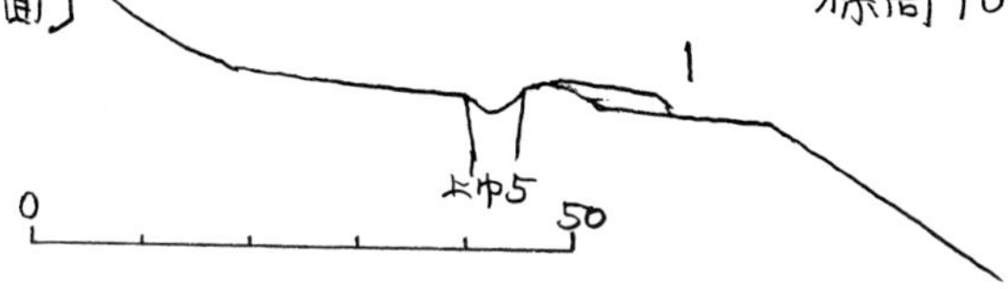

○立地　八ケ岳から東の山麓一帯に広がる千代里の丘陵地が千曲川の谷へ落ちこむ所に本間下の城が立地する。対岸1.3kmには蟻城があり、北1kmには大石川の烽火台、約3km離れた花岡城もよく見える。南0.8kmの本間城は間の尾根陰で見えない。眼の下には佐久甲州道が通り、いよいよ佐久の平も広くなってくる所である。

東面する斜面は急で登りにくいが、ゴルフ練習場の北側から北の沢筋へ入って登るとよい。

○城主・城歴　不明

○城跡　崖の中段の平地を利用して造られた単郭の砦である。広さは20×23ほどの方形の曲輪で西と北に土塁が残る。後背の尾根に続く所に上幅5mの小さな堀があり、まことに単純である。

北の沢の頭に近く9×11mほどの削平地がある。番士の小屋掛けした所であろうか。水場は附近に見当らない。天水を使ったか、下から背負い上げたのであろう。

○以上のように、この砦はまことに簡単な造りで、在地土豪の要害城にしても頼りなく、占地も問題である。これは、どう見ても、山足を通る甲州道の物見の塁で、伝承にあるように狼煙台として造られたものであろう。

数人の番士（農民）が交替で見張りに当らせられていたもので、一朝変事に際しては、狼煙を上げるか、鐘や太鼓で知らせたものと思われる。

13、旗立台《はたたてだい》

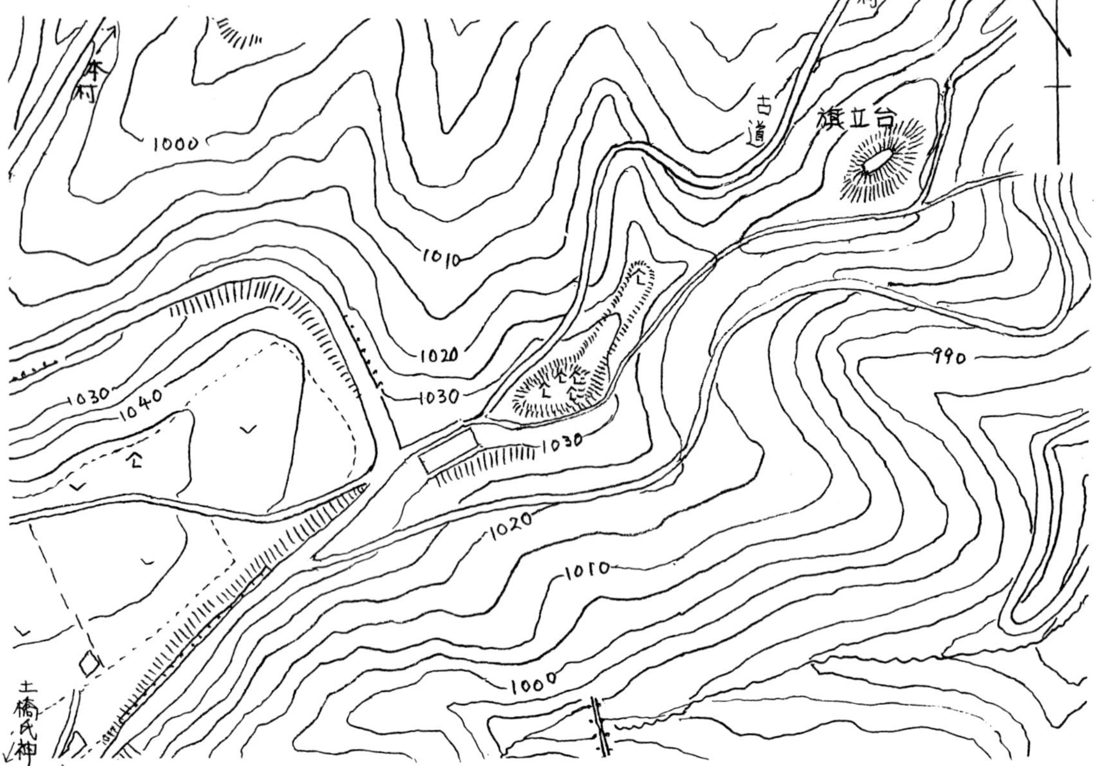

小海町小海沢入

→5頁

平成15年10月29日調・同日作図
標高1020m

［東西断面］

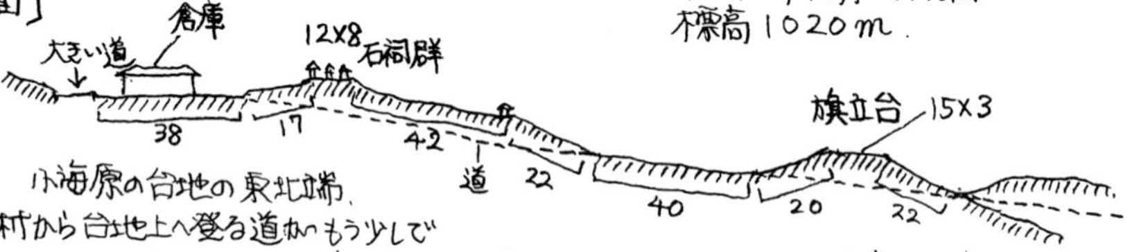

○立地　小海原の台地の東北端、
本村から台地上へ登る道がもう少しで
台地上へ出る所の小山が旗立台と伝承のある所である。　ここからは 根小屋烽火台（すだて城）、海の口城はじめ、北相木、南相木の両谷を見通すことができ、近くの山の北側を下る道は戦国期にまでさかのぼることのできる古道という。

○城主・城歴　旗立台の伝承のみで、史料等は不明。この小山についた「旗立台」の呼称が物見、狼煙台、旗塚に当るものと思われる。　狼煙台の呼称としては、「鐘撞堂（かねつき堂）」「たいこん堂（太鼓堂）」「旗振り場」「火山」「火振り場」「火とぼし山」等があるが「旗立場」という言い方は珍らしい。

では、これを設置したのは誰かということになるが この近くを通行した者で、先ず武田氏が考えられ、根小屋烽火台と共に近くの土豪に所管させたものと思われる。これも千曲川沿いの狼煙の継ぎの一環をになっていたものとして大事なものと考えられ、所々にこうしたものが発見されてくるとおもしろい。

近くには土橋氏の氏神などが残り、往古は、台地上に村があり、大事な交通路となっていたという。

○城跡　山頂部は15×3mほどの平場が残る小山で、土塁、堀等は見当らない。最近まで電柱が建っていたという。

根小屋烽火台から受けた狼煙を、南北相木谷と海の口へ伝えた狼煙台、旗塚、物見の場所であったと考えられる。

14、稲子《いなこ》の古城《こじょう》

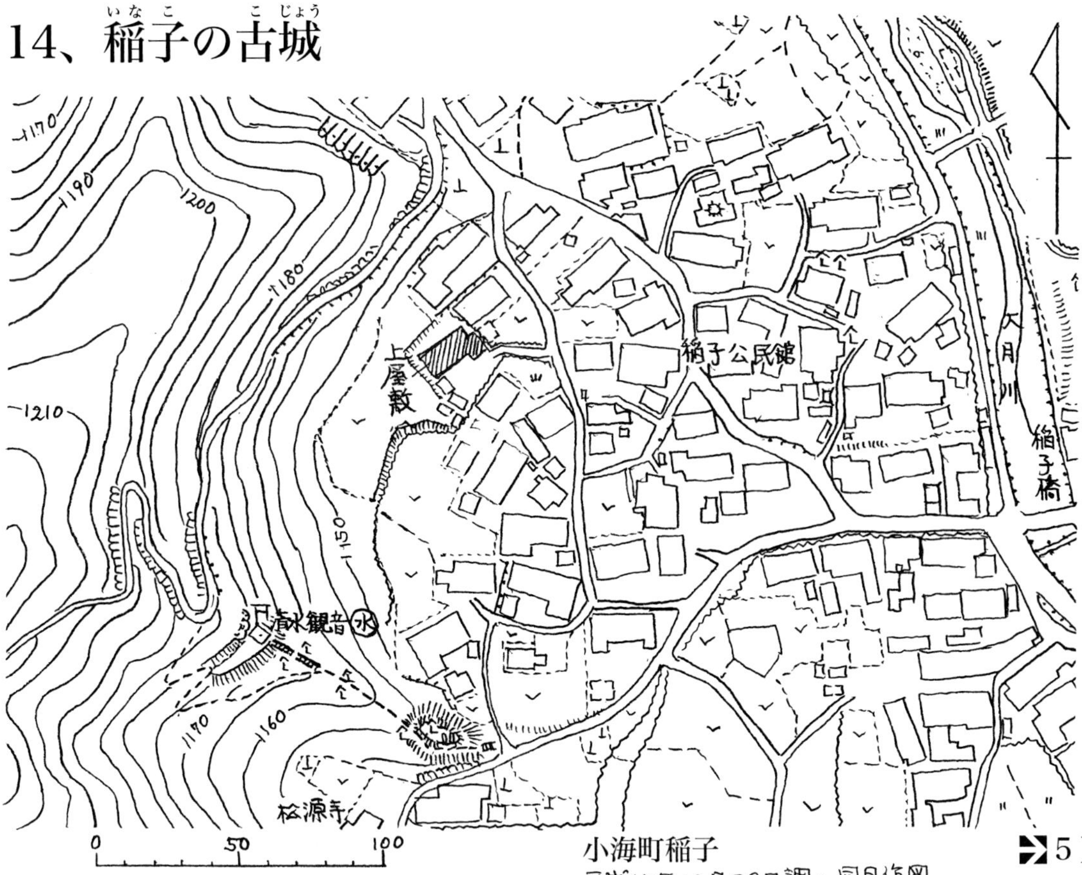

小海町稲子
平成15年10月29日調・同日作図
標高1148m

5頁

○立地.　稲子集落のあたりと推定し2度にわたって調査したが確証は得られなかった。
　今までに分かった所を記録して後究にまちたい。

○城主・城歴　『長野県町村誌』に「古城跡」として、「本村(稲子村)の西の方山際にあり。東西二十間(36m)，南北二十間(36m)．今畑となる。年月不詳。井出左馬頭居城すと云ふ。事跡不詳。」とある。
　稲子での聞き取りや地元には．この伝承・史料はないらしい。しかし．稲子の多くは井出姓で．これらの人々の先祖にかかわるものと推測する。
　まず．稲子の中心部は．稲子橋の西側の三叉路のあたりで．町村誌で言う「村の西の方山際」と言うのは．清水山の観音堂の北下あたりが考えられ．ここに「上屋敷かみやしき」の屋号の家(井出修治氏宅)があり．その家裏から山際へかけて広い畑が残る。観音山の下からは清水が湧き．それが飲み水に使われ．今も屋敷を取り巻いて流れている。この一帯は、北．西．南に山が防壁となり、東には大月川が流れていて．土豪が館するには格好の場所である。古城があったとすれば．ここをおいては他に考えられない。

○城跡.　屋敷跡と考えた方がよいが「上屋敷」の家の所か、その南西に続く畑の所が古城の地と推定する。
　井出左馬頭がどのような人物か不明であるが．稲子の開発者と考えられる。良質な水があり、稲子で最初に住むには．このあたりが最も条件がよい。背後の山は物見にも使える。
　古城の地・即ち井出左馬頭の屋敷は上記の所と考えたい。

15、小海原狼煙台《こうみばらのろしだい》

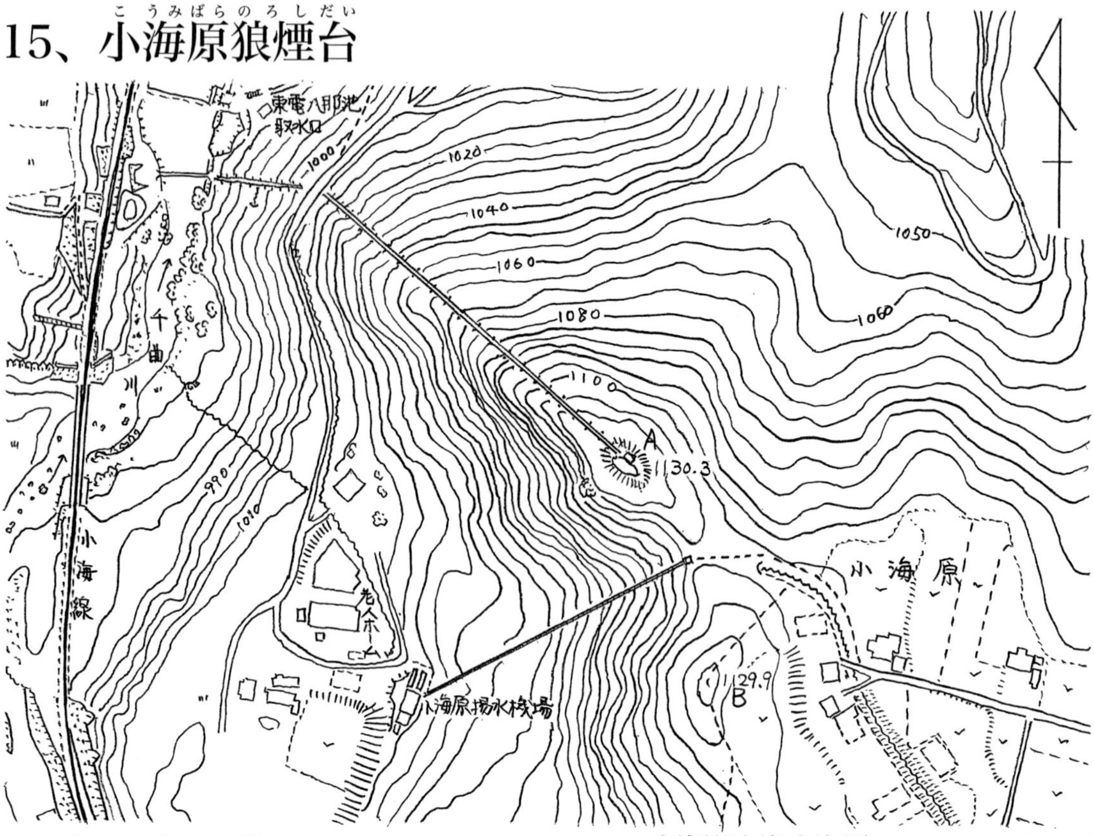

小海町小海小海原

➔5頁

平成15年3月29日調・同30日作図
標高 1130.3m. 比高 167m(千曲川より)

○立地. 千曲川の右岸、小海地区の丘陵上に小海原と言われる広大な平原があり、これが戦後開墾されて開拓地となっている。千曲川の対岸には、松原湖があり、そこには松原城がある。その南には海尻城、小海原の南へ続く山地には、大遠火(おおとや)、物見山の狼煙台や海の口城があり、佐久甲州街道沿いの千曲川谷筋の数多くの城砦、狼煙台が並んでいる所である。

○根拠 史料・伝承等不明。『定本佐久の城』(郷土出版社)の中で、仮説として、岡村知彦氏が「佐久地方を通る武田氏の飛脚かがり図」で、小海の小海原をあげている。

この地域の狼煙台としては、千代里の宮の上に続いて、根小屋烽火台があり、小屋の窪のあたりにあったとしても その南は松原城、あるいは、海尻城、大遠火、物見山、海の口城のあたりまで相当に距離があり、伝播は難しい。どうしても小海原のあたりに中継点がほしい所である。狼煙台間の距離は、天候の悪い時などに用いる鐘、太鼓などの音の聞こえる範囲とすると、2~3kmが最もよいと考えられ、谷中の場合は、両岸に交互にあると効果的である。以上の理由から、小海原のあたりにどうしてもほしくなるところである。

○その場所は、

まずあげられるのは、台地の最西端のAの山である。よく目立つ山でここの展望は広い。

しかし難点は、南の山の陰になり、南方の視野がせばめられる点である。

南の海尻城、海の口城まで見通すとなると、Bでもだめ、その南の別荘地の南の1176.8m峰まで登らないといけなくなる。その点、Aより松原城経由にすると、海尻城や物見山へは伝わると思われる。以上のことも含めて、問題を残しておきたい。

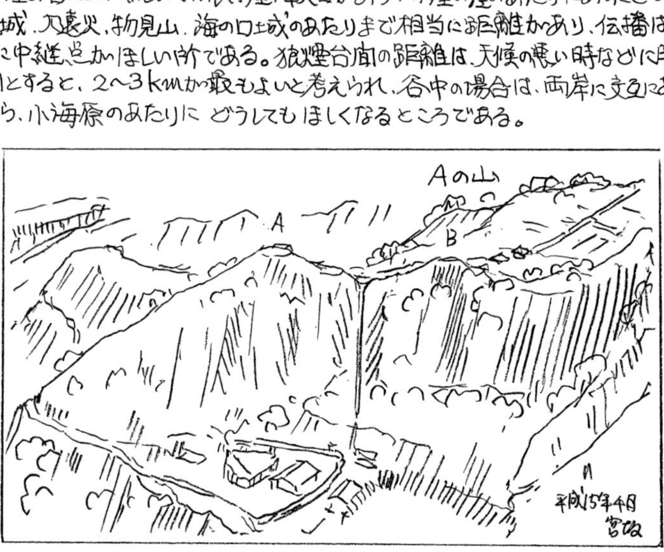

16、小《こ》屋《や》の窪《くぼ》

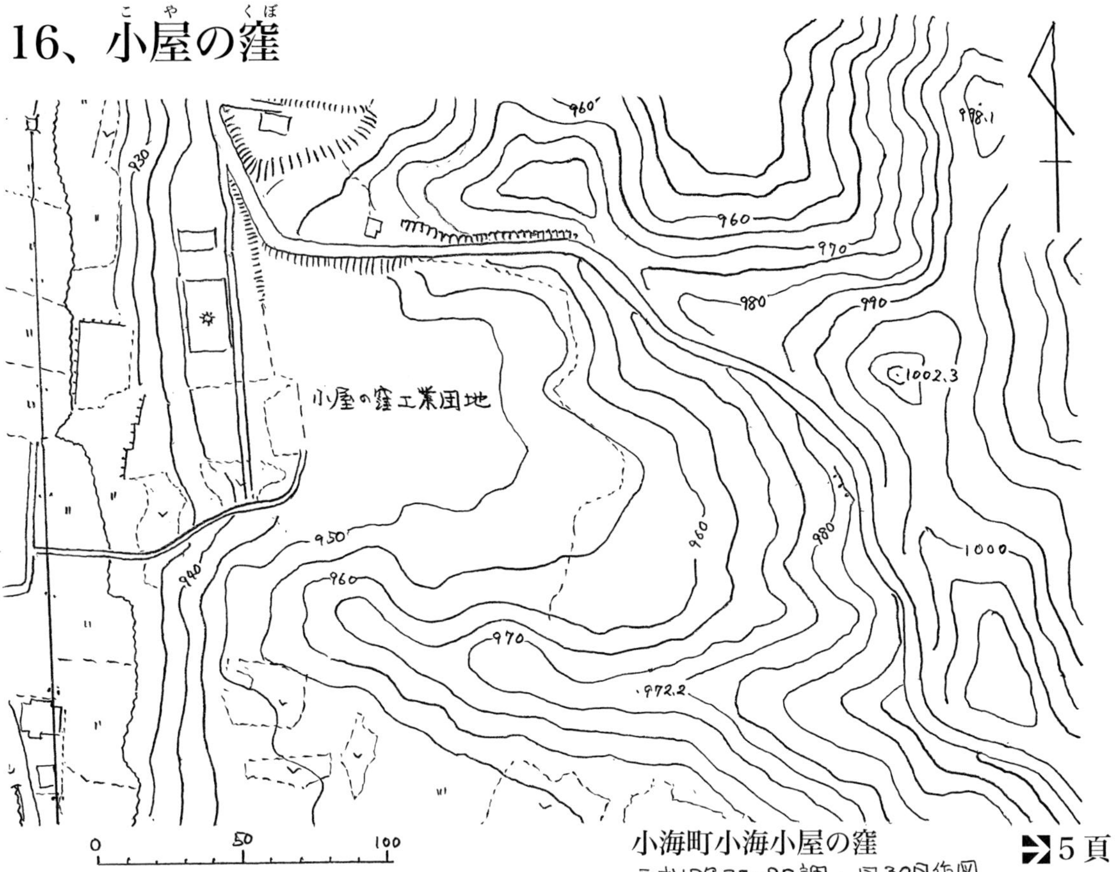

小海町小海小屋の窪　→5頁

平成15年3月29日調・同30日作図
標高945m．　比高20m（下位段丘より）

○立地．　小海町．千曲川の右岸，小海地区の大畑と芦谷の間に小屋の窪がある。千曲川の第二河岸段丘面になり・東の丘陵地より張り出した山尾根に挟まれた平地で，現在は工業団地になり，古い地形など殆ど失われている。

○小屋の窪の地名

中世の時代，城館を「小屋」と呼んでいたことはよく知られている。近くでは根小屋烽火台．耳取城の北小屋．平原城の仏小屋城，春日の三沢小屋，芦田城の東小屋 等がある。

以上の理由から、この「小屋の窪」の地名が気にかかる。地元の史料・伝承等は全く不明で，ここに城館があったという確証は何一つない。

しかし、東の丘陵地から張り出した尾根が北側．東、南側の三面を囲み，自然の土塁となり，所々にある小山は物見には最適で，山に囲まれた段丘面の平地は，正に城館の立地には得難い好条件と言える。

加えて，この千曲の谷筋は戦国時代には重要な軍道として使われ，多くの狼煙台が並んでいたことが考えられるところであり，ここに在地土豪が館していたことは十分に考えられることである。そして，下位段丘上の道を押え狼煙の中継等に当っていたことが想像される。

○広さ100m内外の平坦面は，すっかり削平されている。

現地形から読み取ることは不可能であるが上記事項をそえて，ここに中世の時代の城砦があったのではないかと思われ，問題提起とする。

17、宮《みや》の上《うえ》

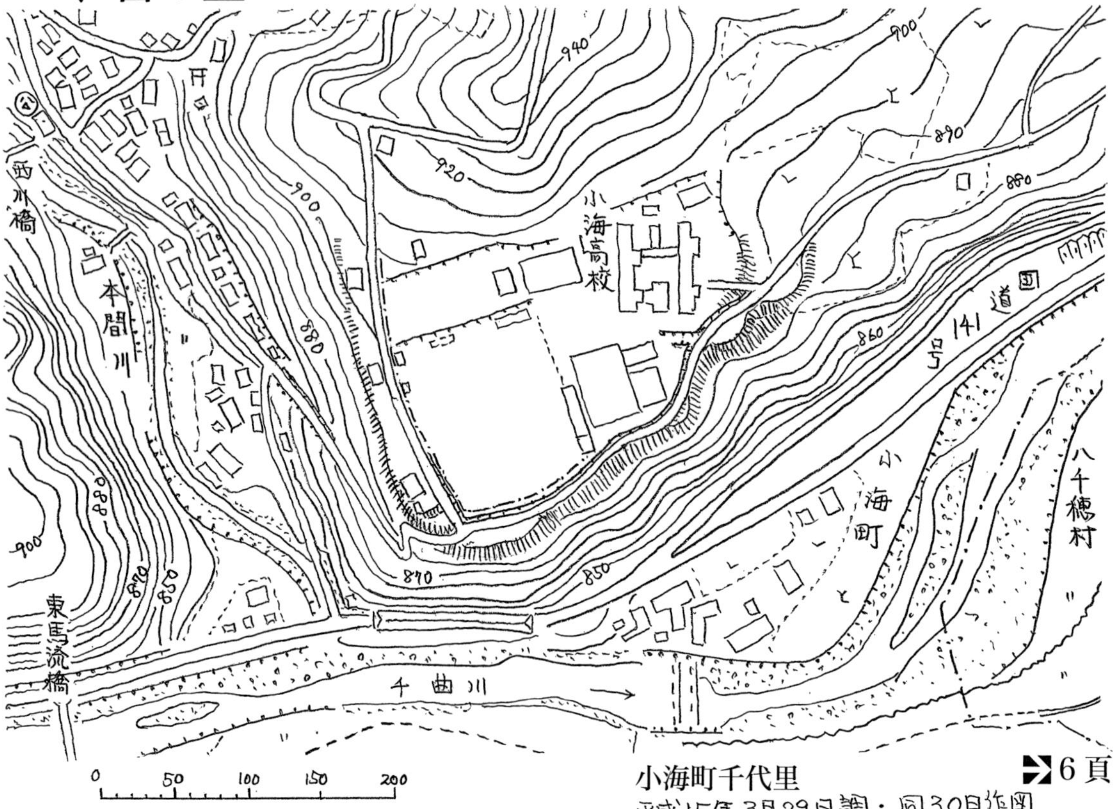

小海町千代里
平成15年3月29日調・同30日作図
標高 900m、 比高 55m(国道より)

➔6頁

◦立地　　千曲川へ本間川が合流するところの左岸の段丘上、現在小海高校のある所が宮の上である。

南牧村、小海町等南佐久地方の千曲川の峡谷部の北端に位置し、いよいよ谷幅も広くなり、佐久平が展開するところに宮の上がある。

◦城主・城歴　　武田軍の重要な宿営地の一つとされる。宮の上は『京都大徳寺文書』に出てくる「保間本畑二百五十貫文」とある所で、本間郷の本拠地と考えられ、交通の要衝にも当る。

『高白斎記』天文12年9月の条に、「十五日戊午申刻光台為御退治、千塚迄御出陣。十日若神子、十二日海ノ口、十五日宮ノ上、十六日前山・・・。」とあり、武田晴信が小県郡長窪城の大井貞隆を討つために出陣した記録である。この時には望月一族を殺し、貞隆は捕えられ21日に甲府へ送られている。貞隆の子左衛門尉貞清は、内山城に拠って屈しなかったが、天文15年5月9日より武田軍の攻撃を受け、20日に遂に降服している。又、天文17年の前山攻めの時にも宮ノ上に陣所をおいている。

こうした佐久地方及び小県、更には上州への出陣の時には、この宮の上は信玄の宿営地として使われたようである。そのルートは、海ノ口から、海尻、松原湖、八那池(台地上を通って)宮の上を経て佐久甲州道を北進するか余地峠を越えて上州へ向かったと考えられている。

◦千曲川と本間川の合流点で、南と西は急崖になっていて、この二方向からの接近は難しい。

当時どの程度の施設があったか不明であるが、本間川の渡河点でもあり、この台地上は中継基地になっていたと思われるので、城砦としてもある程度の備えはあったと思われ、安全な宿営地となっていたことが想像される。

18、岩鼻《いわばな》の砦《とりで》

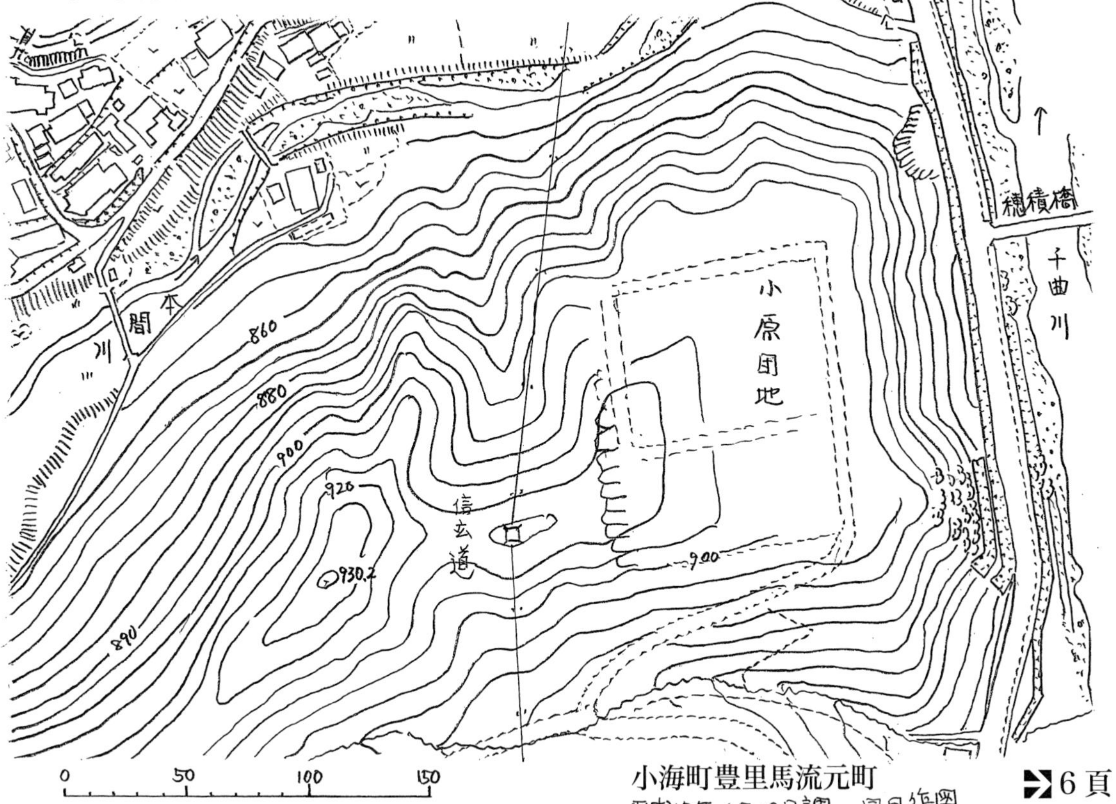

小海町豊里馬流元町

➔6頁

平成15年4月10日調・同日作図
標高 900m． 比高 60m（国道より）

○ 立地、　千曲川の左岸 本間川が合流する所の南の崖上の台地である。本間川をはさんで北の台地上が宮の上で、現在小海高校がある所で、千曲川左岸の古道に接する立地である。

○ 城主・城歴

『長野県町村誌』に「砦跡」として、「境域不詳、村（豊里村）の北方字岩鼻の峯にあり。桑田となり其形を存せずと雖も、今に至り地を鑿つ(うがつ)もの、往々毀損の陶器、或は米穀の炭を見るあり。天文頃 武田氏の軍兵、爰に拠ると言伝ふ。」とある。

字岩鼻の地から見て、この台地が該当すると思われる。本間川対岸の宮の上の台地が武田氏の幕営地として有名であるので、それとの混同かとも考えたが、この台地上に信玄道と称する古道があり、松原湖方面へ通じていて、武田氏の軍道として利用されていたという伝承があるので、宮の上の警備のためにも砦を置いたことが考えられる。

町村誌には砦跡とのみあり、個有名詞がないので「岩鼻の砦」と仮称しておく。古くは千曲川沿いには通行が不能で、松原湖 — 八那池 — 台地上 — 岩鼻砦 — 宮の上 — 本間と通ったという。信玄道は台地の西の尾根の鉄塔のあたりを越えていたようである。

旧馬流村は天文の頃には「真名頭」の字を用い、武田三代記にも見えるが、天正の頃に馬流の字に改めたと『町村誌』に出ている。武田氏と縁の深いところであることが伺える。

○ 城跡

『町村誌』の頃（明治初年）に既に遺構は失せていたらしいが、現在は小原団地となり、旧態は全く見当らない。

地域には岩鼻の地名を知っている人はなく、「よけはな」と言う人がいた。

ここは宮の上と同様に、佐久平の南限に当り、いよいよ平地に入る所で、千曲川の両岸に城砦が連続し、甲信の交通上の要衝である。

この台地から本間川へ下り、宮の上へ登る難所に関門を設けたのであろう。

19、見張城《みはりじょう》

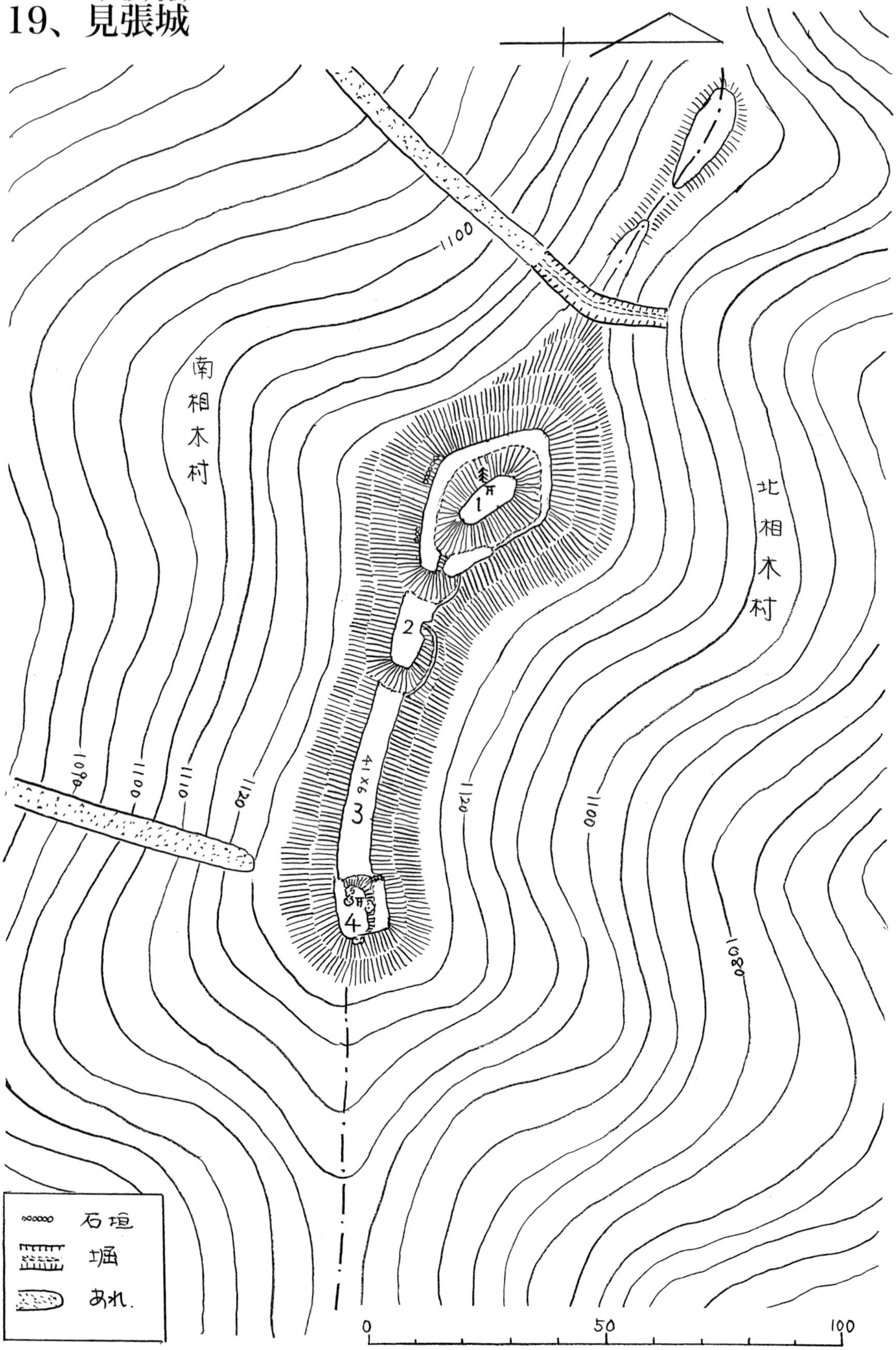

19、見張城《みはりじょう》

南相木村日向 ➡6頁

平成12年3月2日調・同3日作図
標高1148m、比高215m(お猿橋より)

〔東西断面〕

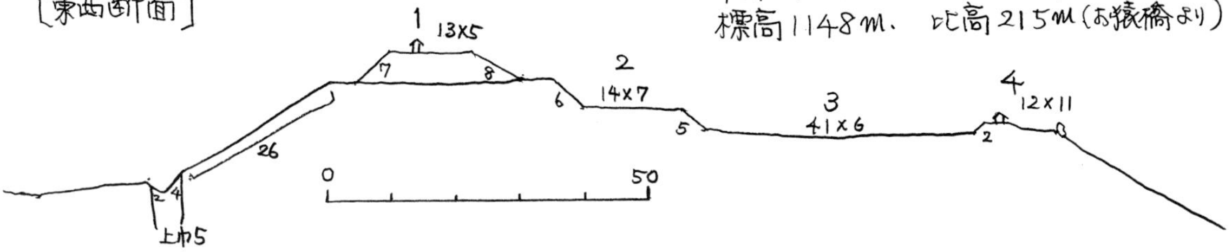

○立地　南相木の谷の入口に当る日向集落の後背の山嶺上に立地する。この山尾根は、東の御座山から西へ近びる山で、北相木の谷との境界になり、西の大鰭峠(おおひれ)、東の栗生峠によって両谷は結ばれている。従ってこの山からは両谷が見通せるため、相木谷の防衛にとって、欠かすことのできない砦と言える。見張城からは、火燈城、峰尾城、丸山を初め、坂上の相木城が見えるばかりか、根小屋城、海の口城、遠見等が一望にできる。

○城主・城歴　中島の相木城代相木常栄が本家より独立するために、火燈城と共に築いたとされる。南相木の谷を防衛するために谷筋や峠道を見張るために、最も遠見のきく位置を選んで築いたものであろう。ここからは、甲州へつながる大芝峠や合羽坂峠筋も視野に入る。

相木谷の相木氏は早くから武田氏に属し、2代常喜からは代々相木市兵衛を称し、先方衆として活躍する。3代頼房は永禄四年の川中島合戦に100騎の将として妻女山攻撃隊に加わり、元亀三年の西上作戦には、80騎の侍大将として出陣、三方ヶ原の合戦でも活躍。信玄死後は弟に譲り、田口城に入る。弟信房は遠州高天神城で戦死。天正十年十二月城主不在の所を三枝昌吉に攻められ坂上の相木本城落城。頼房も田口城を放棄して上州に逃れ復活をかけるが成功しないまゝ相木氏は消える。

○城跡、相木城にかかわる砦の中で、詰城とされる峰尾城や丸岩城が殆ど手の加えた跡のない頼りないものに対して、南相木の谷では唯一、砦らしい形をしている。北相木の谷では天神山砦が一応の形になっている。

相木城は、南北の両城とも谷奥の天険の要害にあるために、武田氏の先方衆の勇将の城としては、余り見るべきものは残っていないが、転戦に続く転戦で、城どころではなかったのかも知れない。

20、火燈城《ひともしじょう》

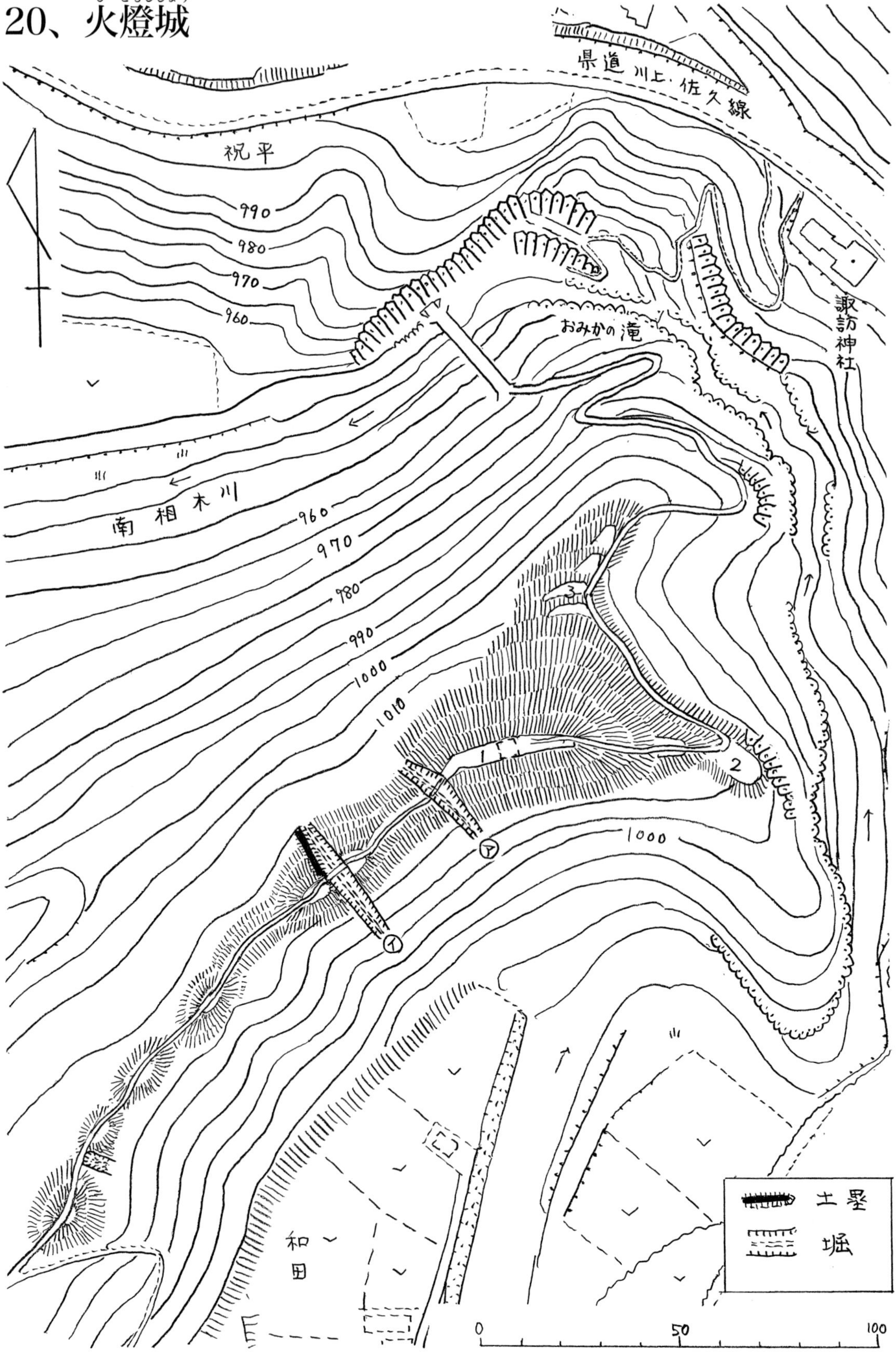

20、火燈城《ひともしじょう》

南相木村祝平

▶7頁

平成12年3月2日調・同3日作図
標高1023m.　比高70m(北麓より)

〔南北断面〕

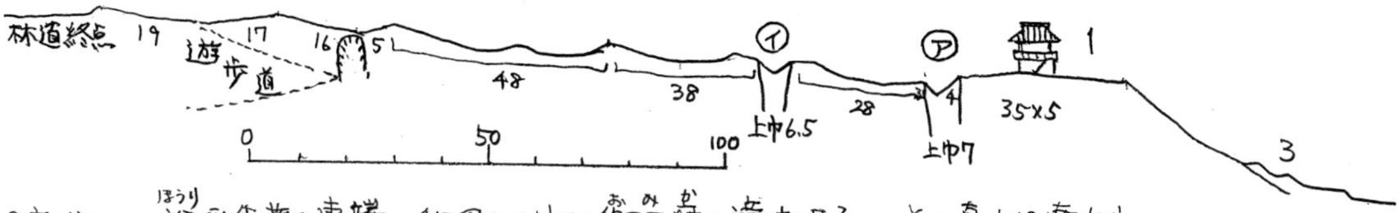

○立地　祝平《ほうり》集落の東端、和田との間に御三甕《おみか》の滝がある。その真上に南から張り出した山尾根があり、そこに火燈城がある。南相木川の谷へ堺方のように突き出した山であるため上下流の谷筋はよく見通すことができ、北西2.3kmの見張城や東1kmの峰尾城、南東1.5kmの丸山がよく見える。またここは相木氏の初期居館地の入口に当る。

○城主・城歴　火燈城と見張城は、相木城代の相木常栄が本家長倉の相木氏より独立しようとしたとき、「武田勢の進攻をいち早く知るため」と称して築いたとされる。「火燈城」の名の示すようにここは狼煙台で、見張城から知らせを受け、中島の相木城あるいは、その詰め城の峰尾城へ伝えたものであろう。

相木常栄は、武田信虎が佐久へ侵入する頃から武田氏に通じ、本家より独立して、武田氏の下で先方衆として活躍。2代常喜は転戦で留守勝ちの不安のために北相木へ新城を築く。しかし、実際に住んだのは3代頼房、弟の4代信房とされる。信房は高天神城に戦死。頼房は田口城にあったが天正十年上州へ去り相木城主相木氏は終わる。

○城跡　200m余の細長い尾根の先端部に35×5ほどの狭長の平場が主郭である。現在ここに物見台が造られている。東下50m，北下40mの夫々の尾根先に小さな平地が残る。(2，3)、小屋掛けをした所であろうか。後背の尾根上を2条の㋐㋑の堀で遮断している。

曲輪も狭く、まさに物見の砦で、狼煙台の姿をよく伝えている。武田氏の時代に入ると、甲信連絡のいわゆる「飛脚かがり」のルートから外れるために、使われることは少なかったと思われる。

21、峰《みね》尾《お》城《じょう》

21、峰尾城《みねおじょう》　　南相木村中島

➡7頁

平成12年3月2日調・同3日作図
標高1205m.　比高205m(公民館より)

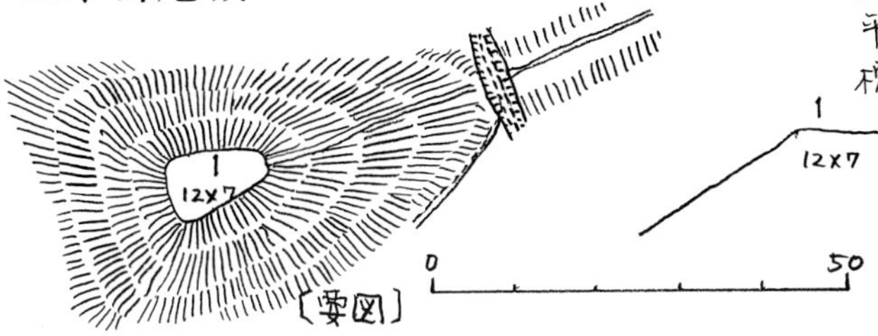

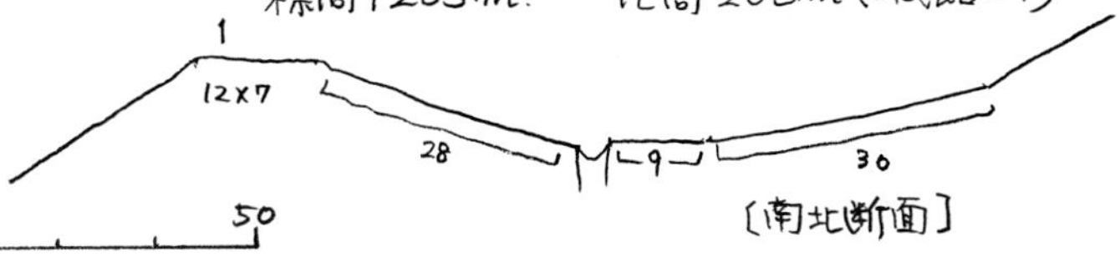

○立地　中島集落の常源寺の裏山が峰尾城で、寺の山号から生まれた名と思われる。谷奥には、三角形の高峯、峰雄山があり、寺の山号はそこから取ったのであろうか。登路は寺の上橋より林道で1090.5m峰の所まで車が入り、そこから尾根通しに、一直線に登る。

○城主・城歴　相木氏には、この中島にある旧城と北相木村坂上の新城がある。峰尾城は中島一帯にあった居館も含めた城館と考えられ、この山上の砦はその詰め城と考えられている。一般的には居館は常源寺あたりとされているが、『長野県町村誌』によると(明治12年報告)「村の中央峯尾山(峯雄山)の麓丸山にあり、今畑となる。相木氏の城址となり。事跡不詳」とあり、丸山に主要部があったとも考えられる。丸山は別項にしたが確証は得られていない。

この相木城は、長倉に本拠を置いた本家の相木氏が築いたもので、天文9年城代の相木常栄が武田信虎に通じて独立して、相木城主(峰尾城)となる。以後常善、頼房、信房と武田氏に属し、相木市兵衛の名で活躍する。2代常善の時に要害の地北相木村坂上に新城を築いたとされ、新城へは頼房、信房が住む。

頼房は弟信房(高天神城で戦死)に譲って田口城に移ったが、天正十年三月、依田信蕃の攻勢に上州へ逃れる。相木城も徳川方の三枝昌吉により落城。依田氏の支配下に入る。

天正十一年　小田原に頼っていた頼房は、前山城で討死した伴野信守の子伴野刑部貞長と図り、相木で挙兵し、白岩、木次原に戦って敗れ、貞長戦死、頼房は上州に逃れる。相木氏はここで消える。

○城跡　相木氏4代のうち初代の常栄が城代として、後城主として独立した城館が中島にあり、その砦の一つが峰尾城と考えられる。高い山頂の平地は12×7と狭く、後背の尾根に1条の堀があるだけで、これは物見の類、あるいは逃げこみ城と言えよう。ここまでのぼると見張城が見える。中段の2の所も何らかの施設があったかも知れない。言ってみれば相木旧城の物見の砦ということになろうか。後究にまつ。

22、丸《まる》山《やま》

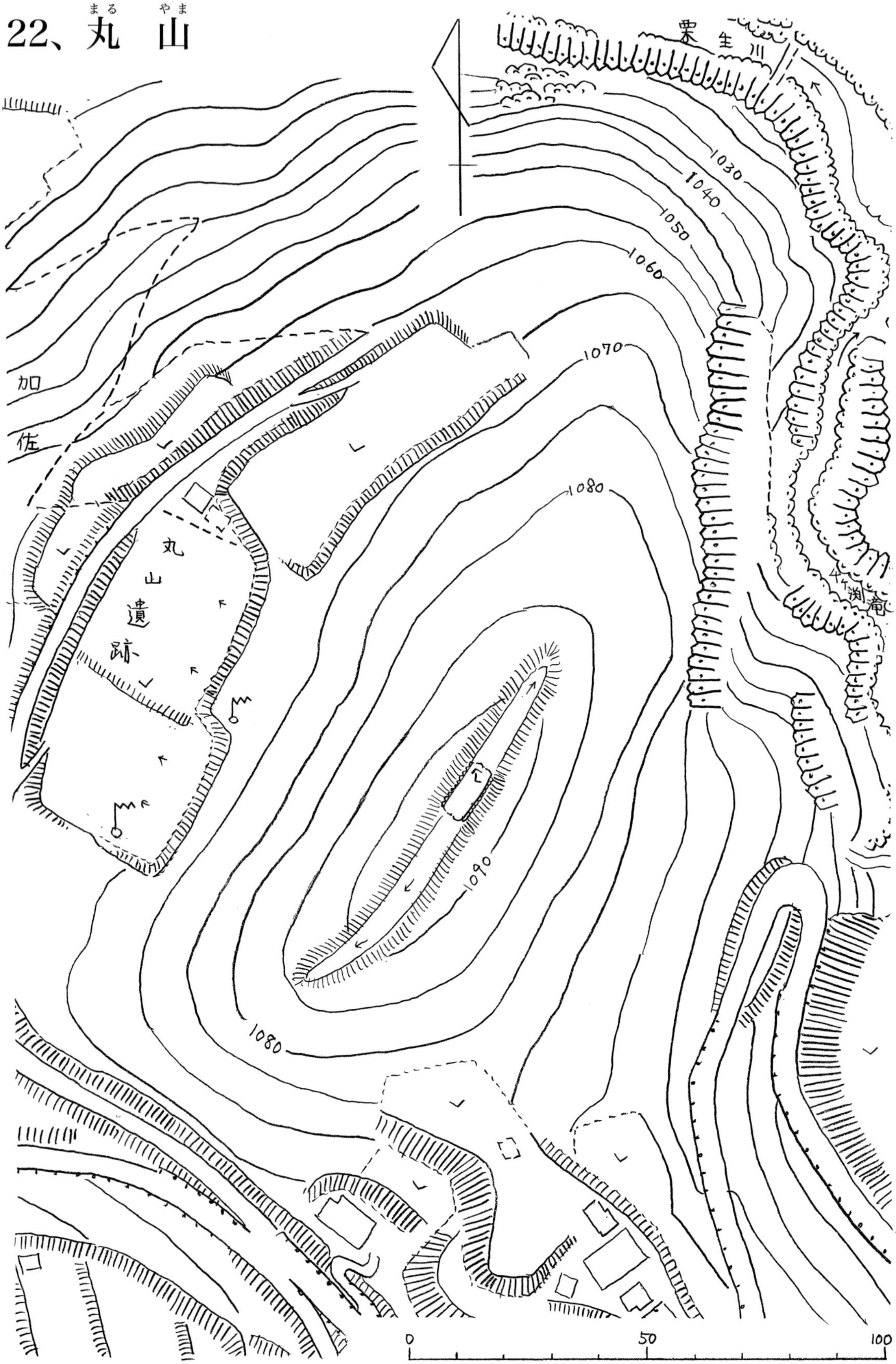

栗生川
1030
1040
1050
1060
1070
1080
1090
1080
加
佐
丸山遺跡
竹渕滝
0
50
100

22、丸《まる》山《やま》

南相木村加佐丸山 ➡7頁

平成12年3月2日調・同日作図

標高1096m. 比高90m（加佐公民館より）

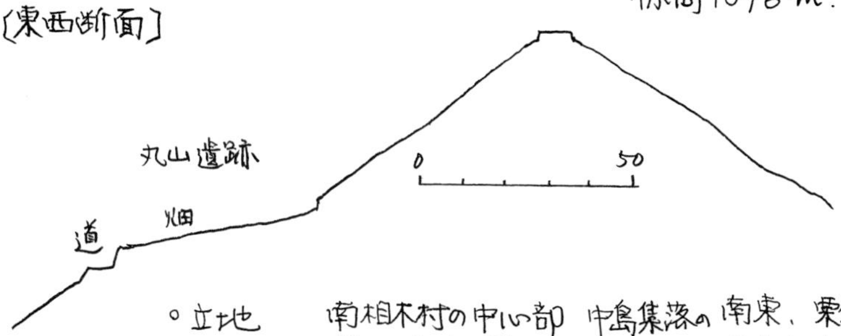

常源寺
戦国期、天文19年（1550）開基、相木城主、相木市兵衛常善が父依田因幡守常栄の供養のために開創する。

○立地　南相木村の中心部 中島集落の南東、栗生川と三川川が合流して南相木川になる所に、谷中を遮るようにこんもりとした山が丸山である。西側の中島方面から見ると名のように丸い山であるが、栗生川の流れる東から北側は断崖絶壁で、そこに千ヶ渕の滝がある。

○城主・城歴　明治政府が7年に各府県に国史編輯局をおき、郷土史誌の編集を命じ、南佐久郡の各村々は明治11～14年に原稿を提出している。これが昭和11年に発刊された『長野県町村誌』になるが、南相木村は明治12年に提出している。それによると、峰尾城について、「村の中央峯尾山（峯雄山）の麓丸山にあり、今畑となる。相木氏の城址となり。事跡不詳」とある。このことから、この丸山も城跡の一部と考えられているが、中段の畑地は丸山遺跡として縄文時代後期の土器や磨製石斧が出土している。

○現状　山頂は12×4ほどの石垣で囲った平地に御嶽神碑が建っていて、細長い地山があり、遺構は見当らない。西側中段の畑は広く、水さえあれば館城として要害性は高い。

また谷の中央部にあるために谷中は一望にできる好位置である。眼下に常源寺があり、相木氏の居城「峰尾城」（常源寺裏山とする説もある。）とされていたことを『長野県町村誌』は言っている。しかし決め手になる遺構が発見できない。中世のものでも発掘されればよいが、今のところ何とも言えない。

形とすれば中段に居館、山頂部に物見と狼煙台といった姿が想像される。

23、相木城《あいきじょう》

北相木村坂上 ➔7頁

平成12年2月29日調・同日作図

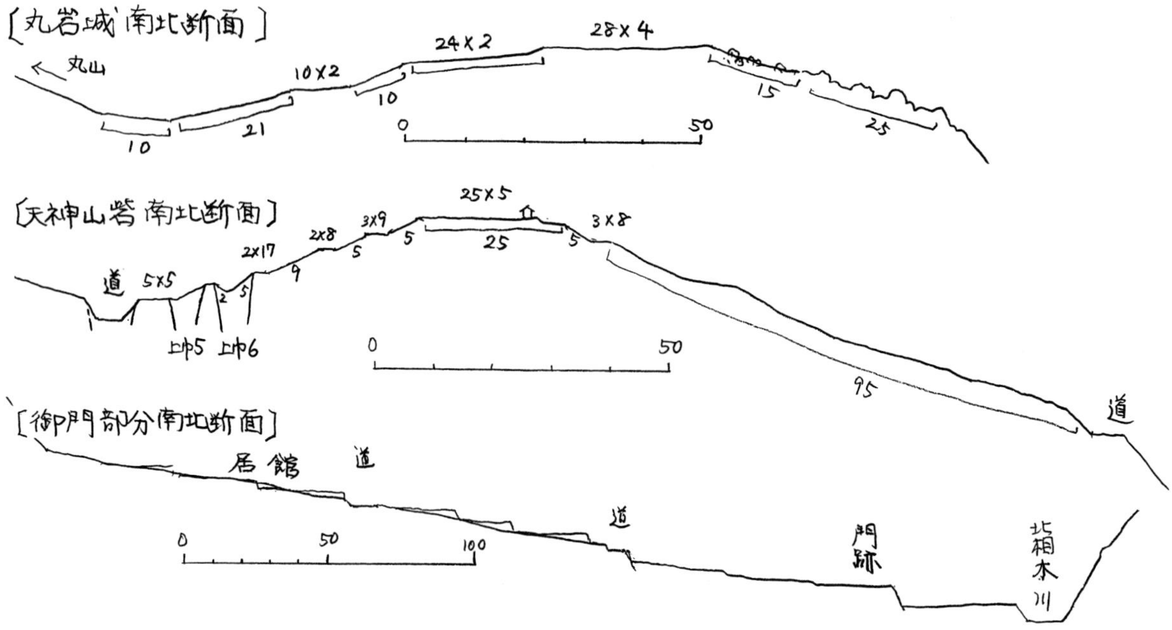

。立地　　相木城は北相木川の谷中にあり、川が蛇行してできた洪積層の台地上の居館部分と山嶺上の砦によって構成されている。　この谷は東へ遡上すれば、やがてぶどう峠を越えて上野村へ通じるため古来の交通路に当る。

。城主・城歴

相木氏の本城とされる。相木氏は本姓は依田で、清和天皇の末孫依田為実が小県郡依田庄に住んで依田氏を称する。その子孫の依田左衛門尉貞泰の時に佐久に入り、芦田氏相木氏、平尾氏、平原氏に分流。

相木氏（阿江木氏）の文献上の初見は、室町時代の文安二年（1445）で、この年に阿江木右衛門入道道永が北佐久郡の布施に住み、熊野権現を造立している。

『諏訪御符礼之古書』享徳三年（1454）に「長倉阿江木越後守五月会、御符礼一貫八百文」とあり、以後寛正三年、文明八年，同十四年、同十八年等に長倉から阿江木氏が諏訪上社の祭りに参加をしている。（長倉は軽井沢町）

文安二年（1445）には、相木は阿江木氏領になっていて、文明九年（1477）には甲斐の兵が佐久へ攻め入ったのを相木氏が破っている。文明十六年（1484）には岩村田の大井氏本家が村上氏に攻められて滅びているので、大井氏の執事をしていた相木氏は、この頃に大井氏から分かれて独立し、要害の地の相木へ本拠を移したものと考えられている。（『北相木村教育委員会　北相木村の文化財』）

『長野県町村誌』によると、伝承で「明応九年（1500年）依田伊賀守長久これを築く」とされるが、これより前の文明年間から明応年間ごろに城が造られたようである。（同上書）

相木氏の居城である相木城は、南相木村中島の旧城と、北相木村坂上の新城がある。

標高	御門《みかど》	1000m	比高	25m	（南相木川より）
〃	丸岩城	1246m	〃	200m	（南坂上の道路より）
〃	天神山砦	1062m	〃	80m	（南坂下の道路より）

旧城は長倉に本拠を置いた本家の相木氏のもので、ここには城代がいたようである。天文八年（1539）城代相木常栄は武田信虎に通じ独立を画策，晴信の時に独立に成功．相木城主となる。常栄は1年にして常善に譲る。それから頼房、信房まで．相木市兵衛の名で、武田軍団の先方衆の大将となり活躍する。3代頼房は永禄四年の妻女山夜襲隊の将の1人として．また元亀三年の三方ヶ原で大活躍をする。2代常善の時に新城を築いたが．居住したのは．3代頼房と信房である。信玄死後頼房は元亀二年弟信房に譲って田口城へ移る。信房高天神城に戦死。天正十年二月四日頼房、依田信蕃に抗すことができずに上州へ去り、後に復帰を図ったが成功しなかった。

相木城は天正十年十二月、城主不在のところ、高野町にいた徳川方の三枝昌吉に西の丸後方より攻められて落城し、以後廃城になったとされる。

◦城跡．•1．居館部分．御門《みかど》と呼ばれる部分の北のあたりが居館のあったところとされる。後背に山を背負い、東側に自然の沢を生かした空堀と呼ばれる防衛線があり、城門は南に向いていたと言う。南の山上に旧い道があり、そこから入ったもののようである。

•2、丸岩城　空堀の東の南北に細長い山で，非常に険しい岩山である。山上は狭く、堀等は見当らない。空堀の沢を詰めて東の沢を這いあがると鞍部へ出る。後背の岩山と西の大通嶺へ続く。

•3　天神山砦　西の丸の後背の小山で．西側は鷹沢が流れ、東に小沢が自然の堀となって．険しい山体である。頂上に2小祠あり。広さ25×5ほどの長方形の広場で．南に腰曲輪1、北に数段．ここに小規模ながら．現在の道の所も含めて3条の堀があったようである。後背の山を越えるとよしんだ峠あるいは観沢峠を経て観沢方面へ通じる。天正十年の三枝勢は、この方面より攻め入ったらしい。

•附近には、御門（みかど）、殿村、西の丸、馬場地（ばっぱじ）空堀．御門向などの地名が残り，殿村が相木氏の居館地とされる。郵便局の前に城跡碑が建つ。

23、相木城《あいきじょう》

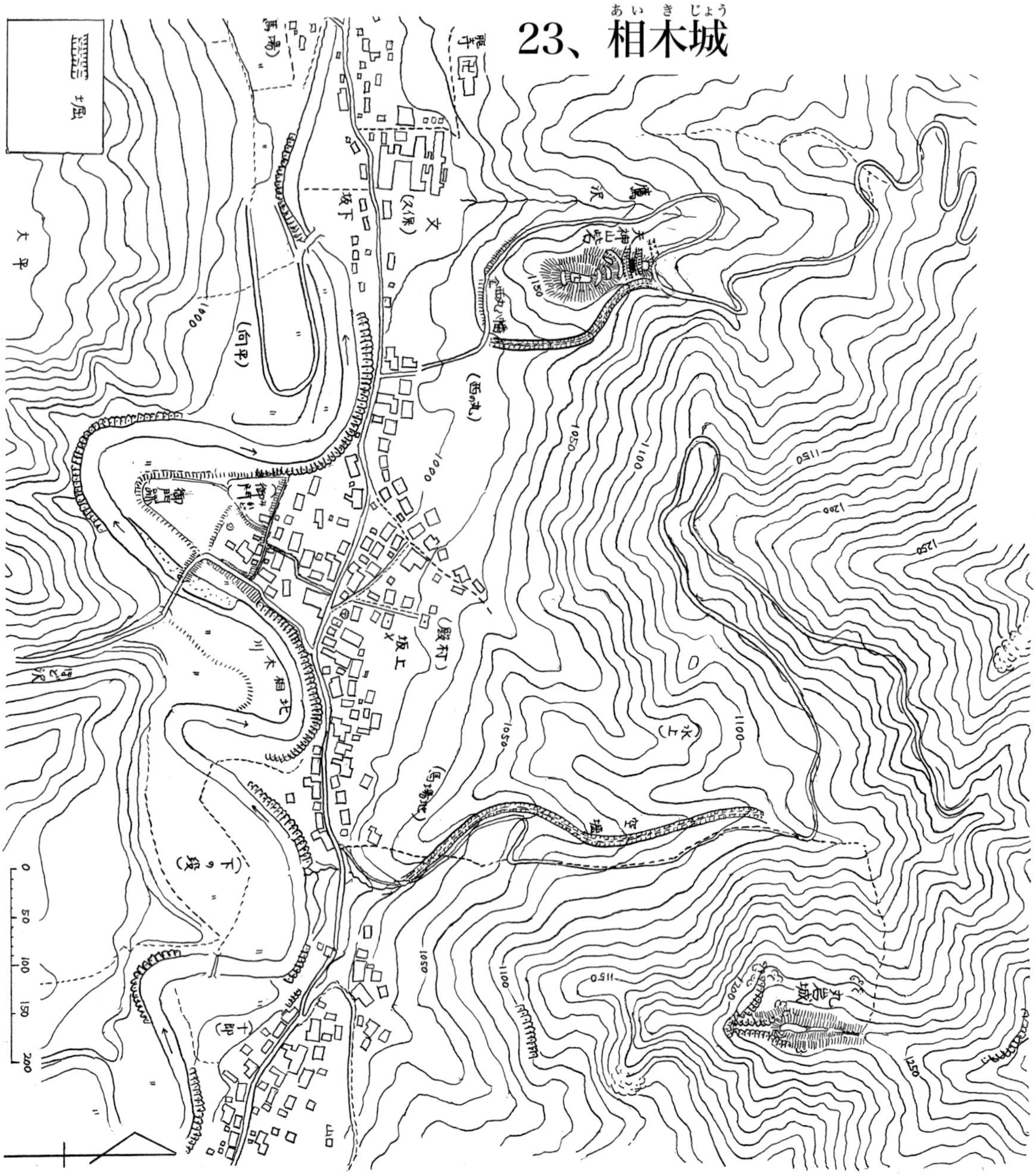

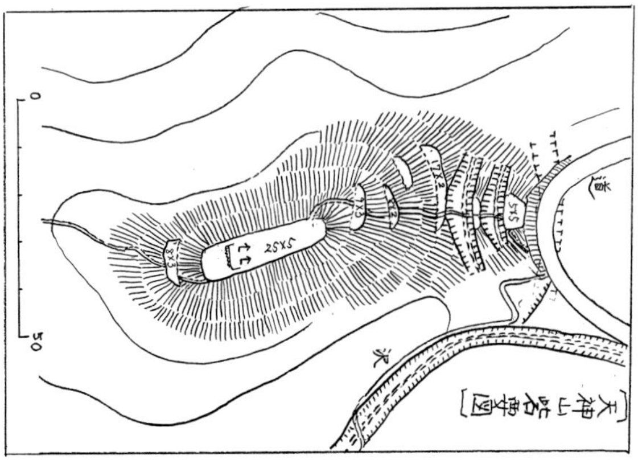

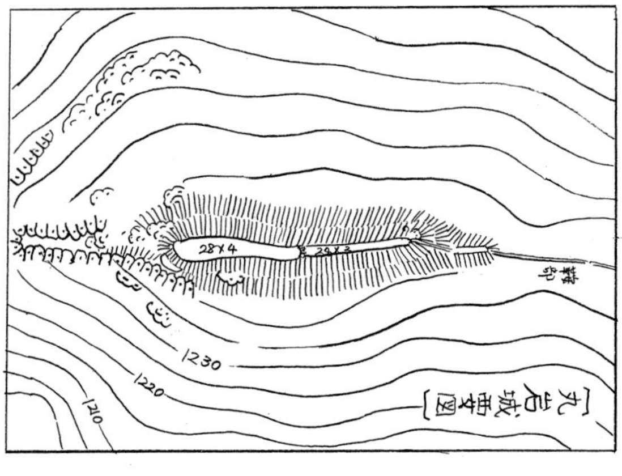

24、蟻《あり》城《じょう》

崎田
穂積畜産団地
北城
(皿久保)
(犬場沢)
(馬場)
西城(千曽坊山)
967.5
穂積配水池
南城
NBS
SBC
NHK
穴原
土塁
堀
0 50 100 150 200

24、蟻《あり》 城《じょう》

佐久穂町穴原・崎田　(村史跡)　➡9頁

平成12年2月12日調・同日作図
標高 南城 1047.7m、比高 200m
西城 930m、比高 90m
北城 900m、比高 40m

[半僧坊山(西城)の尾根南北断面]

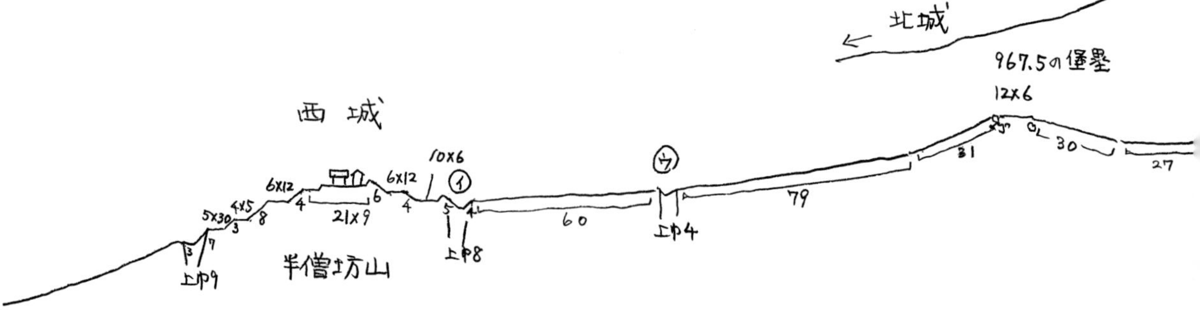

[北城南北断面]

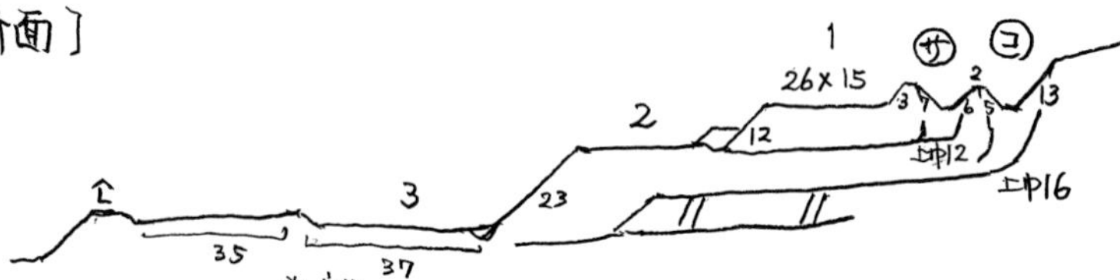

○立地　蟻城は、関東山地の茂来《もらい》山の西へ延びた尾根が千曲川の河岸段丘に落ちこむ所の山に占地されているために、ここからの眺望はまことによく、千曲川沿いの地方はもちろん、佐久平及び野辺山高原方面まで視野に入る。

北方1.5kmには花岡城、対岸1kmの至近に大石川の烽火台、北西2kmには権現山砦更に下畑城、南西1.5kmに本間城が位置し、附近の城砦は手に取るように見ることができる。また、武田氏が上州へ侵攻する時の千曲川の渡河点や宿営地(宮の上)なども近く交通の要衝にある。

山頂の南城からは数本の支尾根が派生しているが、それらの尾根筋と、北側へ派生する長い2本の尾根の末端部に西城及び北城がある。従って蟻城は、山頂部の南城と、西城、北城の3つの城が複合された形になっているが、北城は発生が他の2城と異っているようである。

また麓の台地上も広く、そこに城に関連する地名が残る所から、城域は意外と広い。

登路は山頂近くまで車が入るが、崎田より半僧坊山を経て尾根通しに登るがよい。

○城主・城歴　城主や城の記録はない。しかし、北城はとにかく、頂上の南城と西城は立地からして、狼煙に関係のある砦であることが想像できる。武田の侵入、及びその支配下にあり、西上州へ進攻する頃に造られ、使われたものであろうか。

○城跡 1、南城地域

山頂の主郭は18×11ほどの三角形をした平場で、西から南へかけて低い土塁があったようである。これを取り巻いて、北から西、南の三方に腰曲輪が取り巻き、後背の東の尾根上に3段の小曲輪と㋖㋗の堀がある。㋗の堀は上幅4mの小さな堀に続いて、上幅5mの2条の堀が食い違いに入り、更にもう1つ不完全なものも含めて、4条が連続している。

北へ延びる尾根上には、㋕㋔の2条の堀があり、細尾根の東の斜面には、幅1～2mの武者走りのような曲輪が見られ、現在道が横切っているあたりで城域は終わっている。

主郭より南下の放送所のアンテナのある所は、細部ははっきりしないが、56×20ほどのだ円形の平場があり、周囲に土塁があったらしいが、今は痕跡があるだけである。堀もはっきりしない。

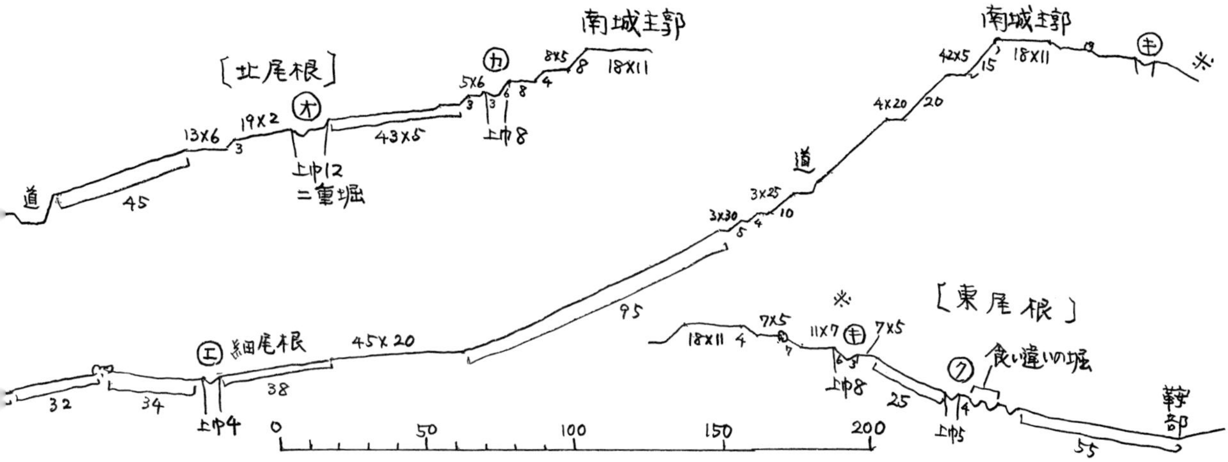

2. 西城地域　半僧坊山にある砦で、祠のある主郭を取り巻いて北から西、南にかけて曲輪がある。西の尾根筋には数段の曲輪があり、北側に㋐の堀、南に㋑の堀で終わっている。ここだけで小さいながらも完結した砦になっているが、南城への尾根筋に㋒㋓の堀が認められ、967.5m峰の岩山は堡塁に適しているし、㋓の上の45×20の平地があり、その上部にも削平地があるので、南城と西城は、同一の構想で造られたものと考えられる。

3. 北城地域　それに引きかえ、北城は南城と連結しているようには見受けられない。
後背を上幅16mと12mの㋙と㋚の堀で遮断し、その堀を西側へ廻して2重の堀で守り、現在道路になっている所へ竪堀として下げていて、仲々に備えはきびしい。主郭に径6mの穴があり天水溜と思ったが附近に似たものがあるので不明。奥まった位置にあり、明らかに南城や西城との築城目的の違いがあることに気づく。これは在地土豪層の領国支配のためのもので、このあたりに居住区があったのであろうか。

- 蟻城として、以上3地区の城を同列に並べているが造りや発生からして、北城は異なると思うので、これは別にする方がよいように思われる。

25、大石川烽火台《おおいしかわのろしだい》

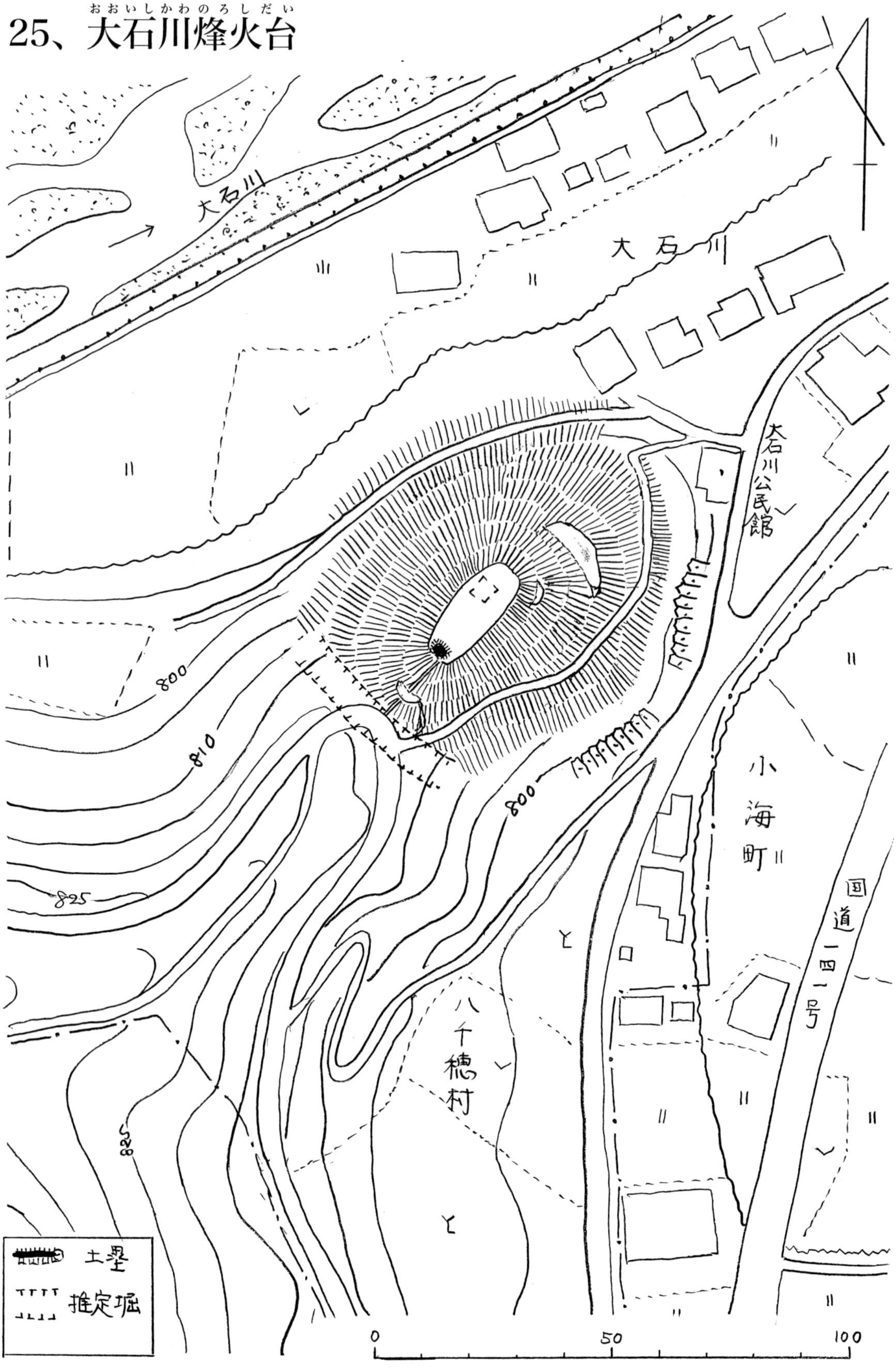

25、大石川烽火台《おおいしかわのろしだい》

佐久穂町大石川 ➡9頁

平成12年2月16日調・同日作図

標高820m、比高25m

○立地　大石川が千曲川へ流入する所の丘陵の末端部にある小山上に大石川烽火台がある。ここは、東直下に甲州街道が通っていて、大石川の渡河点であり、交通上の要衝である。

千曲川の対岸には蟻城があり、北方1.5kmには権現城、更に1kmで下畑城、下畑下の城があり、南方1kmには本間下の城、本間城、宮の上の宿営地が近く、花岡城も指呼の間である。また、西方大石川の上流には馬越城、石堂川に沿って通城があり、それらの諸城への道が集まる所で、重要な場所である。

また千曲川の谷へ突き出た形になっているために、遠く臼田方面まで見通すことができる。

○城主・城歴　武田信虎は天文9年(1540)8月2日、海の口郷に伝馬を命じている。このことは、佐久甲州道が武田氏の軍道になったことで、若神子一海の口一宮の上一前山のルートを武田軍が使っている。その道筋にある大石川は、道中の警備上からも重要視されたと思われる。

○城跡　主郭は23×9ほどのだ円形の平場で、北東下に腰曲輪が認められる。南の道になっている所には堀があったものと思われる。山の上の所は物見や烽火台となり、山下に渡河点を守るために居住区や軍団の足溜りになる広場等があったと思われる。

渡河する所は特に安全の確保が重要で、そのためにも附近の諸城は軍団通過に当っては警備を厳しくしたであろうし、また、軍団を分散して渡すことも工夫されたものと思われる。

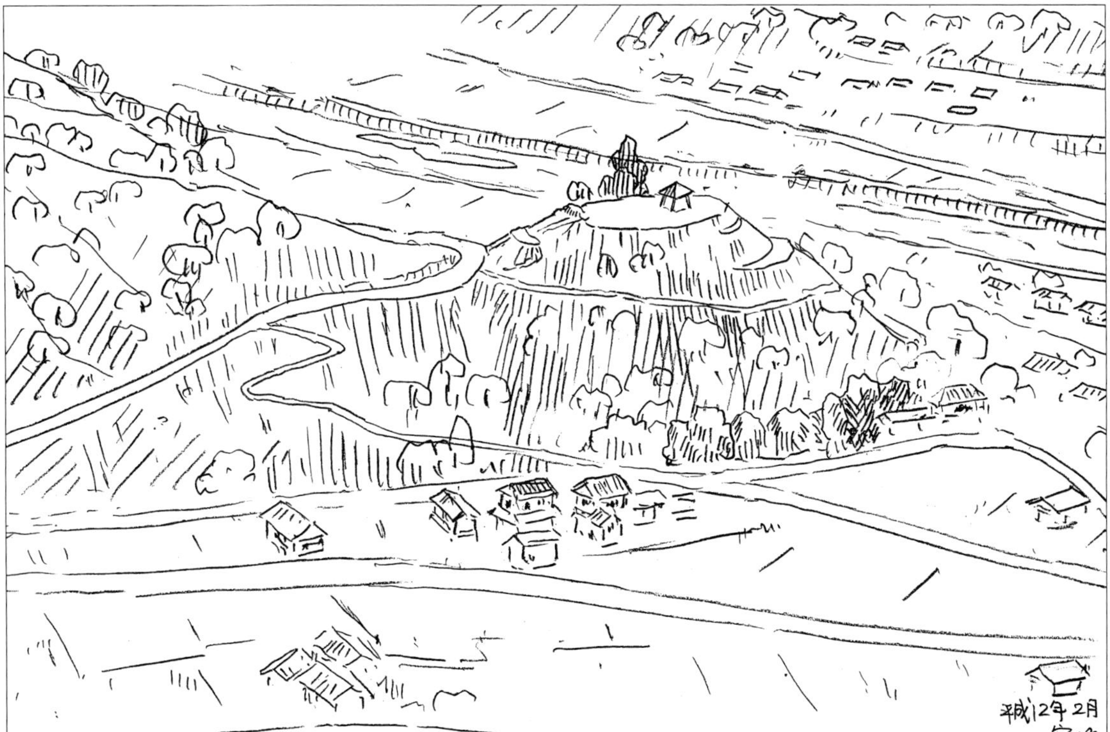

26、馬越城《まごえじょう》

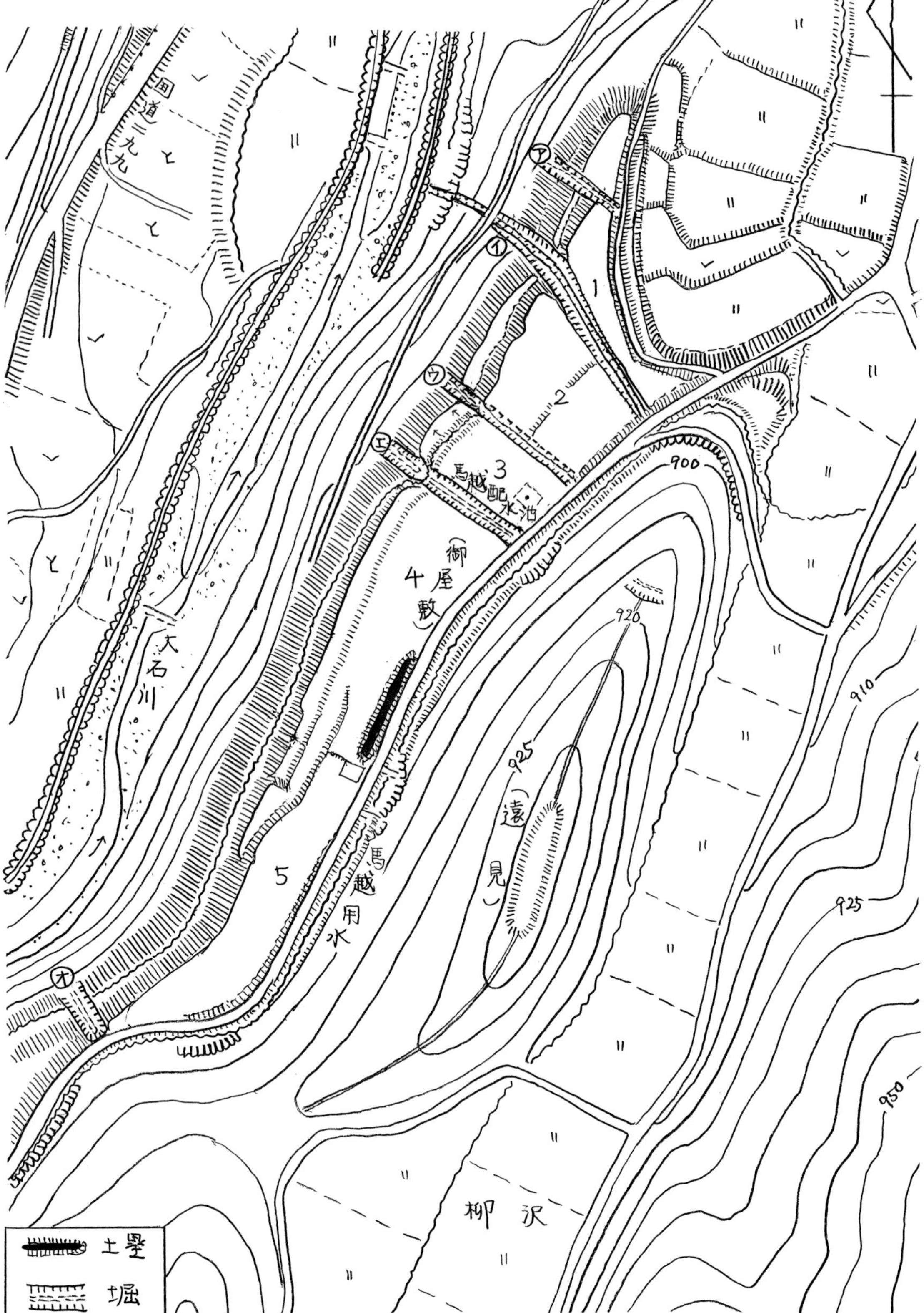

26、馬越城《まごえじょう》

佐久穂町千代里馬越　（村史跡）　➡9頁

平成12年2月18日調・同日作図
標高899m、比高44m.

〔南北断面〕

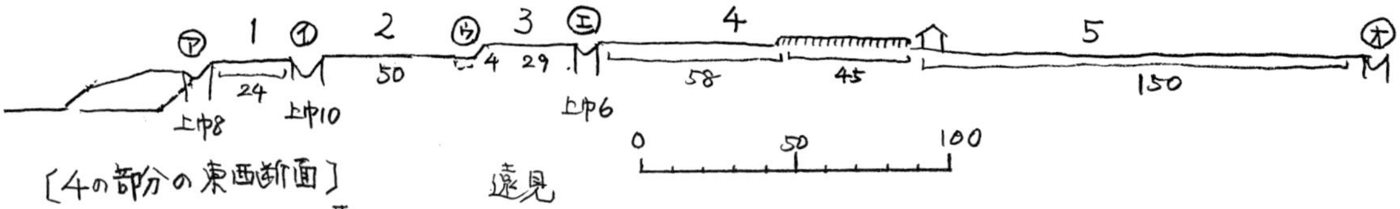

〔4の部分の東西断面〕

○立地　馬越城は馬越集落の南西500mの位置にあり、大石川右岸の段丘上にある。ここは、大石川烽火台より、約1.5km南西に入った丘陵の中にあり、北西1.5kmには通城《とおり》があり、この丘陵上の諸城を縫うように甲州道の間道が通っていたようである。城跡は「お屋敷」の地名である。

○城主・城歴　記録、伝承等はなくはっきりしたことはわからない。

○城跡　段丘の辺縁部を使って築かれた館城に属するものである。東に比高30mの遠見と呼ばれる山が衝立のようにあり、大石川との間の、幅60m内外の段丘を、㋐～㋔の5条の堀で分割し、1～5の曲輪がある。4の東には土塁が45mほど残っている。馬越用水の山との間に深い溝を作って流れているが、これは後世の開削である。

4と5の間があいまいである。土塁などで区画されていたのであろうか。4の部分が主郭であろう。1の北側の土手下に水場があったらしい。大石川との段差は40m近い崖になっていて、要害の地である。遠見は物見が置かれたと思われるが、山上には遺構は見当らない。

○武田氏統治時代には、丘陵上の交通路の確保のために利用されたことが考えられよう。また花岡城で発見されたと同じ地下の穴蔵が2郭より発見されている。避難用のものと考えられる。

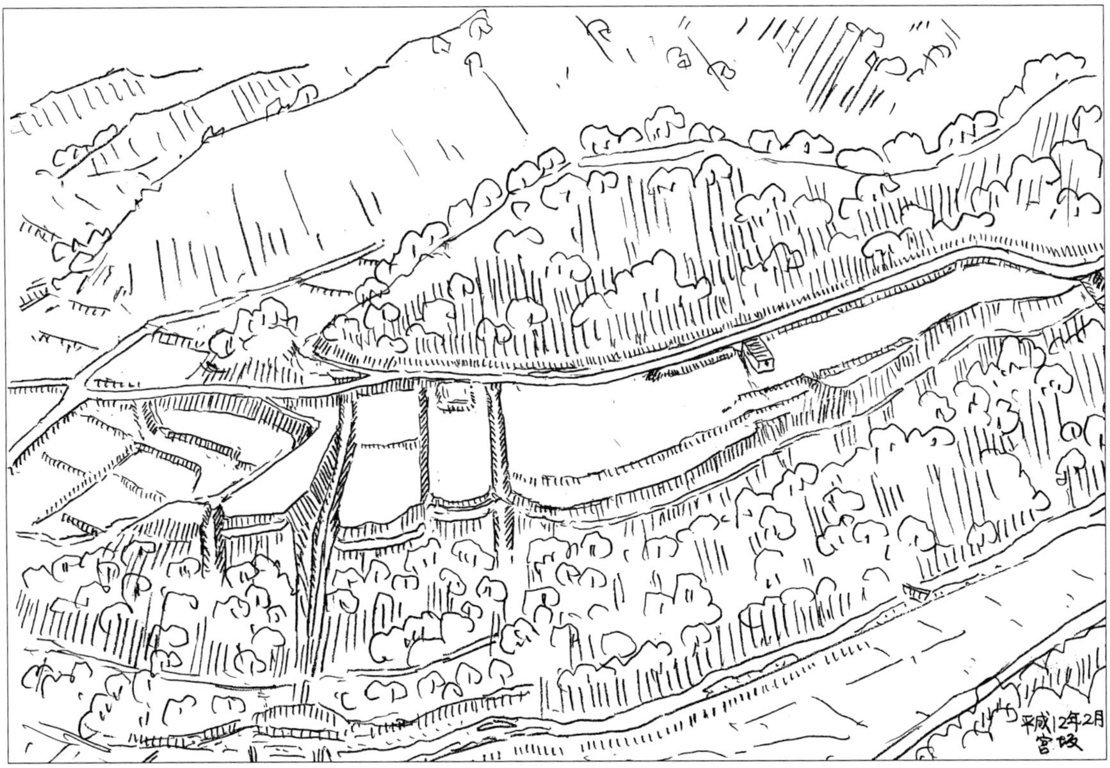

27、通城《とおりじょう》（石堂城《いしどうじょう》）

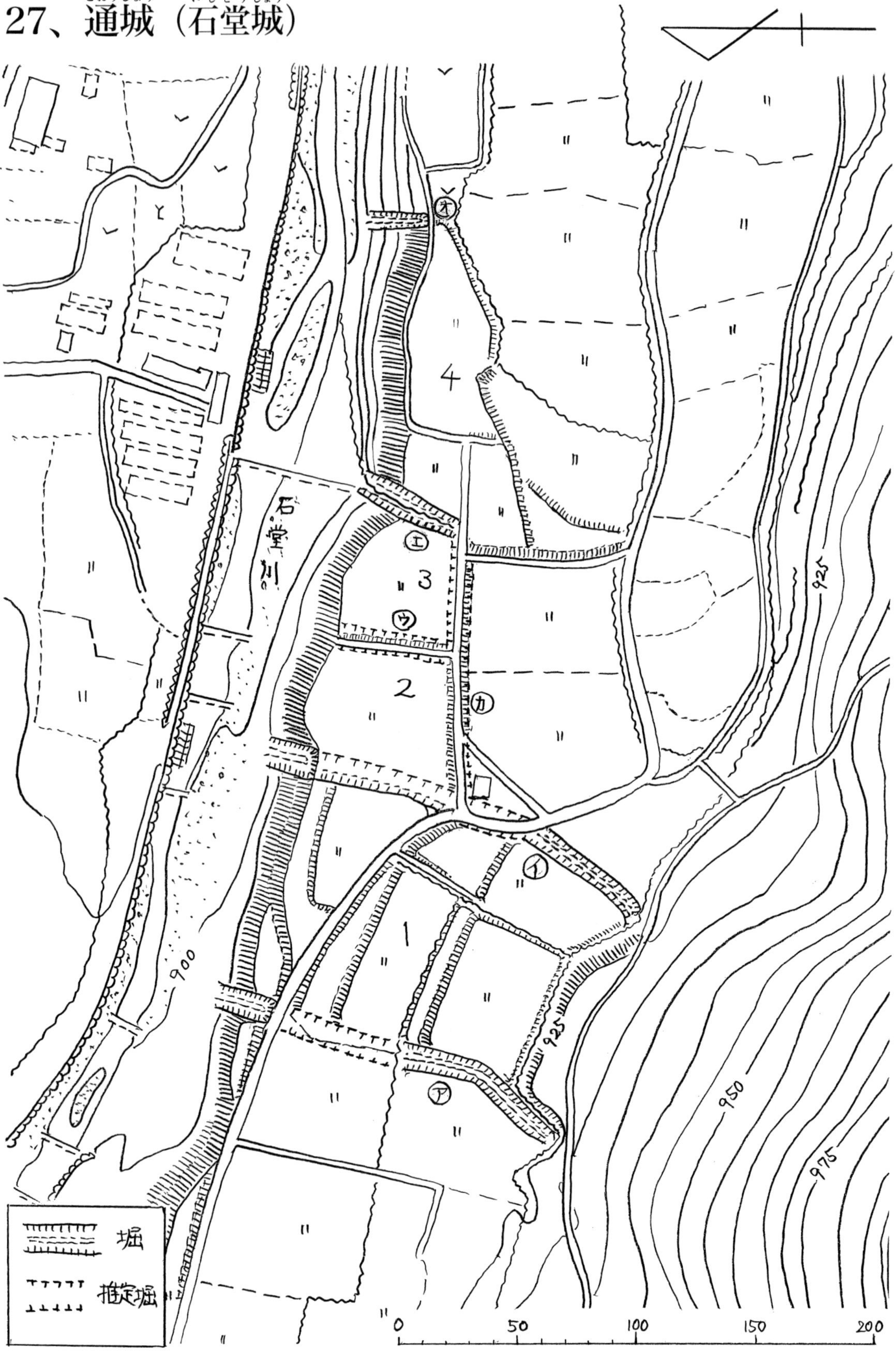

27、通城《とおりじょう》（石堂城《いしどうじょう》）

佐久穂町八郡字石堂 ➡8頁

平成12年2月18日調・同日作図

標高920m、比高30m

〔東西断面〕

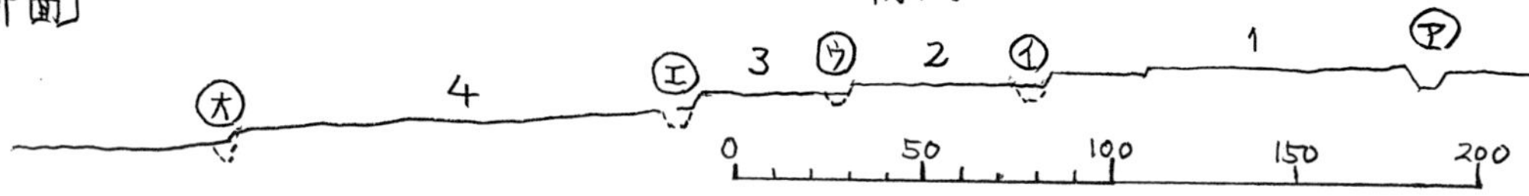

○立地　通城は大石川の支流石堂川の右岸の段丘端を使って築かれている。ここは八郡《やごおり》集落の西方500mの位置で、現在は広く水田化された丘陵がひらけている。南東1.5kmには馬越城、北東1.5kmには佐口城があり、丘陵上に佐久甲州道の間道が通じていた所である。

○城主・城歴　石堂川の対岸で、昭和6年に畑地開墾の際、五輪塔が10基出土し、関係者の墓地へ移され、城との関係が伺える。伝説で、上畑の小林氏の祖先がここに住居し、武田氏に叡れて逃れる際に五輪塔を埋めたと言われる。

『南佐久郡志』の畑八村古蹟の項に、「城主年代不明なり、一説に佐々木氏これに拠れりと伝う。」とあると言う。佐々木系図（上田市某氏所蔵）には、佐々木重綱の代に、その子忠綱に信州佐久郡八郡郷の通城を譲り、忠綱は応永二四年（1417）三月信州に居住し、文安丁卯五月七日卒したと書き入れがあると言う。『南佐久郡古城址調査』では、これらの伝説や記録は一参考資料と考えている。

城跡の南山際に大量の湧水があり、この水利を押え管理するために在地土豪が居館したのがこの城の発生と思われる。その後、武田氏の時代に、丘陵上を通る軍道筋を守る塁として利用されたことが考えられよう。

○城跡　一帯は開田のために、すっかり削平されて、㋐㋑、㋓の堀の一部や、㋒㋔㋕の堀の痕跡が残され、土塁等は失われている。城跡は4郭になっていたらしく、1が最も高く広い。土塁が残っていたのは2らしいが、現状からは、はっきりしない。年を追って拡張されたと思われるが、馬越城と似ていて、結構広い城域になる。

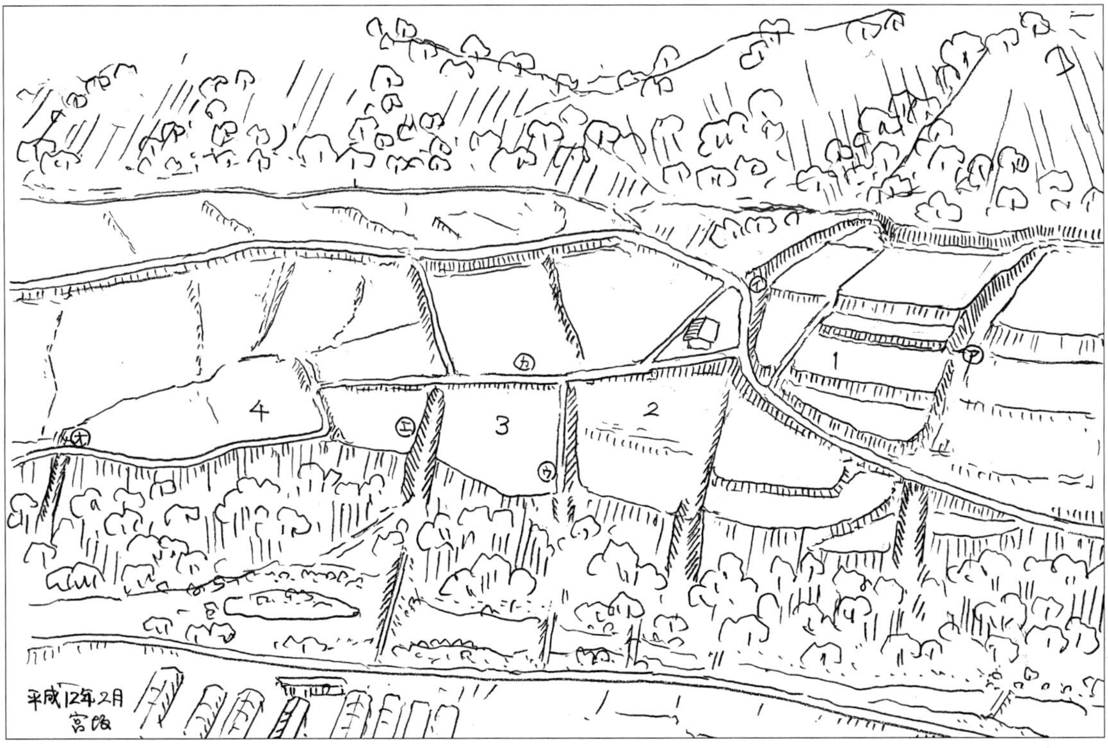

28、権現山《ごんげんやま》砦《とりで》

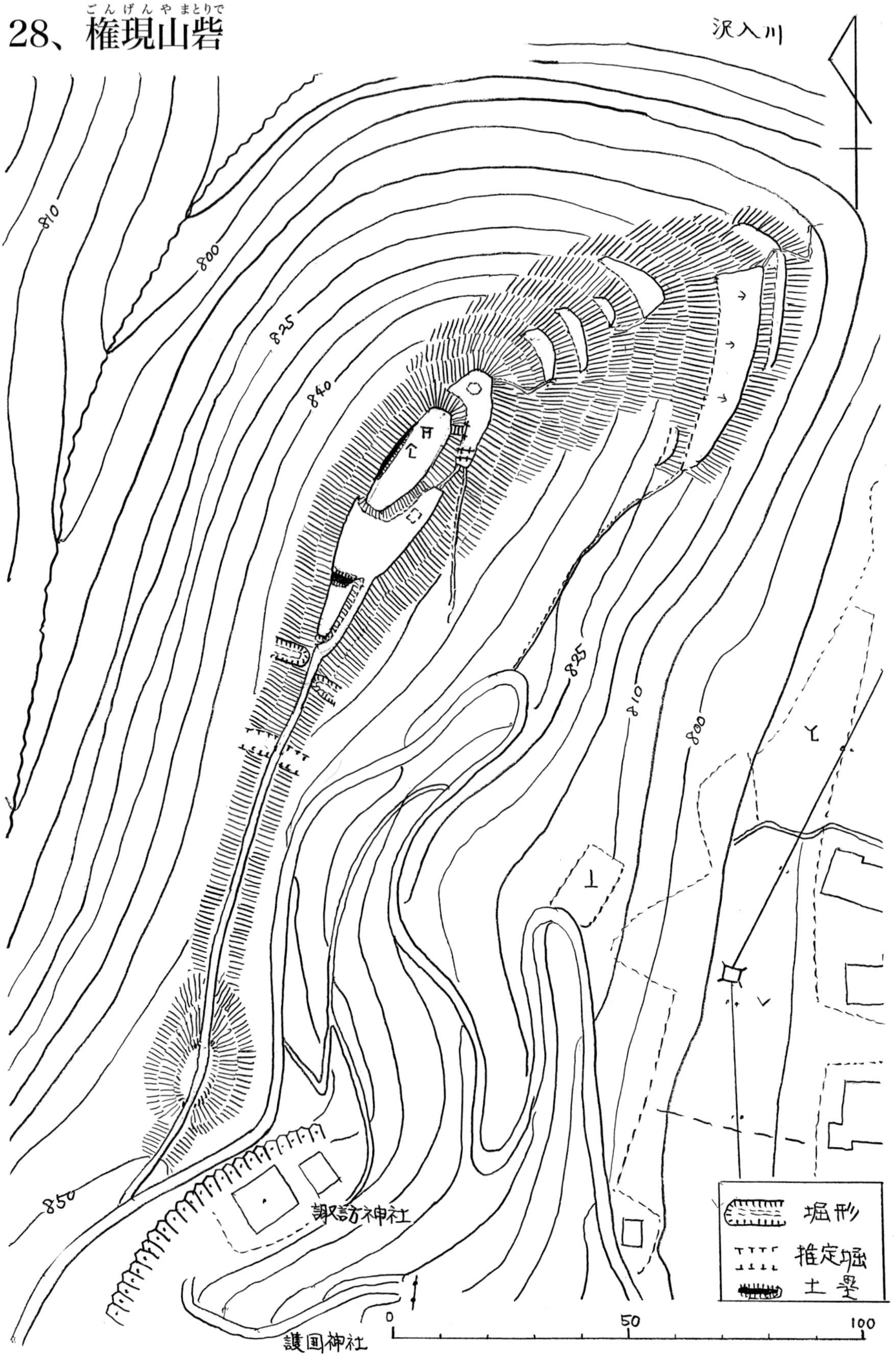

28、権現山砦《ごんげんやまとりで》

佐久穂町上畑 ▶9頁

平成12年2月12日調・同13日作図.
標高855m、比高75m

［南北断面］

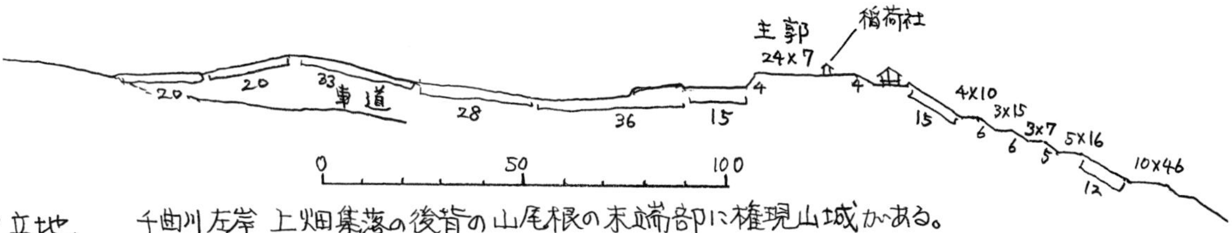

○立地　千曲川左岸 上畑集落の後背の山尾根の末端部に権現山城がある。
登路は諏訪神社の参道から車道があり、北東尾根先からも道がある。山体は小さいが、西、北東の三面は急斜面で、西側に小河川、北側に沢入川の沢があって、仲々の要害地形である。

千曲川を挟んで対岸には、1.5kmの至近の位置に花岡城があり、北1kmに下畑城、南1.5kmには大石川の烽火台がある。北の沢入川の上部には佐口城があり、武田氏の軍道に面して、上記諸城と共に重要な砦として、また狼煙のつなぎを果したものと思われる。

○城主・城歴　記録なくはっきりとはわからないが、立地からして、武田氏にかかわって街道筋の警備と連絡に当っていたものと思われる。

○城跡　主郭は24×7ほどのだ円形をしていて、西側に土塁の痕跡が残る。小祠は稲荷社のようで、権現社もあるのであろう。北から、東、南にかけて腰曲輪が巻いていて、北辺に東屋が建つ。北東の尾根筋に数段の削平地があるが、全部往古のものであるとは即断できない。造りから見て、北東の尾根から登るのが大手筋と思われるので、登路に沿って、何段かはあったであろう。

後背の南の尾根筋に2条の堀があったらしいが、道路のためにわからなくなっている。あってもごく簡単な堀切りで、竪堀はなかったと思われる。

○造りから見て、単純なもので、物見、狼煙台の類に属するものである。

29、佐口城《さぐちじょう》

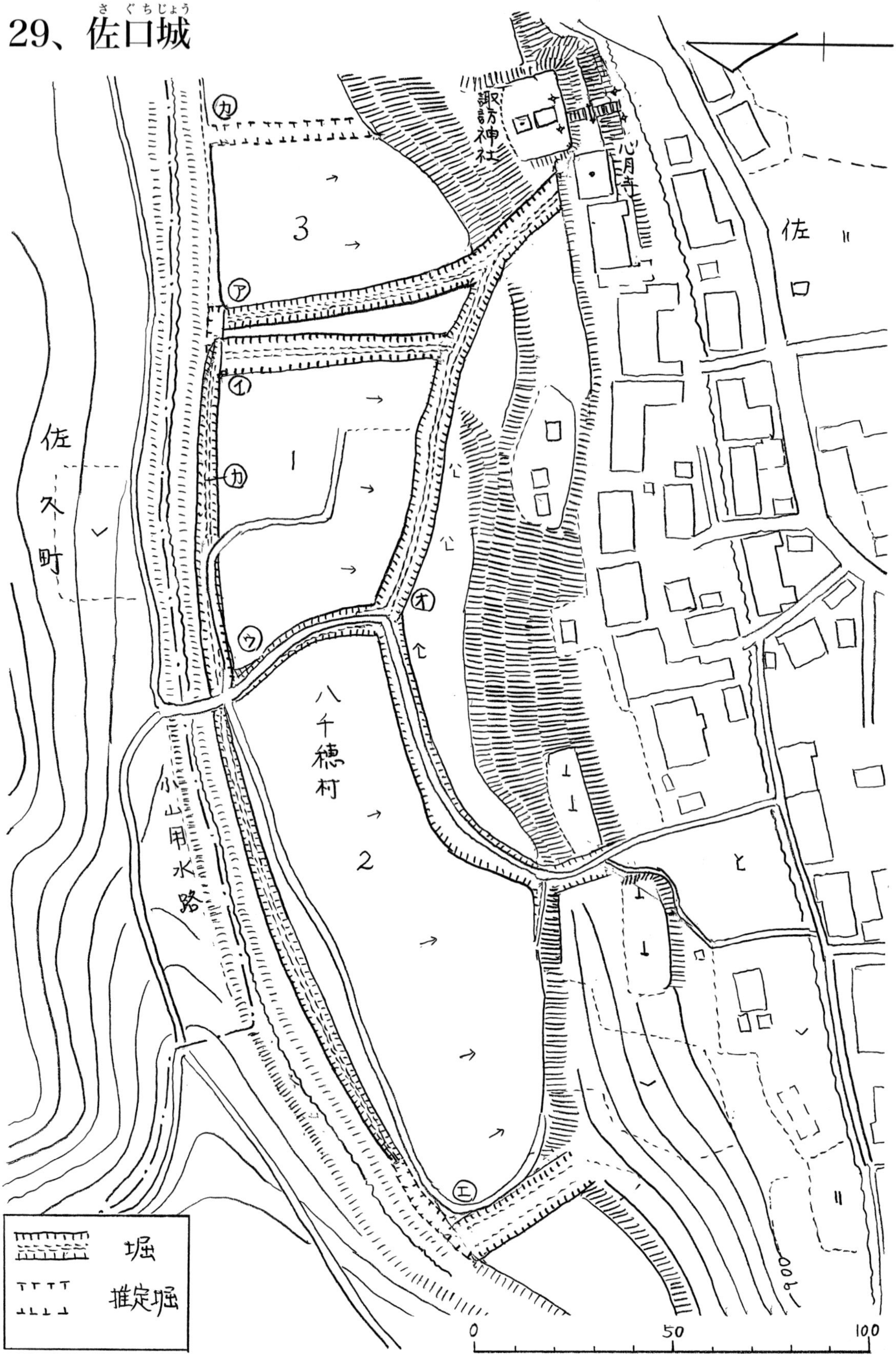

29、佐口城《さぐちじょう》

佐久穂町佐口

➡9頁

平成12年1月25日調・同27日作図
標高910m、比高22m.

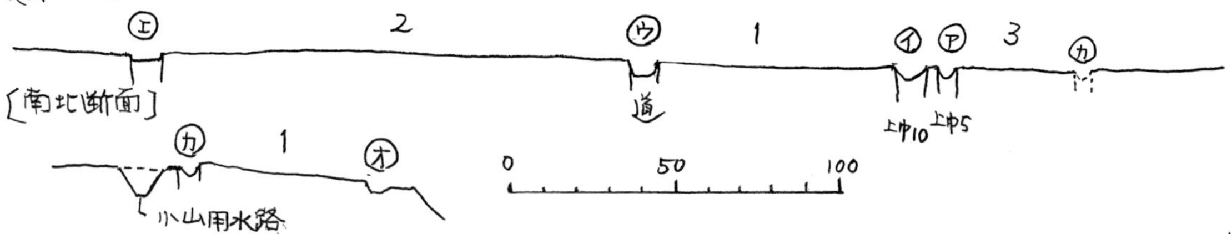

○立地　佐久町と八千穂村の境界にあり、佐口集落の北側の台地上に佐口城がある。この丘陵地帯は、北沢川と石堂川に挟まれた広大な地域の中央部にあり、東の千曲川の段丘崖より1.5kmほど西へ入った地点になる。佐久甲州街道の古道に接し、北すれば福田城、南行すれば通城に通じる。

海尻城ー松原神社ー宮ノ上ー馬越城ー通城ー佐口城ー福田城ー小田切城ー臼田前山城という南北に通じる武田軍団の段丘上の軍道が想定できそうだと考えられている。（『定本 佐久の城』、井出正義氏）武田氏侵入の道筋に当る。

○城主・城歴　伝承等もなく不明。在地土豪層の居館跡と考えられているが、武田軍が足溜りの塁として使われたことも考えられよう。

武田晴信が宿営地としてよく使ったらしい宮の上（小海高校の所）から約半日行程の位置で、台地上のルートや千曲川右岸ルートから余地峠への道もあり、戦国期には様々の使われ方があったと思われる。

○城跡　北側に小山用水路の深い溝があるが、これは数十年で深くなったものであるという。用水路に並行して㋕の堀が現存するが、用水路も堀跡を通した可能性もある。そうなると2条の堀が並んでいたことになる。最もはっきりしているのは、㋐㋑の堀で、㋒は道になっている。㋓の堀の外にもう1条あるようになっているがはっきりしない。㋐の東に浅い㋕の堀形がある。従って50〜60m幅の南下がりの台地が、2〜3つに区画されていたことになる。土塁もあったと思われるが失われたのであろう。

在地土豪の館とすると少し大き過ぎるようで、1が主郭になろう。戦国末期の北條・徳川の争いの頃に急拠拡張されたことも視野に入れる必要もあろうか。軍団の宿営地としての可能性もあり得る。

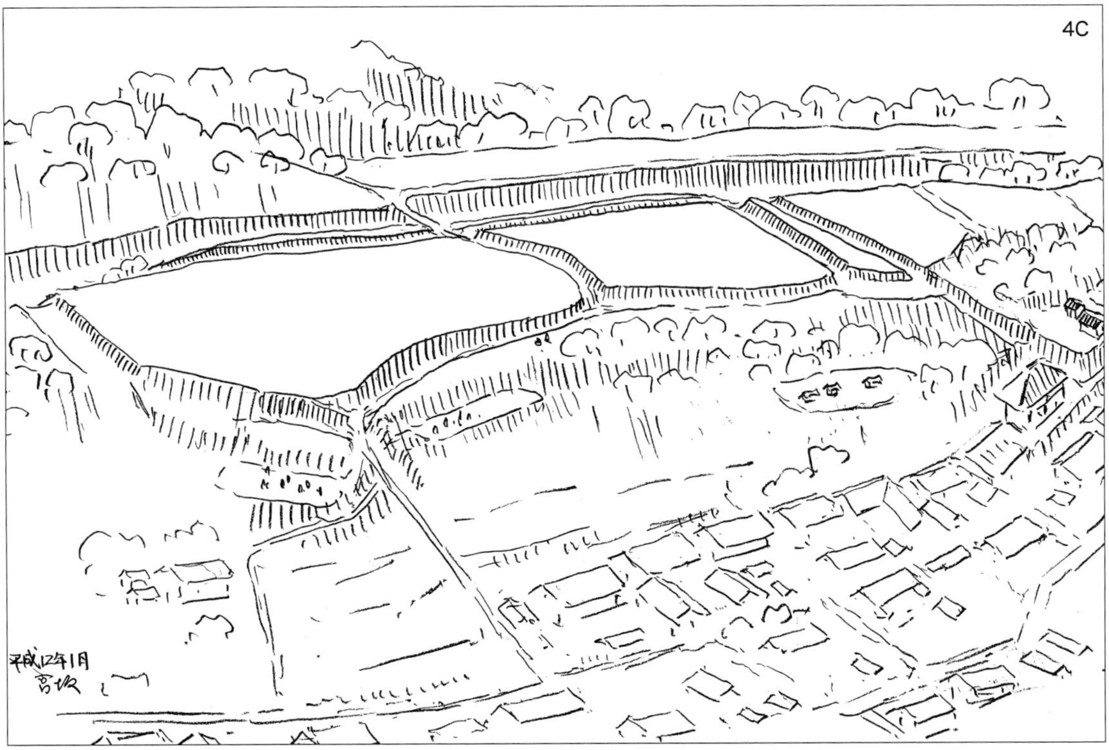

30、下畑城《しもはたじょう》

佐久穂町下畑　(村史跡)　➔9頁

平成12年2月16日調・同日作図

標高846m、比高84m

［南北断面］

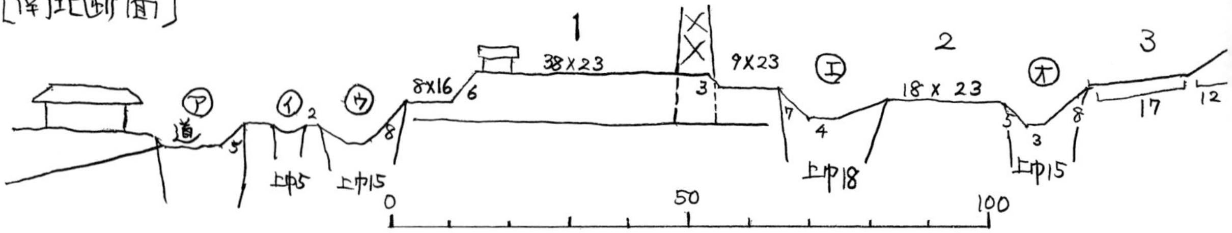

○立地　下畑集落の西側後背の段丘崖を利用して築かれている。東側の段丘崖は千曲川に面して80m余の高さがあるが、西側の大久保の沢田に面しては20m内外の高さで、南北に細長い丘陵を数条の堀で分割して曲輪を並べている。

この場所は、崖下に佐久甲州道が通り、北隣りの同一丘陵上には下畑下の城があり、北方1.5kmには高野城、大久保の沢を西へ辿れば1.6kmで佐口城、南0.6kmの所には権現山城がある。

千曲川の対岸には、海瀬の丘陵地帯が続き、抜井川沿いに東行すれば、十石峠を経て武蔵あるいは、大上峠や矢沢峠、更に海瀬川沿いに余地峠を越えると上州に至る交通の要衝にある。

また、千曲川沿いに狭い谷中を通って来た道は、いよいよ佐久平の平野へ出て行く位置に当り、その意味で重要な立地と言えよう。

○城主・城歴

天文9年(1540)、武田信虎が佐久郡へ大軍をもって侵入した際、武田の将、小山田信有の重臣である小林宮内助が築いたのがこの城で、武田方の佐久地方への足場となった城と言われている。

権現山砦や下の城は、この城の支城と考えられている。

また小宮山丹後守の居城であったとする伝説が残る。小宮丹後守の祖先は佐久市小宮山の出で、後に甲州に移って武田氏に仕える。信玄は小宮丹後守昌友を下畑城主に任じ、元亀3年(1572)には、竜雲寺の千人法幢の奉行にし、その功績により、甲州萩原郷百貫文が与えられているという。同年10月武田信玄の西上作戦に従い、11月、遠江二俣城の攻略中、鉄砲に当たって戦死、墓は北高禅師によって、竜雲寺に建てられ現存している。

何れにしても武田氏の手によって、その軍道の道筋に築かれた城と言えよう。

○城跡

佐久甲州道から見れば、高い台地上の城となり、急崖の上に偉容を誇ったに違いない。しかし縄張りは至って単純で、幅広い堀により台地上を分割して曲輪を並べた、いわゆる連郭式の城である。

南の鞍部は現在大久保集落への道になっているが、ここに㋐の堀を入れ、馬出しとも言える5×6の小曲輪を置いている。続いて、㋑、㋒の大小2条の堀で、尾根上を遮断して、8×16の腰曲輪を経て、主郭1になる。

主郭は38×23mほどの長方形に近い形で、北側一段下がって9×23mの腰曲輪

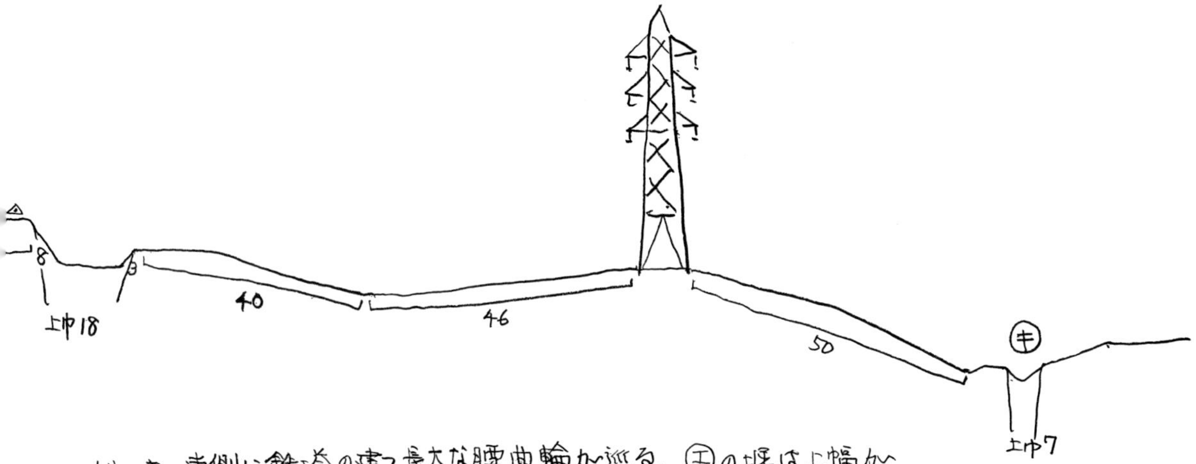

がつき，東側に鉄塔の建つ長大な腰曲輪が巡る。㋓の堀は上幅が18mもあり、その先は方形の2郭になる。2と3の間の㋔の堀も上幅15mあり、3郭の北の㋕の堀幅も18mを数え、どの堀も幅が広い。それとおもしろいのは、堀の北面する壁が急で高いのに対して、南面する壁は緩やかである。このことは、耕作する際に土塁を崩したことがあったとも考えられよう。

3の曲輪は北側に土塁があり、これが北辺の守りを堅固にしている。1、2、3の曲輪を通して、南斜面に道が通っているが、これは当時も武者走りとしてあったかも知れない。

㋕の堀から先は緩やかに上下して、やがて㋖の自然地形の堀で城域は終わっている。

この下畑城の縄張りからみて、主郭は1となり、大手は北側になるように思われる。北面している堀の壁が急で高いのは、そのことを物語っているのであろう。

また、軍団が屯営する際には、城の西側の大久保の沢田に当る地域が野営地となったとも思われ、武田軍の大事な足溜まりの塁として重視されたものであろう。

城跡は、耕作されたが、現在はまた原野にもどり、比較的よく旧状を残している。

30、下畑城《しもはたじょう》

31、下畑下《しもはたしも》の城《じょう》

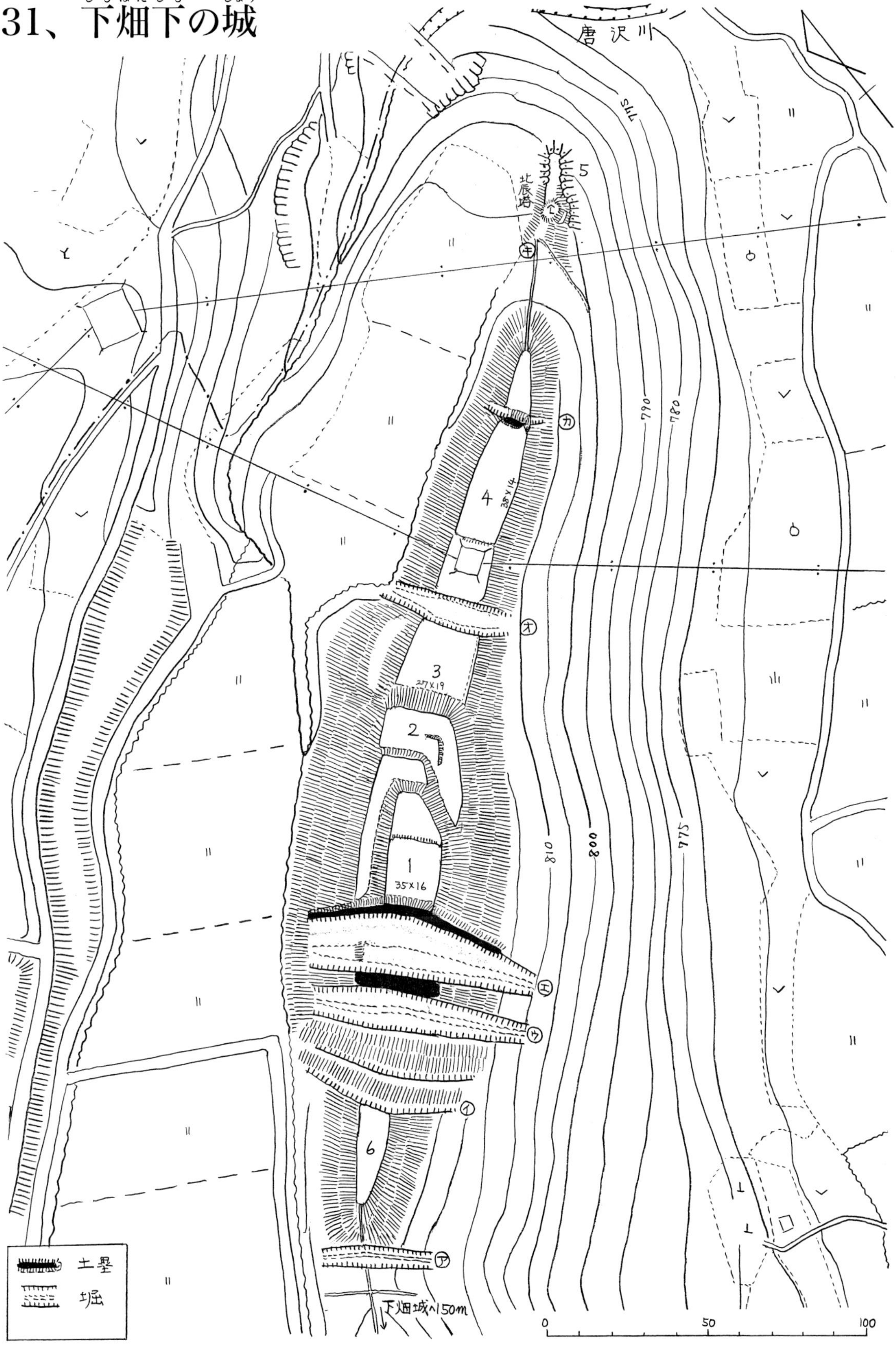

31、下畑下《しもはたしも》の城《じょう》

佐久穂町下畑 ➡9頁

平成12年2月16日調・同17日作図

標高828m、 比高65m。

〔南北断面〕

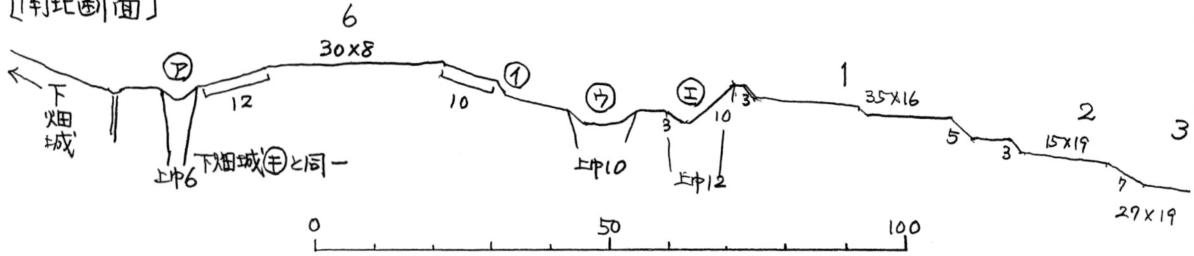

○立地、 下畑下の城は、下畑集落西の段丘崖上にあり、下畑城の北150mに位置する。両城は同一の丘陵上にあり、殆ど似たような立地条件である。唯、若干異るのは、下の城の方は北端は唐沢川の急崖で終わっていることで、その点では、丘陵の尾根先を使って築かれている点である。

東山下には佐久甲州道が走り、交通の要衝にあることは下畑城と全く同じである。

○城主・城歴

下畑城については『妙法寺記』によると、天文9年(1540)海尻城の守将小山田備中守の陣代小林宮内助が佐久に一城を築いたとあるのを根拠にそれが下畑城であるとされ、後に小宮山丹後守が入城したと考えられているのに対して、下の城の方は記録伝承等がなく、両城の関係は不明である。

ただ両城の造りを見るに、下畑城とは違いもあるので、同一の築城者でなく、発生が別であることが想像できる。

しかし、至近にあるために、利用に当っては、同時に使われることもあったであろう。

○城跡

まず、丘陵の先端部が唐沢川へ落ちこむ所を利用して築かれているために、下畑城と比較して、この方が先に築かれた可能性がある。

城地は、南に小山6があり、そこから大きな鞍部を堀にして、城の南の守りにしている。6を主郭にしてもよかったが、間に大きな谷部が挟まれるので、その北へ主郭を持って行き、6も地山ながら、放置できずに、その南の鞍部へ堀を入れて後郭として搦手の備えとしたようである。

6と1の間の谷部は非常に幅があるために、その斜面へ切岸をしたり、谷部を2重の堀にするなどの加工をしている。これは、最初からやったことでなく、下畑城ができた頃に手を加えたのではないかと思われる。

主郭1は 35×16ほどの台形をしていて、南の㋓の堀に沿って土塁が両斜面に下り、斜面上からの侵入に備えている。また内部は耕作の時にできたものと思うが、2段になっている。

西側7m下に腰曲輪がまわり、その下に2の曲輪が北から東へ鍵の手にある。北下には、27×19の方形の3の曲輪を経て、上幅7mの㋔の堀があり、鉄塔の建つ平地に続いて、38×14の長方形の4の曲輪になる。北端に土塁の残痕がありその北は高さ4mの切岸になる。この㋕の切岸は堀であった可能性もあり、4の曲輪は鉄塔の所も含めて、本城最大の、いわゆる馬場とも呼べる広場になる。

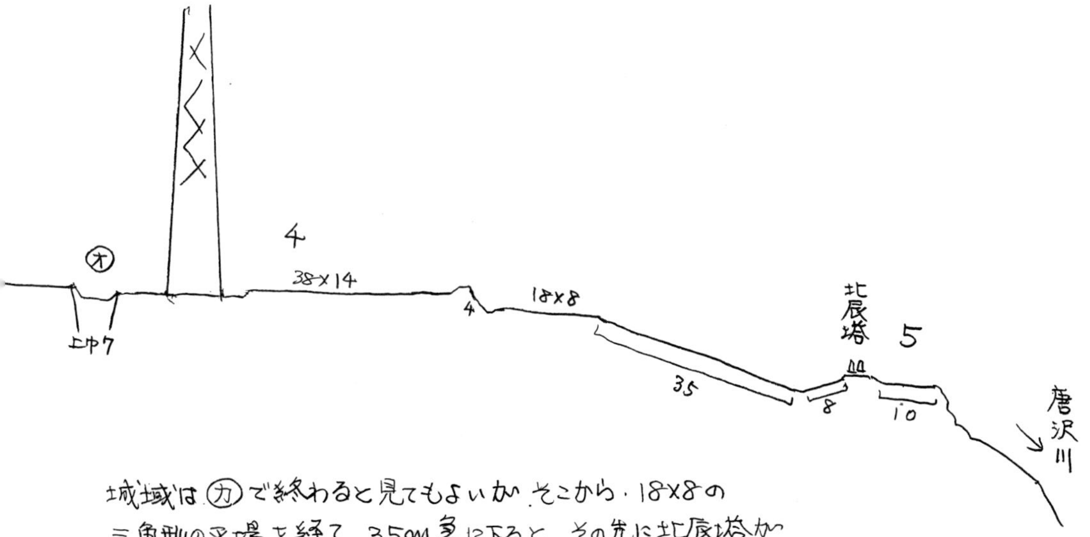

城域は㋕で終わると見てもよいが、そこから、18×8の
三角形の平場を経て、35m急に下ると、その先に北辰塔が
建ち並ぶ塚状の地形と岩の先端がつき出た所になる。往古は、北辰塔のある小丘の南に堀
があり、そこへ東の山下から登るのが、大手筋の道とも考えられる。

○ 以上概観したように、この下の城は、下畑城と隣接してありながら、丘陵上に一列に曲輪が並ぶ連郭式の縄張りという点では、地形上類似はしているが、堀の規模が明らかに違う。㋑㋒㋓の特殊な堀は後に改修を受けたものと考えれば、堀の規模は小さく、その点では在地土豪層の要害城としての姿が想像できる。

従って、下畑の2城は、まず、下の城が在地勢力により造られ、その後武田氏の侵入の頃に隣地へ下畑城が造られ、下の城も改修を受けたものではないかと思われる。

32、花岡城《はなおかじょう》（花岡烽火台《はなおかのろしだい》・松明山《たいまつやま》・城山《じょうやま》）

佐久穂町海瀬花岡

➡9頁

平成12年2月5日調・同6日作図
標高880m、　比高70m（西下道路より）

〔東西断面〕

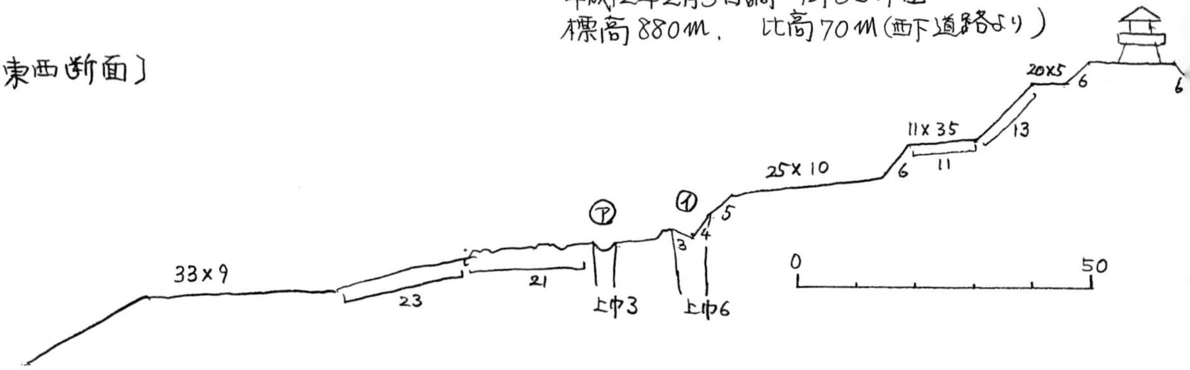

○立地　茂来山《もらいさん》の北西へ延びた主尾根の末端部に花岡城がある。ここは、千曲川の右岸の海瀬の台地上で、岬状に張り出した尾根の先端の小山であるために、比高の少ない割には遠くからも目立つ山で、従ってここからは千曲川畔はもとより、遠くの諸城も確認できる。

また、花岡城の山下の西の段丘上は中山遺跡で、そこには地下遺構が検出され、中世の避難場所として、地下の穴が使われていたことが知られる。

○城主・城歴　『伴野土屋系図』（下海瀬、土屋久寿弥太氏蔵）によると、伴野十郎忠長が「佐久郡花岡ニ住居」とあり、そのことから、友野十郎の築城とされる。その後忠常，長信，左近中将と継いで、その時に余地に勝見城を築いて、西方の城主となったとされる。

土屋忠右衛門の記録した『鳥《ちょっ》渡《と》聞《きき》書《がき》覚《おぼえ》』によると、友野十郎が最初築いたのは花岡城で、「嫡男忠常殿代より城内水乏しく相成り候に付き、関東の通路を兼ね，余地と云う所へ左近中将引き移り住居仕り候」とある。伝承でも伴野氏一族の花岡氏の居城とされているが、上記系図とも一致している。

依路《よじ》（余地）に移った左近中将の子右近進は、武田氏に降り、勝頼に属して中居城の小幡氏と共に討死している。永禄の頃には、花岡氏を名乗っていたようである。

花岡城山の公園化にあたって行われた平成6年の9月の主郭部の発掘調査により，出土した遺物等から、15世紀後半から16世紀半ば頃までの遺構と考えられている。

武田氏が余地峠を越えて西上野へ侵出するのは、『関八州古戦録』の永禄三年（1566）九月で、「信州余地峠より，西上野碓氷郡下仁田越シテ、松井田，安中間に着陣した」とある。武田氏が西上野へ出るのに最短距離である余地峠越えのルート使ったようで、花岡城下を通過していったことが想像できる。

○城跡　山頂の主郭は長径15mほどのだ円形の平場で、江戸時代には松明山と呼ばれていたようで、立地と併せて、そこから烽火台の名がついたものである。発掘調査の結果、この狭い所に10×6mの建物があったと想定している。そして、そこからの遺物は、内耳土器、土師質小皿，陶磁器，古瀬戸のおろし皿、中国産の青磁、甕、秤の錘、砥石、釘、茶臼の破片，灯明石皿等であり、生活臭のするものである。建物は、岩山であるために、竪穴でなく、床張りの建物であったようである。

つまり、この主郭上にあった建物には、何人かの住人ないしは番人が居て、煮たきもしていたらしいと推定される。しかし、烽火台としての遺構は検出されなかったとしている。

しかし、発掘が頂上部分に限られていることから、烽火台でなかったとするのは早計で

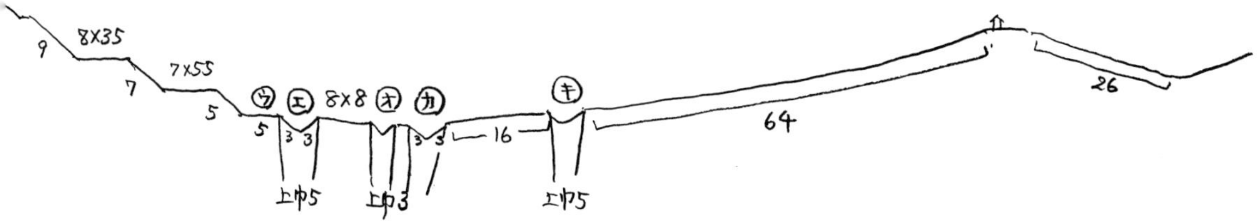

ある。烽火台が頂上にあると考えれば、それも言えるが、一段下がった所に設けても一向にかまわないし、その方がよく燃え、煙が上がり易いこともある。伴野氏が築いた在地土豪の領地支配のための城として発生したらしいが、生活の場は山下の根小屋であったはずで、その場所は花岡集落のあたりと考えられよう。そして、ある時期から狼煙台として利用されたことは否定できない。

主郭を取り巻いて同心円のように3段ないし、数段の腰曲輪が取り巻いていて、それらの曲輪を通路が結んでいたようである。

北西へ張り出した尾根先を㋐㋑の2条の堀で切断しているが、その先の33X9ほどの平場も出曲輪のような形になっているので、城域に加えられよう。後背の山へ続く東の尾根筋には㋒㋓㋔㋕㋖の大小5条の堀が備えられている。

造りから見て、大手筋は南西の今の登路あたりと思われる。ある時期耕作されて細部は失われているが、公園化により失われたものもある。

それにしても、旧態はよく残している方で、貴重な遺構と言えよう。

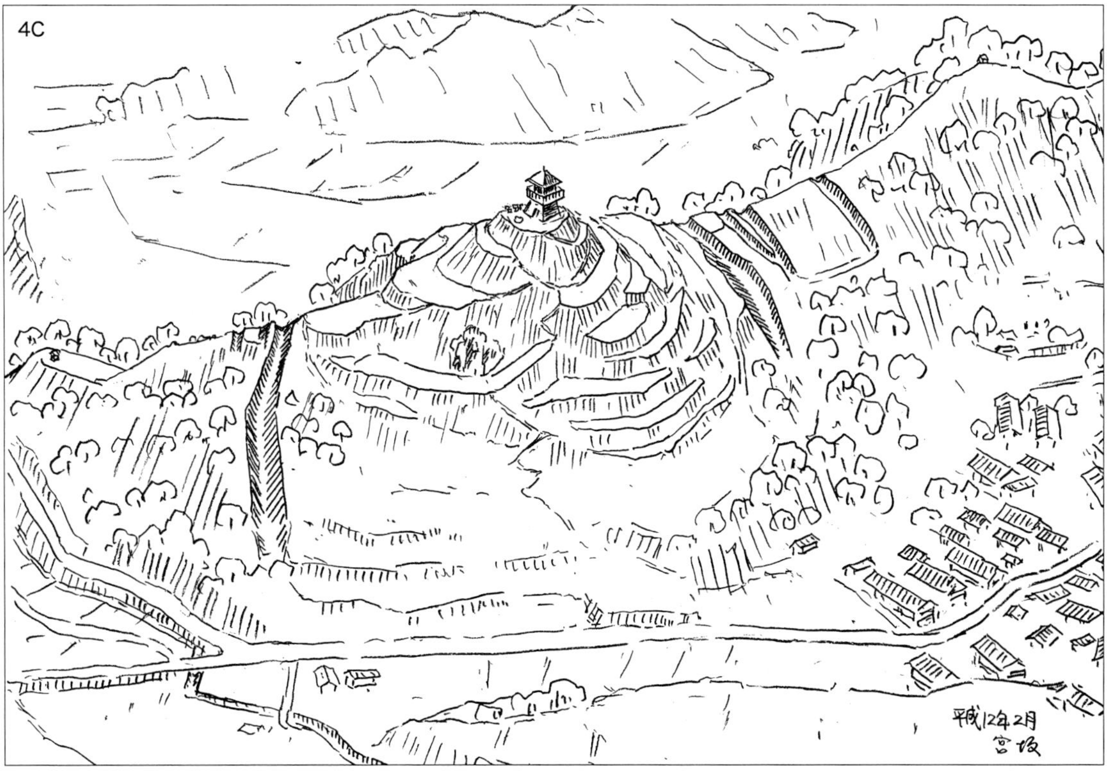

32、花岡城《はなおかじょう》（花岡烽火台《はなおかのろしだい》・松明山《たいまつやま》・城山《じょうやま》）

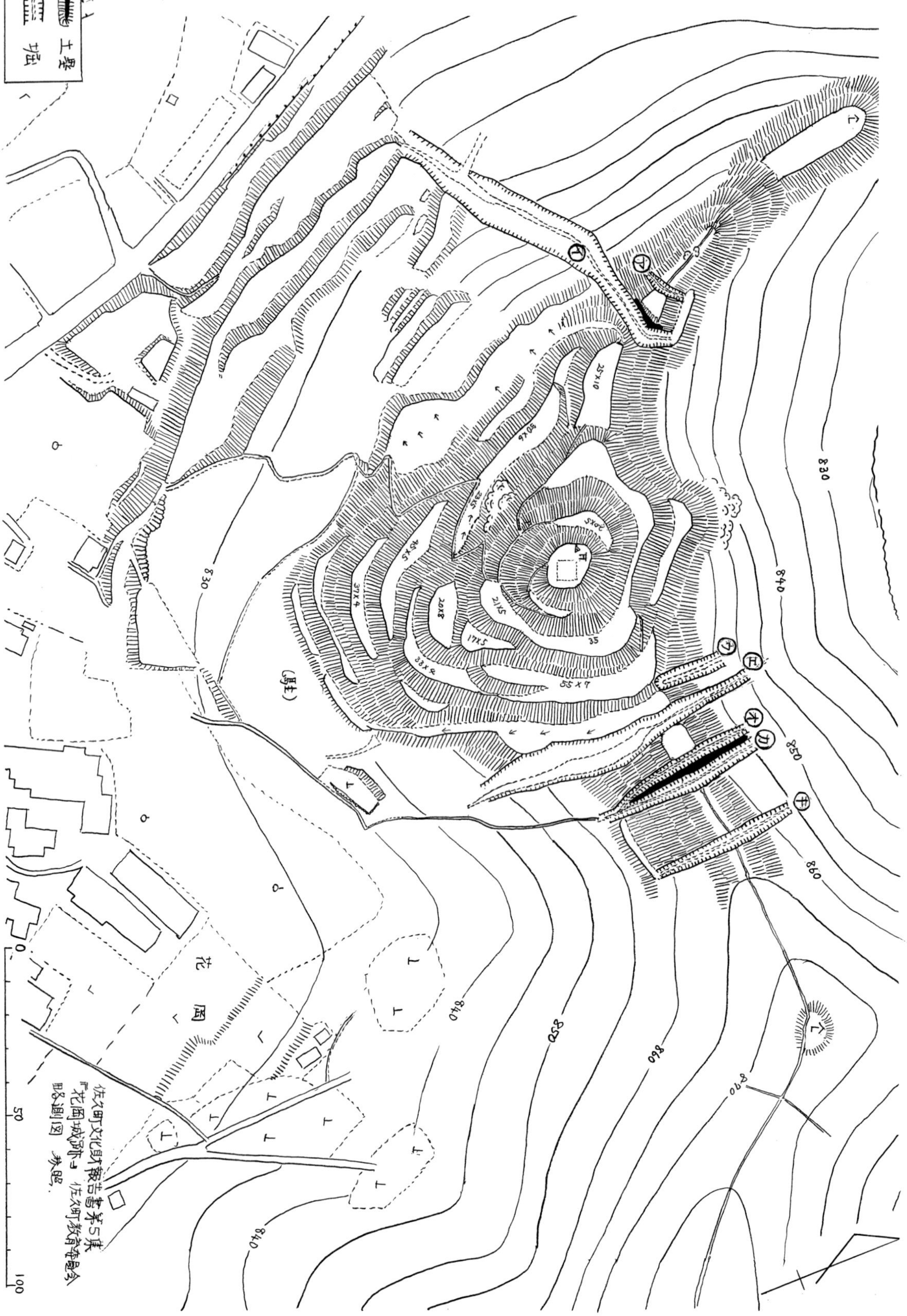

33、館《たて》（楯六郎親忠《たてろくろうちかただ》の館《やかた》）

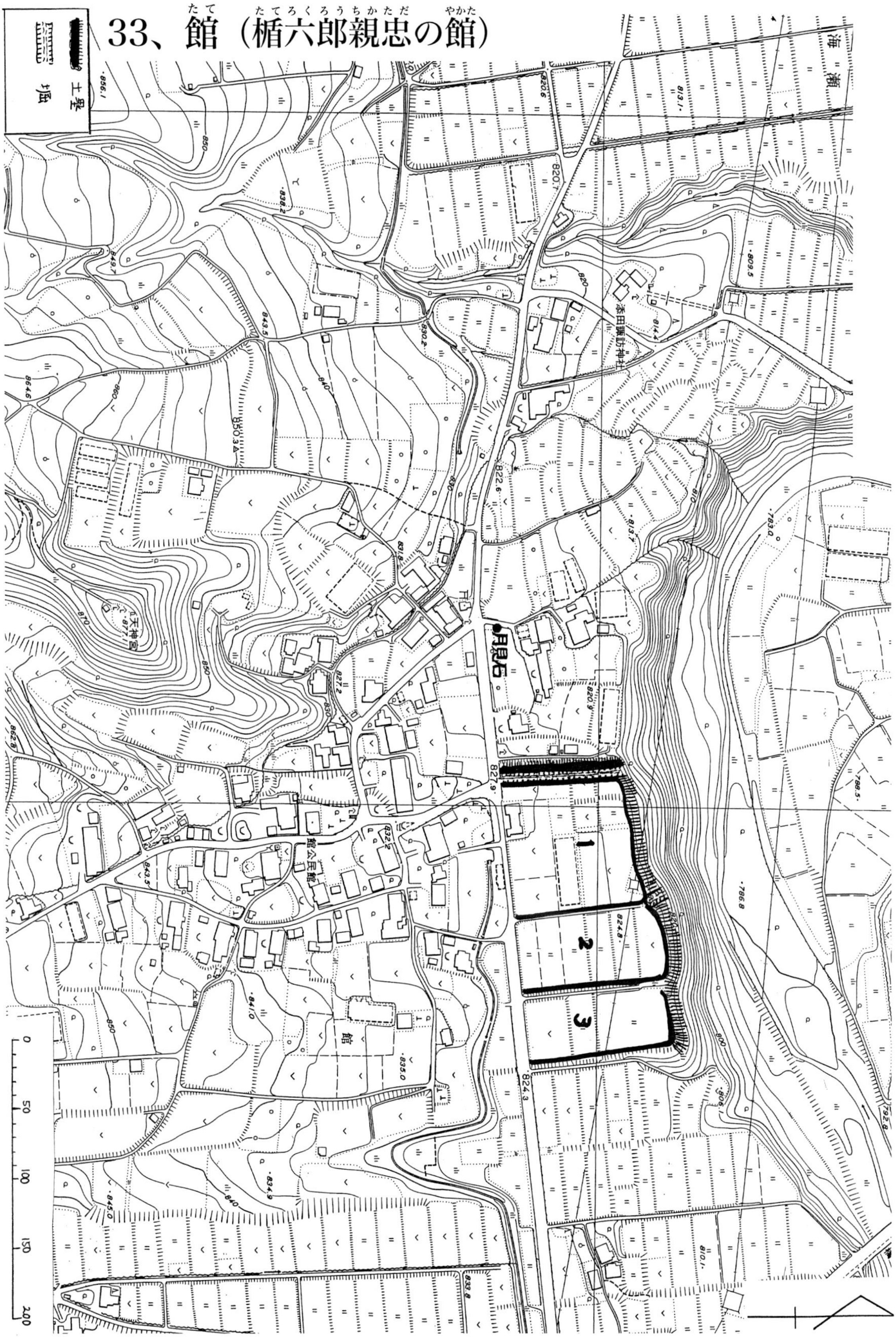

33、館《たて》（楯六郎親忠《たてろくろうちかただ》の館《やかた》）

佐久穂町海瀬館　➡10頁

平成12年2月5日調・同6日作図
標高827m、比高40m（抜井川より）

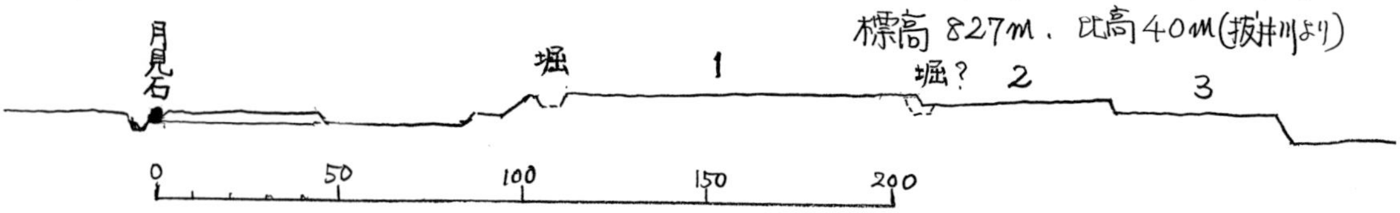

○立地　茂来山《もらいさん》の北西山麓、槙沢（牧沢）の沢口に館《たて》の集落がある。ここは、抜井川の左岸の段丘上で、40mの段丘崖の下には抜井川が大きく蛇行しながら流れている。対岸の山は勝見城で、南面する斜面は、抜井川によって削られた岩山で険しい山体が屏風のように立っている。

また、抜井川の谷は、東行すれば、やがて上信国境の矢沢峠、あるいは大上峠《おおかみ》を経て上州につながり、更に十石峠を越えれば、武蔵へ通じる。従って古来より交通上の要衝であり、東方1.5kmの大涯城には、木曽義仲伝説が残っている。

勝見城の北側には余地川が流れ、この谷を詰めれば、やがて余地峠を経て西上野へ至る交通路があり、武田信玄が上州へ侵入する時の一つの大事なルートとなっている。

○城主・城歴

佐久の豪族根井《ねのい》小弥太幸親の子楯六郎親忠の館と伝承されている。居館跡の西側には、月見石と呼ばれる上が平らの石がある。毎年一月十五日の夜明けに月見石から西の方添田神社のご神木（今は枯れてない）に入る月の位置を見て、その年の陽気、豊作を占ったという。

平安時代の後期、根井氏は茂来山麓の牧沢から谷口の一の渕にかけて私牧を経営し、その子親忠を馬の飼育にあたらせた。その館のあった所が館《たて》集落である。

また上州に本拠を持つ矢田義清も東に隣接する大日向の大涯城（大陰城、矢田城）を造り、霧久保沢から、都沢までの茂来山の北麓に私牧を経営していた。

一帯には、今も牧場に関連のある乙馬《おとうま》、牧沢、駒寄、腰牧、杭ノ内、東馬場、西馬場、外牧、堀込、野駄窪などの地名が残っている。

治承五年（1181）木曽義仲が平家討伐の挙兵をすると、根井小弥太、楯六郎親忠父子はいち早く横田河原の合戦に加わり、以後義仲の四天王の一人として、水津の戦い、砺波山の合戦、加賀篠原の戦い、宇治川の戦いなどで活躍するが、京都で戦死をする。

一方大涯城の矢田義清は、義仲軍より一足先に平家の軍を追って、備中の水島で、なれない海戦に敗れ、副将の海野幸広等と戦死してしまう。

昭和60年度に行われた発掘調査では、野馬除の堀跡、繋飼《けいし》場跡からは、調教用の簡素な銜《はみ》（くつわ）が検出されたようである。添田地区からは、牧場で働いた人々の使った土師器坏、須恵器かめなどがまとまって出土している。

○館跡　抜井川の段丘崖に面した、月見石の東の少し高くなっているあたりが館跡と考えられている。西端には堀と土塁があったとの証言があり、3の東の土手は以前も高かったと言う。

現在の地形は開田後のもので、堀などは消滅してしまい、北側の崖縁部に堀の痕跡が残っている。

1と2の境の道の所には若干の段差があり、崖縁部を見ると、ことによったら堀があったようにも見られる。南田前の状況をきちんと聞き取っておく必要がある。

また2と3の間も大きな段差があり、更に3の東はもっと高い土手になっていて、昔も高かったとの証言もある。

館の位置は1が中心で門は南向きで、ことによったら2、3のあたりも何らかの施設があったとも思われる。当然、南側には、大涯城に見られるような堀と土塁が備えられていたであろう。北側の崖の中段には水場があったようである。

館地域は現在は用水が引かれて水田が多く見られるが、古くは水が少なく、田は少なかったという。湧水地も限られていて、水場は大事であり、館の立地条件になったであろう。

この館集落を見てすぐに目につくのが後背に張り出した小山である。現在天神宮がまつられている所であるが、集落の真上にあって、物見にこれ程格好の所はない。30mそこそこの比高であるが、この上に立てば、広い牧場は一目で見渡せるであろう。往古も、ここは物見が置かれたことが想像できる。

- 地字名から見た気になる所

　海瀬の向原の近辺であろうか，東馬場の東に「明松山」「月見城」の地名がある。狼煙台でもあったのであろうか。　下海瀬あたりの「堀込」「前田」「下後田」「上後田」

　大涯城の南東の「下鼠原」「上鼠原」，更に「古谷」等も気になる所であるが今後の研究にまつ。

- 楯六郎親忠戦死後、この館及び牧場はどうなったか、大涯城も併せて気になる所であるが、はっきりしたことはわからない。一族のうちで残留していた者もあると思われるが、その後に楯氏の名前は見当らない。六郎親忠と個人名を冠した遺跡は珍らしい。その点で彼一代限りということを言っているのであろうか。

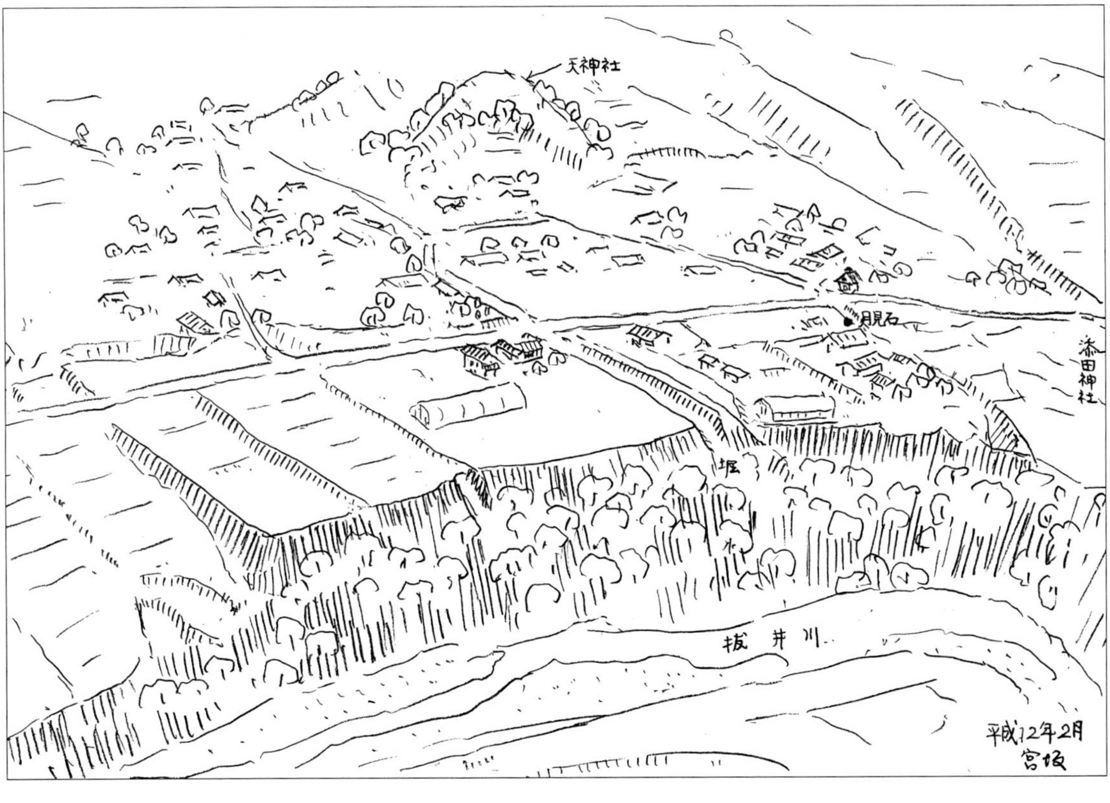

34、海瀬城《かいぜじょう》

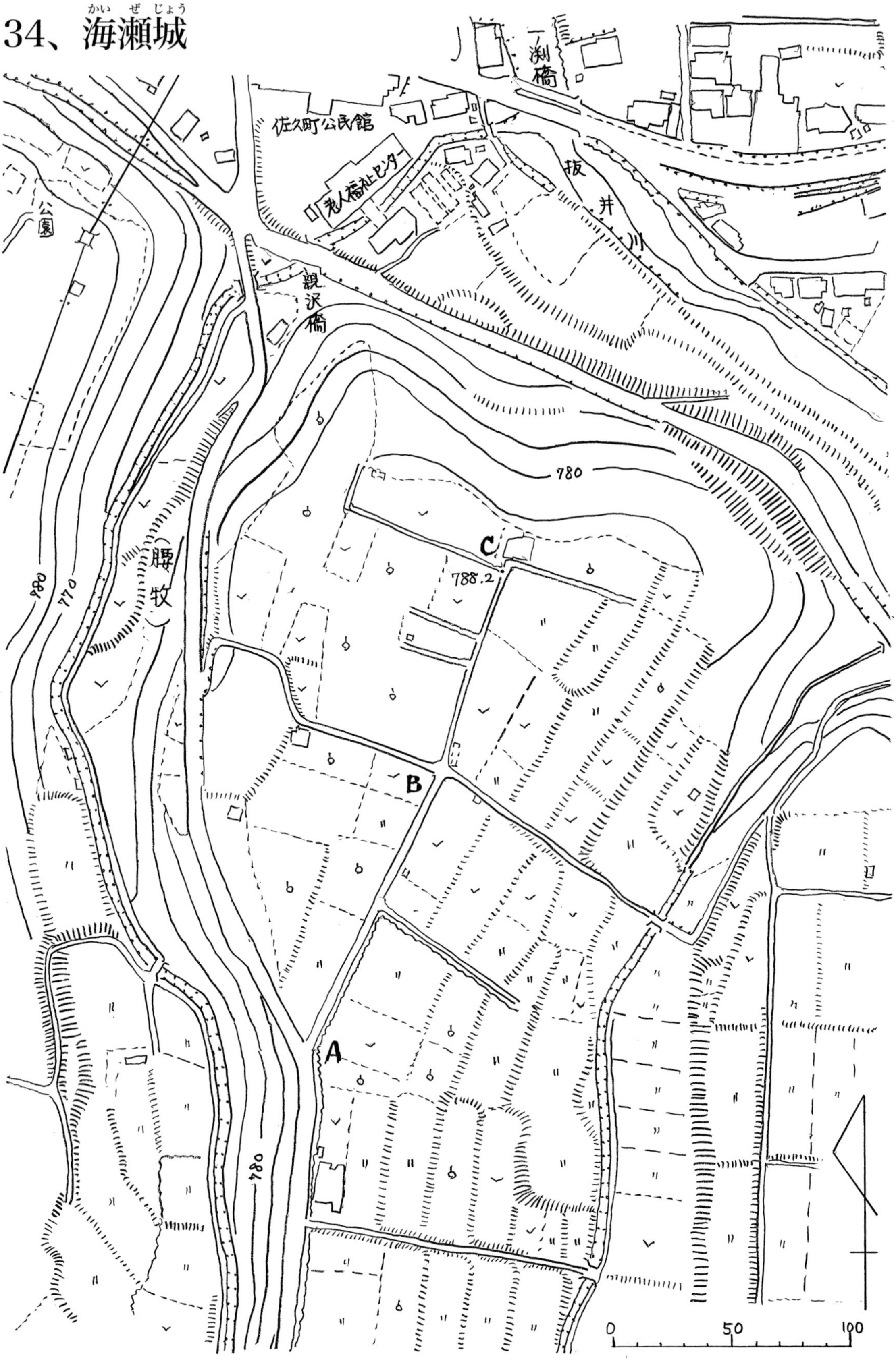

34、海瀬城《かいぜじょう》

佐久穂町海瀬字一の渕向 ➔9頁

平成12年1月22日調・同24日作図

標高788m.　比高34m.

［南北断面］

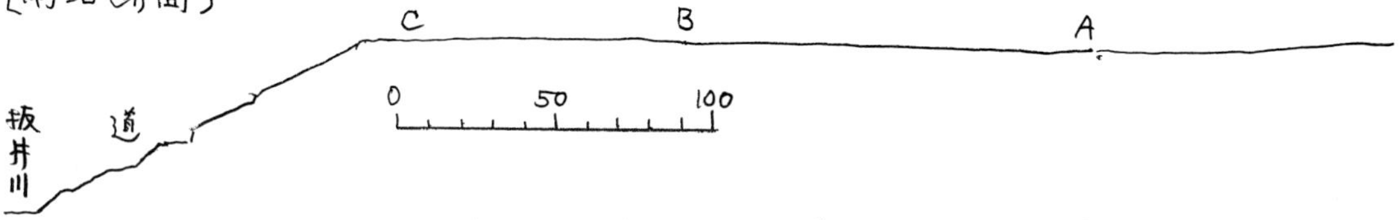

○立地　抜井川が千曲川へ合流する海瀬の谷口，左岸の台地上が海瀬城があったとされる場所である。　北側下の抜井川からは、40mほどの比高があり、北側の山地との間は一ノ渕と呼ばれ、海瀬地区及び、上流の大日向，あるいは余地《よじ》地区の関門となっていた所である。抜井川を遡行すれば やがて余地峠、矢沢峠、大上峠を経て，上州 勧能へ至る交通の要衝である。また十石峠の道もここに集まってくる。

余地峠は 武田軍が上州へ侵攻する際にしばしば使われた道で、谷奥には，勝見城中居城，大涯城，楯氏館等がある。地元の人々で「海瀬城」を知る人がいなかった。

○城主・城歴　不明、　城館があったという伝承のみが残るという。

立地からすると，海瀬の谷の勢力，すなわち茂来《もらい》山麓の私牧経営をして力をつけた根《ねの》井《い》氏系の楯氏にかかわるものと見ることができる。　西側の観沢橋の上あたりの沢筋を「腰牧」と呼んでいるので，その上部の台地に館城があったことが想像できる。

○城跡　図の如く，台地全体が耕地化され，遺構と思われるものは全く発見できかった。堀や土塁があったと思われるが，それらしい地形は残っていない。

あえて推測すれば，台地の狭まるA地点あたりに堀を入れればよいが，その場合広すぎる。B点あたりでも広すぎる感がある。またC点の西か東かでも違ってくる。東側が伝承地らしいが、そうなると，私牧の西端を見張るのに好都合の立地と言えよう。

唯砦を築くとしたら　西側の秋葉山の公園の所の方が、西側 千曲川畔の視野は広くなり条件がよくなるが，この台地を使ったのは、千曲川畔地帯を余り意識しない時代、つまり戦国期以前の遺構ということも考えられよう。即ち私牧の西限に立地ということになろうか。

あとは発掘調査等により解明するしかないであろうが、上記のような仮説をたてて，後究にまちたい。

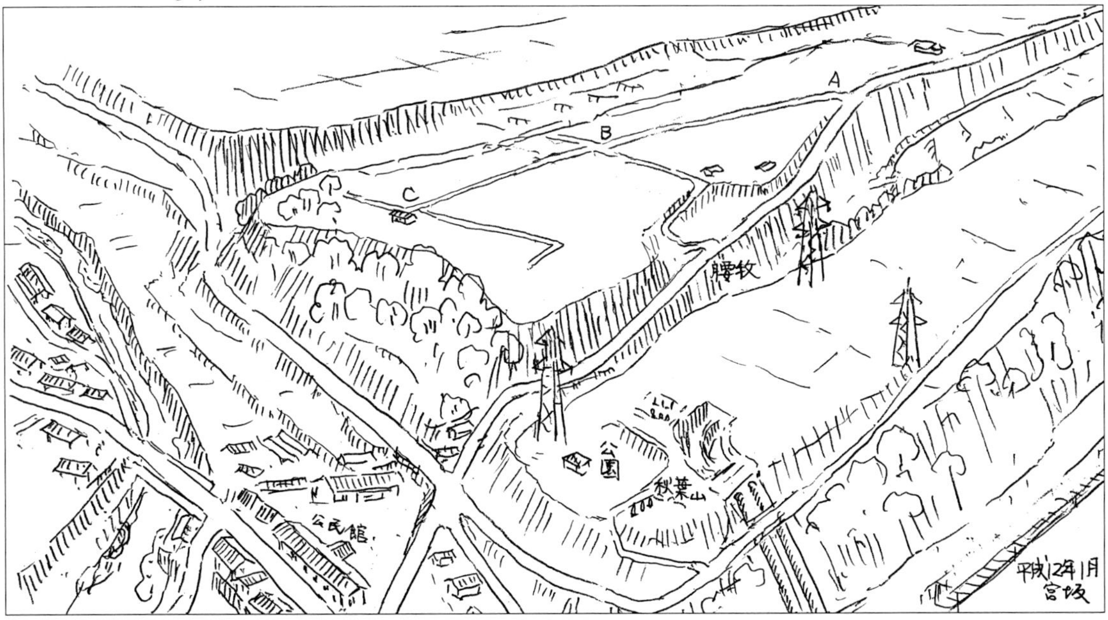

35、大涯城《おおがけじょう》（大陰城《おおかげじょう》・矢《や》田《た》城《じょう》）

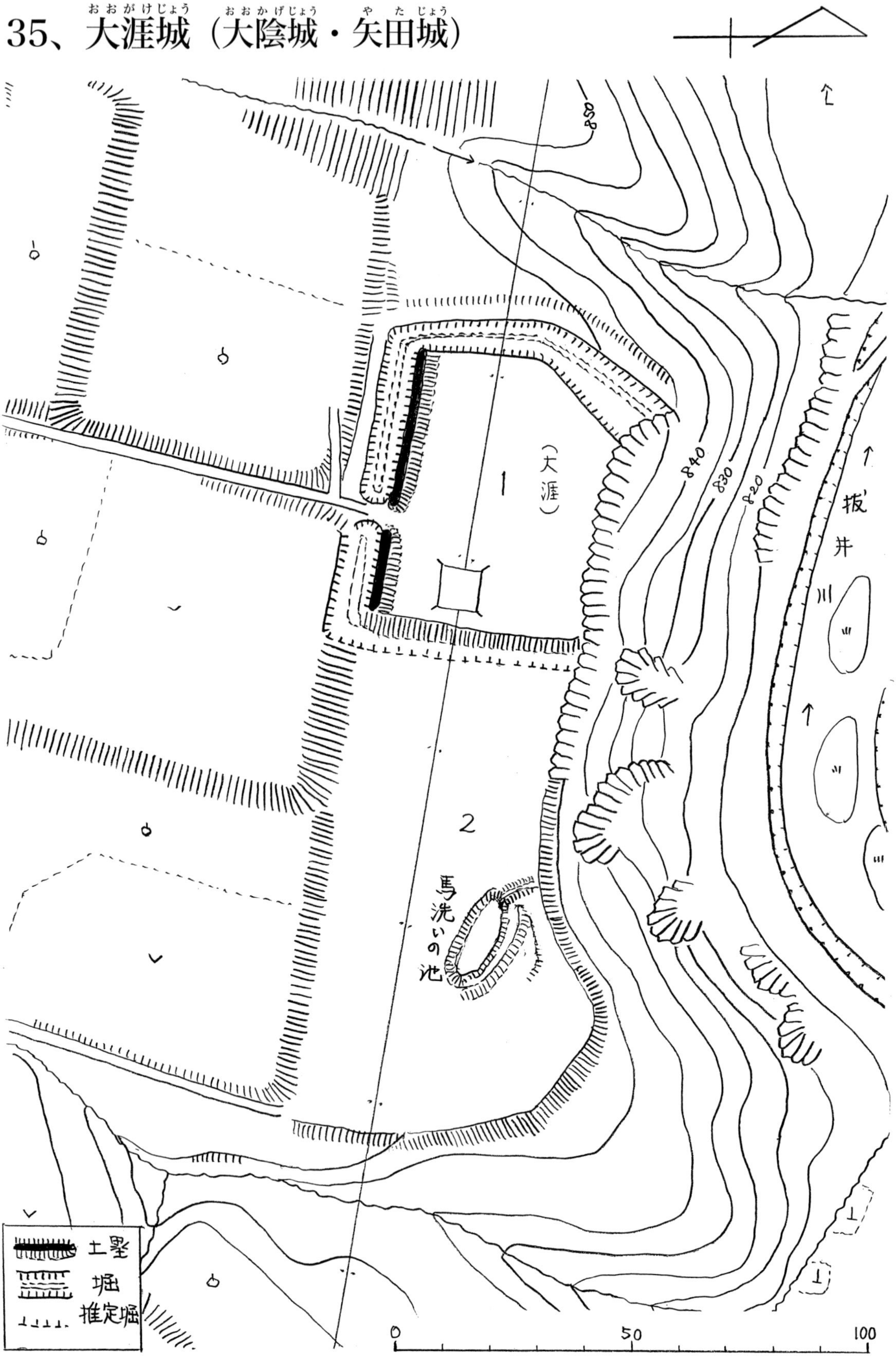

35、大涯城《おおがけじょう》（大陰城《おおかげじょう》・矢田城《やたじょう》）

佐久穂町大日向本郷 ➔10頁

平成12年1月29日調・同30日作図

標高860m．　比高50m（北下の抜井川より）

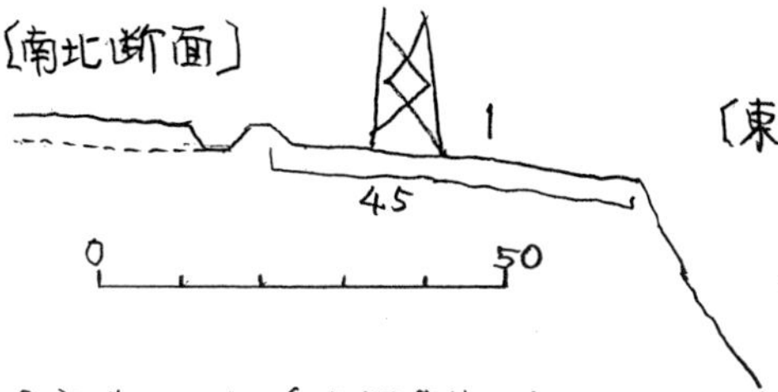

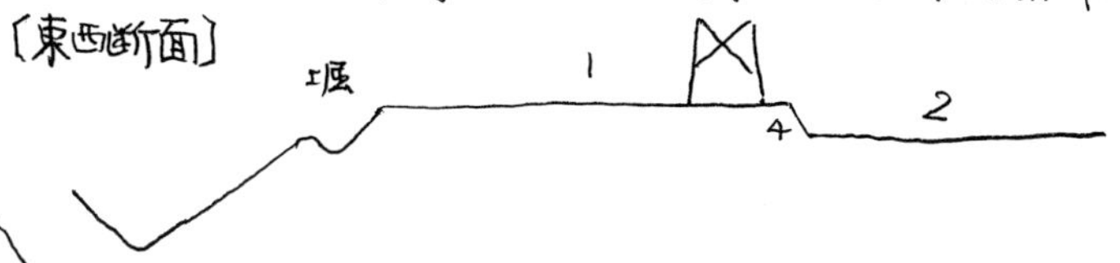

○立地．　大日向本郷集落の南、抜井川の崖上に大涯城がある。ここは．茂来山《もらいさん》の北麓に当り．眼下の抜井川の谷は．東行すると南は十石峠を経て武蔵国へ通じる武州道となり、それより北の大上《おおかみ》峠．余地峠を越えると南牧《なんもく》谷を経て上州の中心部に通じる街道の集まる所で．まさに交通の要衝である。
　同一台地上の西方1km余の所には．楯六郎親忠の本拠地館があり、茂来山《もらいさん》南麓一帯は．古くから広大な私牧があった所である。

○城主・城歴．　平安時代に上野国多胡庄矢田（吉井町矢田）を本拠とする矢田判官代義清（木曽義仲の父義賢と従弟関係）のもので．ここに私牧経営の拠点として造られたものとされる。また．武州の大蔵山で討たれた源義賢の子駒王丸（義仲の幼名）が十石峠を越えて逃れて来て．この館にかくまわれたと言う伝承が残る。
　義仲の挙兵に当って．矢田判官代義清は有力な武将として従軍し．北陸及び西海道で平家追討軍の将として活躍し．備中水島で平家軍と交戦して，副将海野幸広と共に戦死する。なお楯六郎親忠は義仲軍の四天王の一人として活躍するが．京都にて戦死する。ここでの馬が大いに使われたらしい。

○城跡．　周辺一帯構造改善で地形がすっかり変形されていて、主郭部以外の細部ははっきりしない。主郭部は．南側に土塁が残り．堀は南から西へかけて（上幅8m以上）現存する。東は切岸で．北側抜井川に面しては断崖で．今も崩落が続いている。往古は．もう10m内外広かったであろう。
　東の沢との間も館に関連の地で．ここに馬洗いの池と称する所がある。城域は東西の沢の間で．南の方はわからない。西方の土塁は山際まで延びていたと言う。しかし現状から、古い時代の方形館の姿として．．主郭部とその周辺に若干の施設（牧場の）や屋敷があったものと思われる。

36、勝見城《かつみじょう》

佐久穂町余地

➡10頁

平成12年1月29日調・同日作図

標高990m、比高190m(南山下川原より)

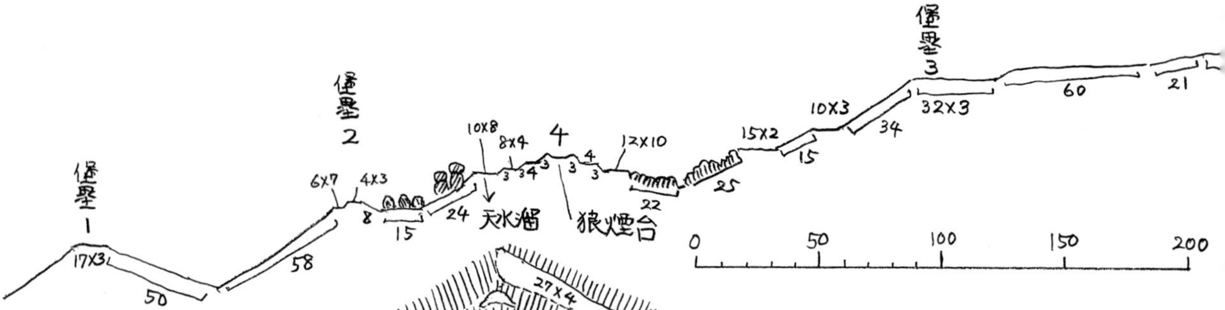

〔主郭部分要図〕

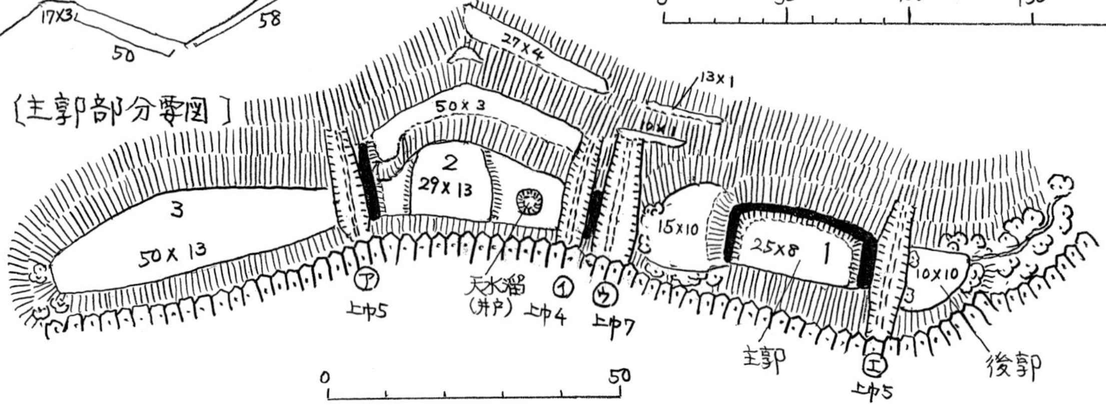

〔狼煙台部分要図〕

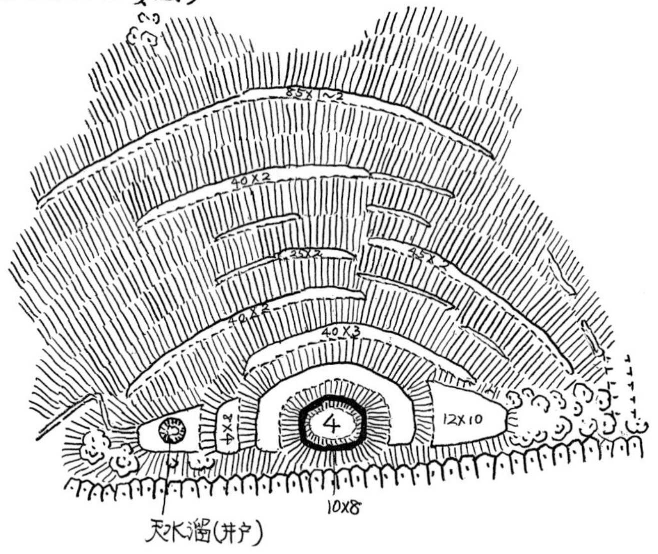

○立地　関東山地の一支脈の西端の岩山上に勝見城がある。南側は抜井川《ぬくい》の流れる大日向の谷で、遡行すれば矢沢峠、大上峠《おおかみ》を経て上州へ、あるいは十石峠を越えて武州へ通じ、北側は余地《よじ》川の谷で、谷奥の余地峠を越えると上州に至る。佐久郡から上野、武蔵へ通じる峠道が、勝見城の西側脚下で合流する交通の要衝にある。

山体は険しく、特に抜井川に面する南側は巨岩累々とした大岩壁が続き、正に要害の地である。

○城主・城歴　建武二年(1335)山城国大徳寺文書に「伴野庄郷々村々御年貢存知分事」として、「余地村六〇貫文」とあり、鎌倉時代には、余地村は伴野庄に属していたようである。

勝見城については、下海瀬村の土屋忠右衛門が『鳥渡聞覚書《ちょっとききおぼえがき》』として書いた中に、「嫡男忠常殿代に至り、城内水乏しく相成り候に付き、関東の通路を兼ね、依路《よじ》という所へ左近中将自成引き移り住居仕り候。」とある。花岡城が水で苦労したので、勝見沢の方へ移ったらしい。

また、余地の古寺自成寺に伝わる『自成寺記』に、永正三年(1506)に俊庵和尚を村長である郷士伴野左近自成が迎え、開基に尽力したため、寺名を「金剛山自成寺」としたとあるよう

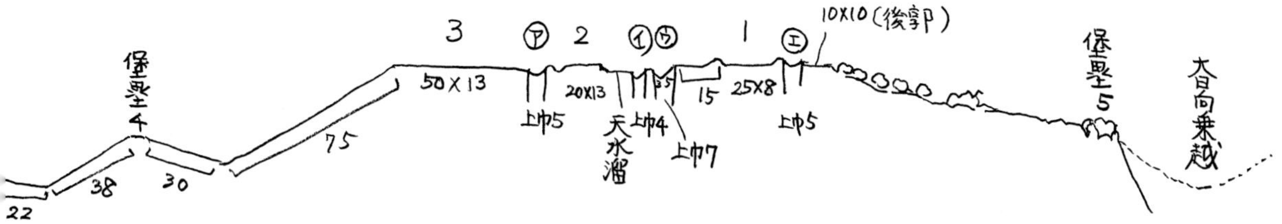

で、以上のことから、勝見城の発生は、郷士伴野氏により15世紀末か16世紀初期であろうと推測されている。しかし、この勝見城の立地から、武田氏統治の時代には、武田氏が余地峠を経て上野へしばしば出兵しているので、この城は武田氏にとって、重要な兵站基地及び狼煙台として使われたものと考えられる。

○城跡　東西に1km余の細長い岩山上に遺構があり、主要部分は、2地区に分かれる。

・主郭部分、990mの山頂に、㋐、㋑㋒の小さな堀を挟んで、東より1、2、3の曲輪及び後郭が並んでいる。殆ど高低差はないが、造りから見ると、東側の1が主郭で、三方に低い土塁が残る。㋑㋒の2条の堀の西は、2で、北側の2段の腰曲輪があり、東側に天水溜の井戸が残る。西端は50×13の最大の曲輪3で西側は鞍部まで75m下る。南側は岩壁で侵入不能、東も岩尾根が続く。
・狼煙台部分(4)、従来、ここが主郭と混同されていたようである。中心は10×8のだ円形の平場で四周は低い土塁で囲まれ、これを西から北、東へかけて腰曲輪が取り巻く。南側は岩壁で、東と西の尾根筋も岩場である。西側2段下の曲輪に、天水溜の井戸がある。北側斜面に幅1～3mの武者走りのような細長い曲輪が数段設置されている。現在断続しているが、崩れたものもあるかもしれない。
・水場は勝見沢の上部が水の手で、そこから上げたものであり、補助的に天水溜を用意している。
・西の尾根先の小山、天神山の北麓が大木戸の地名があり、山の東側を下仁田街道が通っているので、この山に見張台が設けられたと思われるが、貯水槽が建設されて、細部は不明。
・城跡の東側の大日向乗越(越道)の東にある松山にも物見の砦が残っている。

36、勝見城《かつみじょう》

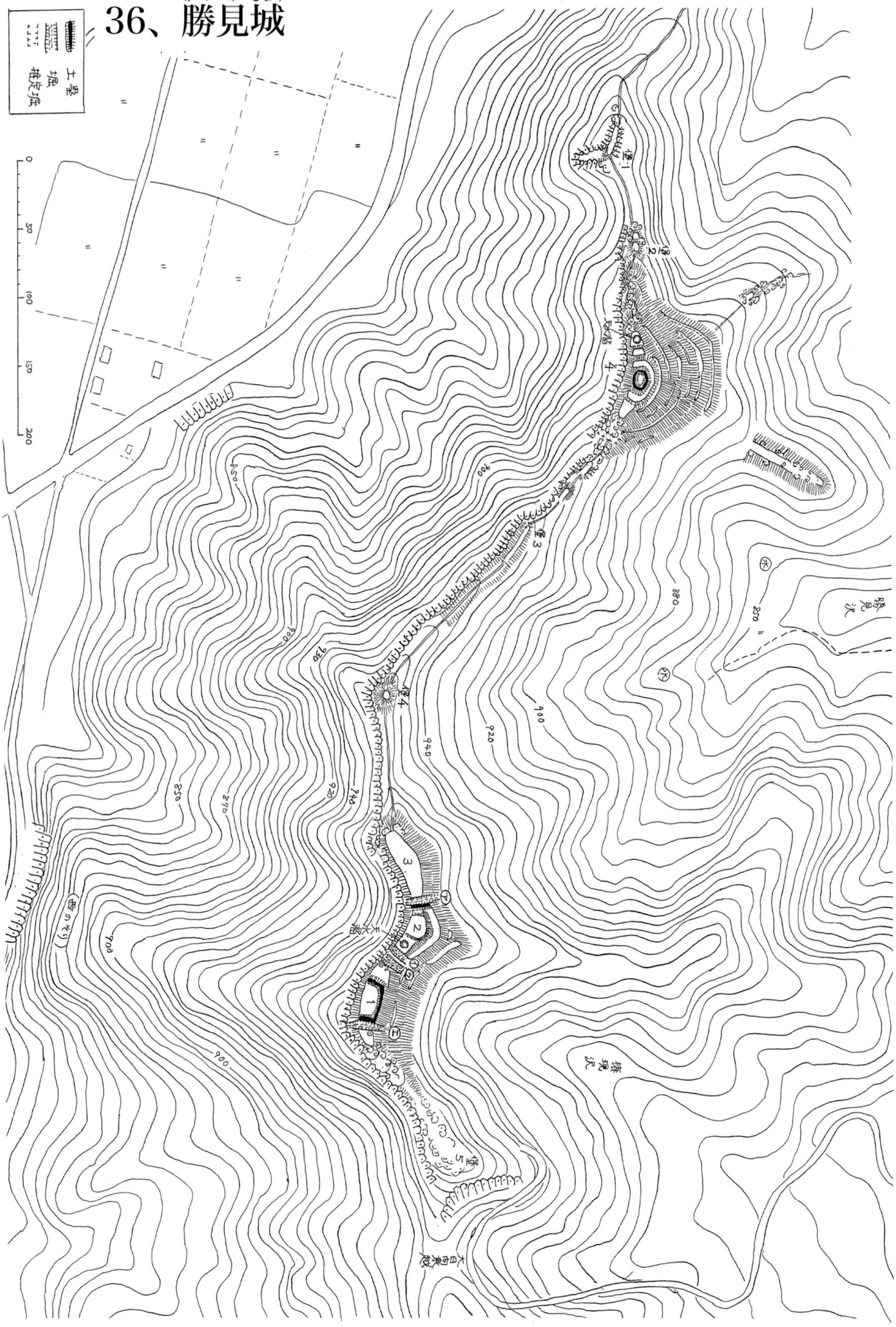

37、高野城《たかのじょう》

37、高野城《たかのじょう》

佐久穂町高野町 ➔10頁

平成12年1月25日調・同日作図

標高757m. 比高14m

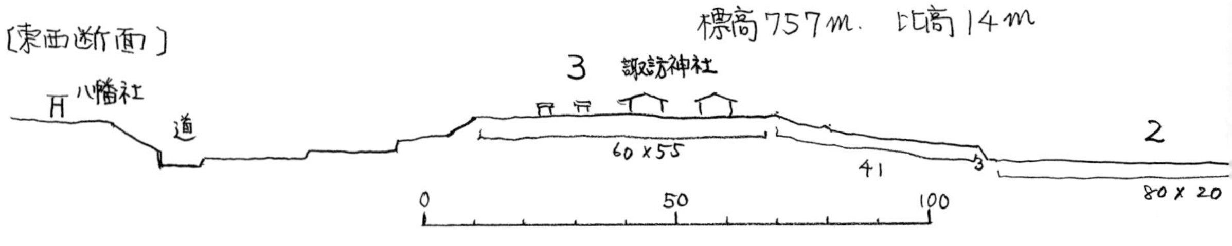

◦立地　高野町の北へ流れ下る北沢川が千曲川へ合流する地点にあり、西から延びて来た丘陵の末端部を使って高野城は築かれている。比高は十数mに満たないものであるが南側は千曲川の段丘崖で北側は北沢川が削っているために、南北の両面は急崖で要害の地と言える。

ここより、北沢川の谷に沿って西へ遡上すれば、約2kmで福田城になり、南1.5kmには下畑下の城、続いて下畑城がある。抜井《ぬくい》川の谷口には1.5kmの所に海瀬城が見通せ、余地峠、矢沢峠、大上《おおかみ》峠、十石峠からの、上州、武州への交通路の集まる交通の要衝である。

◦城主・城歴　城に関する資料はない。鷹野郷、鷹野氏の初見は、嘉暦四年(1329)の『守矢文書』「五番五月会《さつきえ》御射山左頭、佐久郡伴野庄大沢鷹野郷駿河守跡」とあり、次いで、建武二年(1335)の『山城国大徳寺文書』に「伴野庄郷々村々御年貢存知分事」として「鷹野郷八百余貫文」とある。

『諏訪御符礼之古書』の文明八年(1476)御射山御頭足として、「一上増《のぼりまし》、伴野鷹野郷、畑物蔵人頭《くろうどがしら》貞幸、御符礼三貫八百、使孫十郎、頭役二拾貫」とあったり、この他に「桜井、伴野代官鷹野中務満吉」「小宮山、佐久代官鷹野入道宥堅」「伴野桜井、鷹野中務入道沙弥道中子息鷹野又五郎橘棟吉」など、多くの記録が残されている。

伝承では鷹野六助が居住し、後に三枝平右衛門昌吉が居住したというがはっきりしたことはわからないと言う。三枝昌吉は徳川方として相木城を攻めている。

◦城跡、　現在市街地化され、住宅が迫っている。城域は、先端部の1の主郭部分から、諏訪神社のある3の一帯までと思われる。

・1、主郭、　要害性も高く、先端部にあり、広さも最大ということで、これが最初に造られた主郭であろう。西側の道路の堀割りは、城の堀を使って道が通ったと思われ、道と配水池の間の民家の所は曲輪であろう。両側の斜面には細長い腰曲輪があり、東端には堀があったもののようである。

「城の後橋」の名からすると、北が背後で南が大手と言うことになり、南西の配水池へ登る道を大手として造られたことが考えられよう。

続いて、西の方へ増築されていったことが想像できる。

・3、諏訪神社のある曲輪、　八幡社のある台地との間の自然地形を生かした堀を加え、西から東へかけて腰曲輪をまわし、台地上と周囲の平坦地を合わせて1よりもはるかに広い曲輪を確保して、諸施設や一族の屋敷地にあてたものと思わ

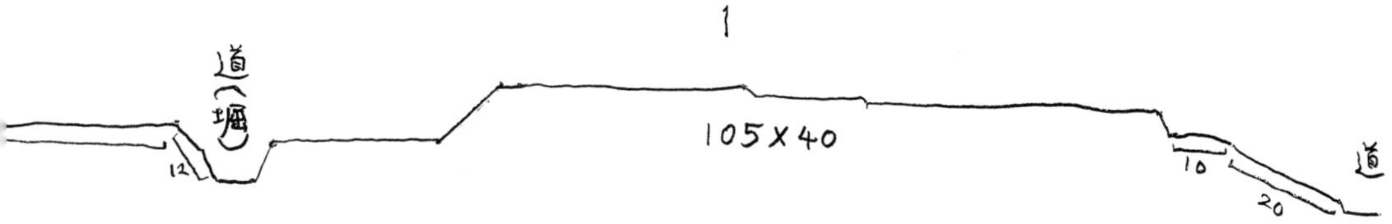

れる。

北側には北沢川が自然の堀となり、それに対して、南側が不安になるが、山下には、裾を巻くように堀がまわっていたのではないかと思われる。

諏訪神社が何時 誰の手で勧請されたかわからないが、古くから鷹野氏と諏訪明神との関係があるので、その頃に城の一角に置いたとも思われる。今は赤松の古木が遠くから見ることができる。

また八幡社も武田氏の統治の時代に、城の守護神としてまつったとする伝承もあるようであるが、はっきりしたことはわからない。城の裏鬼門に当ることは確かであるが。

○以上、1から3までを城域とした経過を推理してみたが、確証は得ていない。

また、ある時期には、狼煙の伝えを担当していたことも、位置からして当然考えられるところである。

主郭部分の畑からは、時おり陶磁器が出土すると言うので、台上が屋敷になっていたものと思われる。

38、松山砦《まつやまとりで》

38、松山砦《まつやまとりで》

佐久穂町余地 ➔10頁

平成12年1月29日調・同30日作図
標高1053.5m　比高240m（竜興寺門前より）

〔東西断面〕

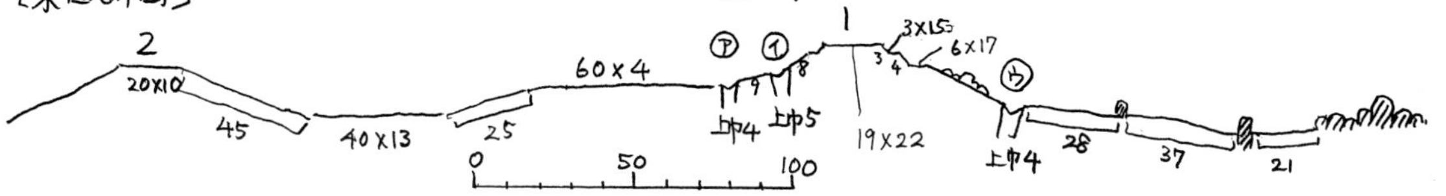

○立地．　勝見城の東方500mの位置にあり、大日向乗越より、2つの山を越えた岩山上にこの砦がある。山の名が松山で、勝見城の支城と考えられている。ここから勝見城は指呼の間で、大日向の谷や十石峠方面がよく見通せる。しかし余地峠方面は後背の板石山の尾根にかくれて見えない。眼下に大涯城がある。

○城主・城歴　　不明、位置からして勝見城の詰城として造られたものであろうか。あるいは大日向側の別の勢力あるいは村人の逃げこみ城として造られたものかはっきりしない。中居城に係る要害城という考えもあるが後究にまつ。

○城跡　1、1053.5m峰であるが19×22mほどの台形の平場で、西側にアイの小規模な堀があり、東西に2段ほどの腰曲輪が認められ、後背の東の尾根上にも1条のウの堀がある。東の尾根は次第に岩が多くなり岩山で通過が困難になる。

　南の尾根を10mほど下った所に天水溜と思われる窪地がある。西の尾根は平らな60mほどの細尾根の先が少し下って、鞍部に40mの長さの平地がある。小屋掛けには向いた所である。

2、1047.5m峰で、頂上は20×10ほどの平場があるが、地山で特に遺構は見取れない。

　西側の小山は鉄平石を採掘した山で、南北両側面は険しく、特に南面は2、1に至るまで断崖が続く。

○全体に加工度も少なく、物見、狼煙台の類に属するもので、勝見城に附属させるがよいか、そのあたりが迷うので、ここでは、地名をとって松山砦と仮称し、勝見城とは別のものとして扱うことにする。

39、余地《よじ》峠《とうげ》信玄《しんげん》道《みち》の砦《とりで》

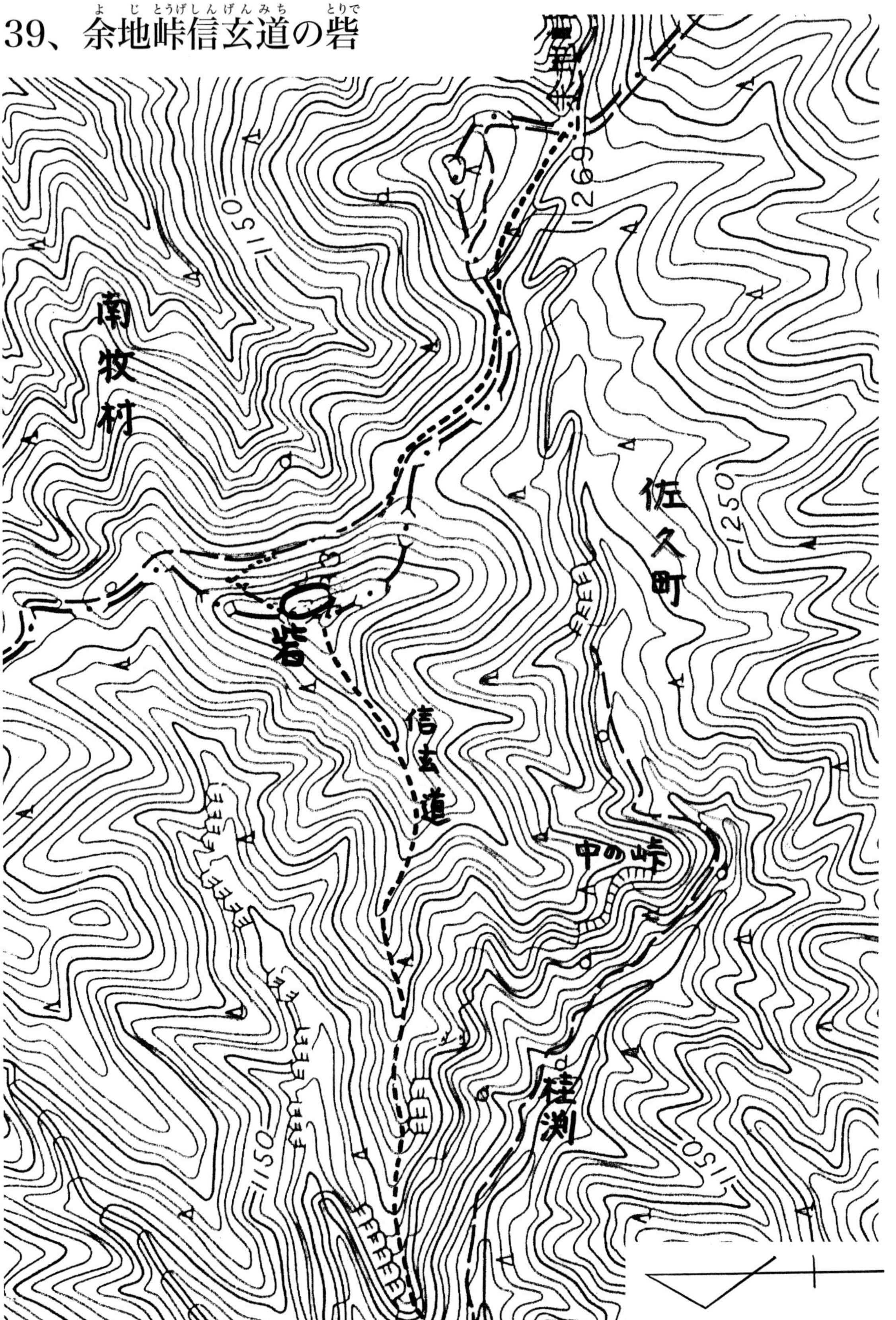

39、余地《よじ》峠《とうげ》信玄道《しんげんみち》の砦《とりで》

佐久穂町／群馬県北甘楽郡南牧村 ➔8頁

平成12年2月5日調・同日作図．
標高 1331m．

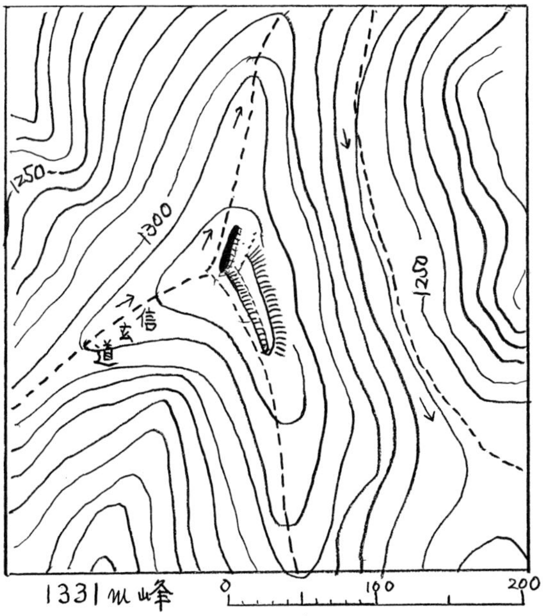

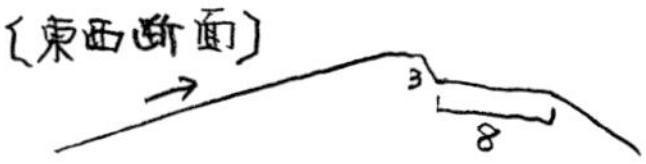

◦信玄の棒道　　余地の谷の最奥一番地と呼ばれる所から約500m進み県道が左へ大きく迂回する場所(俗称ナベワリ)から旧道をはなれ．1331m峰から西へ延びる尾根を登りつめ，頂上から北へ下り，少し下った所で東側の南牧村側の湯の入と言う谷の上部を南へ横切って．余地峠のすぐ北の峰の南斜面を通って，余地峠へ出るのが信玄道と呼ばれる道である。

余地峠へは，現在車道があり，何とか車で登ることができるが．旧道は余地川に沿って谷底を通ったようである。所がこの道は，桂渕や中の峠と呼ばれる難所があり，部隊の通行には不適であったようで，より安全な尾根通しの道を作って余地峠へ登ったようである。現在も往古のものと思われる道が笹の中に続いている。

余地峠は標高1269mであるから，この1331m峰を通過するとなると，62mも余分に登ることになるが．それでもこの道の方が安全であったようである。

山頂は，南北に長い尾根状をしていて，その東の側(南牧村側)に長さ約60mほど3mの切り岸が続き，その下に幅が数mから10m近い平地があり，北端の尾根筋には土塁状地形が30mほどある。明らかに人工の地形である。

ここから南牧村側は谷底になり．熊倉方面はよく見通せるし，晴れていれば余地の集落まで見える。この場所が狼煙台のあった所であろうと考えられている。(『花岡城跡』—武田信玄の軍用道路としての余地峠—　佐久町教育委員会より．)

確かに，この山の上からは見通しがよく，兜岩山や田口峠方面，南牧谷方面などよく見え，遠く花岡城も確認できるが，それは天候のよい時で，余地村との間に最低1つの中継点がないと勝見城へはつながらない。 板石山北麓のネズクボのあたりに中継点があったとすると，狼煙台の一つの候補になると思われる。 余地峠の南の山も見たが　峠から100mの比高があり，高過ぎるし，全くの地山で痕跡は見出せなかった。

矢沢峠に近い灰立山を狼煙台の候補地に揚げる人もあるが．この1331m峰は信玄道の伝承もある所であり，道筋の最高点に当るので，物見の砦程度のものがあり，狼煙台としても使われた可能性は高い。地籍は多分南牧村分と思われるが，その番士が余地から出たかも知れない。

峠筋の狼煙のつなぎは，まだ多くの問題が残るが．佐久町教育委員会の調査結果を参照した。

40、中居城《なかいじょう》

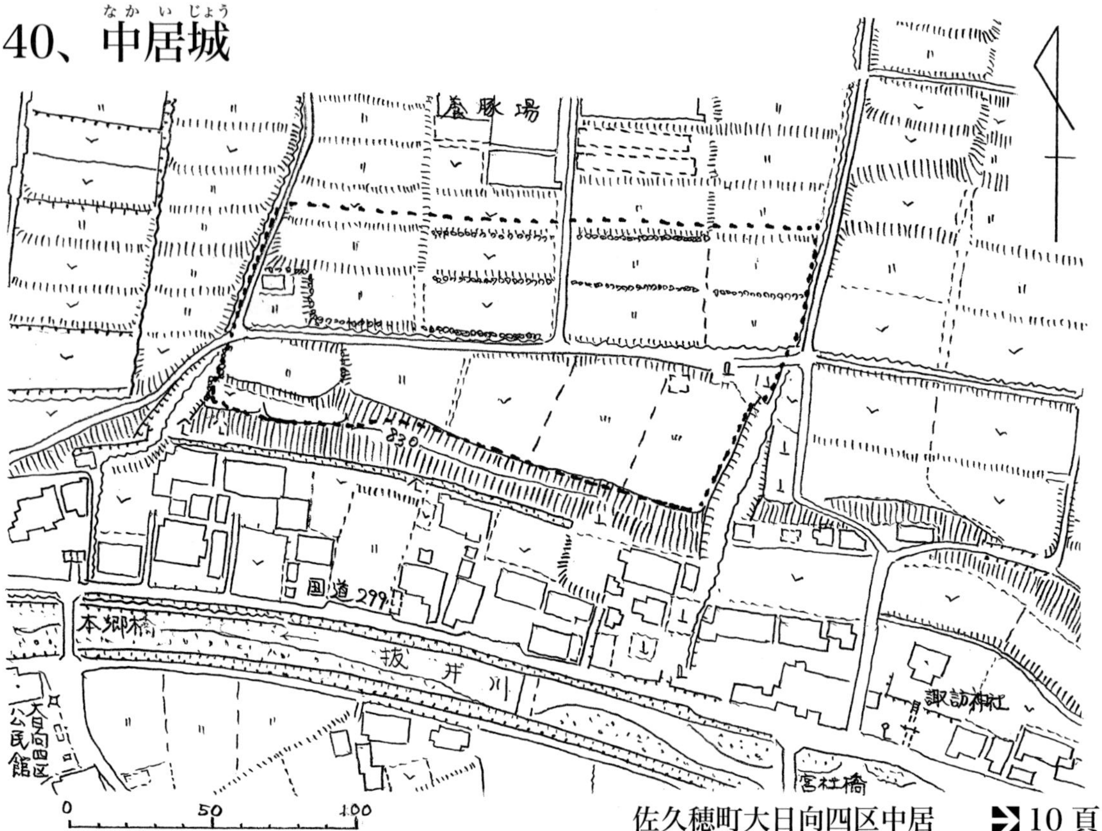

佐久穂町大日向四区中居 ➔10頁

平成15年3月29日調・同30日作図
標高838m.　比高18m

○立地　抜井川の右岸の段丘上が中居城のあった所と伝える。この場所は、海瀬から、抜井川沿いに上り、十石峠を越えて上州から武州に通じる、いわゆる武州街道と呼ばれる古道に接し、古くから源氏のゆかりの地域と伝え、対岸の崖上には木曽義仲の伝説の残る大涯城や楯六郎親忠の居館跡が残る所である。

○城主・城歴

『長野県町村誌』の「古城址」がこれであろうか。「村（大日向村）の辰巳（南東）の方御所平にあり。東西北は四五十丈の断崖にして、北は山に接す。城跡東西百間（180m）、南北七十間（126m）、今芝地なり。往古某居城せしか不詳。」とある。方位等苦になる点もあるが「大影城」と並記されているので、この城と考えられる。

『日本城郭大系 8』によると、「中居城」は「永禄年間都沢の金を掘り出すため、武田信玄の命をうけた小幡尾張守が居館を構えたという。」とある。

『佐久町の文化財』（佐久町教育委員会）の「中居城跡」の項には、「大日向本郷諏訪神社裏の台地に居館址があったと伝承されているが、畑・水田地帯でその痕跡は残っていない。山際の谷には湧水が豊富で洲名(しゅうな)遺跡（縄文時代）が所在している。なお居館は小幡山城守（武田氏被官）のものであると伝承されているが、詳細は不明である。」とある。

上記事項をまとめると、戦国時代に武田氏に属する小幡某が居館し、金山あるいは武州街道の押えなどの任務についていたらしいと言うことである。

○城跡、構造改善が施されているために遺構は全くないと言えよう。

ただ、田の土手には石積みが多く、壮観である。

南は段丘崖になり、東西に小河川が流下してできた小沢が堀状に残る。

城域は、おそらく段丘崖に沿って、東西200m、南北100mの範囲に含まれるものと思われる。

41、灰立山《はいだてやま》狼煙台《のろしだい》

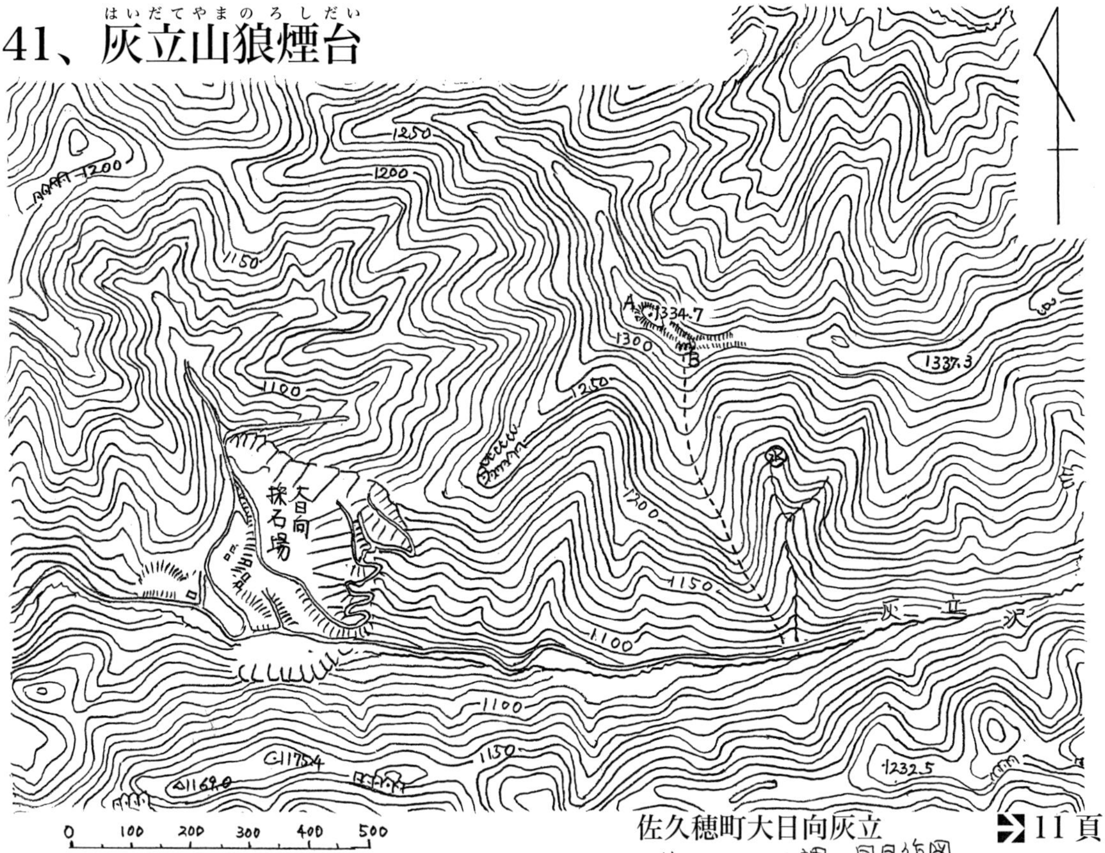

佐久穂町大日向灰立

➡11頁

平成15年4月10日調・同日作図
標高 1334.7m. 比高 270m(灰立沢より)

○立地　　大日向の東小学校の西で抜井川に合流する灰立沢(はいだてざわ)の奥、大日向採石場の東の山が灰立山と思われる。というのは、「灰立」という字は、灰立沢に面する一帯を指し、特定の山名ではない。

○城主・城歴　　武田軍が上州へ侵攻するルートとして、余地峠が使われ、そこには信玄道と呼ばれる山道があることや、その軍道に沿って狼煙台が設置されていたことは良く知られている。

それとともに、上信の国境の山嶺を越えるのに、並行して走る灰立沢やその付近の矢沢峠、大上峠を経て上州の熊倉へ抜けたことは十分に考えられることである。従って このルートに沿った狼煙台の系統が問題になってくる。余地峠の信玄道については、『一つの土器片から――三石延雄の世界――』(三石高見著)、あるいは、佐久町教育委員会の『花岡城跡――武田信玄の軍用道路としての余地峠――』に詳しい。また、拙著『図解 山城探訪 第九集　佐久南部資料編』にも調査記録をのせてある。

そこでは余地峠の北西700mの位置にある1331m峰が信玄道の砦であり、狼煙台であろうと推定していて、そこから花岡城までどうつながるかが問題になる。上記『花岡城跡』では、花岡城から1331m峰が直接見えることを写真で示している。しかし、天候のことなどを考慮すれば、間に少なくとも2か所位の中継点がないと不安が残る。

そこで考えられるのは、上図の1334.7m峰が一つの候補地にあがってくる。余地峠の1331m峰との距離は直線で1.5kmで少し近すぎる感もあるが、間に余地川の深谷を挟んでいるし、信玄道の全容が見通せる点で、この山の存在は大きいと思われる。

この山からの眺望はまことによく、花岡城も見通せるが、なお途中の小学校裏山あたりに中継点があると確実になる。難点は比高が高く、管理が大変であることだが、峠の高さからすると、この位の高さは止むを得ないのかもしれない。

〔山頂要図〕

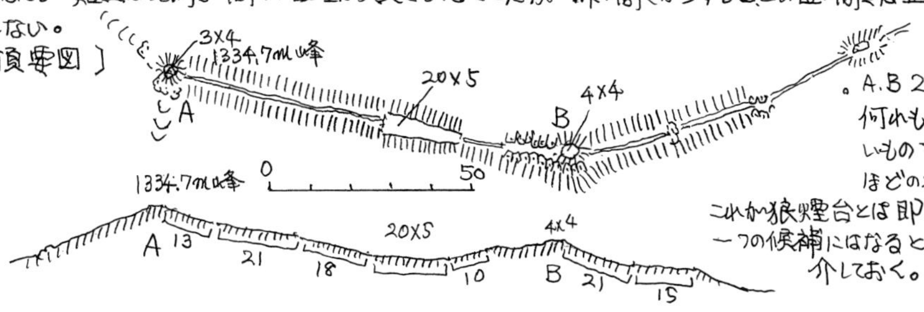

。A.B 2つの小頂があるが何れも3～4mほどの狭いもので、間に20x5mほどの平地があるだけ。
これが狼煙台とは即断できないが、一つの候補にはなると思われるので紹介しておく。

42、福田城《ふくだじょう》（城《じょう》ヶ《が》峰《みね》）

佐久穂町上字本郷

➡10頁

平成12年1月25日調・同26日作図
標高837m．比高47m（明光寺門前より）

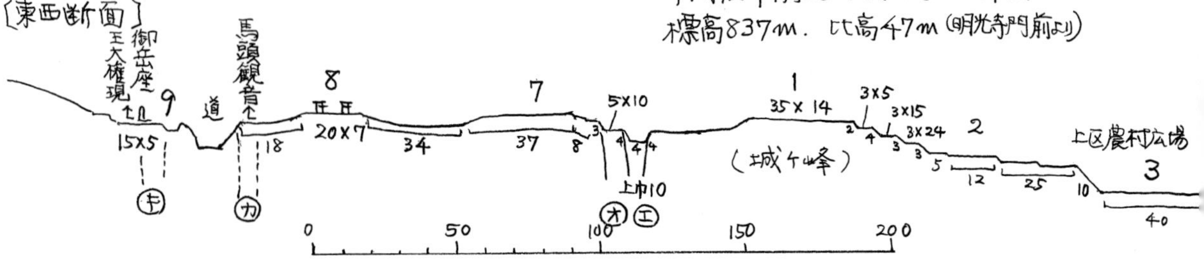

○立地　雲場川の谷奥　高野城より西行すること2kmの右岸の丘陵上に福田城がある。北側に雲場川（城跡の北下で合流して新田川になる）、南側に高野城の北下を流れている北沢川の両河川に挟まれた。比高最高で50mに満たない東西に細長い丘陵上に自然地形の小山や曲輪群が並んでいる。

中心になる1の山を城ヶ峰と呼んでいる。その山の東西約800m位の区間に城域が含まれると思われる。

すぐ近くを佐久甲州街道の古道が通っていて、南行すれば佐口城、更に通《とおり》城に至り、東行すれば高野城、北行すれば小田切の雁峰城に通じている。谷奥に位置しているが間道があり、武田氏の侵入のルートの一つに考えられている。

○城主・城歴

『諏訪御符《みふ》礼《れい》之古書』の文明十八年丙午御射山明年御頭足の項に「一、下増《くだりまし》鷹野上村御符祝《ママ》三貫三百三十三文鷹野與六棟重使弥三郎御教書同前」とあり、また天正六年(1578)の『上諏訪大宮同前宮瑞籬外垣造宮帳』に「一、瑞籬二間、鷹野　上村　畑物三ケ村　合三貫八百四拾文　代官　右京助、善右衛門尉」とあることから、上村が一村として独立していたことがわかる。

城域にある真言宗明光寺には、暦応三年（1340）の銘がある板碑が保存されているという。ということは、明光寺が現在地にあったとすると、城域に含まれ、寺域を城へ取りこんだことになる。

いつの時代かはっきりしないが、福田美作《みまさか》守が居城したとする伝承があり、そのことから福田城と呼ばれるようになった。

○城跡

城域の特定が難しい。西限は、御岳座王大権現の碑のある所に㊄の堀があり、ここで終わっていると思えるが、東方がどこまでか決めかねる。本郷集落の東端生活改善センターの所に下木戸橋があるので、このことからすると、丘陵の東端までが城域と言うことになる。

1、まず、主郭部分がどこか考える。最も念入りに防御されている所になるが、堀が一つの目安になる。㋓㋔の二重の堀と㋕㊄の堀があるが　この堀の間の7と8の部分は殆ど地山に近く、2つの小山上も狭くて主郭には向かない。そうすると、この部分は搦手筋の後郭に当るもので、平らな後背部を守るための部分になる。㋕㊄の堀は北側だけで南側がはっきりしないが、それらしい跡もあるので、あるいは南側へも続いていたとも考えられる。何れにしても、背後の守りで、そこへ道を通したのであろう。

そうなると㋓㋔の堀の東の部分が最も高く一定の広さもあり、しかも急な北斜面にも腰曲輪を置き、南面には数段の曲輪が並んでいて、そこへ至る2つの登路も実に横矢をかけ易い形で登っていることに気づく。また1から東へ続く、2の部分も櫓台のように張

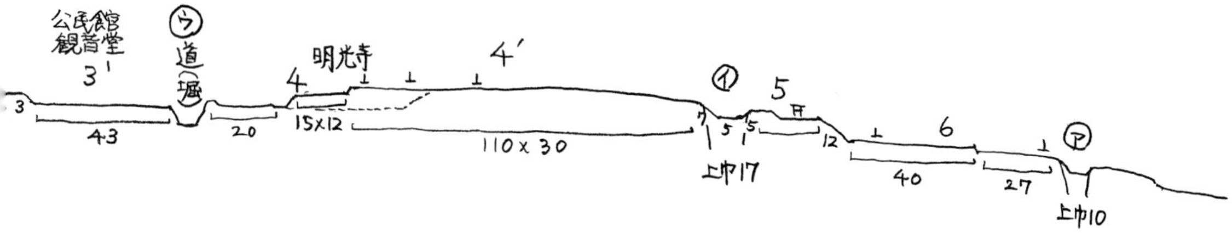

り出していて防御点としては有効である。

以上のことから、福田城の城ケ峰と呼ばれる岩部分の主郭部分が決まってくる。

2よりも東には、非常に広い平地が連続する。農村広場を最大として、観音堂のある平地は、居館部分と考えられないか。広さも適当でこれ程よい条件の所は他にはない。道の所は堀切りであろうか。明光寺と4'の一郭は、いわゆる馬場に当る所である。ここにも、7、8、1、2に共通する、北斜面に施された帯曲輪がある。㋑の堀を挟んで東の5の一郭は土塁に囲まれ、堀に接して櫓台のような地形が残る。大事な防御拠点であろうか。

東の一段下の6と6'の所も㋐の堀があることから、これも城域に加えられそうである。そこから東は比高も少なく平坦になるために、はっきりしなくなる。㋐の堀が東限と見てよかろう。

。以上城跡を概観したが主要部分は㋒から㊥の間ということになり、㋐から㋒までも一応城域に加えてもよいことになり、非常に広範囲のものになる。しかし、こうした在地土豪層の城が一時に造られるのでなく、長い間に増築を重ねて形造られるもので、このような姿になったのであろう。また、戦国期に外部の勢力が進駐して来て泊地とした場合には、4や6のあたりが使われることもありうることである。

42、福田城《ふくだじょう》（城ヶ峰《じょうがみね》）

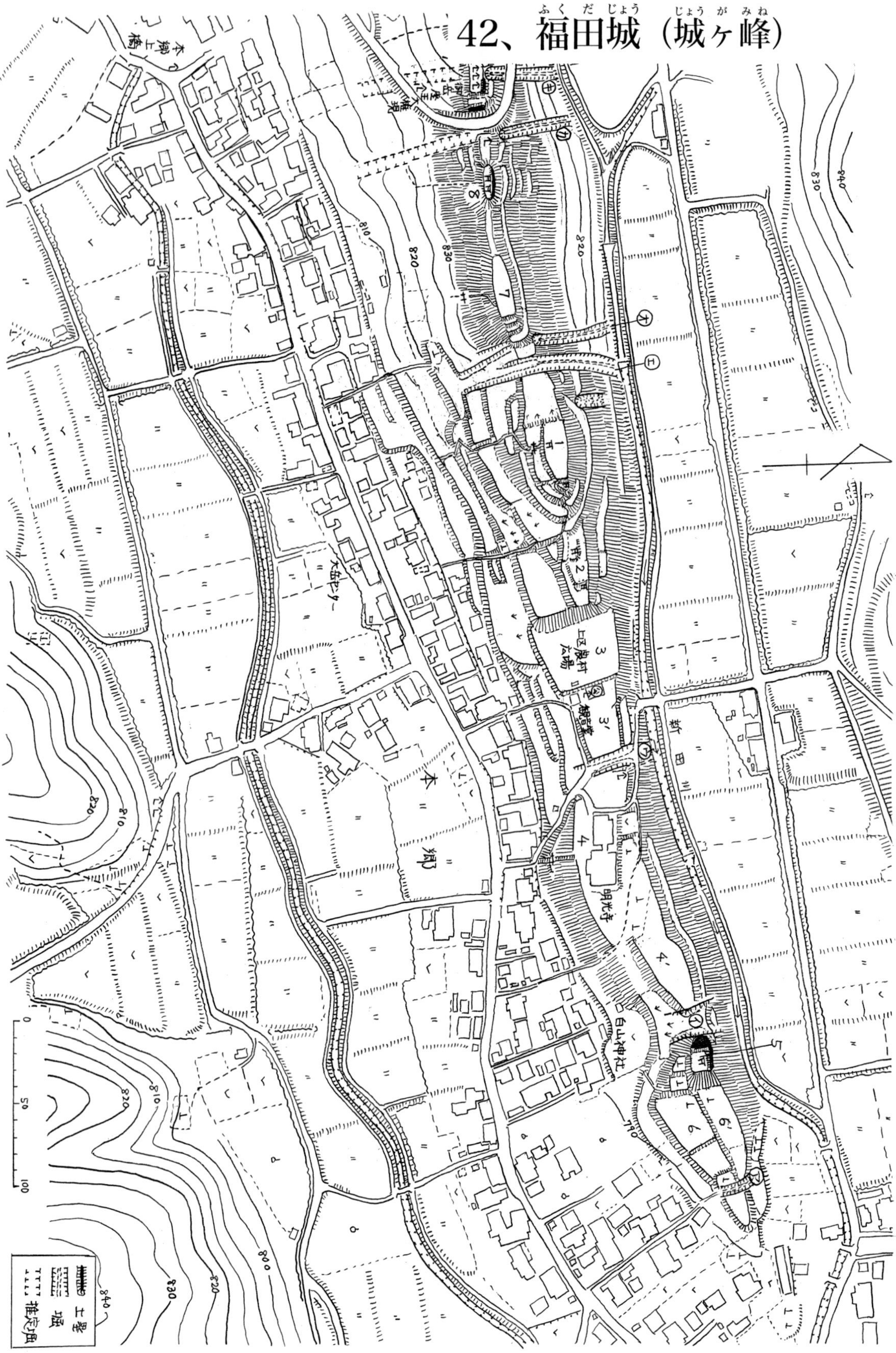

43. 雁峰城跡

44. 向城跡

45. 上小田切城跡

46. 湯原城跡

48. 医王寺城跡

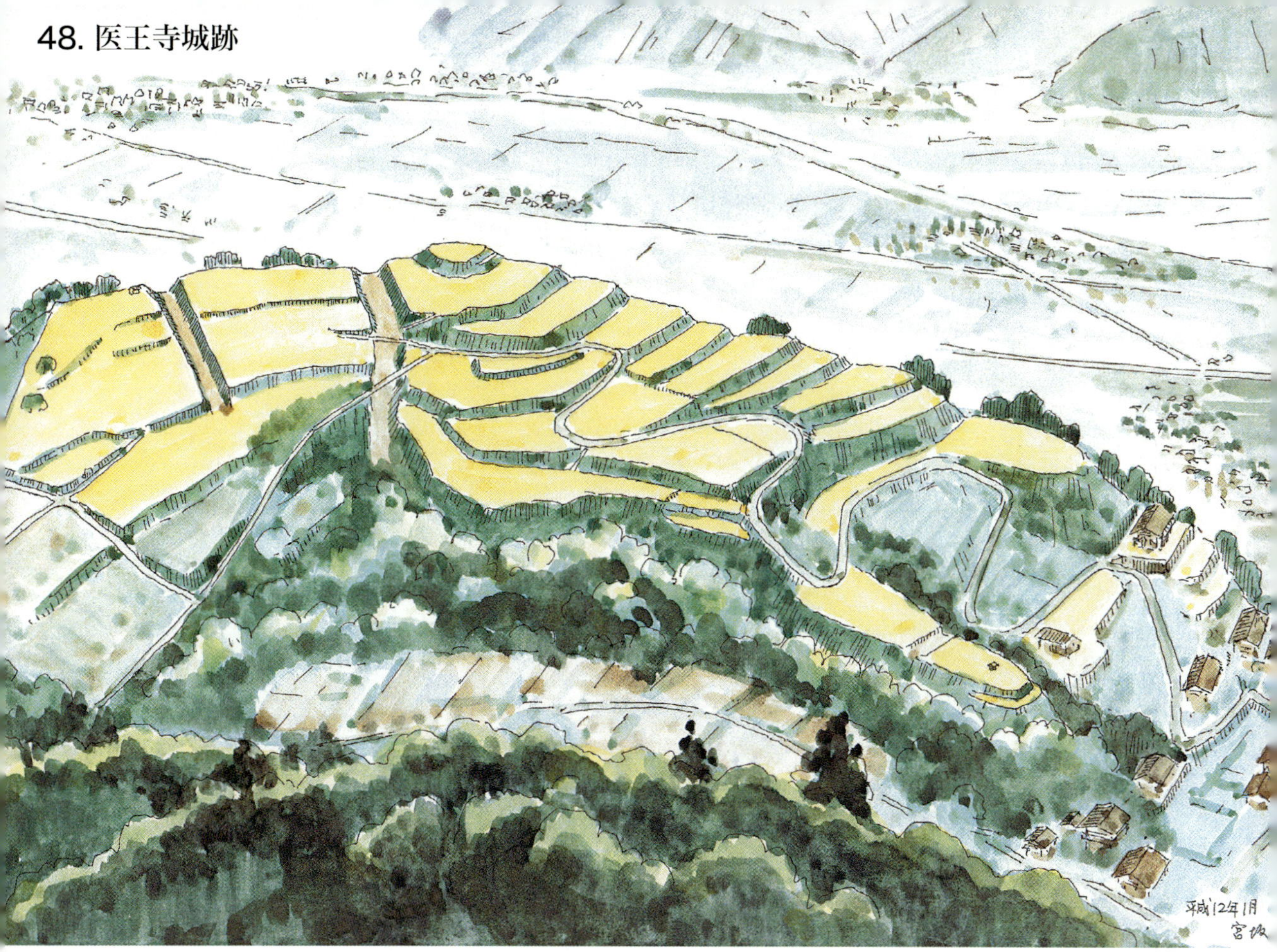

49. 入沢城跡

51. 水石城跡

52. 磯部城跡

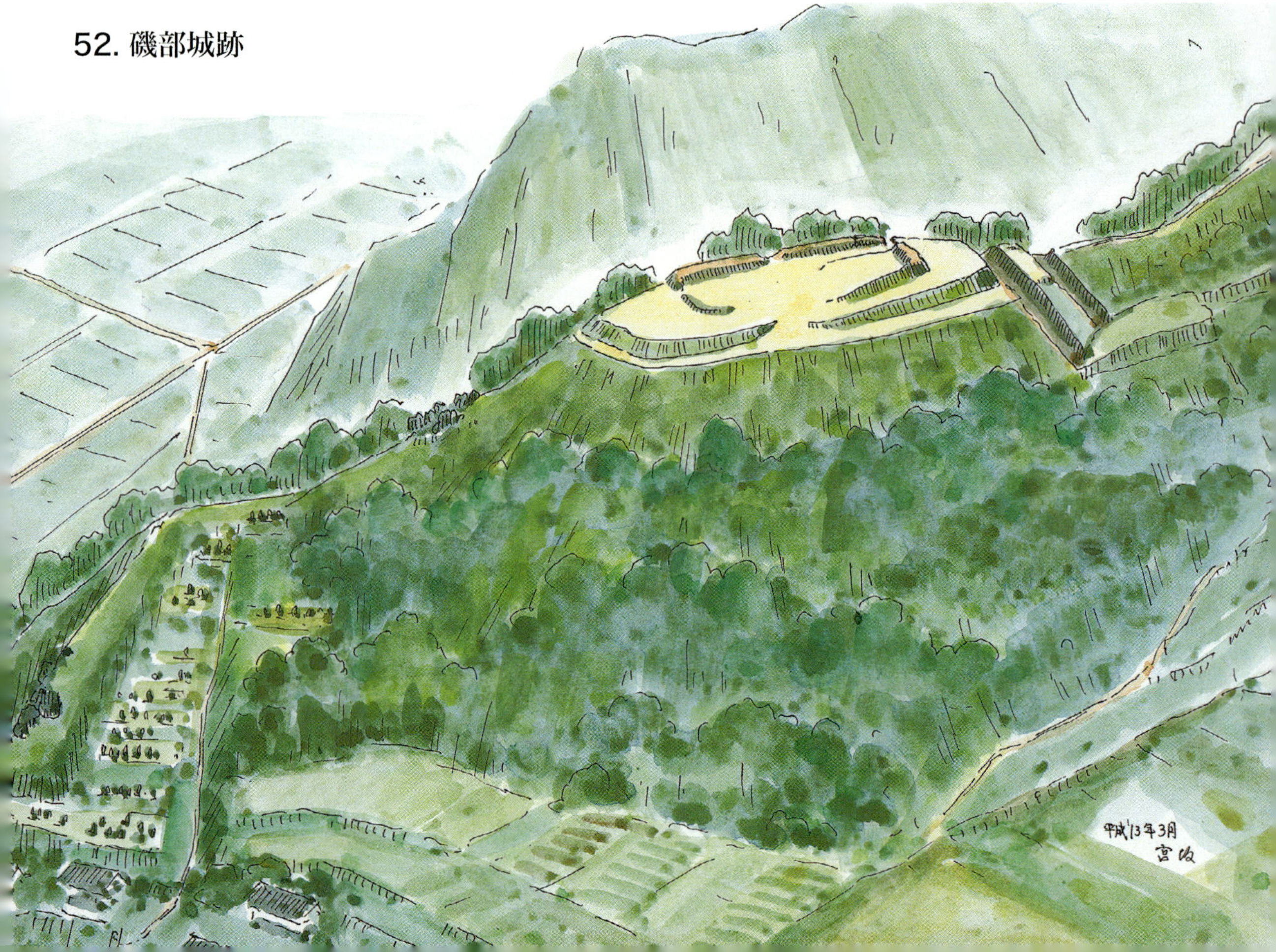

55. 田ノ口館跡

59. 田口城跡

60. 荒山城跡

61. 荒城跡

62. 前山古城跡

63. 前山城跡

66. 虚空蔵山狼煙台跡

68. 岩尾城跡

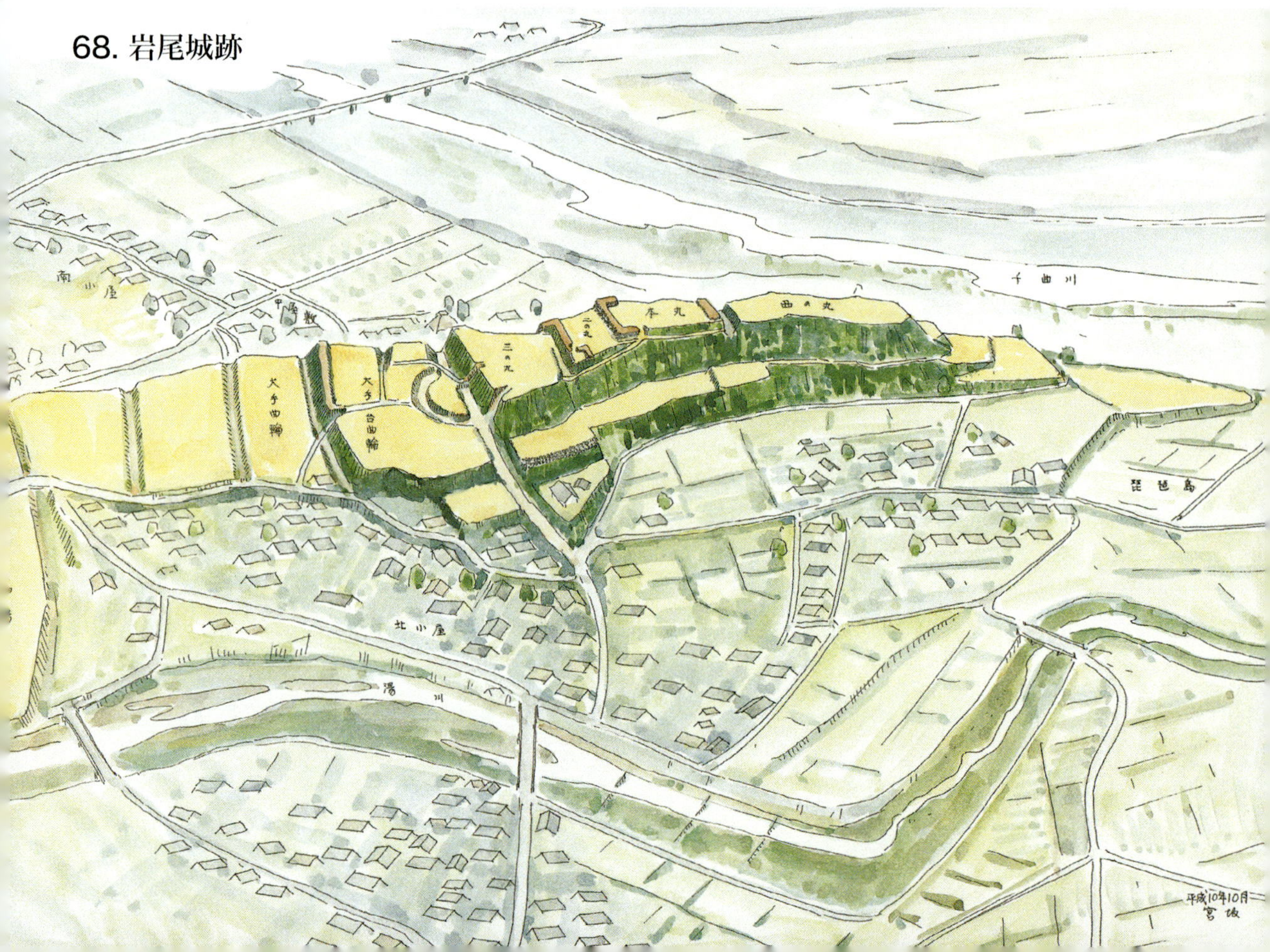

69. 平賀城跡

72. 駒形城跡

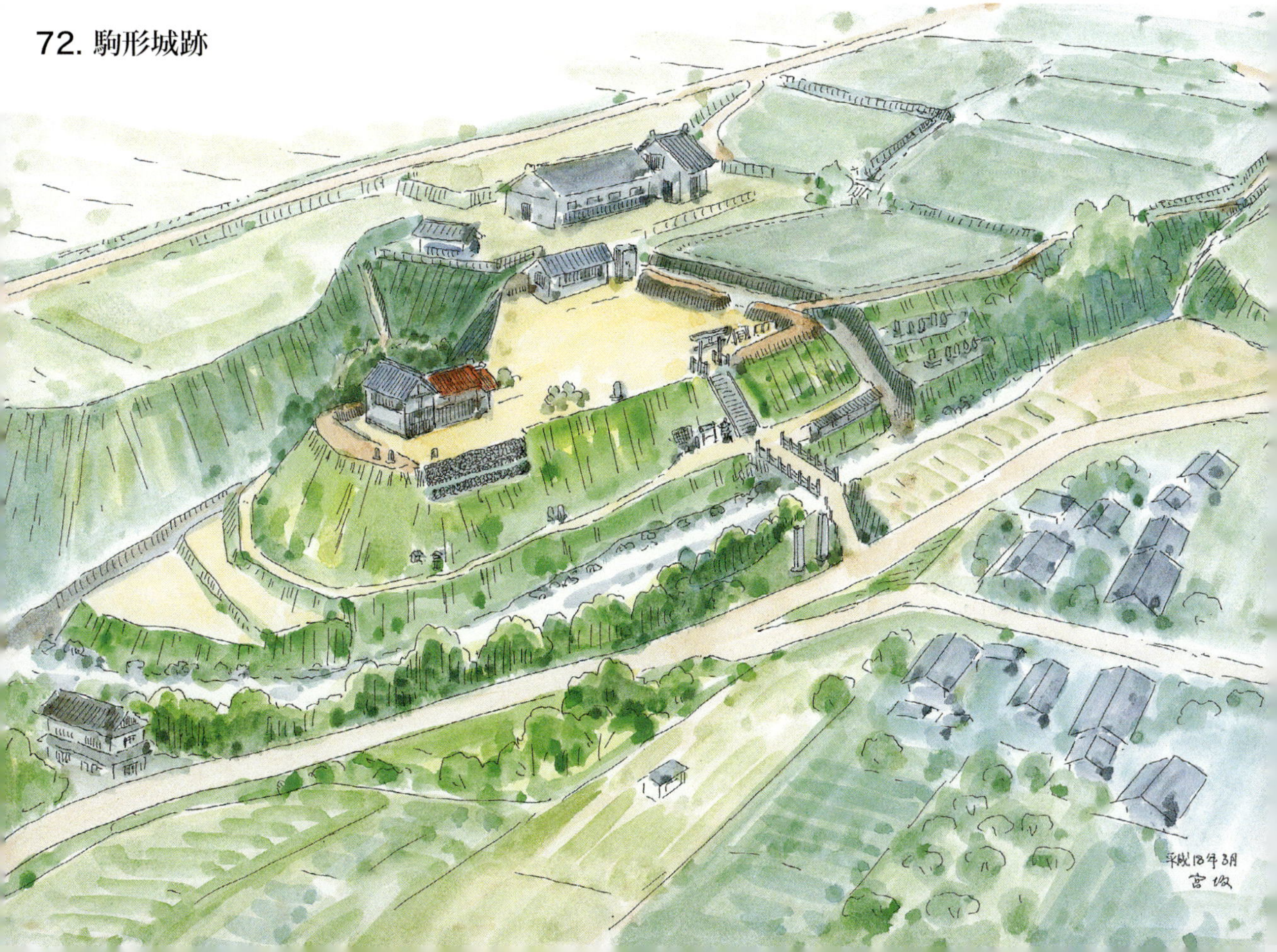

73. 鷺林城跡

78. 内堀城跡

79. 内山城跡

80. 五本松城跡

85. 志賀城跡

87. 高棚城跡

92. 翼城跡

93. 闕伽流山城跡

96. 平尾城跡

126. 望月城跡

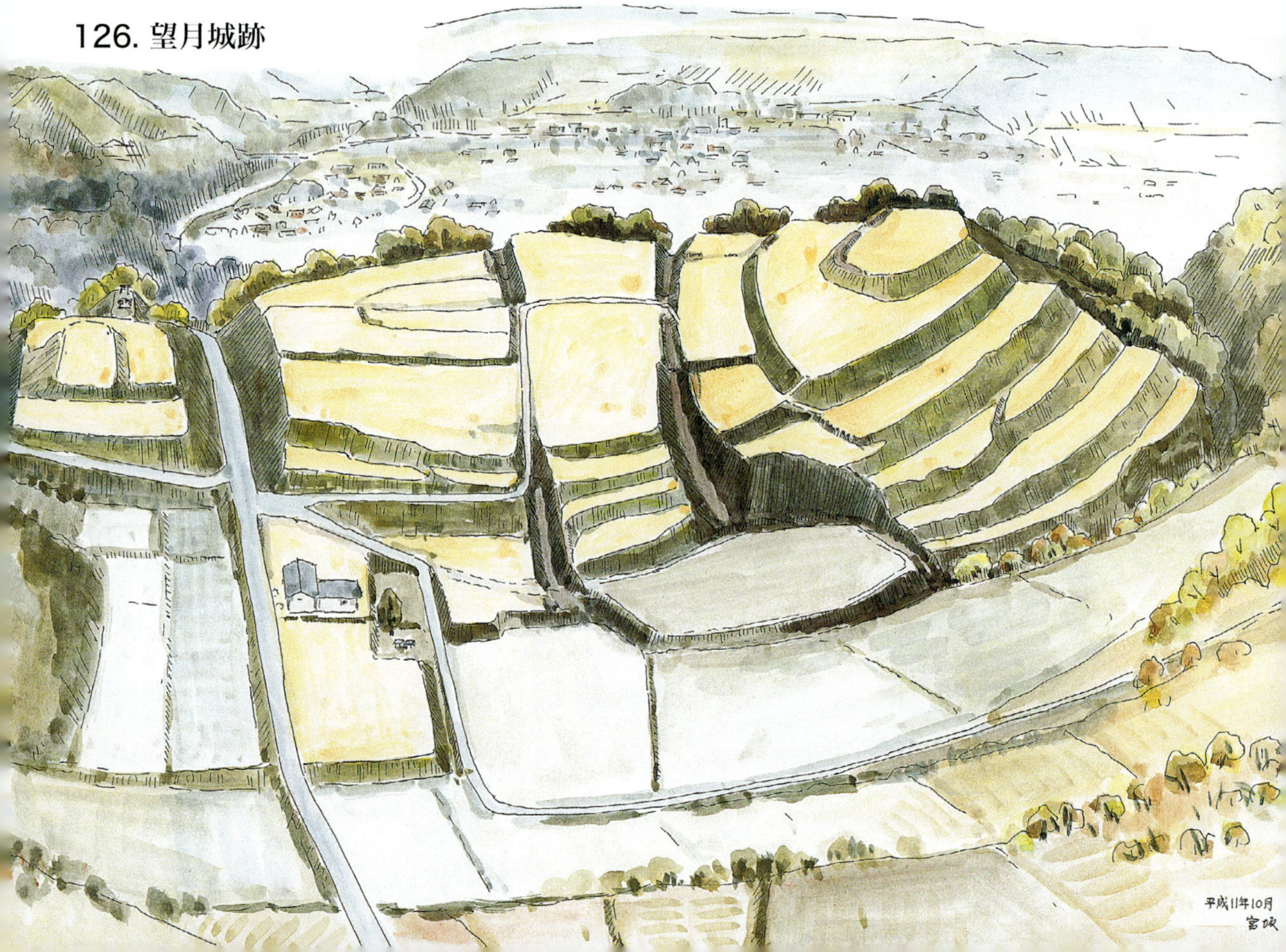

129. 天神城跡

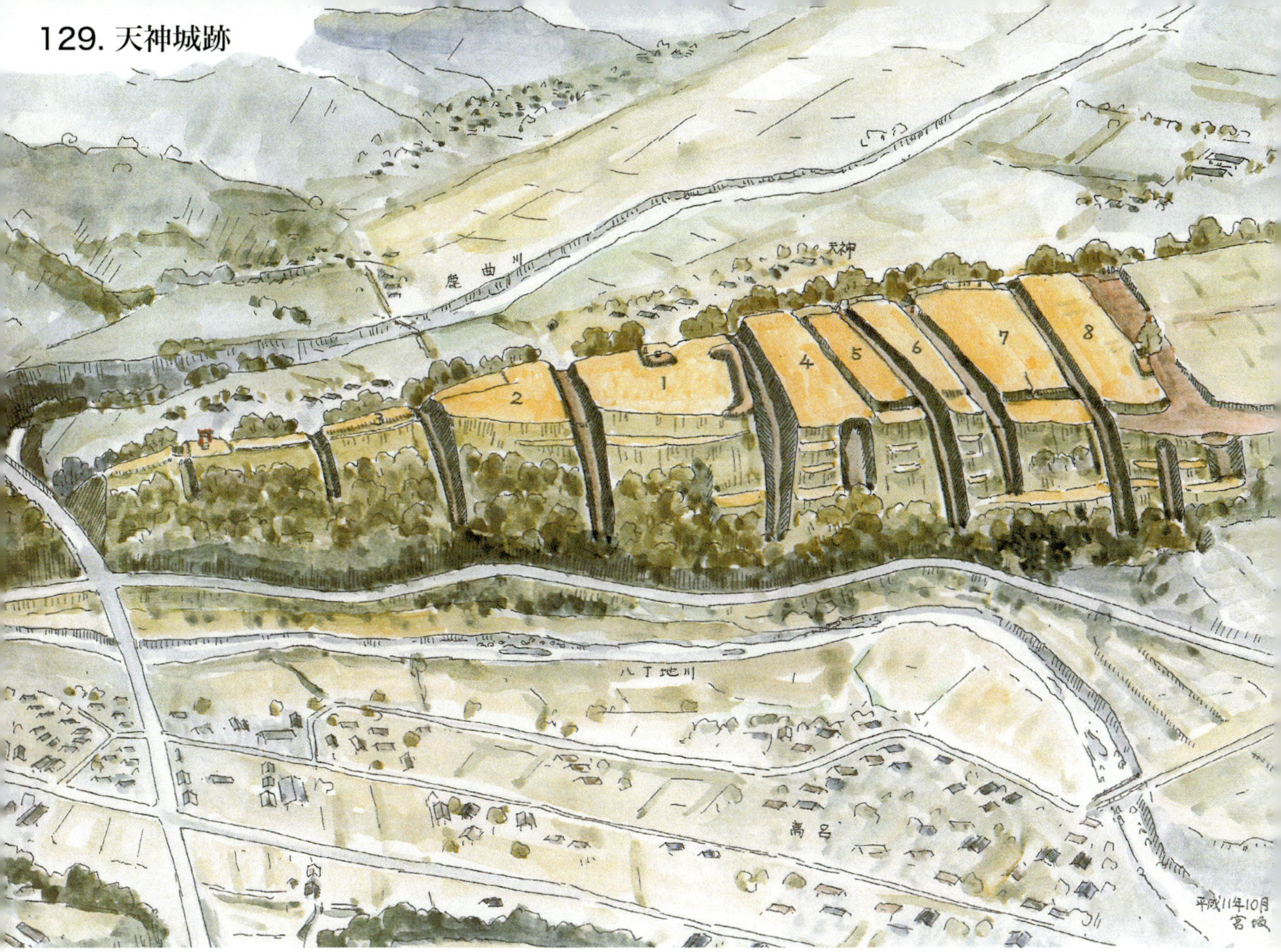

130. 春日城跡

134. 式部城跡

136. 小倉城跡

[第二部]

佐久市

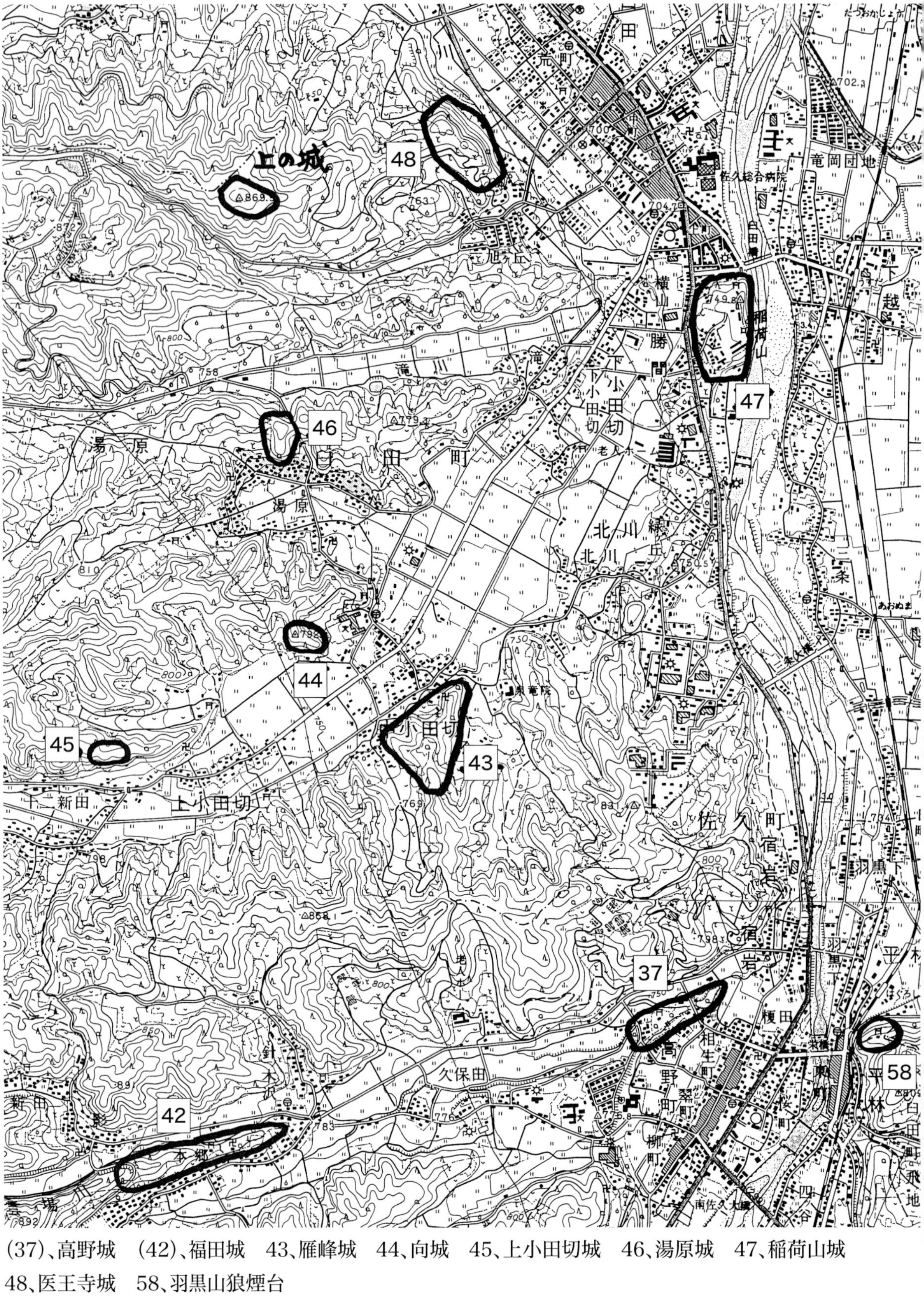

(37)、高野城　(42)、福田城　43、雁峰城　44、向城　45、上小田切城　46、湯原城　47、稲荷山城
48、医王寺城　58、羽黒山狼煙台

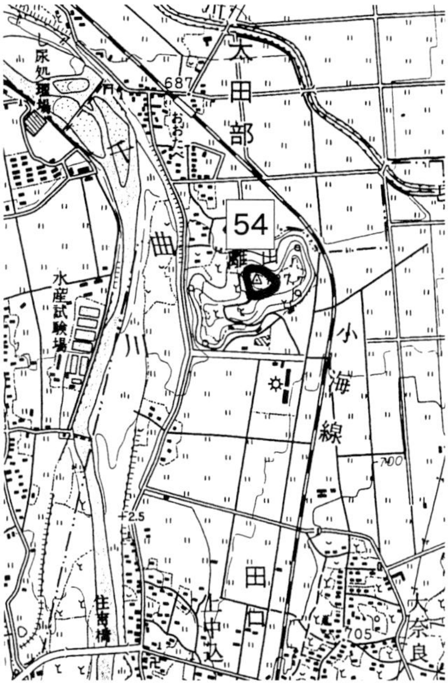

54、太田部離山狼煙台

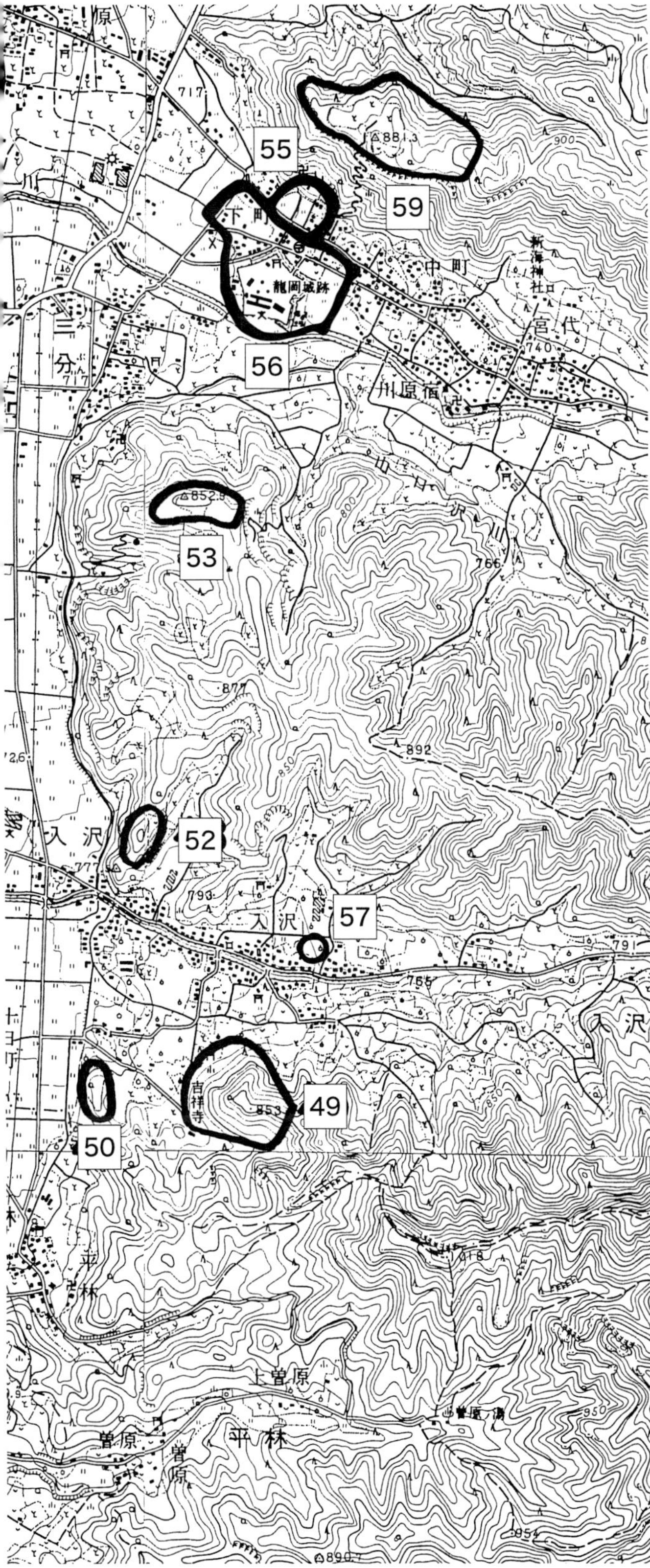
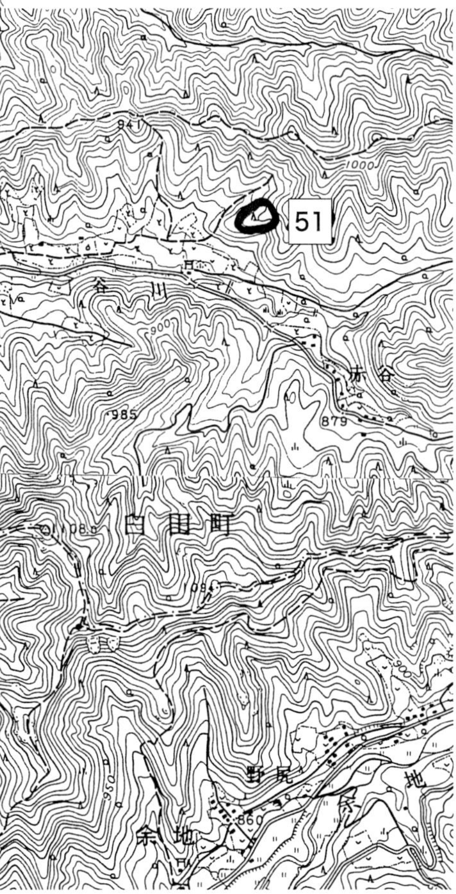

49、入沢城　50、十二山城　51、水石城　52、磯部城　53、岩崎山陣場　55、田ノ口館
56、竜岡城　57、入沢長義の古宅　59、田口城

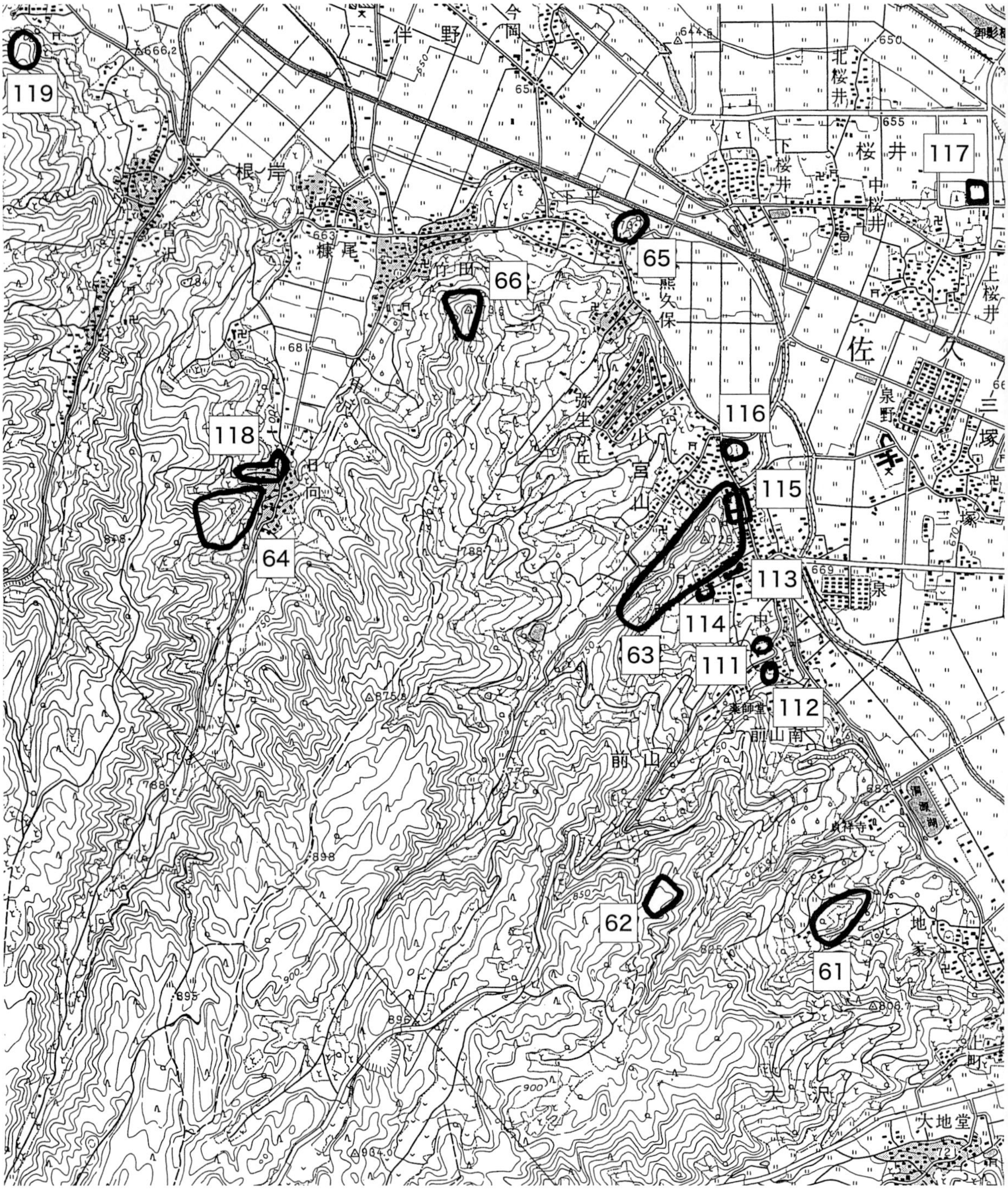

119
伴野
今岡
北桜井
下桜井
桜井
中桜井
上桜井
117
下平
65
根岸
糠尾
竹田
66
熊久保
佐久
泉野
三塚
弥生ケ丘
小宮山
116
118
日向
115
64
113
114
63
111
112
薬師堂
前山南
前山
洞源湖
62
61
地家
大沢
大地堂

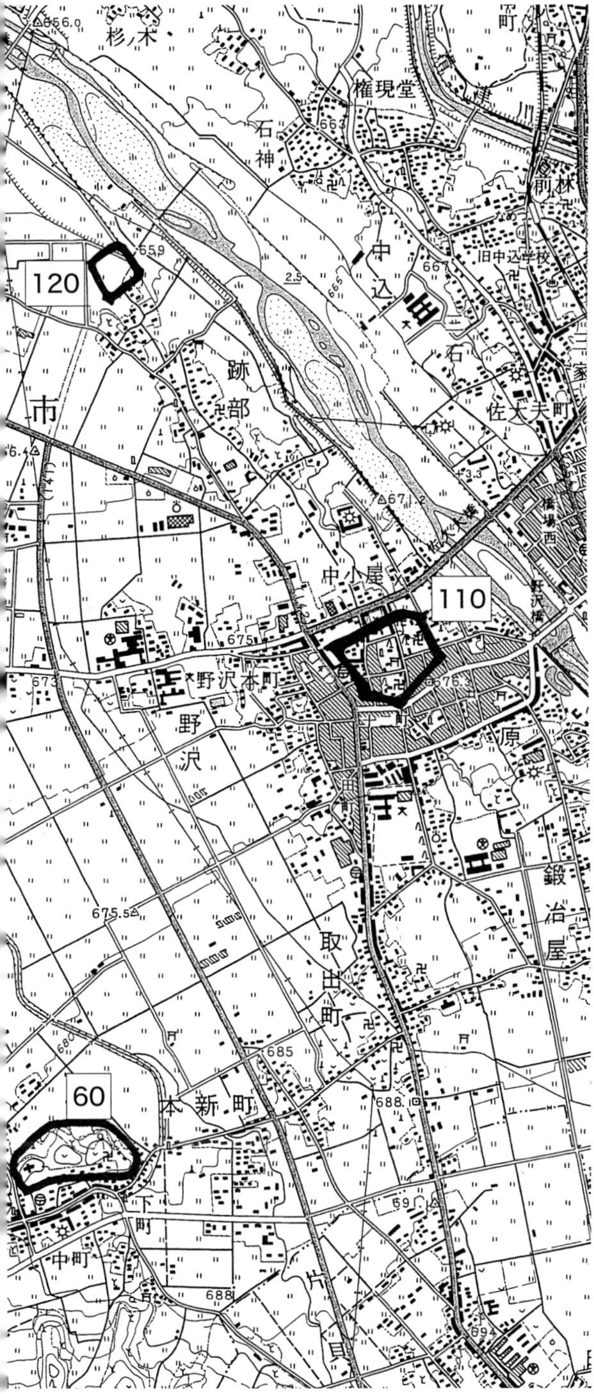

60、荒山城
61、荒城
62、前山古城
63、前山城
64、日向城
65、宝生寺山砦
66、虚空蔵山狼煙台
110、伴野館
111、茂木屋敷
112、竜岡屋敷
113、横町茂木屋敷
114、横町竜岡屋敷
115、前山伴野館
116、物見塚
117、泉屋敷
118、日向城館
119、平井愛宕山砦
120、跡部氏館

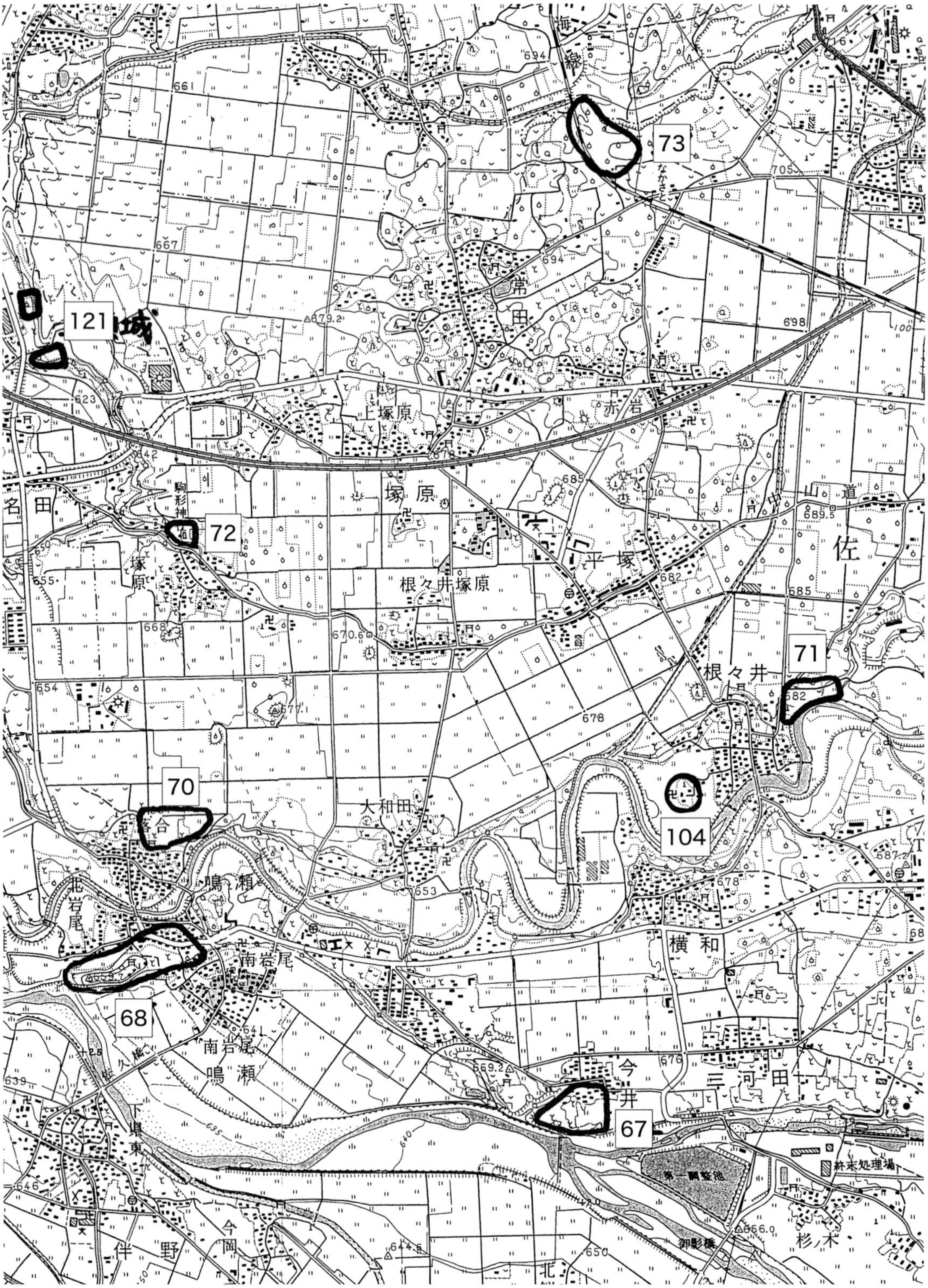

67、今井城　68、岩尾城　70、落合城　71、道本城　72、駒形城　73、鷺林城
104、根々井館　121、五領城

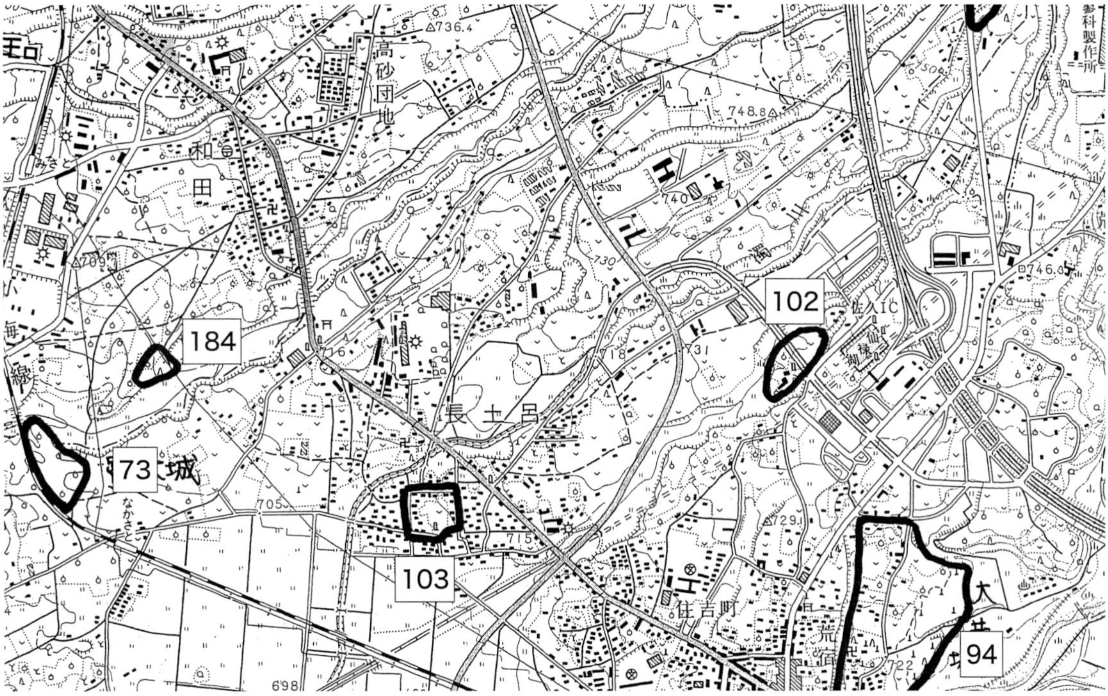

69、平賀城
94、大井城
102、曽根新城
103、長土呂館
107、平賀城館
108、石原豊後守邸
109、蛇沢城
(184)、東城

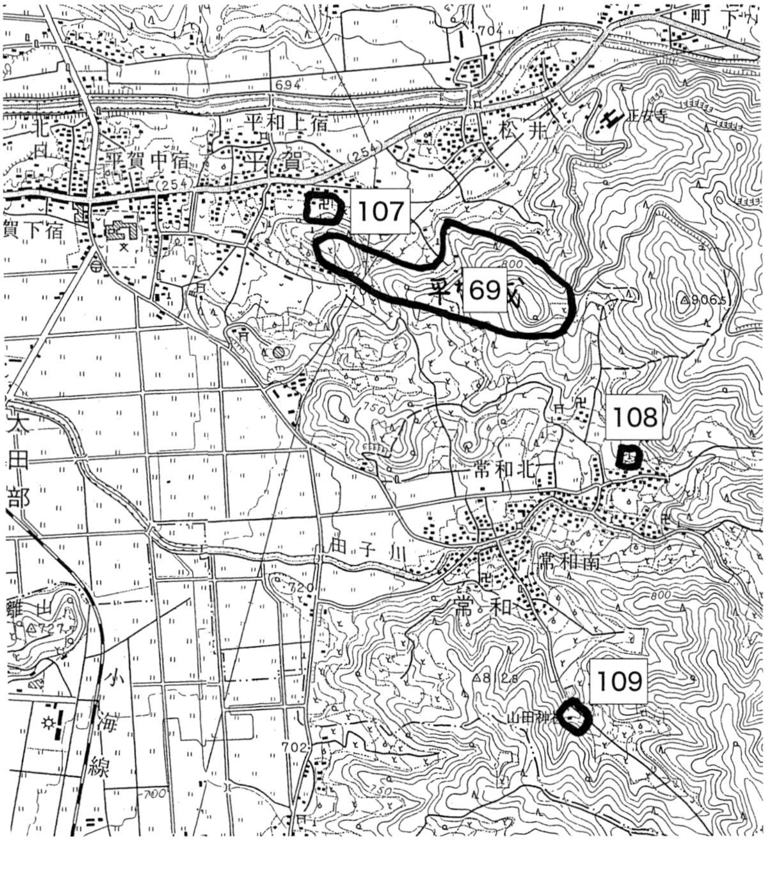

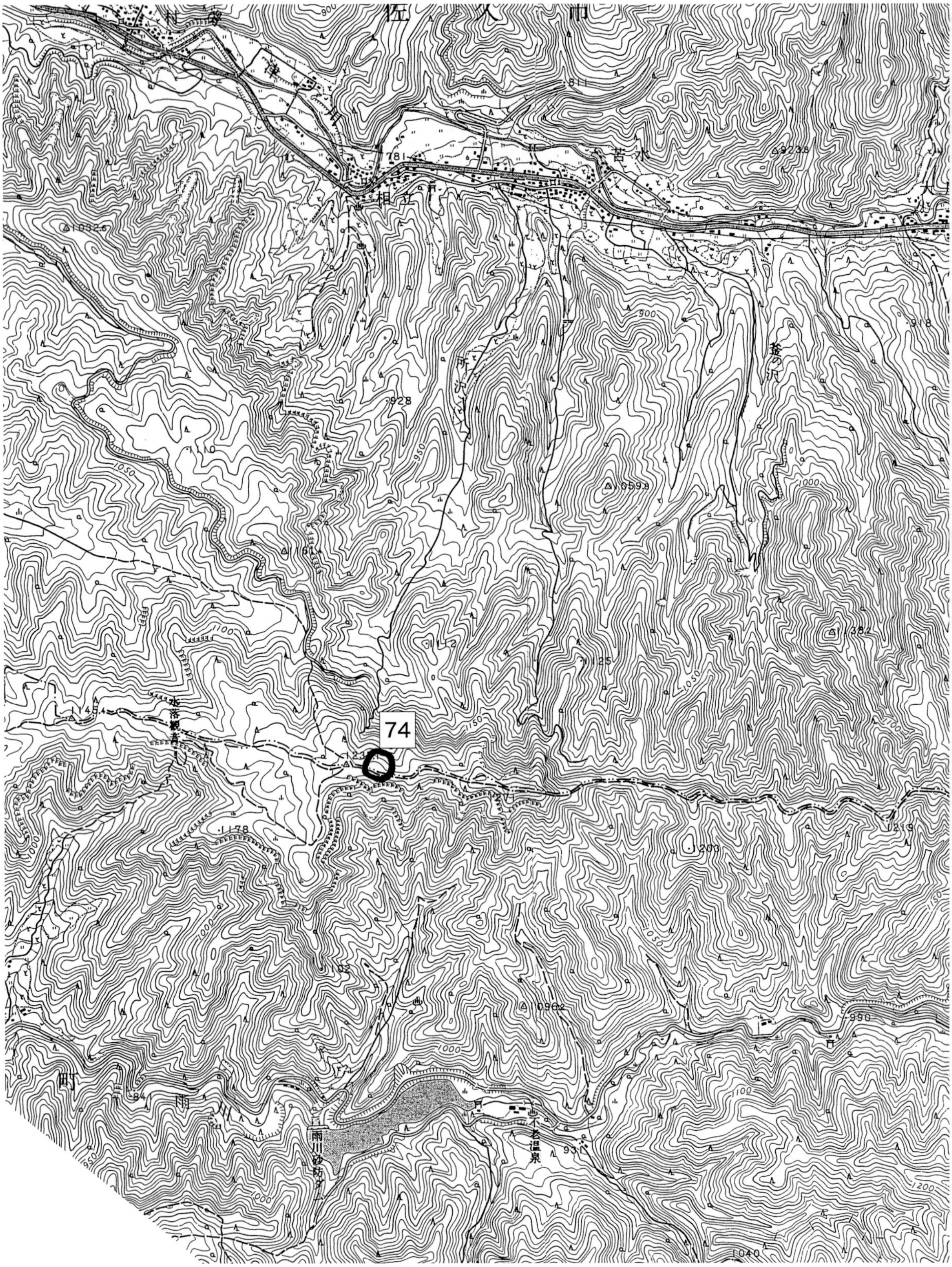

74、戸谷城　75、猿田城　76、曽根城　77-1～3、鍋割城

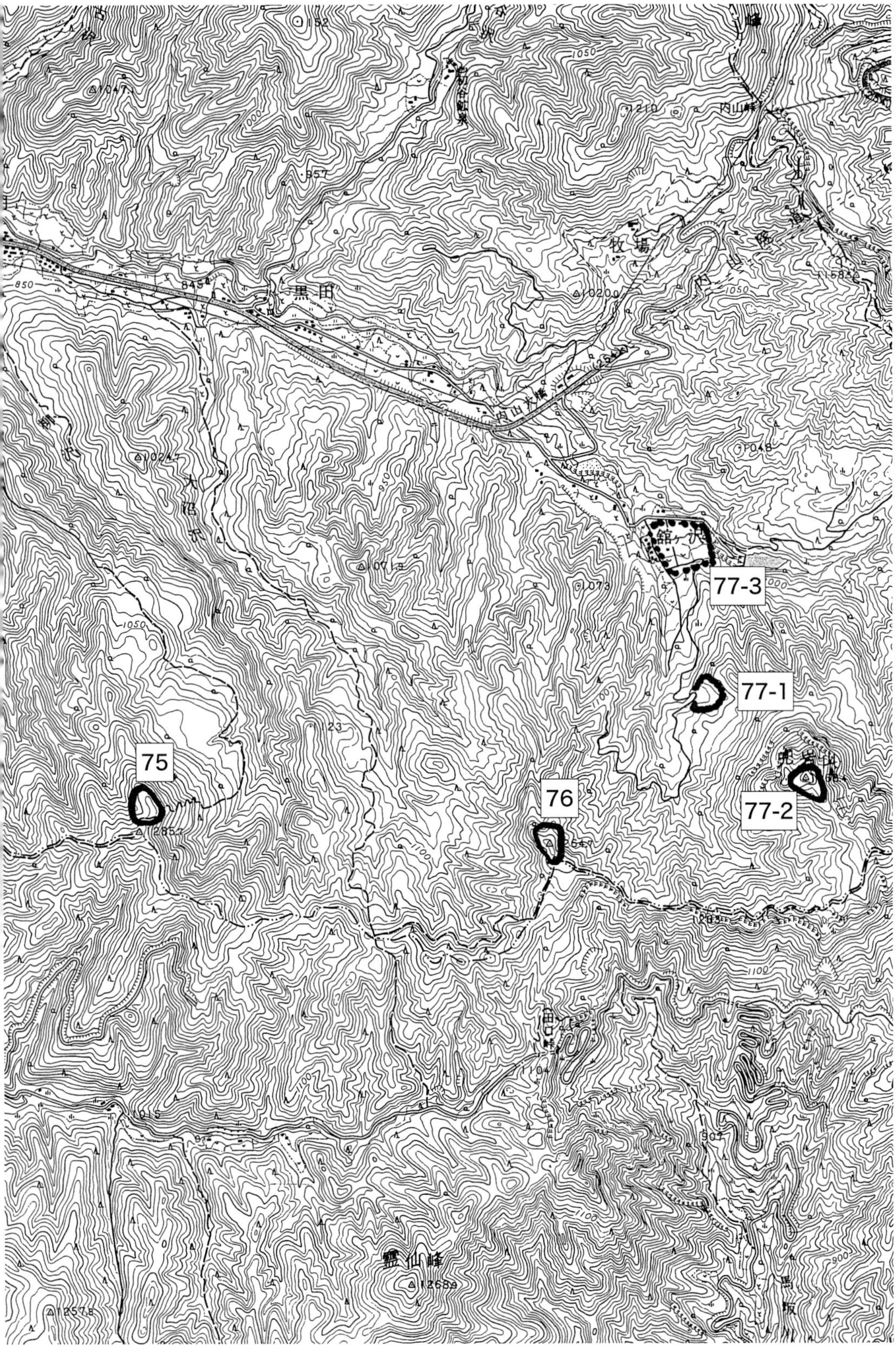

75
76
77-1
77-2
77-3
黒田
牧場
内山峠
館ヶ沢
霊仙峰

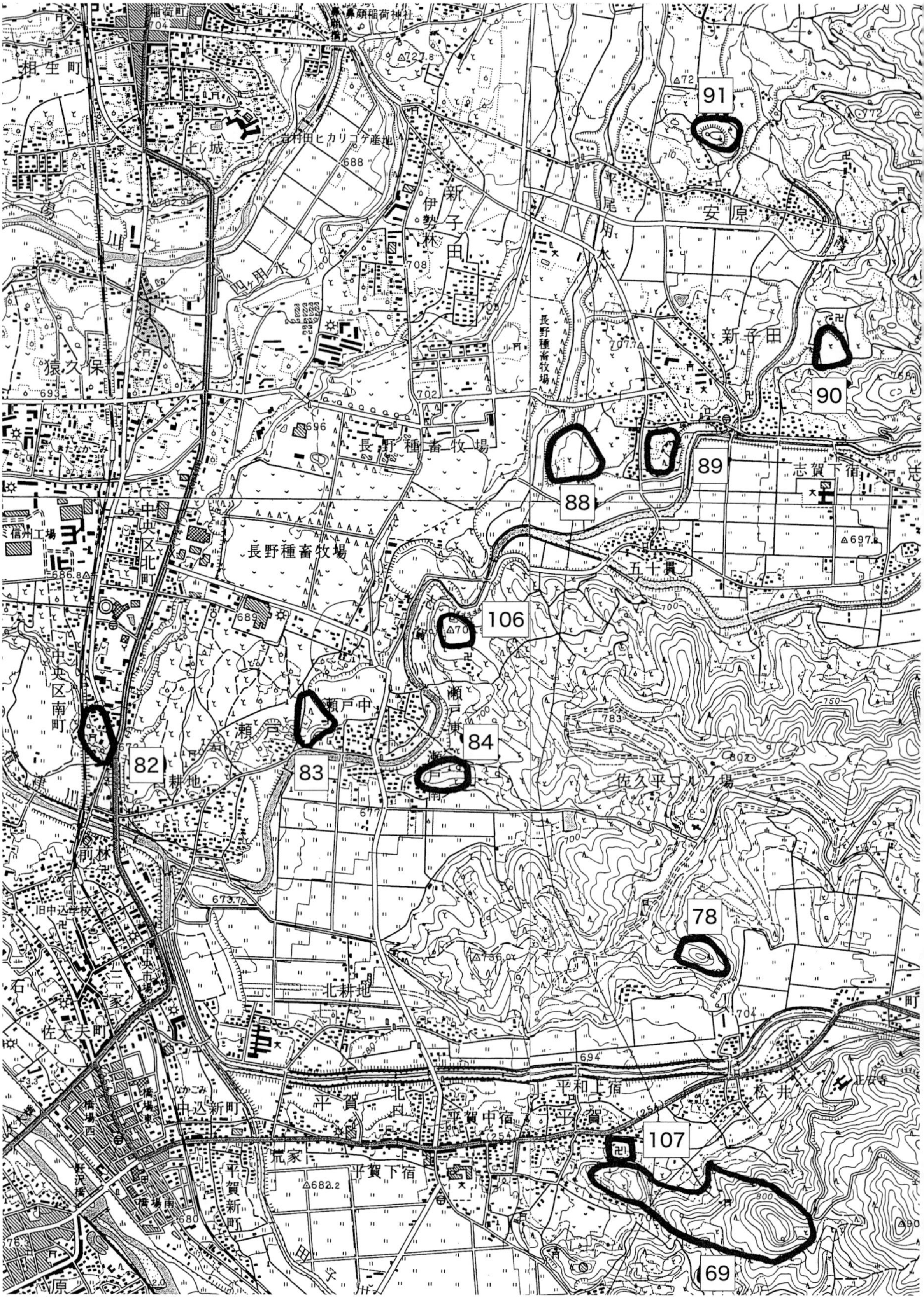

91
90
89
88
106
84
83
82
78
107
69
稲荷町
鼻顔稲荷神社
相生町
上ノ城
岩村田ヒカリゴケ産地
湯川
伊勢林
新子田
平尾用水
安原
猿久保
長野種畜牧場
新子田
長野種畜牧場
志賀下宿
中央区北町
信州工場
長野種畜牧場
五十貫
中央区南町
瀬戸中
瀬戸
瀬戸東
瀬戸南
耕地
佐久平ゴルフ場
前林
旧中込学校
北耕地
三家
佐太夫町
中込新町
平賀
平和上宿
松井
正安寺
平賀中宿
平賀
荒家
平賀下宿
平賀新町
橋場西
橋場東
橋場南
野沢橋

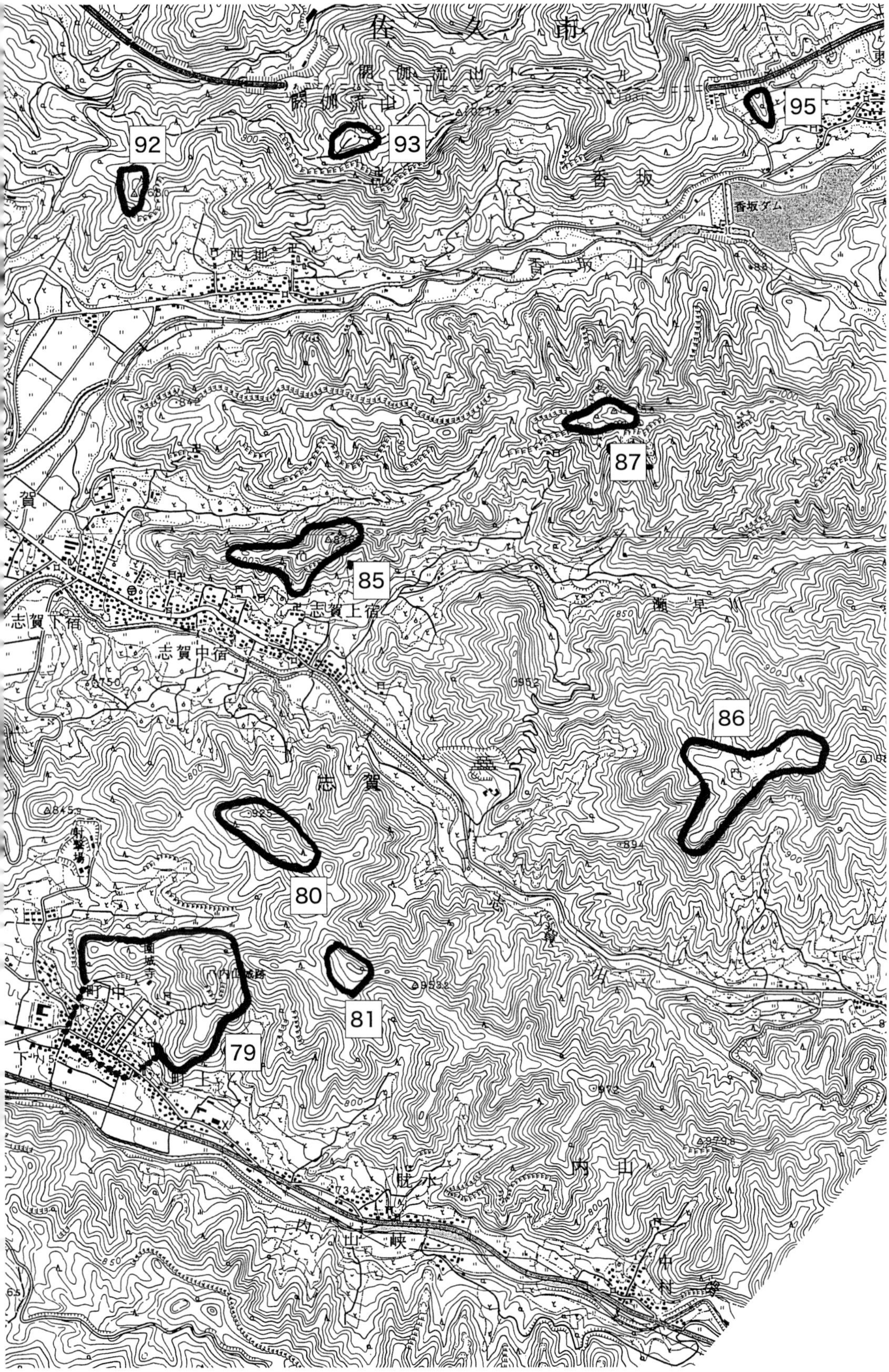

69、平賀城
78、内堀城
79、内山城
80、五本松城
81、内山古城
82、深堀城
83、八反田城
84、瀬戸城山
85、志賀城
86、笠原城
87、高棚城
88、鳥坂城
89、浅井城
90、池端城
91、燕城
92、翼城
93、閼伽流山城
95、ねぶた城
106、中城峯
107、平賀城館

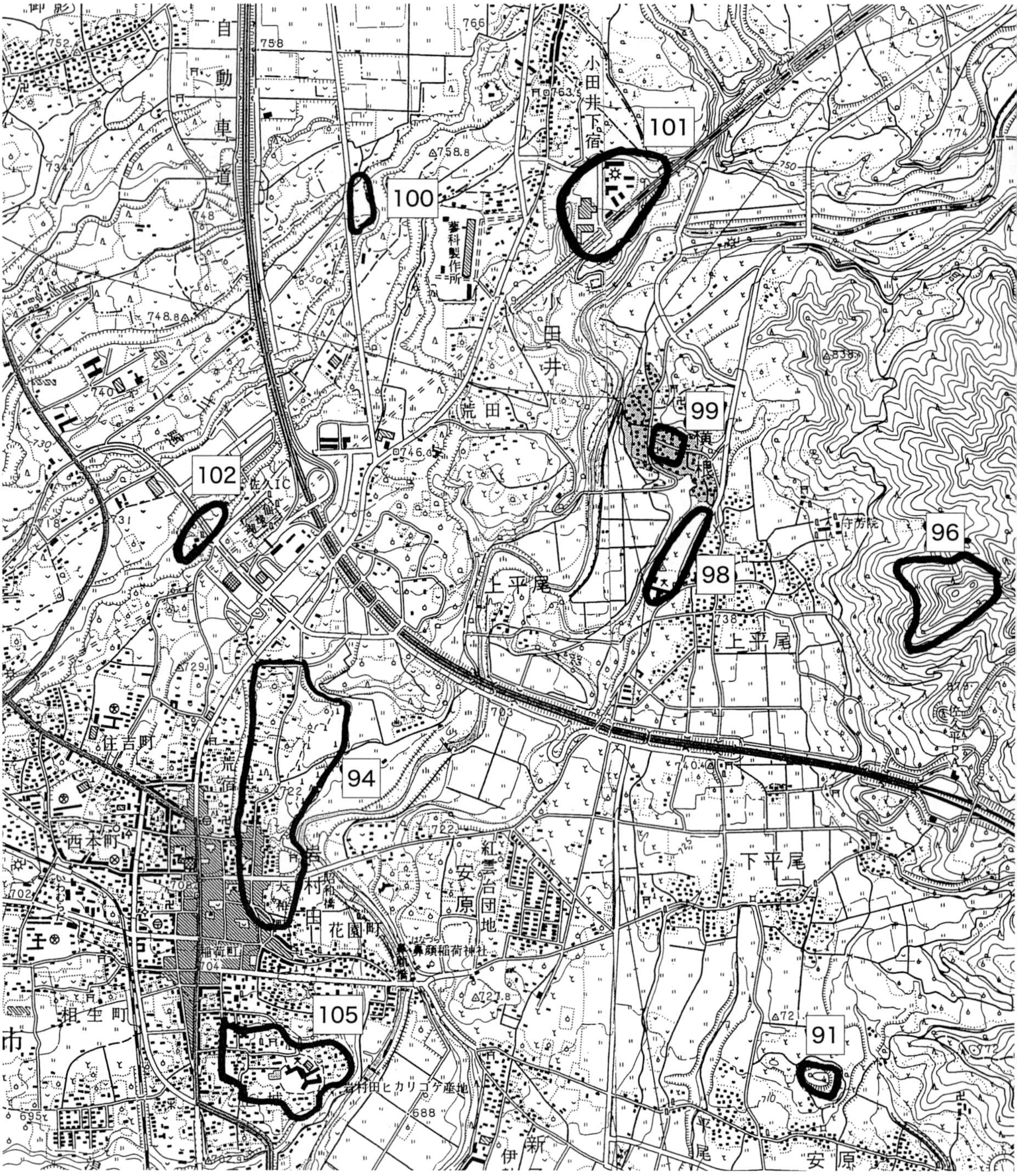
自動車道
小田井下宿
101
100
蓼科製作所
小田井
荒田
99
横根
102
佐久IC
96
98
上平尾
守芳院
住吉町
荒宿
94
西本町
岩村田
大和
紅雲台団地
安原
下平尾
花園町
稲荷町
鼻顔稲荷神社
相生町
105
岩村田ヒカリゴケ産地
91
市
平尾
安原

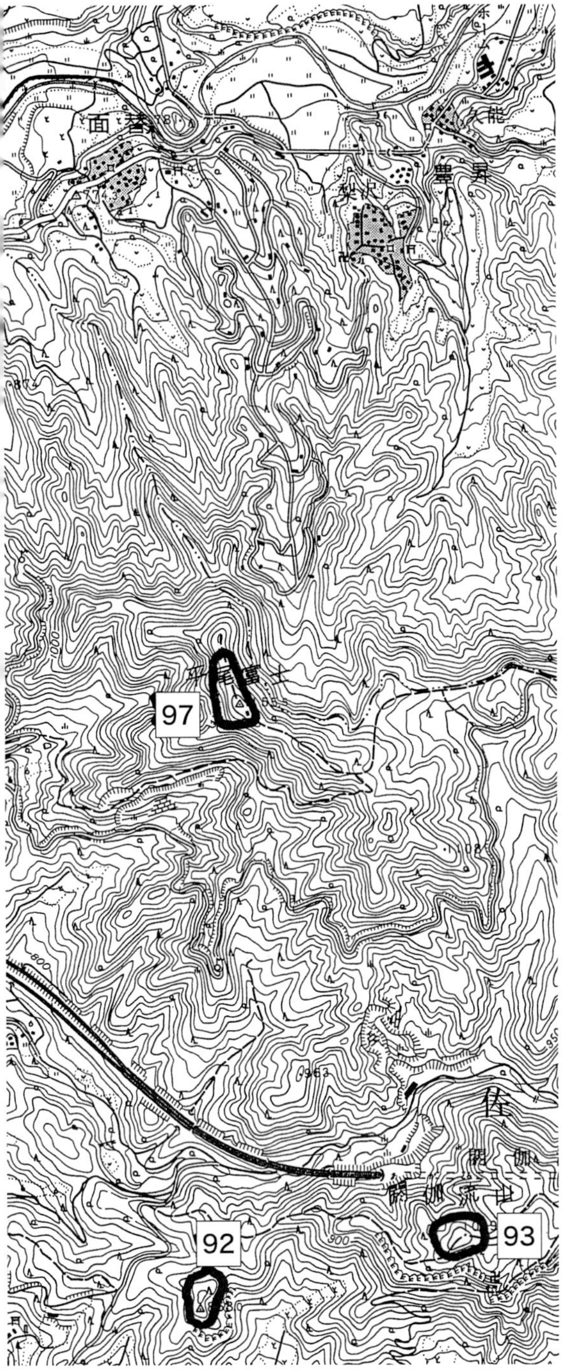

91、燕城
92、翼城
93、閼伽流山城
94、大井城
96、平尾城
97、平尾富士砦
98、平尾氏館
99、延寿城
100、曽根城
101、金井城
102、曽根新城
105、藤ヶ城

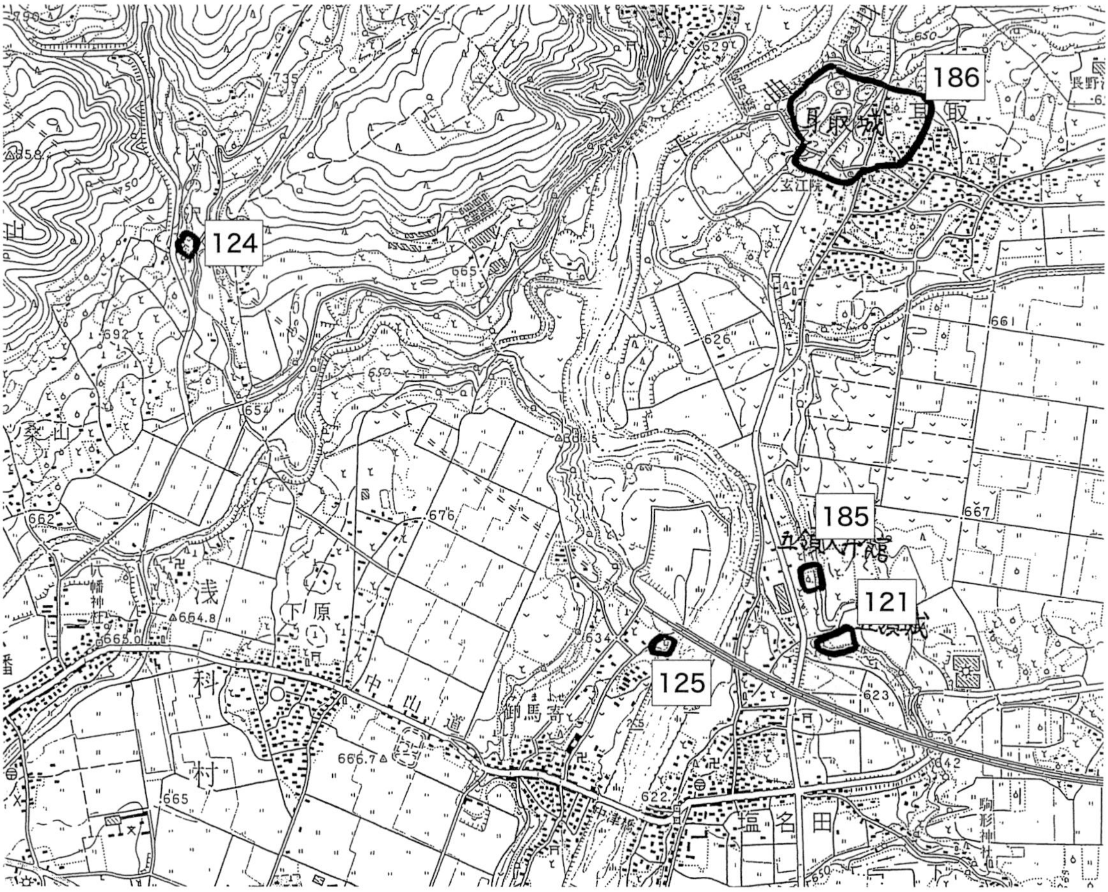

186
耳取城
耳取
玄江院
124
185
121
125
桑山
八幡神社
浅科村
下原
中山道
御馬寄
塩名田
駒形神社

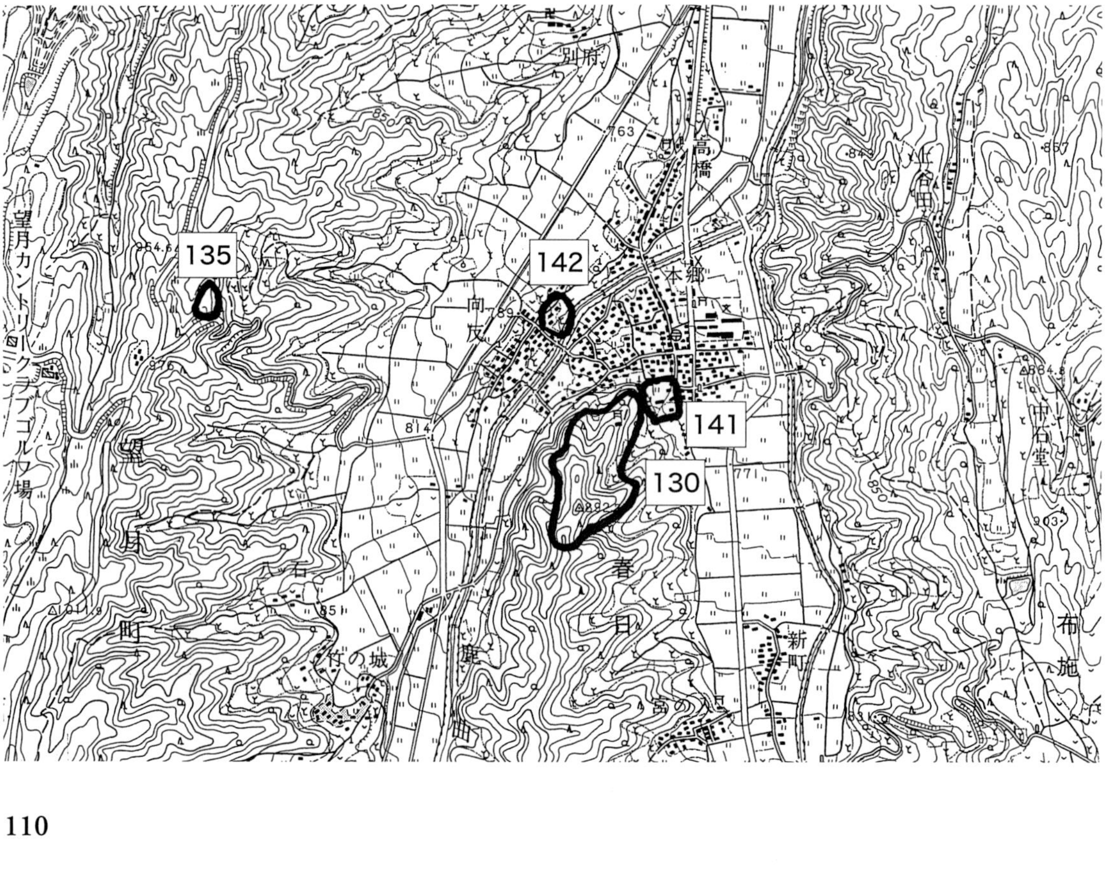

別府
高橋
本郷
135
142
141
130
向反
望月カントリークラブゴルフ場
望月町
八石
竹の城
春日
鹿曲
新町
布施

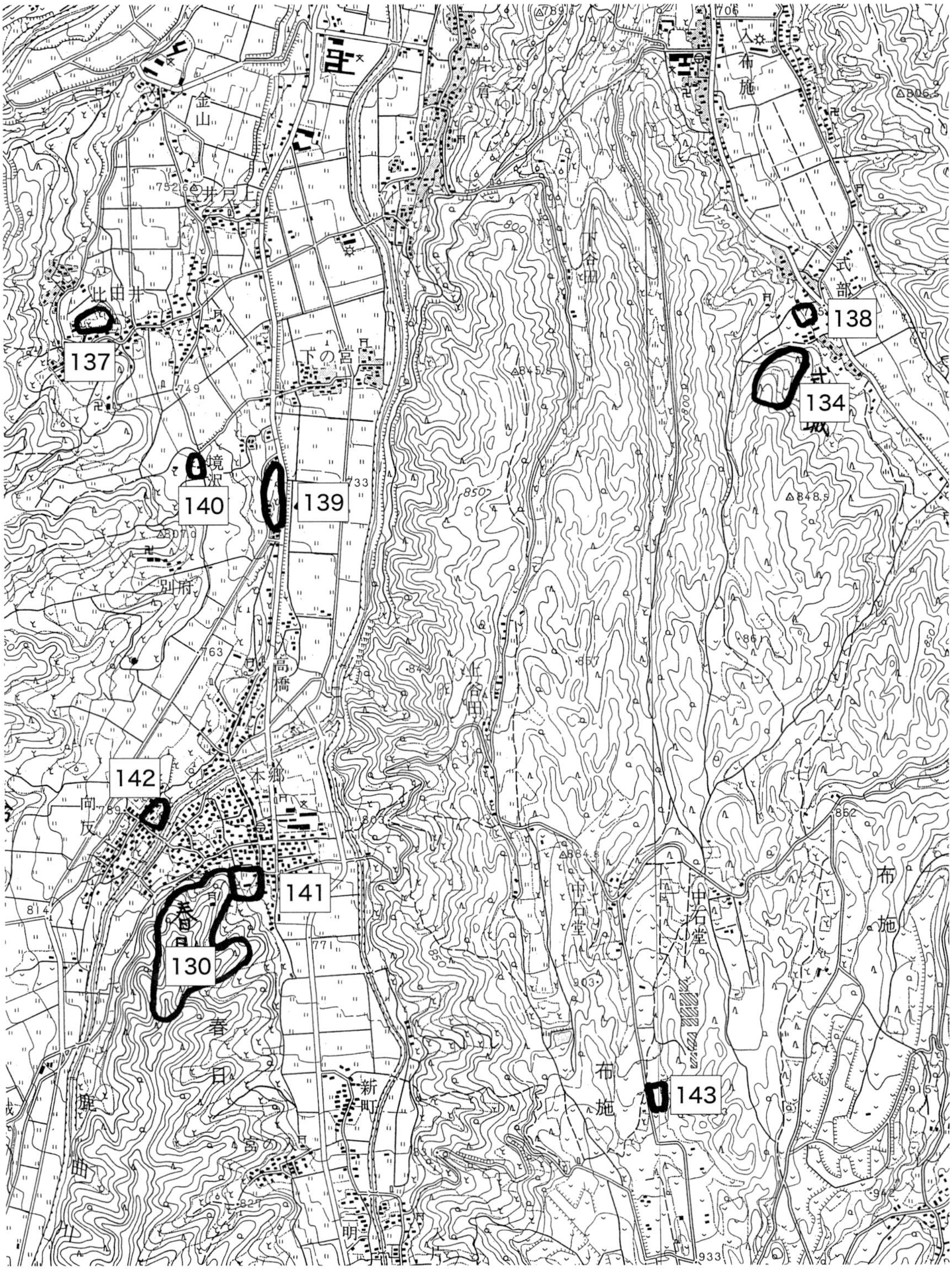

121、五領城　124、桑山の内城　125、御馬寄城　130、春日城　134、式部城
135、火打山狼煙台　137、比田井の城山　138、式部の館　139、長林屋敷　140、境沢の屋敷
141、春日本郷館　142、向反の館　143、長者屋敷　(185)、五領大井館　(186)、耳取城

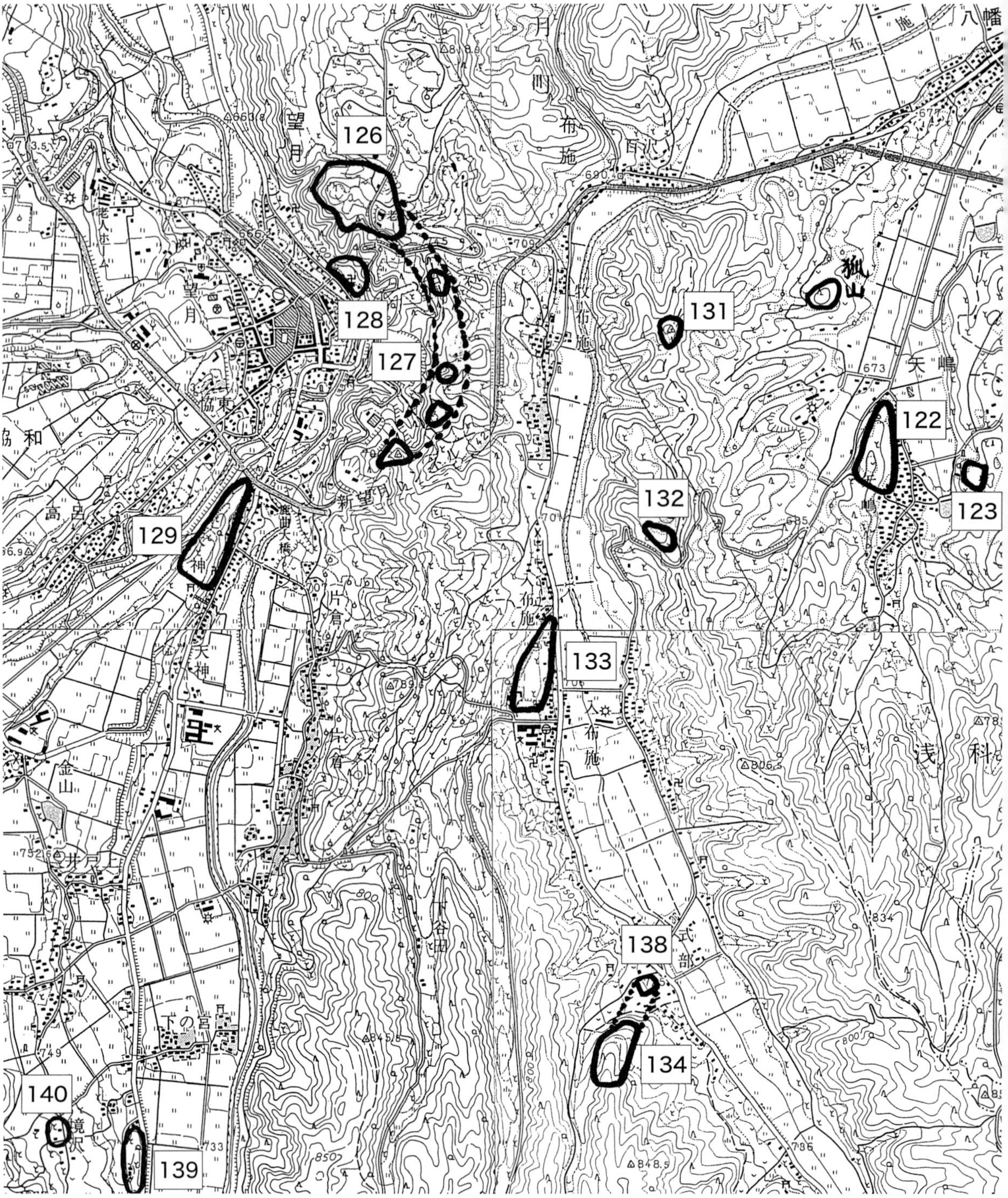

122、矢島城　123、天徳城　126、望月城　127、望月城砦群　128、望月氏城光院館
129、天神城　131、虚空蔵城　132、細久保物見　133、布施城　134、式部城
138、式部の館　139、長林屋敷　140、境沢の屋敷

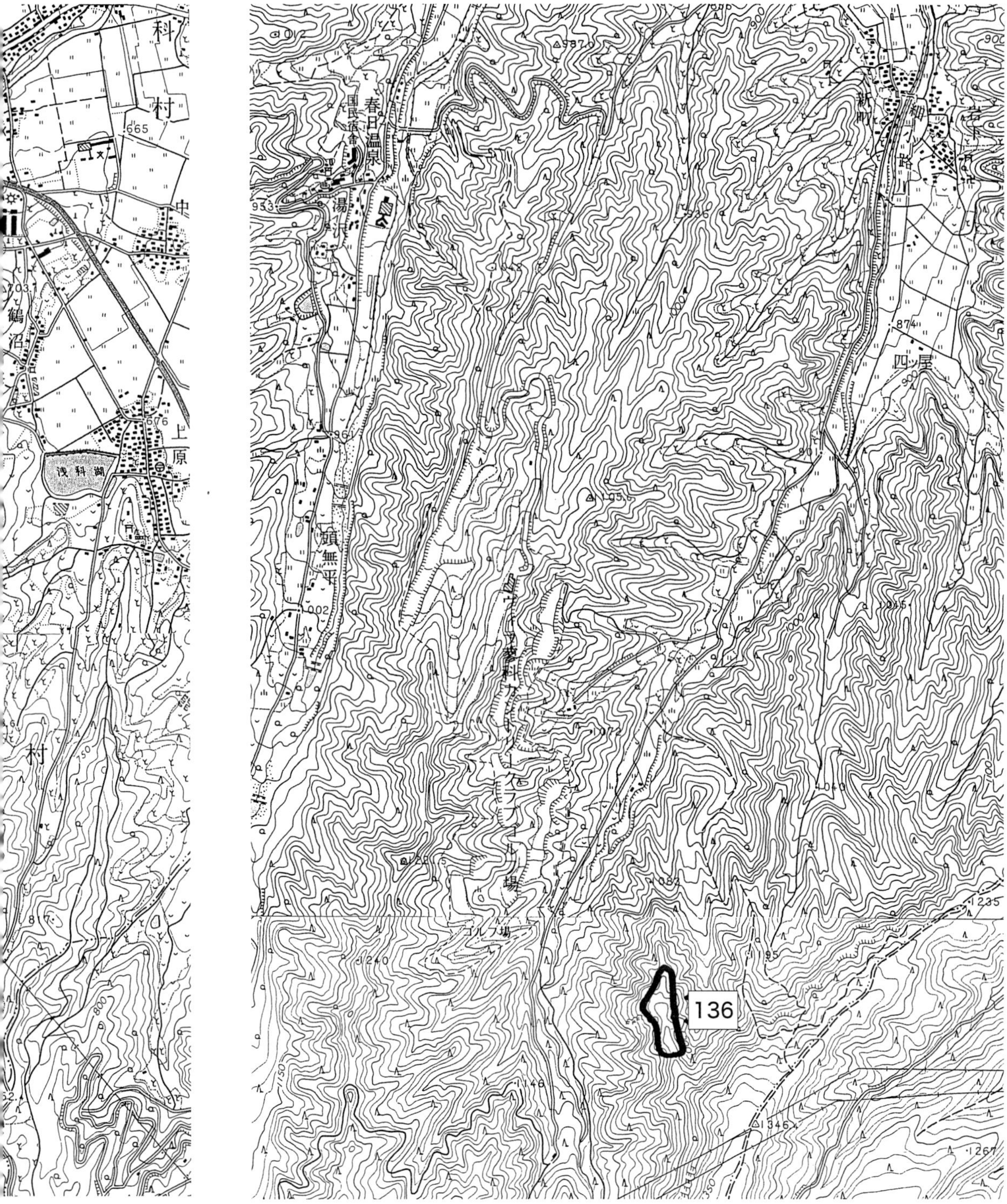

136、小倉城

43、雁峰城《がんぽうじょう》（草間城《くさまじょう》・ガンダレ城《じょう》・小田切城《おたぎりじょう》）

〔南北断面〕

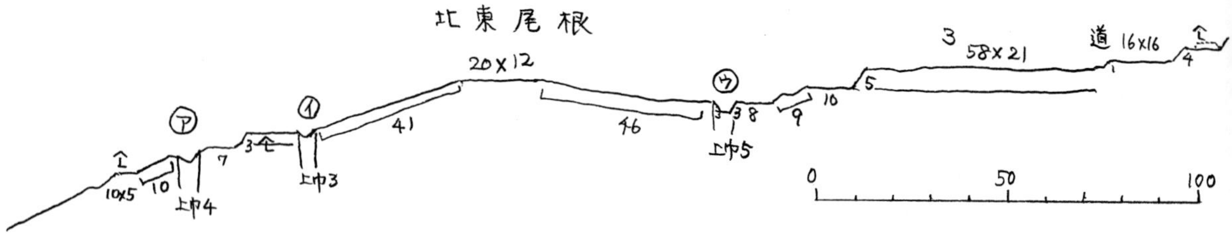

○立地　片貝川右岸の丘陵の末端部に位置し、北方には佐久平がひらける。北西600mの真向いに向城《むかいじょう》、西側谷奥2.5kmに上小田切城が支城としてある。

また北西、2.5kmに湯原城、北東3.5kmに稲荷山城があり、比高はそれほどない低い山ではあるが眺望は広く、臼田周辺の諸城は視野に入る。

○城主・城歴　文明16年(1484)2月村上氏は1万2000の大軍を率いて佐久へ侵入し、岩村田の大井城を囲み、放火し、これを落して大井氏の本家は滅びる。

その後も大井一族と伴野氏の争いは止まず、永正6年(1509)5月3日、将軍足利義尹は上杉顕定、憲房に命じて、佐久郡伴野貞慶と大井行満の争いを和解させる。しかしこの和解は長続きせず、大永7年(1527)、戦いが不利になった伴野貞慶は、甲斐の武田信虎に援助を求める。

『高白斎記』によると「二月小朔日己酉二日、小田切城落城」とある。信虎が佐久に入って2月2日に小田切城を落城させている。城主は小田切氏であろう。

文明16年の村上氏の侵入の時に、幕下の小田切駿河守幸長がこの城を守ったようで、小田切氏が村上氏に従って北信へ去った後は、草間備前守が拠り、武田氏の侵攻を受けて、これに降ったとされている。

天正6年(1578)の『上諏訪造宮帳』に「戊寅二月吉日、大宮之一御柱佐久郡大井庄　小田切上中下九貫五百文　代官草間右近」とあり、草間氏が居たことがわかる。草間氏の後裔は今も城下に住んでいる。

○城跡　北山麓の陽雲寺の所から登る道が大手であろう。西から北の山下を片貝川が流れて、これが自然の堀となっている。南に山を背負って前面に片貝川が流れている陽雲寺のあたりが根小屋とすれば好条件になる。ここを居村と言っている。

・城跡のある山は、比高は62mということで高くはない。頂上の主郭(本丸1)は南北49m、東西最大幅19mほどの長方形をしていて、東と南の辺に低い土塁が残る。北側に皇大神宮祠がある。これを取り巻くように、二の丸と呼ばれる2と2'が南から東にかけてある。西側から北側にかけては5〜8m下に4の曲輪があり、主郭側の城壁は巨岩や岩壁になっていて侵入は難しい。

山上の部分が主郭部分で、ここから4方向に支尾根が延び、それらの尾根上と間の斜面が隙間なく、階段状に曲輪が並んでいる。

・後背搦手の南尾根、　2の曲輪に続いて、本城最大の上幅11mの㋓の堀になる。深さは7mに及び、岩を砕いて掘割ってある。なだらかな南尾根には、㋔と㋕の2条

98頁

佐久市中小田切
平成12年1月15日調・同日作図
標高 801m、比高62m

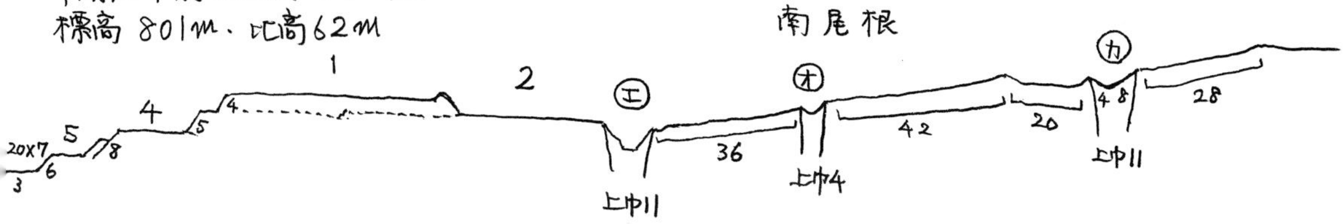

の堀を加えている。

・大手道　墓地の所から何回か折れながら登るが、その左右に、幅2～10mに及ぶ長大な曲輪が階段状に並ぶ。中には傾斜地のまゝのものもあり、全部が往古のものとは言い切れないものもあるが、大半は城のものと見受けられる。

・北東尾根　最も長い尾根で、大手道に接して、3の広大な曲輪（三の丸と呼ばれる所で、本城最大の曲輪）があり、これを長大な腰曲輪が2段ほど取り巻いている。北下に㋒の堀があり、この堀の東下に水場があり、大量の水が湧いている。11の小山も大事な防御点で、その下にも㋑、㋐の堀と曲輪がある。

・城影の斜面　2の曲輪から12mほどの高い城壁の下に3段以上の長大な曲輪が側面に備えている。

・北西尾根　ここには、5と6の三角形の曲輪があり、片貝川の断崖の上まで曲輪が並ぶ。3の曲輪と共に大手からの道へ威圧感を与える効果があったであろう。

・西尾根　城の南面の守りとなり主郭より先端の10の曲輪まで、巨大な曲輪が連続する。そして、この西尾根と北西尾根の間の沢筋が久保古屋（くぼごや）と言って、大きな平地が並ぶ。兵舎や倉庫などが置かれた所であろう。この久保の入口、10の曲輪の直下の松の根方に水の手があり、清水が湧いている。この水場を守るために片貝川との間の所も、水の手曲輪として重視されていたと思われる。10の曲輪を水の手曲輪とする向きもあるが、湧水地のある所が水の手であり、それを守る曲輪は下の所であろう。

○全山耕作され、細部は失われているが、曲輪を重ねる縄張りで、長大な腰曲輪がみごとで古式ながら旧状をよく伝えていて貴重な遺構である。

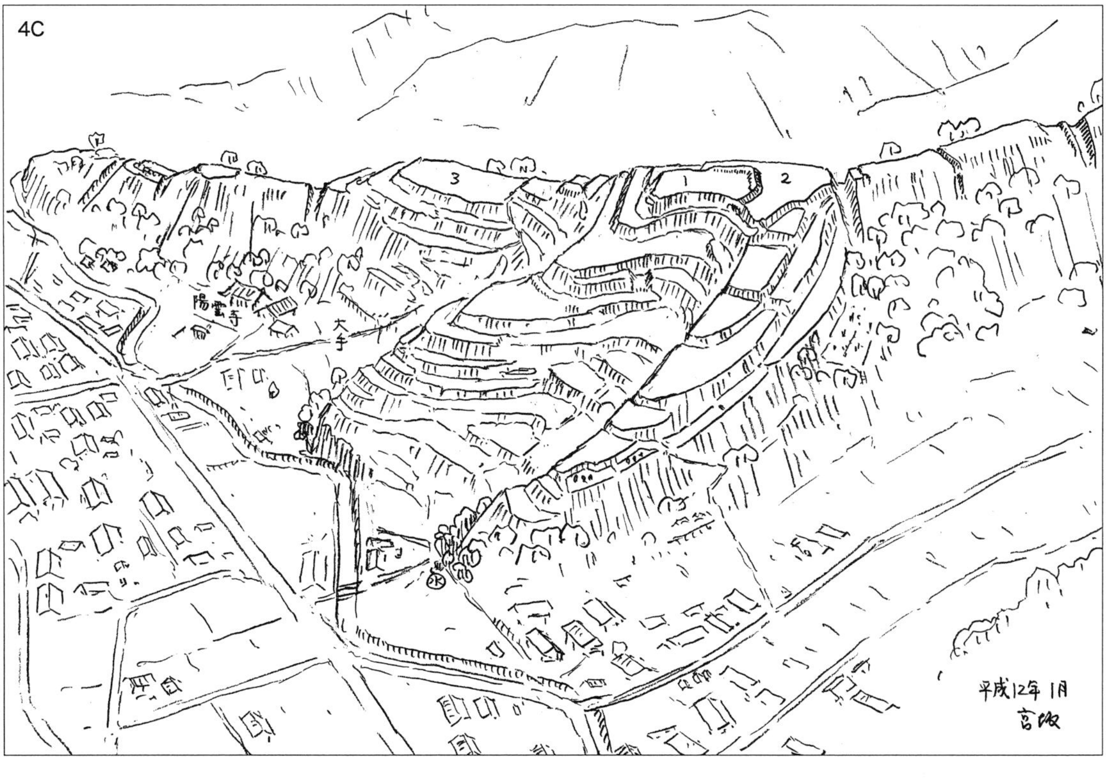

43、雁峰城《がんぽうじょう》（草間城《くさまじょう》・ガンダレ城《じょう》・小田切城《おたぎりじょう》）

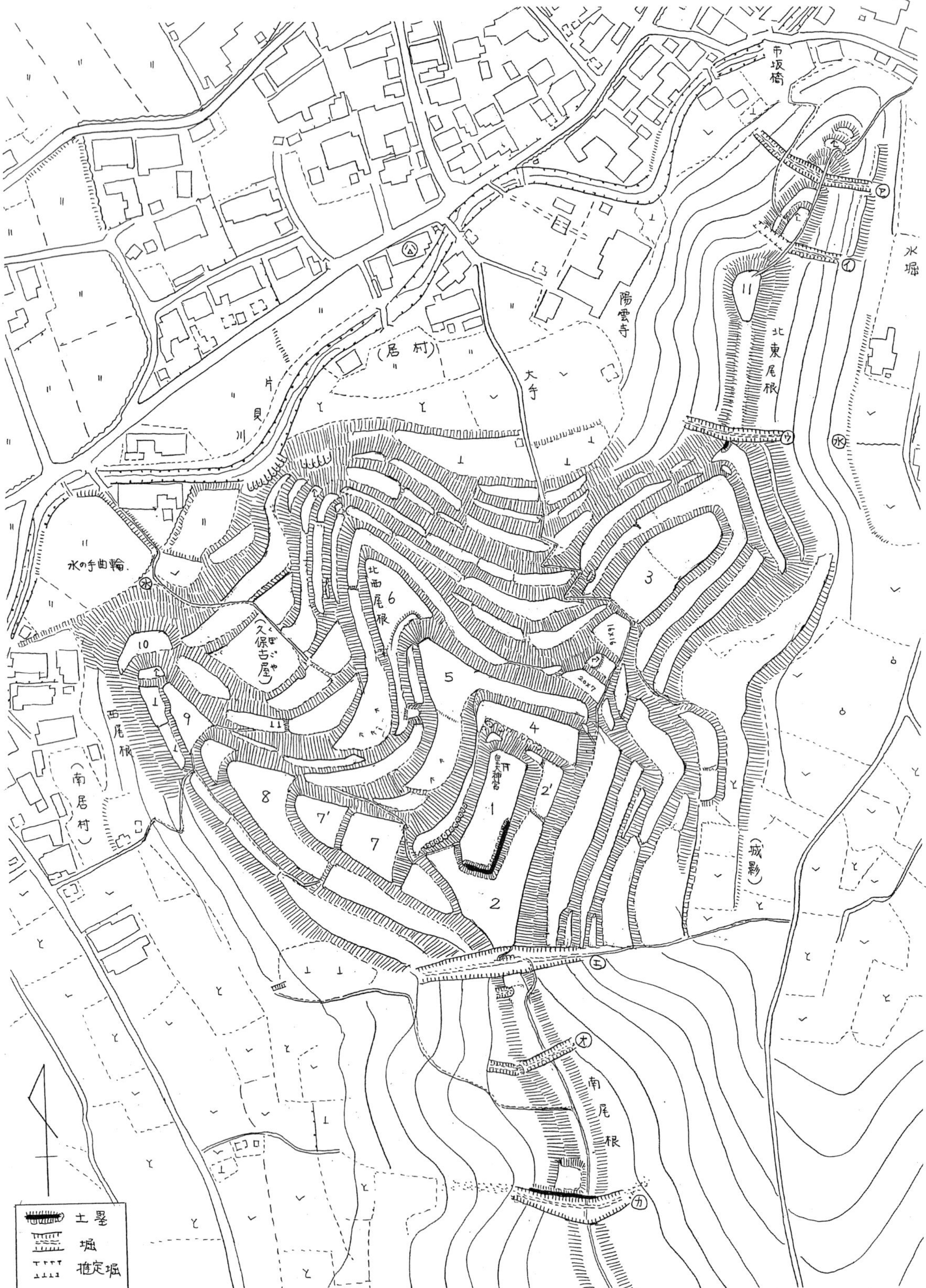

地元の人に必ず聞き取り調査をしよう

山へは、できるだけ麓《ふもと》の村で聞き取りをしてから登ることにしている。事前に調べているからわかっていても、地元の人に聞くことで思わぬ収穫がある。

「この山は何と言っているね」

「城《じょう》と言ったかな」

「登り口はどこからだね」

「昔は、お墓のところの山道から登ったが、もうだれも歩かないで薮になっていて歩けないずら。お城があったって聞いているが、行ったって何もないよ」

「堀があるらに」

「そんなものありっこ」

という会話が交わされる。

幾条もの堀に囲まれた立派な城跡があることはわかっている。しかし、麓の人は「何もないから、苦労をして登ることはない」と忠告してくれる。

城跡というのは、姫路城のように石垣の上に天守閣があって、堀には水が湛《たた》えられているものだと思っているらしい。多くの人がこのように考えているようだ。「ものすごい堀が幾筋もある」と私が言っても、「それは知らなかった」となる。中にはよくご存じの方もいるが、それはお年寄りで数は少ない。

であるから、私の仕事が必要であると心を奮い立たせ、次の山へと向かう。縄張図ができ、鳥瞰図ができると、早速送ってあげることで喜ばれている。

＊

調査に出る時の一番の問題は、どこにどんな城跡があるかということである。まず見るのは、一九八三（昭和五十八）年に長野県教育委員会が四年をかけて調査して完成した『長野県の中世城館跡・分布調査報告書』である。

この報告書は、長野県全体の様子がわかる点でたいへん便利であるが、大勢で調査したために、中には現地調査をせず、場所をも確かめずに書いた城跡もあるようだ。現地に行くと報告書と随分違っていることもあり、痛い目に遭う。

また、地図の場所に行ってみても、それらしきものはぜんぜん見当たらず、随分と困惑することも多々ある。奥へ奥へと分け入って、半日も山中をさまよった揚げ句、麓に戻って聞き取りからやり直したこともある。

報告書と地図の位置が全然違うのである。ひどい例は、谷が二つも違っている場合さえあった。やっとたどり着いた時にはほんとうにうれしくなるが、しかし、こんなひどい報告はいただけない。

おそらく、現地へ行く時間がなかったり、とてもそこまで行くことができなかったり、地元で確認できなかったりして、報告してしまったのであろう。また、地元で聞いてもはっきりわからなかったこともあったろう。

それにしても、それがたびたびになると、調査書自体を疑わざるをえなくなるのである。

44、向《むかい》 城《じょう》

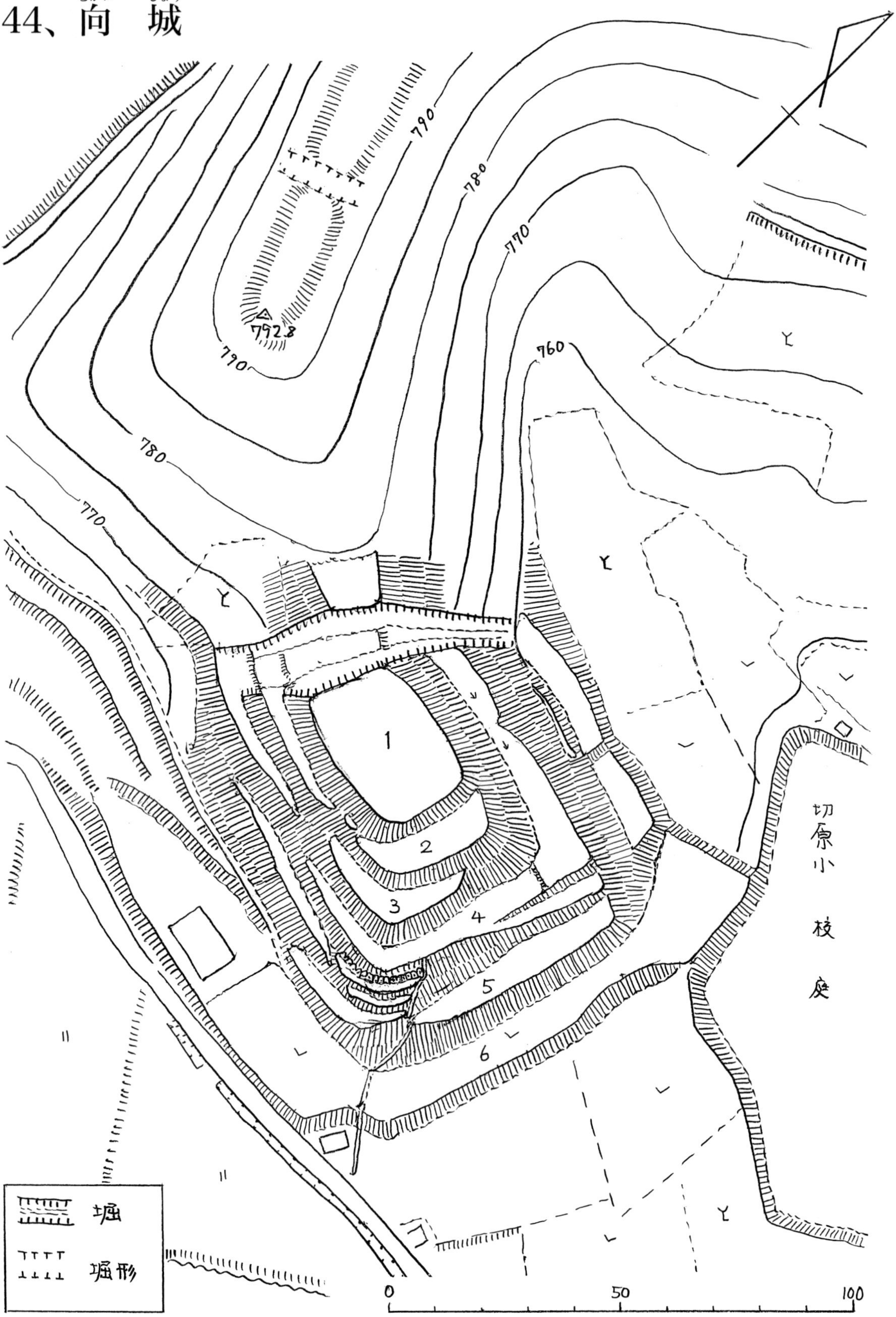

44、向《むかい》　城《じょう》

佐久市中小田切　➡98頁

平成12年1月12日調・同13日作図

標高779.5m、比高32m

〔東西断面〕

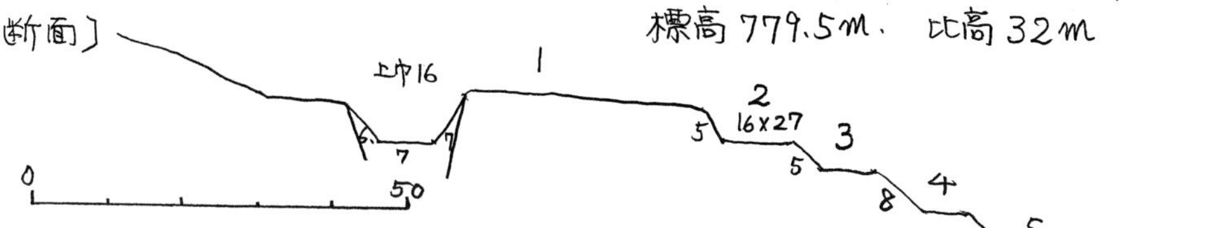

○立地　中小田切集落の切原小学校の西隣りの山尾根の先端部に向城がある。この城の南東真正面500mの位置に雁峰城がある。「向《むかい》」と言うのはこの雁峰城に相対する意味である。

○城主・城歴　雁峰城を攻める時に武田信玄が築いたという伝承が残る。しかし武田氏の侵入の時には、天文9年の板垣駿河守を大将にして入った時は、数十城を攻め破り、他でも一日に十数城が落ちるといった情況で、その多くは未攻と聞いただけで落城相つぐ戦であったことが伝えられている。望月城や内山城、笠原城のような抵抗は稀であった。そうした中で、雁峰城を攻略するに当って向城を築城する必要があったか疑問である。

むしろ、この向城は雁峰城の支城として築城され、その勢力により本城の防衛に当っていたものを攻略され、多少の手入れはあったかも知れないが、雁峰城攻略の時の陣城として使われたと見る方が納得できる。

○城跡、山尾根の先端部を使って造られている。主郭の1は32×19ほどの長方形の平場で土塁等は見当らない。全山畑として使われているので削平されたのであろう。前面及び側面には、5段ないし2、3段の曲輪があり、その階段状の壁は急で高い。大手は、南東の角の道と思われる。

後背は上幅16mの巨大な堀で背後の尾根を切断している。上部の三角点のある平らの尾根は、30mほどの所に堀形らしい地形があるが、城域に加えられる遺構は見当らない。

こうしたことから、小規模ながら、一応の備えがあり、独立した砦になっているので、一時的な陣城でないことは判明しよう。雁峰城と相呼応して、この谷を守ったものと思われる。

45、上小田切城《かみおたぎりじょう》

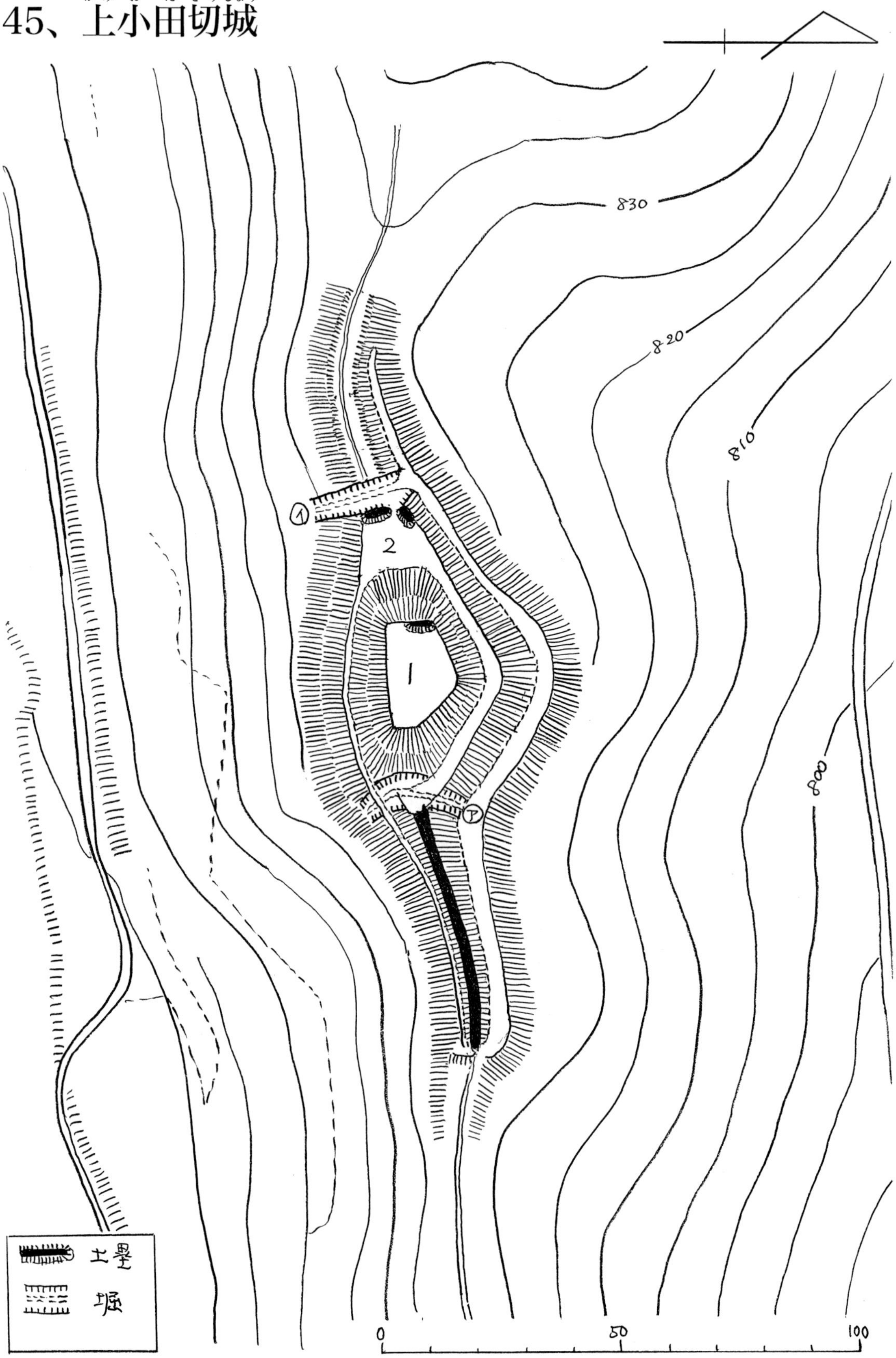

45、上小田切城《かみおたぎりじょう》

佐久市上小田切　➡98頁

平成12年1月12日調・同13日作図
標高838.3m.　比高65m

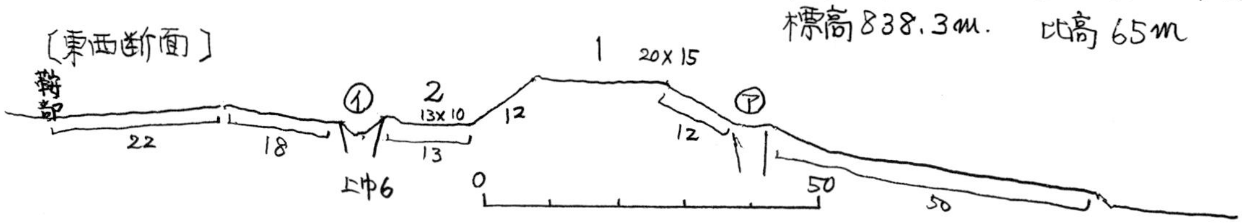

○立地　片貝川左岸の十二新田集落の東の山尾根上の小山に立地する。この位置は、雁峰城や向城よりも谷の奥で、見通しのきく所ではないが、雁峰城や稲荷山城の一部は見られる。

立地からして、眼下の水田地帯を支配する土豪層の要害城であることがわかる。

○城主・城歴　依田氏に関連する城跡と考えられている。附近の湯原城主が大永年間には佐久郡南部に勢力を強めた相木系の依田氏から湯原氏に代わっている。その後、武田氏の侵攻してくる天文の頃には、依田氏は武田氏に属し、湯原城に在城したようであるが、この上小田切城も、その系統の人が拠ったのであろうか。

○城跡　細長い山尾根の先端部より400m以上も入った、小山2つほど越えた位置にある。このことは、城としての要害性として、ある程度の高さと広さを求めた結果、この位置になったものと思われる。

それに、この位置まで登らないと稲荷山城の方が山かげで見えないこととも関係があるかも知れない。

なだらかな山頂部を削平して主郭を置き、東西の前後に簡単な堀を置いて守る簡単なものである。南側斜面は急のため安全であるが傾斜の緩い北側に2段の腰曲輪が巡り、下段は東側尾根上まで延びている。西下の2の曲輪には、土塁が残り、北西隅に虎口が開く。

登路は十二新田集落の西端の墓地の所からであるが、そこに「しょうもんぜいけ」（将監在家）の坂という名が残り、東の山腹に真言宗普門寺跡があり、附近を古地（ふるっち）と呼んでいる。

46、湯《ゆ》原《はら》城《じょう》

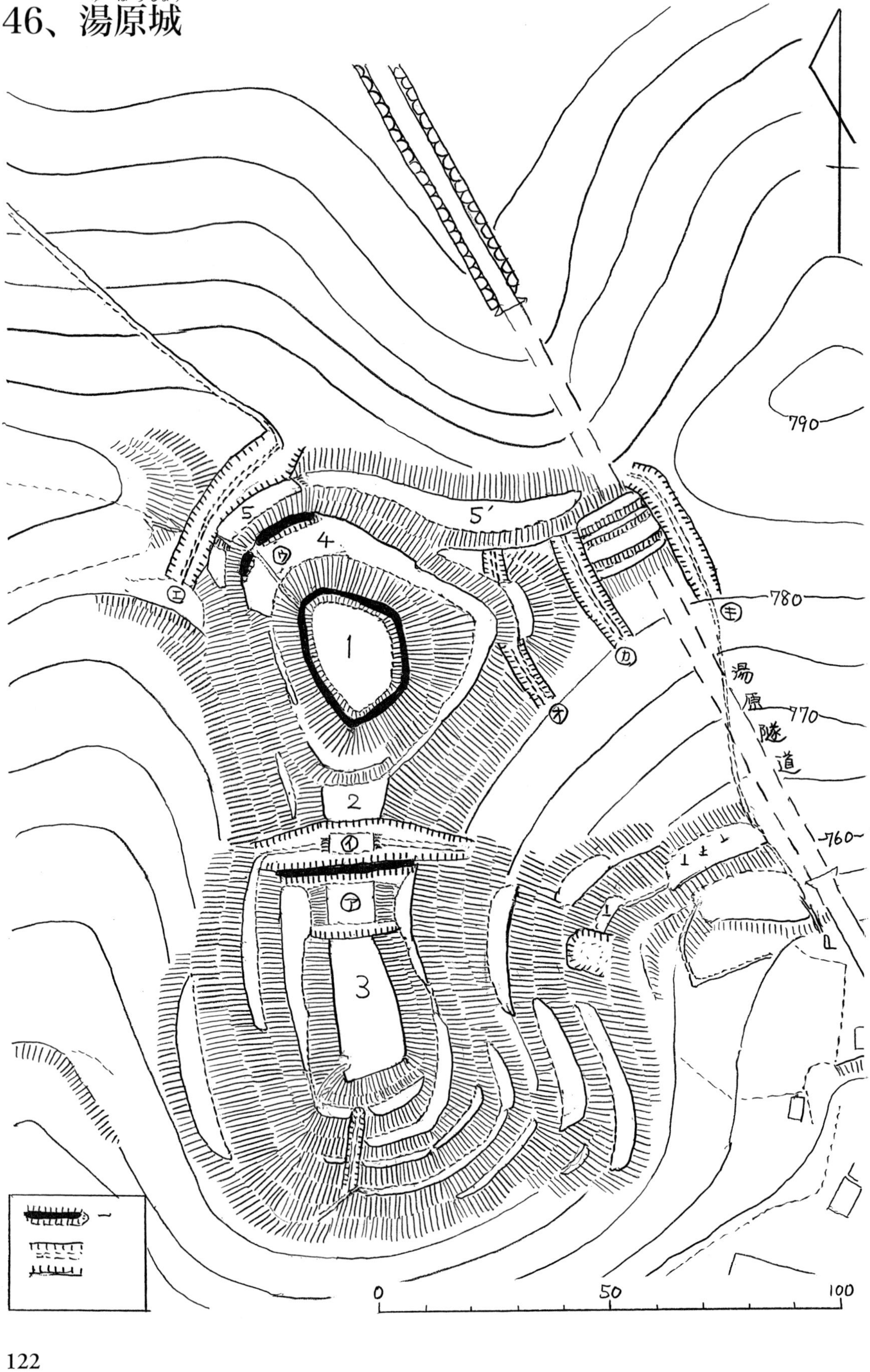

46、湯原城《ゆはらじょう》

佐久市湯原 98頁

平成12年1月12日調・同日作図
標高794m、比高57m

〔南北断面〕

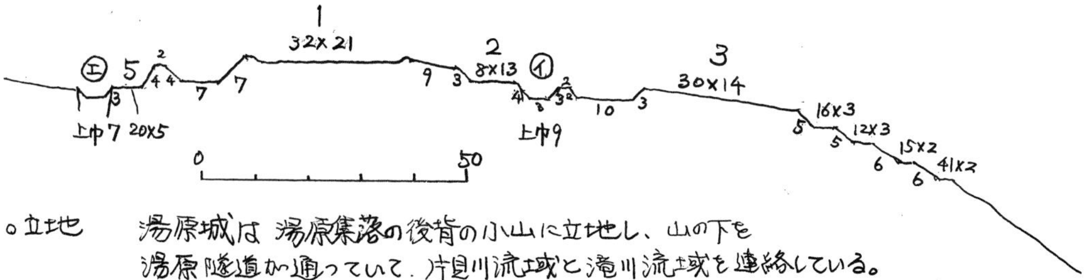

○立地　湯原城は湯原集落の後背の小山に立地し、山の下を湯原隧道が通っていて、片貝川流域と滝川流域を連絡している。

ここは、北1kmに上の城があり、南800mの所に向城、1.5kmに雁峰城があり、稲荷山城、医王寺寺も見通せるところである。

○城主・城歴　更埴市埴生打沢出身の湯原氏の中に、湯原六郎貞基の名があり、承久の乱の宇治川の合戦の関東武者に湯原氏が出てくる。その子孫の湯原出雲守政辰および湯原豊後守政長の時代に湯原城を築いたが、その後佐久郡南部から進出して来た相木系依田氏がこれを攻略したとされる。永禄の頃には、依田氏が湯原城主となり北相木村諏訪浅間神社を建立しているという。

湯原氏は永正の頃、大永年間には依田氏に代わって、武田氏が侵攻してくるとこれに降って在城したが、天正年間には、依田氏に代わって上(植)野佐渡守が在城している。(『上諏訪造宮帳』)

○城跡　頂上に主郭1がある。32x21ほどのだ円形で低い土塁が全周する。南の尾根筋に㋐㋑の堀が連続して、2、3の曲輪になるが、㋐の堀中は武者溜りになっている。3を取り巻いて、三面の斜面には、幅の狭い腰曲輪が数段認められる。

1を取り巻いて、7〜8m下に4の曲輪がある。北西の尾根筋には4の腰曲輪の先は㋓の堀で終わり、東の尾根筋は鞍部まで㋔㋕㋖の3条の堀が残る。

城跡の残存状況はよく、在地土豪層の領地支配のための要害城として、小規模な砦として好例と言えよう。

47、稲荷山城《いなりやまじょう》（勝間反《かつまそり》・勝間反砦《かつまそりとりで》・勝間城《かつまじょう》）

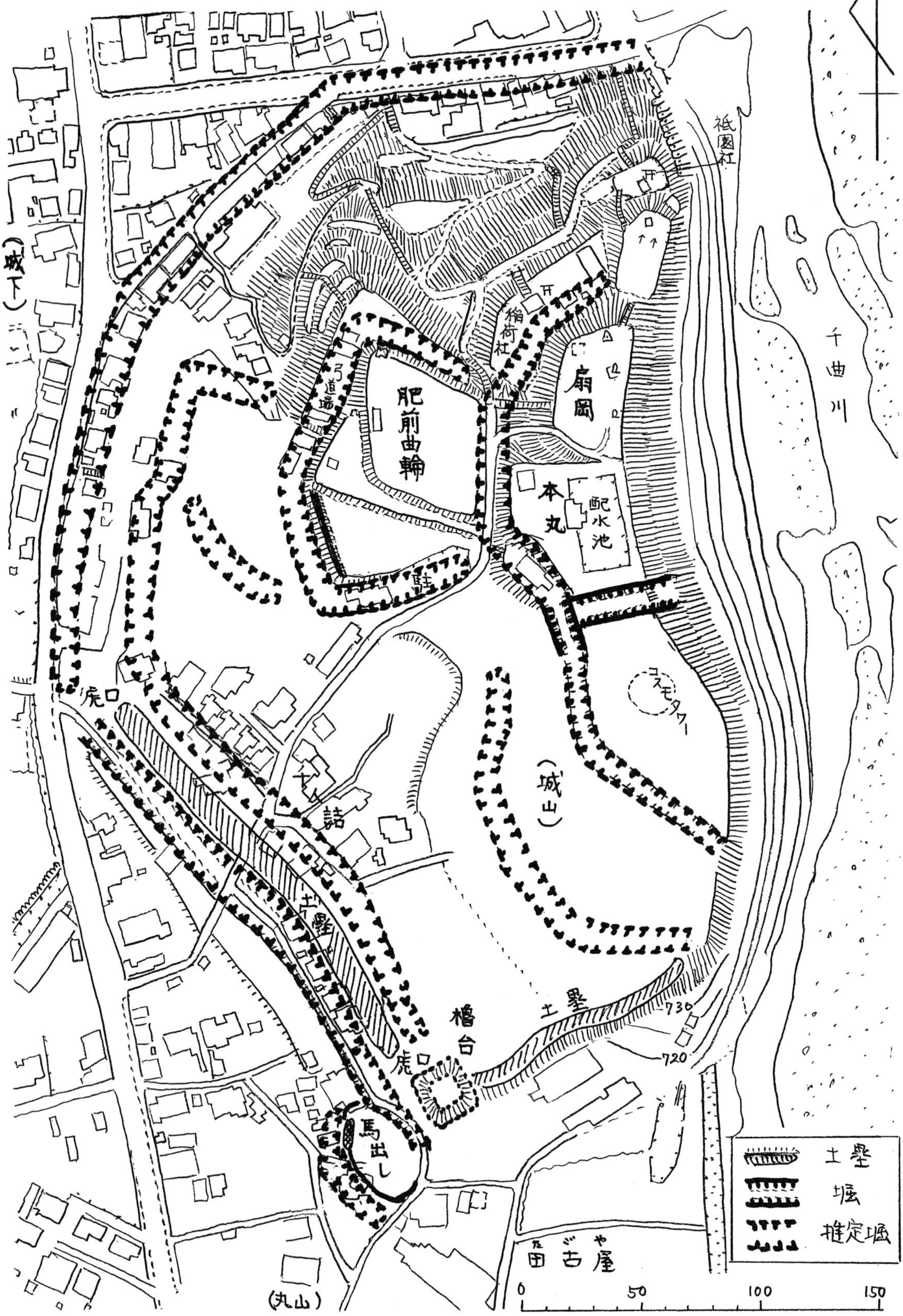

47、稲荷山城《いなりやまじょう》（勝間反《かつまそり》・勝間反砦《かつまそりとりで》・勝間城《かつまじょう》）　佐久市臼田勝間　➔98頁

平成12年1月19日調・同日作図、
推定堀は『長野県史蹟名勝天然記念物調査報告書』を参考にして記入．

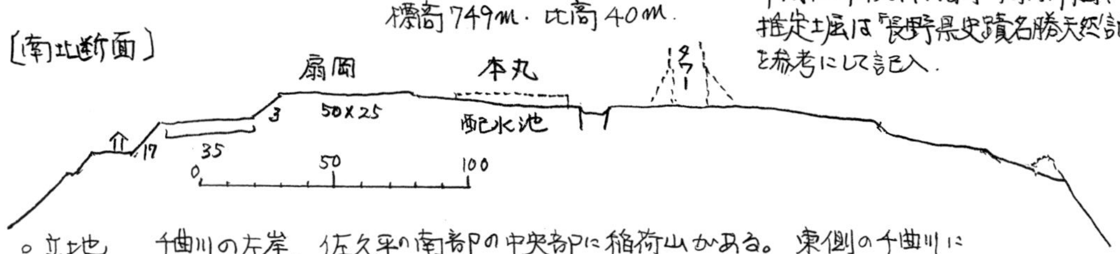

○立地　千曲川の左岸、佐久平の南部の中央部に稲荷山がある。東側の千曲川に面する所は絶壁で、北と南の両斜面は急で、西側だけが緩斜面の山体である。ここからの眺望は360°広く佐久平の様子が見える。今はコスモタワーが遠くから見えている。

○城主・城歴　城の西側を甲州往還が通っているので、古くから重視されていたと思われるが、記録に出てくるのは天正10年（1582）、武田氏滅亡後である。家康は佐久の平定を依田信蕃に命じていた。『武徳編年集成』によると、天正十年壬午八月、家康は柴田七九郎康忠を佐久へ派遣し、軍監として、甲信の諸士を集めて勝間反ノ砦を基地にし、築城の名手松平家忠に城の修築をさせている。徳川氏に属していた津金衆はこの勝間反の砦を基地にして、北条氏の軍を三分の岩崎砦で破っている。

天正13年、家康は上田城攻撃に失敗し、この城へ引き揚げている。『依田記』によると、天正18年前山城で討死した伴野刑部の子や依田能登守が兵を挙げた時には、討伐に出た松平康国（信蕃の子）は、この城で陣容を整えて、相木へ向かったと言う。

○城跡　大半は神社、公園、宅地化等で細部は失われている。北半に縄張りの概要を残す地形が見られるが、南半は、学園や施設等により削平され、現状から城の姿は見取れない。そこで『長野県史蹟名勝天然記念物調査報告書』の図面を参考にして堀を入れて見た。松平家忠の改修を伝えるだけあって、横堀が多用され、近世城郭の趣を感じる縄張りで、貴重な遺構であったが、殆ど破壊してしまったのは、いかにも惜しいことである。南の馬出しや虎口《こぐち》の所は、櫓台や土塁は失われ馬出しは墓地になっている。「千人詰」も住宅になり、堀形もかすかに、ほんの一部に面影が残るだけである。　水の手は東側崖の中段にあったというが確認はできていない。

表示された堀が総て堀であったかどうか、今になっては確認できにくいが、切岸であった所もあると思われる。また土塁等もあったと思われる。そうしたものを解明すれば、もう少しはっきりしてくるであろう。

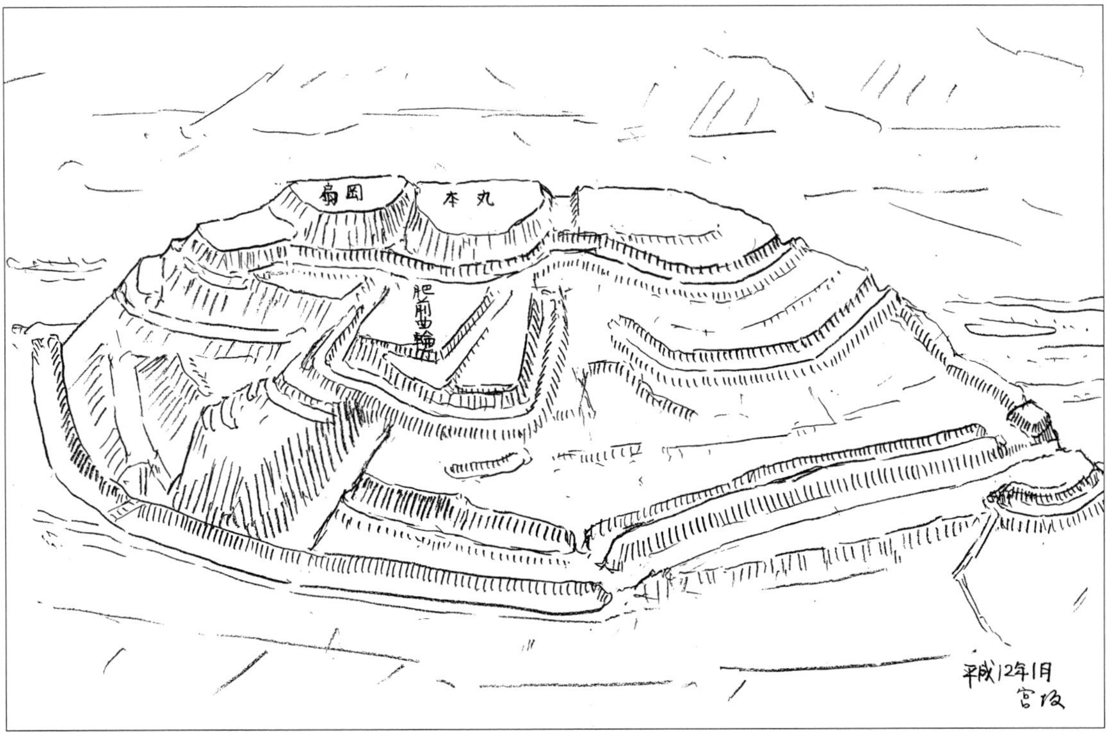

48、医王寺城《いおうじじょう》（下《しも》の城《じょう》・臼田城《うすだじょう》）

佐久市臼田字医王寺山　➔98頁

平成12年1月7日調・同8日作図
標高772.5m．比高75m

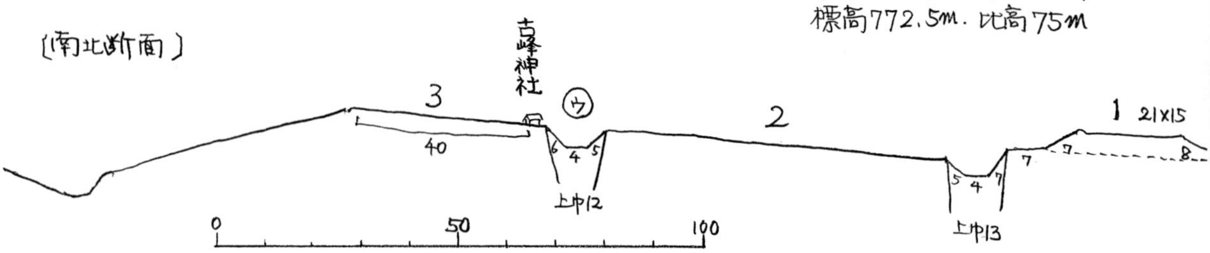

○立地　千曲川と片貝川の沖積平野に面した丘陵の突端にある．南北に長い医王寺山に立地する。西側は後背の山へ緩かにつながるが，東面は川の浸蝕を受けて急崖になり、その崖下に医王寺がある。

この山頂に立てば、北から東、南の三方には遮るものはなく、佐久平は一望にできる。田口城・平賀城・稲荷山城、荒山城・入沢城，雁峰城．蟻城などが見通すことができ，西の山上には，狼煙台があったと伝承のある上の城が800mの位置にある。

○城主・城歴　『信陽雑志』享禄元年（1528）の条に，「当時佐久小県攻戦之地散在土」としてあげられる中に村上源五郎顕胤の名があり．その註に，「不詳．或曰臼田城跡」とある。

このことから．『南佐久郡古城址調査』で「文明16年甲辰春，村上氏佐久へ侵入し．大井氏を降したが，其後延徳元年6月，甲斐の武田氏佐久に侵入するにおよび，村上顕国は兵を出して佐久の諸豪を援けて武田軍を撃退した。是において佐久の諸豪多く村上氏に属するようになった。

佐久地方が村上氏に服するに至り．顕国はその子顕胤をして臼田城即ち此所に医王寺城と称する城を築いて、其を居城として佐久地方の押へとし且武田氏に備へたものではあるまいか。」としている。

一方．井出豊前守以次の子次繁が天文12年（1543）頃．駿河国富士郡井出村狩宿から臼田の寺久保の古屋敷に移って来て築いたのがこの城だとする説もある。

『塩山向岳禅庵小年代記』の天文9年の条に，「四月上旬．板垣駿河守、信虎の命を承り．大将となって信州佐久郡に出張。臼田・入沢の両城を始めとして．数十城を攻め破り．前山の城を築いて在陣す。」とある。この臼田城は医王寺城であり、桜井山城もここではないかと考えられている。

平成6年に墓地造成のために．東山下を発掘調査をしたところ．当城に関る人々の墓坑が十基検出され．附近には、桜井家の墓地があり．数基の五輪塔があると言う。

○城跡、　南北に長い尾根上に大きな2条の堀㋑㋒があり．㋑の堀の南の山頂部が主郭（本丸）である。1は21×15ほどのだ円形をしていて，北辺に土塁の残痕らしいかすかな高みが残る。

これを取り巻いて1′の曲輪があり．これを併せて、主郭と見ることができる。（現地にここを二の丸と表示されているが間違っている。）

ここから．南東の尾根筋と西側斜面上に、長大な曲輪が並び，最下段に当る所に，4と5の張り出しの曲輪がある。5には㋐の堀があったようである。この2つの曲輪に守られた南の．現在道が登っている所が大手口と思われる。4の下の家の所やその下も或いは曲輪であったかも知れない。

2の曲輪は2と2′に大別でき，西下がりの傾斜地である。㋒の堀の北は地山に近く，堀端に古峰神社がある。西下の鞍部までは後郭とも言うべき所で．搦手の備えがなされた所であろう。

城跡を見て、東面の佐久平に面した方は急崖になっていて、実に物々しい要害として見えるが、反対の裏側の西面は、比高も少なく、緩斜面のために曲輪を重ねて備えている。こうした所へは戦国も後期になると横堀を入れて補強される例が多いが、横堀が消滅したのか見当らない。

全山開懇されているので、細部は失われ、虎口や土塁等は削平されてしまっているので、横堀も埋められたのかも知れない。

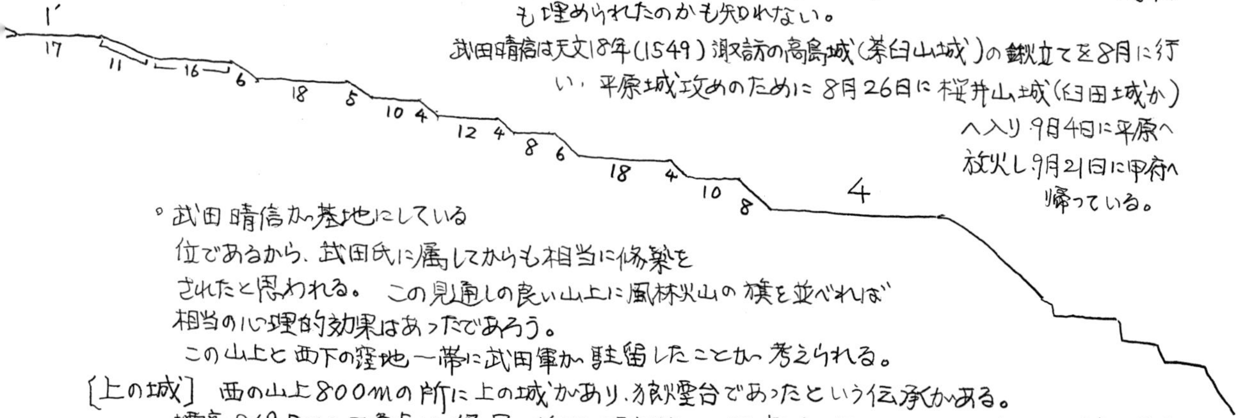

武田晴信は天文18年(1549)諏訪の高島城(茶臼山城)の鍬立てを8月に行い、平原城攻めのために8月26日に桜井山城(臼田城か)へ入り9月4日に平原へ放火し9月21日に甲府へ帰っている。

◦武田晴信が基地にしている位であるから、武田氏に属してからも相当に修築をされたと思われる。この見通しの良い山上に風林火山の旗を並べれば相当の心理的効果はあったであろう。

この山上と西下の窪地一帯に武田軍が駐留したことが考えられる。

[上の城] 西の山上800mの所に上の城があり、狼煙台であったという伝承がある。

標高869.5mの三角点は経塚と称する頂部数mの円墳状の塚上にある。附近に山の神があり、削平された跡が残り、桑畑等に開懇された痕跡があるが、平坦な幅広い山頂で、要害性は極めて低い地形である。

経塚は高さ3m程のものであり、周囲に土を集めたための凹地がある。土塁でも囲っていれば決め手になるが遺構らしいものが見当らない。

このような塚を狼煙台と言っているのが上伊那の浅間社城にあるので、あるいは、この塚を利用して狼煙台としたことも考えられないことはない。

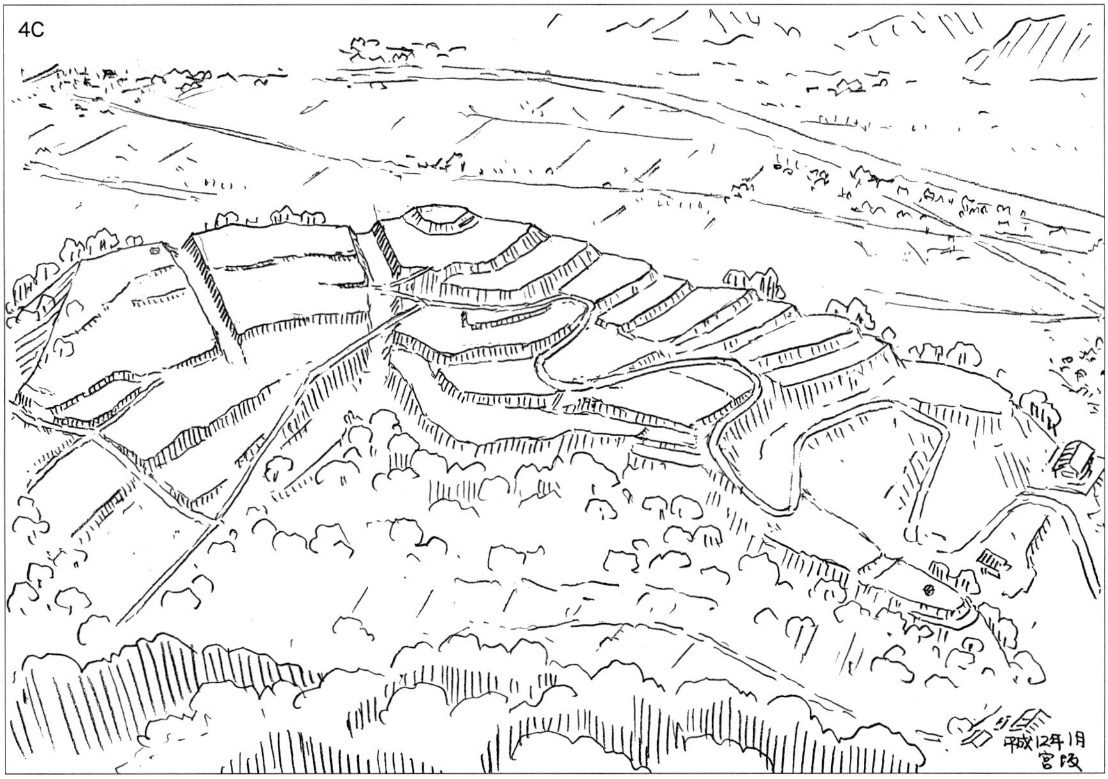

48、医王寺城《いおうじじょう》（下《しも》の城《じょう》・臼田城《うすだじょう》）

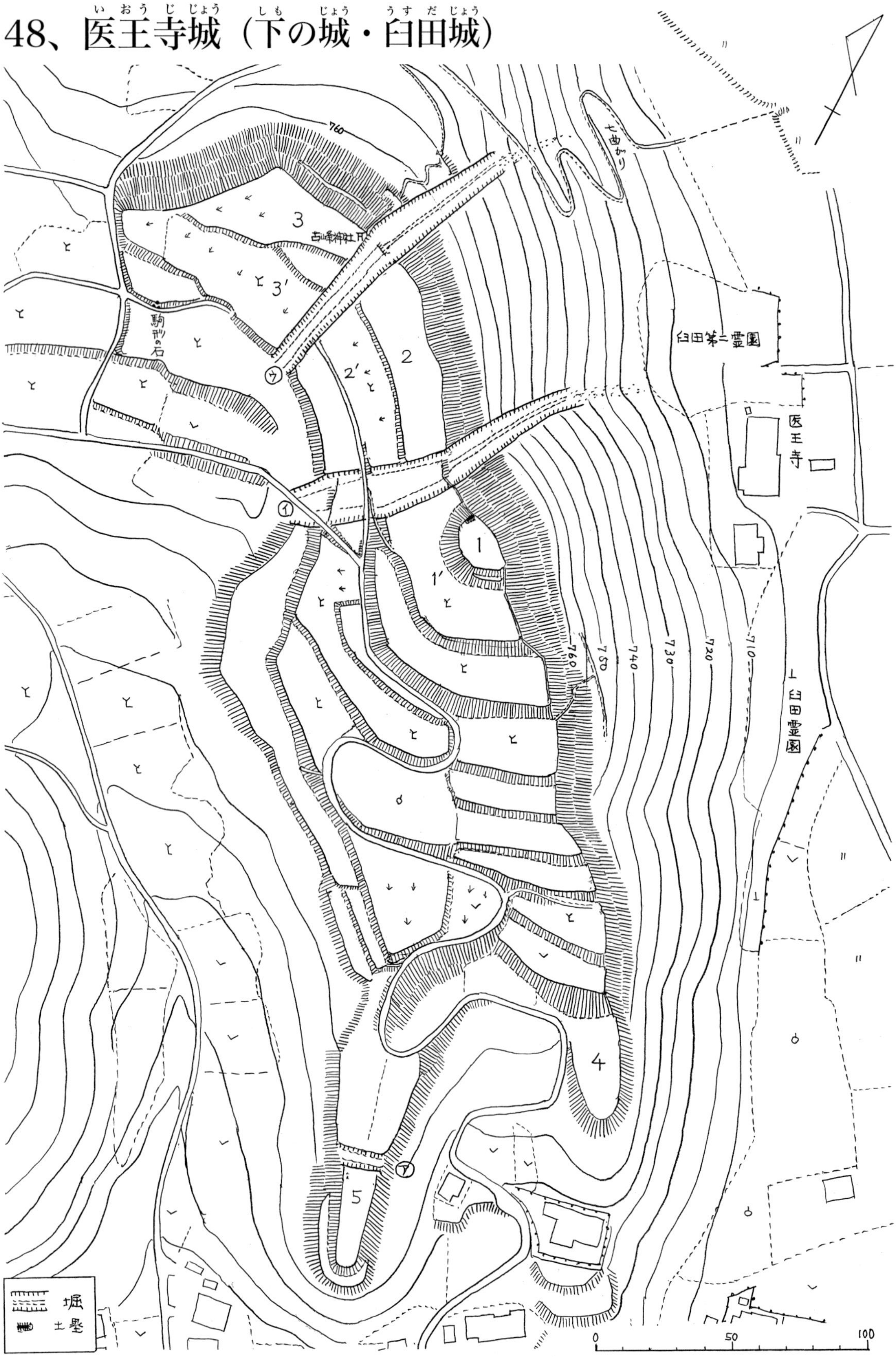

49、入沢城《いりさわじょう》

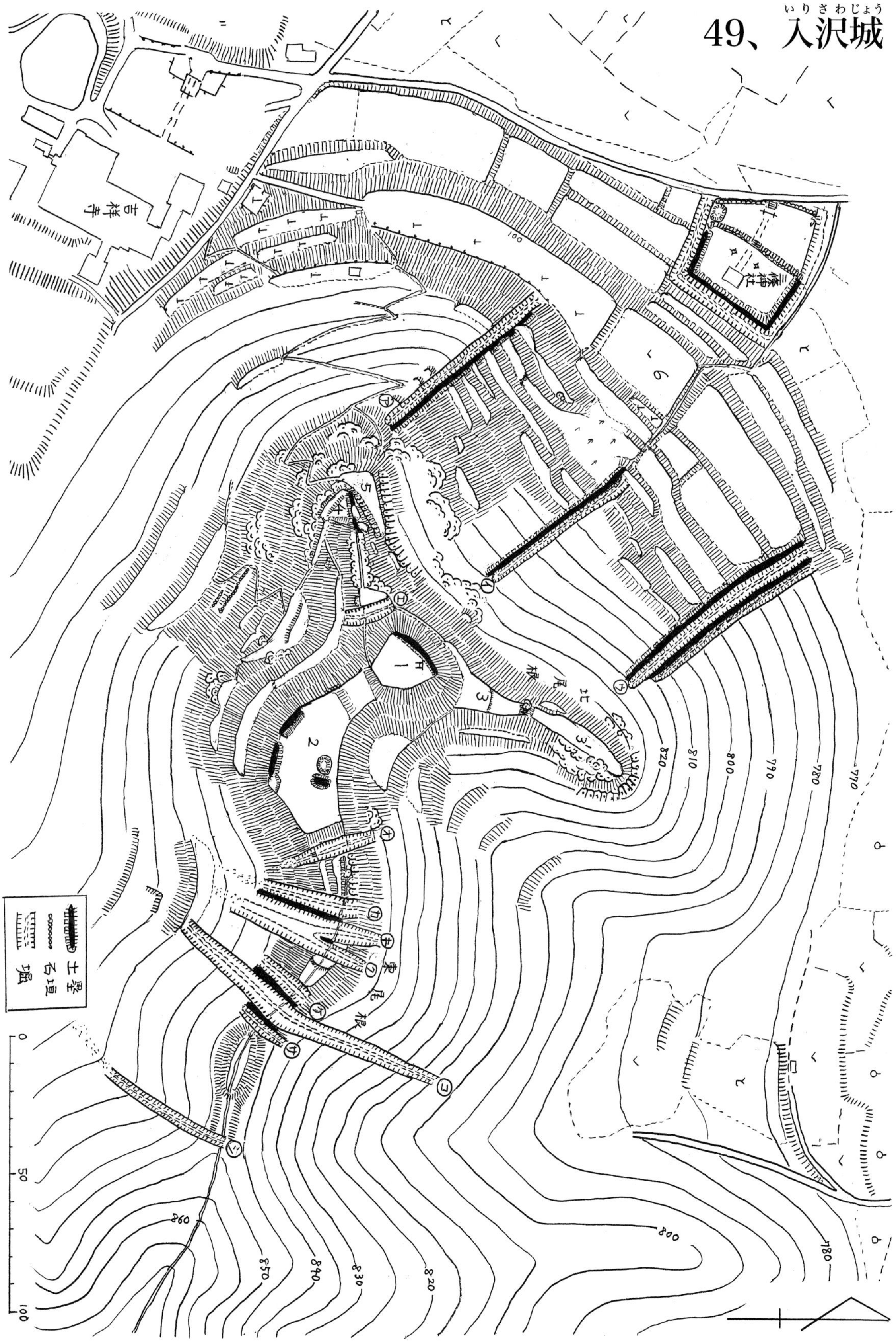

49、入沢城《いりさわじょう》

佐久市入沢 ➔99頁

平成12年1月22日調・同日作図

標高853m、比高95m

〔東西断面〕

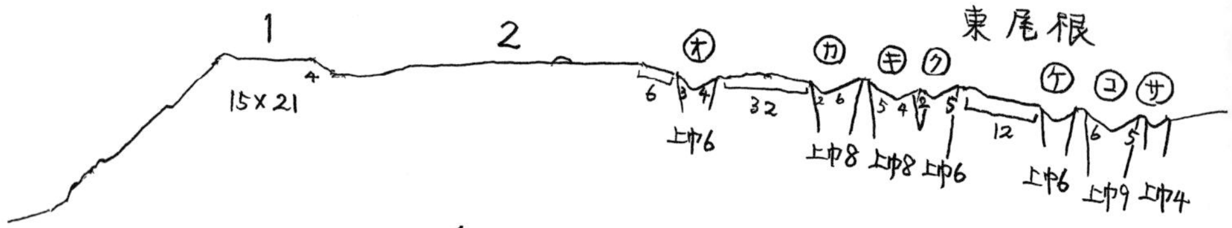

〔南北断面〕

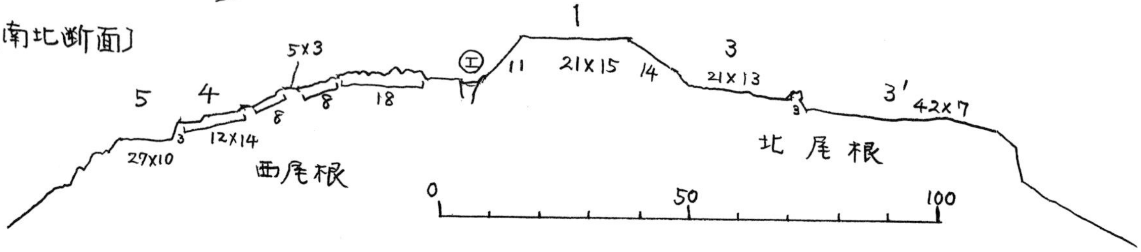

○立地　谷《や》川の谷の左岸、入沢集落の西の山尾根の末端部に入沢城がある。南西の山下には吉祥寺があり、北西麓には三條神社(八幡社)、北麓には大宮諏訪神社があり、その近辺を北小屋と呼んでいる。

谷川の北岸山麓一帯には古墳群があり、歴史的に古い地域である。谷川の谷の入口には、左岸に十二山城(砦)、右岸には磯部城があって、共に入沢城の前衛として谷を守っている。入沢城の前面は月夜平といい、そこには狭間田、松葉田の名前が残り北小屋と併せて、山の西から北下にかけて諸氏の屋敷等が構えられていたことが伺える。

谷川の谷奥2kmの位置の水石城も入山城の関連の城砦と思われる。

○城主・城歴　『守矢文書』『諏訪上社、御射山頭役結番之事』(嘉暦4年.1329)に「○○○○(十一番五)月会分、○○(平賀)郷内青間(沼)・入沢地頭並平賀又三郎・同彦三郎女子等知行分」とあるのが初見である。

また『諏訪御符礼之古書』応仁三年(1469)の條には、「一、五月会《さつきえ》、入沢長助御符之礼三貫三百文」、文明一四(1482)「一、加口頭、入沢長義、前々御符お請取被申候、当年田口民部少輔長綱、入沢惣領にて候由う被申、御符請取候」とあり、田口氏と入沢氏は深い縁戚にあったと考えられている。

天文七年(1538)大井美作弥汐源昌が大井庄青沼郷八幡に寄進した鰐口(塩田前山寺に現存)から、城主が入沢氏から大井氏にかわったことが伺える。

天文九年(1540)の『塩山向岳庵小年代記』に「板垣駿河守様太守信虎命為大将、信州之佐久郡出張、始而臼田、入沢両城、攻破数十城」とあり、武田氏の手中に落ち、天正年間には、水石和泉守が在城したとも言われる。

○城跡　登路は、吉祥寺の墓地から道がある。また、後背の東尾根に北側から2つ、南側から3つの沢が入りこんでいるが、その夫々の沢筋から道がありそうである。

・1. 主郭、小さな石祠(神名不明)のある所で、西辺に低い土塁があったらしい。これを主郭とするか、2の所を主郭とするか迷う所である。ここが三つの尾根が集まる所であるので、1としたが、1と2を入れかえてもよい。司令塔は、この場所が最も適地である。

小屋がけをしてあったのは2で、天水溜のような穴もある。

・2．本城　最大の平地で、1との間に浅い堀があったかも知れない。東側が少し高くなり、南辺に土塁があり、その中央部に虎口らしい切れ目がある。

・北尾根　1の北下14mに3の平地があり尾根先の断崖までの所に細長い曲輪がある。北方の物見に適し、北側の沢筋と西斜面に備えている。

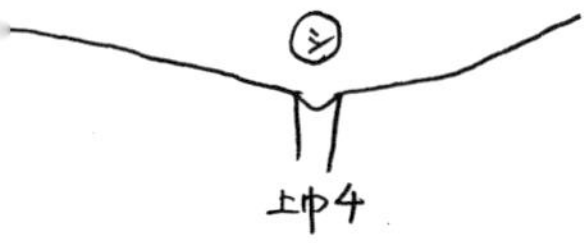

・西尾根　吉祥寺からの登路が大手道であるか即断はできないが、西側に大手があったことが想像される。つづら折りの道が岩壁を登り切ると、前後を岩で守られた5の曲輪になる。西斜面と北斜面の重要な防御拠点になる。すぐ続いて4の曲輪になるが、ここは岩陰になり、勢溜りになっている。
道は岩の上を歩いて㊁の堀を越えて1へ登る。また南斜面から腰曲輪を経て2の虎口へ入るコースもある。

・東尾根　搦手の尾根は平らであるために、ここに大小合わせて8条の堀が連続している。北側は急崖のために掘り下げは比較的少ないが、㋓の堀は、50m余下げている。また、㋔㋕の堀は、北側へは2条で下り、南側は合流して1条で幅11mで下っている。これ程念入りに処理してある例は少ない。このことから、沢筋をもう少していねいに見る必要があるかも知れない。

・南北の斜面．　南面には、3段ほどの長大な腰曲輪があり、石積みも見られる。耕作されたと思われるので全部が往古のものとは言い切れないが、2〜3段はまちがいないであろう。

・北西斜面．　何と言ってもみごとなのは、この斜面にある、上部の岩場直下から山足に至る長大な竪堀である。等間隔に3条が並んでいて、最も正面で見えやすい所に掘ったこの堀は、見る人に威圧感を与えたに違いない。㋒が最も長く90m弱、2条が並んでいて、東側からの侵入を防いでいる。
はじめ、墓地に造成されている100mの長さの平地やそれに続く6の曲輪一帯もことによったら城域に入るかと見ていたが、この竪堀群の存在で、三條神社から上の部分は、城域に加える必要があることがわかった。

○巨大な竪堀や後背の連続の堀切り等からすると、何回かにわたって改修を受け強化されたことが分かる。小さいながら、要害堅固な城で、よく旧態が残っていて貴重な遺構と言えよう。

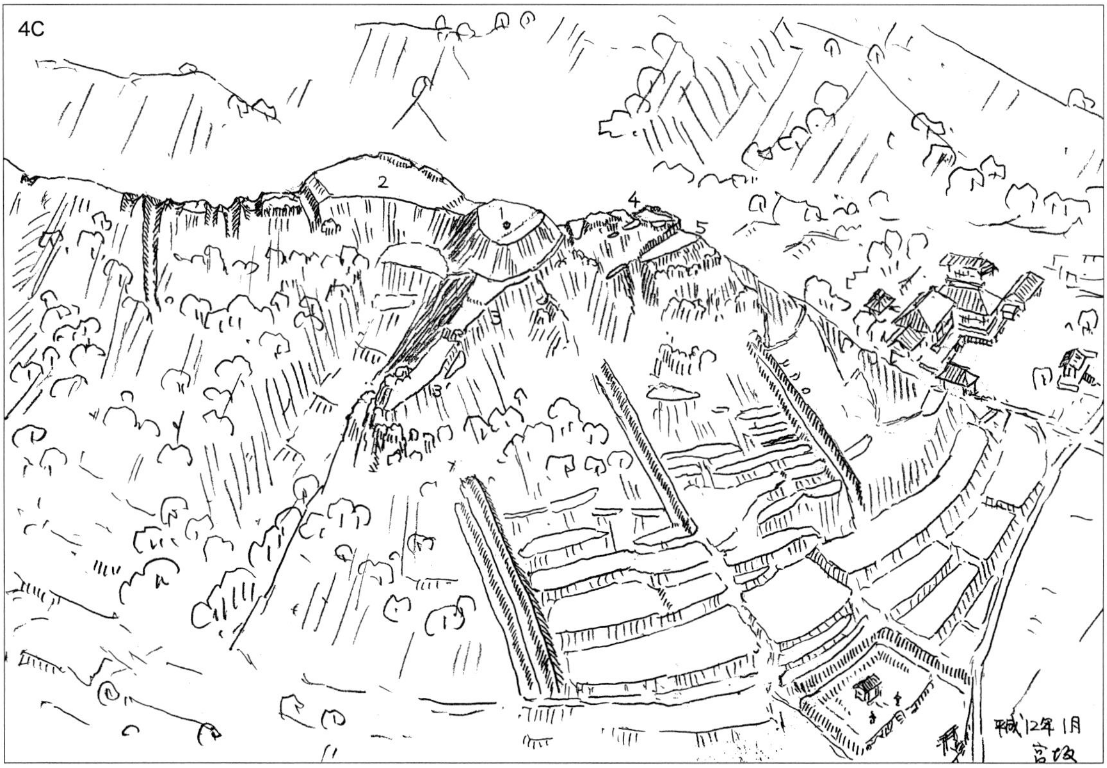

50、十二山城
じゅうにやまじょう

(狭間田)

土塁

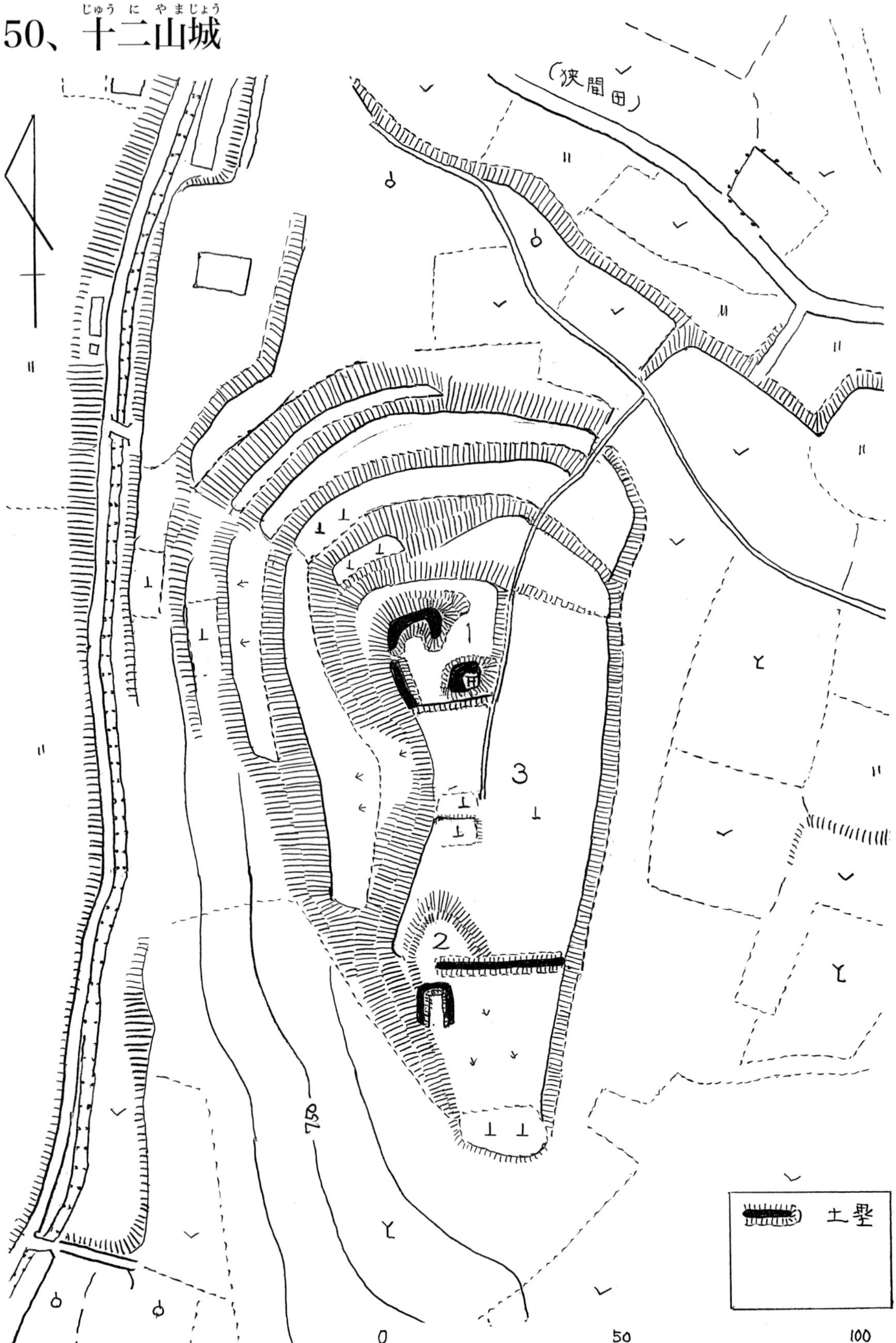

50、十二山城《じゅうにやまじょう》

佐久市入沢十二山 ➡99頁

平成12年1月22日調・同23日作図

標高764m．　比高30m

〔南北断面〕

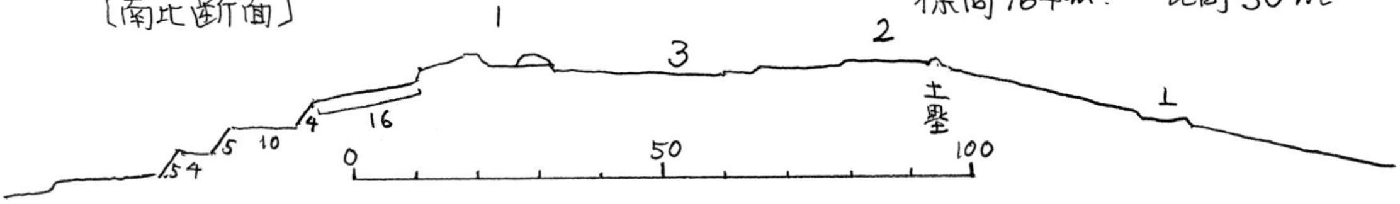

○立地　谷《や》川の谷口 左岸にある尾根の末端の南北に細長い小山が十二山城(砦)である。山の西側の山下は、千曲川の沖積平地で、北側の谷内の台地は月夜平と言って、入沢城関連の諸施設があった所である。吉祥寺へ登る道路の通る低地は「狭間田」と言っている。入沢城への主要路が この所を通り、その防御点であったと思われる。「松葉」は屋敷地につけられる地名である。従って、そうした入沢城の大手筋を、この十二山城の砦が 北方の磯部城と共に守ったものであろう。

○城主・城歴　入沢城防衛の一砦である。正慶2年(1333)、まさに南北朝時代の初めに、北條時後が住んで入沢氏を名乗ったとされる。その後、天文の頃には、入沢氏に代わって大井氏になり、天文9年に武田信虎の将 板垣駿河に攻められ落城し廃城になったと考えられているが、天正の頃に水石和泉守が在城したとも言われている。(入沢城)

○城跡　全山耕作されているため、細部は不明。三界塚に寛永14年の石祠がある。1、2、二つの小丘があり、1の方には土塁に囲まれた一郭があり、2には長さ27mの土塁らしい高みが残る。古墳の石室を思わせる穴もあり、その可能性もあるが不明。
　北から西へかけて、4段ほどの曲輪が ひな段状に並ぶ。東や、南があいまいで頼りない。あくまで、西と北へ備えた防御線が想定される。狭間の防衛が主目的の砦である。

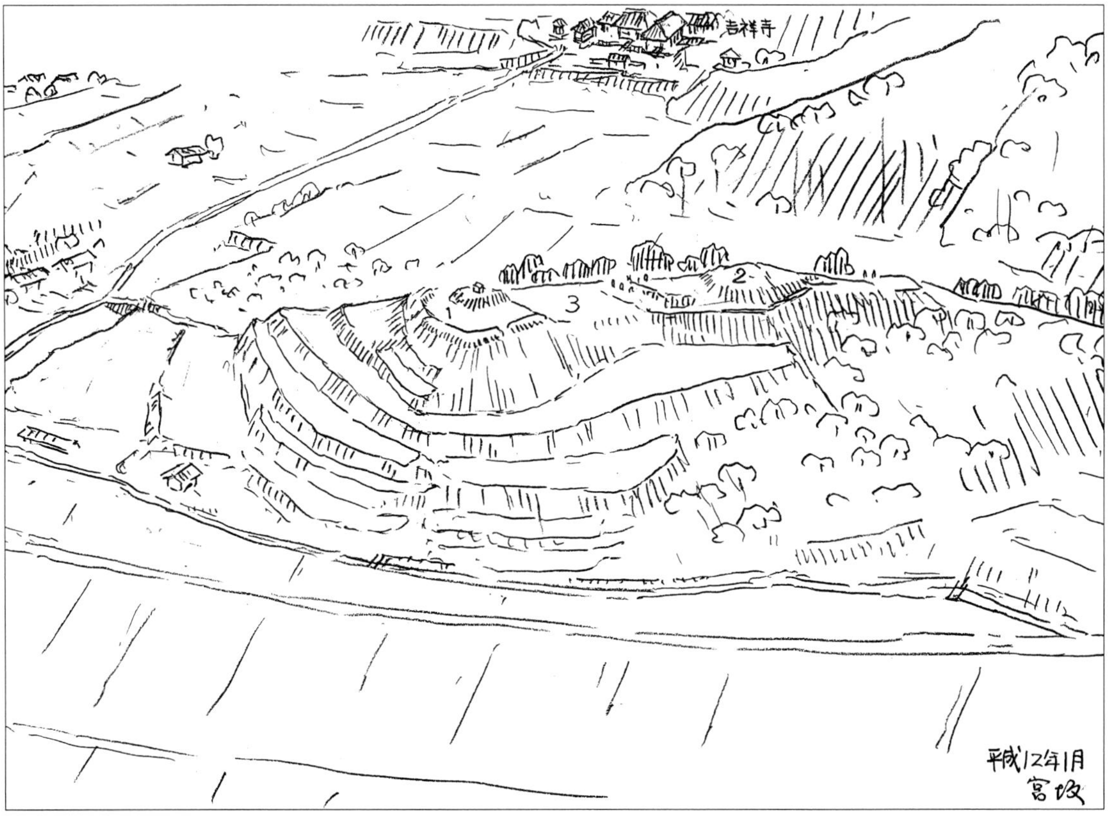

51、水石城《みずいしじょう》

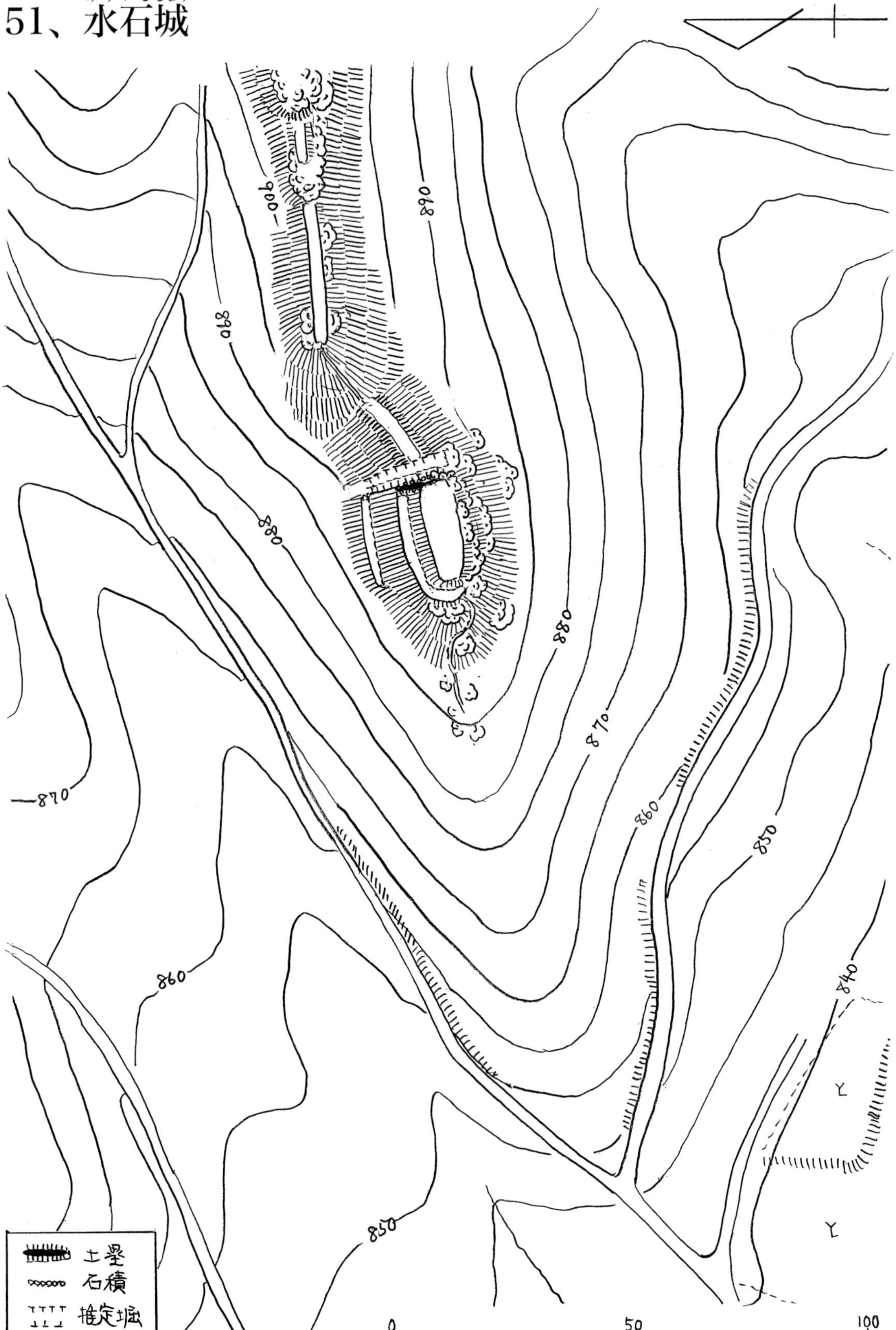

51、水石城《みずいしじょう》

佐久市入沢字水石 ➡99頁

平成12年1月19日調・同20日作図

標高899m、 比高80m

〔東西断面〕

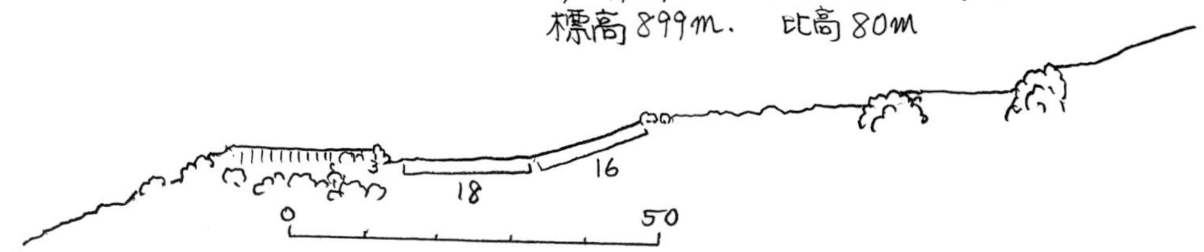

○立地　谷《や》川の上流、赤谷集落の手前で右岸の山尾根の先端部に水石城がある。ここは、赤谷川と荷通川の合流点に近く、右岸の段丘上は思いの外広々としていて、耕作地が広がっていたが、現在はすっかり荒れ果てている。附近には遺跡が多い所をみると、段丘上は古くから人が住んだ所で、水石城のある山の南斜面や沢筋には畑の跡に石積みが残っている。

谷川の谷は東行すれば、やがて田口峠、あるいは余地峠を経て上州勧能へ通じ、上州と佐久を結ぶ間道になっていたものと思われ、その道との関連が考えられよう。

○城主・城歴　不明。付近より天目茶椀の破片、陶器片、木の椀等が発見されたようである。また近くにヤグラ山・墓地堂、堂平等の地名があることから、お寺や集落があったことも想像される。

水石城の伝承はあったらしく、近年に発見されたようである。

○城跡　山嶺から西へ向かって、谷川の谷へ張り出した支尾根の末端部にあり、一帯は露岩が散在している。特に南側には巨岩が累々として人を寄せつけない険しさがある。西側面は急斜面で登るのは困難であるが、尾根筋と、南東の沢筋からが登りやすい。

主郭部分は岩に囲まれた20×5ほどの平地で、北側3m下と更に8m下に腰曲輪がある。後背の尾根に接する所は、自然の岩が3mほどの段差となっていて、そこへ若干の石積みを加えて防塁を造っている。ここは堀として造ったようにも見える。

搦手筋の東の尾根は、幅が2～3mの狭い岩尾根が続いていて、堀などは見当らない。

造りからすると在地土豪層の造った要害城とも思えるが、入沢城の東の守り、物見をした支城とも考えられ、谷奥に異変があれば、狼煙をあげて知らせたとも思われる。

52、磯部城《いそべじょう》

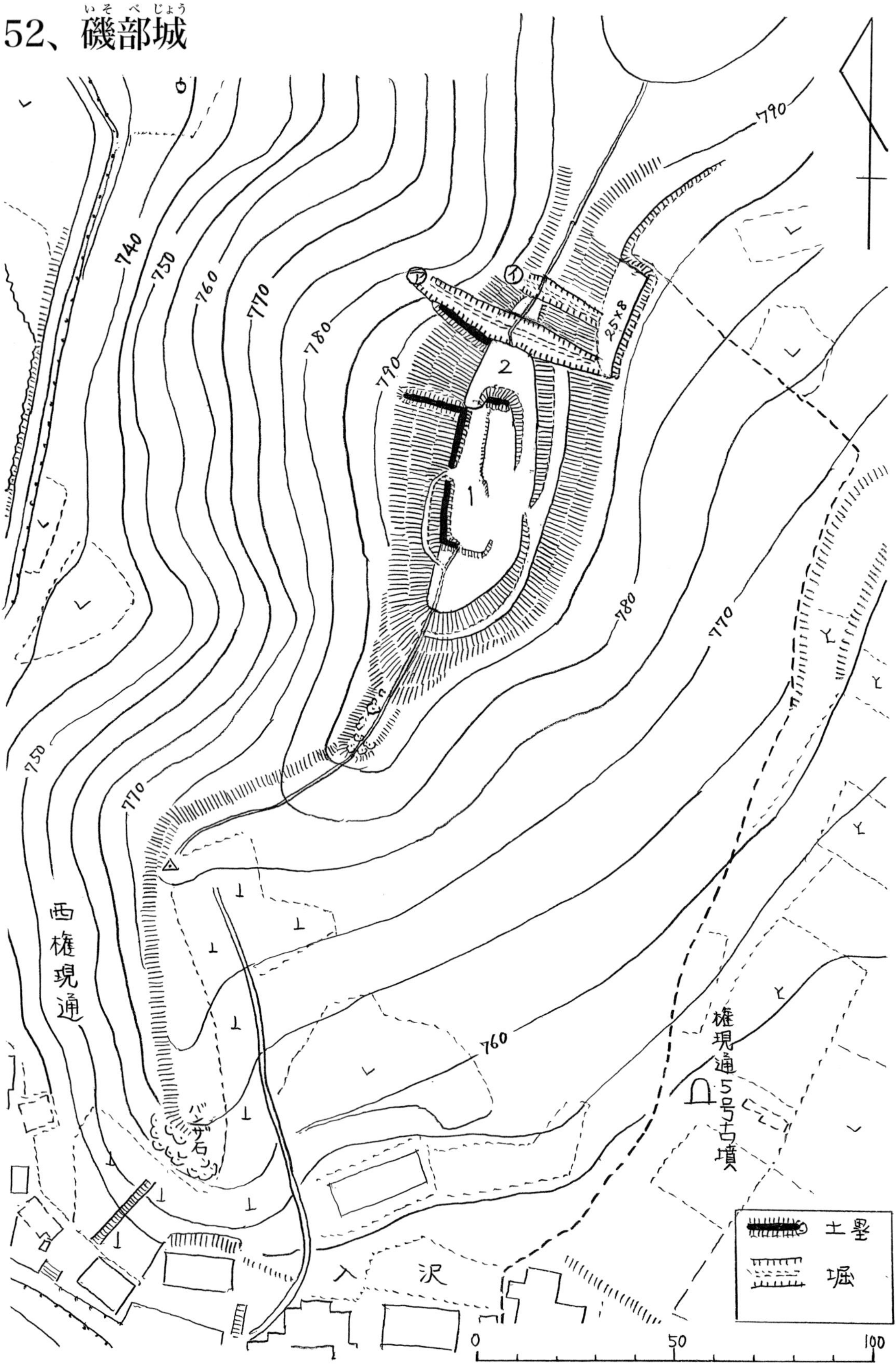

52、磯部城《いそべじょう》

佐久市入沢 ➡99頁

平成12年1月19日調・同20日作図

標高798m. 比高65m

〔南北断面〕

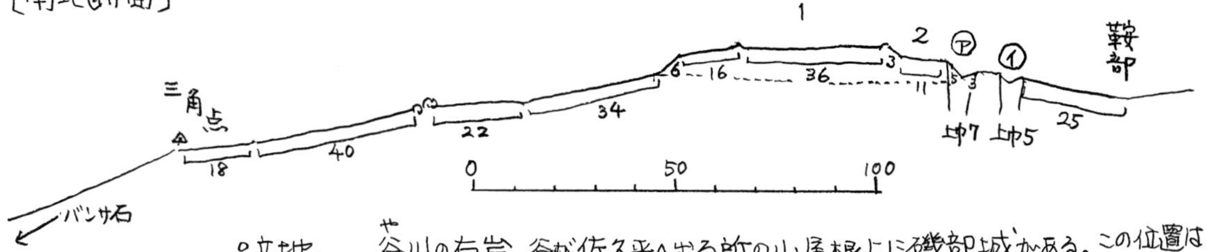

◦立地　谷《や》川の右岸、谷が佐久平へ出る所の山尾根上に磯部城がある。この位置は本城である入沢城の北北西1kmの所で、谷を挟んで指呼の間である。
近くには古墳が多く見られる所から、古くから開拓されていた所であろう。
ここからの眺望は、千曲河畔一帯を見ることができてよい。

◦城主・城歴　記録・伝承がなく不明。しかし位置からして、入沢城に近く、月夜平西端の十二山城と共に入沢城の前衛として機能した砦と考えられているが、間違いないであろう。

◦城跡　登路は南端のお墓の所から、尾根通しに登ればすぐに着く。尾根の先端のお墓の上に土地の人がバンザ石と呼ぶ巨石がある。このあたりも物見台として活用されていたであろう。
三角点から60mほど上に石が道の両側に並んでいる所がある。このあたりに木戸があったように思われる。ここから60mほどで主郭になる。
主郭は南北50m内外、東西最大幅19mほどのだ円形で、西辺に低い土塁がある。中央部に土塁の低い所があるので虎口かも知れない。東側があいまいで、2段ほど腰曲輪があったと思われる。北側に2の小曲輪があり、その先は鞍部へなだらかに下る所へ上幅7mの㋐と上幅6mの㋑の2条の堀で守られている。
縄張りから見ても西側へ向いている砦で、単純な造りで、在地土豪層の見張りの砦であることがわかる。西側斜面に竪土塁が下っているが、耕作によってできたものかも知れない。

53、岩崎山陣場《いわさきやまじんば》

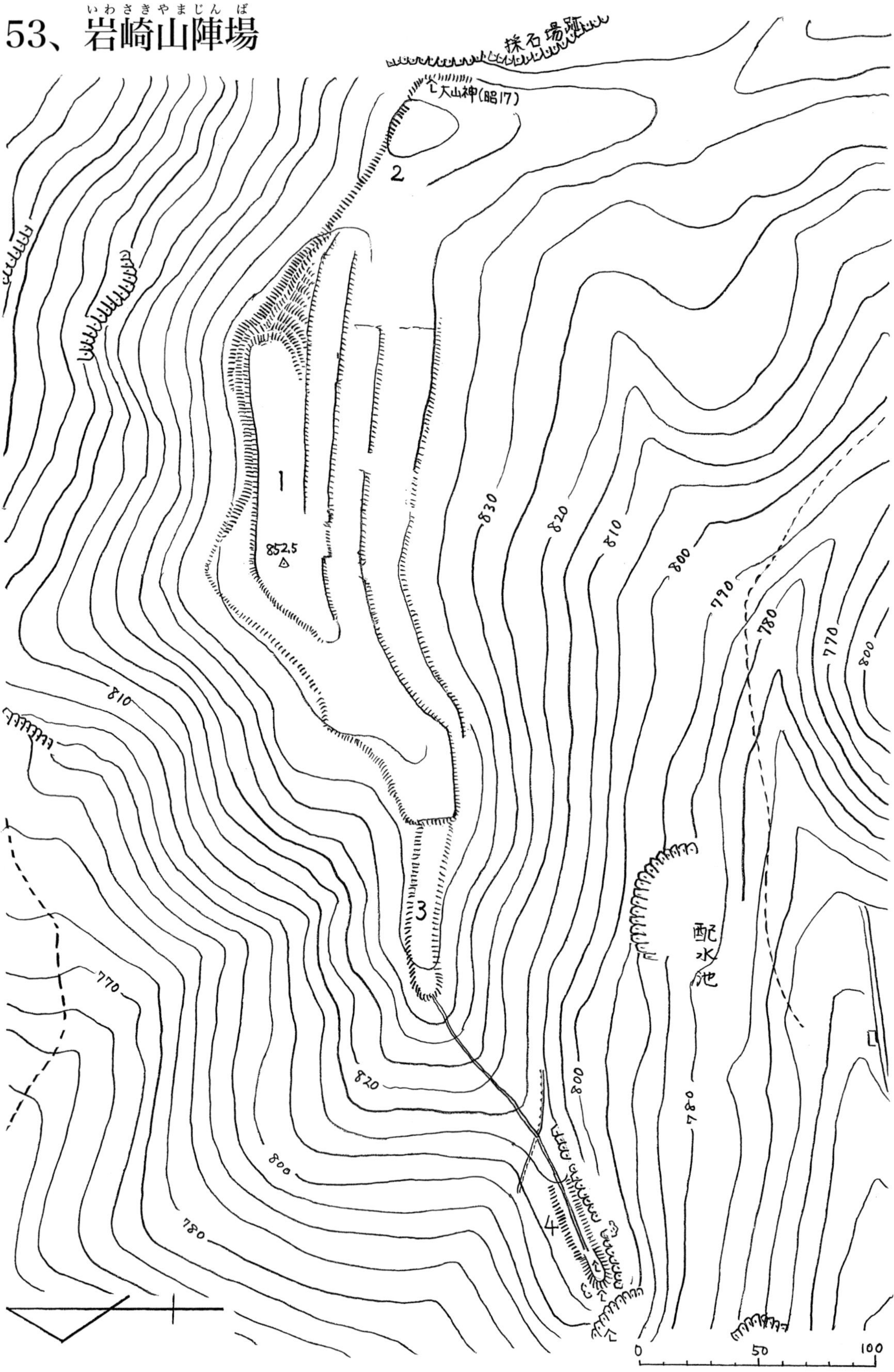

53、岩崎山陣場《いわさきやまじんば》

佐久市三分 ➡99頁

平成12年1月19日調・同20日作図
標高852m. 比高130m（西山下より）

〔東西断面〕

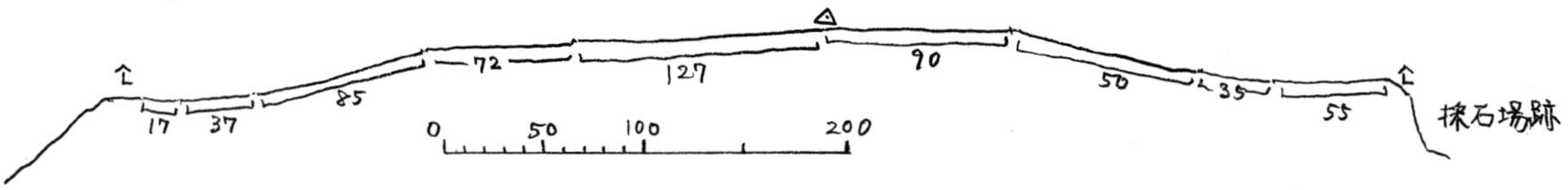

○立地　田口の谷の入口の南の山で、眼下に龍岡城跡が見える。谷の反対側、北1.3kmには田口城があり、西北西1.3kmには、稲荷山城が見える。千曲川の氾濫原へ向かって東西に長い山尾根上が岩崎砦跡と呼ばれている。山体は、北から西にかけては急斜面であるのに対して南側小山沢に面しては傾斜が緩く、そこは耕作されていた跡が残る。
　千曲川と雨川との合流点に近く、佐久平を一望にできる好位置である。

○城主、城歴　『武徳編年集成』天正十年八月二十九日の条に「吾兵信州佐久郡岩崎ニ闘ヒ、北條方百九十三人撃取ル」とある。徳川氏に属していた地侍たちで組織した津金衆が北條軍を突破して勝間反砦（かつまそりとりで）を占拠し、これを基地として、千曲川対岸の岩崎山で北條軍と戦ったとされる。
　その際、この山を徳川方、つまり津金衆が利用して砦としたとする（『臼田町遺跡詳細分布調査報告書』）ものと、岩崎山で北條軍を破った（『定本佐久の城』）とする解釈がある。どちらが正しいかはっきりしないが、この山で合戦があり、北條軍が敗れたらしい。

○岩崎山の現状から　山頂部の南面する斜面に長大な削平の跡があるが、これは後世の耕作によるもので往古は、陣場として、柵列位はあったと思うが、土木工事は殆どなかったと思われる。地形からして、北へ備えていたことが伺えるので、田口の谷を見張ったと思われる。このことからすると、ここに陣所を置いたのは、徳川方で、それを北條軍が襲い失敗したという見方も成立しよう。
　何れにしても、これを砦と言うには余りにも無理があり、「岩崎山陣場」とする方がよいと思う。

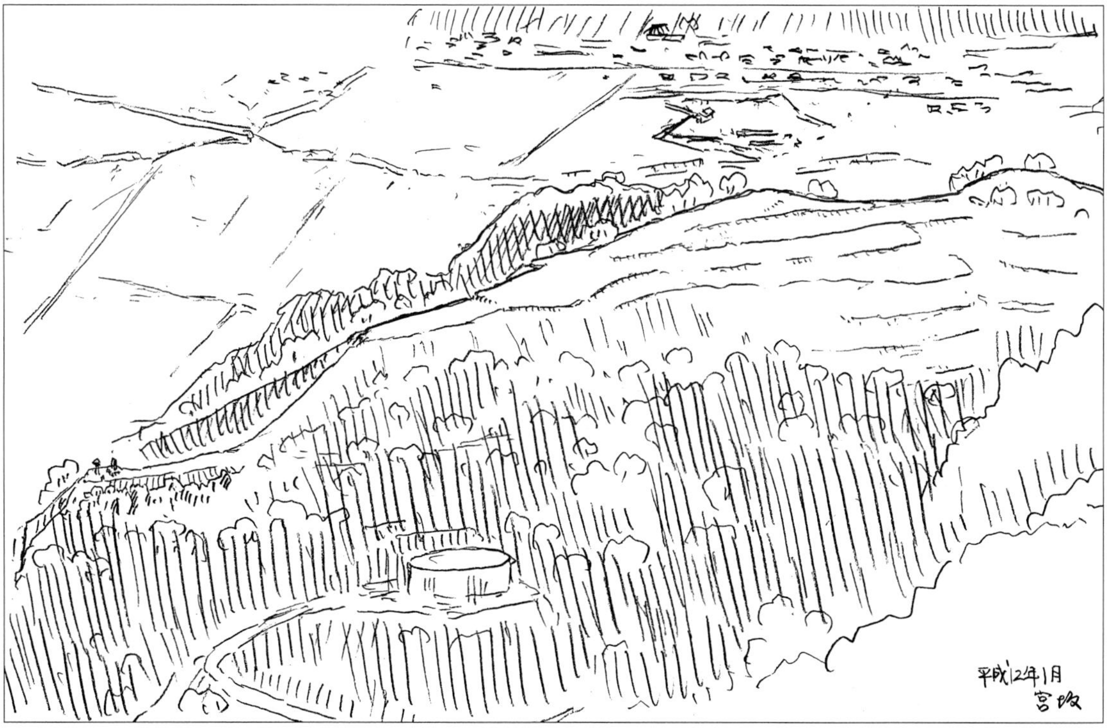

54、太田部《おおたべ》離山《はなれやま》狼煙台《のろしだい》

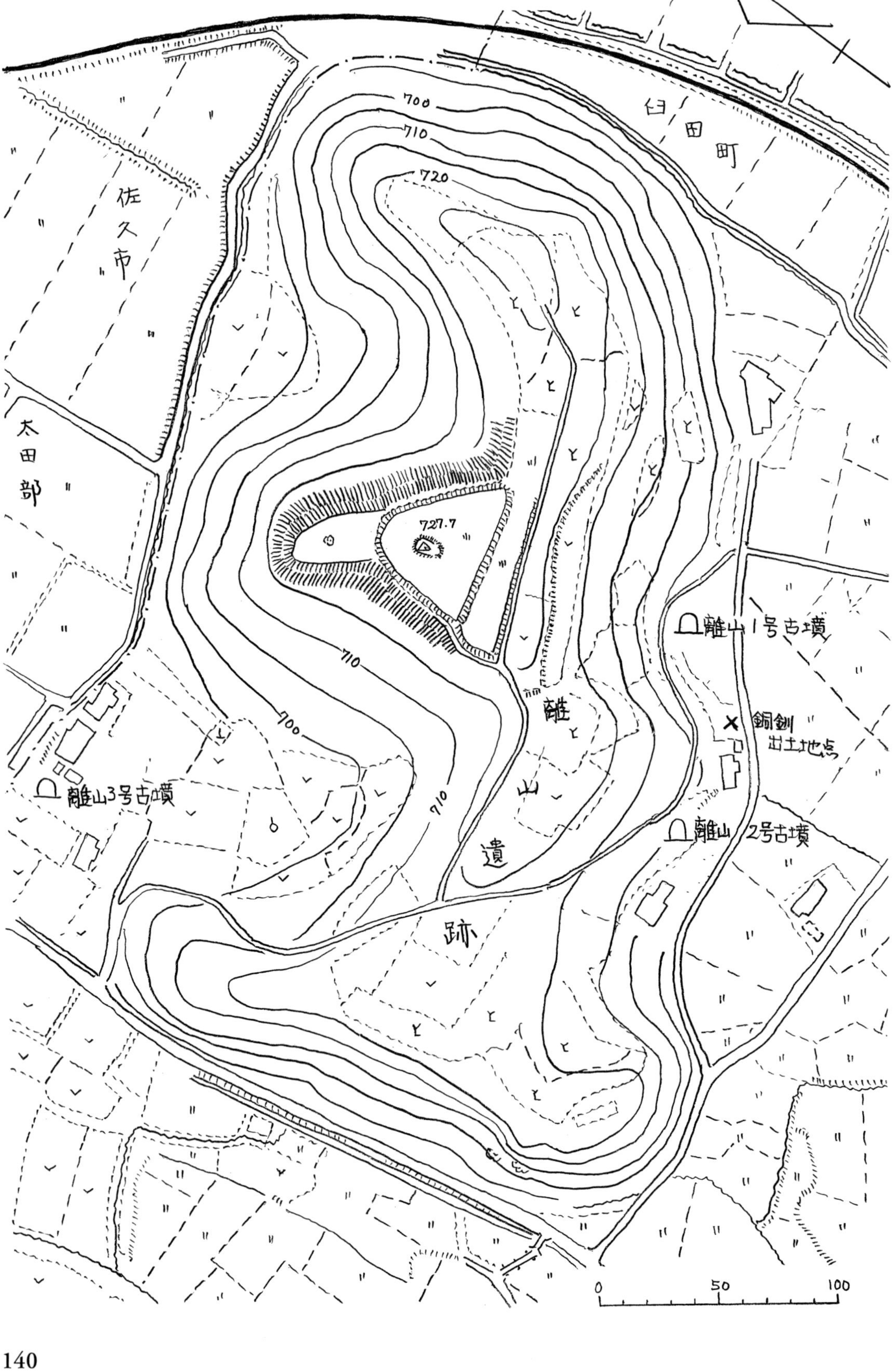

54、太田部《おおたべ》離山《はなれやま》狼煙台《のろしだい》

佐久市離山 ➔99頁

平成12年1月19日調・同20日作図

標高727.7m、比高39m

〔東西断面〕 山頂部.

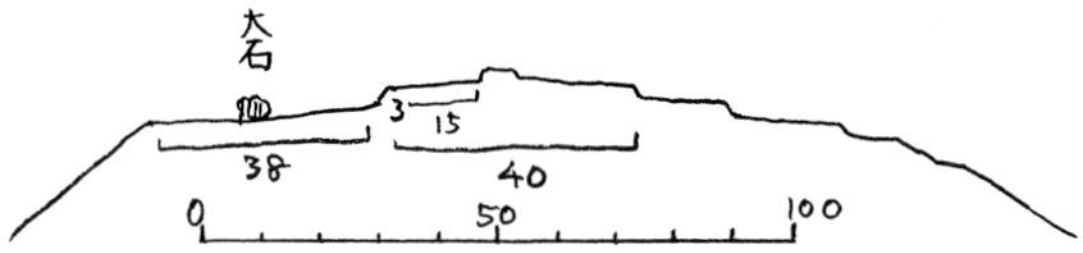

○『定本 佐久の城』「佐久地方を通る武田氏の仮説 飛脚かがり図」（岡村和彦氏）の箕輪城からの西毛線碓氷峠ルート上の離山である。

○立地 太田部は佐久市に属しているので、太田部離山とするのは誤解され易いが、近くに臼田側の集落がないので位置を示す意味で太田部を冠する。千曲川の右岸に接し、佐久平の中に正に離山として独立する小山上である。比高は少ないが、ここからの眺望は360°広く、狼煙台としては格好の場所と言えよう。

○城主・城歴 前述する如く、岡村氏の仮説にもとずくもので、狼煙台の伝承等については、不明である。この位置に狼煙台があれば、武田氏の飛脚かがり、つまり、狼煙による情報伝達網に便利であることは確かである。同氏が言うように天候によっては煙や火が見えにくいこともあり、太鼓や鐘、貝を用いたこともあり、「タイコンドウ（太鼓堂）」の名の他に「カネツキドウ（鐘撞堂）の名で呼ばれる例もある。その事から、音の聞こえる範囲に置かれ、場所は峠越えの場合以外は、意外と低い里山に置かれていたと言われている。高所のものは、守りにくいし、天候に左右され易いので特別の例を除いては少なかったと思われる。

従って、この離山は、その条件に合っているし、その可能性は高い。しかし、その位置や規模、構造については全くわからない。

○比定地 もしあったとすれば、離山の中央部の三角点の所が最も確率が高いと思う。全山耕作されているので旧態はわからないが、山頂部は三角形の平場で、周辺は3mほどの切岸（土手）で囲まれていて、三角点の所は1.5mほどのマウンド状になっている。附近に古墳が多いので関連があるかわからないが、こうした墳丘に似た狼煙台の例もあるので、その可能性はある。

周辺の防備は切岸以外にはなく、不安であるが柵で囲めば、一応の用は足りる。一つの候補地としてあげておく。

55、田《た》ノ口館《くちやかた》

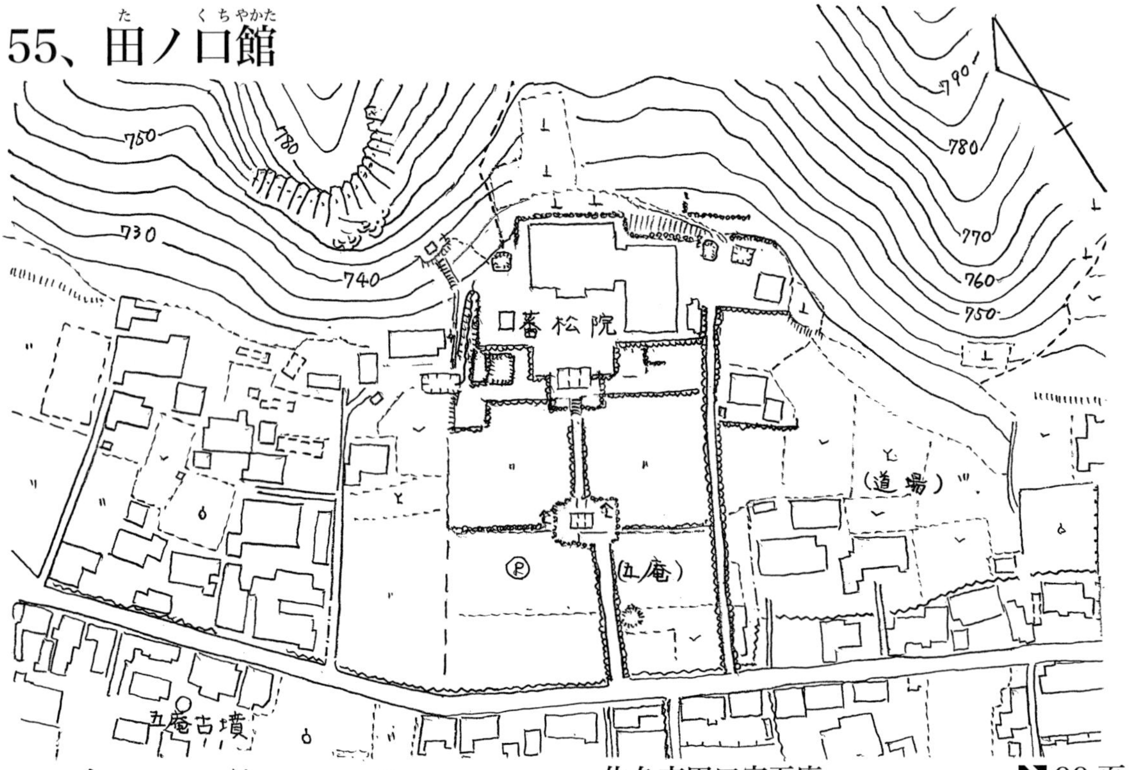

0　50　100

佐久市田口字五庵

→99頁

平成15年3月29日調・同日作図
標高730m.　比高6m.

○立地.　田口城の南麓、蕃松院のある所あたりが居館地と伝えている。

○館主・館歴.

田口氏の初見は、応永7年(1400)の『大塔物語』に、伴野、平賀、海野、望月、諏訪西社等と共に名が見え、『諏訪御符礼之古書』には、長禄4年(1460)に田口民部少輔長能、応仁元年(1467)に田口長綱、文明9年(1477)に田口民部少輔長綱、長享3年(1489)に山城守長慶の名が出てくる。また、上宮寺の梵鐘に田口左近将監長能、新海神社三重塔の宝鐸に田口一族衆の名が見える。

天文の末に武田氏のために田口氏が滅亡すると、依田能登(初名相木市兵衛)が北条氏に属して城主となるが、徳川方の依田信蕃が佐久平定にかかったために、能登は上州へ逃亡した。

依田信蕃は春日城より前山城へ、更に田口城へ移り、城下に居館を構へ家臣を招き祝宴をはったという。しかし、信蕃は岩尾城の攻略に当り、弟源八郎と共に鉄砲玉にて戦死し、その子松平康国が小諸城主となって、父信蕃の追福のために館地に移して蕃松院を創建したという。蕃松院本堂の裏手には、依田信蕃の墓と伝える五輪塔が残っている。

○館跡、　依田信蕃が館したのは、この蕃松院の地であったことは、ほぼ間違いないであろう。その館跡にお寺を建てた例は多い。館に隣接する地に寺を建てたとする説もあるが、館が存在する場合は館に続いて寺を建てることも考えられるが、この場合は館の跡地に蕃松院を創建したとする方が自然である。

田口城には信蕃以前にも田口氏や依田能登が居たので、その居館地も問題になる。確かなことは分らないが、両氏の居館も田口城との位置関係からみて、このあたりであったものと思われる。

56、竜岡城《たつおかじょう》（五稜郭《ごりょうかく》）

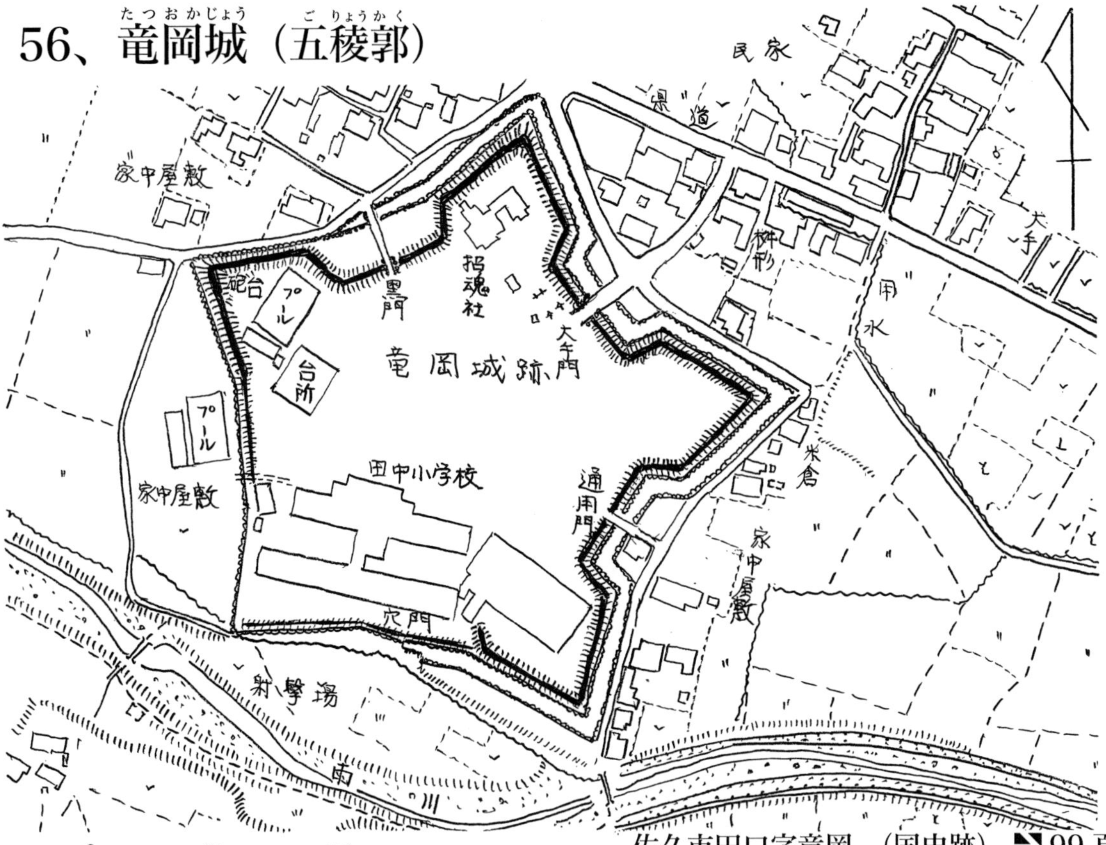

佐久市田口字竜岡　（国史跡）　➡99頁

平成15年3月29日調・同日作図
標高728m

○立地　田口城下の旧田野口村竜岡の地にある。
該地は県道、勧能・臼田停車場線沿いの平地で、雨川が南側を流れ交通の要衝であると共に、田口峠の谷口に当り、要害の地でもある。

○城主・城歴
三河奥殿《おくどの》藩（岡崎市）は、三河に4000石、飛地の信州に12,000石の所領であったのを、文久2年（1862）の参勤交代の緩和を機に陣屋の移転を幕府に申請し、翌年4月に許可がおり、信州へ本拠を移し、田野口藩と改名した。新陣屋の地は、三塚村、跡部村、上桜井村は陣屋の誘致をしたが、結局は新海神社や陣屋のある田野口村に決まり、元治元年（1864）三月に着工し、慶応3年（1867）に竣工している。
藩主松平乗謨（のりかた）は、和漢の学問に蘭学やフランス語も修得した開明的な人物で、幕府の若年寄、陸軍奉行、老中格、陸軍総裁に就任するなどの逸材であり、田野口藩の兵制は、文久元年に越後流からオランダ式に、慶応元年5月にはフランス式に改められたという。また、領民を動員して「非常先手組」なる農兵隊を編成するなど、軍制改革が進められ、慶応3年4月に五稜郭が竣工し、竜岡藩と改称される。しかし竜岡藩には築城、陣屋や家士の転居、北越への出兵等で4万両の借金が残されることになった。

○城跡、　未完成のまゝに終わっていて、堀は全周していない。外郭は板塀で囲うなど、また、高遠の石工を呼んで石垣を積んでいるが前面の見える所はきちんと積んでいるが、外側や裏手は、簡単に積むなどの手抜きをして何とか体裁を整えている。
日本で函館に次ぐ二例目の五稜郭もできてすぐに廃城になり、破却される。後に学校用地となり、台所の建物と石垣などが残され、今日にその面影を伝えている。

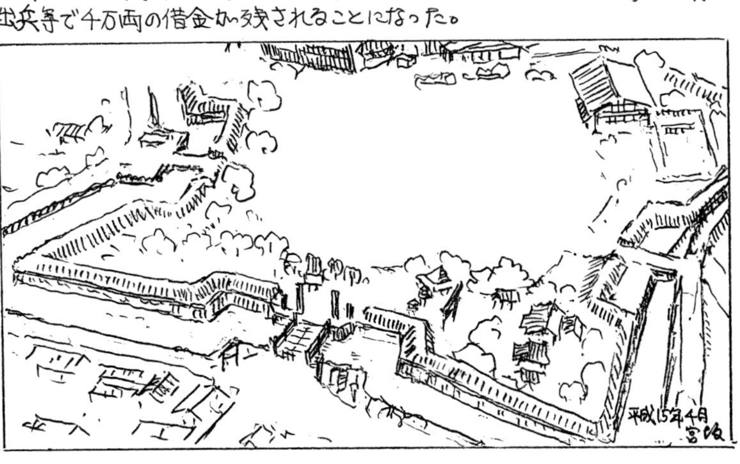

57、入沢長義《いりさわながよし》の古宅《こたく》（道薫屋敷《どうくんやしき》）

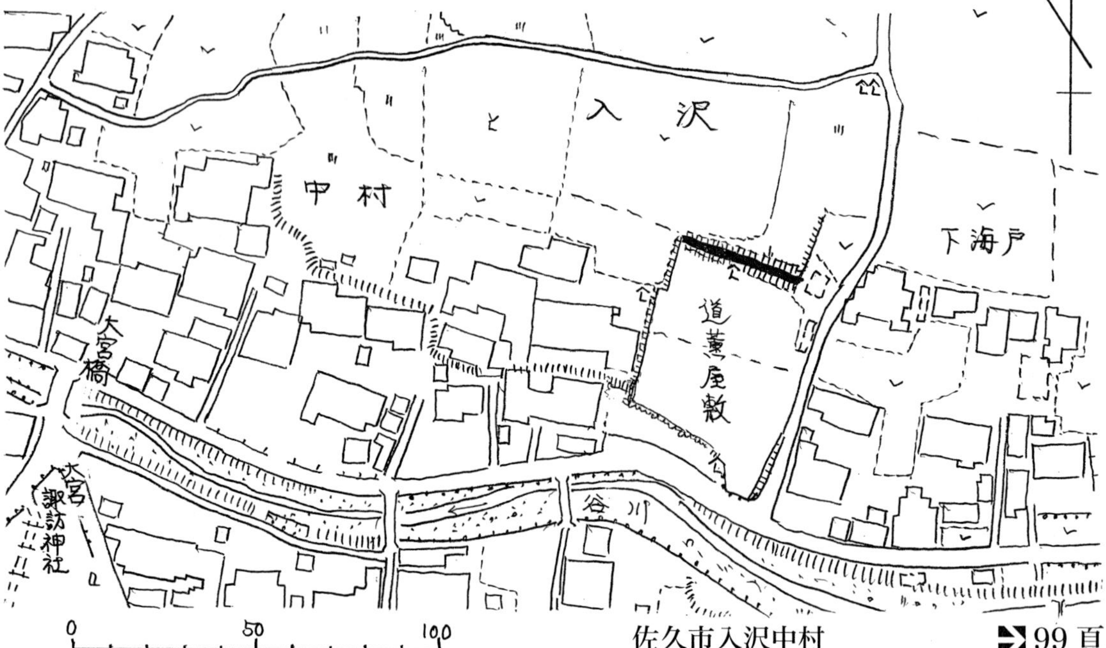

佐久市入沢中村 ➔99 頁

平成15年3月29日調・同日作図
標高 758m、 比高 3m.

○立地　入沢地区中村の谷川右岸の段丘上に道薫屋敷と呼ばれる畑があり、近くに古墳が多く残る。

○館主・館歴

『長野県町村誌』に「古宅址」として、「本村（入沢村）の東にあり。該所は古昔は村落ありて地名を中村と云。今は畠となる。平坦にして少しく高し。里俗の伝に入沢長義の古宅址と称す、確乎たらず。其後道薫と云ふもの住居すと云ふ。先年金銅鉄の類を掘出せり、僻邑無智の人民該品を悉く亡失せり。其後三石清右衛門なる者掘出せる品 土焼の大瓶の中に又小瓶あり 其中に古金タテ三寸横二寸厚さ五分位 板形の二品あり、其外刀の鮫、木仏形大小の鍔、今に之を所有せり。」とあり、出土品は、三石邦夫氏が保有しているという。

入沢氏については、『諏訪御符礼之古書』応仁3年（1469）五月会の項に、「五月会入沢長助御符之礼三貫三百文使孫 頭役十五貫」とあり、また同書 文明14年（1482）御射山明年御頭の所に「一、加頭入沢内山頭本打替々被勤候 長義 前々御符お請取被申候か当年田口氏部少輔長綱入沢惣領にて候由を被申御符請取候‥‥」とある。 確かに入沢長義は実在の人物で、長助と長義は父子で、田口氏と入沢氏は共に田口と入沢の地頭であり、両氏は密接な関係にあり、入沢氏は田口氏の一族ではないかと考えられている。（『一つの土器片から』<三石延雄の世界> 三石高見著）

また上記同書では、道薫について、江戸時代の絵図に三石道薫、あるいは水口道薫とある人物で、新海神社三重塔の風鐸にその名が残る人物で、室町末期から戦国時代の人と推定している。そして道薫は代々襲名したために、新海神社三重の塔建立に関与した道薫、「道薫長慶」を名乗り入沢三石氏の祖となった人、あるいは、武田氏に属した道薫がいたのではないかと推論しているが、あり得る事かも知れない。

○館跡

ここでは『町村誌』のいうようにはじめに入沢氏が居たあとへ三石道薫が住んだと考える。その交替の理由は不明であるが、文明14年頃に何かが起ったのであろうか。

道薫屋敷は、現在果樹園で三石邦夫氏所有地である。谷川に面して一段高く、広さは東西44m、南北東辺53m、西辺40mほどで北辺に土塁が残り、石祠がある。

屋敷地に囲まれて、畑として残ったのは、三石氏の先祖にかかわる由緒の地であったためであろうか。

58、羽黒山狼煙台《はぐろやまのろしだい》

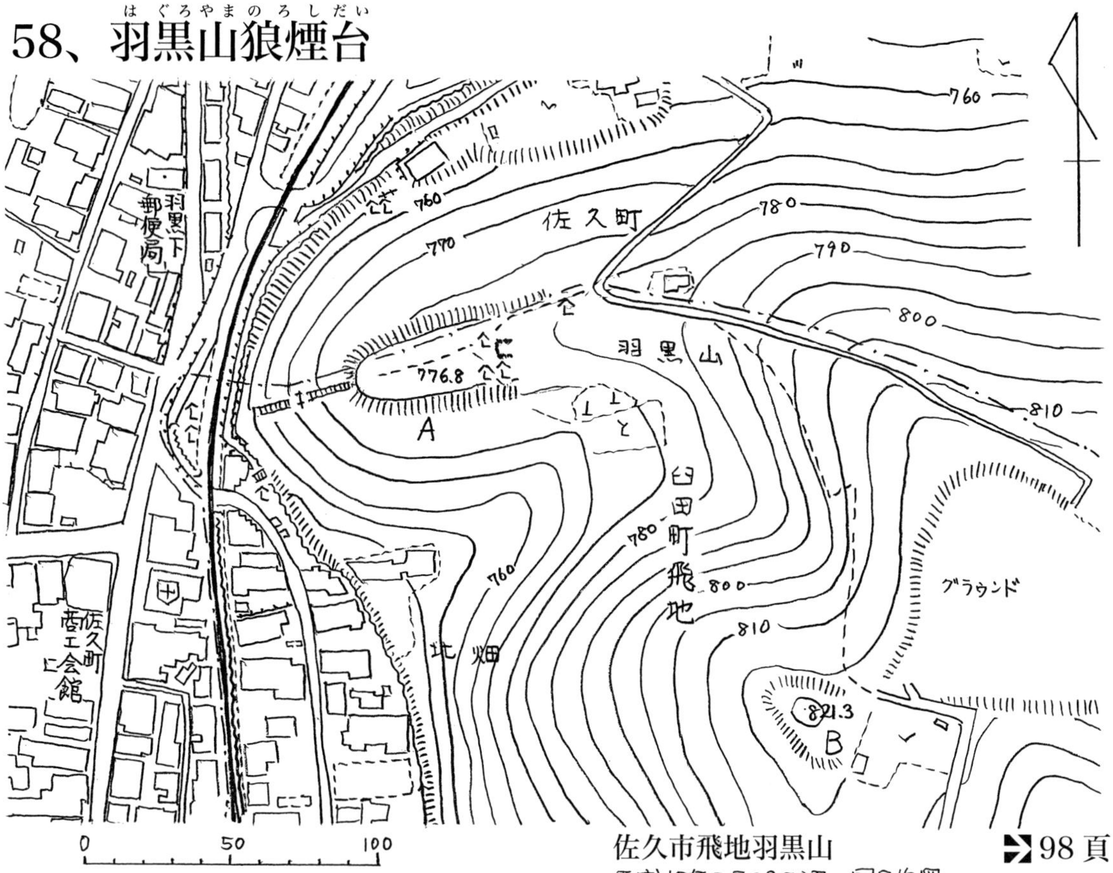

佐久市飛地羽黒山

98頁

平成15年3月29日調・同日作図
標高A 777m　　B.821m

○立地.　　千曲川の右岸、佐久町の平林地区に臼田町の飛地がある。千曲川の東岸の丘陵地が川に迫る所で、その突き出した山を羽黒山と呼んでいて、千曲の谷中からはよく目立つ山である。

この近くの千曲川に迫る両岸の山の尾根先には、多くの城砦が並んでいる。東岸では、北から十二山城、海瀬城、花岡狼煙台、蟻城と並び、西岸では 高野城、下畑下の城、下畑城、権現山城、大石川烽火台、本間下の城、本間城、宮の上等と続く。このことは戦国時代にこの地域が北佐久方面や上州地方を控えて重要な地点であることを物語っている。

○城主・城歴

伝承・史料等全く不明。　『定本 佐久の城』で岡村知彦氏が「仮説 佐久地方を通る武田氏の飛脚かがり図」でも言っているように、千曲川沿いの狼煙台のルートと余地峠越えの信玄道に沿ったルートなどを考えた時にこの山を抜いて考えられないほどの好条件を備えた山であることは確かである。

集落からの比高もそれほどなく、この山の管理は、それほど難しくない。しかも低い割には視界は広く天候にも左右されにくい利点がある。その点狼煙台を置くには条件はよい。以上の理由から、この山に狼煙台が置かれた可能性があると見る。

○先端部はお宮のあった台地Aになるが、広さは 19×55mほどの平場である。　比高は37mほどであるが視界は広い。

またAより南東の山821m峰(B)が考えられ、Aより44m高くなるので、その分視野は広がる。

A、B.そのどちらも防備を施した痕跡は見当らないが、狼煙台ではあり得ることである。

ここではA点を候補地としてあげ、問題提起としておく。

59、田口城《たぐちじょう》（田《た》ノ口城《くちじょう》）

佐久市田中

➔99頁

平成11年12月23日,25日調・25日作図

標高897m.　比高174m.

〔東西断面〕

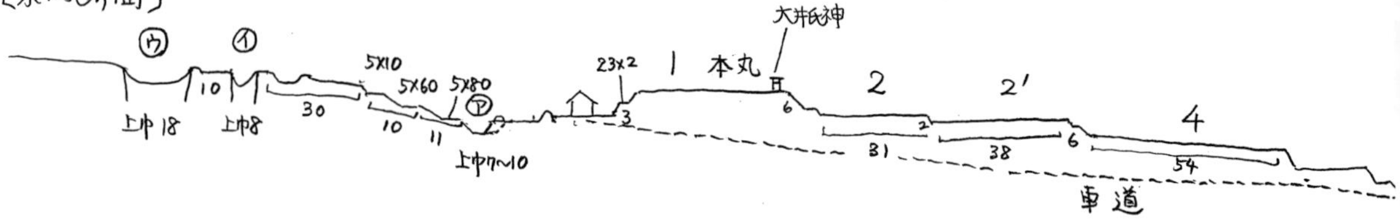

○立地　　関東山地の荒船山から西へ派生する支脈が佐久平へ尽きる末端の山に田口城がある。山頂に立てば、北方2.5kmの平賀城、南西2kmの稲荷山城をはじめ、佐久市、臼田町一円の城は視野に入る。また南眼下には竜岡五稜郭の全容が見える。

南山下の田口の谷を東へ詰めると田口峠になり、上州へ通じる街道が古くからある。また、新海神社があり、古くからひらけた所である。居館は山下の蕃松院の隣とされ、そこから登城路がついている。寺の裏には、最後の城主、依田信蕃の墓がある。

○城主・城歴　　田口の初見は『守矢文書』の鎌倉幕府下知状案嘉暦4年（1329）「御射山頭役番之事」の中に「大井庄内田口合地頭分」として出てくる。応永7年の『大塔物語』の中に田口氏が伴野、平賀、望月氏等と共に名前が見える。

『諏訪御符礼之古書』の長禄4年（1460）庚辰五月会「左頭　田口民部少輔長泌　御符之礼五貫八百文」。

応仁元年（1467）「加頭、下増、田口長経、御符礼一貫八百文、末代まで如此可出由目上候。頭役拾貫」とあり、文明十四年（1482）「明年御射山加頭田口民部少輔長綱」　同十五年「山城守長慶」などの名が記録されている。

また、田野口村上宮寺の梵鐘には、「天文十二年癸卯十一月、旦那田口左近将監長能」の刻銘が残る。

天文年間、武田氏の佐久侵入によって、田口城も落城。同17年、上田原の合戦で武田氏が敗戦した混乱に乗じて、田口長能は田口城の回復を図るが成功しないで田口氏は滅亡する。

その後へ相木（阿江木）氏の流れを汲む依田氏（能登）が田口城へ入る。『妙法寺記』によると「此年ノ八月十八日ニ柵《さく》郡田ノ口ト申候要害ヘ小山田出羽守殿為大将御働候、……来ル九月十二日御上意ノ御馬ヲ出サセ御申候、合力ニ被成、佐久郡大将ヲ悉ク打殺ス、去程ニ打取ル其数五千計、男女生取数ヲ不知、ソレヲ手キワニ被成候テ、甲州人数ハ御馬ヲ御入候。」とある。

天正10年（1582）阿江木氏依田能登守は、北条氏に属したため、徳川方の依田信蕃の攻撃を察知して城を捨て上州へ亡命する。

信蕃は居館を蕃松院の隣接地に構え、盛大な祝宴をする。（『依田記』）しかし、信蕃は岩尾城を攻撃中に戦死。その後信蕃の一子竹福丸は松平康国を名乗り、小諸五万石の城主となり、館の横へ蕃松院を創建して菩提寺とする。

○城跡。 山頂の本丸は、45×40ほどの不整六角形をしていて、周囲には石積みが残る。北5m下に43×27mほどの長方形の1'の曲輪（二の丸と言ってもよい）があり、これが中核となって、西側に数部の大きな平場がある。2と2'は一連のもので、4は居住区の一つであろう。
これらの所が、城の中枢部で、南の断崖との間に小曲輪が展開する。
搦手は、㋐㋑㋒の3条の堀で後背の山との間を遮断しているが、土塁の内側には、武者溜りのような窪地を用意したりして、仲々備えは固い。㋐の堀中の沢には、下部に向かって十段余の削平地を並べてここからの侵入を防いでいる。

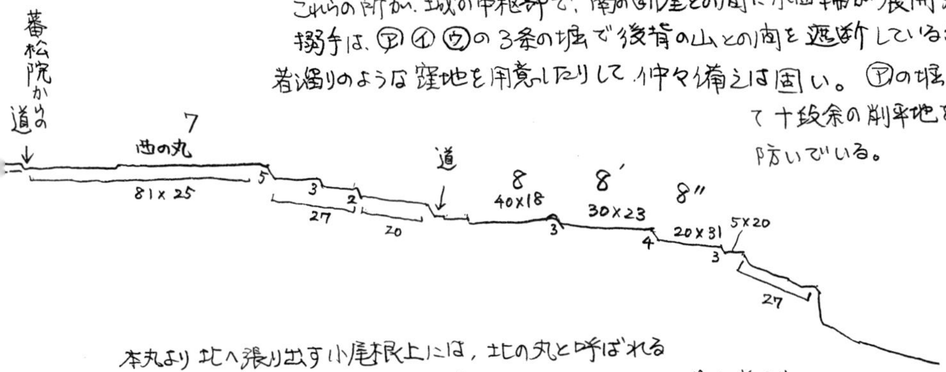

本丸より北へ張り出す小尾根上には、北の丸と呼ばれる5、5'、5"の曲輪が並び、西下の窪地一帯にかけて平場が並ぶ。
その中で6の曲輪と5との間の沢筋は、水の集まる所で、北下の岩の上に水場がある。城内に8つの井戸があったとされるが、確認できたのはここだけである。
西の尾根筋に沿って、西の丸と呼ばれる7とそれに附随する曲輪、更に西下には8、8'、8"の曲輪が連続して、その先は断崖になる。これより下の尾根上にも平らの部分が3ケ所ほどあるが、殆ど地山ではっきりしない。城は断岩のところで終わると見てよいであろう。
以上概観したように、この田口城は、山の上は比較的広く、そこに大きなものだけでも20以上の曲輪が地形に合わせた形で並べられている。全山耕作されたために、土塁や細部は失われていて、虎口等の造りははっきりしなくなっていて惜しいが、この山上にも諸氏の居住区も設けられ、各曲輪に固有名詞がついていたことが想像できる。
北の山下の方に狐久保の地名がある。そこの直上が水場であるので、見張人を置いたのであろう。

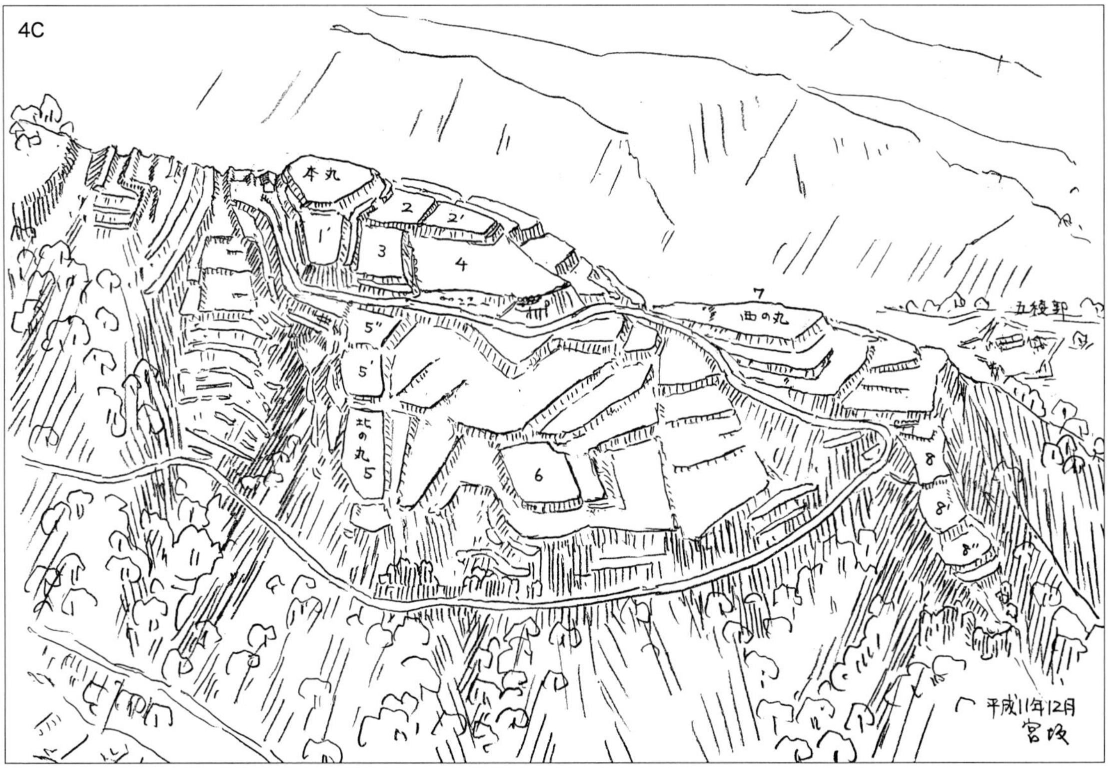

59、田《た》口《ぐち》城《じょう》（田《た》ノ口城《くちじょう》）

60、荒山城《あらやまじょう》（荒城《あらじょう》）

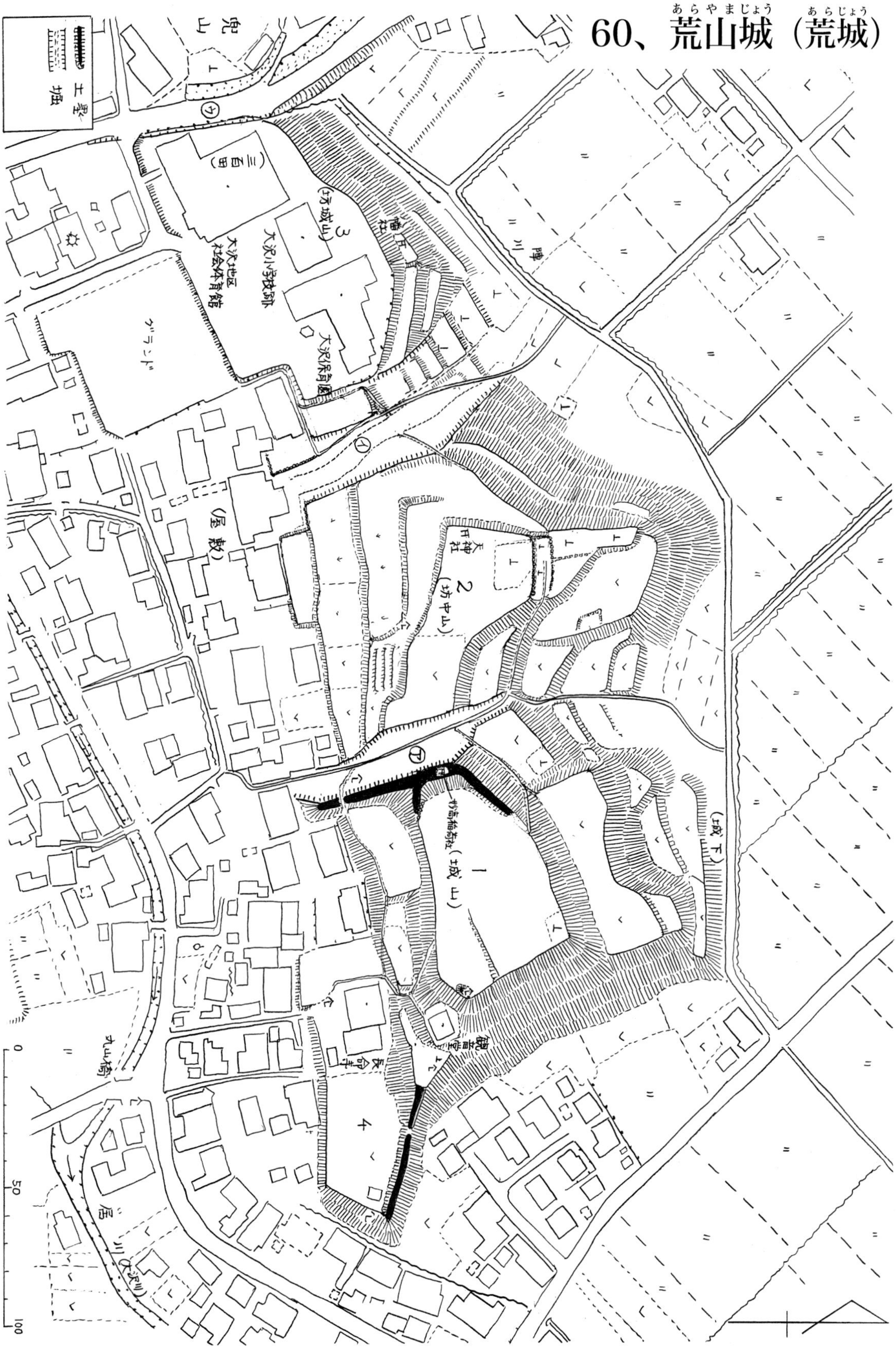

60、荒山城《あらやまじょう》（荒城《あらじょう》）

佐久市大沢　➡101頁

平成12年1月7日調・同8日作図

標高717m・比高36m．

［東西断面］

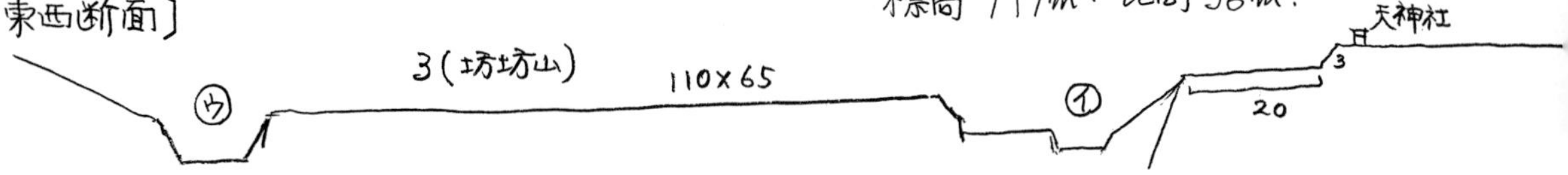

○立地．　蓼科山から東流する居《い》川（大沢川）が佐久の平地に出る所にある独立丘陵上に荒山城がある。丁度平地へ半島状に突き出た形になっているため、比高は少ないが、ここからの眺望は広く、附近の城砦は殆ど視野の中に入る。

北西800mに荒城、2.5kmには前山城があり、南東1.5kmに医王寺城、更に3kmには稲荷山城が望見できる。

城の西端の鞍部の堀中を、今も前山方面へ通じる街道が走り、千曲川左岸の山際を通る交通の要衝でもある。

○城主・城歴　『貞祥寺開山歴代伝文』（貞祥寺蔵）によると、荒山城は、前山城（伴野城）の支城として、大永元年（1521）以後、貞祥寺開山の伴野貞祥の弟、刑部大輔《だいゆう》貞慶《さだよし》及びその子兵庫助貞秀《さだひで》が在城したという。

天文年中の武田氏の佐久侵入のころは、市川梅隠斎等長、続いて伴野善九郎父子が在城。

天正10年（1582）には、市川和泉長義父子が在城。　同年、徳川方の依田信蕃《のぶしげ》の攻撃を受けて落城。その時城主市川氏の母妙高は自刃する。それをまつったのが、櫓台上にある妙高稲荷（3つある石祠の北端のもの）と伝えている。　北麓の陣川は、依田信蕃が攻城の時に本陣を置いた所から出た名前という。

城の守護神の八幡社は、3の坊城山の北端にあったようで、2（坊中山）の祭神は天神社である。

○城跡、　城跡は大きく分けて、1．城山，2坊中山、3坊城山の3郭と1の南東へ張り出した長命寺のある4の4つになる。

1、2、3の夫々の山の間に㋐㋑㋒の堀を入れて独立させている。主郭は1で、最も要害堅固である。2と3の南にある「屋敷」地名の部分に居館があったのであろう。南は居川（大沢川）の流れが自然の堀となり、何時の時代にできたかわからないが用水路が引きこまれ、屋敷割りもでき、城下町が形成されていたことが感じ取れる。

・1．主郭部分。東側は急崖になり、西側は、2との間に㋐の堀が深く入っている。堀の壁は20m余になり、ここに内側から8mの高さの土塁があり、上面は13×4の平らになり、ここに妙高稲荷や石仏がある。往古は櫓台として使われたものと思われる。ここから南下へ38mほど竪土塁が下っていたのを、今は削平してしまっている。南側に1段、北側に2～3段の腰曲輪がついている。

・4．主郭から張り出した形で、観音堂から続いて、東へ造られた曲輪で、北辺を土塁で守っている。関連の施設を置いた所であろう。

造りから見て、1、2、3は夫々に独立していて、1の大手筋が長命寺のあたりにあったと思わ

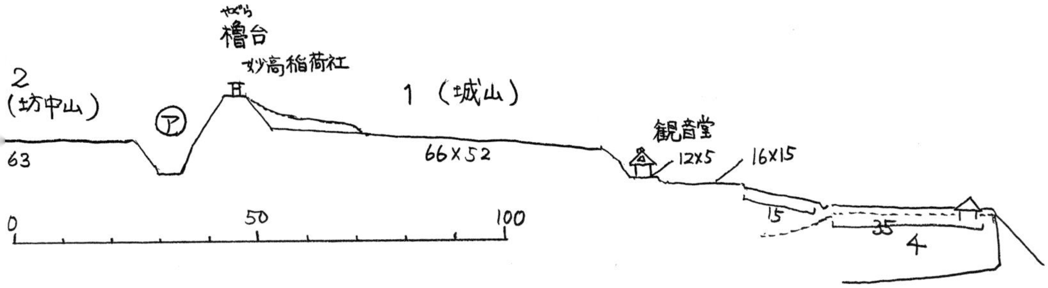

れる。
・2（坊中山）㋐と㋑の堀により独立している。耕作により細部ははっきりしないが、天神社とお墓のある所を中心に、南側に3段、北側にも3段ないし、5段位の腰曲輪があったようである。北へ張り出したお墓の所は、物見の場所に好適である。南の長大な平地は、馬場であったかも知れない。
・3（坊城山）㋑と㋒の堀に挟まれた部分である。西の兜山との間に、前山へ通じる道が㋒の堀中を通っている。この一角は、現在、社会体育館や保育園、資料館になっている所で、旧大沢小学校の跡地である。㋑の堀は埋められ宅地になっている部分もあるが、㋑の堀に続いて根小屋部分があったと思われる。㋑の堀中の段差も往古のものとは言えないが、北下の墓地のあたりに大事な防御施設があったであろう。

○一般的に荒城とか荒山城という呼称は、急ごしらえの城、簡単な砦などにつけられることが多く、素朴な姿で残っている例が多いが、この城の場合も貞祥寺裏山の荒城の場合も、結構大規模な工事をしている。その点で荒山城の名前にふさわしくないが、城歴でも見たように、在城した人が、伴野氏系で何代も変わっているので、築城当初の荒城が次第に増、修築されたのに、名前だけが残ったものと思われる。
　刑部大輔貞慶が扱ったのは1の部分で、その後順次2、3と増築され、1も改修されて行ったのではないかと考えられる。また天正10年の信蕃の攻城は陣川の伝承からすると、北側からか、西側から攻めたのであろう。その後の利用については、不明であるが、余り使われなかったのではなかろうか。

61、荒城《あらじょう》（荒山城《あらやまじょう》）

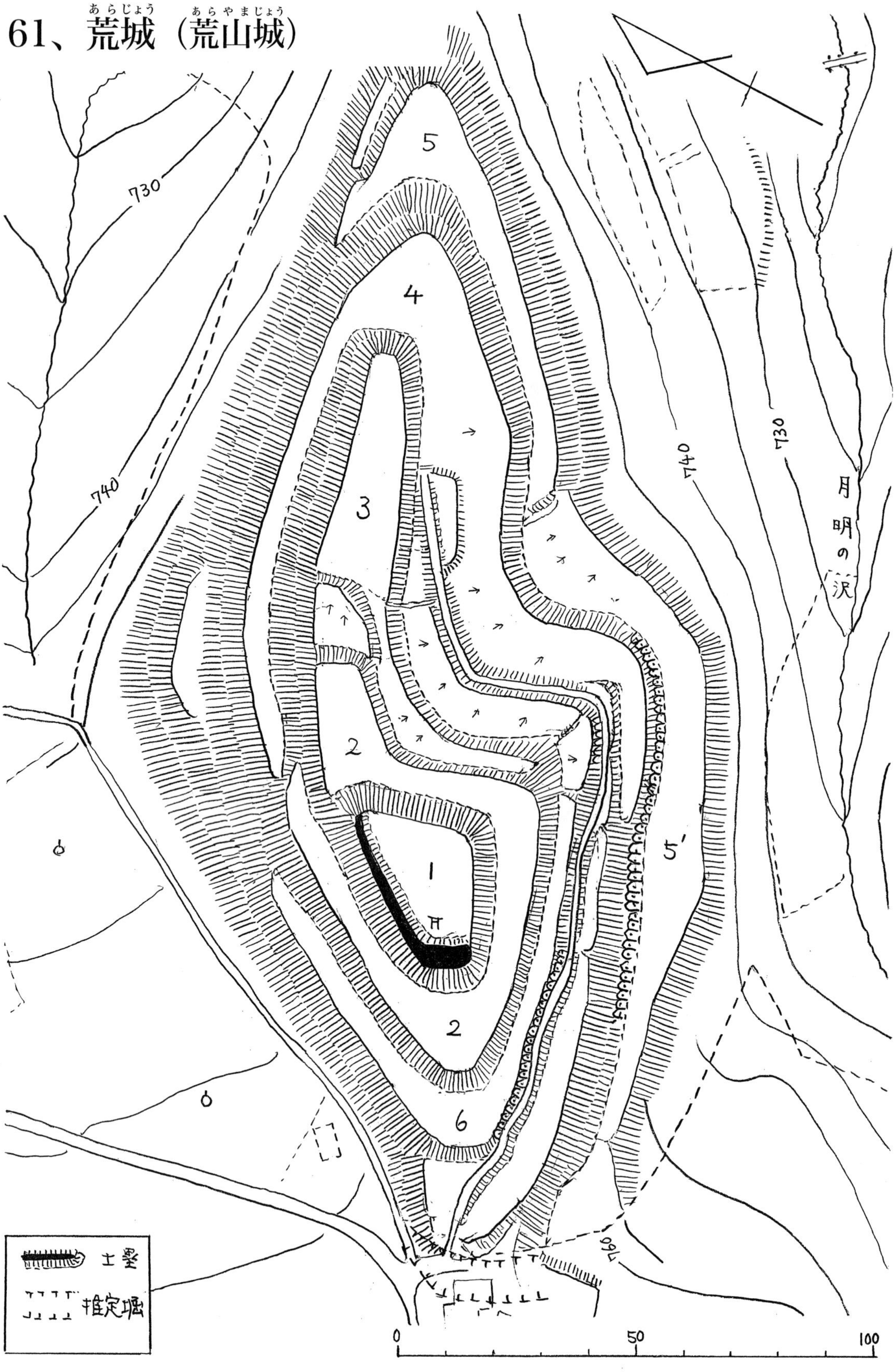

61、荒城《あらじょう》（荒山城《あらやまじょう》）　　佐久市前山字洞源　　➡100頁

平成11年12月30日調・同31日作図
標高781.2m.　比高105m（洞源湖より）

〔東西断面〕

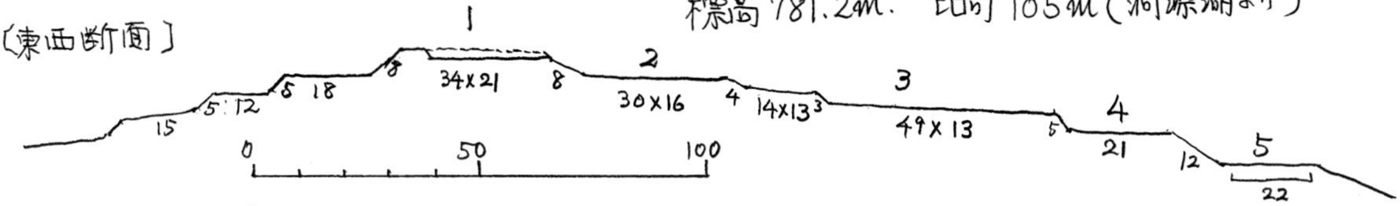

○立地　前山の貞祥寺の裏山より一つ東の尾根上の小山が荒城である。
　貞祥寺の三重の塔から350mほど南へ登った所であるが、今は車で山の鞍部まで登ることができる。ここから荒山城は眼下800mの位置にあり、西側600mの山上には、前山古城がある。西側の尾根上の墓地には、伴野貞祥の墓がある。裏手に民家があり、附近は平坦地で、上方100mに水源がある。

○城主・城歴、　貞祥の祖父、貞祥寺開山節香徳忠の父光利の隠居城と言われ、一説には貞祥の隠居城とも言われる。前山城の支城の一つである。荒城は新城とも一般的には宛字され、急ごしらえの城、簡単な城を言うことが多い。この荒城も、本城でない、それほどの大工事をしない城という意味にとれる。何れにしても伴野氏に属する大事な支城である。

○城跡、不整五角形の主郭1は34×21ほどの広さで、西辺に低い土塁が備えられている。搦手に面して土塁敷が5m程の幅になるのは、往古はもっと高かったのであろう。
　これを取り巻いて　2の曲輪が全周し、東へ張り出した、3の曲輪の下には、4、5の長大な曲輪が取り巻いている。特に南側の月明の沢に面する所は、露岩の壁が城壁となって、ここからの侵入は難しい。
　現在、果樹園や畑となっていて、傾斜地をそのまゝ耕作しているが、図示した範囲位は城域であったと思われる。
　東の尾根通しの道が大手筋であろうが、搦手の家との間に堀があり、こちらからの道も重視されたと思われる。城跡のお宮は、稲荷社と蚕玉様のようである。

62、前山古城《まえやまふるじょう》

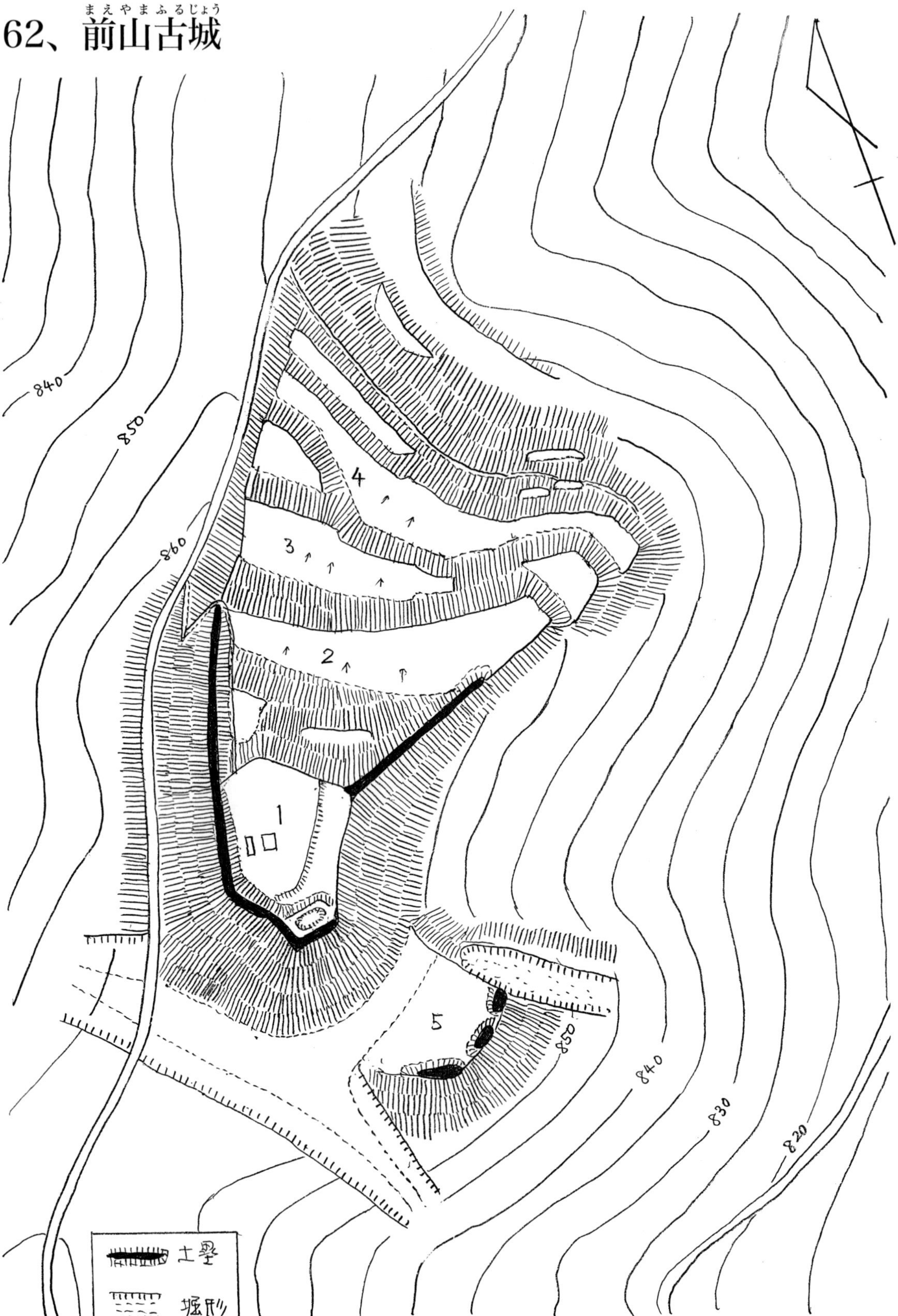

62、前山古城《まえやまふるじょう》　佐久市前山　➡100頁

平成11年12月30日調・同31日作図

標高781.2m.　比高200m（洞源湖より）

［南北断面］

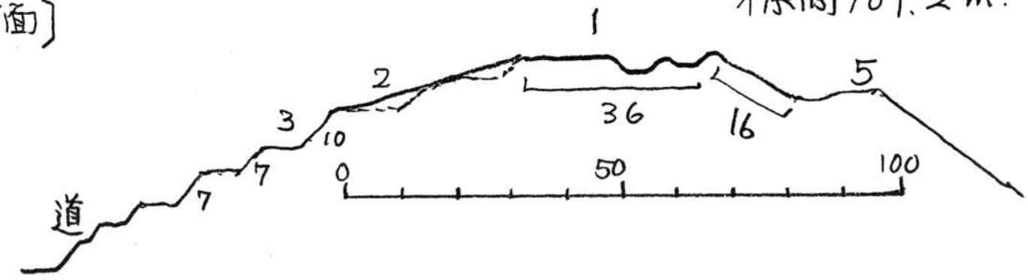

○立地　前山の貞祥寺の裏手、北側の倉沢川と五輪平の沢の間の山尾根上の小山に前山古城がある。荒城に対する古城と呼ばれている。

○城主・城歴　前山城の伴野氏にかかわる城砦の1つである。関係するものとしては、日向城（長坂城）虚空蔵山狼煙台、宝生寺山砦、物見塚、荒城、荒山城、それにこの前山古城である。これらの城砦が前山城の支城として防衛網を形成していたと考えられる。
しかし具体的に築城、城主等については、はっきりしたことはわかっていない。

○城跡　登路は貞祥寺門前より美笹温泉へ至る道を上り、そこから後背の鞍部へ登るルートが楽である。西下の道は殆ど消えかけている。
山頂には神社があり、古典神の数柱が合祀されている。2間四方の簡素な舞屋もある。
主郭は不整形の六角形をしていて、西側と南辺に最高2mほどの土塁がまわっている。
西辺の土塁はそのまゝ36m延び、東側の尾根筋の長さ40m余の土塁との間に、70m余の長さのある2の曲輪を包みこんでいる。その下にも2、3段の曲輪があったように思われる。
南16m下には、堀状の地形を挟んで5の曲輪になる。南辺に土塁があったらしい。また、この5と1の西には幅広の堀が90m前後あって、後背の尾根を遮断している。
以上、城跡には、不完全ながら、土塁や堀の遺構が認められる。在地土豪層の要害城として構築されたものであろうが、2つの尾根内の沢筋に曲輪を重ねる縄張りとしておもしろい。

63、前山城《まえやまじょう》（伴野城《とものじょう》）

佐久市前山字城山　（市史跡）　➡100頁

平成11年12月30日調・同日作図
標高726.5m、比高59m

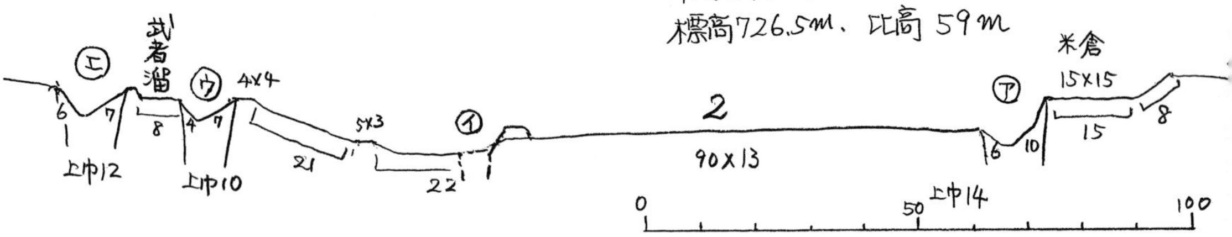

○立地　蓼科山から東北へ延びる一支脈が千曲川と片貝川の形成した沖積平野に接する先端部に立地する。東方2.3kmに野沢の館があり、南東2kmには新山城、南1.3kmには前山古城、荒城、更に西北1.2kmには虚空蔵山の狼煙台がある。ここからの眺望はまことによく、前述の諸城の他に佐久平に面した諸城を見ることができる。

○城主・城歴

鎌倉時代の初期、小笠原時長が伴野庄の地頭となり、伴野氏を称して野沢に館していたが、隣庄の大井氏との抗争の中で、文明年間の頃、伴野光利が要害の地を求めて、2.3km離れたここに築城した。文明16年（1464）の頃には、本拠地は前山へ移されていたようである。（『蔗軒日録』）

天文9年（1540）5月、武田信虎は佐久へ侵入し、「臼田入沢の両城を始めとして、数十城を攻め破り、……前山へ城を築き在陣」したのであるが、伴野氏の前山城に若干手を加えて在陣したのであろう。

天文17年（1548）9月、武田晴信は「従諏訪向佐久郡前山被出御馬……十一日癸未、辰刻打立臼田、大雨、前山責落ス、敵数百人被為討取」続いて二十一日には城普請に入っていて、以後武田氏はここを佐久の有力な基地とし、伴野氏は武田氏に従う。

天正10年（1582）に武田氏が滅亡すると、前山城の伴野氏は、北条氏に属していたのを、徳川方の依田信蕃が真田昌幸の応援を得て、佐久の諸城の平定にかかり、前山城は攻略される。

「前山と申城、右衛門佐（信蕃）責取申、則午霜月、右衛門佐も芦田小屋を罷出候得而、前山之城江移」（『依田記』）

以上のように前山城は少なくとも3回は攻防戦を経験することになる。依田信蕃に攻められ、城主は討死して、小田原の北条氏に身を寄せていた子の貞長も、相木の白岩に戦って討死し、伴野氏の嫡流は滅びてしまう。

○城跡、南北に長い山尾根とその東と南の斜面に曲輪が階段状に並ぶ。西側は中沢川によってできた比高40mほどの急崖で、人を寄せつけない。

本丸のある山頂は44m×20ほどの長方形の場所で、現在、豊受大神宮がまつられている。北側に1段と高い突出部があるが、ここは物見の置かれた所と思われ、ここに立てば佐久平が一望にできる。ここから北へ下る尾根筋には7段の長大な曲輪が並び、現在果樹園になっている。また東の斜面にも、北の斜面から続く曲輪が数段あり、これらの曲輪を縫って登路がある。

本丸の西下8mには、15×15ほどの台形の曲輪があり、北側が高くなっているので、土塁があったのであろう。「米倉」があった所とされ、焼米などが出たらしい。その先は㋐の大堀切りで上幅が14mの巨大な堀で、ここへ南山下の泉福寺跡の上にある「化粧水」と呼ばれる水場を経て登る道がある。泉福寺の南には竜岡屋敷があり、ここから東へかけて町割りもでき、居屋敷の地名が残っているところから、㋐の堀へ登る道を大手口と考えられているが、確かに重要な登路ではあるが、城の造りから見る限りでは、茂木屋敷の北からの登路を大手口とした方がよいように思われる。化粧水からの道は、通用口と言ったもので、ここからでは、城の偉容はわからない。

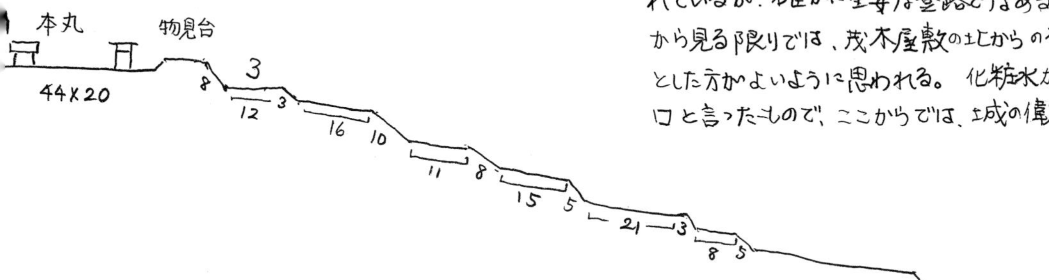

㋐から㋑の堀の間は全長90mもある平場で、従来二の丸、三の丸と呼ばれた所である。南の斜面にも腰曲輪があり、独立した一郭で、下部に水場のある大事な曲輪である。ここが居住区となっていたことも考えられよう。

㋑の堀の後背は、高度を増し、そこに㋒、㋓の2条の堀で城域は終わる。2つの堀は、東側へ竪土塁がつき、両者の間には武者溜りがあり、搦手の大事な防御点となる。

水場は、「化粧水」の他に伴野神社の所、前山寺の所、更に上部の離れた甚十窪《じんじっくぼ》にあり、水野甚十郎という者に水番をさせたという伝承があり、その墓も近くにあるという。

○山下には、居屋敷、城下、横町、上木戸、下木戸などの古名も残っていて、下木戸の近くには物見塚の塚山がある。居館跡は、旧前山小学校からその南の一帯ではないかと考えられている。

そのことからも、大手の道は、最も城を効果的に見せる現在標識の建っている道が適当であろうと思われる。

若宮八幡は、城の鬼門除けにまつられたもので、現在は諏訪社と合祀されて伴野神社になり、旧泉福寺は明治になり、前山寺に一緒になっている。また薬師堂附近には、伴野城の四天王の墓と伝説にある墓が残る。全山耕作されたようであるが、旧態はよくのこっている。

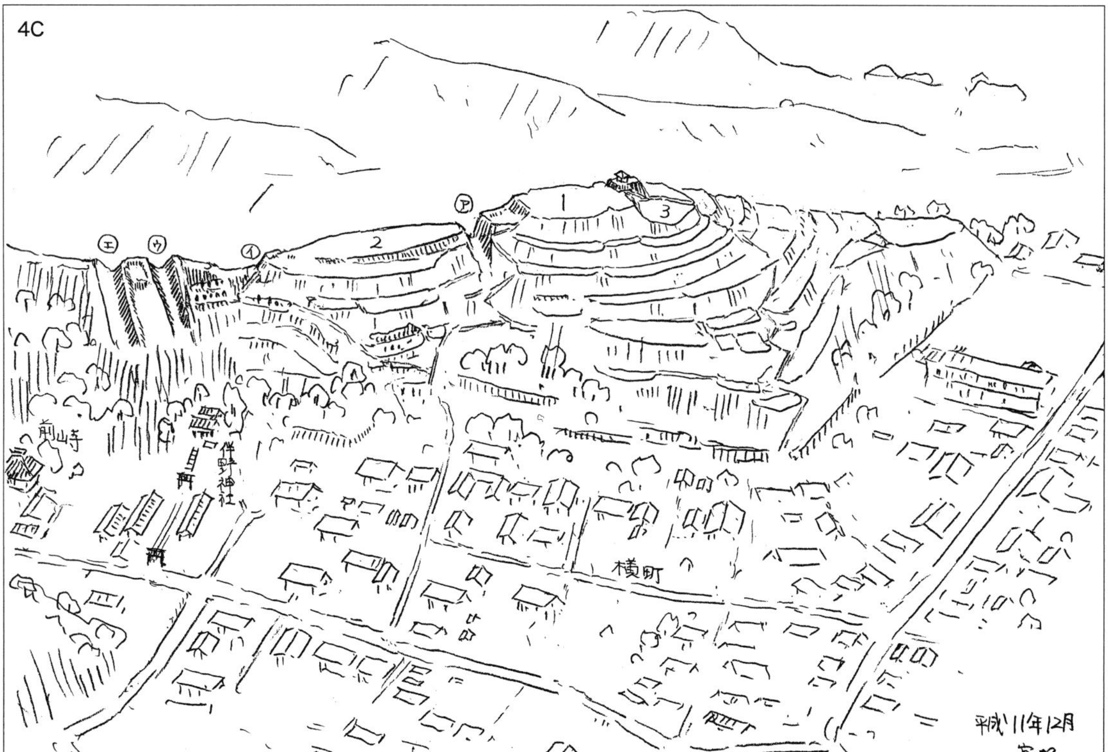

63、前山城《まえやまじょう》（伴野城《とものじょう》）

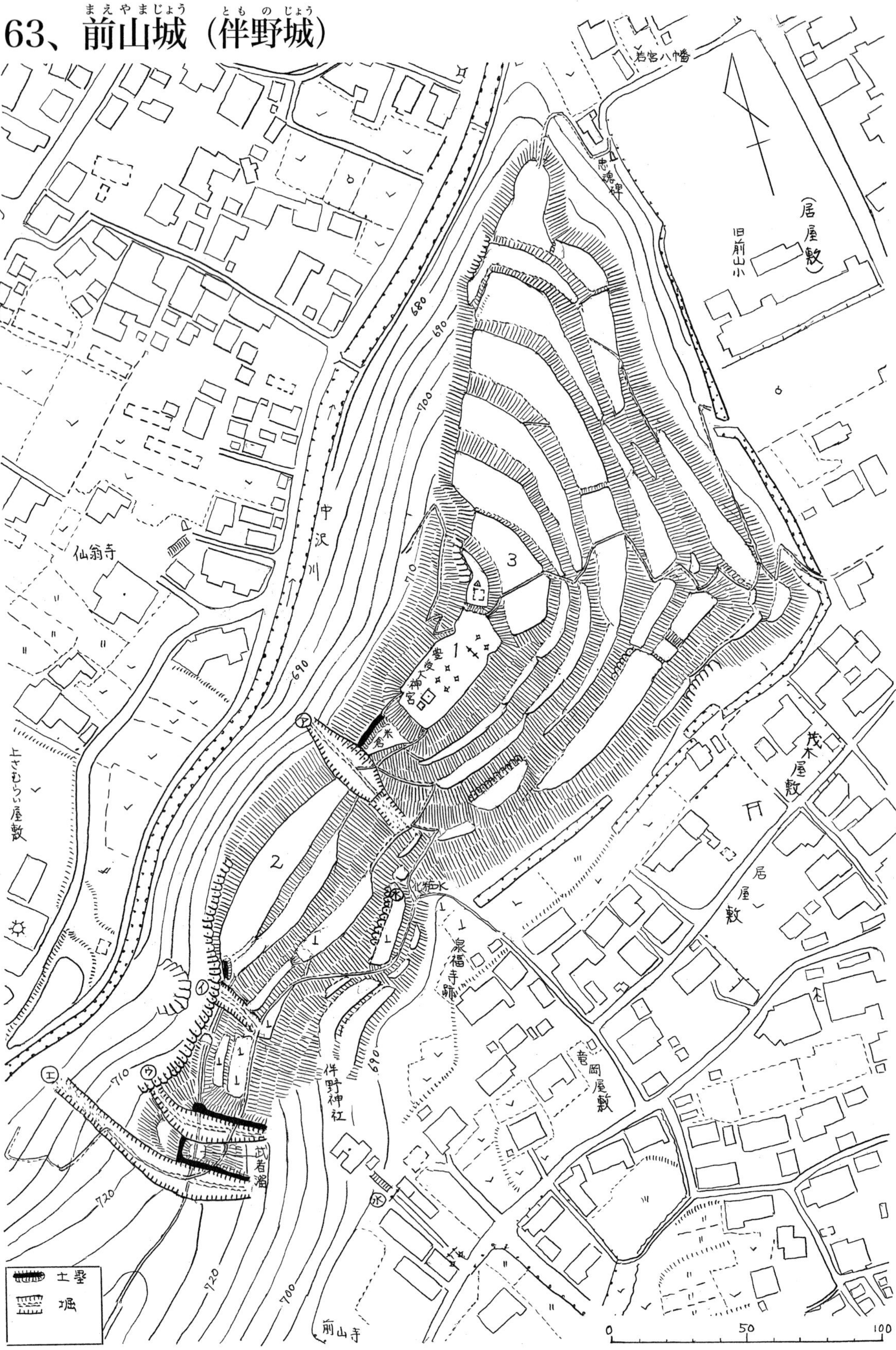

64、日向城《ひなたじょう》（長坂城《ながさかじょう》）

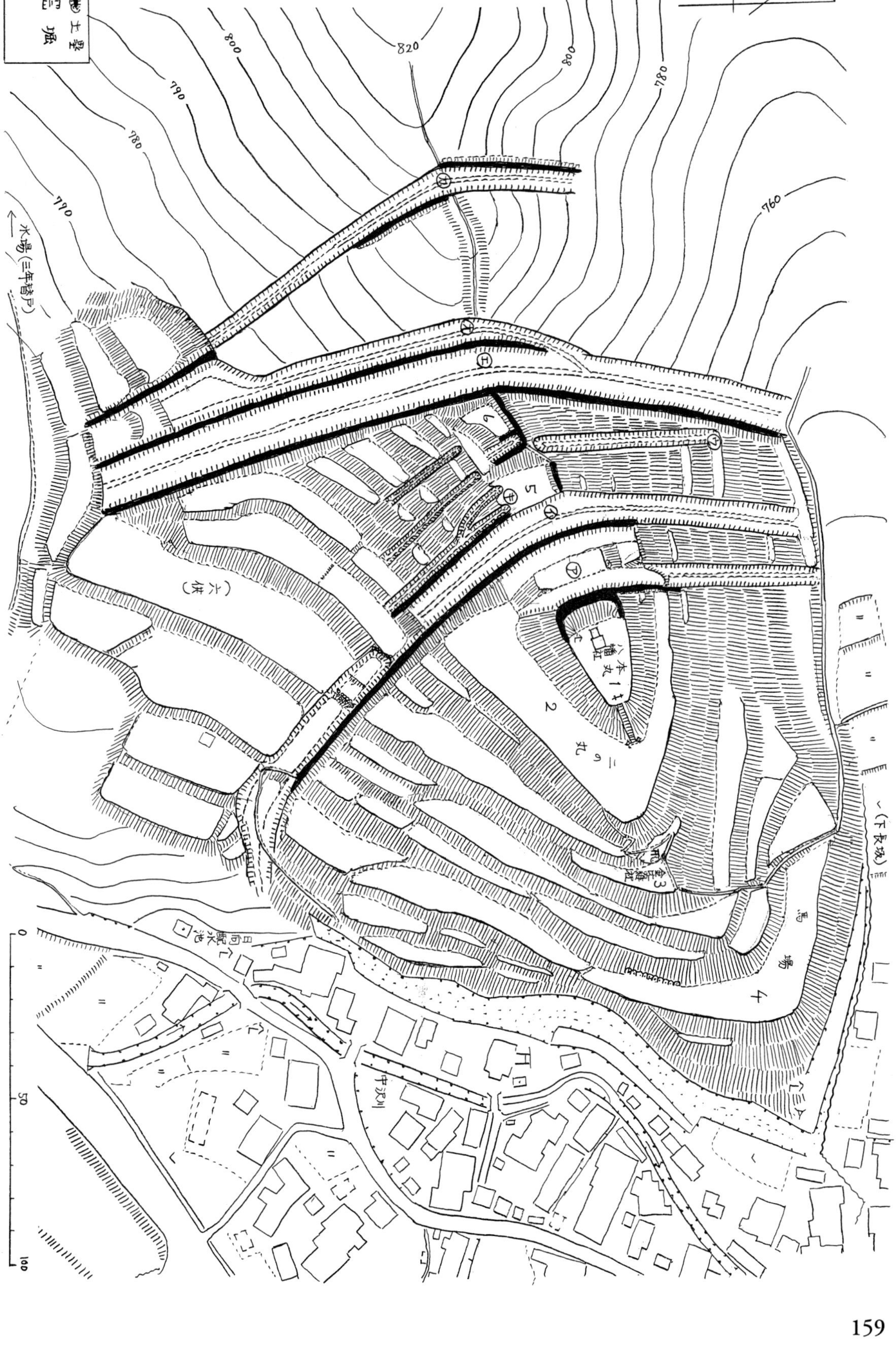

64、日向城《ひなたじょう》（長坂城《ながさかじょう》）

佐久市根岸字長坂　➡100頁

平成11年12月27日調・同日作図.

標高808m、比高100m

〔東西断面〕

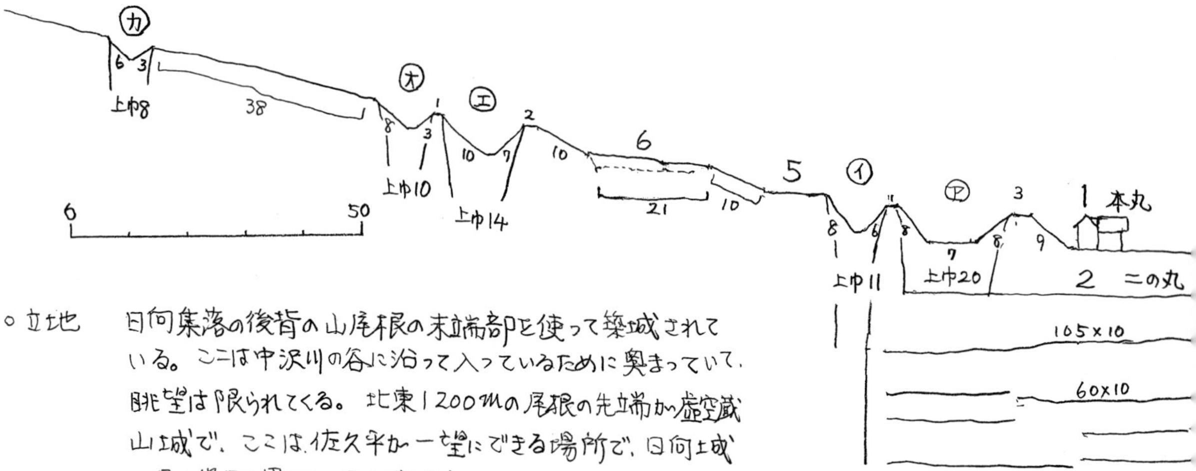

○立地　日向集落の後背の山尾根の末端部を使って築城されている。ここは中沢川の谷に沿って入っているために奥まっていて、眺望は限られてくる。北東1200mの尾根の先端が虚空蔵山城で、ここは佐久平が一望にできる場所で、日向城の目の役目を果していたのであろう。

○城主、城歴　日向は建武元年(1334)の『大徳寺文書』に「同郷(県沢)隣庄日向地頭平賀弥七、欲打越堺事」とみえている古い集落。しかし城についての記録はない。

伝説として、長坂釣《ちょう》閑斎の居城とされている。釣閑斎(長閑斎光堅)は、甲州逸見《へみ》筋長坂の出で、信玄、勝頼二代に仕え、天正10年(1582)、武田氏滅亡後、信長に誅殺されている人物である。

『南佐久郡古城址調査』では、「釣閑斎の子源五郎昌国でも、此地方の番衆として遣わされ、此の城に居ったのであるか。」としている。何れにしても、伝承からすると、甲州の息のかかった城と言うことが考えられよう。

○城跡、居館(屋敷地)は、北山麓の字下長坂のあたりで、北側の方から登路がある。最下段の曲輪は、尾根先を巻くように、北側から東側へ、最大幅15mほどで、長さは、全長130m余の長大なもので、馬場と呼ばれている。ここから東下の集落との間の竹林の中には、若干の小削平地が認められるが、崖になっていて侵入は難しい。

北側の斜面に3段ほど、東斜面に数段の曲腰が階段状に並ぶ。やがて、道は3の場所に至るが、ここに、武田家のまつる金比羅社が大石の上にある。馬出しに当る曲輪で、大手筋の大事な場所である。

ここから登った直上の長大な平地が二の丸である。主郭をV字形に取り囲んだ、本城の中心となる曲輪である。

本丸は石段を14m登った八幡社のある所で、後背に高さ5mの大土塁を持ち、内部25×19mの場所である。余り広くはないが、この城の指令塔に当る。

本城の圧巻は背後の堀の見事さにある。都合、㋐㋑㋒㋓㋔㋕の6条の巨大な堀と畝堀にも似た3～4条の小竪堀が配置され、堀間の長大な竪土塁が、ものすごい迫力である。

まず本丸すぐ裏側の㋐の堀は、上幅が20mあり、両側に土塁がつき、壁は急である。堀中は、広く、いわゆる箱堀で、21×7ほどの平場があり、武者隠しの造りである。南側は2の曲輪まで、北側は半分の幅になって、山足まで掘り下げられている。続く㋑の堀は、㋐と二重堀のようにして、両山足まで掘り下げている。南側は長さ250mにもなり、所々に段差がある。後世の耕作によるものと、堀中の侵入を防ぐものがあろう。

㋑の堀と㋓の堀の間がまたすばらしい縄張りである。尾根上に5、6の小曲輪を連ねるが、これが土塁で守られ武者隠しのようになり、搦手筋の防衛拠点となっている。北側へ㋒の竪堀、南側へ3〜4本の小竪堀が掘り下げられ、その竪堀の間に小曲輪が配置され、斜面からの侵入に備えている。

㋓と㋔は二重堀で、㋓の方は、両側に土塁を備えた形で、南斜面に、字六供地区の大きな平地を含めながら、山足まで掘り下げられる。これ程の堀群は、あまり例がない。更には38m上方には㋕の堀があって城は終わっている。㋕の堀は、南斜面の途中ではっきりしなくなるが、下部に至って堀形がきちんとしてくるので、下まで通っていたと思われる。

水の手は、南の沢の奥、三年替戸と呼ばれる所にある。附近で古銭3,000枚も発掘され、六供では石臼、土器などが発見されているという。

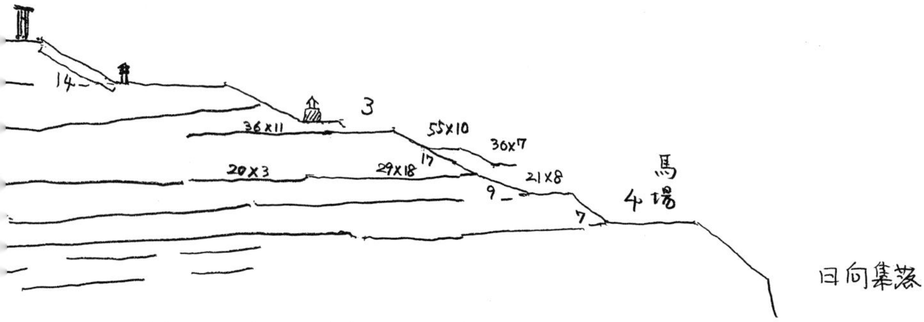

。本丸跡の八幡社、稲荷社、　　佐久の三か所に別れて住む武田一族がまつっている。武田本家の伝によると、信虎の男と伝える信近（母は巨摩郡山高村高竜寺関係某の女）が飯富兵部の後詰として入り、信近は永禄2年（1559）8月4日に没したという。一族は今も8月4日を先祖の命日として祭りを続けている。信近没後は子の兵庫が継ぎ、その後長右衛門の代の寛永元年（1624）12月、屋敷が全焼し、所払いとなり離散。

長右衛門は岩下（望月町春日）に、次弟は佐久市三塚、三弟は後に日向へ上り、城下大手長坂口に住んで、今日に至っているという。

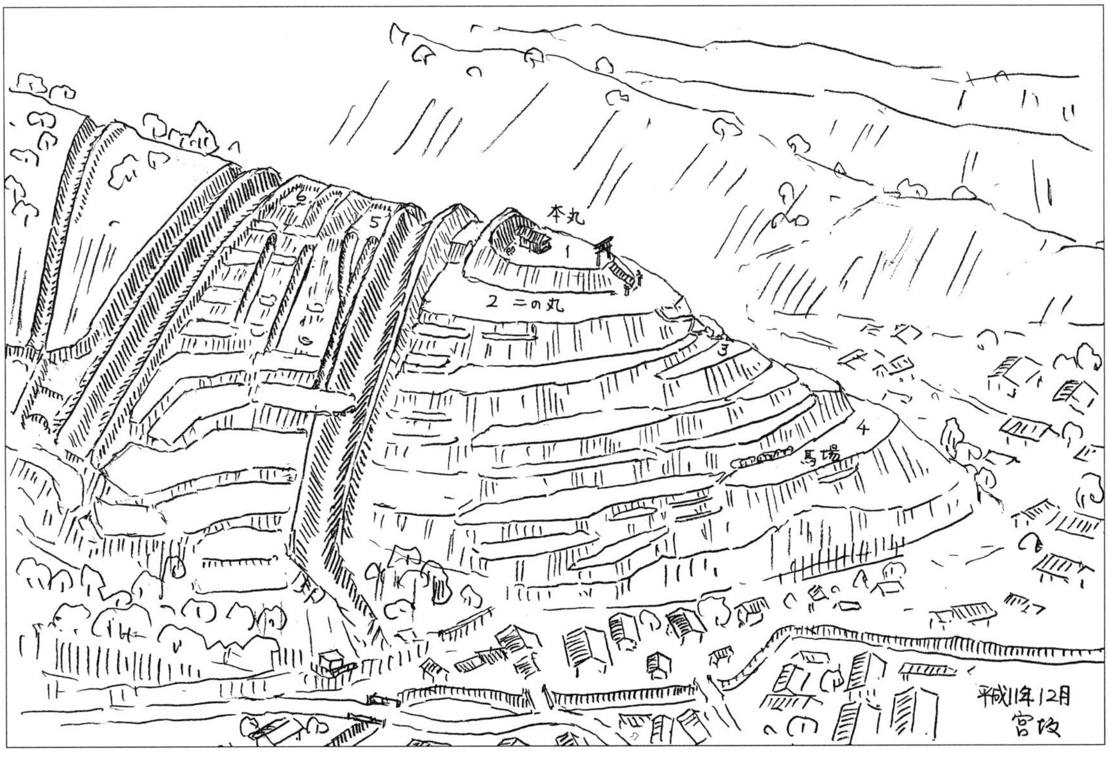

65、宝生寺《ほうしょうじ》山砦《やまとりで》

65、宝生《ほうしょう》寺《じ》山砦《やまとりで》

佐久市下平宝生寺山 ➡100頁

平成11年11月9日調・同11日作図

標高671m.　比高 9m.(北側国道より)

〔南北断面〕

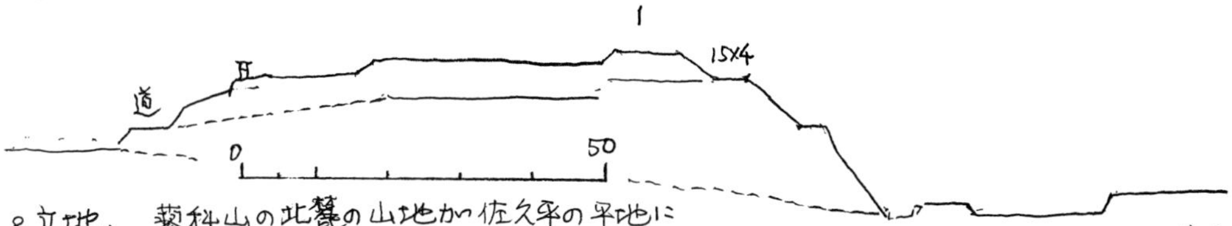

○立地　蓼科山の北麓の山地が佐久平の平地に接する所の小山が宝生寺山である。比高は10mにも満たない山であるが、宝生寺のある南面を除いて急斜面で、丁度平地に突き出した岬のようになっていて、視界は広い。ここは伴野氏の本拠地前山城の北1kmの地点で、前山城の北の守りを受け持った砦である。

○城主・城歴　独立した城砦というより、前山城の北の守りのために築かれた砦である。伴野庄の地頭となった小笠原長清の子時長は伴野庄に土着して、伴野氏を称する。時長は伴野館に住んだがその子長朝が前山へ築城したとされる。やがて本拠は前山へ移され、戦国期に入って強化される。その頃に物見塚の砦と共に宝生寺山砦も築かれたものと思われる。

天文9年の武田氏の佐久侵攻に際し、武田氏に降伏しているが、天文17年の上田原の合戦の後、伴野氏は武田氏にそむいて村上方に加わるが、同年9月に武田氏のために攻め落され、城兵数百人が討ち取られ、21日に普請が始まっている。天正10年武田氏滅亡後は、北条氏に属し、依田信蕃に攻められ、城主は討ち死にし、伴野氏の嫡流は亡び、以後徳川方の拠点として使用される。(前山城)

○城跡、　全長100mにも満たない小山上に、櫓台とも見える11×8ほどの方形の台地を頂点に、南側に三角形の平地を造り、これを取り巻いて、東から西へかけて2段ほどの腰曲輪で取り巻いた形である。

宝生寺の所も居住区として含まれ、この山を取り巻く周囲は低湿地であるために泥田か水堀になっていたことが考えられよう。西側の道の所は堀であったかも知れない。

現在宝生寺は荒廃して、全山藪になり、石塔や石碑等が埋もれている。小さいながら重要な砦であったと思われる。

66、虚空蔵山狼煙台《こくぞうさんのろしだい》

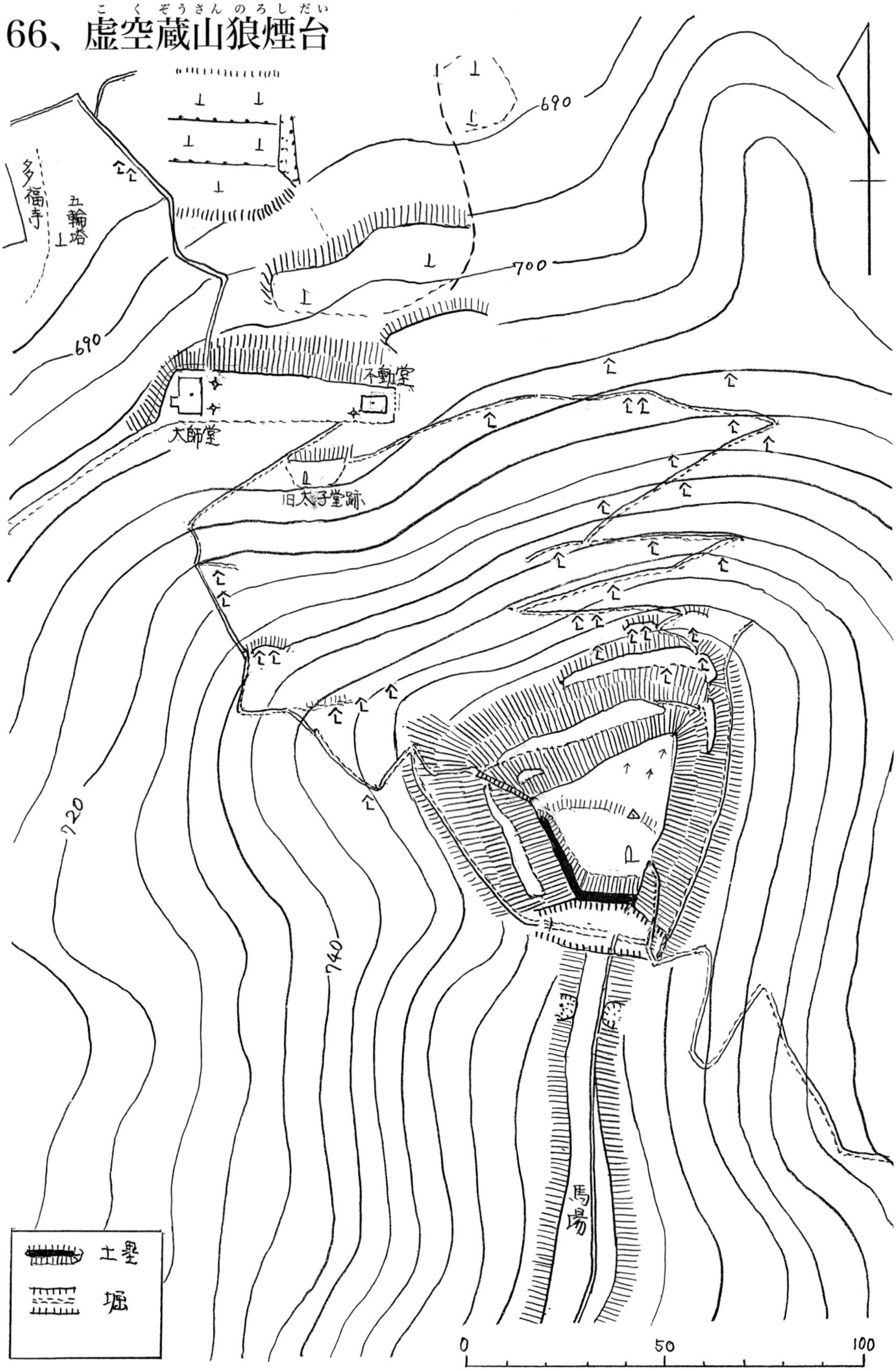

66、虚空蔵山狼煙台《こくぞうさんのろしだい》

佐久市根岸竹田字虚空蔵

➡100頁

平成11年11月9日調・同10日作図

標高773.6m．比高105m（多福寺門前）

〔南北断面〕

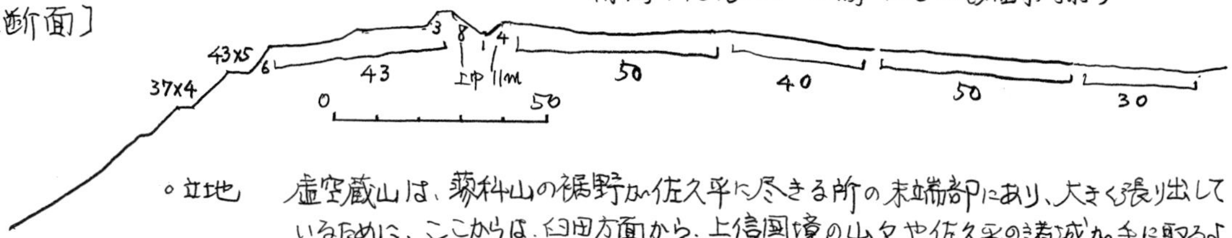

○立地　虚空蔵山は、蓼科山の裾野が佐久平に尽きる所の末端部にあり、大きく張り出しているために、ここからは、臼田方面から、上信国境の山々や佐久平の諸城が手に取るように見通すことができる。

○城主・城歴　武田晴信の佐久侵攻の時に，武田の武士が山下を通ると落馬する事故が続いたために，山頂の虚空蔵堂にまつられていた虚空蔵菩薩を麓の多福寺に移して，頂上を狼煙台にしたという伝承がある。普通は狼煙台の跡へ虚空蔵菩薩をまつる例が多いが，その点これは逆である。
　武田氏の時代に狼煙台として使われたことは確かであるが，それより以前から伴野氏によって砦が築かれていたことは十分に考えられる。

○城跡　半島状に水平の長い尾根先の先端部を利用しているために，背後の尾根との間に一条の堀を入れ，掘った土をかきあげて台形の曲輪を造成している。かつてあった虚空蔵堂は昭和23年に焼失して、跡地東に戦没慰霊碑が建っている。
　全山に弘法大師信仰の石像物が置かれ，2本の登山路があり，小さな削平地があちこちにあるが，殆どは後世のものであろう。主郭の西下の1つと北下の3段ほどの平地は，戦国期の頃からの腰曲輪であろう。　大師堂のある平地やその上の旧太子堂の跡地あたりは、ことによったら往古からのものとも考えられるが，はっきりしない。
　水の手は，多福寺のあたりに水があるが麓から汲み上げたものであろう。後背の水平の尾根は、幅が数mから十数mで，長さ210mほどで小山になるが，100mほどの所を馬場と呼んでいる。南に防御施設は見当らない。城外ということになろうか。

67、今《いま》井《い》城《じょう》

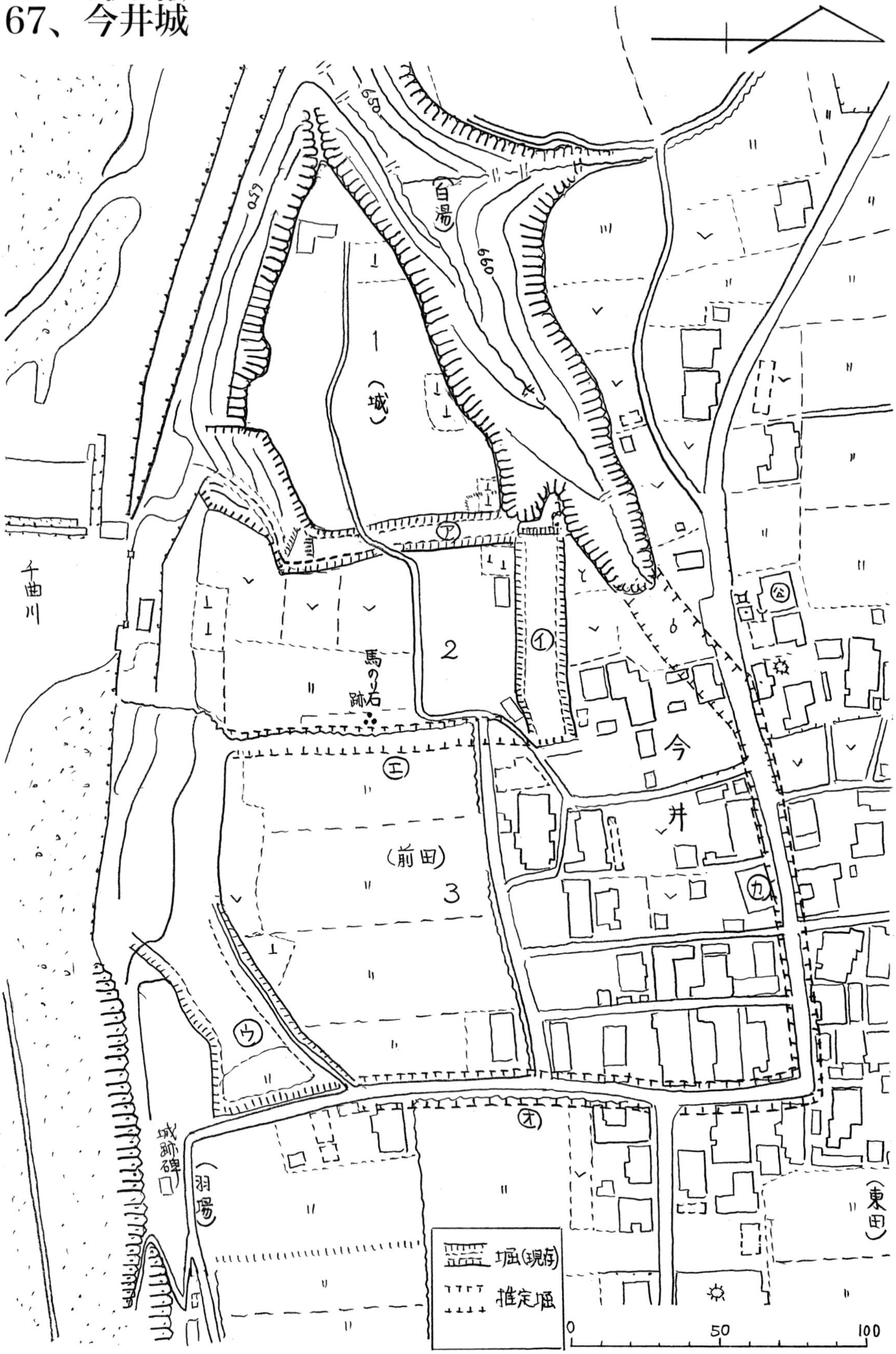

67、今井城《いまいじょう》

佐久市鳴瀬字今井

102頁

平成11年12月27日調・同28日作図

標高669m、 比高28m（千曲河原より）

［東西断面］

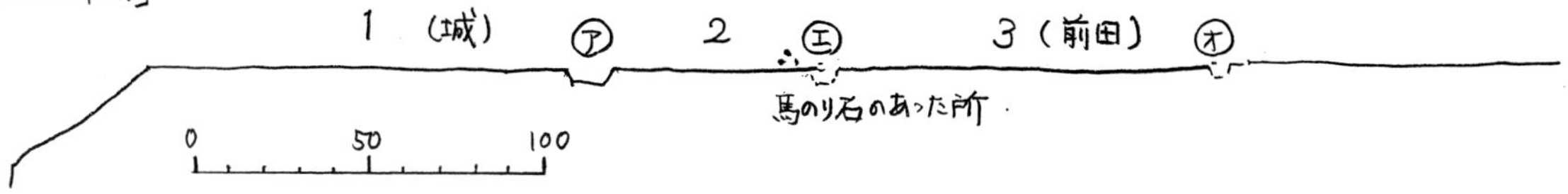

○立地　今井集落から南隣りの千曲川の断崖に面した台地上に立地する。千曲河原から28mほどの断崖と小河川によって解析された、鋭角三角形の先端部に主郭を置き、その東へ外郭を置いた形になる。

ここから西方1,700mの所に岩尾城があり、北東1,200mには根井《ねのい》氏の道本城がある。

○城主・城歴　今井集落の西側に「義仲屋敷」の伝承地があり、城の東南にあった羽黒神社は、今井四郎兼平の氏神ということから、今井城のことを兼平・兼光館とも呼び、木曽義仲の部将、中原兼遠の四男、兼平を城主とする考えがある。（『南佐久郡誌』）

しかし、これは今井の地名から考えられたことで、ここに今井四郎兼平や兼光が館したとは考えにくいというのが一般的である。

位置からすると、岩村田大井氏か根井《ねのい》氏に関連の一族が居城したことが考えられる。根々井氏となると、本拠の道本城より、この方が遙かに大きくよくできているので、その点問題が残る。

何れにしても、この台地上で私牧経営をした一族ということになりそうだが、岩尾城との関係も視野におく必要があろうか。

○城跡　西端の三角形の部分を主郭として㋐の堀で独立させる。往古は堀に面して土塁があったと思うが今は削平されている。北東隅の墓地の土壇は、鬼門除けのお宮がまつられたとされるが、土塁の残痕であろう。

現存する堀は㋐の他に㋑と㋒がある。これらと道などから、㋓㋔㋕の堀が考えられるが、あるいは㋕は土塁程度であったかも知れない。集落内の小路の取り方などからすると、曲の手があり、左右をずらすなど城下町の構想があり、小さいながらも城下町が形成されていたことが伺える。このことからしても、今井四郎兼平の時代の遺構ではなく、戦国期のものであることがわかる。

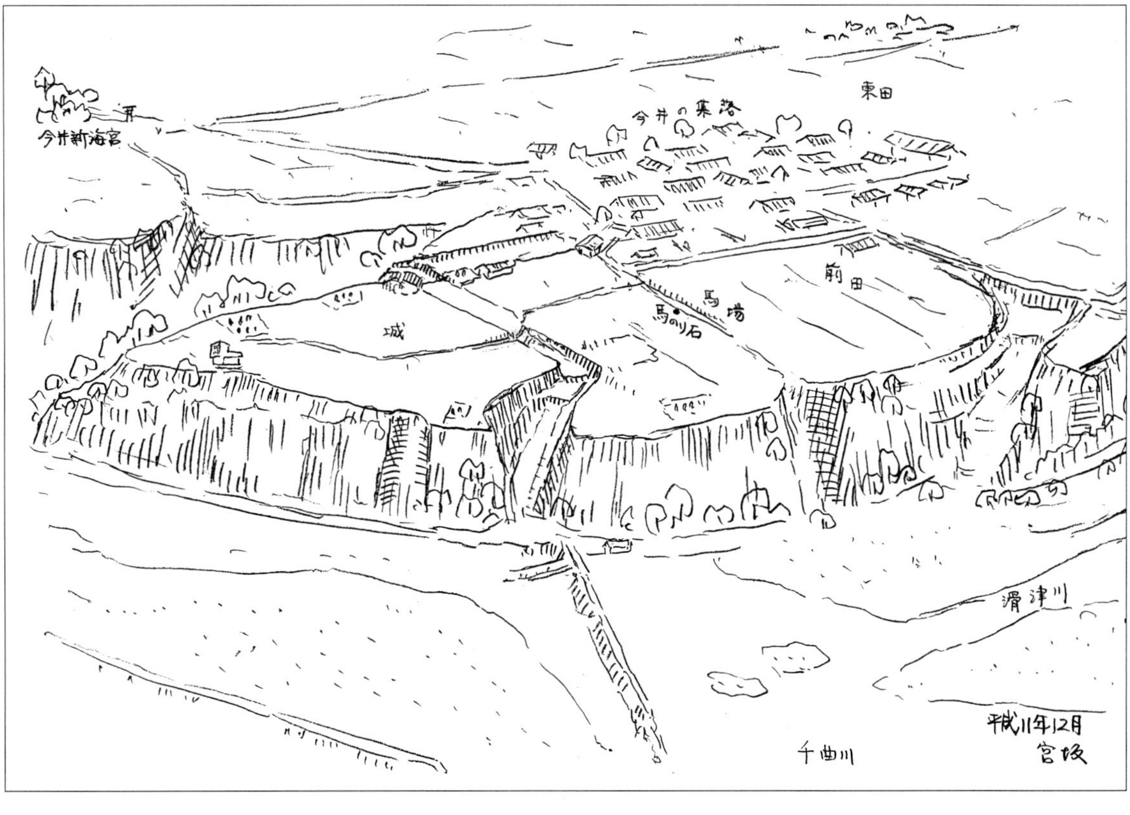

68、岩《いわ》尾《お》城《じょう》

佐久市鳴瀬字岩尾 ➡102頁 4C

昭和60年8月10日調. 同日作図・平成11年12月修正.

標高660m、 比高25m（南川室より）

［東西断面］

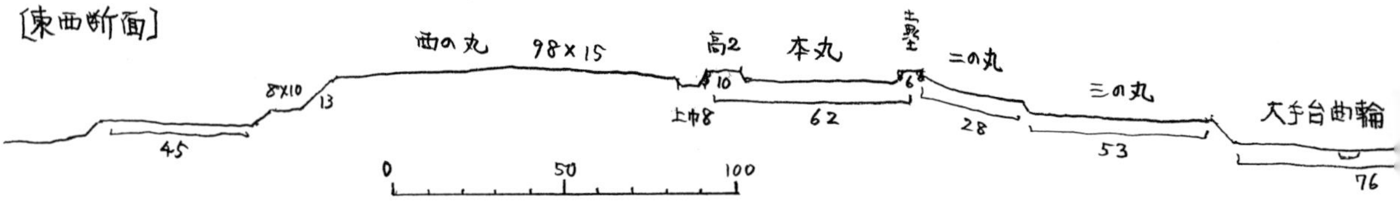

◦立地　南側に千曲川. 北側に湯川が流れ、両河川によって削り残された台地上に岩尾城が立地する。千曲川は、岩尾城の台地に、ぶつかり、流路を直角に曲げるために南面は断崖となっている。また湯川が城の西北で千曲川と合流しているが. 台地を削り 両河川の氾濫原の中に半島のように細長い台地が残った所をうまく利用して城が造られている。東方の大手に当る所だけが開かれていて、ここにいくつかの堀を入れて備えている。

◦城主・城歴　城跡の案内板によると.

小笠原長清の後裔、大井弾正行俊、岩村田長土呂の館に在ったが. 天険の地岩尾を選んで文明10年に築城.

2代 行満　文明18年家督を継ぎ（34才）大永5年に当城に卒す.（73才）. 高岩寺開基。

3代 行真　文明16年当城に生る. 天文13年12月武田晴信に帰服し、一時城を真田幸隆（一徳斎）に預ける。『高白斎記』天文20年7月の条に「廿日丙午 岩尾弾正初テ若神子迄出仕. …… 八月小…… 廿八日甲申、午刻向未ノ方岩尾ノ城ノ鍬立七五三」とあり、武田氏により改修されたことがわかる。

5代 行吉　天文11年生れ、武田氏に従っていたが. 天正10年3月. 武田氏滅亡と共に岩尾城に帰る。岩尾城は北条に従い，徳川軍依田信蕃の軍を、天正11年2月20日に迎え21日と戦ったが決着がつかず、22日に信蕃自身が塀を乗り越えて城内へ攻め入ろうとして，鉄砲に撃たれて、弟信幸と共に戦死。激戦の末，城方は敗れ，徳川の軍監 柴田康忠の勧告に従って開城，自身は上野の保渡田に幽居。12年6月卒。43才。

◦城跡の伊豆箱根三島神社. 文正2年，城の鎮守とする。大井氏没落後も氏子崇敬厚く，昭和11年郷社となる。

（以上の内容は『岩尾家譜』等による）

◦城跡

• 本丸　62×25mの広さで、南は25mの断崖で. 東西. 北の三面に土塁が残る。虎口は北側にあり. 二の丸. 三の丸に通じる。北側西半分にも土塁があったものと思われる。また南辺は欠け落ちた分があるように思う。

• 二の丸　28×30mほどの傾斜地で，経塚の標柱が立っている。傾斜は本丸の土塁が崩れたために傾斜地となったのであろう。余り広くはない。

• 三の丸　三社権現社のある所で，55×55ほどの平地で. 二の丸との間に堀があったかも知れない。

以上の三郭はどれも広いとは言えないものである。

• 大手台曲輪　三の丸より一段下がった所で，三日月堀があり. 東端に土塁が45mほど残っている。土塁の前面には、当然堀があったと思われるし. 塁上に塀があったようで. この塀の所で、依田信蕃兄弟が戦死したとされる。

更に一段下がって，大手曲輪があり、ここに3条ほどの堀があったとされる。大手曲輪の一角に，大井氏の墓所と伝えられる墓地がある。

（昭和60年9月24日作図した時に、佐久市教育委員会遺構要図一部参照）

・馬場　桃源院北の台地は上の平と言われる所で、馬場があったとされる。

・搦手　本丸より空堀（上幅8m）を隔てて、幅15m内外、長さ98mの西の曲輪がある。これは古図によると、もう少し幅が広かったようであるが、千曲川の大水のために欠け落ちたらしい。
西の丸より西の中段に8×10の小曲輪があり、更に2段ほどの広い曲輪があり、搦手の守りを固めている。その先は、千曲川の蛇行によって囲まれている広い琵琶島になる。

・水の手　北側の崖下と東側の大手近く。

・居館　南小屋と呼ばれる所であり、南岩尾の集落の中に殿中、中屋敷、下屋敷の地字名が残る。

・三日月堀．　古図では、右側一方に開口している。これが『高白斎記』の天文20年7月の鍬立により改修を受けた際のものとすると、真田氏が居城した当時は、ここから山入西が城内ということになる。元来三日月堀（丸馬出し）は、城の最も外側の虎口につけられる例が多い。しかし主郭部の虎口につける場合もあるので、一概には言えないが、大手台曲輪と大手曲輪が拡張されたのは、いつであったかが問題になる。

一つの考えとすると、武田氏に攻められた時は、三の丸までが城域で、武田氏に従って、真田氏が入るに及んで改修を受けた所は、主として三の丸下の丸馬出し周辺の城の大手一帯。

大井氏が天正年間に岩尾城に復帰した時点で、大手台曲輪、大手曲輪が拡張されたと考えられるが、あくまで推論である。

・諸氏の屋敷　南小屋、北小屋一帯であろう。中世に城のことを「小屋」と呼んでいたのが、ここにその名残りがある。

・依田信蕃攻城の際の城方の布陣．
大手台曲輪に大井吉連．浅沼半兵衛、常陸平六左衛門など
三の丸に阿久津藤十郎．東條新助、神津郷左衛門．
二の丸に依田丹波．柏山刑部左衛門，岡部式部．
搦手西の丸に根井《ねのい》青雲

・武陵山桃源院
行真が祖父行俊の三十三回忌，父行満の十三回忌に供養として建立したもの．

68、岩尾城《いわおじょう》

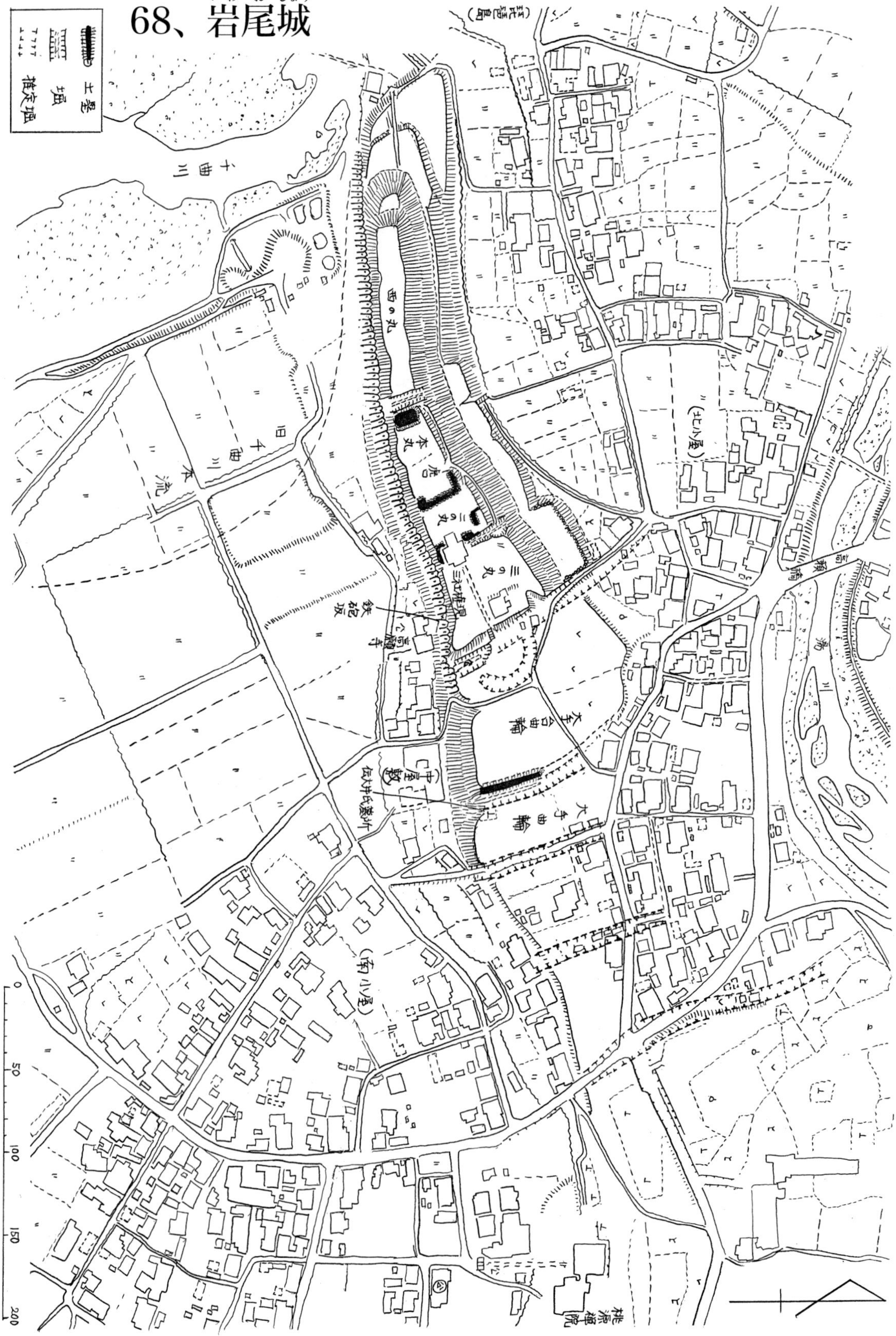

69、平賀城《ひらかじょう》（竜岡城《たつおかじょう》）

69、平《ひら》賀《か》城《じょう》（竜《たつ》岡《お》城《かじょう》）

佐久市平賀城平　（県史跡）　➡103・106頁

平成11年12月11日、15日調、同16日作図
標高849m、比高150m（大林寺より）

〔東西断面〕

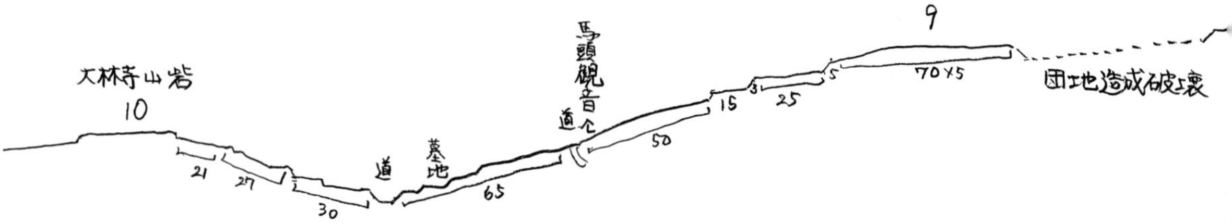

○立地　　内山の谷口にある平賀集落の後背大林寺山から東の山頂にかけて立地する。北の山下には、内山峠を経て上州へ通じる街道があり、交通の要衝にある。北方1kmには内堀城、北東2kmには内山城、更にその奥には五本松城や内山古城がある。南1.5kmの山田神社の近くには蛇沢城があったと伝えている。

○城主・城歴　　諸説があり、はっきりしない。一説には、平賀冠者盛義、その二男義信のときに始まったものと考えられ、後に改修を加えられて今日の姿になったとし、その築城は鎌倉時代以前にあったものと推定されるとしている。（『佐久市史』）　またその伝承として、元暦元年（1184）に平賀義信が築いたとされる。こうしたことから、佐久地方で最も古い城と考えられている。

また、「平賀城、竜岡城と号す。永正・大永の頃（1504―28）平賀成頼旧跡也」と江戸時代の郷土史家は言っているようで、このことから、平賀源心の居城と考えられ、源心が戦死したのは海の口城でなく、ここだと考える人もいるようである。平賀源心その人を仮空の人物とする説もあり、平賀城は謎の多い城である。

○城跡　　平賀氏の居館は大林寺山の麓にあったと思われる。大林寺山の南麓の北谷津が大手口とされる。

・主郭部　　南北に細長い山頂に南から1主郭、2、二の丸、3、三の丸が一列に並ぶ。幅は15m前後で、全長120mほどで、四周は急崖で、仲々人を寄せつけない要害地形である。特に西から南にかけては露岩が累々として東端は断崖である。2には石組みがあるが、後世のものであろう。斜面の至る所に石積みがあり、削平地が斜面全体に散在するが、急斜面のために、幅が至って狭く長いものが多い。

全山殆どが耕作されたり、炭焼き窯があったりして、人の手が加えられているので、どこまでが往古のものか決め難い所もある。全般的に上部のものほど幅が狭く、下部になるに従って幅が10m余の大きな平場が出てくる。

・西斜面　　団地を造成中で、最上部の配水池の所に続いて、大きな平地が階段状に10段余連続する。その中程の4の場所が水の手曲輪で、周囲を土塁で囲み、周辺の曲輪配置もきちんとしている。特に4の曲輪は、幅12mほどあり、それを土塁で区画していて、その南北の虎口もきちんとしている。この城の一つの見どころと言える。また水の手曲輪周辺には石垣が多用されていて、南へ続く曲輪の虎口部分、その西下や東北の道に沿ったあたりは、仲々の縄張りで、新しい部分と思われる。また、5の曲輪は最大のもので、その東端は土塁で守られ、東下に2郭があり、ここが南の大事な防衛点であることがわかる。更にその北上の岩壁真下の15×6の曲輪は、そこから搦手へ連絡する70mの長い

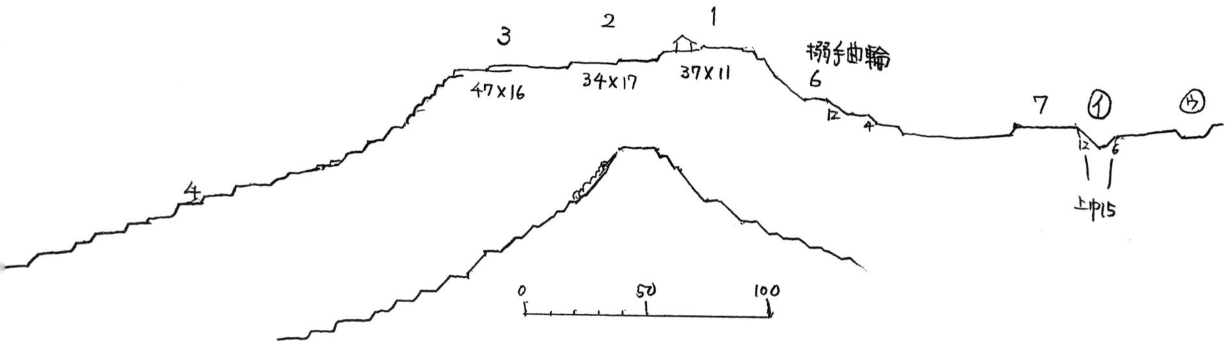

曲輪に連続する大事な場所になる。何か所かに門跡を思わせる場所がある。

・南斜面. 主郭1から断崖になり.その下に数段の腰曲輪になる。矢竹で細部は確認できなかったが.幅は数m で.城下の沢まで続く。後背の㋑の堀の東に,26m上に㋒の堀形がある。7は搦手を守る曲輪で,往古は土塁で囲っていた可能性がある。

・東斜面 数段の長大な曲輪が取り巻いている。 6を搦手曲輪と言っているが.7こそ,その名にふさわしい。6の下に石臼の破片がある。

・北斜面. 登路の左右に小さな削平地がある。北端は不動尊の所から登る岩山で.阿夫利社のある8になる。ここに北面の物見があり.そのつけ根に㋐の堀形がある。

・9の場所 削平地が階段状に続くが.この平地が城のものと即断できにくい。大林寺山への接続と大手口に面していることで何らかのものがあったとは思われる。

・大林寺山砦. 一説には、初期にこの砦ができ、後に平賀城が造られたとも言われる。しかし.山頂部の10は36×15ほどの平場で.1mほどの切岸があるだけで,砦としてはまことに頼りない。西斜面は幅広い緩斜面で無防備に近く.物見程度のものである。南面は宅地化により,段郭は失われているが.これも9と同様に耕作によるものと区別することは難しい。

○以上概観したように.全山に削平地が取り巻く城跡で.耕作されて来ているために城跡の特定は難しいが珍しいものである。それにしても鎌倉まで逆のぼるのはどうかと思う。要所要所は相当改修され使われたと思う。

4C

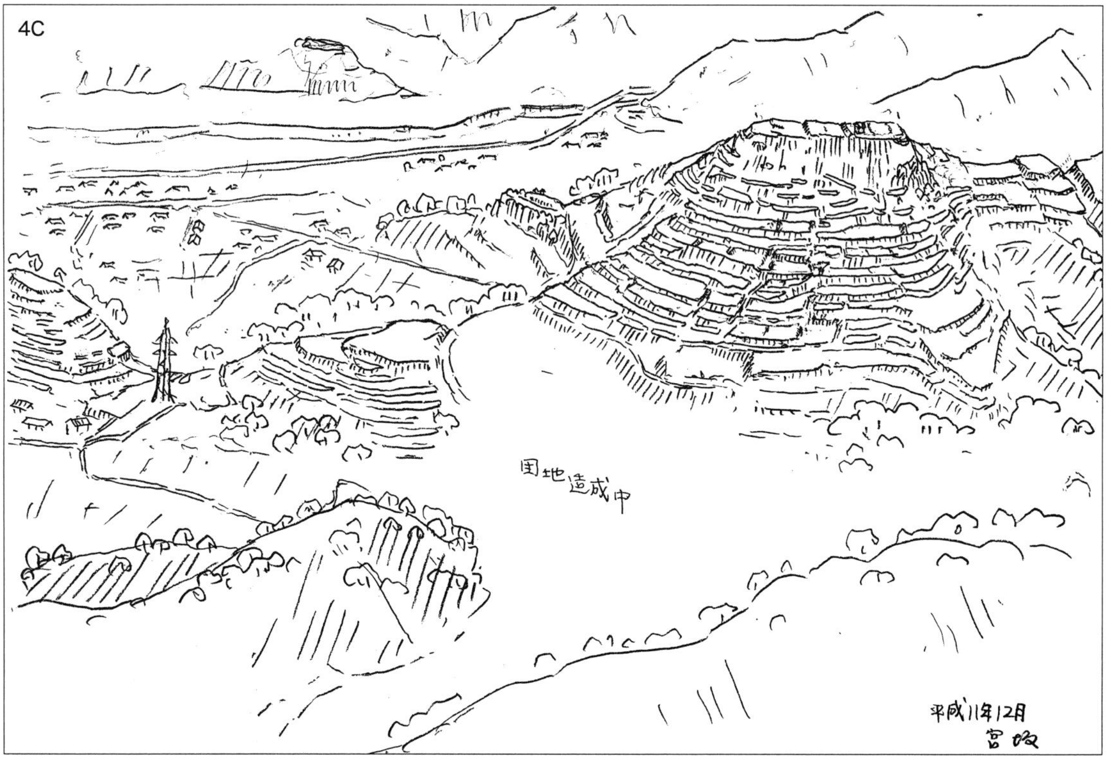

70、落合城《おちあいじょう》（神明城《しんめいじょう》・竜香山城《りゅうこうざんじょう》）

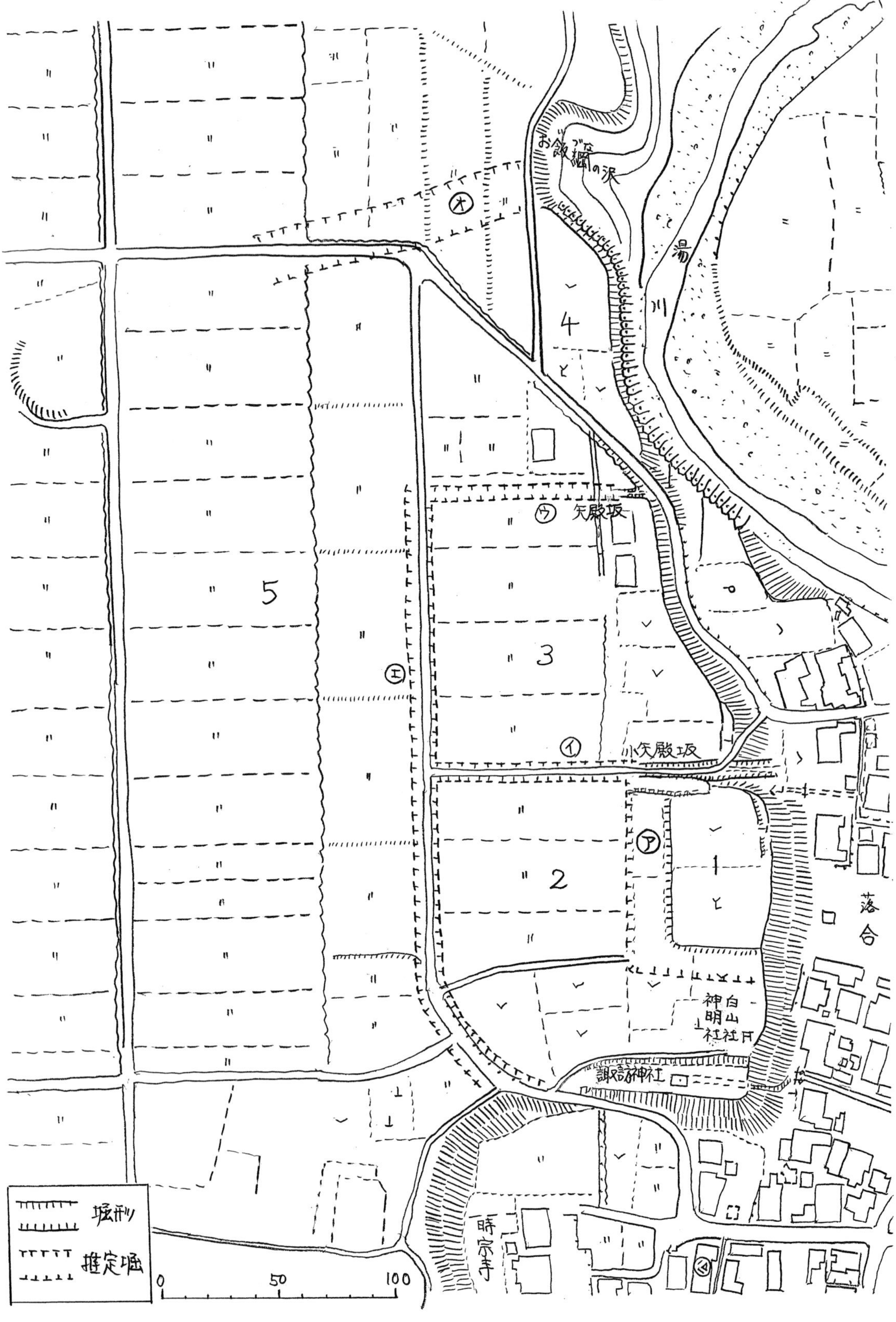

70、落合城《おちあいじょう》（神明城《しんめいじょう》・竜香山城《りゅうこうざんじょう》）　佐久市鳴瀬字神明　➡102頁

平成12年1月7日調、同日作図
標高660m、比高20m。

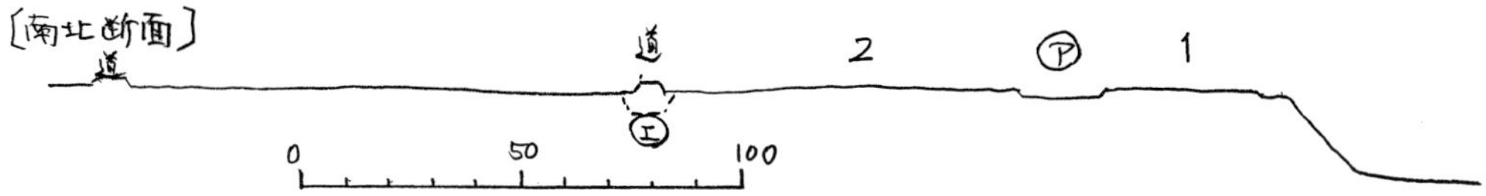

○立地　落合集落の北の台地の辺縁部に落合城がある。この台地は湯川を南限とする塚原の台地で、同一台地上の、北1.1kmに駒形城、東へ2.5kmには道本城があり、根井《ねのい》氏の勢力圏内になる。

○城主・城歴　落合城のある台地上は、鎌倉時代にはいって、大井氏によって新善光寺が建立され、古刹慈《じ》寿《じゅう》寺もあった所で、虎御前伝説も残る。これらの寺院があったことから、鎌倉時代以前に、この一帯は、有力土豪によって、開発されていたことが伺える。

その土豪は、『源平盛衰記』で活躍する落合五郎兼行あるいは、その一統であろうと考えられている。落合兼行は、根井行親の五男と言われている。塚原の広大な原野に私牧を開いた根井氏は、その要所に一族を分置したものと思われる。即ち、落合や今井の城はは、その系列上にあるものと思われる。

○城跡、　構造改善と宅地造成によって、遺構の殆どが消滅している。範囲は、諏訪神社の所から、お飯《い》綱《づな》の沢の間の崖縁部が城域で、小矢殿坂の堀割りは堀跡の名残りである。矢殿坂はわずかに痕跡が残る。1の所が内郭であろう。㋐の所に少し低い所があり、堀の名残であろう。小矢殿坂や矢殿坂の堀は、多分㋓のあたりで囲んでいたと思われる。またお飯綱の沢に続く㋔の堀が、ことによったら北の道路のあたりへ続いたことも考えられようが、そうなると少し大き過ぎるように思う。1、2、3、4あたりが城域に含まれ、場合によっては、最大5も加えられるかも知れないが、現場からは見当もつかなくなっている。

○造りが道本城と酷似しているのに気づく。同一時代のものであろうが、確認することはできない。（『佐久市誌』菊池清人氏調査による「落合附近要図」を参照した。）

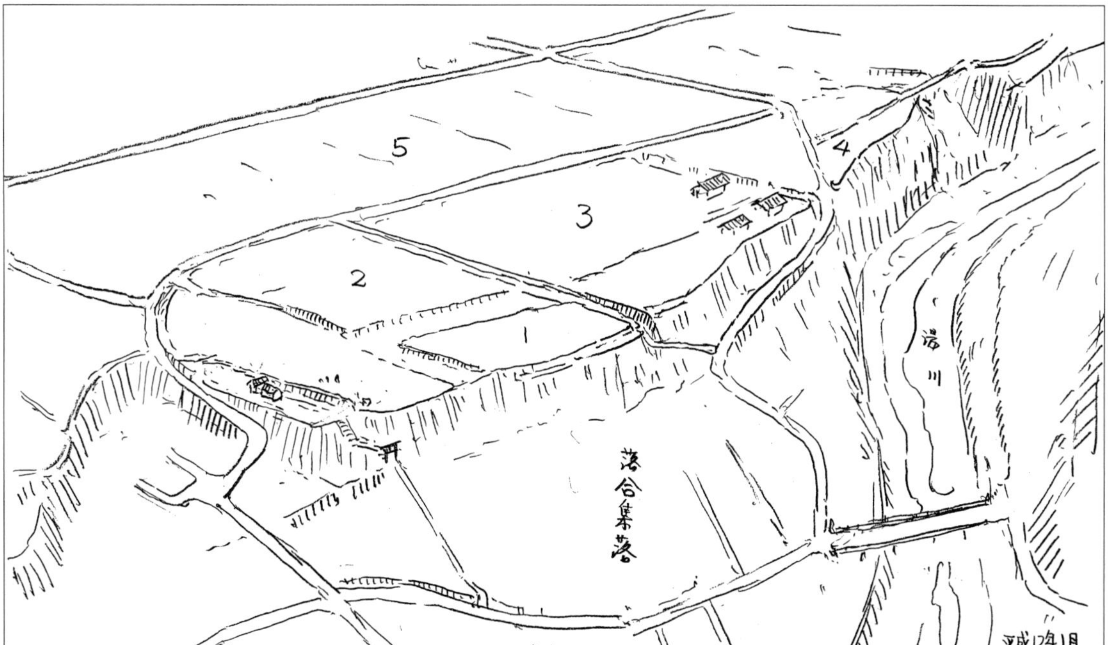

71、道本城《どうほんじょう》

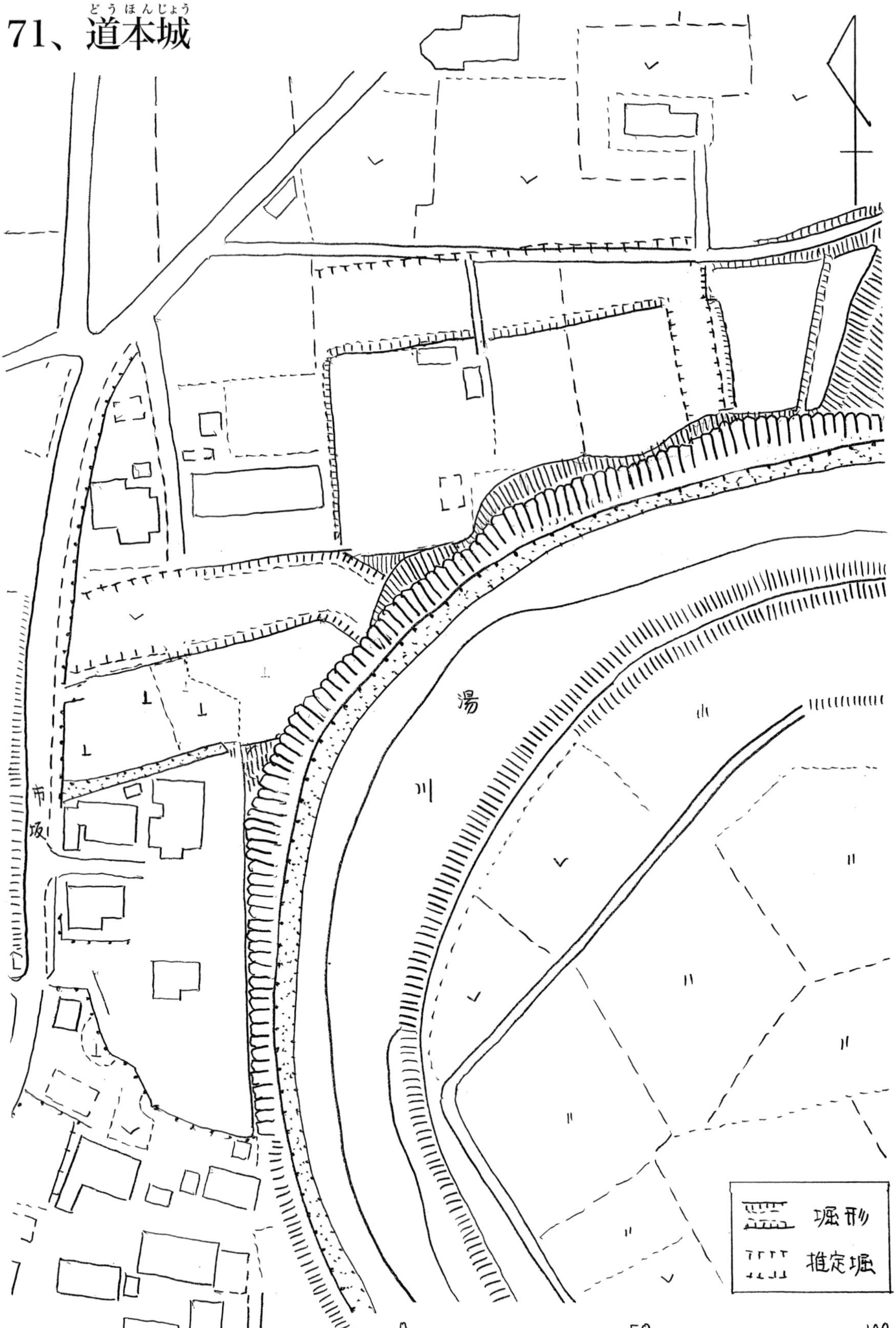

71、道本城《どうほんじょう》

佐久市根々井字道本城 ➡102頁

平成11年12月25日調・同26日作図

標高684m．比高17m

〔東西断面〕

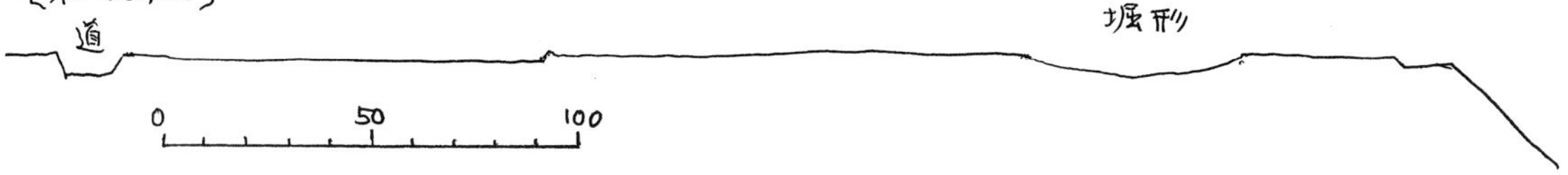

○立地　根々井集落の後背、塚原の台地の湯川に面した断崖上に道本城がある。塚原の広大な原野は根井《ねのい》氏の私牧の跡で、集落は、台地の下、湯川との間に展開する。集落へ下る坂を市坂と呼んでいるようである。ここが従来考えられて来た根井氏の館跡とされる。

○城主・城歴　根井氏は木曽義仲軍の中で活躍する行親の父、望月国親のころ、根々井に定住して根井氏を名乗るという。塚原の広大な原野に私牧を経営して、強力な騎馬軍団を持つ武士層に成長し、下塚原の駒形神社を牧の守護神としてまつったと考えられている。

木曽義仲が治承4年（1180）以仁王《もちひとおう》の令旨により、丸子町の依田城で平家追討の兵を挙げると行親はこれに参加。横田河原、北陸路を転戦、やがて京都三条河原で戦死するまで、常に義仲軍の中枢にあって活躍する。

根井大弥太行親（小弥太幸親）の名が登場するのは保元の乱で、後白河天皇の側の義朝軍に参陣した中で、海野太郎、諏訪平五、木曽中太など信濃武士の中で奮闘し、矢に当って負傷落馬したことが『保元物語』に出てくる。正法寺境内に「根々井行親供養塔」と呼ぶ鎌倉前期の層塔が残る。

○城跡　蛇行する湯川の流れが突き当る断崖の縁部を利用して造られているために、今までに崩落して狭められた可能性はある。周辺は開発されて、遺構は一層わかりにくくなっているが、かすかに、堀跡と思われる窪味が見取れる。しかしはっきりした縄張りはわからない。崖縁を冂形に囲ったようである。北西部の堀が消滅していて、墓地の部分との関係が不明。

○昭和40年に正法寺周辺を根井氏の館跡として、長野県史跡に指定されたが、疑問視される向きもある。

（郷土出版社『佐久の城』）

72、駒形城《こまがたじょう》

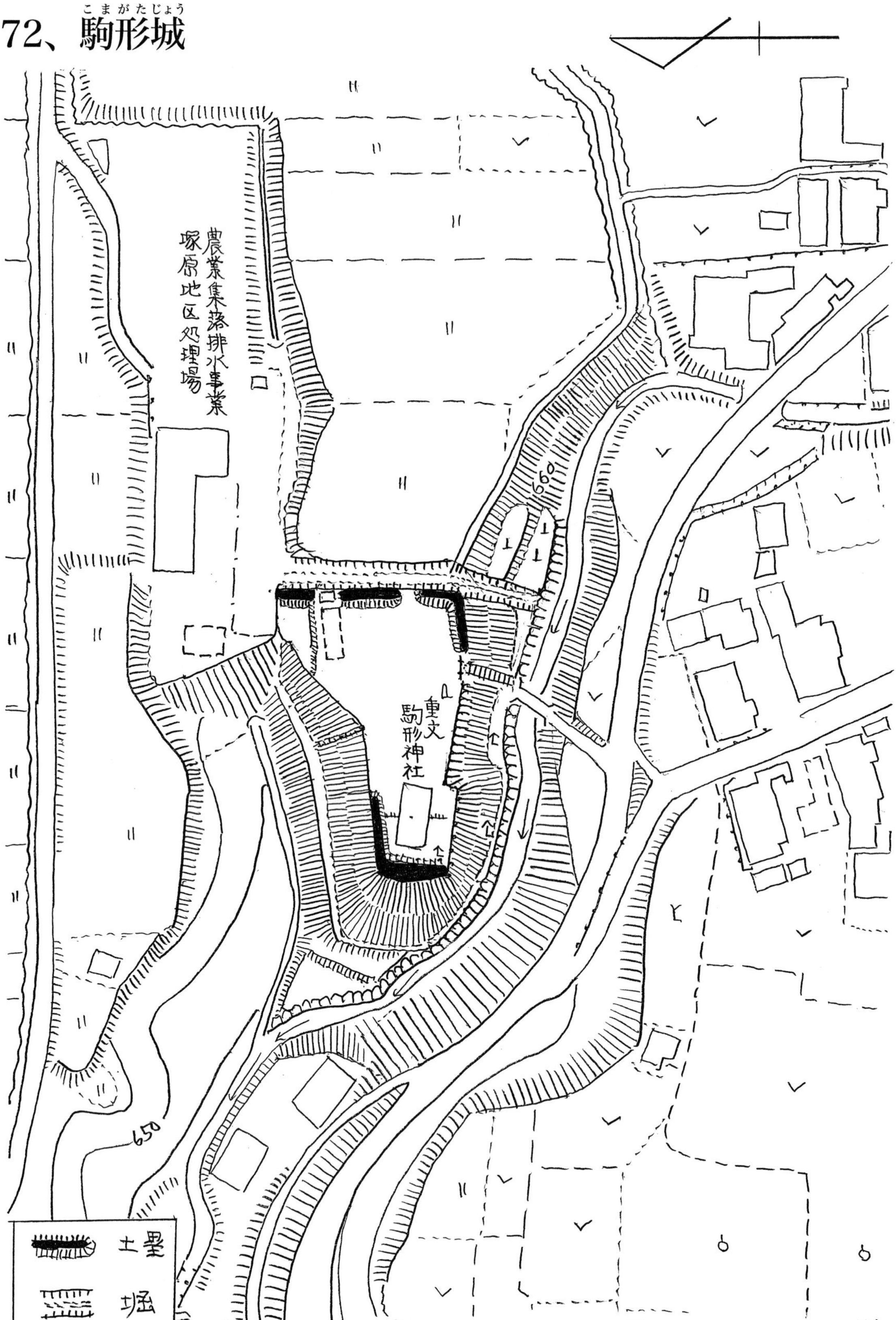

72、駒形城《こまがたじょう》　　佐久市塚原字新城　　➡102頁

平成11年11月23日調・同25日作図
標高659m、比高12m

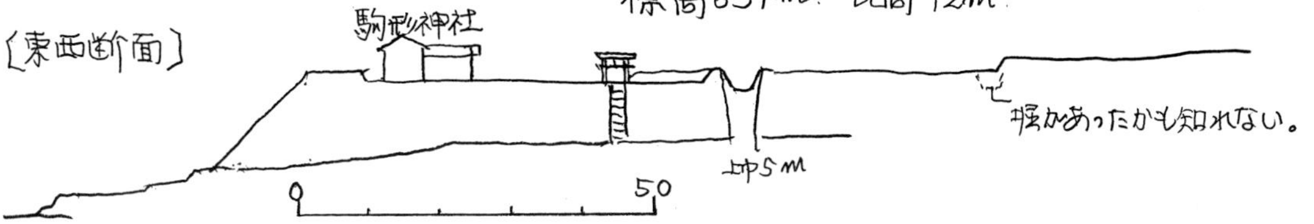

○立地　下塚原地区の台地が千曲川畔の塩名田へ下る崖縁を利用して造られている。ここは、旧中山道筋に当り、古くから拓けた所で古墳の多い地帯でもある。城跡には重文の駒形神社があり、この神社と砦との関係が問題になる。北西800mの所に五領城があり、立地条件も似ている所から、耳取大井氏に関連することが考えられるがはっきりしたことはわかっていない。

○駒形神社が牧場と関連する所から、一帯を支配した氏族と関連すると考えられる。城主・城歴についてははっきりしたことはわからない。
隣接する五領城から見て、耳取の大井氏の砦の一つであると考えられよう。ただ、駒形神社との関係からすると、神社の方が先で、その境内を利用して砦化したとも考えられるが、後究にまちたい。また、同一台地上に私牧を経営していた根井氏との関連も視野に入れる必要もあろうか。

○城跡　台地の辺縁部を小河川の浸蝕によって突出した部分のつけ根を一条の堀と土塁で独立させて砦としている。かっては、東側にもう一条位堀があったかも知れないが今は水田になっていてわからない。地形から見て、その可能性はある。
北、西、南の川との間に、現在遊歩道ができているが、これは往古はなかったと思われる。
南面は急崖で崩落していて、少し狭まったかも知れない。全体に少し狭少のように思われるが、東に堀があって、もう一郭あったとすると、耳取大井氏の支城として使われたことなどが想像できる。あるいは、根井氏の牧場と駒形神社が関係があるか、問題は残る。

73、鷺林城《さぎばやしじょう》

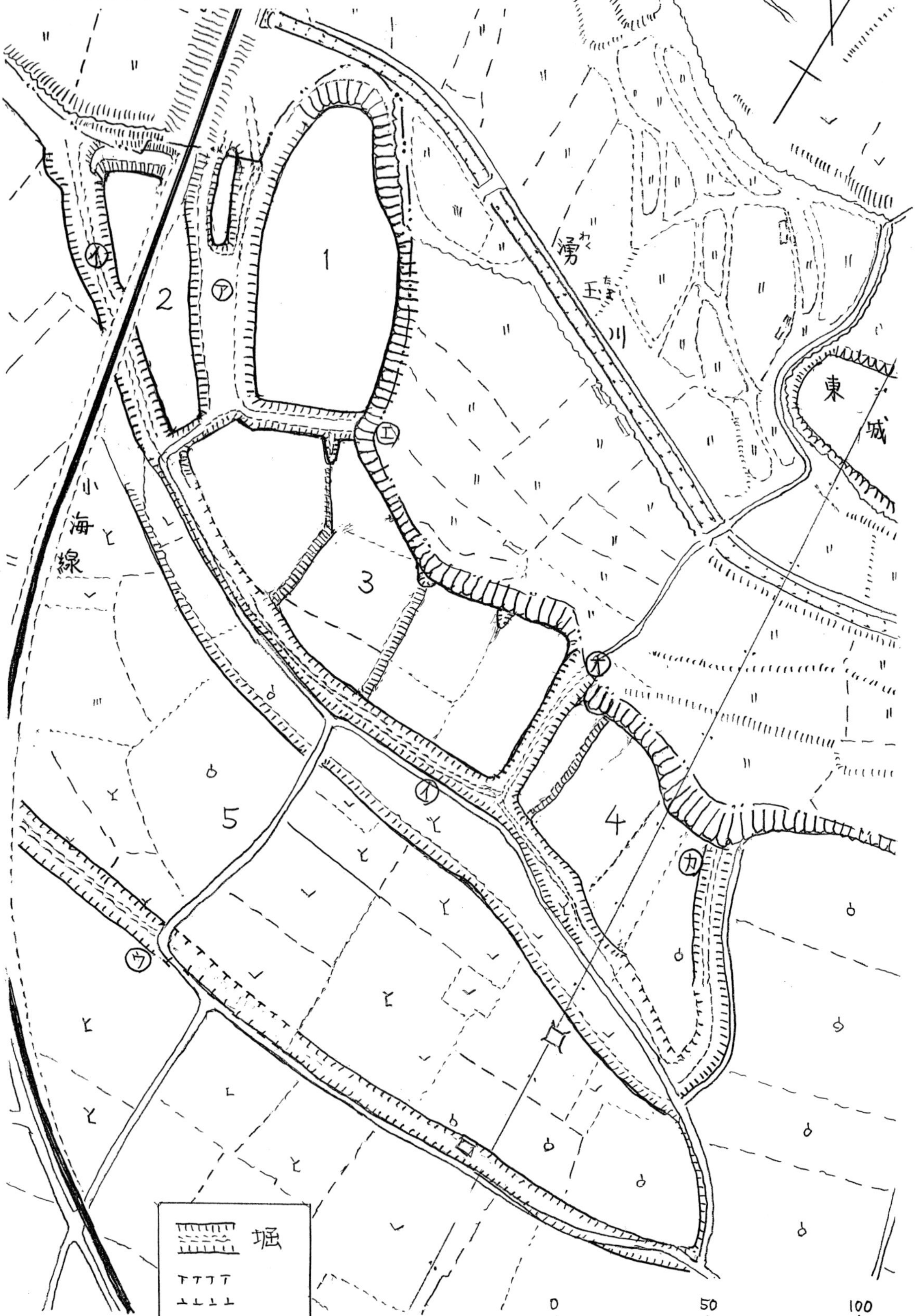

73、鷺林城《さぎばやしじょう》

佐久市常田字市村

102頁

平成11年7月31日調・8月1日作図、8月4日再調

標高698m、　比高 8m.

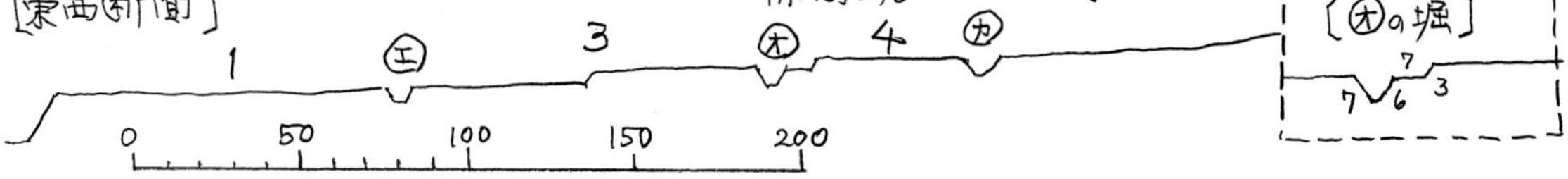

○立地　湧玉川《わくたま》の田切の沢の左岸の台地上に立地する。沢を挟んで東城の台城が至近にあり、共に耳取城の東の備えと考えられている。

北面の湧玉川に面する所は8mの田切りの絶壁が城壁となっているが、南面は台地上になるために無防備になる。ここに㋐㋑㋒の3条の堀を掘って固め、そこに一列に曲輪を並べる連郭式の縄張りをしている。

○城主・城歴　発生は、在地土豪層による砦があったことが考えられるが、『高白斎記』の天文18年(1549)9月の条に「九月大朔日丁卯鷺林ニ御陣スヱラル、四日平原ノ宿城放火…」とあり、武田晴信が平原城攻めの本陣としている。この時には甲軍は伝承では一ツ谷西の釜神あたりに陣を張り炊事の釜神をまつったとされる。4日に宿城に放火し、晴信は14日まで鷺林城にいて、内山城へ馬を納めたようである。備えが固く平原城は落城しなかったようであるが、後に落ち、佐久は再び武田氏の支配下に入る。

武田氏の属将、下曽根内匠入道覚雲の居城であり、そこへ晴信が本陣を置いたとする説がある。そうすると東城は耳取大井氏の系類に属し、鷺林城は、武田氏の系統になり、発生が異なることになる。確かに鷺林城は北方に備えた城で、東城とは同一目的のものとは考えられない。

○城跡　主郭は1で、2の曲輪との間の㋐の堀は一部2重になっている。㋑の堀は連郭の南を守り、東へ移ると2段の堀になっているので、2重の堀にする意図があったのかも知れない。平らで不安のある南側には、もう一条㋒の堀を入れているが、西端はあいまいで、未完成の感があり、陣城として、一時的使用のためとも考えられる。これは天文18年の時には、既にある程度の城構えがあり、それに手を加えたものと思われ、東城と対称的な姿である。

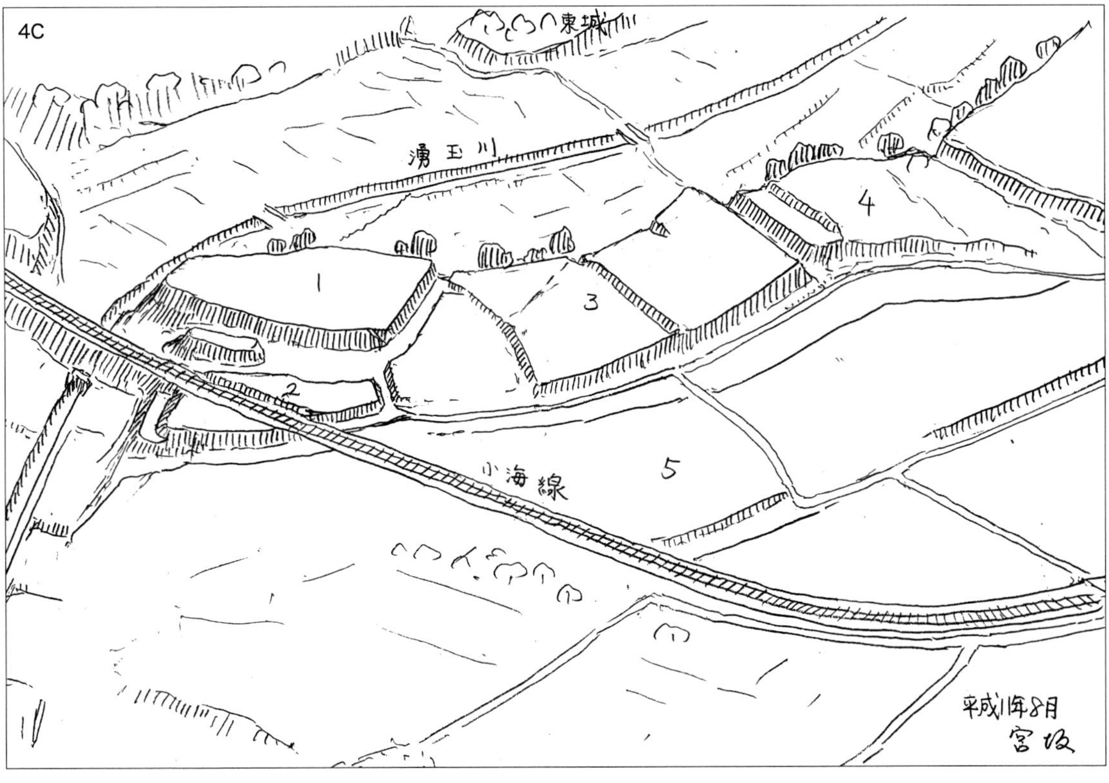

74、戸谷城《とやじょう》　75、猿田城《さるたじょう》　76、曽根城《そねじょう》　77、鍋割城《なべわりじょう》

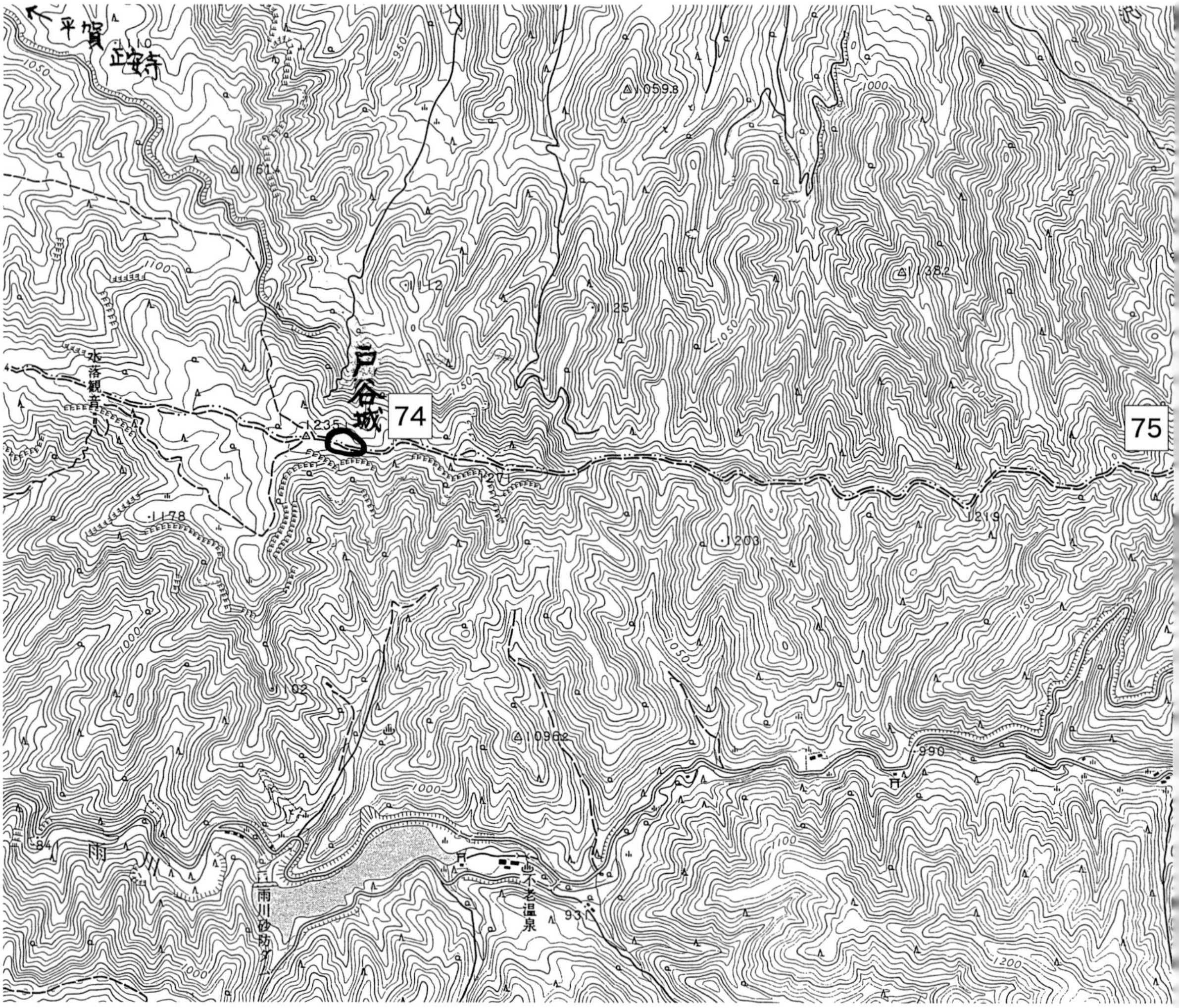

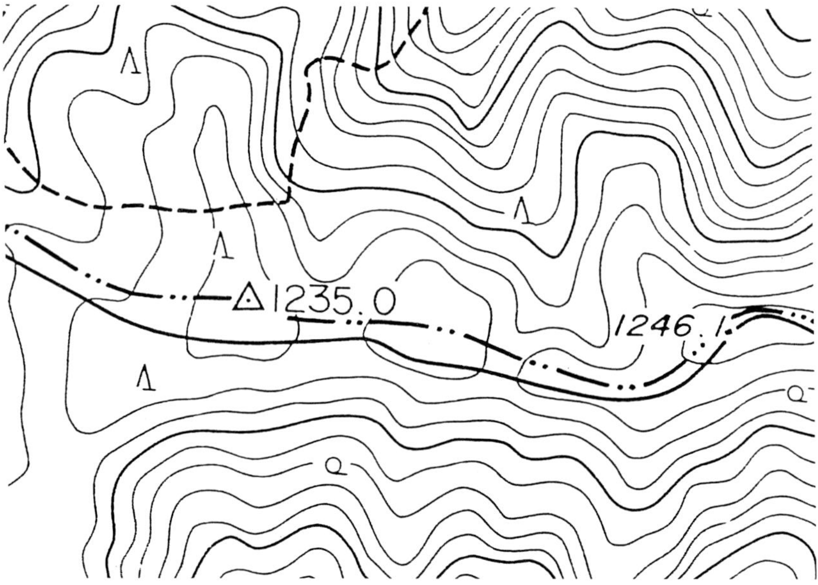

○鳥谷城《とや》の比定地.

通称『天正の古図』に「長谷川大和守住」とあるのが、左図の1235m峯と1246m峯の間あたりと考えられている(『佐久市史』)が、私の見た限りでは、この一帯に城跡、砦跡、と思われる遺構は発見できなかった。尾根上に林道が通り、平坦な地山が連続している。西側は平らな尾根が展開する。そのあたりを言っているのであろうか。

平成11年12月18日・21日調・ まとめ 同21日.

➔104・105頁

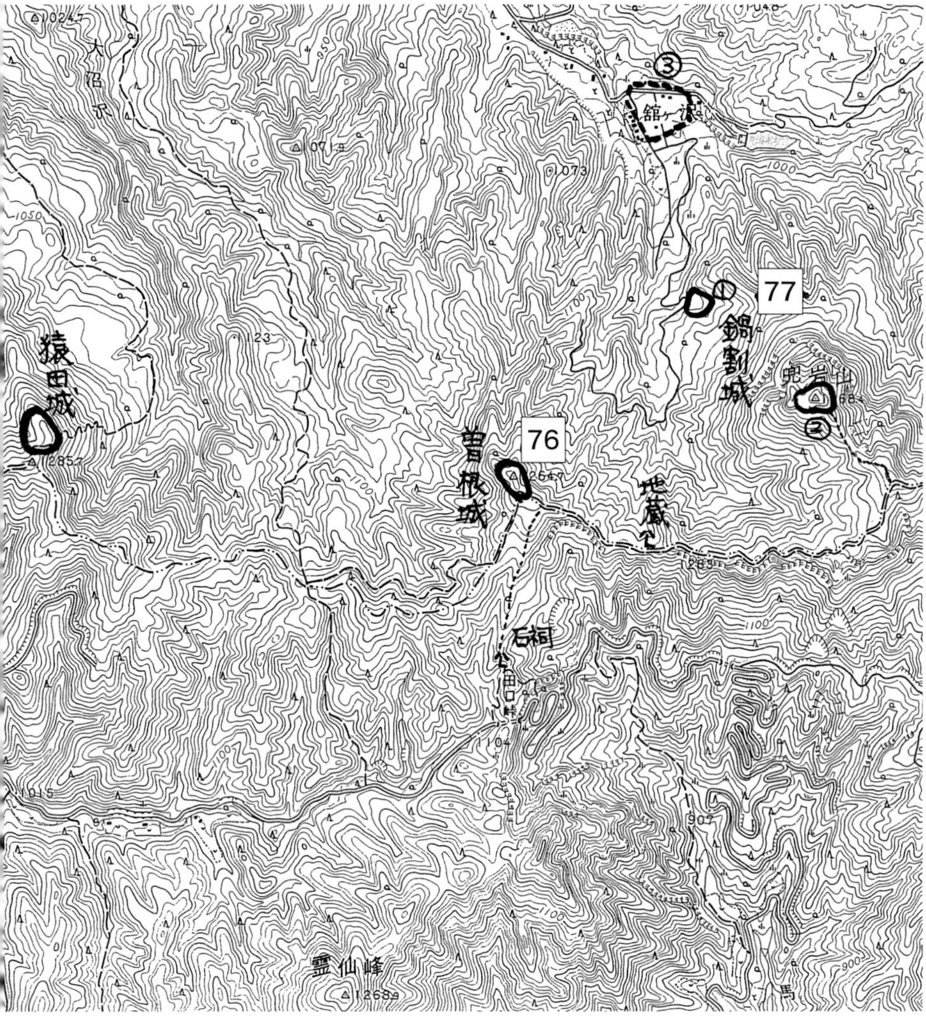

○下方で鳥谷城、曽根城について現地の観察所見を述べた。また別項で鍋割城の比定地について私見を述べたが、少なくとも『佐久市史』附図の「佐久市域の城館跡」に記載の地域には、城館跡に関する確証を得ることができなかった。

このことから、この位置が違うのか、あるいは『天正の古図』の表記に問題があるのか、何れにしても更に検証してみる必要があろうと思う。

○蛇沢城について
山田神社の近くにあり黒沢藤太郎植光が居城したと伝説のある蛇沢城は、蛇沢の沢中に居館があったのではないかと思われる。山の上にあったとすれば、何らかの形が残ると思うが、それは見当らない。

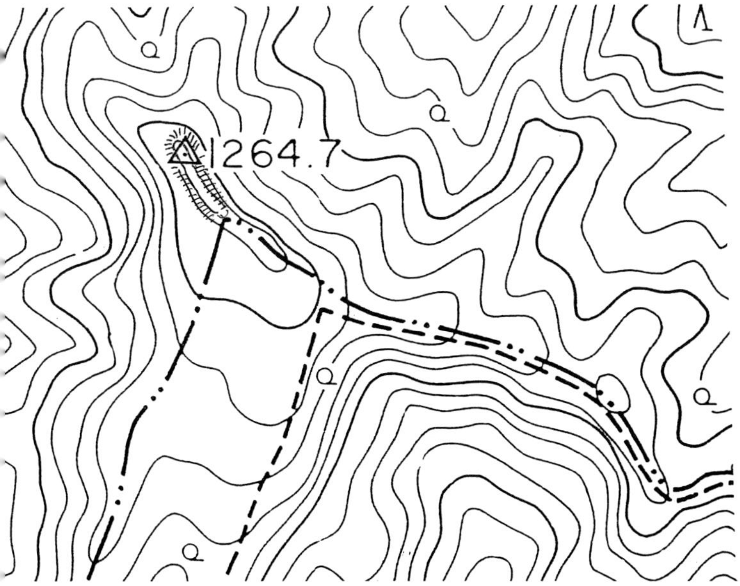

○曽根城の比定地.
通称『天正の古図』に「曽根隼人正、武藤備中守両人住」とあるのが曽根城とされ、1264.7m峯附近とされる。田口峠から星尾峠への自然道が県境尾根を通っていて、その道から少し西北へのぼる。山頂部は43×3ほどの細長い形で、特に削平された風はない。南側の尾根筋が幅広くなだらかである。ここにも城砦の遺構は確認できない。

ここから尾根通しに東行し、やがて分れて北行すると鬼岩山に至る。
鍋割城も確証がなく、猿田城は見てないが同類と思われる。

77、鍋割城《なべわりじょう》

佐久市内山字鍋割 ➔105頁

平成11年12月18日, 21日調・同日作図

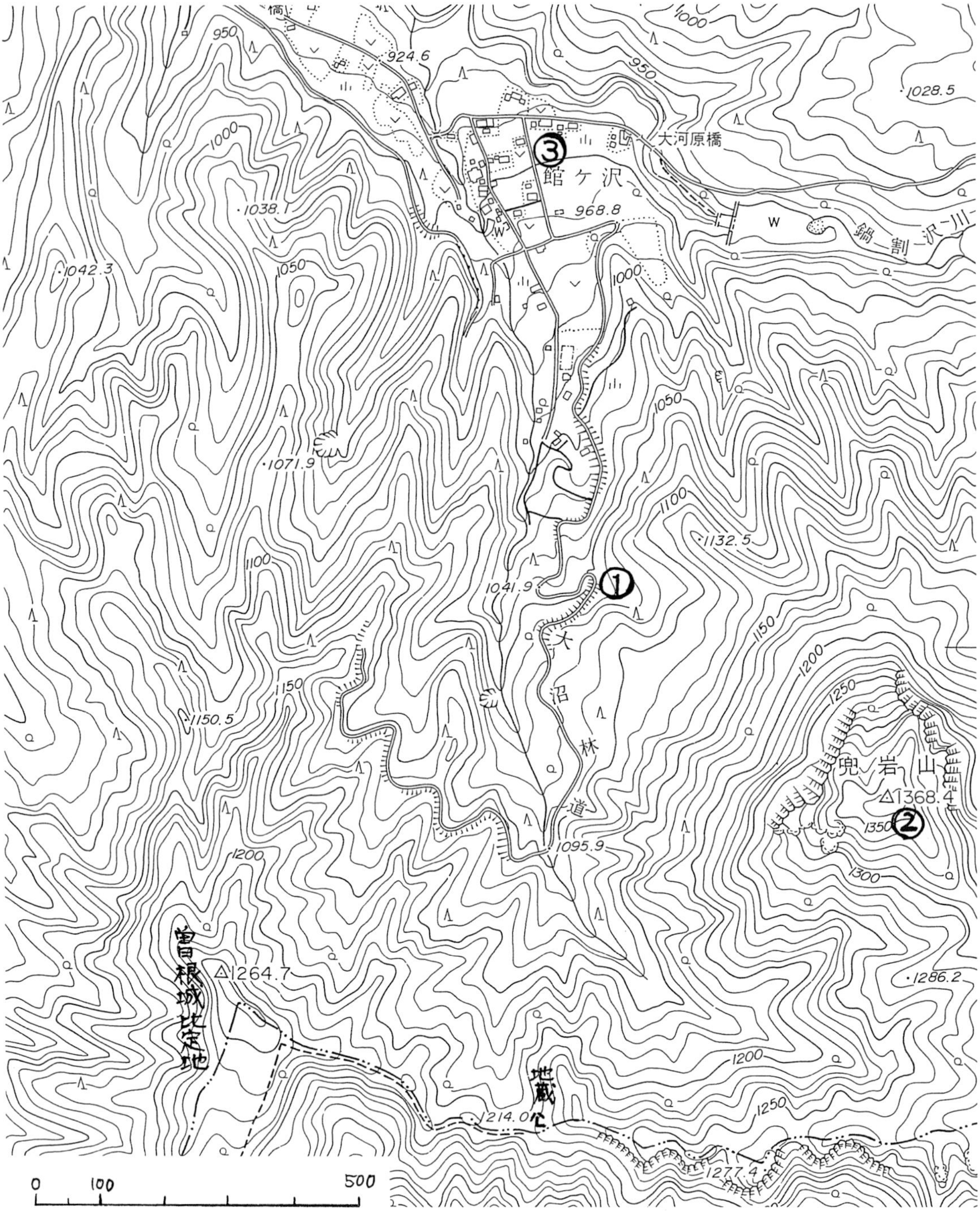

○鍋割城の位置

①、地元の上原鐳三氏は、館《たて》ケ沢から大沼林道を700mほど登った兜岩山の北西山麓の窪地を比定している。ここは林道より少し上がった所で、幅35m、奥行48mほどの平場があり、林道側に石が散乱していて、これが石垣が崩されたものだと説明される。

ここは大門窪の中に含まれ、北西に向いた窪地で近くまで別荘がある。

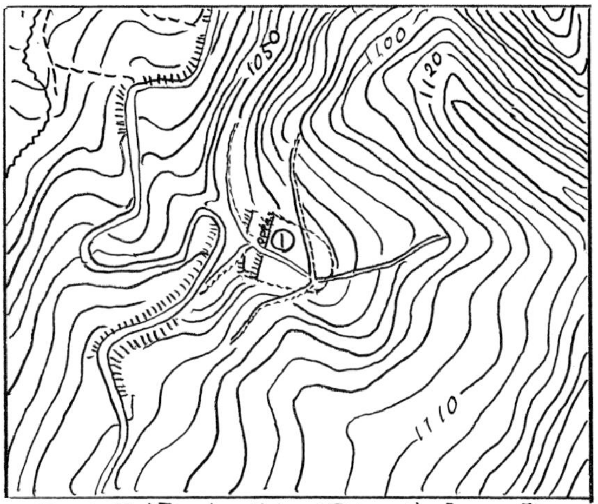

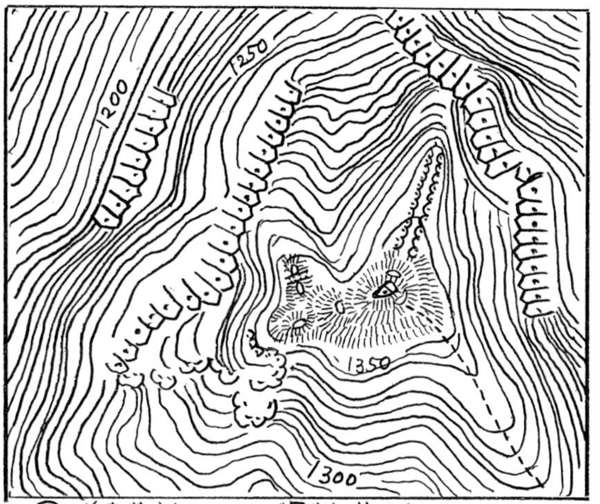

① 上原鐳三氏の考える鍋割城　0　50　100　② 従来考えられていた鍋割城（兜山山頂）

② 従来考えられていたのが兜岩山の山頂附近である。山頂は16×5ほどの三角形をした平場があり、三方向に尾根が分岐するが、南の登路に当る尾根以外は、先端部は断崖になる。狼煙台あるいは物見にはよいだろうが、高いし、水が得られない。

。以上の2つの比定地であるが、少なからず問題がある。①はまず位置である。この山の中では領国支配の館とは考えられないし、狼煙台、物見の根小屋としても無理がある。あとは山道の見張りであるが、館ヶ沢から田口峠を経て南牧村の勧能へ通じる山道があったとすると、この位置も意味がある。兜岩山の南の県界尾根上に地蔵と石祠がある所をみると、館ヶ沢を詰めて尾根を乗越すルートがあったかも知れない。

②の方は孤絶した岩山に砦を置く意味が少ない。狼煙台としても高すぎて天候に左右されやすいし、逃げ込み場所としては考えられないことはないが、水や安全性に問題が残る。ここは行き止まりである。

③ そこで考えられるのは、鍋割の地名である。これは分岐点を指すことばらしいが、兜岩山の北下のダムのある川が鍋割沢川である。この沢と関係のある場所にあったから、鍋割城の名がついたと思うのである。それに館ヶ沢の地名であるが、この場所附近に館(たて)、屋敷があり、それを鍋割城と呼んだとも考えられる。　③のあたりなら、2つの大きな沢が合流する所で、星尾峠への山道にも接し、砦を置くには条件は整ってくる。私は鍋割城の場所を、館ヶ沢集落のあたりと思うのだがどうであろうか。

。城主・城歴　『長野県の中世城館跡』によると、位置は山頂とし「中山和泉守居城址という。」とあり、内山城の砦としている。物見を想定しているのであろう。天正の古図（平賀成頼佐久郡平鈞絵図）によると兜岩山の山下らしい位置に鍋割城があるらしい。天正の古図を見ていないので何とも言えないが、もし石垣の上に櫓の絵でも描いてあるようなものなら、江戸期の作であろうし、昔の絵図は、位置・方位等適当に描いているので注意を要する。今後の研究が必要であろう。

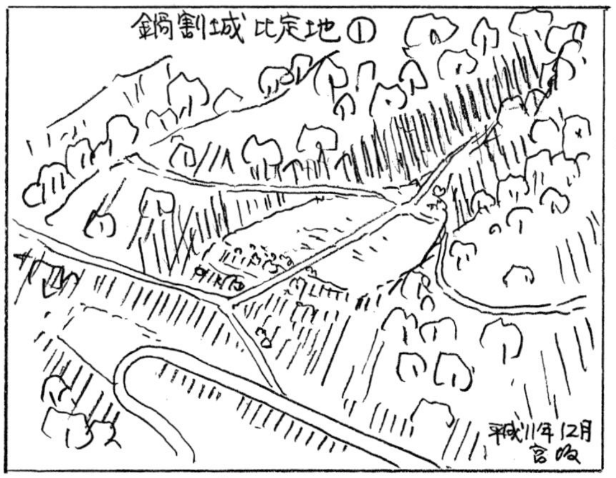

78、内堀城《うちぼりじょう》

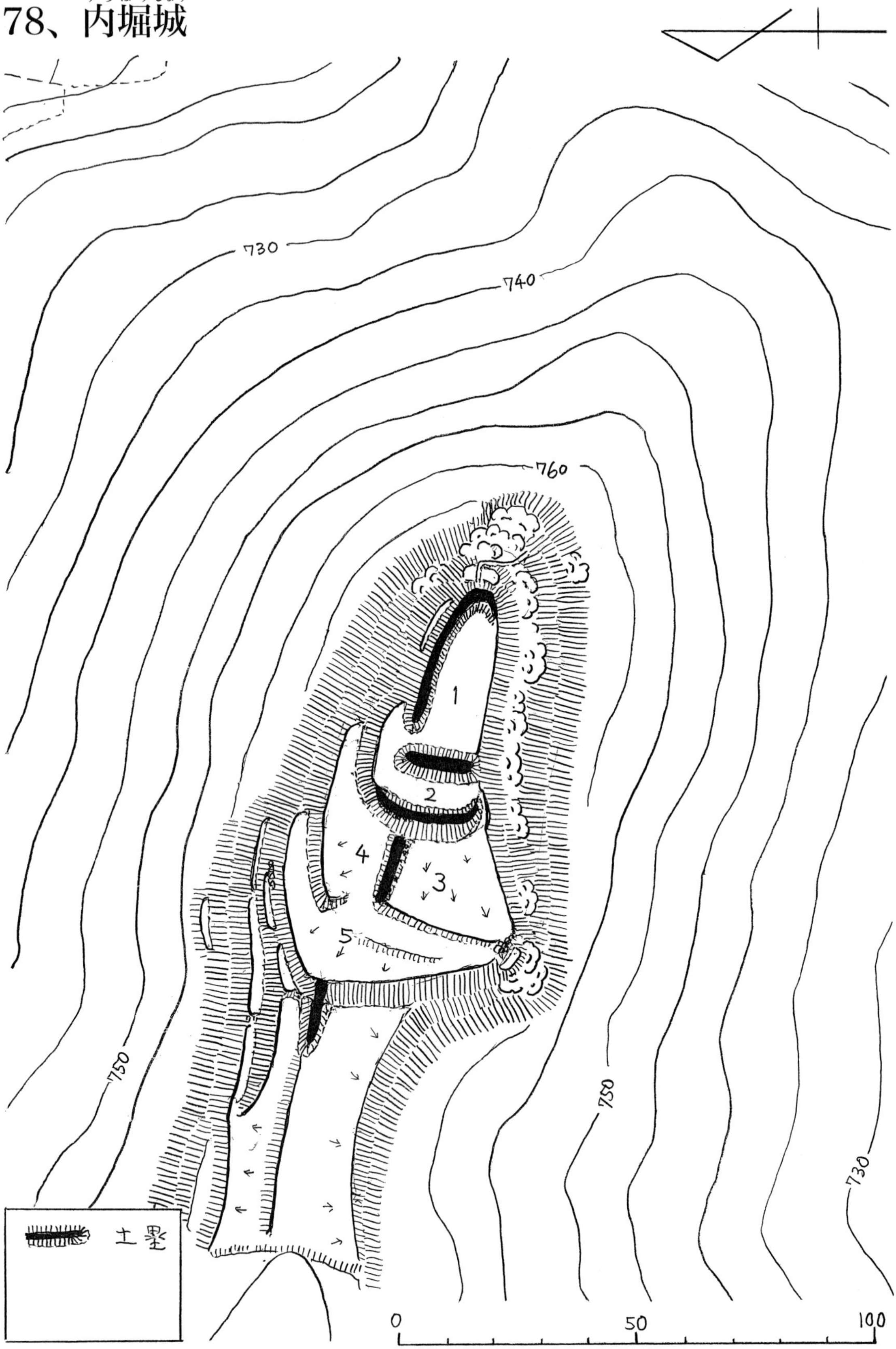

78、内堀城《うちぼりじょう》

佐久市平賀月崎

➔106頁

平成11年12月9日調・同10日作図
標高 781.9m、 比高77m(東の山下より)

〔東西断面〕

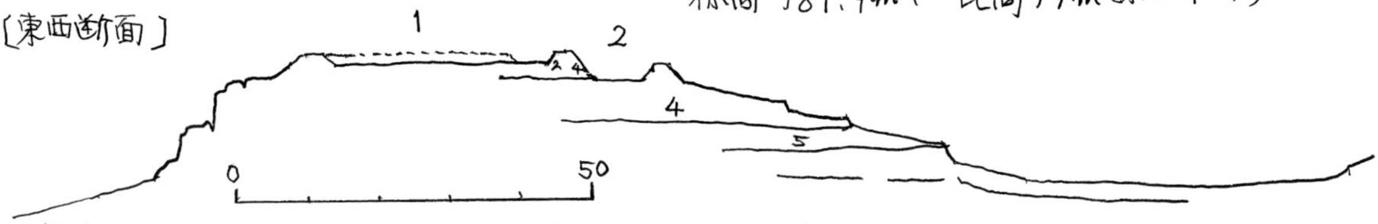

○立地　内山の谷の入口の大字平賀の月崎に内堀城がある。内山の谷へ岬状に突き出た小山で、対面には平賀城があり、共に内山城の前衛の城という位置にある。現在北側はすぐ近くまで佐久ゴルフ場が造成され、南面は採石場になっているが城跡の主要部はよく残っている。

○城主・城歴　江戸時代の初、慶長頃に書かれた古図によると、内堀源太左衛門が居城したとされるがくわしいことはわからない。位置からすると、平賀城の支城か、内山城の支城と考えられる。

○城跡　山頂の主郭1は、東西36m、南北15mほどの広さで、西と北辺に高さ1～2mの土塁が囲み、北西の隅に虎口が開く。東端の土塁の上面は幅が広くなっているので、櫓台になっていたことも考えられる。

周囲は急崖で、東から南にかけては巨岩が立ちはだかり、侵入はできない。1の虎口の前面は、馬出しのような空間があり、これを含めて、西側に長さ23mの土塁が囲んだ2の曲輪がある。この2の曲輪へは、南端の土塁の切れた所へ3から入るようになっていて、この縄張りは巧妙で、戦国末期の様相を見ることができる。3、4、5は傾斜地で3、4の間には土塁状地形が認められる。一帯は耕作された形跡もあるので、改変を受けている可能性があり、馬場とも言える西の鞍部は、長さ56m幅が20m前後の平坦地で切岸等は不明りょうである。

北の斜面下部には畑があり、中段まで段々がある。また東南採石場の上の段も城の何らかの施設があったことが考えられるが、はっきりしない。後背の幅広い鞍部に堀が入っていないのが気になるが谷口を見張る砦とすれば、十分の備えとも思われる。

79、内山城《うちやまじょう》

佐久市内山字城下 ➡107頁

平成11年12月6日、同9日調・同日作図

標高913m，比高193m（旧国道より）

〔東西断面〕

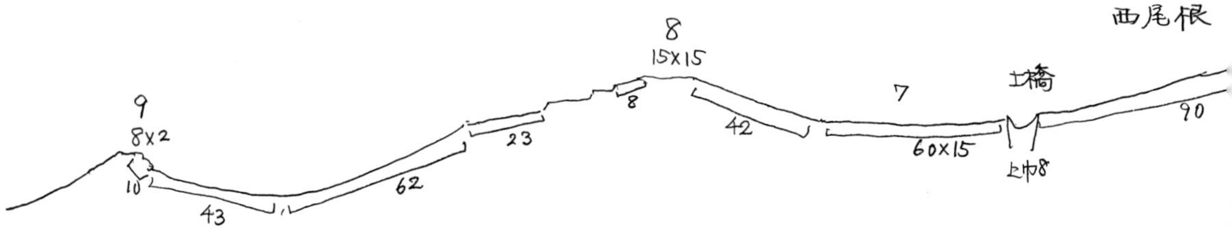

〔南北断面〕

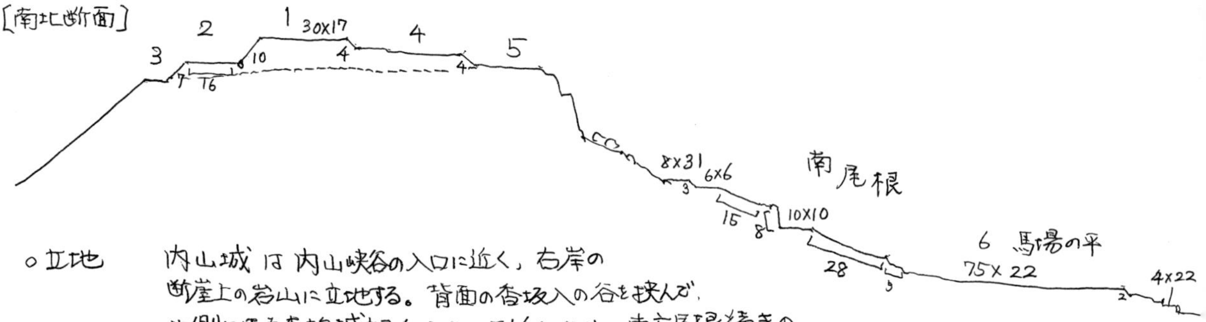

○立地　内山城は内山峡谷の入口に近く，右岸の断崖上の岩山に立地する。背面の香坂入の谷を挟んで，北側には五本松城が600mの至近にあり、東方尾根続きの500mの位置に内山古城《こじょう》がある。この内山の谷は，東行して内山峠を越えると上州へ通じる重要路で，谷の奥まで集落が続き、谷の入口の平賀には平賀城、月崎には内堀城があって守られている。

□城主・城歴、　内山は中世初は，平賀郷に属し，平賀氏の支配下にあった。文安3年（1446）頃，平賀氏が滅亡した後は、大井庄地頭大井氏の手に移り，永正年間には大井（内山）美作，続いて，大井小次郎隆景が在住したらしい。

その後，文明8年（1476）の内山の地頭は須江入道沙弥《しゃみ》善孝・依田美濃守光俊，同18年（1486）には依田美濃守光俊の大井系依田氏になっている。（『諏訪御符礼之古書』）

天文15年（1546）5月，小県郡長窪城主大井貞隆の子（あるいは弟）の貞清の内山城を武田晴信は奪取し，ここに上原伊賀守昌辰（後の小山田備中）を配置する。上原氏は，内山峠を越えて上州から侵入して来た上杉憲政軍をよく防いだと伝えられる。

天文17年4月，佐久へ侵入した村上義清の軍は「動内山宿城，過半放火」（『高白斎記』）とあり，内山には，既に宿城（根小屋）があり、城下町が形成されていたことが伺える。しばらく攻防戦が続いたが，同年9月にようやく晴信が出馬してこれを退ける。同20年，以前の城主大井貞清が武田氏に従って内山城主に復帰する。貞清は天文22年（1553）に常田合戦で討死。後は昌辰の子昌行が在城。天正10年（1582）3月昌行，高遠城で戦死。その子小山田藤四郎昌博が入るが，同年7月北條氏に攻略されて落去。　北條氏は猪俣能登守を入れるが，徳川方の依田信蕃の勢力が拡大し，内山城も攻略されて，以後廃城となる。（一説には依田信蕃に追われたのは、小山田六左衛門で関東へ去ったという。）

以上のように変転きわまりない歴史の舞台であり、武田氏に攻略されたのは、内山古城，であるとする説もある。

大井貞清が本城としたのは，奥まった下から見えない内山古城とは思えない。立地条件のよい内山城が当然あり，その奥の古城は、造りから見て逃げ込み城（詰城）であり，

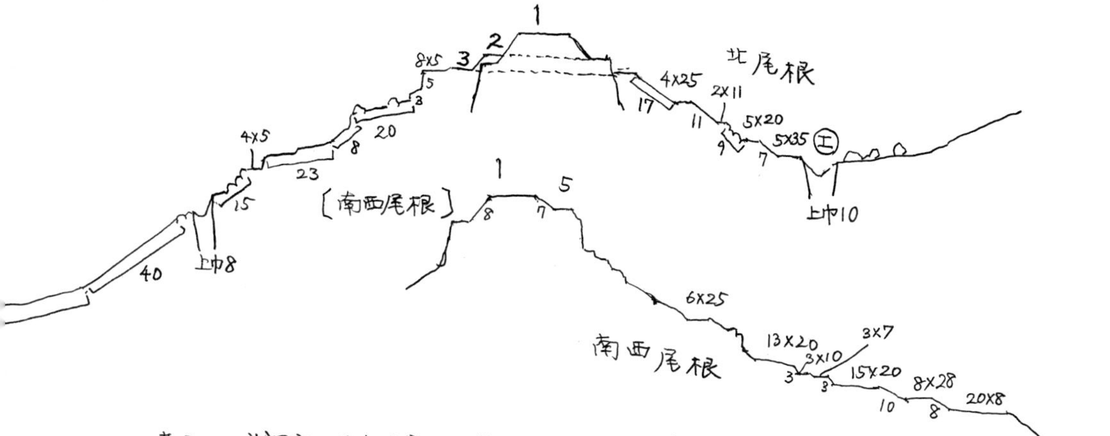

奪取した武田方で佐久経営の拠点の一つとして、大改修を加えたものであろう。その主力は宿城の整備で、同じことが諏訪の上原城で行われている。

根小屋部分は、絹笠神社の下の城下地籍と考えられていて、ここが内山城の大手口に当る。町部分には、南北の小路が整然と並び、武田氏の改修の跡がよく残っている。

◎城跡、山頂の主郭部分には、宗吾神社のある主郭1の北下に2、3、南下断崖との間に4、5の5つの曲輪が造成されていて、近づき難い。大手の絹笠神社は、居館の背後で大手口になり、登城路にそって10ほどの曲輪が並び所々に石垣が残る。城下町を囲むように延びる西尾根は、2つの堀と7の平場や8,9の堡塁で香坂入の沢からの侵入に備えている。南の尾根には、断崖の下から末端に至るまで、曲輪が階段状に続き、中段には、最大の馬場の平と呼ばれる6の曲輪がある。後背の東尾根は、巨岩累々とした急斜面に4つの曲輪があり、ここからの侵入は難しい。寺沢側には、石垣群が続くが、これを城のものとは即断できにくい。要所要所にあったとは思われる。

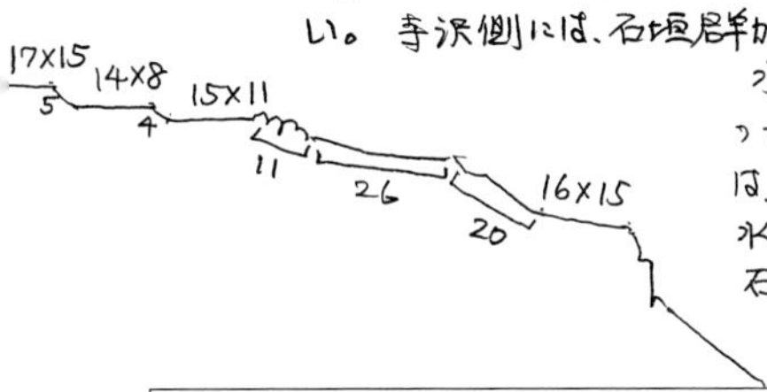

水の手は、東尾根の鞍部から75M下った所に井戸があり、深さ3.5Mほどの深さに埋っている。この附近にも石積みがあるが、古いものも見受けられる。水さえあれば、この岩山は、簡単には攻略できそうにない堅城であることは間違いない。2の曲輪の穴は天水溜かも知れない。北斜面水の手の上部には所々に石の塚がある。防御用の石を積んだものと思われる。

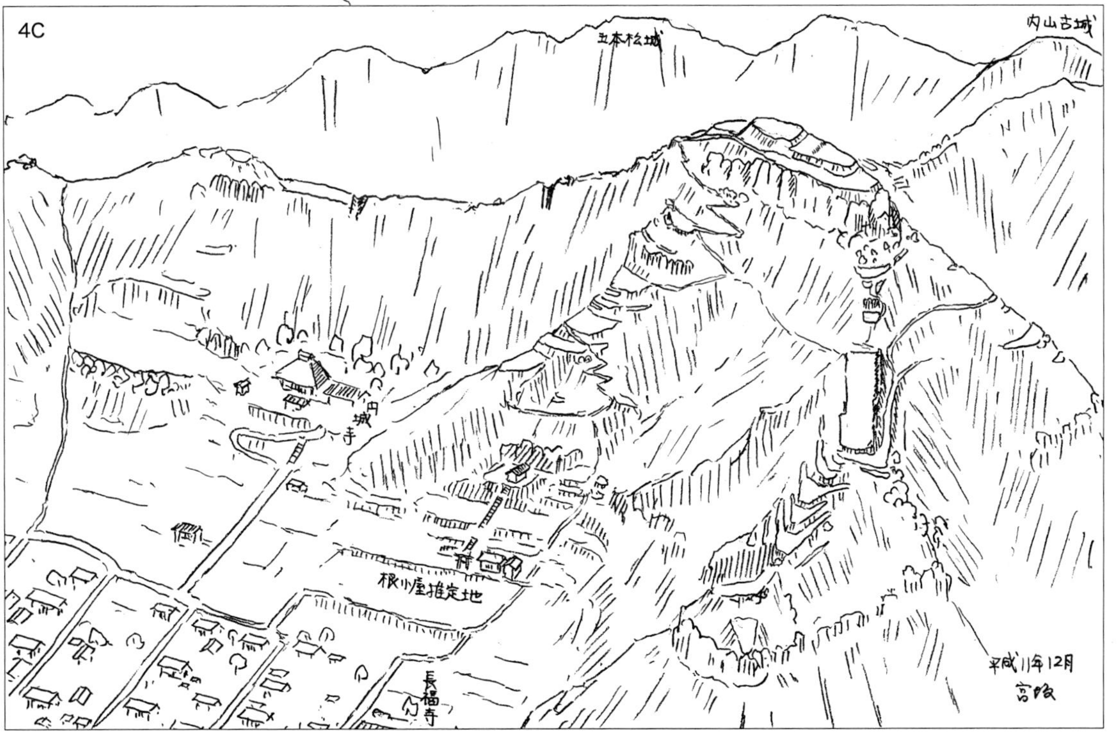

79、内山城《うちやまじょう》

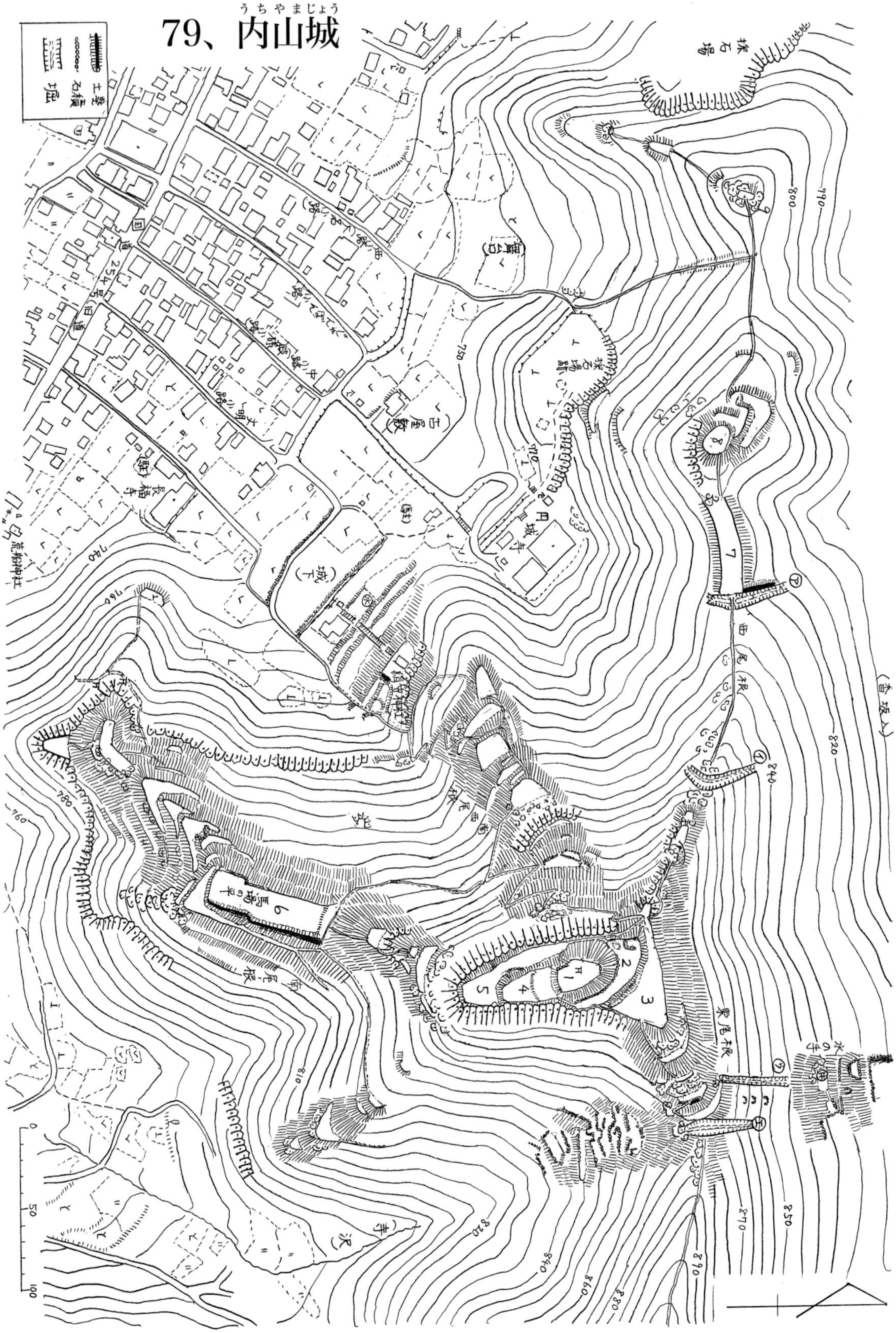

80、五本松城《ごほんまつじょう》

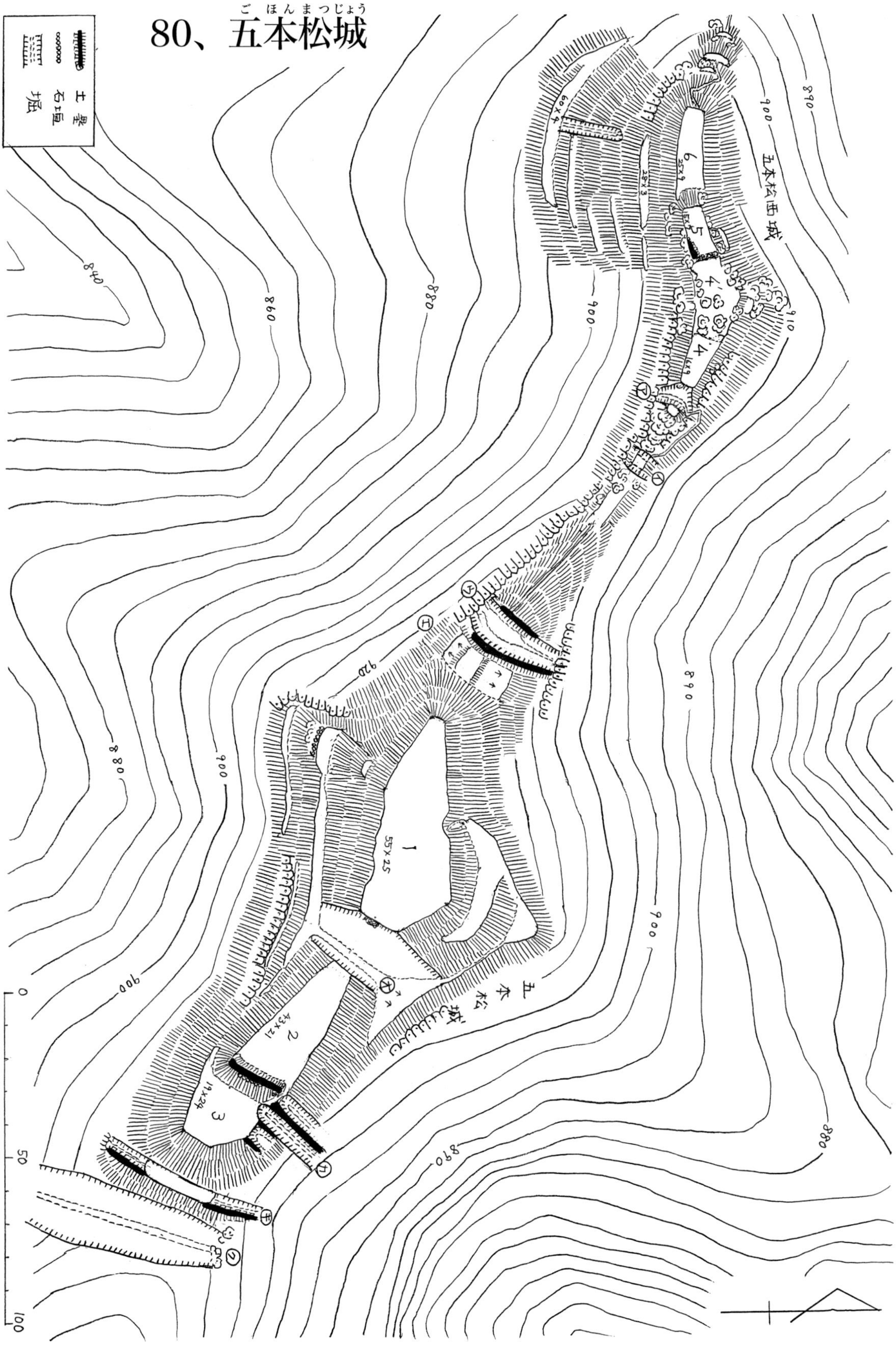

80、五本松城《ごほんまつじょう》

佐久市志賀字香坂入 ➡107頁

平成11年12月6日調・同日作図

標高 五本松城 941m 比高 215m（瀬早橋より）

西城 923m 比高 197m（ 〃 ）

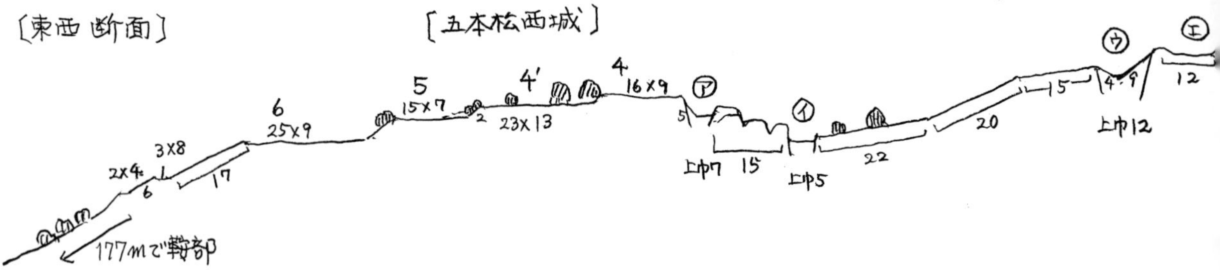

○立地　志賀上宿の南、内山地区との境界になる尾根上の山にある。一帯は岩山で、至る所に断崖がある険しい地形で、尾根通しでないと歩けない。

南方600mには香坂入の谷を挟んで内山城が指呼の間にあり、東南へ尾根を辿れば500mで内山古城に達する。また志賀の谷を挟んで北方1kmには志賀城、東1.8kmには笠原城がある。

内山城と志賀城の間にあるために、両城にとっても、この城の存在は重要になる。

○城主・城歴、『長野県町村誌』によると「志賀城の物見」となっているが、規模や造りからして、物見などと言った類でないことがわかる。また同書では、「五本松城は字香坂入にあり、文亀永正中（1501〜20）内山美作守玄蕃が居住したが、大永年間笠原氏のために滅ぼされ、その後廃城となる」とある。

これで見ると内山側で築城し、笠原氏の手に落ちたようであるが、これが直ちに廃城になったとは思われない。笠原氏の重要な支城として手を加えたに違いない。

その後武田氏が内山城の大井貞清を攻めた時や、笠原城の笠原新三郎を攻めた時には、この城はどうなっていたかわからない。

笠原城よりも遥かによくできているこの城を使わなかったのは、既に武田方に渡っていたか、逃亡路から離れていて、来られなかったかであろう。

水の手は不明。登路は、志賀上宿からも登れるらしいが、香坂入の谷、つまり内山城の裏側から西の尾根へ取りついて登る方が楽で、このルートが重要な登城路であったと思われる。

○城跡、・西城の西側の鞍部から登る。山頂近くなると露岩が多くなり、小さな削平地の2、3を経て、最西端の曲輪6へ辿り着く。広さが25×9ほどの長方形の曲輪で、北側は急崖になっているのに対して南斜面は幾分傾斜が緩く、そこに2，3段の細長い腰曲輪がある。その下方にも削平の跡があり、かっては相当上まで耕作されていた形跡が残るので、下部のものは畑の跡であろう。

6に続いて、15×7の5の曲輪、更に巨石が群立する4'と15×9の4の所が主部である。ここから背後の鞍部の㋑の堀までの20mほどの所が、上幅7mの㋐の堀に続いて巨岩が重なって通過できない。道は㋐の堀から北へ巻いて鞍部へ出る。ここまでが西城である。これだけでも一応の砦になっている。

・五本松城の本城

鞍部より57mで、上幅12mの㋒の堀になる。ここまでにも巨岩などを利用すれば防御は可能となる。㋒の堀は、南はすぐに断崖になり、北側へ20mほど掘り下

［五本松城］

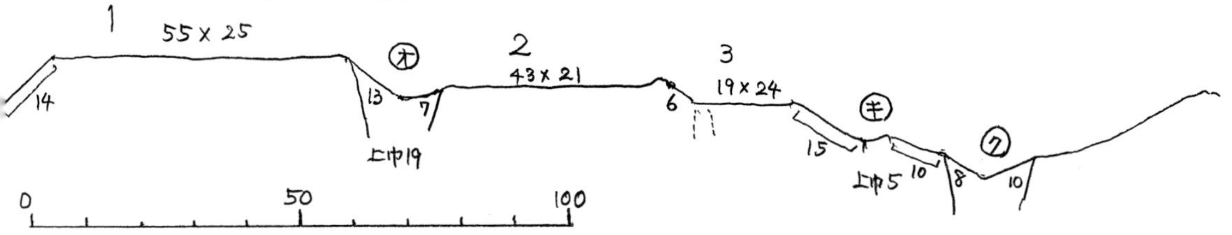

げているが、堀中は平らで、武者隠しのような役目をしている。続く㋓の堀も、堀というより、馬出しのような造りである。14m登ると主郭1になる。これが五本松城の最大の曲輪で主郭である。

東西55m、南北の幅25mの不整形をしていて、土塁等は見当らない。北下8mに2段の腰曲輪がある。南斜面にも15m下に、長さ70mほどの腰曲輪があり、その下にもう一段ある。長大な腰曲輪の西端部には石垣が見られる。

上幅19mの㋔の堀は、主郭から13mほどの深さがあるが、相当埋まっているであろう。東へ続く2の曲輪は43×21の台形で東辺に高さ1mほどの土塁がつく。6m下が3の曲輪になるが、北側へ竪堀が下っている。3より15m下が幅5mの細長い曲輪になるが、これは堀であろう。その下に鞍部にある上幅17〜20mの長さ80mの堀で城域は終わる。

○以上見たように、険しい岩山の上によくこれだけの平場ができたと思う位の広さの曲輪を造成している。中段には削平地も多いが、耕作の跡と思われる。

これだけの城が、松が5本あったから五本松城と呼んでいるが、往古は何と言っていたかわからないし、笠原氏や内山の大井氏がどのように使ったかわかっていない。また武田氏時代以後にも使われたと思うが、詳しいことは不明。

81、内山古城《うちやまふるじょう》（長沢城《ながさわじょう》）

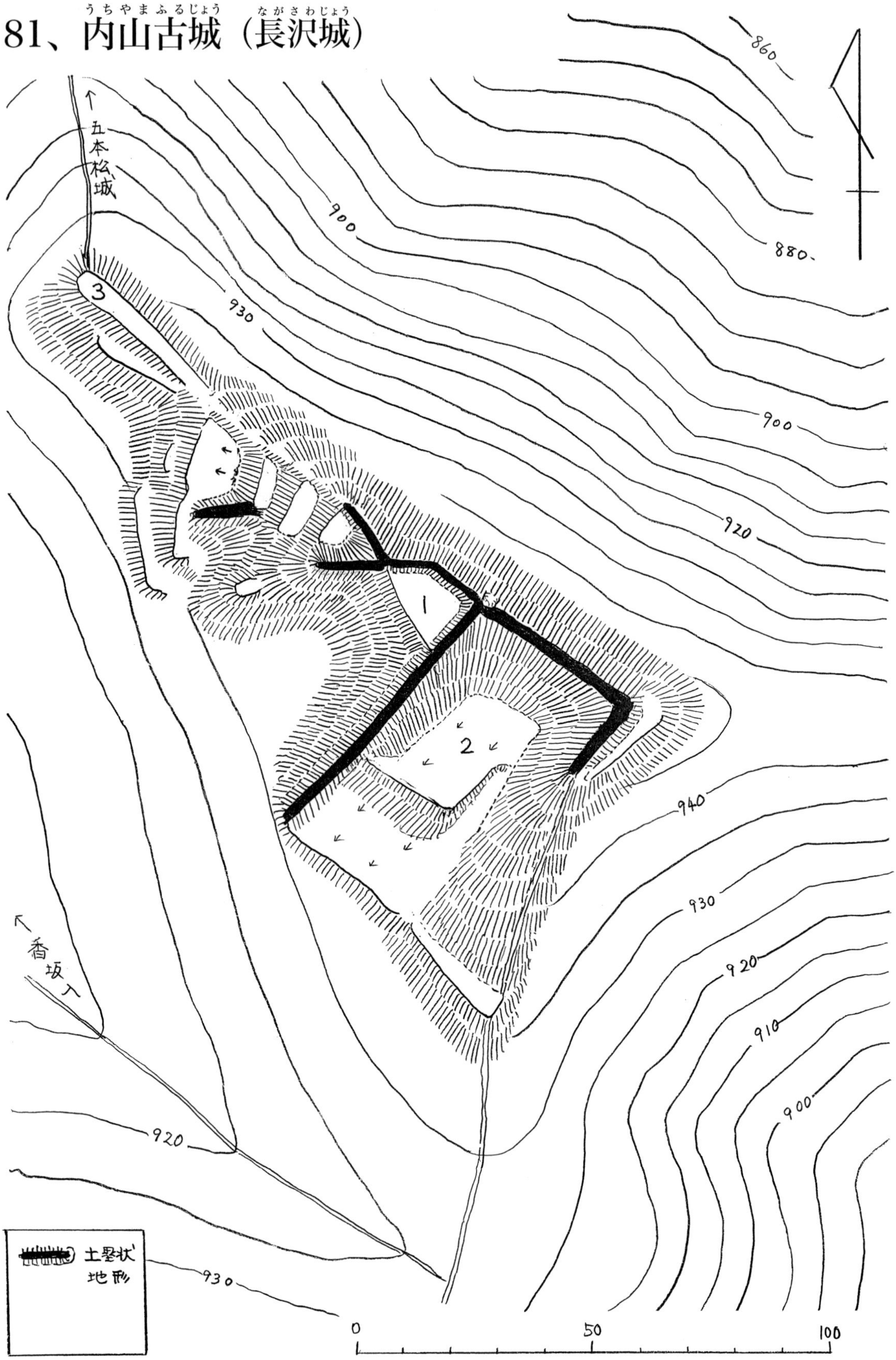

81、内山古城《うちやまふるじょう》（長沢城《ながさわじょう》）

佐久市内山香坂入

▶107頁

平成11年12月6日調・同7日作図

標高950.3m、　比高220m（土井口より）

［東西断面］

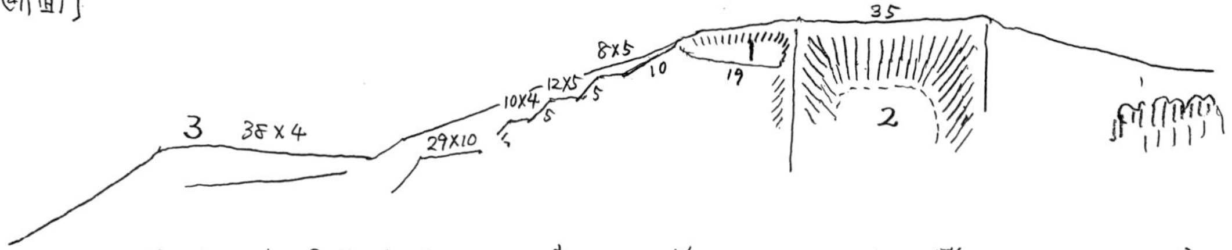

○立地　内山城の後背の東の尾根を辿り、500m東へ行った所の小山の北へ150m登った山が内山古城になる。この山は土井口から沖の入の谷を詰めた所になり、そこからの登路もあるが、内山城の裏手の香坂入の谷の奥になり、そこからも入れる。この谷は、内山古城の北西250mの鞍部を越えると、志賀の谷へ通じ、この鞍部から北進すれば、五本松城にも達することができる。

○城主・城歴　文安3年（1446）、平賀に兵乱があり、大井氏が内山、平賀など、平賀氏の領地を手にしている。その後文明8年（1476）の内山の地頭は須江入道沙弥善孝、依田美濃守光俊、同18年には依田美濃守光俊となっていて、何れも大井系の依田氏の出である。（『諏訪御符礼之古書』）

天文15年5月に武田軍の攻撃を受けた内山の本城が、この内山古城（長沢城）であろうと、地元では考えられている。そして、城主の大井貞清（長窪城主大井貞隆の子か弟）の居館が土井口にあったであろうと推定されている。

○城跡　奥まった位置になり、麓からは殆ど見えない所から、逃げ込み城あるいは詰城の類になる。これを本城とするのは無理がある。山頂は、自然地形を生かした三方を土塁状の高みで囲った窪地があり、下部に向かって若干の切岸が認められる。その西に主郭に当る1の平地があり、その西側に数段の削平地が階段状に並び、尾根先に3の平地がある。何れも沢側は解放的で、この姿から見た限りでは、北と東へ備えたものと言える。しかし、かくれるにはまことに好都合の場所で、籠城して戦う城とは思えない。水場は南東の沖の入の谷の中にあるらしいが相当に下った所になる。

また、沖の入の谷に石垣が残るというが附近は大分奥山まで耕作されているので判断が難しい。

82、深堀城《ふかぼりじょう》

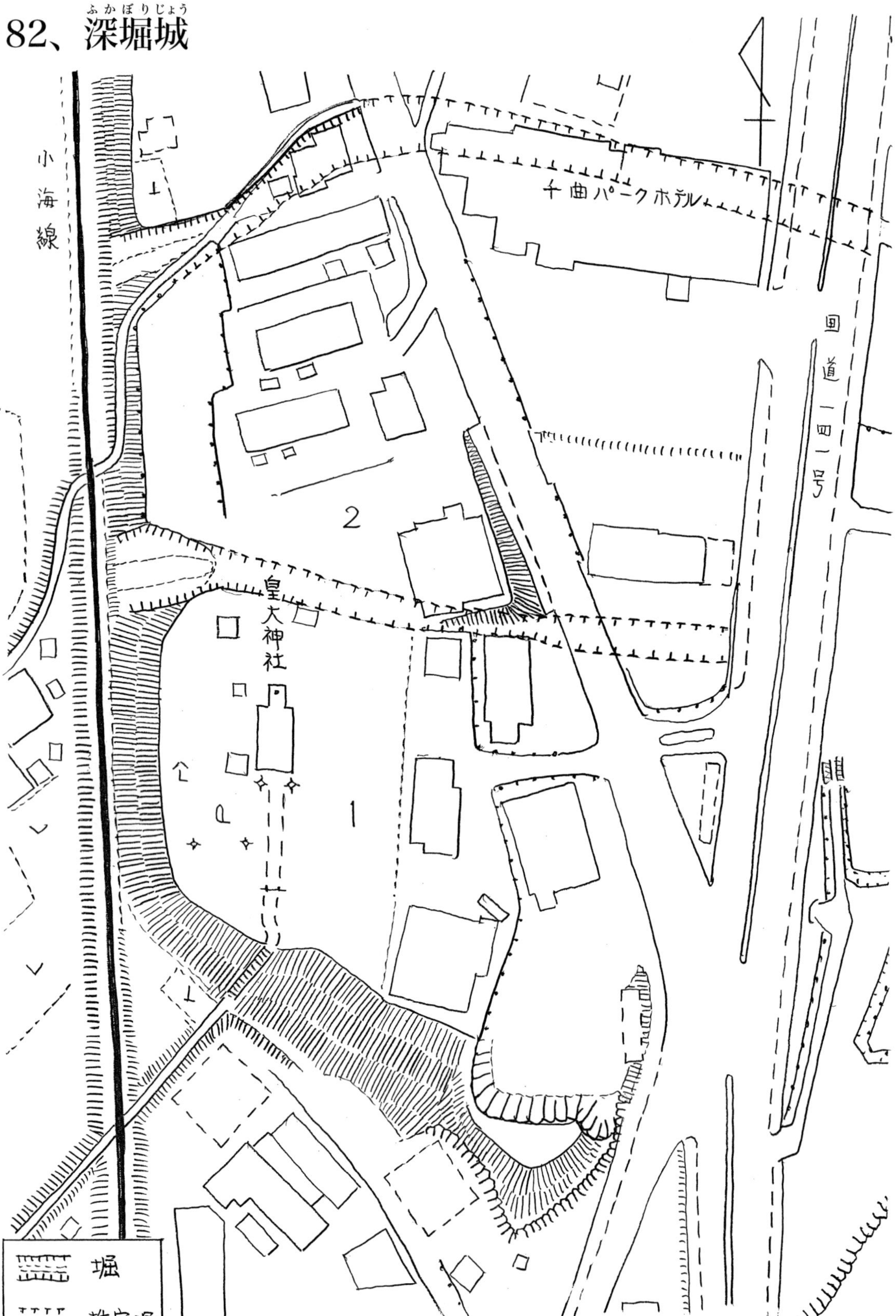

82、深堀城《ふかぼりじょう》

佐久市中込字深堀

106頁

平成11年12月18日調・同19日作図

標高 679m、　比高 15m.

〔南北断面〕

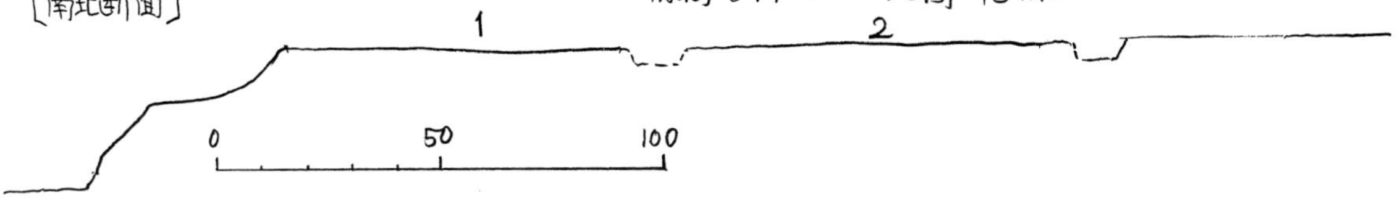

○立地　佐久市役所のある台地の南端に位置している。北方500mの市役所の東から続く田切りとJR小海線が走る西側と南側は滑津川による浸蝕崖になるため、唯一、北方だけが台地に接続している地形である。台地の高さは約15mほどで、大した高さではないが、西から南にかけては、千曲川の氾濫原で、遠く臼田の方まで一望にできる。

近く東方800mには、八反田城が同一台地上にあり、同系の城砦とされる。

○城主・城歴　八反田城主と考えられている上原筑前の一族で、中込・深堀辺りを領有する上原和泉守の居城と伝えられる。

○城跡　国道141号とJR小海線に挟まれた台地を2条の堀で分割していたらしい。一条目は、皇大神社の北側にあり、二条目は千曲パークホテルのあたりに東西にあったようである。その痕跡が線路側の所に見られる。またその下には湿田が自然の備えとなっていたと思われる。

皇大神社のある所が主郭で、その北が2の曲輪になる。西側のJR小海線側は崖線が残っているので、わかるが、東側は宅地や道路により、どのようになっていたか、今は知ることができない。おそらく70～80m位の幅があったのではなかろうか。

占地から見ると、西側と南面は急崖であり、東側にも段差のある田切りがあったと思えるので、2条の堀を造ることが最大の工事になり、東辺に大手を置いたのではないかと思われる。

台地上の水利は不明であるが、館も兼ねた館城に類するものであろう。

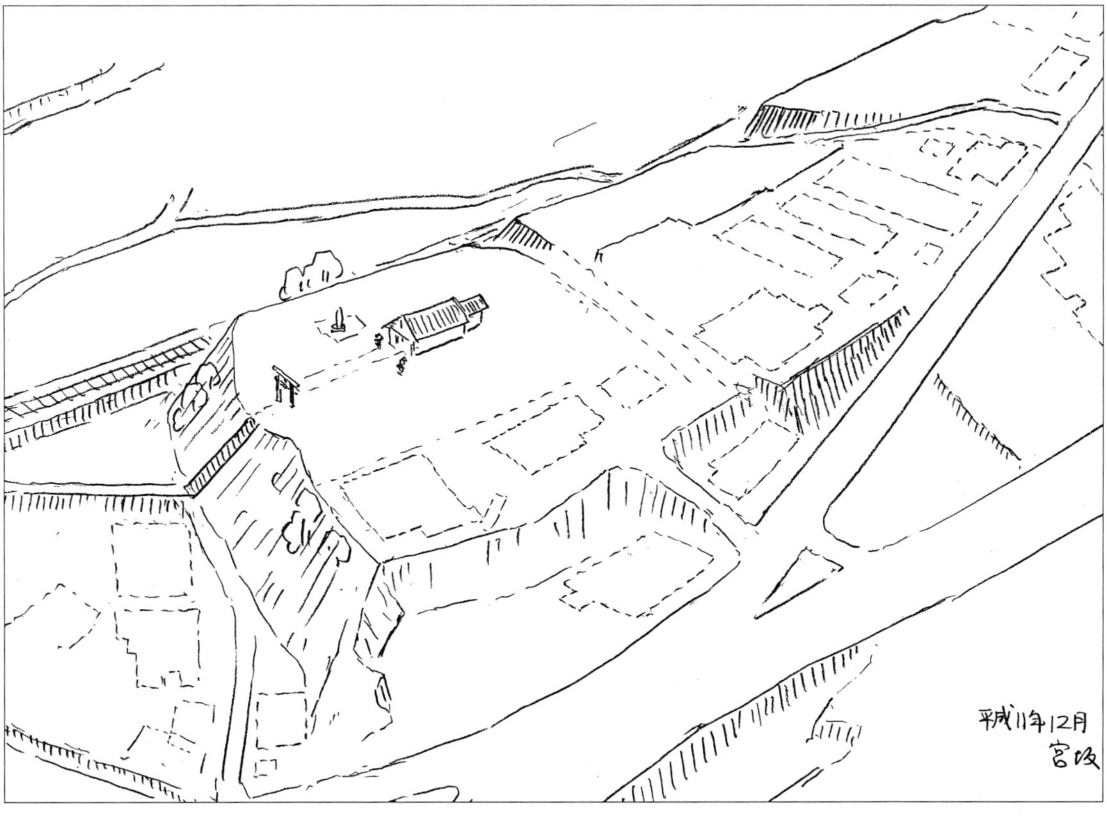

83、八反田城《はったんだじょう》

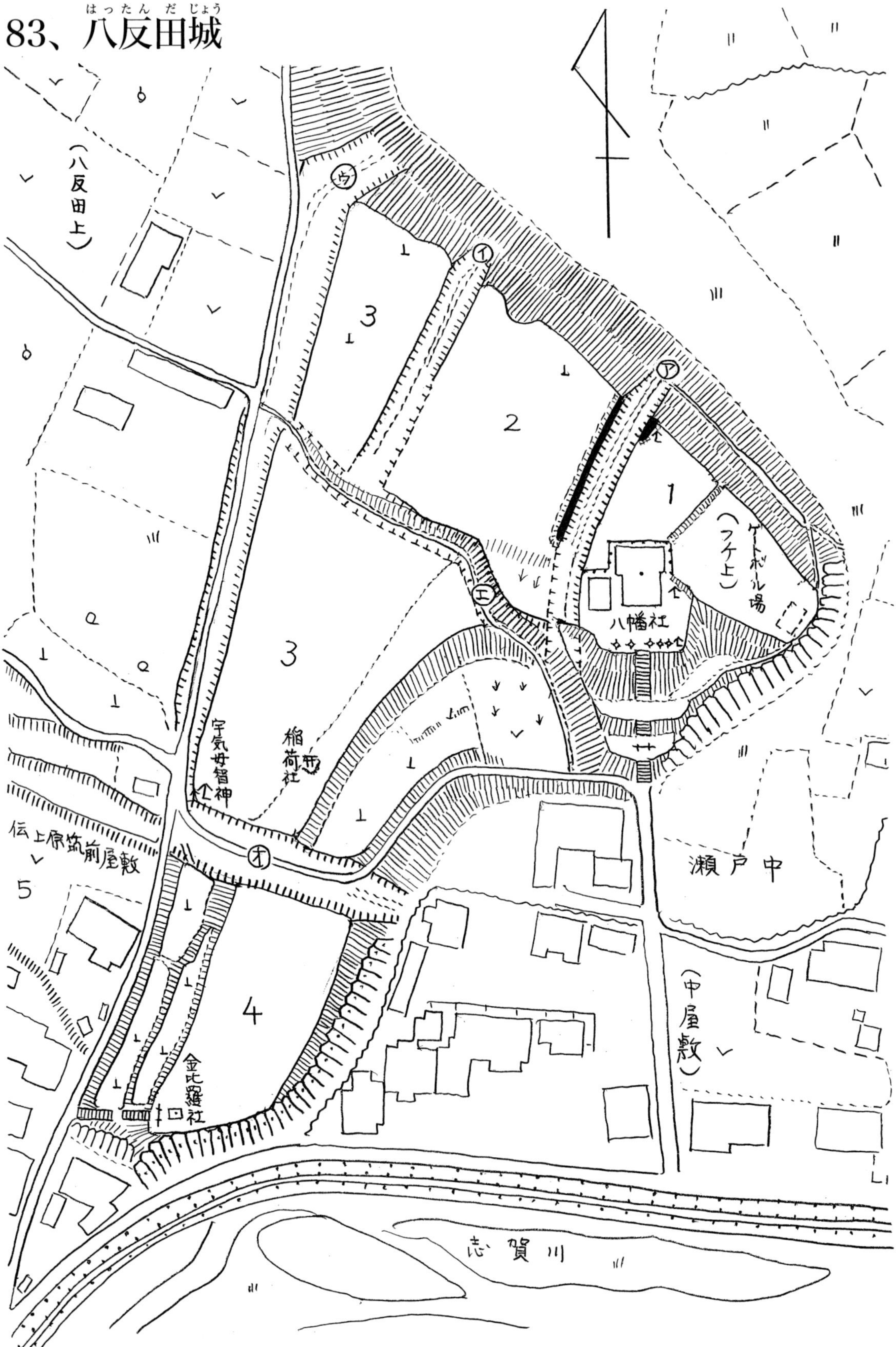

83、八反田城《はったんだじょう》

佐久市平賀大字瀬戸字フケ上 ➔106頁

平成11年12月18日調・同19日作図

標高685m、　比高15m.

［東西断面］

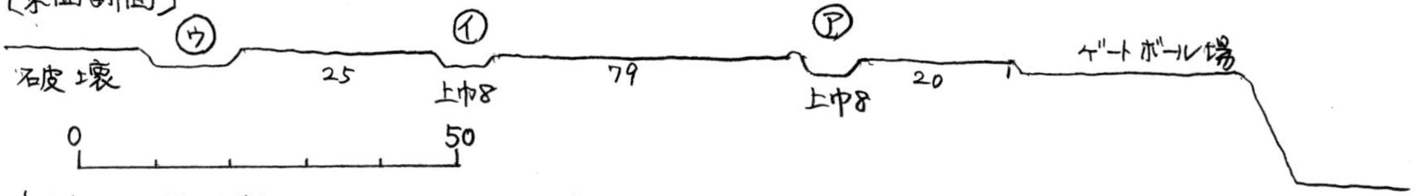

○立地　長野種畜牧場の台地の東南端、志賀川の浸蝕によってできた断崖を利用して、八反田城がある。東の台地下は瀬戸中の集落で、中屋敷の地名が残る。また城跡の西隣りの台地の下に上原筑前守の屋敷と伝えられる所がある。志賀川の対岸には城山、中城峰などがあり、瀬戸郷の中心になる。

○城主・城歴　天正5年（1577）の上諏方造宮帳に上諏方中門之大鳥居の頃に佐久郡之内名目瀬《なめれせ》郷壱貫文代官上原筑前とあり、「上原筑前御恩御検地之帳」を残している上原筑前の居城という伝承がある。

一上原筑前は『甲斐国史』によると、平賀氏の分脈とされるが、一説には諏訪氏の分派で上原に居住した所から上原を名乗るとも言われている人物である。有力な国人層の一人である。

○城跡、　台地上に大きく4郭ほどが並ぶ。夫々の曲輪は、上幅8m内外の堀で区画していたらしい。主郭を4とする考え（『佐久市史』）もあるが、全体の縄張りから見ると、1が最も念入りに防備されていることから、これが主郭であろう。発生の初めには、屋敷続きの4を㋔の堀を入れることで造り、順次拡張したことも考えられる。㋐の堀はほゞ形が残っていて、㋑、㋓は若干消えかけている。㋒と㋔は道路改修等により、拡幅され、旧態は失われている。

上原筑前の屋敷地が、城跡の西裏になっているのは、当時は志賀川の流路が一定せず、城跡の東側は、時には城際まで、川が寄ることもあったことが伺える。その点中屋敷の一帯は洪水に見舞われる危険があったと思われる。西方800mには深堀城に一族の上原和泉守が居たという伝承が残る。

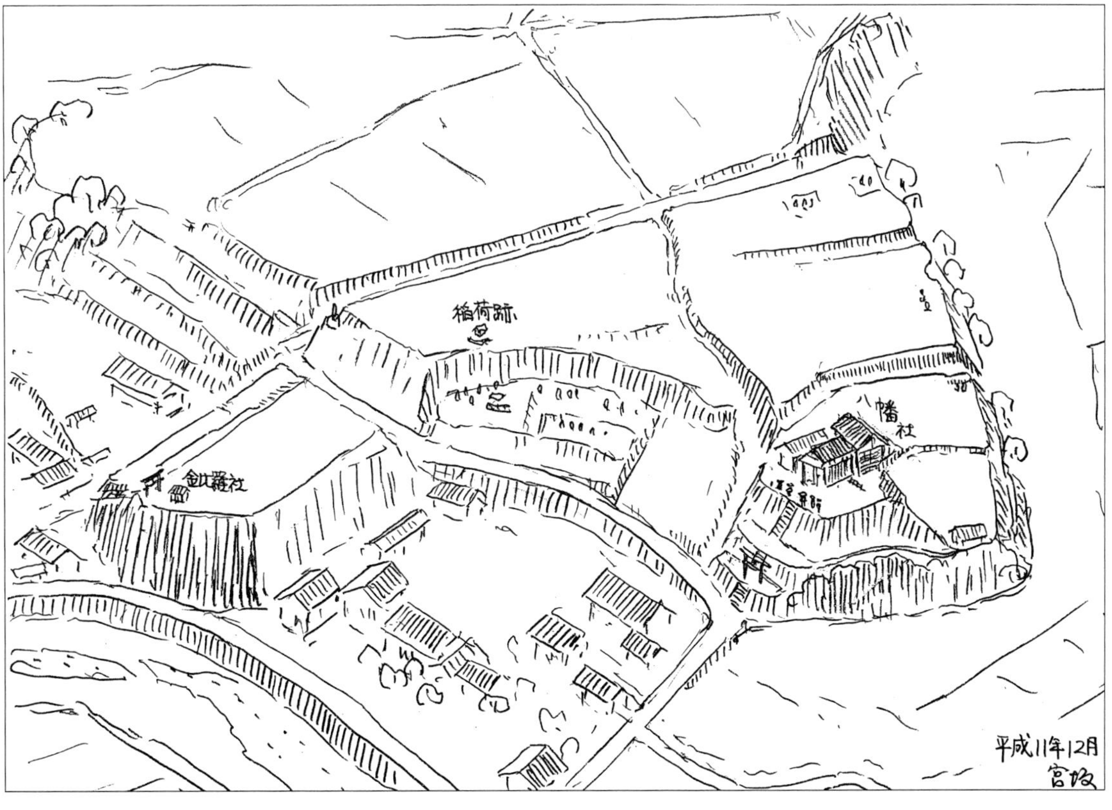

84、瀬《せ》戸《と》城山《じょうやま》

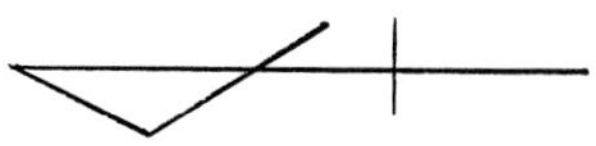

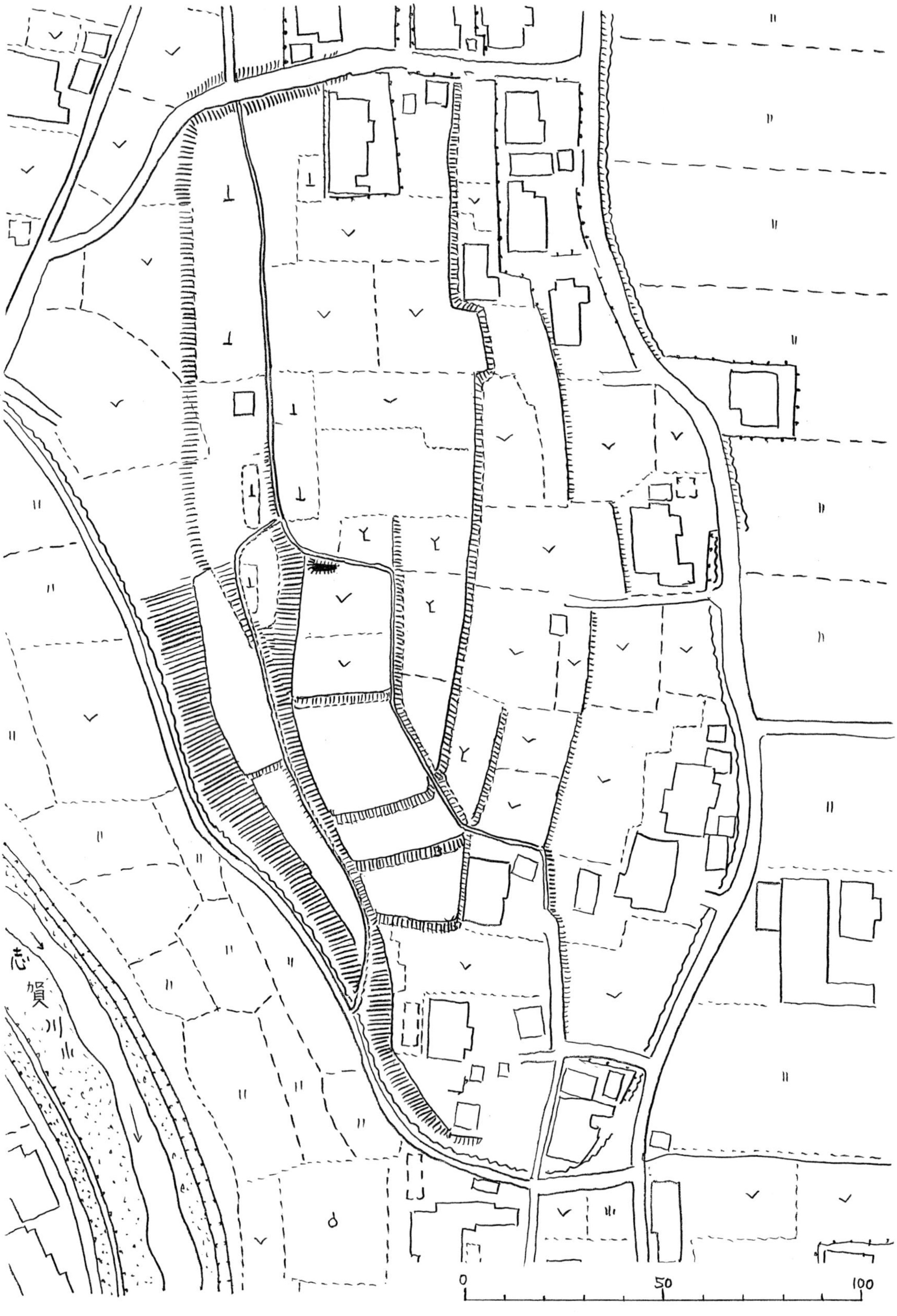

84、瀬戸城山《せとじょうやま》

佐久市平賀大字瀬戸 ▶106頁

平成11年12月18日調・同19日作図

標高691m.　比高15m

〔東西断面〕

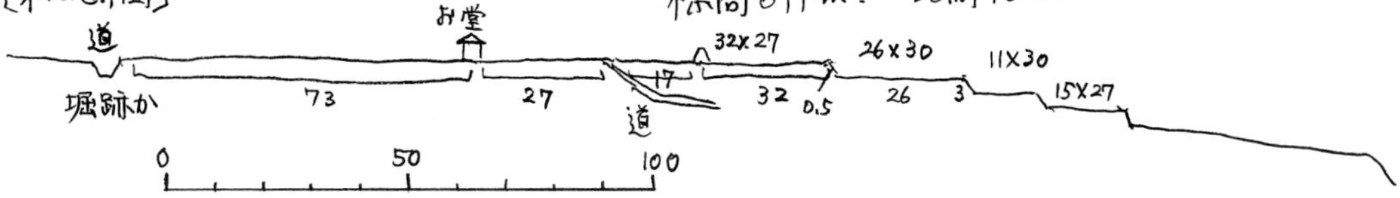

○立地　佐久平の東の関東山地が尽きる西端の丘陵上にあり．丘の麓を北から西へ志賀川が流れている。
東西に長い丘陵の末端部が城跡と思われる所で、比高15m・東西300m，南北150m位の範囲に含まれる。

附近には、北600mに中城峰．北西500mに八反田城．西1.5kmに深堀城がある。附近で城山の所在を聞いたが知らなかったのが気になる。

○城主・城歴　資料なく不明．
平賀氏の本拠地に近く．平賀氏．あるいは後の大井氏に関係するものか、更に下って．瀬戸に所領を持っていて，八反田城主であった上原筑前に関するもの．また瀬戸是慶の縁か．様々考えられるが、はっきりしたことはわからない。

○城跡　城館としての決め手になるものは見当らない。丘陵の中央部に南北に丘を越える道があるがこれが堀であったかも知れない。比高15mのなだらかな丘で，北西の斜面が志賀川の浸食を受けて10m余の急斜面を造っている。全山耕作されていて，西半に平坦面や段差があり，曲輪らしい地形が見受けられる。丘の基部には用水がまわり，周辺は水田地帯になっているが．往古からこのように水利が良かったかは不明。

現在の姿から見る限りでは、在地土豪層の屋敷地が志賀川に面してあり、それに続く丘の上に若干の防備を施したものではないかと思われる。あるいは、八反田城の勢力にかかわる砦の一つとも考えられるが．はっきりしたことは分かっていない。

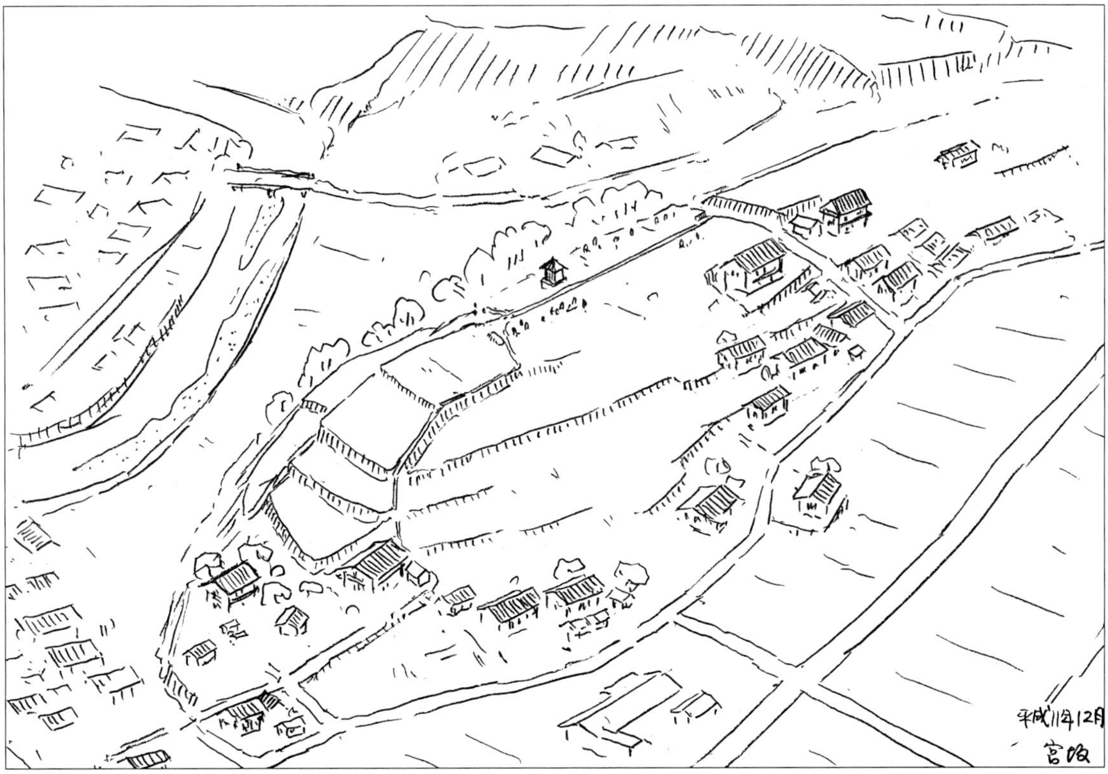

85、志賀城《しがじょう》

佐久市志賀 ➡107頁

平成11年11月27日調・同28日作図

標高880m、比高160m(雲興寺門前)

〔東西断面〕

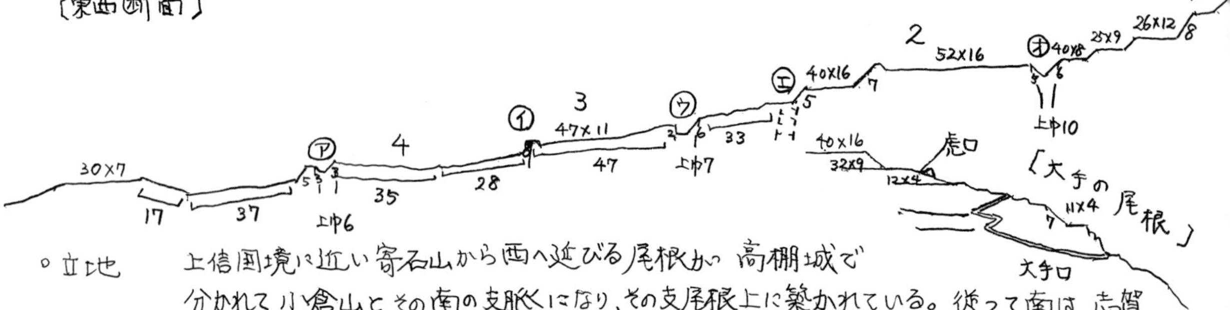

○立地　上信国境に近い寄石山から西へ延びる尾根が、高棚城で分かれて小倉山とその南の支脈になり、その支尾根上に築かれている。従って南は、志賀川とその支流の瀬早川が流れて志賀宿になり、北側は、香坂の谷との間の小倉の谷に挟まれ、その側面は断崖絶壁になっていて、比高こそ160mと少ないが、要害の地である。

南山下には雲興寺があり、笠原氏居館比定地の一つと考えられている。城跡への登路は、雲興寺の東側から山道があり、しばらく沢筋を登り、やがて西側の尾根へ取りついて登っている。これが最も登りやすく、大手の道であろう。

○城主・城歴　志賀の谷には、入口から、この志賀城、志賀川の谷の奥1.8kmの所に笠原城、更に瀬早川の谷の奥に高棚城がある。また谷の左岸の岩山上には五本松城があるが、これは志賀城の物見の支城とされる。ここでは、この4城が笠原氏の城と考えられる。位置や造りからして最も中心になるのは、志賀城であることは間違いないであろう。

志賀城が本城で、高棚城、笠原城はその詰め城と考えるのがよいと思われる。もっとも、これらの三城は当時何と呼ばれていたか、はっきりしたことはわからない。

『千曲之真砂』の志賀城の項に「村上幕下笠原新三郎昌朝これに籠る」とあり、志賀高棚城の項には、「志賀与三右衛門、これに居り、……一説、志賀城主は高力与左衛門という者なり、(中略)里老いわく、旧跡は今の志賀の奥天狗山という山頂なり、山上清泉出るという。此所は笠原昌朝籠る。志賀城とは格別の所なり―――。」

『信陽雑志』には「村上幕下志賀城主笠原新三郎」となっている。問題は、笠原新三郎が武田氏に攻められて籠城し全滅したのは、どの城かということになる。『妙法寺記』では、「志賀の要害」「志賀殿の城」とあり、『高白斎記』の「志賀の城」は、『長野県町村誌』では、「志賀城墟」の項で、「志賀城は、笠原山にあり、笠原氏が築城して数世相継いだが、天文15年8月、武田晴信に襲われて、笠原新三郎が戦死してから廃城となった。」とある。

これらのことから、笠原新三郎が籠城したのは、笠原城であり、それを「志賀殿の城」と呼んだらしいのである。

しかし、この谷を支配した笠原氏が、志賀城と無縁であったとは思われない。現在見るような遺構は、笠原氏滅亡後、武田氏あるいは天正10年以降の北条氏に関連して修築されたにしても、この谷口のこの山に砦が置かれなかったはずがない。

居館が確定してくれば、その辺の所はまたはっきりしてくるが、笠原氏の要害城が志賀城にあり、詰め城が高棚城、笠原城であったという考え方が素直な見解と言える。

志賀殿の城をなぜ徹底的にたたいたかは、佐久の平定を完成させ、上州や村上との対戦を進める上で、強固な意志表示をする意味でも、どうしてもやる必要があったと考えられる。上州の援軍がなければ、これほどやられないで済んだであろう。

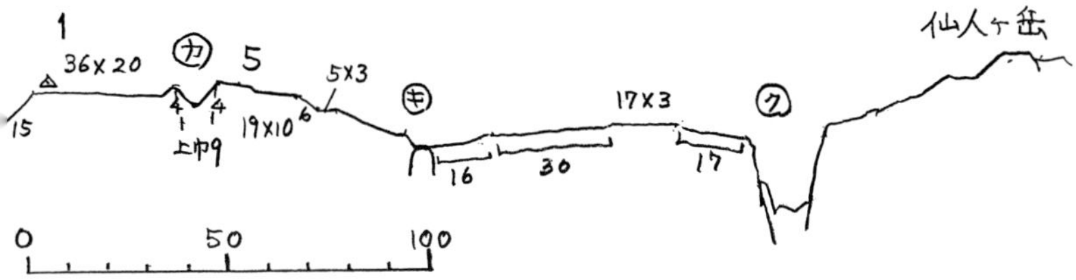

○城跡．　まず．雲興寺の裏手からの大手道を辿ると，やがて前面は岩壁にさえぎられる。道は左手に迂回して，寺の裏手の尾根に取り付く。このあたりから遺構が現われる。現在の道は西斜面の曲輪を通って，㋓の堀中へ登っているが．本来の道は尾根通しに登り．32x9の曲輪の虎口へ入ったものであろう。このあたりから．所々に石積みが見られる。

ここから大きな腰曲輪を経て，2の曲輪へ入る。ここは前面を土塁で守った．大手の防御拠点で．本城の最大の曲輪になる。道は上幅10mの㋔の堀を渡り．5段の腰曲輪を縫うように登ると頂上の主郭に至る。主郭から北西と南へ派生する小尾根上にも数段の曲輪を配置して，側面からの侵入に備えている。

後背の東の尾根筋も㋕の堀を置き．後郭の5の曲輪になり．そこから両側が断崖の細尾根上にも㋖の堀をおき80mで断崖で尾根が切断される所で城は終わっている。

大手から西へ続く尾根上は，㋓の堀から33mで．巨石の間を掘割った㋒の堀の西は47x11mの長方形の3の曲輪になる。南辺には．巨石を積んだ石垣があり．西端は巨石を積み上げた石塁があり．左右両側へ土塁が延びて遮断線となっている。北の斜面に水の手があるとされるが急斜面で確認できなかった。㋑から63mで㋐の堀になる。この堀は傾斜の緩い北斜面へ30m竪堀となっていて，南北の斜面に小曲輪が残る。この㋐の堀が一応の西限ということになろう。

以上城跡を概観したが．主郭周辺の石積みは，平石積みや小規模の土止め程度のものであるのに対して．西尾根の3の曲輪周辺のものは明らかに違っている。おそらく3より西は戦国末期の増築部分であろうし．全域にも改修の手が入り．仲々の堅城となっている。佐久有数の城と言えよう。

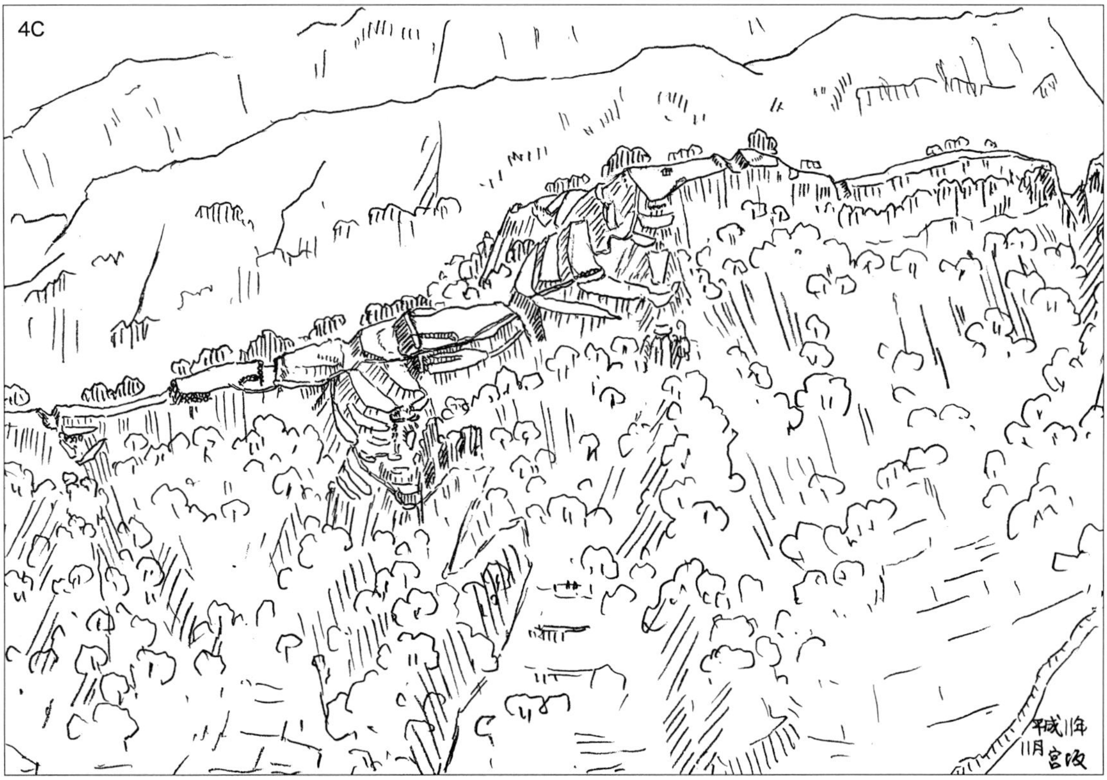

85、志《し》賀《が》城《じょう》

86、笠原城《かさはらじょう》

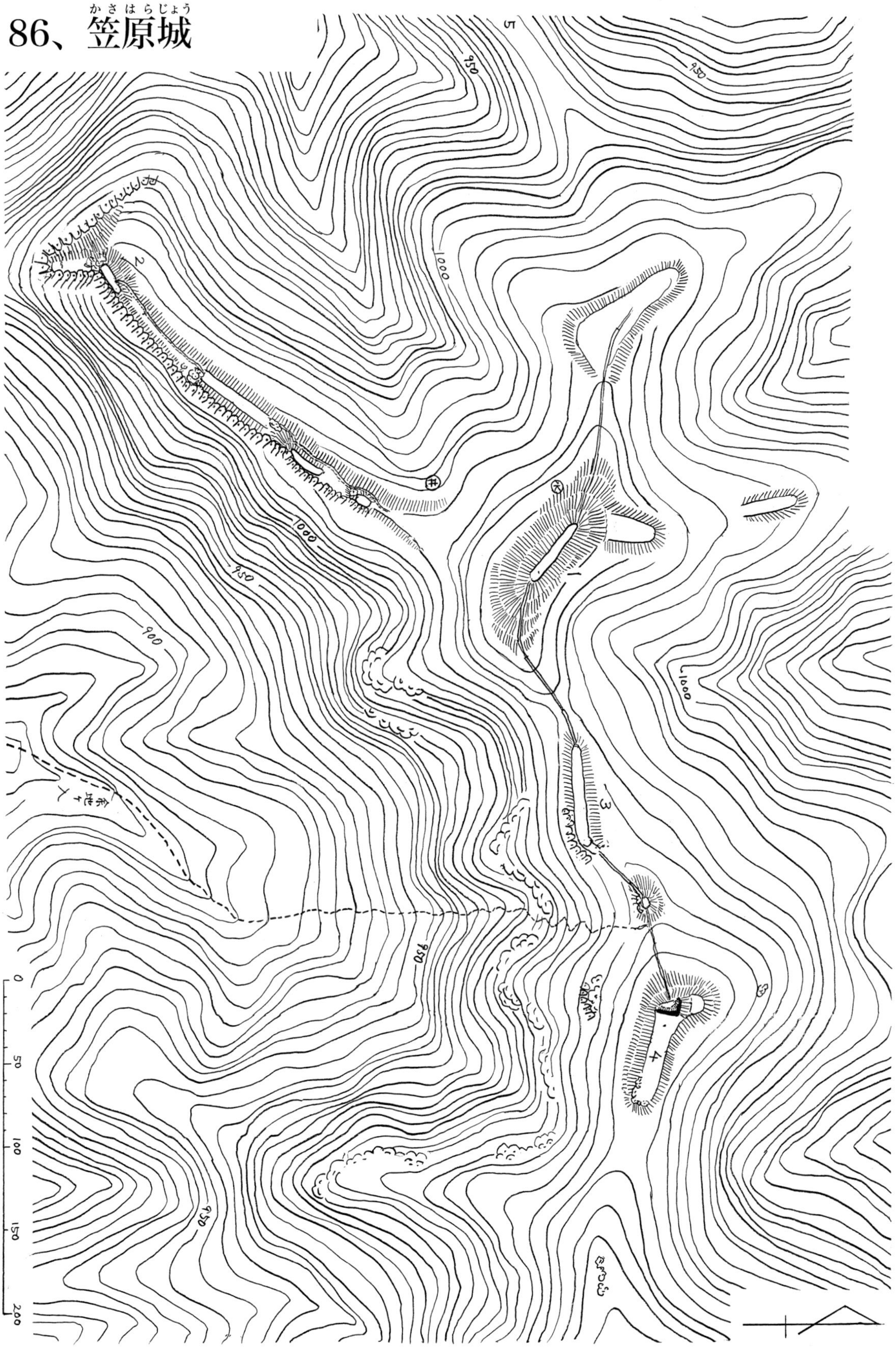

86、笠原城《かさはらじょう》

佐久市志賀　➡107頁

平成11年12月4日調・同日作図

標高1047.8m、比高250m（南麓県道より）

〔東西断面〕

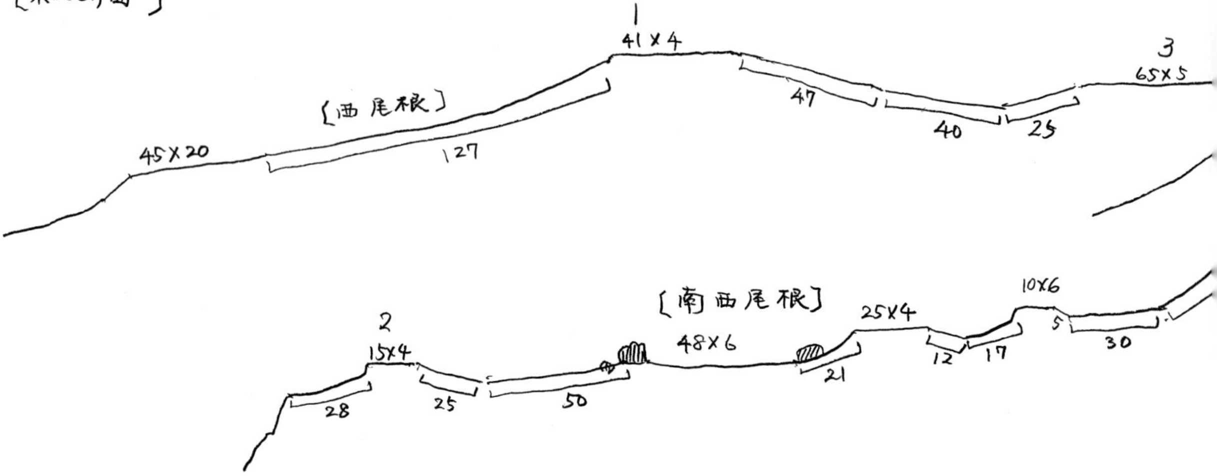

○立地、　志賀城の東方、2kmほどの瀬早川と志賀川の間の笠原山の山頂一帯に笠原城がある。登路は、志賀上宿の奥800mほど県道を登った、採石場の南の沢を詰めるのが正面の大手筋で、搦手筋の道は、駒込集落手前から沢筋を登り、余地ケ入りの沢を詰めると、4の西の鞍部へ出る。後者は、沢筋に大分上まで耕地の跡があるが道はなくなりかけている。

笠原山の南面は岩壁が取り巻いていて、極く限られた所しか登れないので注意を要する。

○城主・城歴、　天文16年閏7月に武田晴信に攻められて、志賀父子、高田父子がよく守ったが、8月11日落城したのが、この城だとされる。志賀父子と言うのは、笠原新三郎清繁父子のことで、その様子は『高白斎記』に詳しい。

「九日戊子大井三州其外御先衆出陣、十三日御出馬、十四日節、廿日桜井山迄御着、廿四日卯刻（午前6時頃）ヨリ午刻（正午）迄、志賀ノ城ヘ被為取詰、廿五日未刻（午後2時頃）水ノ手被為取、小笠原、金吾・山家参陣、八月大己酉細雨、敵城ノ雲布ノコトクナリ、六日甲寅卯刻、板駿其外動、関東衆数多被討捕、申刻（午後4時頃）一戦、十日午刻外曲輪焼、子丑刻（夜中の1、2時）二ノ曲輪焼、十一日己未午刻、志賀父子、高田父子被討捕、十三日城ヘ御登り、持鑓進上」とある。

7月24日攻撃が始まり、落城は8月11日である。8月6日に上野の援軍を板垣駿河守信方等が小田井原で合戦して打破った。大将14～5人、雑兵3000余人を討ち取ったとしているが、この数には誇張があろう。しかし敗報が伝わり、籠城衆は落胆して落城する。

この戦後処理は、『妙法寺記』によると、「シカ殿（志賀殿ナオカミハ小山田羽州給テ、……」とあり、捕えられた老若男女は、甲州へ連行され、親類のある人は、2貫3貫、5貫、10貫で引き取られ、その他は売られたようである。

志賀の城攻めが徹底的にされたのは、佐久の中で最後まで残って、武田氏に抵抗したためで、その後には、上杉や村上の支援があり、上野勢の応援を頼りにしてのことであった。

この悲劇の城「志賀の城」が、この笠原城だと『長野県町村誌』では言っているが『千曲之真砂』では、「高棚城」であると言っていて、はなはだ難しい問題が残る。

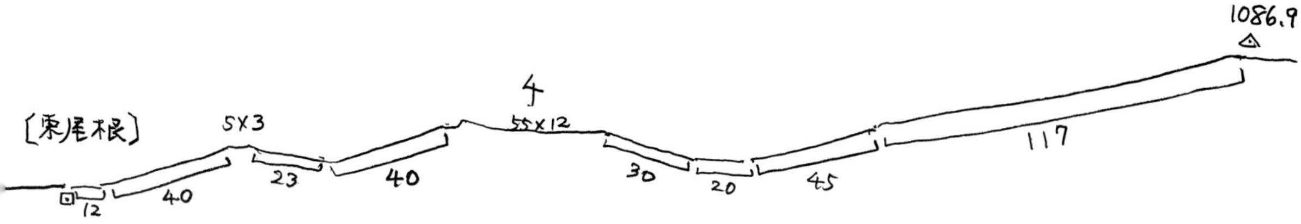

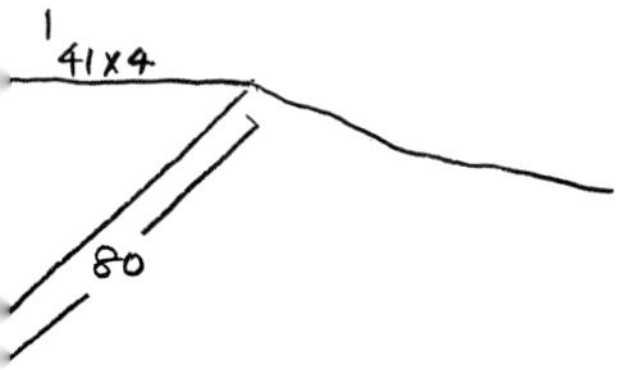

◦ 雲興寺の墓地より平成9年に笠原新三郎清繁とその夫人の墓石が発掘されたという。「當山開基隆基雲興大禅定門」と明記されているが破壊されていたという。後世の作と思われるが、昔から研究されていたことが伺える

◦ 城跡の概要、　主郭に当る中心となる所は1であろうと思われる。41X4ほどの細長い尾根で、曲輪というには、甚だ心もとない様子である。北へ派生する尾根上が比較的幅広く、傾斜も緩く、2段ほどの平場があるが、削平、切岸等はっきりせず、地山のままと見える。

1から南西に派生する尾根は、南山下の駒込集落から見える岩壁の上の尾根で、ここに小さな堡塁とも言える平地が岩の上にあり、中間部には48X6ほどの平場がある。地元の人は、ここを鉄砲馬場と呼んでいる。尾根先には、小山の上に15X4ほどの砦らしい場所がある。（鉄砲が日本へ入ったのは天文11年）

1の周辺に水場や井戸跡が残ると言われるが、確認できなかった。　1から東の尾根上には、若干の平地があるが、自然の地形で、1から250mほど離れた4の山に、一応砦らしい地形が残っている。

全山に堀や土塁が全然見当らないのは、どうしてであろう。断崖に囲まれた要害地形だからと言っても、高棚城には、それと分る遺構があるのに、この山には全く見当らないのが不思議である。小屋掛けもままならない状態であるがどう解釈すればいいのだろう。どう見ても逃げこみ場所としか見えない。

◦ 南山下の県道端に「地ケ入砦」跡があったようである。また、鎧ケ崎の岩に埋蔵金伝説の金壷の話が残る。落城の時てる姫が上州へ落ちのび、富岡にその末流が居ると聞く。（須江藤雄氏説）

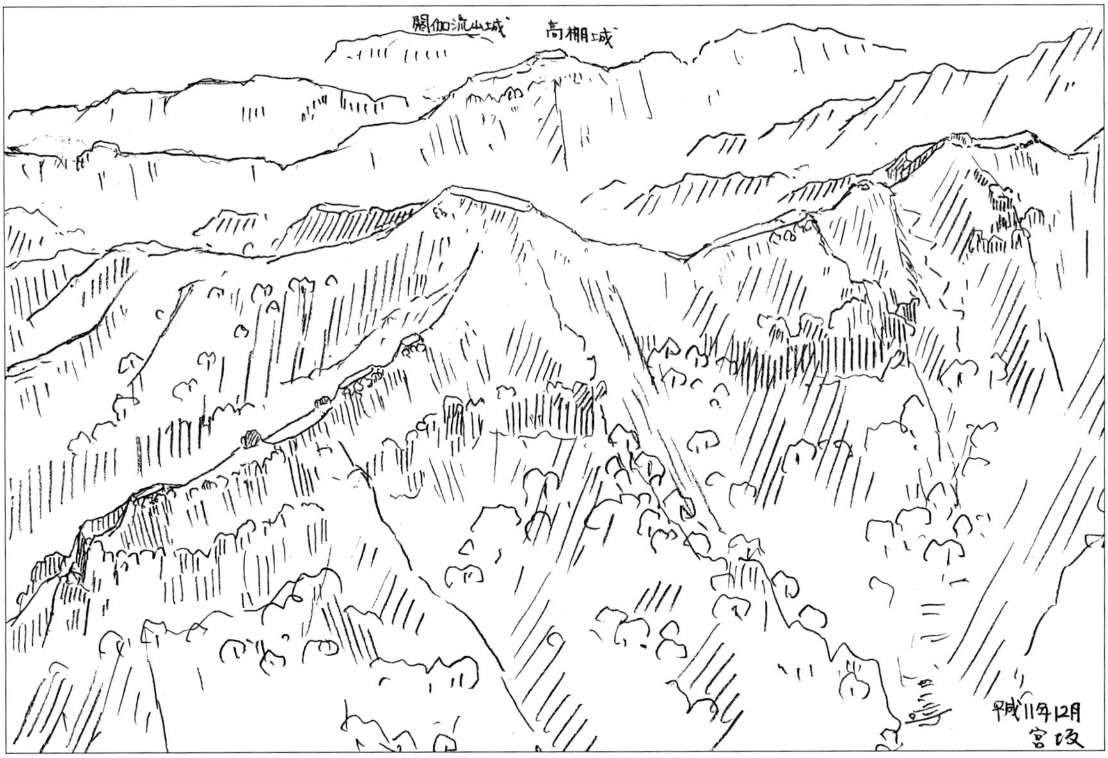

87、高棚城《たかだなじょう》

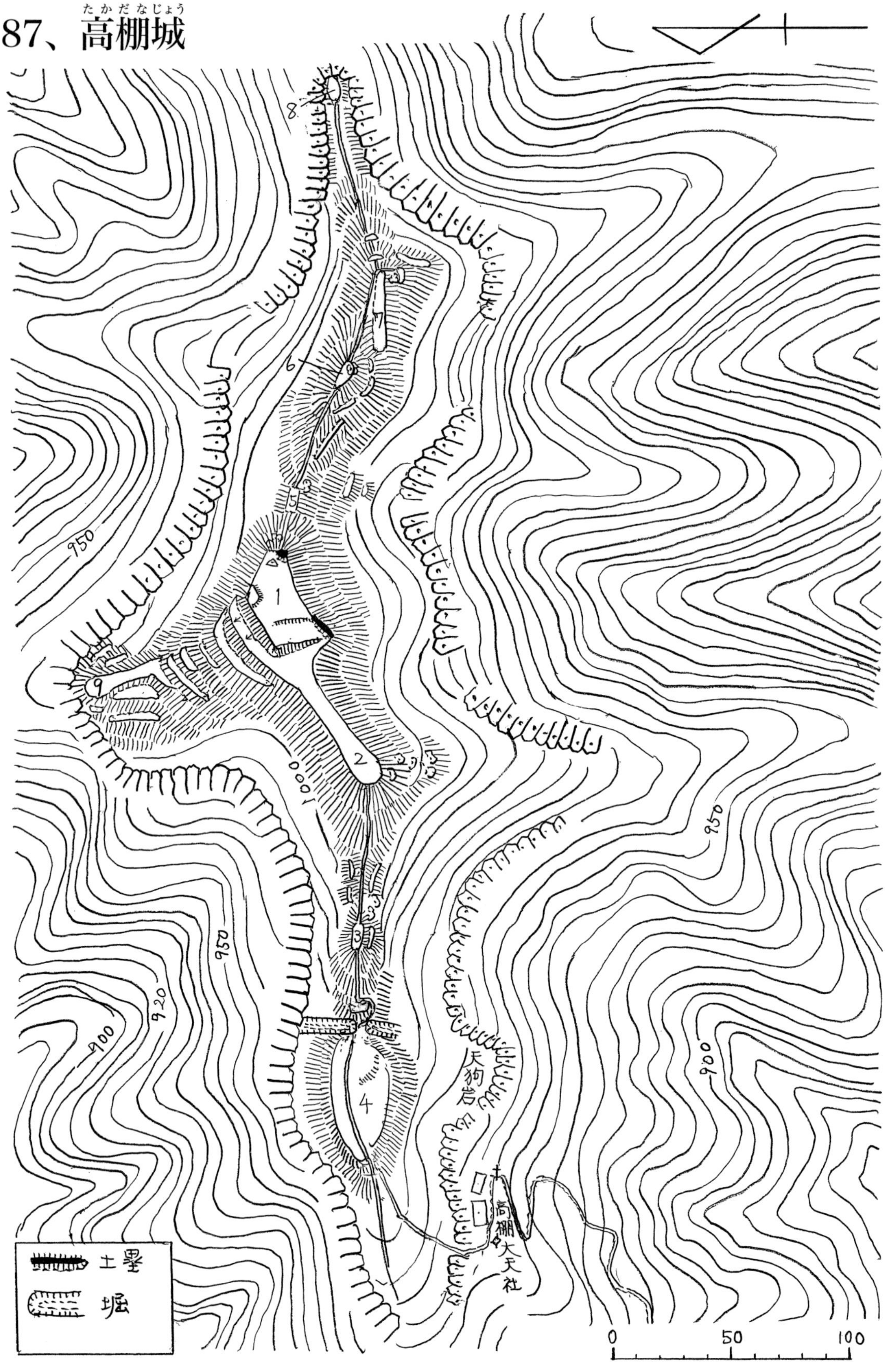

87、高棚城《たかだなじょう》

佐久市志賀天狗岩山頂

➔107頁

平成11年11月27日調・同日作図
標高1015.8m、比高245m(登山口の鳥居の所から)

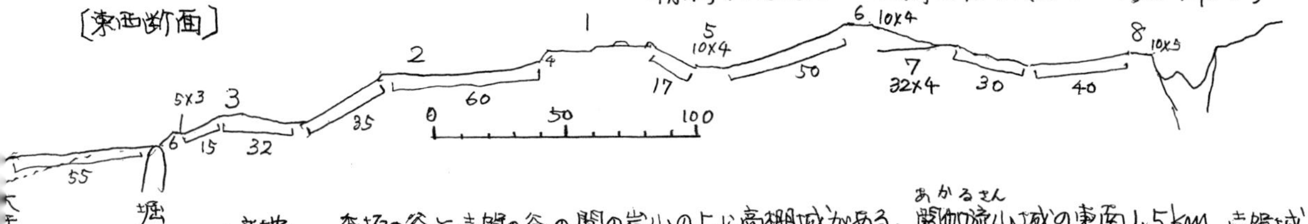

○立地　香坂の谷と志賀の谷の間の岩山の上に高棚城がある。閼伽流山《あかるさん》城の東南1.5km、志賀城の東北東1.1kmの位置で、周囲を断崖で囲まれた要害である。登路は、志賀上宿より、瀬早川の谷を約11km登ると高棚大天社の石の鳥居があり、その参道を登る。道がはっきりしなくなっているので注意。大天社の左手の岩壁の間をよじ登って東行すると山頂に至る。

○城主・城歴、『千曲之真砂』に高棚城には天文3年志賀肥前というものがいて、後に武田氏に降ったという。その後志賀与三右衛門がいたが、天正11年(1583)2月依田信蕃に降参したとある。
『信陽雑誌』には、志賀肥前守の名があり、『依田記』にも「高棚城主は志賀肥前守から志賀与三左衛門と続いた」とされる。
また笠原新三郎が籠城したのは、高棚城であるという一説もある。志賀城・笠原城・高棚城は一連のもので、「志賀殿の城」と言う場合は、笠原城とする説が地元の考えとされる。

○城跡　登路の大天社の参道に面した沢筋の相当上まで耕作された形跡が残る。大天社より上は耕作されていないと思うので、削平地は一応城との関連がありそうである。
大天社の裏手を急登した上は4の平場であるが東側にはっきりした堀がある。堀を渡り南を巻いて登るようになっている。小さい山(3)を越えて、35m登ると2の平場になる。馬場とも言える所で、4mの切岸を登ると主郭1である。40m×15ほどの台形をしていて、東端と南辺に土塁痕があり、北東隅に櫓台のような高み(高さ1m)がある。ここから北の尾根筋に数段の平地が連続する。
搦手は最高点の6の小山の東下に32×4の7の平地がある。この附近に若干の平地があり、80m東の断崖で城域は終わっている。伝承では山頂に清泉があるとされるが発見できなかった。

88、鳥坂城《とさかじょう》

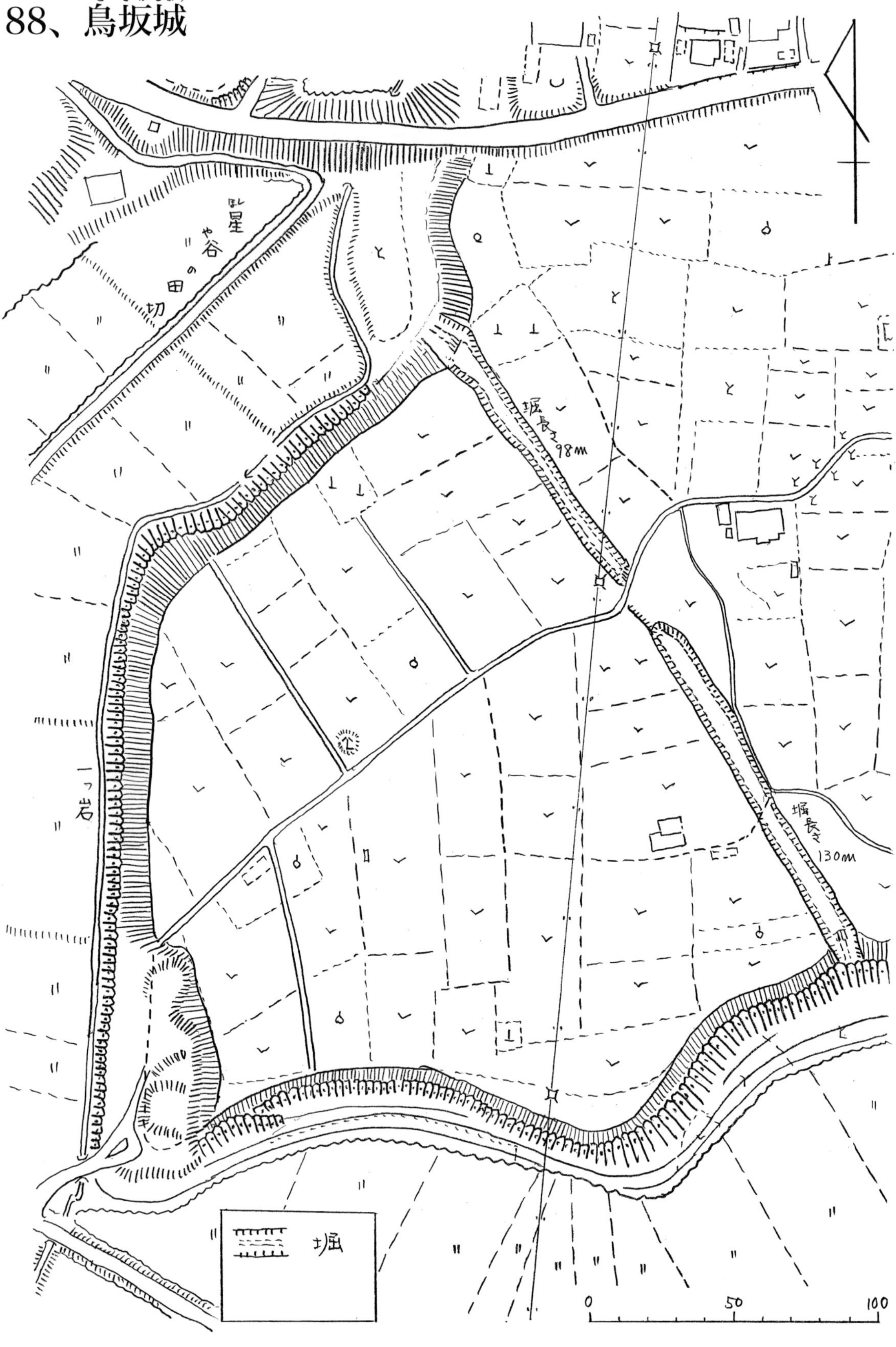

88、鳥坂城《とさかじょう》

佐久市新子田 →106頁

平成11年12月21日調・同22日作図.

標高705m、　比高20m

〔東西断面〕

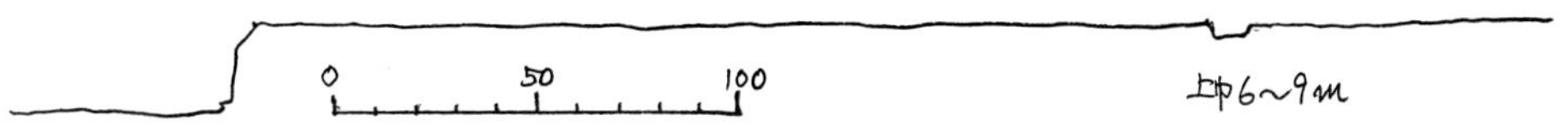

○立地　新子田集落の西の台地上に鳥坂城がある。ここは、西側は長野種畜牧場との間に星谷《ほしや》の田切があり、南は、霞川、香坂川が合流した志賀川が流れ、新子田の台地の南縁に高い崖を作っている。

そのため、鳥坂城は、西の一つ岩の断崖と南の崖に挟まれた三角形に突出した台地の先端部を利用して造られている。ここからは平尾城、閼伽流山城、鷺城、燕城、志賀城、笠原城、高棚城等の諸城がよく見える。

○城主・城歴　『長野県町村誌』に、「東西一町四十間(180m)、南北二町十間(234m)、本村の西部にあり、東方にから堀があり、南西北の三面は崖岩絶壁、高さおよそ五、六丈(15～18m)、昇降し難し、その内は平坦地なり。しかし何時代、某氏の遺墟であるか記録も伝えられない。たゞ昔の城跡だと口伝えにあるだけである。」とあり、いわゆる天正古図(『平賀成頼佐久郡平定絵図』)によると「鳥坂城、上原伊賀守住」と記されている。細かなことはわからない。

○城跡は、不整五角形をしていて、頂点の部分は土採りで破壊が始まっている。四辺が断崖で囲まれ、新子田の集落に面している240mの所に、上幅6～9mの堀が入っている。現在堀は大分埋まっている。さして大きいものではないが、一直線である。中央部に虎口があいていたようであり、そこに現在道が通っている。堀の内側には土塁があったであろうし、虎口の前後に何か施設があったと思われるが今はない。虎口の造りが判明すれば編年も可能となる。発掘調査によって得たものと見る必要がある。

この城で考えられることは、武田氏や北条氏が入って、兵站基地として築いた可能性もあることである。土豪層の館城としては大きすぎる。虎口と堀を発掘すれば、問題解決の糸口は見えよう。

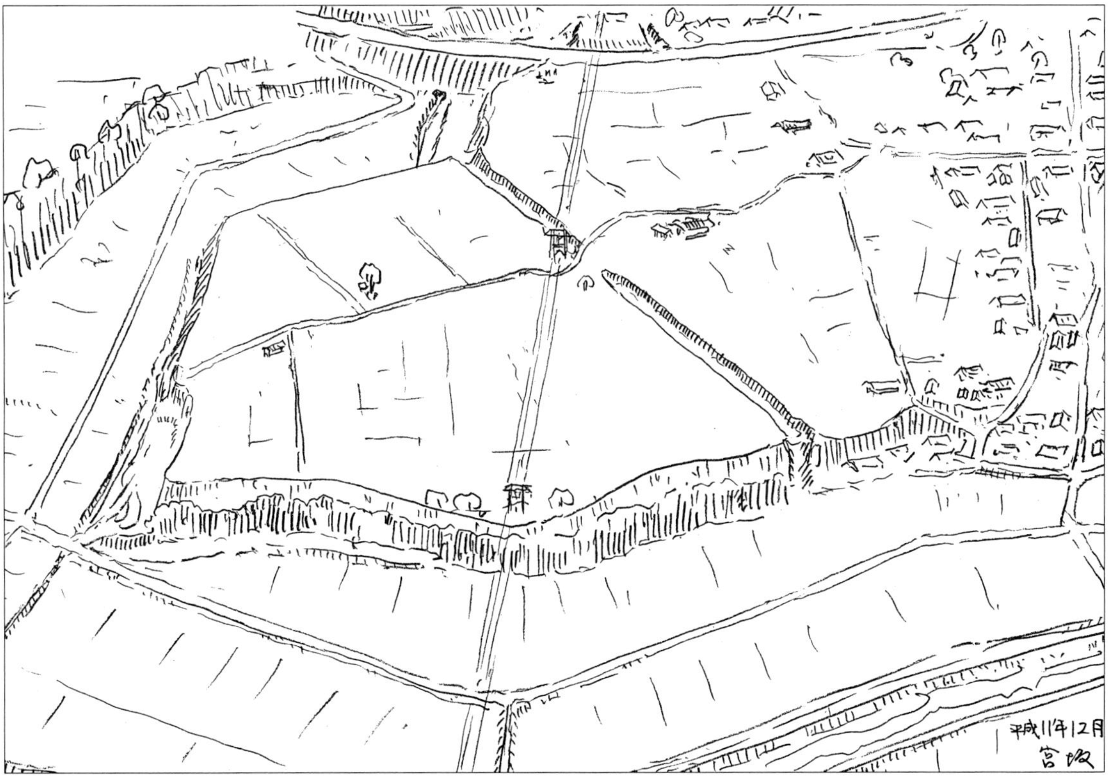

89、浅《あさ》井《い》城《じょう》

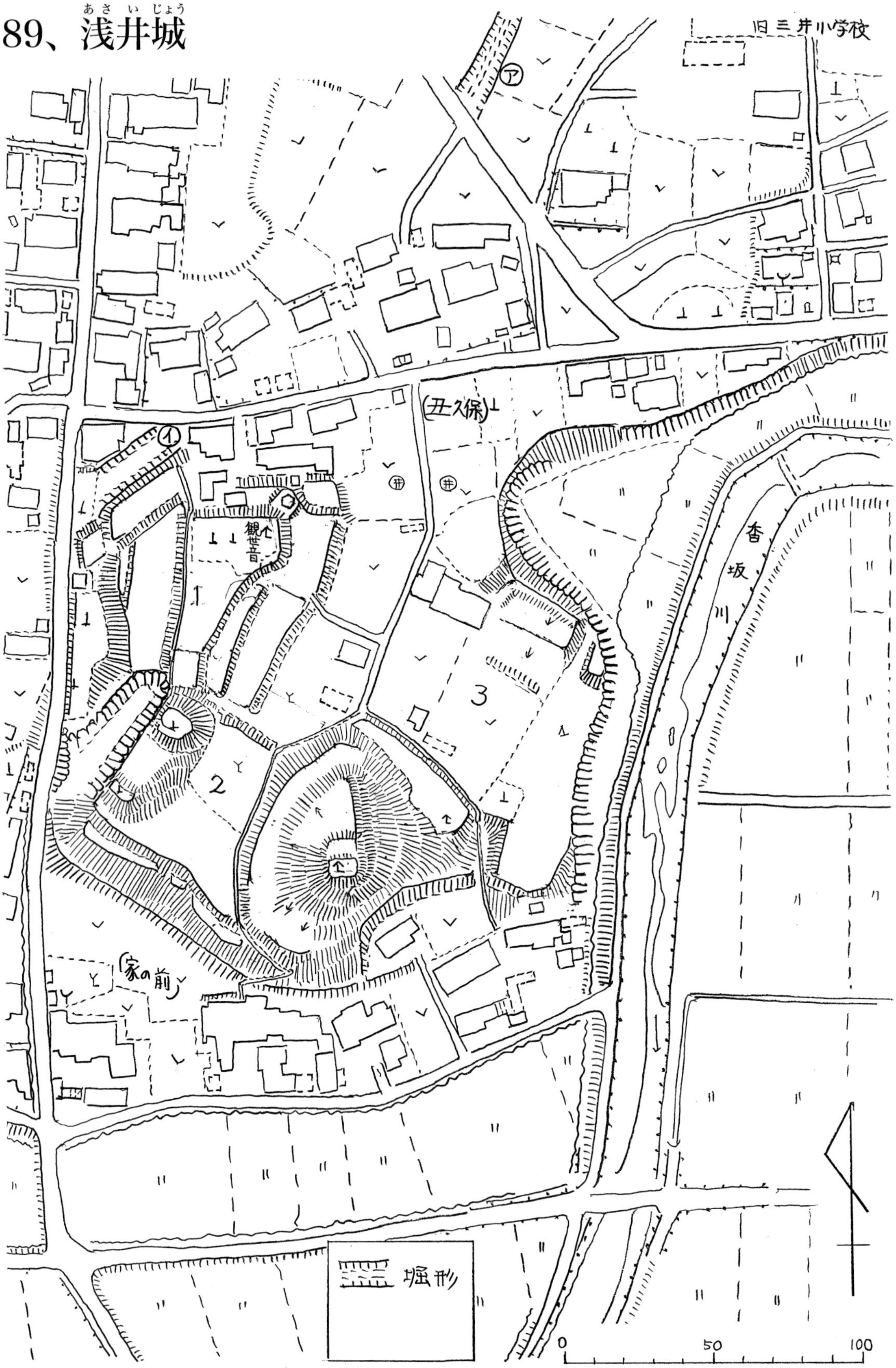

89、浅井城《あさいじょう》

佐久市新子田丑久保から家の前 ➡106頁

平成11年12月25日調・同26日作図
標高706m、比高16m（内外）

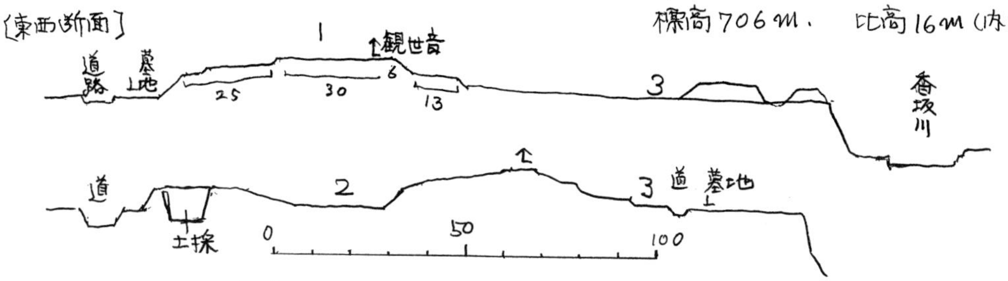

○立地．旧三井小学校の南西一帯の香坂川の断崖上が城跡と思われる。
南に小山があり．東は香坂川の断崖になる。西方200mに鳥坂城があり 地元の聞き取りでは鳥坂城は知っていたが浅井城については知っている人がいない。

○城主・城歴　『長野県町村誌』にも記録がなく、地元の伝承もないらしい。『平賀成頼佐久郡平釣絵図』（いわゆる天正の古図）に「浅井城，小林右近住」「永弐百貫文，安原小林右近介」等の記載があるようで．明治2年筆写の『信濃国佐久郡五拾六ヶ城改高』と称する江戸末期の本に「永二百貫文，安原・瀬戸・浅井ノ城，平林左近」とあり．出所は同一のものであろうが、近世末まで．何らかの伝承があったものと考えられている。（『東村誌』）
地元でも浅井の地名も明らかにできず．確たるものを得られなかったが．一応附近で観察できたものを記録する。

○城跡と思われる所．台地の西側．家の前へ下る道に面して小高い所がある。まず墓地や畑になり観世音の石碑のある所が10m弱高くなっている。（1）東の段々は耕作やビニールハウスで造成されている。
南の2つの小山に挟まれた2の平地がある。最も広いのは断崖に面した3の平地で．もし館を造るとしたら、ここが最も条件がよい。1．2はその防塁の役目を果す。また、旧三井小学校の近くに㋐、1の北側に㋑の堀形が残っている。両者は連続して、浅井城の外郭線となっていたとも思われる。
以上のことから．このあたりに浅井城と呼ばれる城館があった可能性がある。

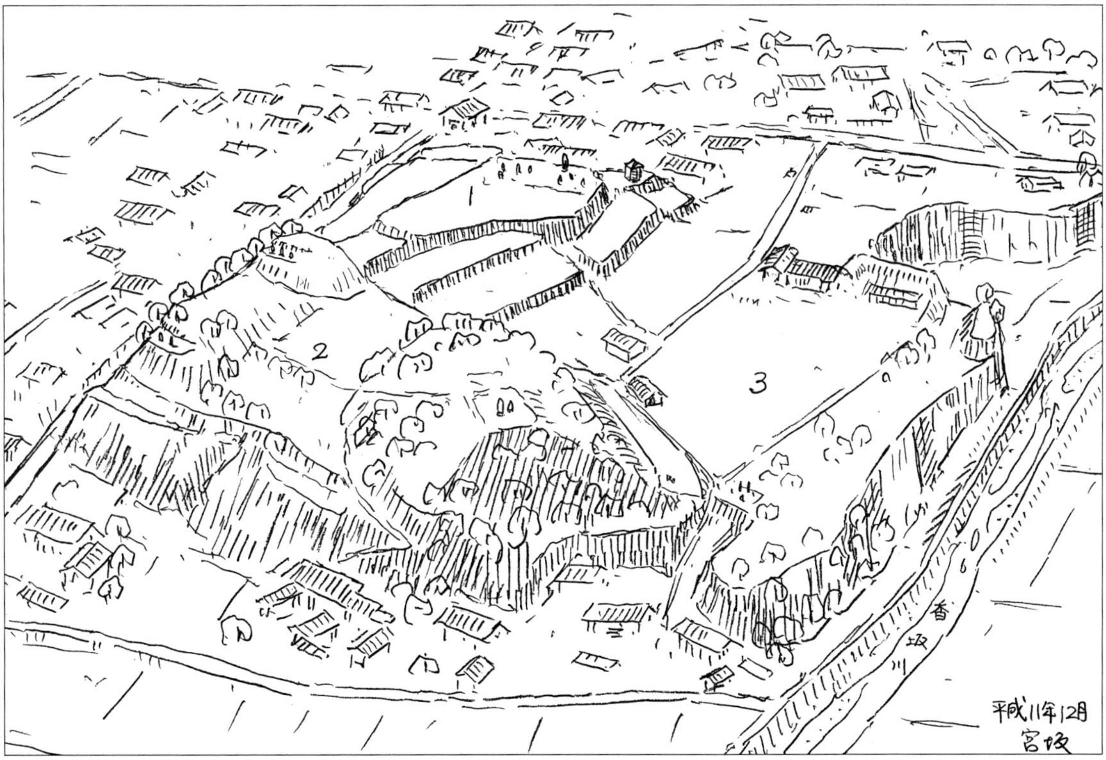

90、池端城《いけのはたじょう》

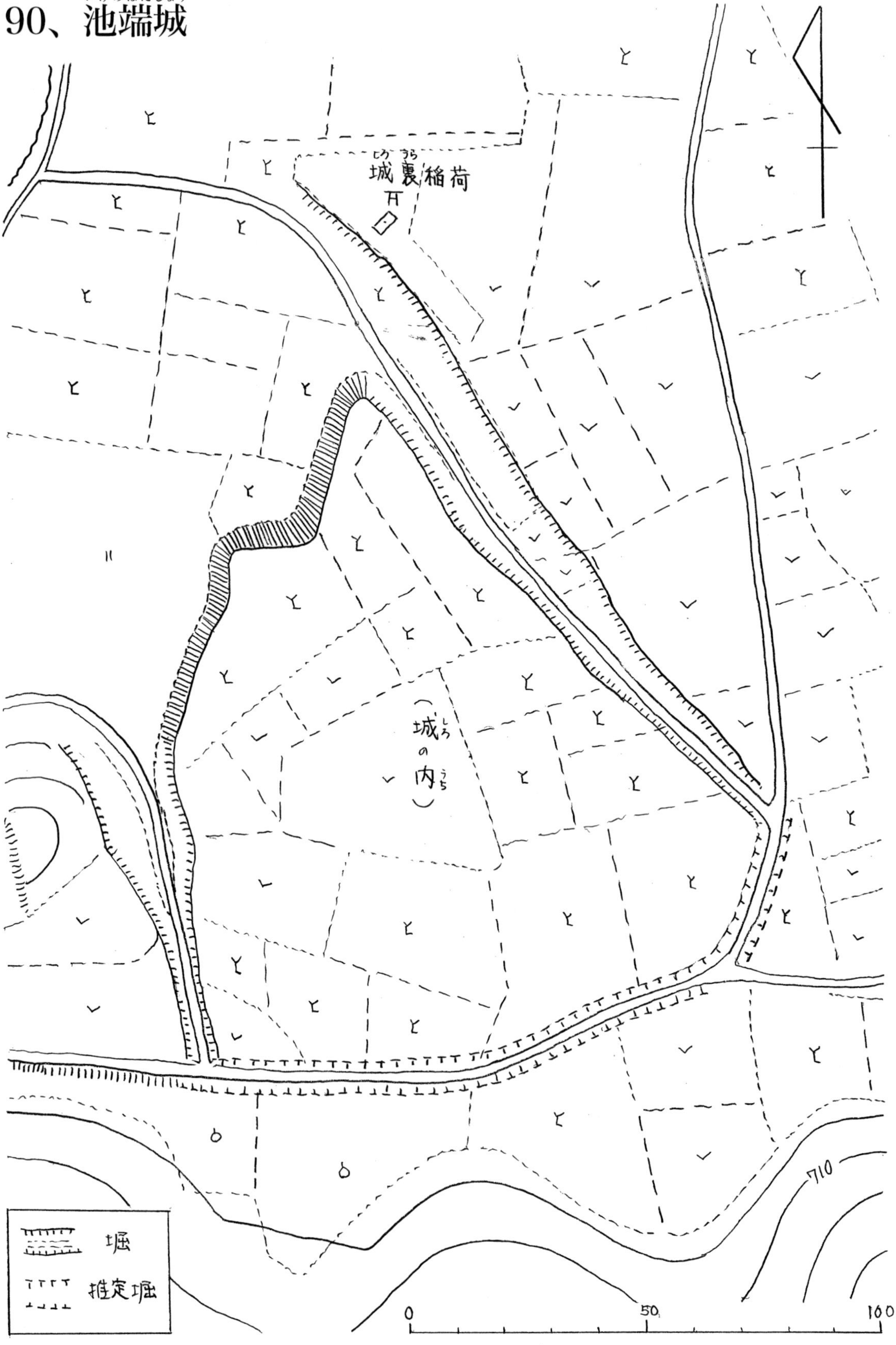

90、池端城《いけのはたじょう》

佐久市新子田字池端 ➡106頁

平成11年12月21日調・同22日作図

標高707m、　比高6m

〔南北断面〕

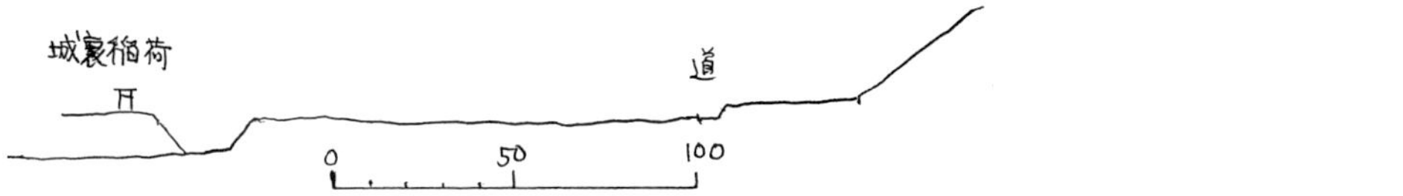

○立地　新子田集落の後背、能野神社のある丘陵を越えた西向きの台地に池端《いけのはた》城がある。段丘の西下は霞川の氾濫原で、字名からすると、そのあたりに池でもあったのであろうか。一帯は畑作地である。

北西1kmに燕城、北東1.2kmに曽城、南西800mに浅井城　続いて鳥坂城がある。香坂の谷口に当り、城に接して南の道は古道である。北側に城《しろ》裏《うら》稲荷社がある。

○城主・城歴、　不明、現在宅地造成により城跡の旧態は失われ、東側の堀跡は消滅、曲輪内も削平されている。平成6、7年の発掘調査により、縄文前期・古墳時代前・後期、平安後期、戦国時代のものが検出されたと　城裏稲荷の所の碑文は伝えている。城裏稲荷は神津氏宗家が累代奉斎してきたものを、明治23年より講ができて、以後ハナハ夜に祭典をしていると言う。城館の鬼門除けのものと思われる。

○城跡、　霞川に面した段丘上の三角形の単郭の館城が考えられる。現状からは細部はわからないが、造成以前の地図により復原を試みたのが左図である。東西に堀があり、南の道に面しては、堀と土塁が考えられ、このどこかに門が設けられたであろう。在地土豪層の館であったと思われるが、宅地造成以前に耕作により土塁等は失われていたものと思われる。曲輪内を「城《しろ》の内」と言い、堀外の稲荷を「城《じょう》裏《うら》稲荷」と言っているようだが、「じょう」と言わないあたりが少し気になるところである。

立地からして、南北両面に山の尾根が張り出し、背後も低い山があって三方が山となり、残る西側に霞川が流れているために、盆地状の一画を造っていて、近くに鎌倉期の五輪塔があるというから、その頃にさかのぼる、古い時代の館跡であろうか。

91、燕《つばめ》 城《じょう》

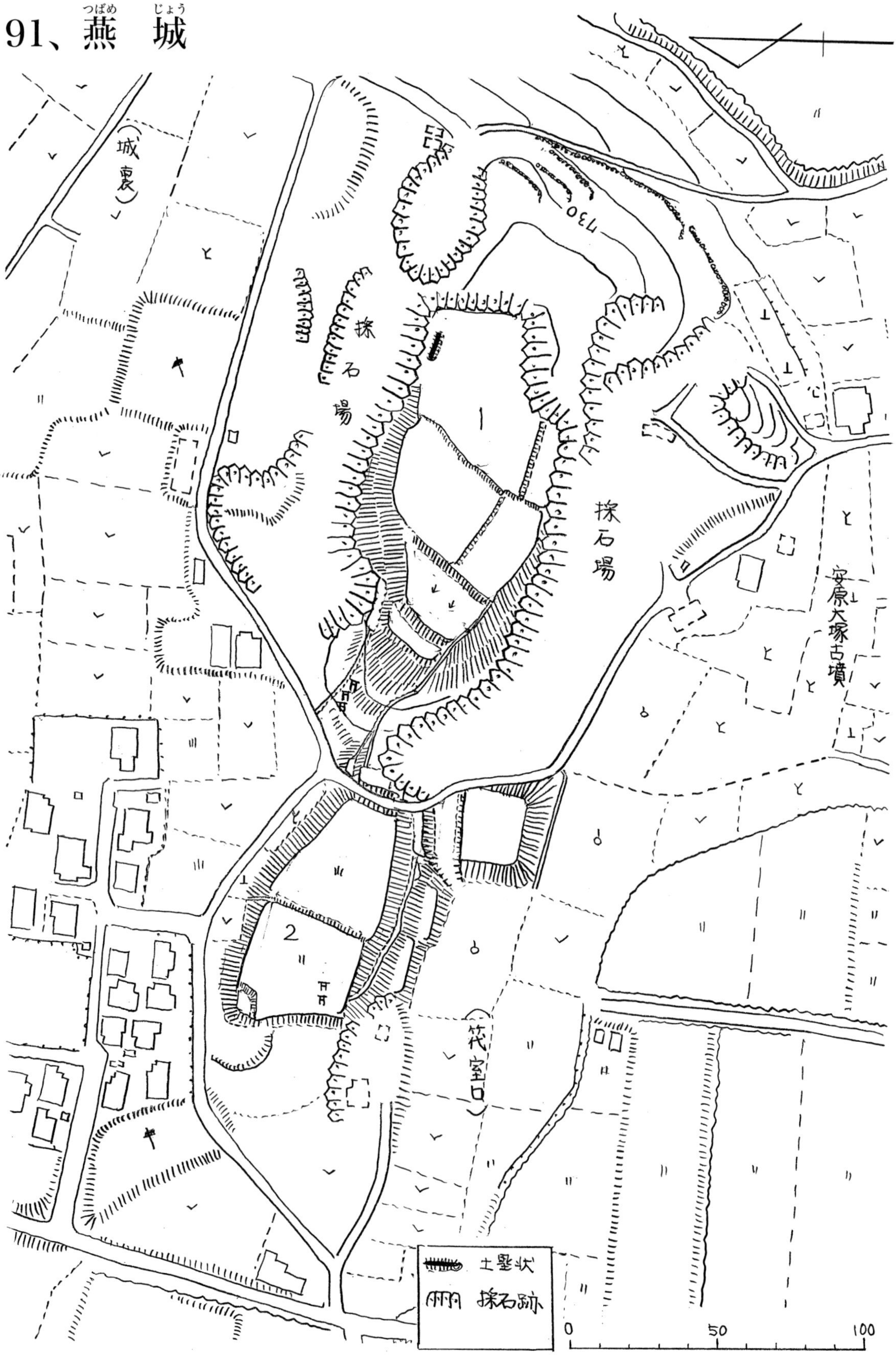

91、燕《つばめ》　城《じょう》

佐久市安原字燕城　➡106・108頁

平成11年12月4日調・同5日作図。

標高752.7m。　比高　40m。

[東西断面]

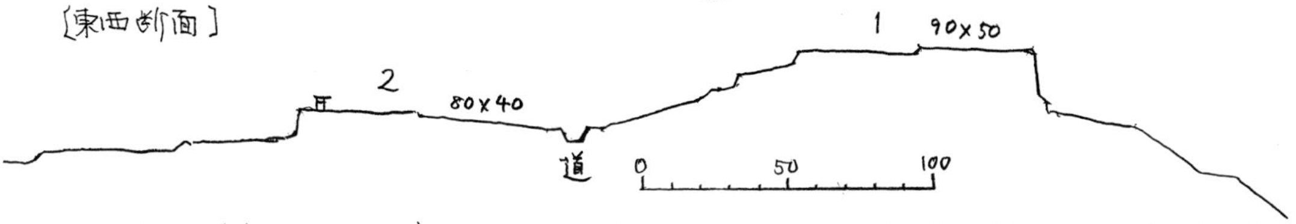

。立地　閼伽流山の尾根の西端にある小さな独立丘に燕城がある。ここは、東に霞川が流れて東面は急崖を造り、西側には星谷の田切りに囲まれ、安原集落の北に位置する。城地は比高こそ少ないが独立丘のために眺望はまことによく、附近の諸城、特に平尾城や岩村田の大井城は手にとるように見える。

。城主・城歴　『長野県町村誌』には、「嶺上平坦にして、東西五十八間(104m)、南北四十二間(75m)、今林となる。建保年中大井太郎朝光旧館、後安原某住居、大井氏族 安原某成氏に従ひ、関東へ移る 大井持光の臣」とあり。大井氏の支配地であったことがわかるが朝光が住んだとは思われない。(『東村誌』)

安原は鎌倉時代末には、大井氏の一族の所領で、室町時代にかけて、大井氏一族(源姓小笠原氏)が安原氏を称して領していたようである。(『諏訪御符礼之古書』)

その頃に安原氏によって燕城は築かれたと考えられている。安原氏の居館は、城の南麓の城前にあったと思われ、附近には、城前、内堀、沖、岩久保、屋敷、符室等の地名があり、安原大塚古墳もある。

。城跡　全山安山岩のため採石されて周辺部は完全に旧態を失っているが、山頂部分は、残っている。それによると、山頂の1の部分と、道の掘り割りの西の2の部分に分けられ、両方共に耕作されたことがあり、畑地の痕跡が残る。東山下の石塁は往古のものと即断できないが、霞川の崖を利用しているので、何等かのものがあったかも知れない。

2の東南の張り出した所との間に、堀があったように見受けられる。

文明16年の村上氏の岩村田大井宗家攻めの後、安原氏も消えているので、共に滅亡したと思われる。

92、翼《つばさ》 城《じょう》

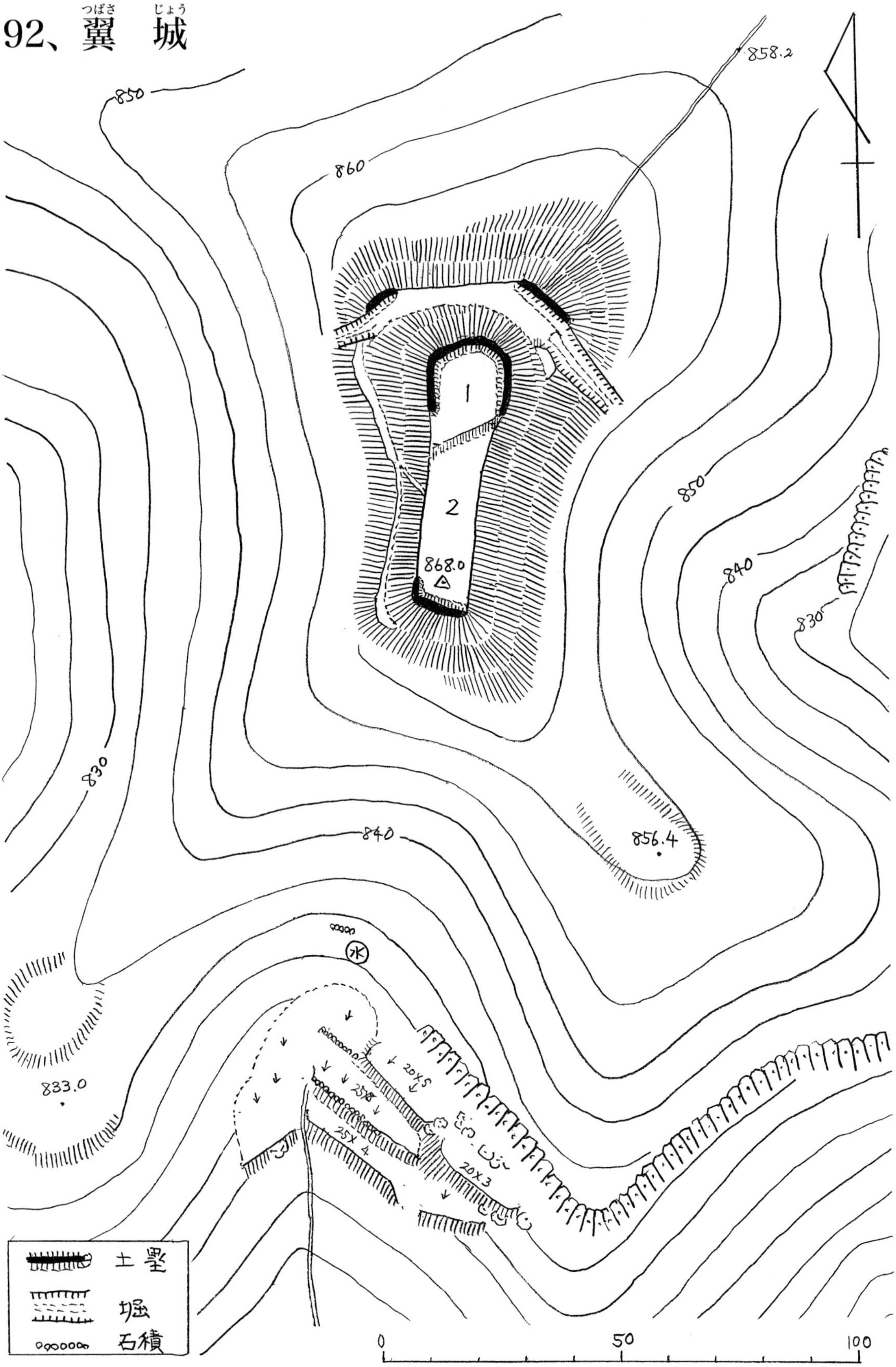
850
858.2
860
1
2
868.0
850
840
830
830
840
856.4
水
833.0
20×5
25×4
20×3
土塁
堀
石積
0
50
100

92、翼《つばさ》　城《じょう》

佐久市香坂字青木　▶107・109頁

平成11年11月23日調、同24日作図

標高868m、比高145m（南山下の県道より）

〔南北断面〕

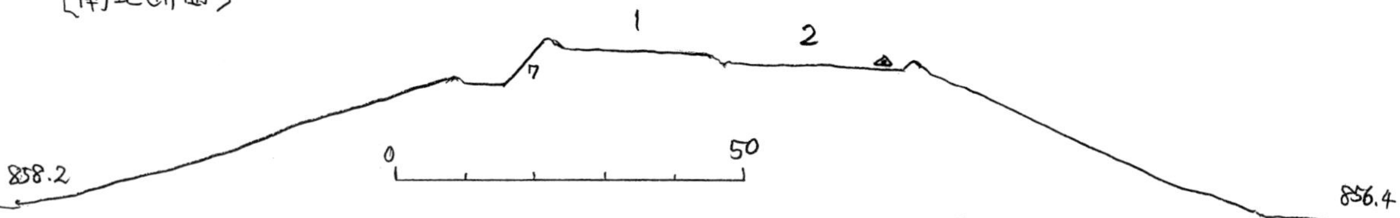

○立地　閼伽流山の西800mの山。香坂の谷を目の下に見る位置で、富岡街道を見張るには好位置にある。ここからは、燕城、閼伽流山城、高棚城、平尾城をはじめとして、北佐久の諸城を見通すことができる。ここに武田氏の狼煙台が置かれたとされる。

○城主・城歴　はっきりしたことは不明。狼煙台の伝承が残る。

位置からして、この山が狼煙台として利用されたことはわかるが、それ以前にも何らかのものがあったことが考えられる。香坂氏の本拠地でもあり、在地土豪層の要害が構えられた可能性がある。つまり、香坂一族が拠ったことも考えられよう。閼伽流山城の造りとよく似ている所から、同一の手によって造られた可能性を見るべきだろう。

○城跡　山頂の主郭部は、南北66m、幅は北側の1の所で東西15m、南側の辺で11mほどの長方形をしていて、北側が一段と高くなっているので、1と2に分けることができる。北の1と南側の2は一連のもので、一郭と見てもよい。これに北西と北東へ派生する尾根のつけ根を掘り切った間を腰曲輪として備えただけの簡単なものである。

南の沢筋に石積みが2～3段あり、削平の跡もあり、水の浸み出しも見られるが、これらを城のものと見てよいか判断に苦しむ。唯、この場所が城への大手に当り、この下には削平地が見当らないので、城のものと見てもよさそうであるが、桑畑の跡地として利用されたことは十分に考えられる。

南西と南東へ派生するゆるやかな尾根上には、特に城としての遺構は見当らない。

93、閼《あ》伽《か》流《る》山城《さんじょう》

佐久市香坂閼伽流山 ➡107・109頁

平成11年11月23日調・同日作図

標高1008m、比高260m(明泉寺門前より)

〔東西断面〕

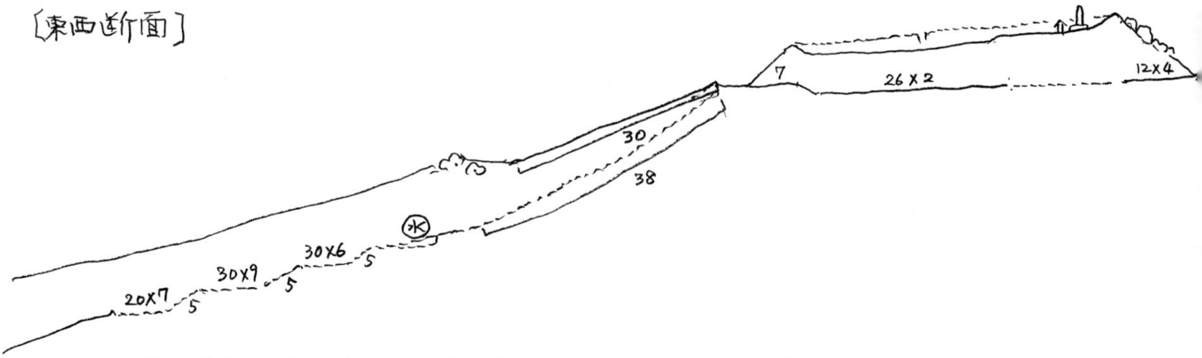

○立地　香坂集落の閼伽流山の山頂に砦がある。この山は、天台宗 閼伽流山明泉寺の寺山で、香坂集落に面する南面は、垂直の断崖が取り巻き、人を寄せつけない。その断崖の直下に奥の院の千手観世音堂があり、霊山として信仰を集めている。

香坂の谷は、富岡街道が走り、香坂峠を越えると、上州 下仁田へ通じている。谷の両側の山は奇岩断崖が多く、南東1500mの岩山には 高棚城があり、西方800mには翼城、東の谷奥1500mには ねぶた城がある。

城跡への登路は、明泉寺横から山道が観音堂まで通じていて、車が登る。そこから城跡へは、観音堂の手前100mの沢筋の断崖の間を登る。この道が大手の道と思われる。もう1箇所は、観音堂の裏手の沢を登り、血の池と呼ばれる水場を経て、左手の尾根へ出て、西行するルートがある。搦手の道と言えよう。

○城主、城歴、　中世の信州の豪族香坂氏の発祥の地とされる。香坂氏はここで大きな勢力を持っていたことが明泉寺の旧本尊からも伺い知ることができるが、文応年間(1260～61)に水内郡の牧之島(現信州新町)へ移住して私牧を経営し、牧城に館して拠った。

香坂高宗の父小太郎心覚は、建武3年(1336)正月、公家方に応じて、牧城に挙兵したが小笠原経義、村上信貞、高梨経頼等の軍に破れ、下伊那の大河原へ逃れたようである。

南北朝期に入ると香坂高宗が宗良親王を奉じて南朝勢力の中心となって活躍する。

一方佐久では、天正10年、武田氏滅亡後、上杉景勝に属した信濃武士の中に香坂能登守があり、その孫の香坂与三郎昌能は、上杉氏会津転封に従って、会津へ去っている。

この高坂氏は、武田氏に属して、香坂城に住したとされるので、この閼伽流山城は、香坂の築城ではないかと考えられている。

また一説には、香坂弾正忠が永三百貫文で居住したという。

何れにしても、人を寄せつけない高い山上の砦で、古い時代からのものであろうと思われる。

○城跡、　主郭は東西47m、南北中央部で13mほどのだ円形をしていて、東側が高くなっている。高さ1m～2mの土塁が全周していて、南辺中央に虎口が開く。この主郭を取り巻いて、6mから10m下に、北側から西へかけて、幅広い腰曲輪があり、東から南は、1～2mの通路がまわっている。南東の12×4ほどの腰曲輪は、大手の道が登り着く所で、ここから下へ40mほどの土塁状の地形が南の大手道の方へ下っている。

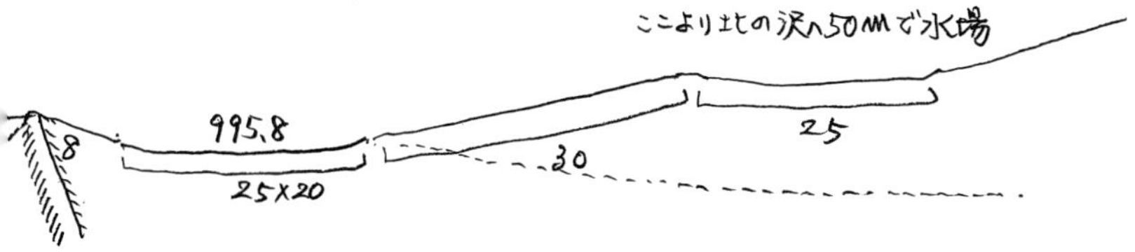

南の斜面の敵の侵入を防ぐための施設と思われる。このような竪土塁のようなものが、他にも2か所確認できる。それが砦のものであるのか判断が難しい。
　主郭の南西30mの所に15×8ほどの窪地がある。天水溜とも思ったが、他に水場が3か所あるのでわからない。小屋掛けの場所とも思われるが不明。
　西下の水場の下に削平地が数段あり、南西窪地より70m下にも20×5ほどの平地がある。山の中のあちこちに炭焼窯の廃墟が残っいる所から、そのための削平地もあると思われる。お寺では、耕作されたかどうか不明という。炭焼きは相当行われたようである。
　主郭の東の鞍部（995.8m）は25×20ほどの平地で、北へ50mほど下ると水場がある。鞍部より東へ30mほどの所に小山があり、ここに土塁状の地形と削平地がある。どうも新しいもののようにも見えるが、はっきりしない。　山上は比較的傾斜の緩い所があり、削平地とも思われる地形があるが、城のものとしては、それほど多くあるとは思われない。
　主郭内に「城址」碑と石祠が残る。観音堂や背後の沢脇は変事には、村人の逃げこみ場所になっていたことが考えられる。

93、閼伽流山城《あかるさんじょう》

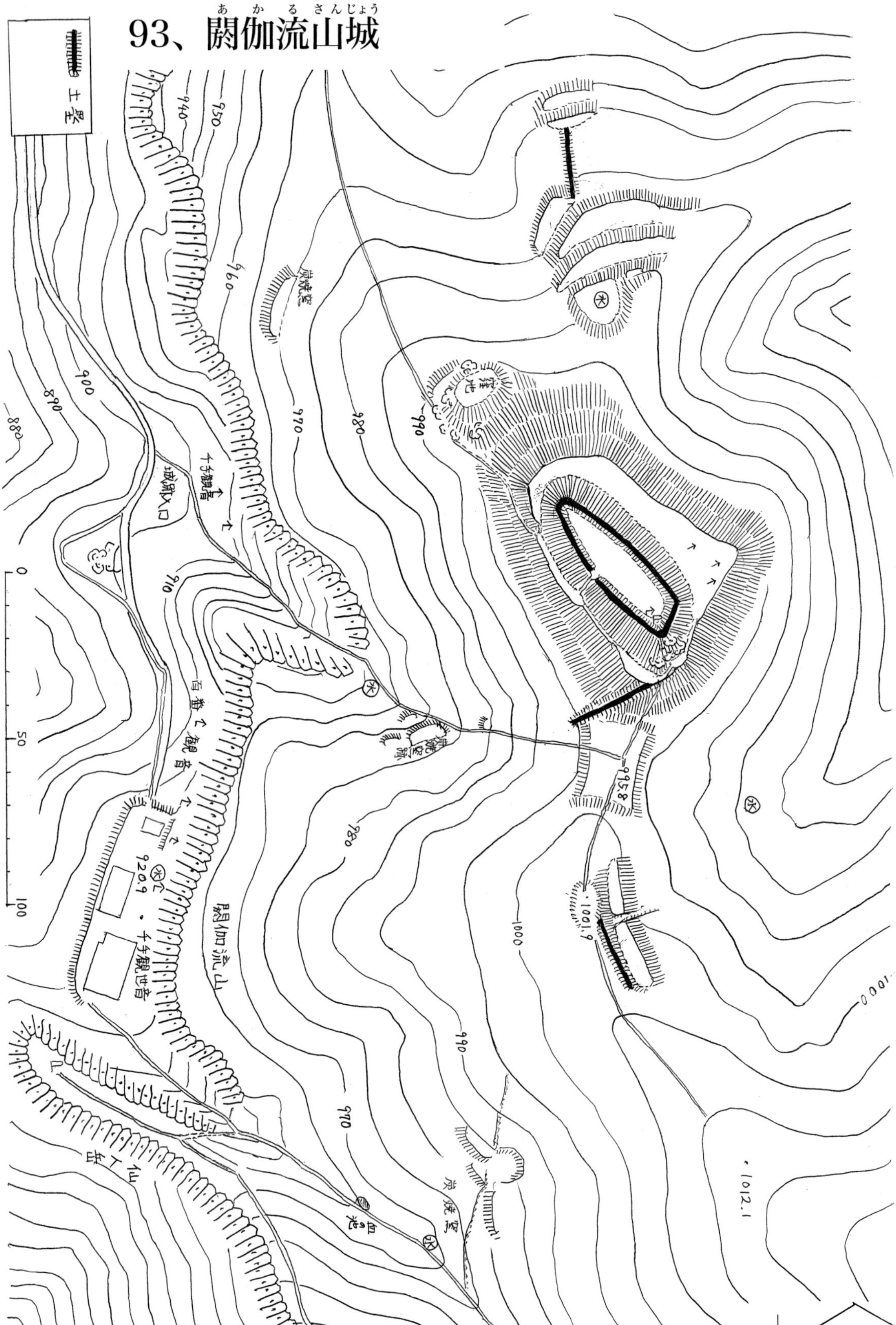

94、大井城《おおいじょう》（岩村田館《いわむらだやかた》／石並城《いせならびじょう》＋王城《おうじょう》＋黒岩城《くろいわじょう》）

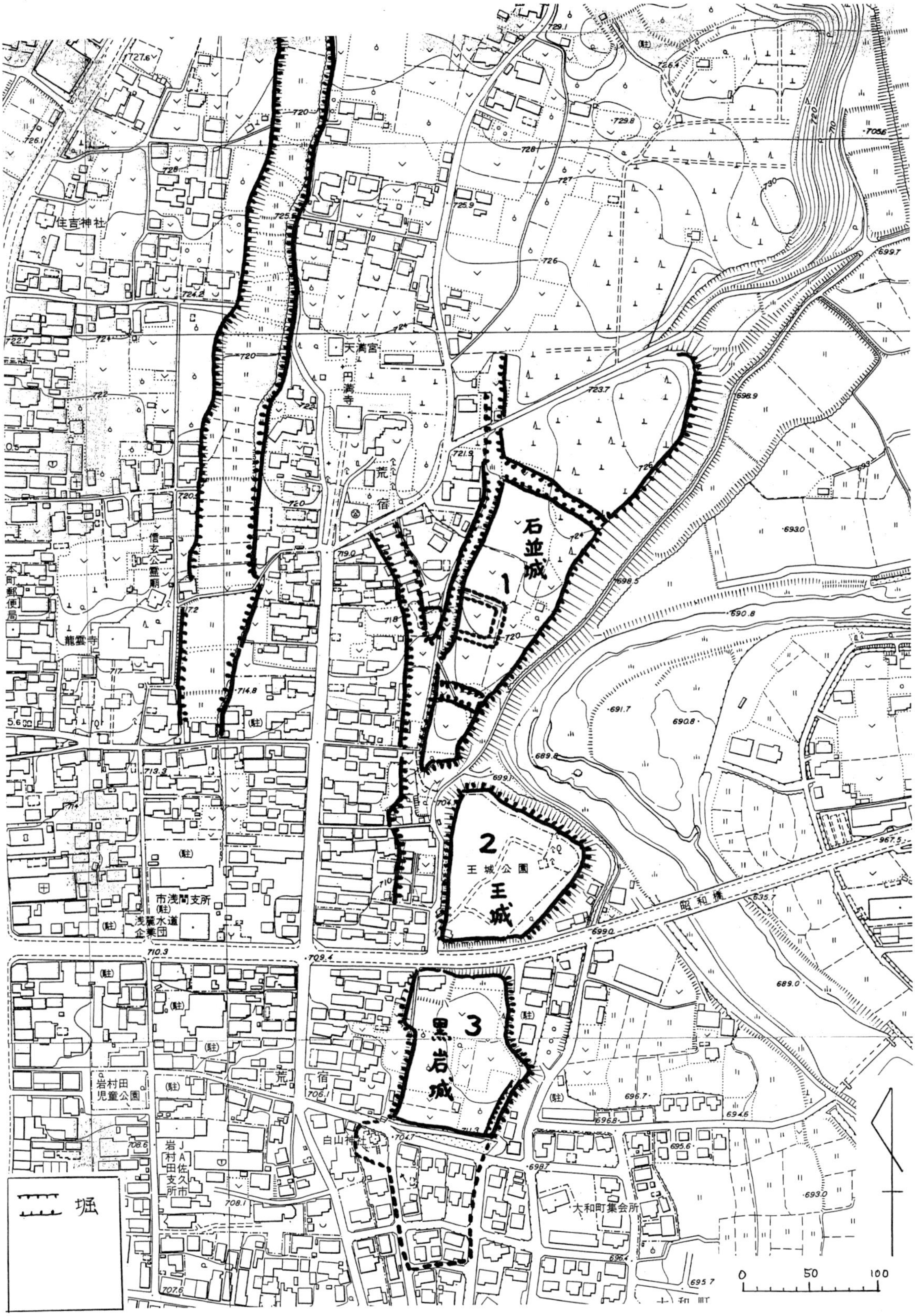

94、大井城《おおいじょう》（岩村田館《いわむらだやかた》／石並城《いせならびじょう》＋王城《おうじょう》＋黒岩城《くろいわじょう》）

佐久市岩村田字荒宿　➡103・108頁
平成11年12月4日調・同5日作図
標高709m、比高19m

〔南北断面〕

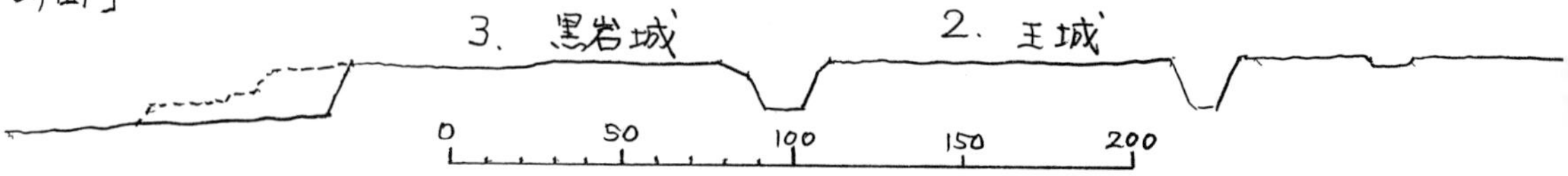

○立地　岩村田市街地の東北部の湯川の断崖上に、北から石並城・王城・黒岩城の3城が並んでいて、この3城を合わせて大井城、あるいは岩村田館と呼んでいる。湯川側は断崖で、西側には、円満寺の西側に南北の田切りがあり、それも利用して、市街地との間に堀を設けている。ここは、四方から道の集まる所で、交通の要衝に立地していて、北佐久の雄大井氏の拠城にふさわしい占地と言える。

○城主・城歴
3城で最も古いのは、石並城で、大井氏初期のもので、『一遍上人絵伝』に出てくる「大井太郎館」は、石並城の一部であろうと考えられている。

鎌倉幕府に仕え、佐久地方に勢力を延ばした大井氏は、中先代の乱の時には、小笠原貞宗等と足利尊氏に味方したため、朝廷軍の攻撃を受け、建武2年(1335)12月23日に大井朝行の拠る大井城は落城している。いわゆる信州大井庄合戦で、これは石並城であったと考えられている。

その後桔梗ヶ原合戦で宗良親王を奉じた南朝軍が敗れたために、大井氏は勢いを盛り返し、後に関東管領となる永寿王丸（足利成氏）を安養寺にかくまい、大井持光の頃には、佐久郡内の一大勢力となる。

その大井氏全盛の頃の居城が王城と考えられているが、これも文明16年(1484)村上氏の攻撃を受け、岩村田のまちと共に焼亡落城し、大井惣家は滅亡する。

武田氏が佐久へ侵入して来た頃には、依田系大井氏が黒岩城におり、武田氏に属して、武田氏滅亡後は、一時北条氏に従い、後に徳川方の依田信蕃により、黒岩城が攻略されている。しかし、これらも推定であって確証はない。

城跡の発掘調査は、昭54年、王城と黒岩城北部、昭58・59年に黒岩城の南半分、昭61・62年に石並城の周辺部が行われた。王城は全域に多量の焼土が検出され、文明16年の時のものと考えられている。

その他発掘されたもので城の編年にかかわるものは見当らなかったようである。

○城跡、　1. 石並城、　荒宿の東側に堀が現存し、その範囲は相当に広かったことを伺わせる。円満寺の東側の墓地と畑の中に、堀が残っていて、ここから南の地域の、東西80m、南北200mの細長い部分が、まとまりのある形になる。

それより北の墓地の部分の道が崖下へ下るあたりまでが一郭にまとまりそうに見えるが、はっきりした堀形が見えない。

『佐久市史　歴史編(二)』の「大井城縄張要図」によると、北の岩村田北保育園の北に堀があり、そのあたりまでの広大な地域に西側の田切りも合わせて3条の堀

大井氏　小笠原長清の七男、七郎朝光が大井庄に土着して大井氏を名乗る。
最初から岩村田に居住したかどうかは不明。安原や長土呂、落合等が最初の居住地ではないかという説もある

が想定されている。大井氏の初期の居館跡にかかわるものとしては、余りにも広過ぎるように思われる。

石並城の縄張りと似ているのが、平尾氏の白岩城で、崖際を堀で区画する例が近くにある。今後更に微地形に当ったりして見る必要があろう。

2、王城　王城公園になっている所で、南北100m、東西100mほどの不等辺四角形をしていて、東端にシンボルとも言える大ケヤキの木がある。

周辺の土塁等は失われているが、大ケヤキのあるあたりは一段と高くなっているので、往古は土塁か櫓台があったと思われる。大井氏の最盛期の居館跡にふさわしいまとまりのある等で、当然北隣りの石並城地域も城域に含まれ、黒岩城地域も何等かの施設があったであろう。

3、黒岩城．王城の南に続く台地上で、広さは、王城より幾分広くなる。南の部分が失われているが、これが大井城の末期の中心になった所とされる。ここで1つ問題になるのは、何故時代と共に南へ中心を移したかということである。一度落城した所を外して、その隣接地へ拡張して行ったために、次第に大きな城となって行ったようで、時代的な推移が問題として残る。

9 西側や北側の様子があいまいであるが、大井氏の居城として今後の研究が必要とされる。また併せて、この場所へ拠る以前の大井氏の屋敷地も考えてみることも大事である。

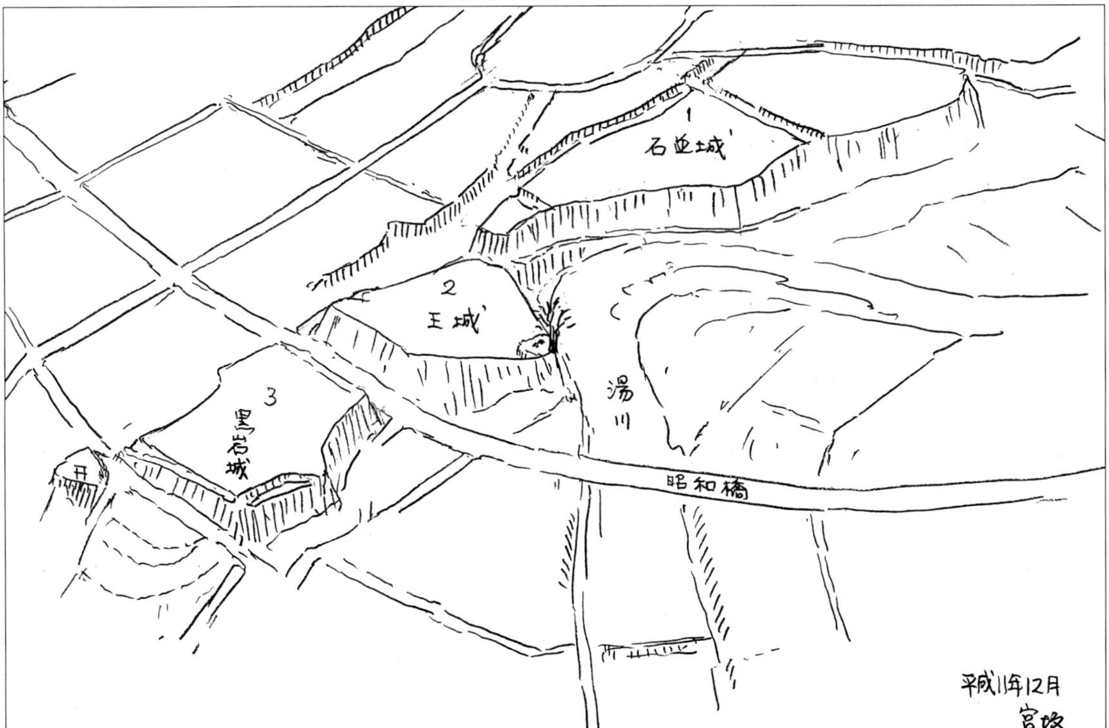

95、ねぶた城《じょう》

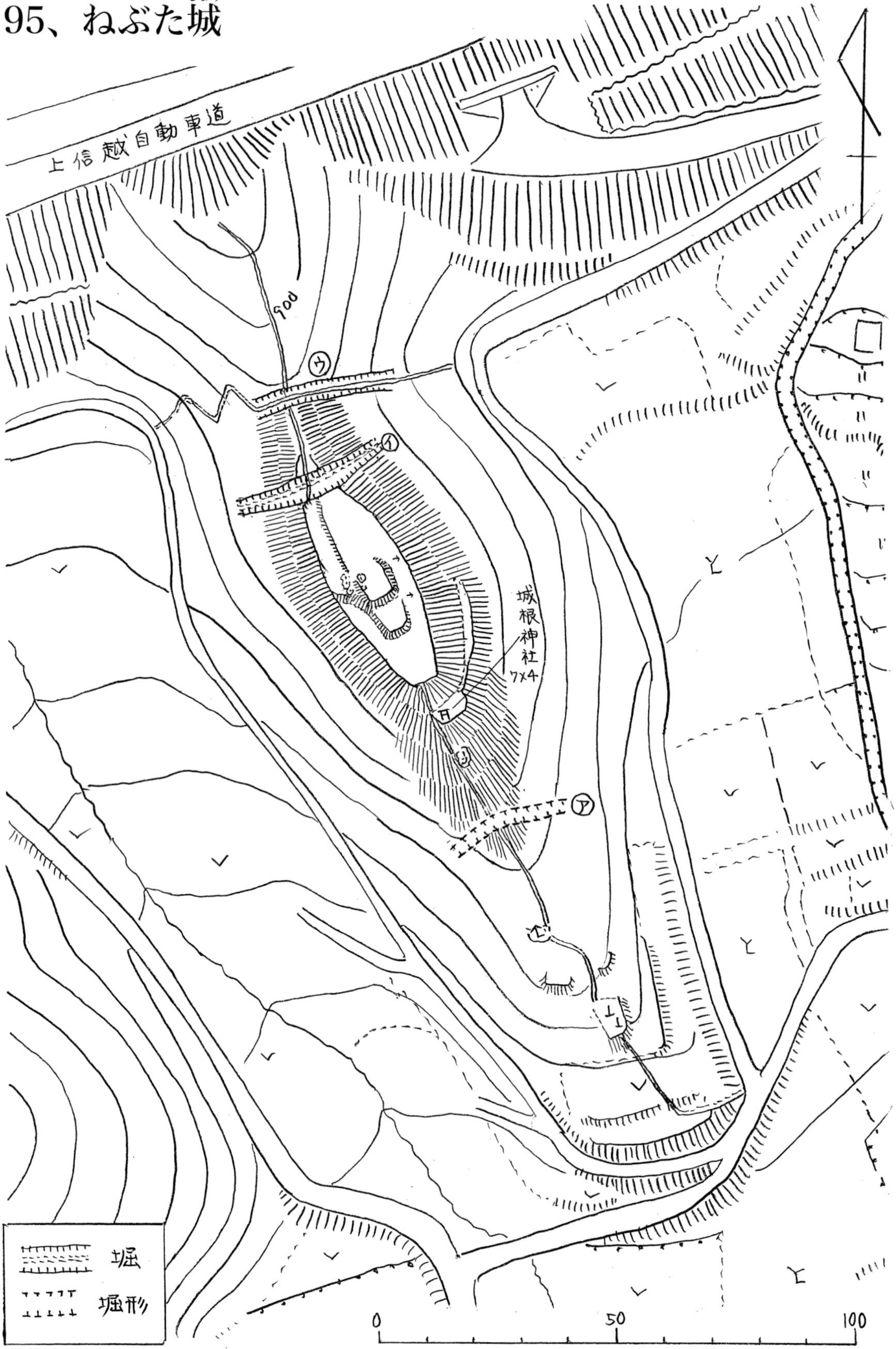

95、ねぶた城《じょう》

佐久市香坂東地字ねぶた 107頁

平成11年11月23日調・同24日作図

標高898.8m、比高71m（県道より）

〔南北断面〕

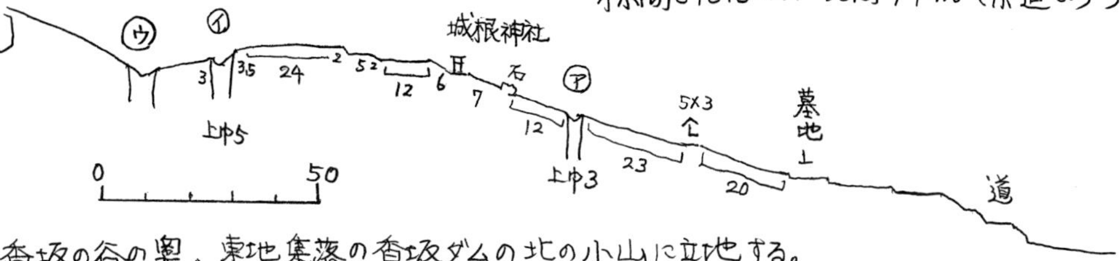

○立地　香坂の谷の奥、東地集落の香坂ダムの北の小山に立地する。
現在背後に上信越自動車道ができたために、尾根は切断されて独立峯のような形状になっている。山の南下は香坂峠を越えて下仁田へ通じる街道筋で、上州との交通路の1つとなる。

○城主・城歴、　不明、狼煙台と考えられている。考えられるのは、上州からの系統に属するもので、武田氏の統治の頃に使われたものであろうか。但、問題なのは、谷口の翼城が狼煙台とされるが、ねぶた城から翼城は見えず、中間の閼伽流山城を置いても、見通せないので、どうしたものであろう。香坂川の対岸の高棚城を経由すれば、つながるがどうしたものであろう。閼伽流山の観音堂裏の仙人岳の岩の上でもねぶた城は間の山陰になって見えない。

位置からして、上州への街道の物見の砦と見るのが最もわかり易いが、狼煙の伝えとなると、もう一考を要する所である。

○城跡、　香坂ダムの所から北へ入ればすぐの所で、南の尾根通しに道がある。頂上の主郭は、45×12ほどのだ円形をしていて、中央部に2段ほどの高まりがある。背後は鞍部の道が越えているウの所との間に上幅5mのイの堀がある。南の大手筋、主郭より6m下に7×4の腰曲輪に「城根神社」の石祠がある。その下22mに、上幅3mのアの堀形が残る。多分堀があったと思われるが埋没している。
南の尾根上には小さな平地や墓地、畑があるが、城のものとは判断できない。

山を大事にしながら、危険物を避けて登ろう

城跡のある山がキノコ山で、「とめ山」になっている場合がよくある。その場合には、夏から秋にかけては入れないから不便である。

せっかく行っても調査できないので、たいへん困ることになる。それに、山へ入らせないためにビニールテープを張りめぐらせてある。毎年やるものだから、ビラビラと絡まっていて物凄い騒ぎになる。見た目にも悪いし、小鳥や小動物に絡まれば命取りになる。腐って土に帰るものではないから、まったく始末が悪い。

それに、山の見回りに来た人が飲んだと思われるジュースやビール缶が散乱している。それも困りもので、山の恵みを頂戴するのだから、もっと山を大事にしないと罰が当たる。

長野県中の山がひどいことになっていて、何年かしたら土に帰るような素材を使うとか、もう少ししっかりした素材を使うよう指導しなければ、山は荒れる一方になるだろう。

また、たびたびひどい目に遭うのは、バラ線（有刺鉄線）である。これもキノコ山だったと思うが、薮の中に隠していたり、道に延ばしていて、知らずにそこを歩いてズボンを破ったり、長靴を引き裂いたり、けがをしたこともある。いらなくなったら撤去しないと危ない。

もっと困るのは、ゴミの不法投棄である。山中にたいへんなゴミ山がある。やがて腐って土に還るものならいいが……。このつけは、自分たちに返ってくることを知らないはずがない。

本を読んだり、話を聞いたりすることで、私の仕事を褒めてくださる人がいる。城跡を一人で測っていると言うと、中には親切で「巻き尺を引っ張るくらいはできるから連れて行け」とも言ってくれる。私は「ありがとう」と言うだけで、お願いしたことはない。

一人でやっていれば、まず自分のペースでできる。はっきりしなければ、老骨に鞭打ってでももう一回見に行くし、薮の中へ再び入っていく。自分でやるしかないから、嫌でもやることになる。

もし、誰かを同行させたとする。こんな薮の中へ入ってもらうのは気の毒だと思うし、せっかく山から降りたのに、またもう一回登りたいなんて言いにくい。これ以上やるわけにはいかないなと、気をつかう。

結果は、どうも満足できないことになる。それよりも、自分で納得の行く仕事をしたい。自分のペースで体力に合わせて、人のせいにせずにやり遂げたい。

この仕事は、孤独な戦いである。すべて一人でやる以外ないと覚悟を決めて、きょうもまた、登るのである。

96、平尾城《ひらおじょう》（山古城《やまこじろ》）

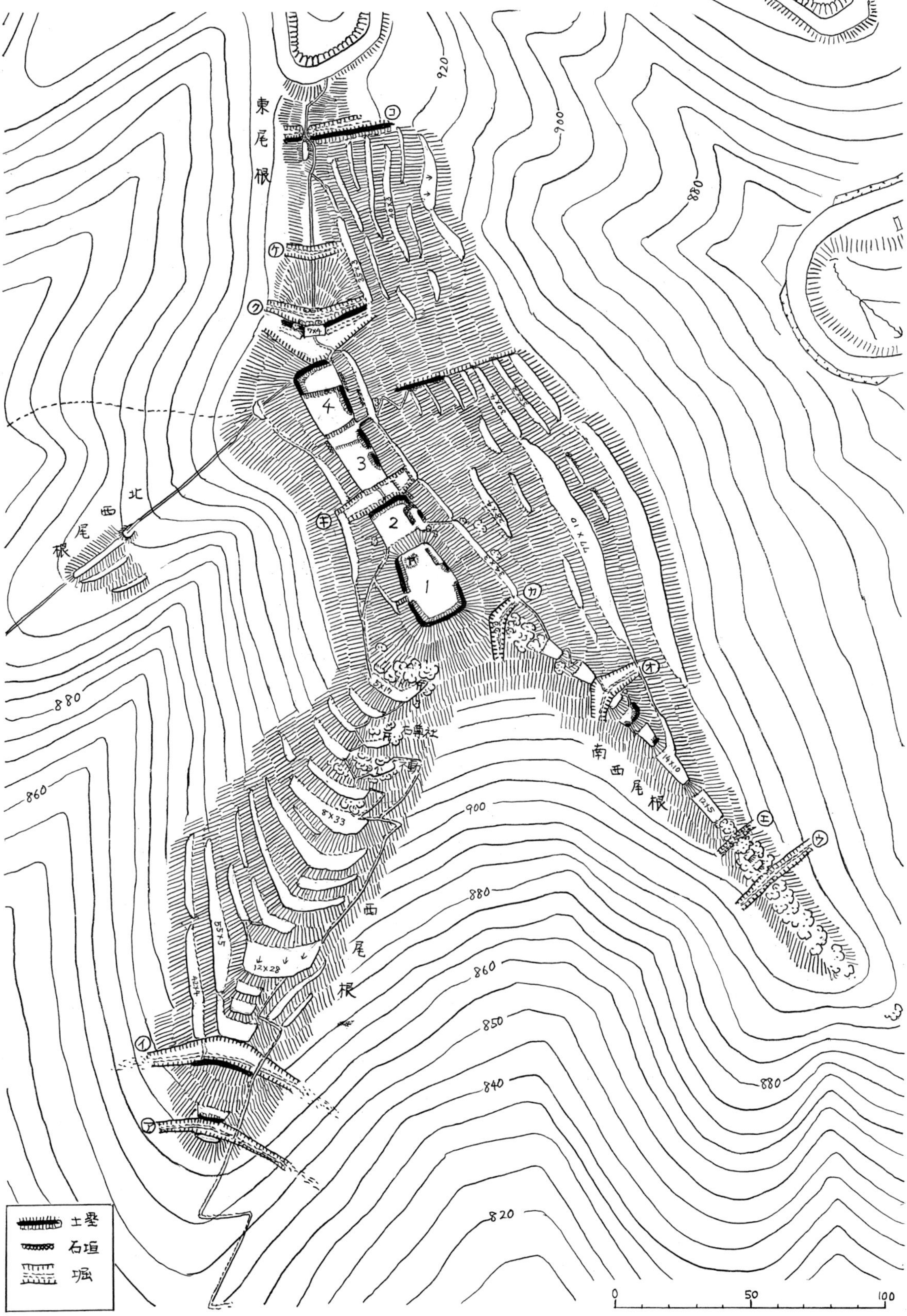

96、平尾城《ひらおじょう》（山古城《やまこじろ》）

佐久市上平尾字城　➡108頁

平成11年11月19日調・同20日作図

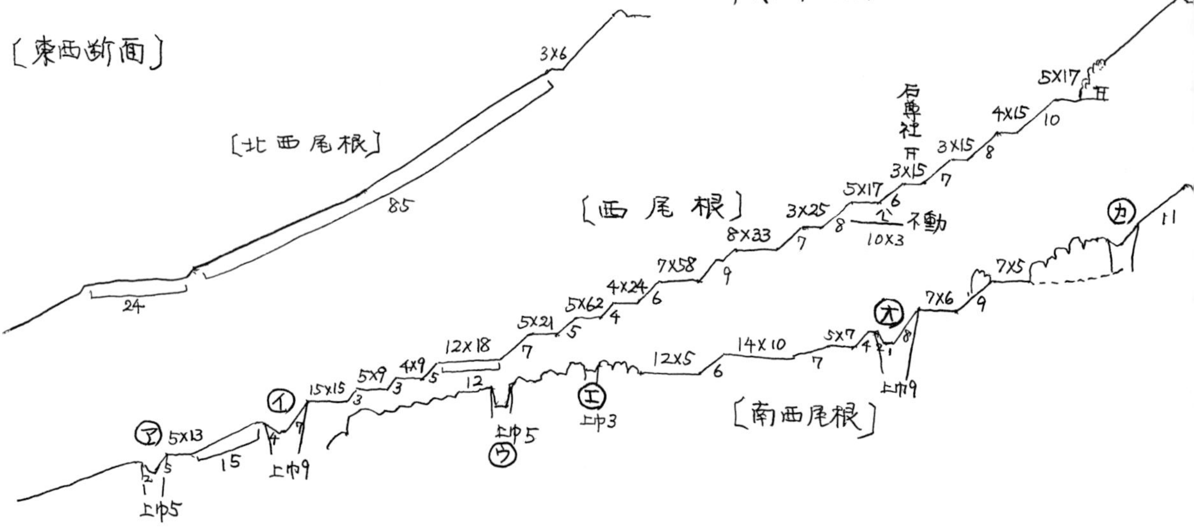

○立地　平尾富士の西側へ張り出した尾根上に上から白山、その下に秋葉山がある。平尾城は、下の秋葉山とそこから派生する尾根を使って造られている。居館は、西麓、平根小学校の所にある白岩城で、上平尾一帯に集落が形成されていた。ここからの眺望はよく、北佐久から南佐久方面の諸城が見える。後背白山にも一郭があるというし、平根富士の頂上には、詰城である砦があり、物見と狼煙台にも利用されている。

○城主・城歴、　小県郡の依田氏は、宝徳・享徳のころ佐久の大井持光に連年攻められて、その幕下となり、修理亮為泰は平尾に移って平尾氏を名乗る。以後、天正18年（1590）、小諸城主松平（依田）康勝（康国の弟）の藤岡への転封に従って、平尾守芳（平三）が平尾を去るまで、五代にわたって、居住したのが平尾氏の館である白岩城である。

戦国乱世の中で、大井氏、村上氏、武田氏、最後に依田氏に属しながら、比較的幸運にも恵まれて、本拠の平尾は戦火に会うことはなく過ぎ、平尾氏が去って後に利用されなかったため、平尾氏当時の姿を知る上で貴重な遺構と言えよう。

初代為泰が平尾へ移ったのは、宝徳・享徳のころで、応仁の乱の始まる直前であった。以後佐久地方も大井対伴野、大井対村上の対立が激しくなり、永正年中（1504～20）になって三代信守が平尾城を築城したとされる。

平尾氏が平尾在住は5代140年間で、所領は、平尾、岩村、安原、志賀、小田井などへも勢力を伸ばし、一時3.000石を領したという。

○城跡、　平尾城は、居館の里古城《さとこじろ》（白岩城）に対して、山古城《やまこじろ》と呼ばれている。秋葉山（後に秋葉神社をまつった所からこの名が生まれたと思われる。）の山頂に主郭部を置き、そこから派生する、南西尾根、西尾根、北西尾根上に防御施設を配している。

・主郭部　大きく4つ位に分割される。西端が最も高く、これが1の曲輪で主郭である。広さは、25×20ほどの長方形で、北辺、西辺と南辺に土塁が残る。東辺も秋葉社の所が高くなっているので、往古は土塁が全周していたかも知れない。土塁の高さは西辺が最も高く、2mほどになる。北辺に虎口が開き、秋葉社の石段が残る。

・2の曲輪……1の東6m下で15×15mの方形で東辺に土塁があり、南に一段低く桝形がある。このあたりは石積みされていて、よくできているので、戦国末期の改修を受けた所であろう。この桝形へ南西尾根からの道が登り着いている。

・3の曲輪……2の東、上幅8mの㋖の堀を隔てて、ほぼ同レベルで23×12の長方形をしている。南辺に土塁痕があり、南東の隅に虎口が開く。ここへは南西尾根からの道や南斜面からの道が集中する。

標高951.7m、比高208m(平尾氏館より)

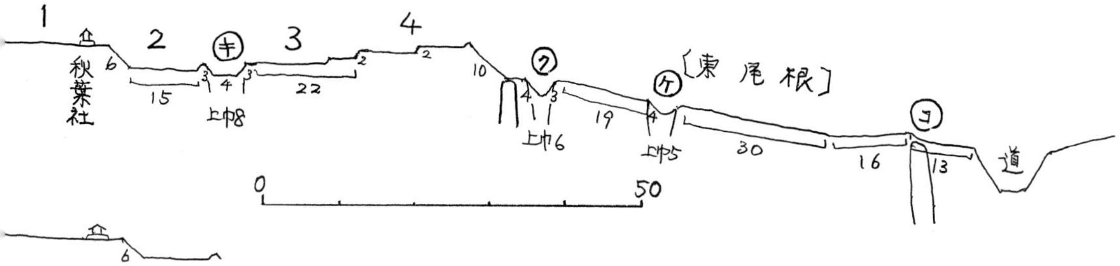

・4の曲輪‥‥ 3と同一のものと見てもよい。1mほどの段差で3の東へ続く。南と東辺に土塁があり、南斜面には大きな石積みがある。

・搦手筋の東の尾根は、4から、本城最大の㋗の堀になる。4から10m下の堀中に7×4ほどの小曲輪を置き、その先に上幅6mの堀を造っている。このため、2重堀の形になり、効果は大きい。19mはなれて㋘更に36m先に㋙の堀で終わっている。道路の掘り割りの所はどうなっていたかわからない。

㋙の堀は南斜面へ30mほど竪土塁として下げてあるので、㋗から㋙の南の南斜面の幅1〜2mの削平地も城域に属することになろう。

この㋙のやり方が、4の南斜面に竪の切岸となって下へ下がっているので、主郭の南斜面のものも全部とは言えないが上から数段位は城のものと見てもよさそうに思われる。

・南西尾根‥‥大小4条の堀があり、露岩をぬうように道が登る。㋒と㋓は岩の間にあるもので、堅固な備えをしている。この堀より上のものは、一応城のものと見てよいであろう。大事な登路の1つである。

・西尾根‥‥城の正面で居館からの登路となり、大手道であろう。主郭より十数段が連続する。ここは両側の斜面へ長大な段曲輪を連続させていて、下部の㋐、㋑の2条の堀で終わっている。その下にも削平したらしい所もあるがはっきりしない。㋑の堀を越える所は、道を折って、巧妙な造りである。大事な防御点である。

・北西尾根‥‥急なため、中段に若干の備えがあるのみ、

・水の手は、山上には見当らないが、南の沢水か、北の沢水を利用したと思われる。天水溜らしいものは見当らない。

・北西山下の沢中の石垣群であるが、これは城のものと即断できにくい。後世の耕作によるものと思われる。

◦平尾氏が終始使った城として貴重であり、遺構の残存状況も良好である。大事にしたい城である。

97、平尾《ひらお》富士《ふじ》砦《とりで》

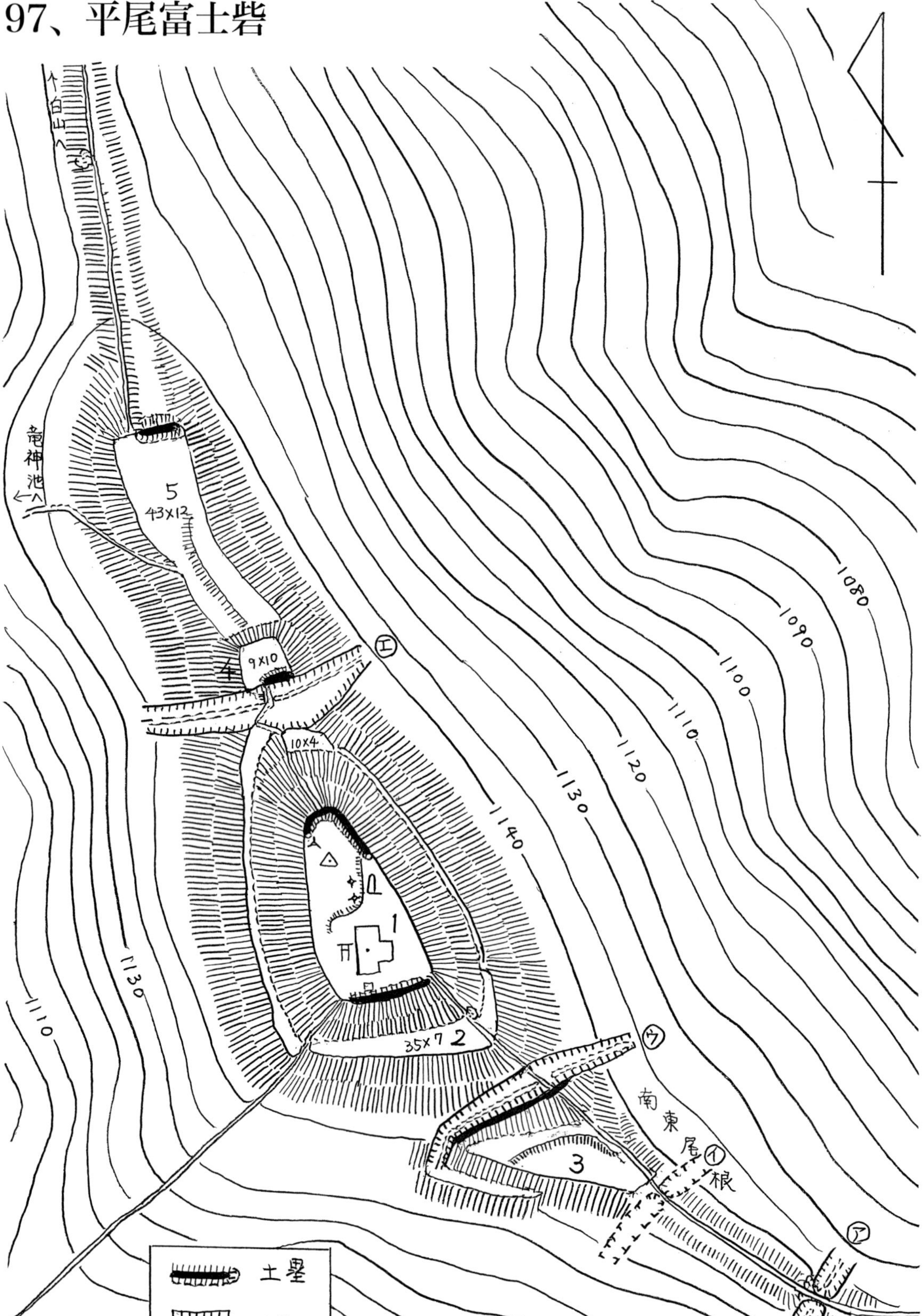

97、平尾富士砦《ひらおふじとりで》

佐久市平尾、平尾富士山頂 ➡109頁

平成11年11月19日調・同日作図

標高1155.5m．比高412m.（平尾館より）

〔南北断面〕

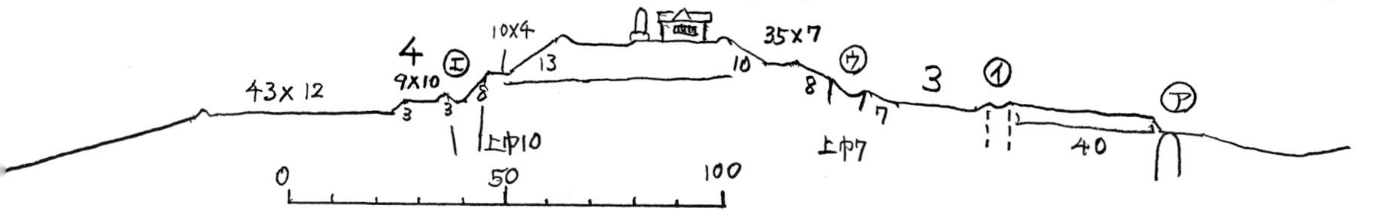

○立地　上平尾の東、平尾富士の頂上に立地する。ここからの眺望は360°見通すことができ、軽井沢一帯から遠く上田、望月、南佐久方面まで視野に入る。
登路は、スキー場の竜神池の所から遊歩道がある。林道を南へ巻いて、パラボラアンテナの先のカーブの所から入ると最短距離になる。この道は東の鞍部へ出て西進して頂上へ着く。

○城主・城歴．　平尾氏の要害城である平尾城の物見の砦とされる。平尾城のある秋葉山のもう1つ上の白山（1066.8m）にも一郭あると言われているが見られなかった。平尾城築城後に造られたであろう。

○城跡　頂上には、浅間社の石祠を取りこんだ建物があり．「平和の礎」碑や展望板等がある。北側と南辺に土塁が残る。北と南に㋓㋒の堀があり、主郭を取り巻いて、犬走り状の通路がある。南の方は腰曲輪があり、その下に堀があり、三角形の平地、3の曲輪がある。その先に㋑と㋐の堀形がある。一応㋐までと見る。北の方は、㋓の堀の先にまとまりのある4の曲輪に続いて43×12の短冊形の5の平地があり．北辺に土塁と思われる高まりがあるので．ここまでを城域とみる。
狼煙台、物見の砦とされるが、一応の形になっていて、詰めの城としての性格も備えていたものと思われる。白山にも一郭があると言われているので、本来の登路は、平尾城から白山へ登り、そこから西の尾根へ登って、5の北の小山から南へ辿ったのではないかと思われる。従って大手は北側、南東の尾根は搦手ということになる。

98、平尾氏館《ひらおしやかた》（古城《こじろ》・里子城《さとこじろ》・白岩城《しらいわじょう》・白色城《しろいろじょう》・平尾屋敷城《ひらおやしきじょう》）

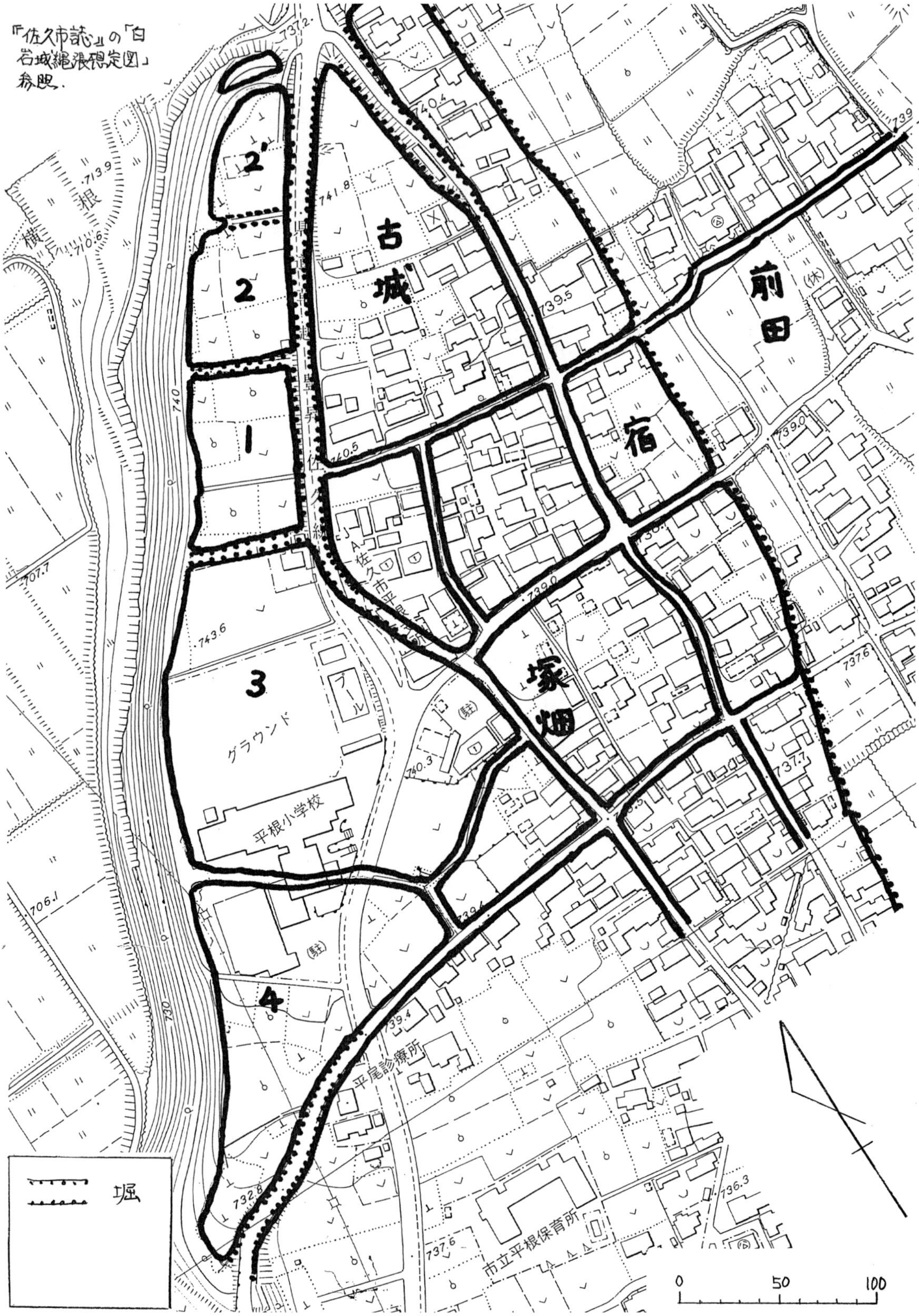

98、平尾氏館《ひらおしやかた》（古城《こじろ》・里子城《さとこじろ》・白岩城《しらいわじょう》・白色城《しろいろじょう》・平尾屋敷城《ひらおやしきじょう》）

佐久市上平尾字古城 ▶108頁

平成11年11月19日調・同21日作図
標高743m、　比高36m.

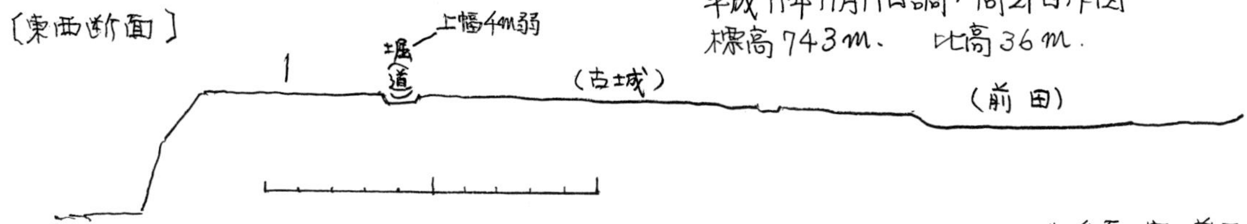

◦湯川によってできた田切り地形の段丘上で、平根小学校から北の一帯にある。ここには、矢口、御台面、宿、前田、十二前、与切、猫在家、上久保田、古宿等の地名が残る。

◦城主・城歴、　小県の依田氏が大井氏に属して、平尾に移って平尾氏を名乗る。平尾氏初代の為泰が平尾に館したのは宝徳・享徳の頃とされ、以来、5代140年間の、平尾氏の本拠地である。3代信守の時に、平尾富士の中腹の秋葉山へ平尾城を築いて要害城とした。その平尾城を山古城《やまこじろ》と呼ぶのに対して、居館の方は里古城、あるいは　白岩城、白色城、平尾屋敷城等と呼ばれる。

この館も、戦国時代を通じて、大井、村上、武田、北条、織田、徳川の諸勢力に佐久地方が草刈場となった中で一度も戦火に会うことがなかったために、平尾城と共によく残った方であるが、居館は村内にあり、学校や道路建設のために旧態は失われた。

◦城跡、　広く城域は南のうとう坂のあたりまでが想定されるが、主郭は、平根小学校のグランドの北の畑一枚をおいた北になり、南北に堀跡が残る。広さは、南北80m、東西55mほどの長方形をしていて、周囲を土塁で囲み、東の道路に向けて、現在県道になっている堀を土橋で渡り、門があったようである。（堀幅4m弱、平成元年発掘）。

この正面の道は東へ延びて、守芳院の旧地跡を経て、平尾城の大手道へ接続している。主郭の北には南北120mもある2の曲輪になるが、これは、ことによると2画になっていた可能性がある。西側に堀形が残っている。南の学校敷地や、うとう坂の頭の一帯（3.4）も城と関連のものが設置されていたようである。

これらの館の東側には、集落が展開し、平尾城のある秋葉山との間は前田と称して、これが一つの防衛線の役目を果していたと思われる。現在1、2は畑地で、2'は畑地と墓地になっている。

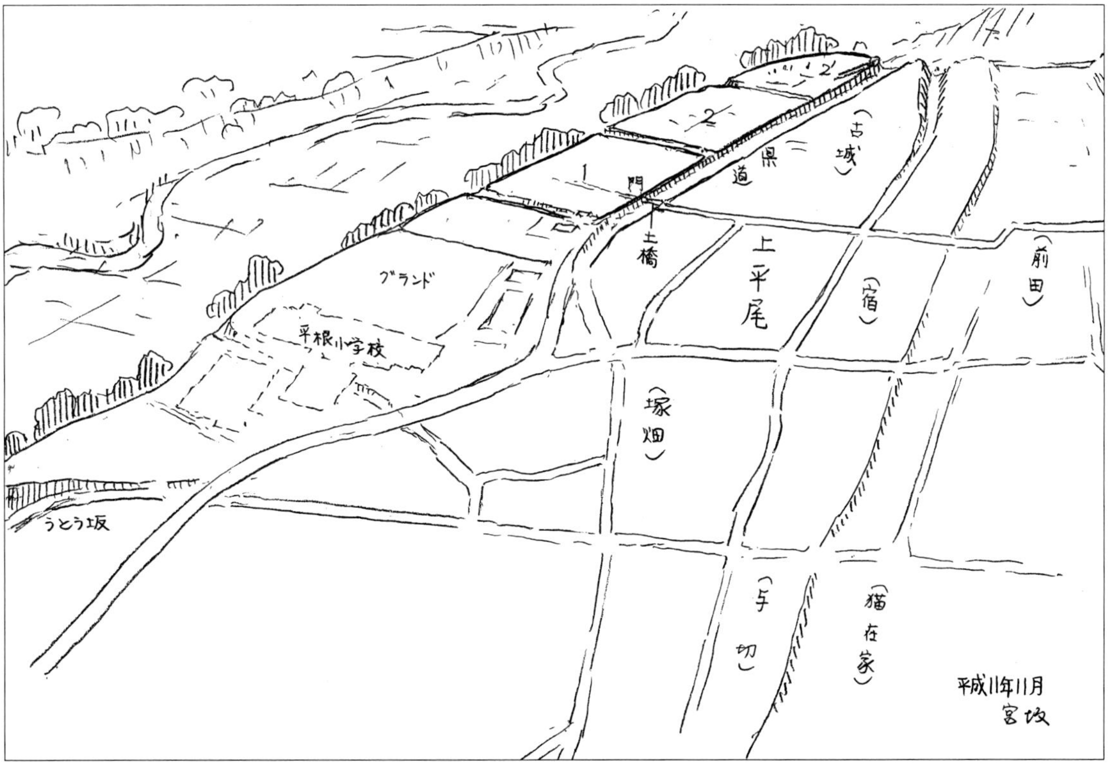

99、延寿城《えんじゅじょう》

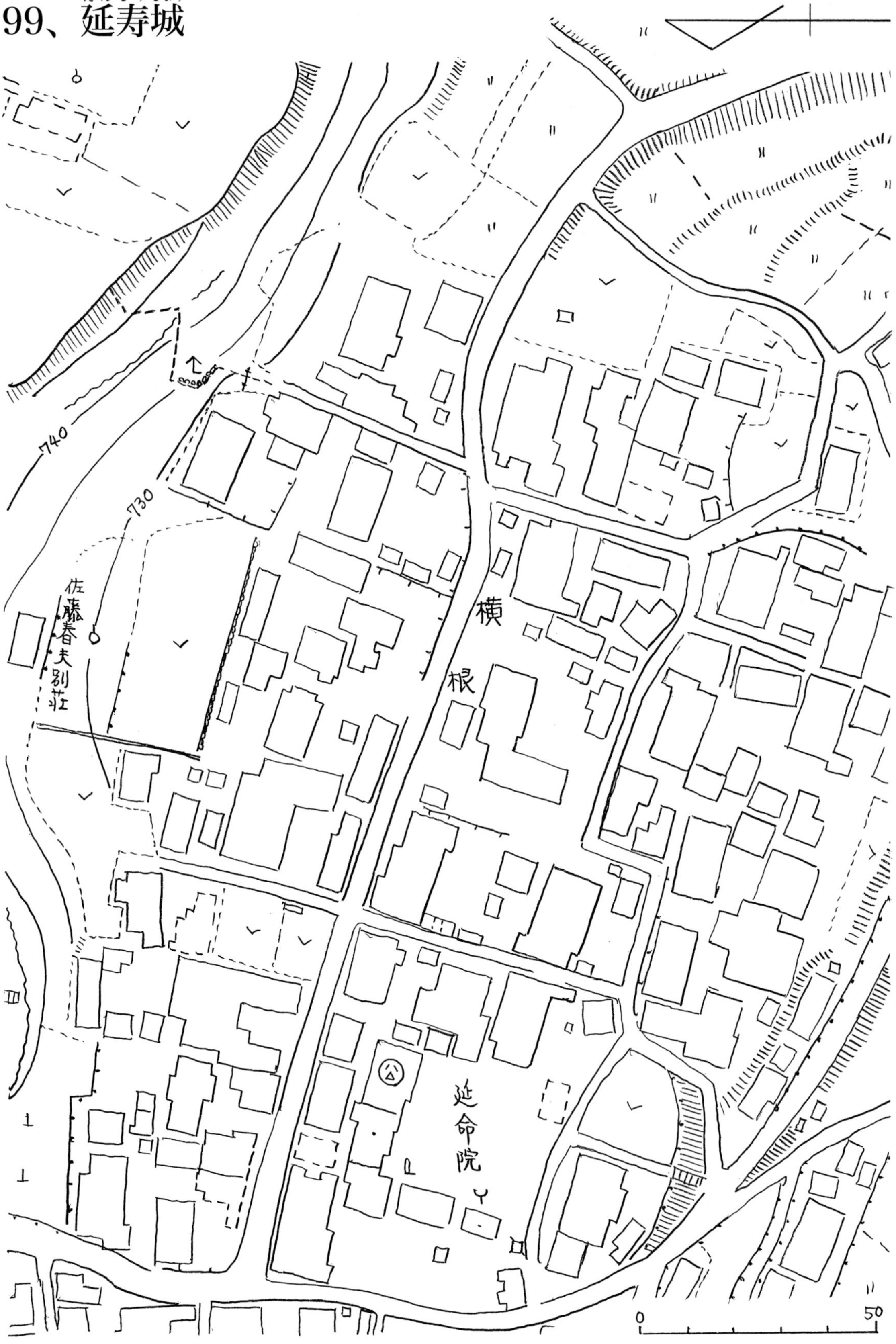

99、延寿城《えんじゅじょう》

佐久市横根字延寿城 ➡108頁

平成11年12月25日調・同28日作図

標高726m、 比高16m（南下の田圃より）

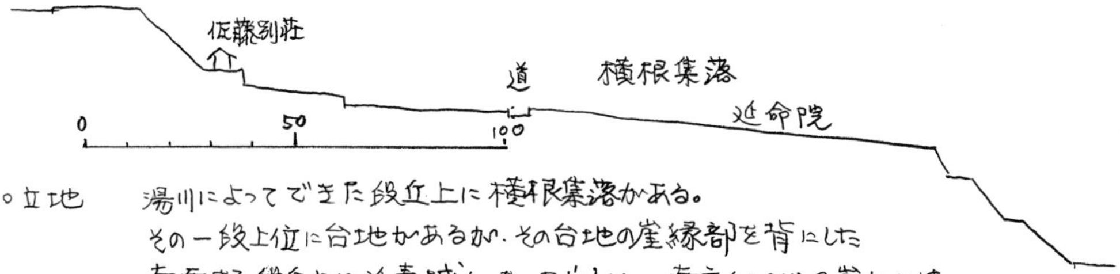

○立地　湯川によってできた段丘上に横根集落がある。その一段上位に台地があるが、その台地の崖縁部を背にした南面する段丘上に延寿城があったらしい。南方400mの崖上には平尾氏の館、白岩城がある。段丘の下は湯川の氾濫原になる。

○城主・城歴　岩村田大井氏の初期の頃の一族である横根法眼《ほうげん》の隠居城であると伝えられている。至近に平尾氏の本拠地があるが、平尾氏とは関係ない。

○城跡　「延寿城」の字名だけが残った城跡である。砦とすれば、後背の台地上の観音堂のあたりの出っ張りを利用し、背後に堀を入れて造ればよさそうなものを、それもしなかったのは水利によるものか、あるいは別の理由か。

つまり、当時は要害をそれほど必要とせず、それよりも居住性を重視し、湯川の氾濫原との比高16mで良いとした時代であったことも考慮されるだろう。

現状からは、館の範囲は特定できないが、延命院のあたりか、或いはその東の佐藤春夫別荘の前のあたりかであろうか。

造りとすれば、周囲に簡単な堀と土塁で囲った方形館の類に属するものではなかったかと想像する。後背の台地上は牧場に使われたと思われる。

一帯が集落として発展するに至って、土塁や堀が消滅したのかも知れない。地図上で見る限りでは延命院のある一画が規模からして、よいように思われるが、今となっては、何とも想像するしかない。

100、曽《そ》根《ね》城《じょう》

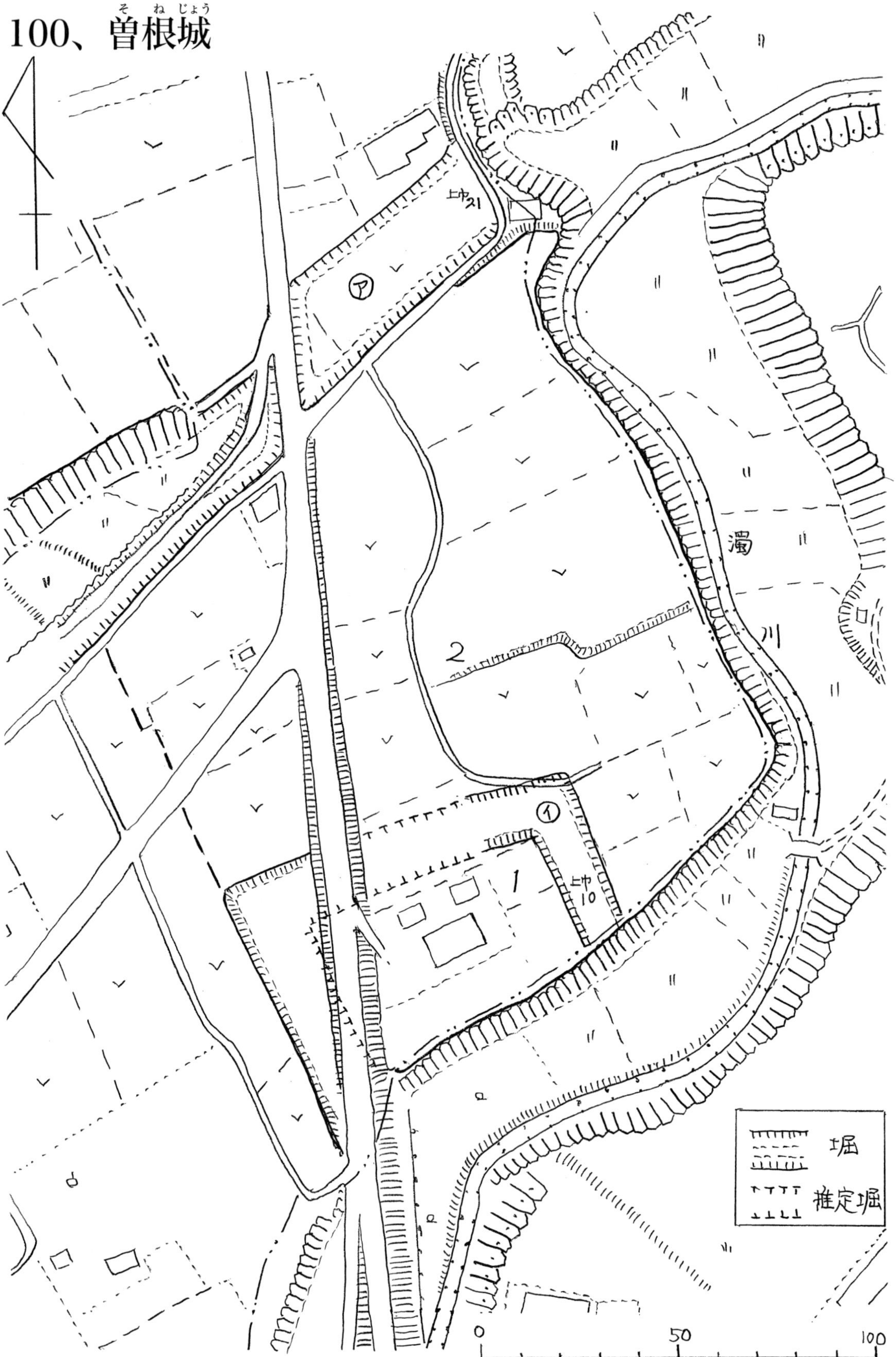

100、曽根城《そねじょう》

佐久市小田井字曽根 ➡108頁

平成11年7月28日調・同30日作図

標高756m. 比高15m(東下の濁川より)

[南北断面]

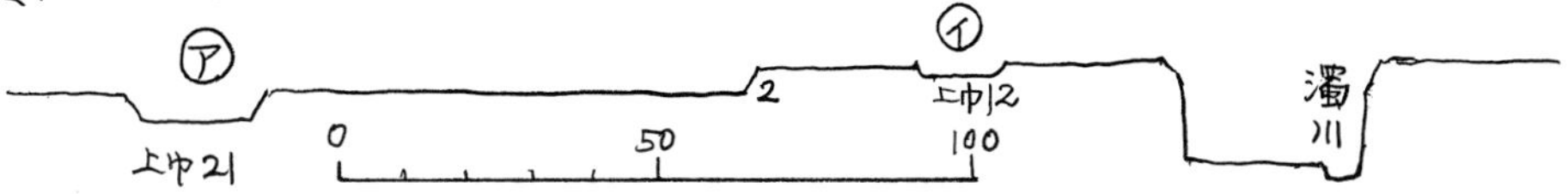

○立地. 御代田町境. 濁川田切地形が蛇行する地点の右岸の台地辺縁部に立地する。
北東500mに、小田井城の支城 戸谷城があり、同じ濁川の田切りに沿っている。

○城主・城歴　不明. 大井宗家の本拠地に近いために.関連がありそうに思う。神津氏の名が伝えられるがはっきりしない。松平康国が戦国末期に一揆鎮圧の拠点として築城したとする説もある。

○城跡、濁川の田切地形が東から南へ包みこむように続き. それに続くように北東から南西へ向けて浅い田切り地形が堀㋐となっている。濁川が洪水の時に流れた水路であろう。
一段丘の崖縁を利用して. 南北150m. 東西130mほどの台形平場が道路の東にあり、南北の中間点に2mほどの鍵形の段差がある。南に上幅10mほどの浅い鍵の手の堀跡が残る。
問題は東側の境界であるが. 道路の西側の所に、道路沿いに三角形の一段低い所がある。ここへ㋑の堀の続きが接続するように思われる。そうすると. ㋑の堀の中は、60×30mほどの長方形の内郭部が見えてくる。西縁は㋐の堀の続きの田切り地形に沿って、道路より70mほど入った所にある小道のあたりに堀があったのではないかと考えられる。丁度1辺が150mほどの菱形の部分が城地となるように思われる。道路が城内を南北に通過したために、西側がこと更にはっきりしなくなっているようである。

○立地からして、西が弱く. 東の勢力に対している形になる。その点. 最も近くの戸谷城とは、時代の差のことを考えないといけないが.相対する構造になるのは.興味深い所である。

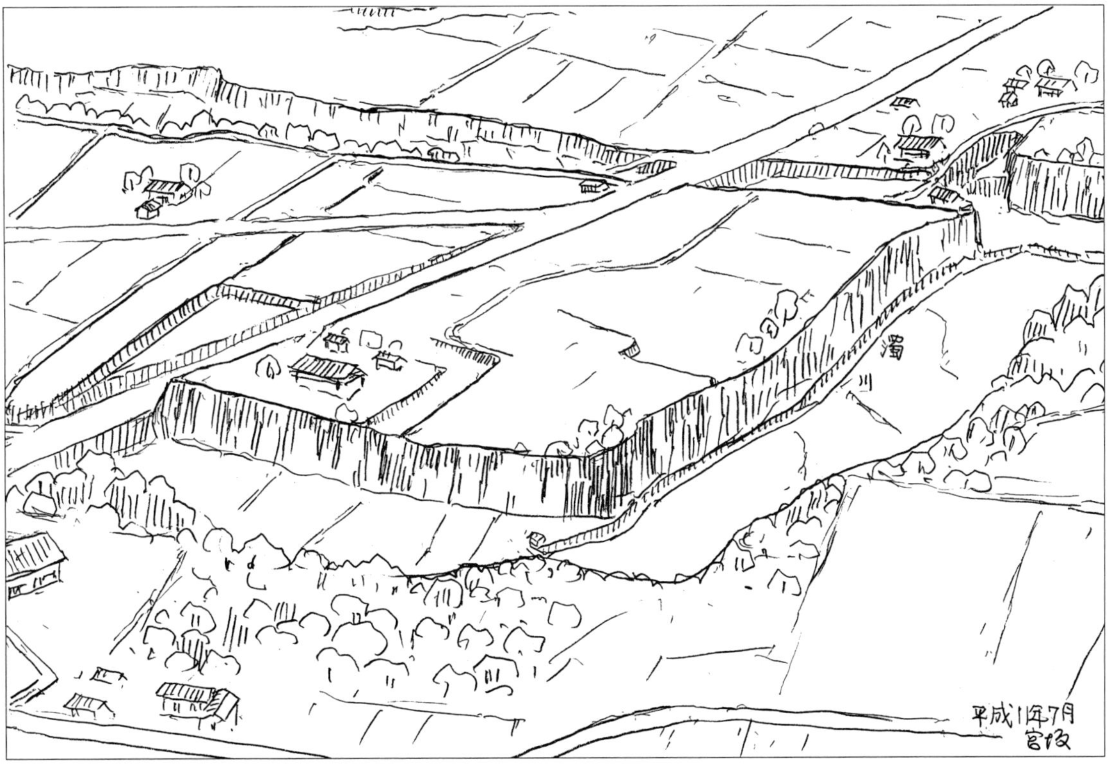

101、金井城《かないじょう》

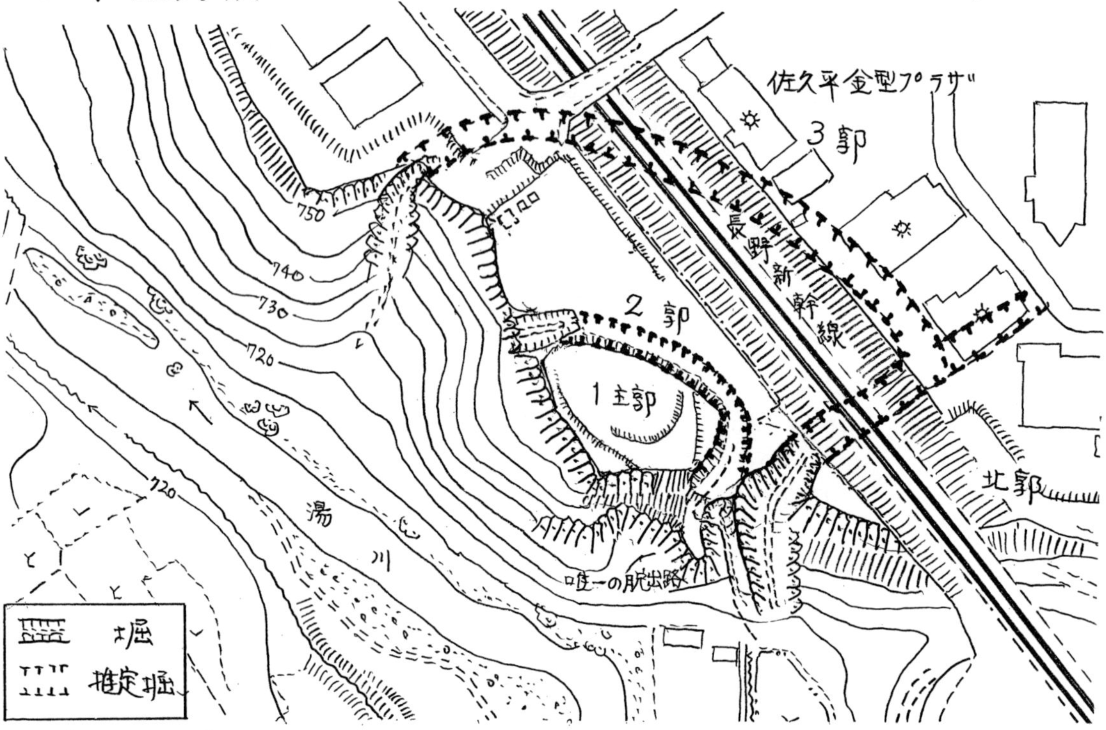

0 50 100

佐久市小田井字金井 ➡108頁

平成15年3月23日調・同日作図

標高758m、 比高45m（湯川より）

○立地　小田井下宿 湯川右岸の断崖上に金井城があり、平成元年にかけて工場団地造成と長野新幹線のために、主郭部を除いて破壊された。

○城主・城歴　天正10年（1582）織田信長が滅びると、7月には関東の北条勢が佐久へ乱入し、大導寺政繁が小田井城次いで小諸城へ入城する。この時地士の市村弾正治郎及び市川三郎は北条に降って小田井城を守る。同年11月徳川方に属した依田信蕃に攻められ、小田井城の市村氏は戦死し、「金井砦」を守った市川三郎は敗走したという。（『長野県町村誌』）小田井城の支砦と考えられていたようである。

それ以前、武田氏が佐久へ侵攻した天文16年（1547）7月、志賀城の笠原新三郎を攻めた時、関東管領上杉憲政は、倉賀野一統の一人金井秀景を総大将に援軍を送り、小田井原に布陣をし、武田方と戦って大敗し、笠原城は落城している。この時の合戦に金井城が使われたのか不明であるが、無縁ではなかったと考えられている。（『佐久市志 歴史編二』）

何れにしても、史料・伝承等はっきりしたものがなく、不明の点が多い城である。

○城跡　開発に伴って発掘調査が行われ、その城域が広大で、小田井城の砦というにはおさまらない城であることが分かる。現在主郭と2郭の一部や堀の痕跡が残されているが、主郭を湯川の断崖上に置き、これを取り巻いて、扇形に曲輪を重ねる、いわゆる梯郭式で後ろ堅固の縄張りである。

出土品などから、『定本 佐久の城』の筆者は、金井城を三期に分けて考えている。
①天文年間まで、尾台氏の勢力下にあった砦。②武田氏時代に大いに拡大され軍団に利用された。
③天正10年市河氏が籠城したのは北郭であろうとしている。

主郭は発掘されていないので今後の発掘により新しいことが分かると思われる。

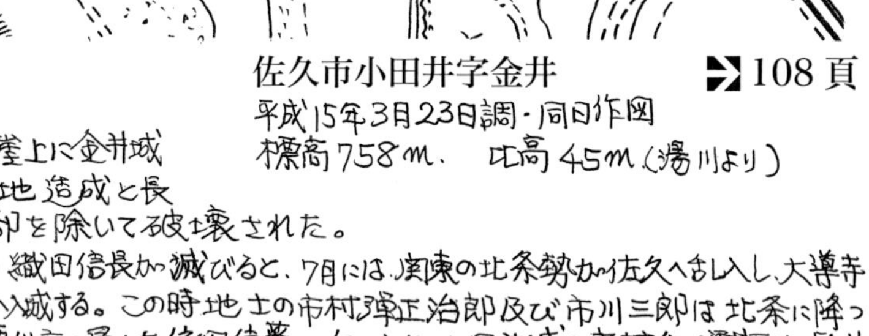

102、曽根新城《そねあらじょう》

佐久市岩村田字新城　➡103・108頁

平成15年3月23日調・同日作図

標高 735m、比高 15m

○立地　佐久市北部、仙禄湖の西側、蟹沢の田切の台地上に曽根新城がある。

該地は、上信越自動車道の佐久I.Cの建設と、それに伴う道路や開発により、南北両端部に田切の地形を残すだけで、その姿を全く失ってしまっている。範囲や旧地形は、古い地形図によって、その台地の形状を知り得るだけである。

○城主・城歴

『長野県町村誌』の「曽根新城墟」の項に、「本村(長土呂村)寅卯(東北東)の方二十余町にあり。東西一町半(162m)或は二町(216m)、南北四町(432m)余、西は字舟久保と称し、岸高く、郭外土邸の跡尚存す。南に字城戸或は城戸在家と云あり字地現今岩村田に属す。東南を字穴蒸と称す。名ある陶工の住せし地と云。伝曰天正度、芦田康国本郡を領せるに、地士屡一揆を起すに因り、爰に家臣を置き、預め防禦に備ふと云ふ。土人今に曽根の新城跡と唱ふ。当今民有地にして続て耕地となる。」とある。

武田氏が滅びて、芦田(依田)信蕃は家康に属し、その下で佐久郡の統一をはかるが、あと少しの所で岩尾城攻略中に戦死をし、その子康国が、小諸城主として佐久郡6万石を領有する。しかし、まだ不安定で、その対策のために築いた城と伝えている。

○城跡

上記したように、一帯は開発が進み、城跡の位置を決定する田切地形も殆ど埋め立てられて、その場所も捉え難い状態である。

南北400m、最大幅120mほどの紡錘形の台地上にあったものと思われるが、台地を区画する、堀、土塁の存在は不明である。

発掘調査報告書があれば、もう少しは分ると思うが、今の所はっきりしたことは不明。

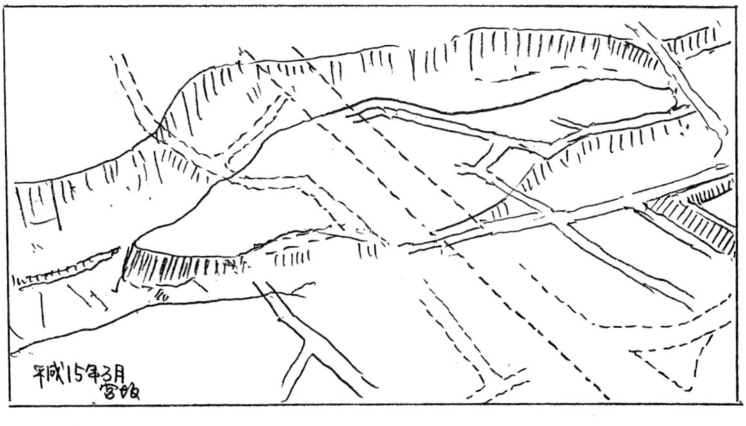

103、長《なが》土《と》呂《ろ》館《やかた》（陣城《じんじょう》）

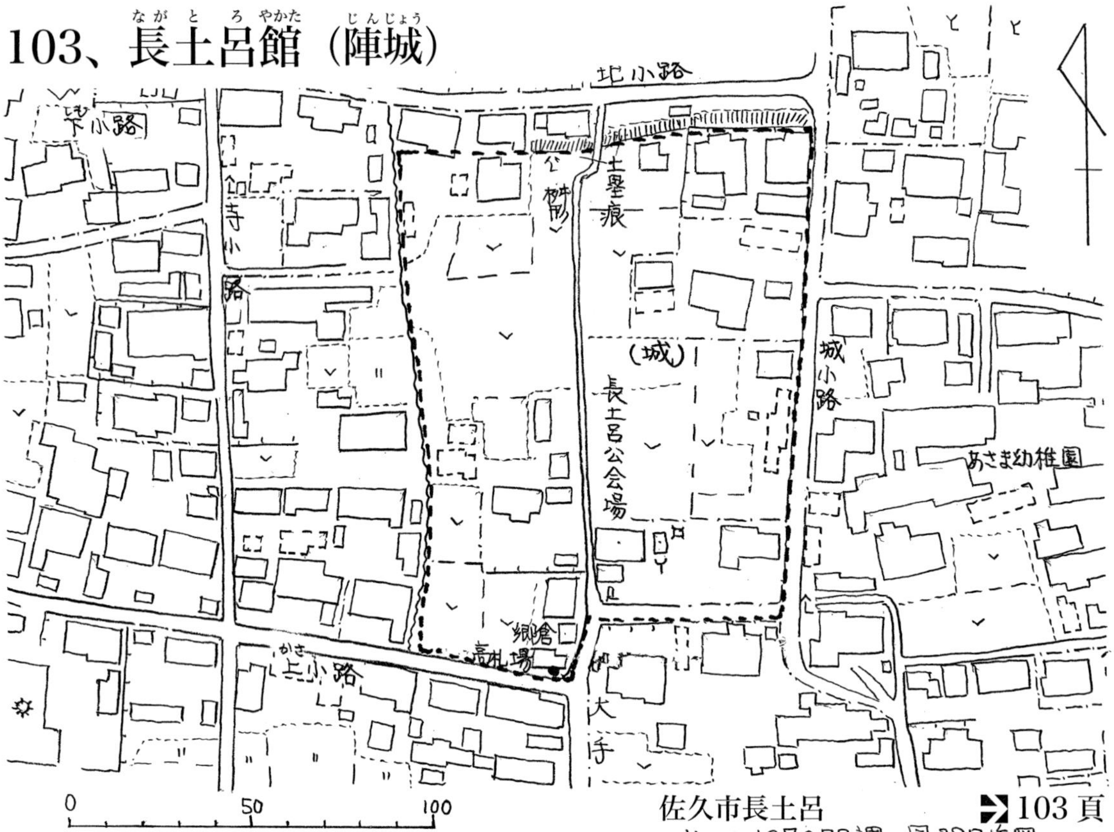

佐久市長土呂 ➔103頁

平成14年12月27日調・同28日作図
標高　708m

◦立地　浅間山から流れ出る濁川《にごりがわ》の下流左岸に位置し、地名の長土呂は湿地帯が長く続く田切地形によるもののようである。このあたりは、古くからひらかれた所で、弥生から古代にかけての遺跡の密集する地帯の中央部にある。

◦館主・館歴　『長野県町村誌』の「陣城墟」がこれで、「本村（長土呂村）の中央にあり。地僅に高くして、四方の隍跡尚存す。東西五十八間（104.4m）、南北六十七間（120.6m）、面積三千八百八十六坪。続太平記に曰く、岩村田大井美作守五子あり、嫡男弾正行吉、長土呂村に住居すと云々（後文明二年庚寅、本郡岩尾に城きこれに移ると云）此地其邸地たるべし。後村民爰に秋葉社を立て之を祭る。維新の際廃す。即ち民有に属し、耕地となる。然ども眺望するに、連山環繞して頗る佳景なり。懐古の情を催すに足れり。」とある。

長土呂は中世には、佐久郡大井荘のうちの郷名で、嘉暦4年（1329、鎌倉末）3月の『鎌倉幕府下知状案』によると、1番5月会の流鏑馬役の負担地として、「大井庄内長土呂郷、薩摩五良左衛門尉」とあり（『守矢文書』）戦国期の天正6年（1578）の『上諏訪造宮清書帳』では、大宮一之御柱の役銭を負担し代官は祢宜小四郎となっている。中先代の乱で薩摩氏が戦死した後大井氏が所領したと推定され、館主はこの二氏のうちと言えよう。

◦館跡　公会所の所が郷倉、高札場が集まっていて、大手とされる。

南の道の鍵の手は真直であったという証言もある。東辺は道の所、北辺は道より少し南の所に竹藪があり桝形が残るので、道の所は堀跡になろうか。西辺は水路の所が町村誌で言う境になる。

土塁などは大正の頃までは残っていたようであるが、今は殆ど分からなくなっている。

104、根《ね》々《ね》井《い》館《やかた》

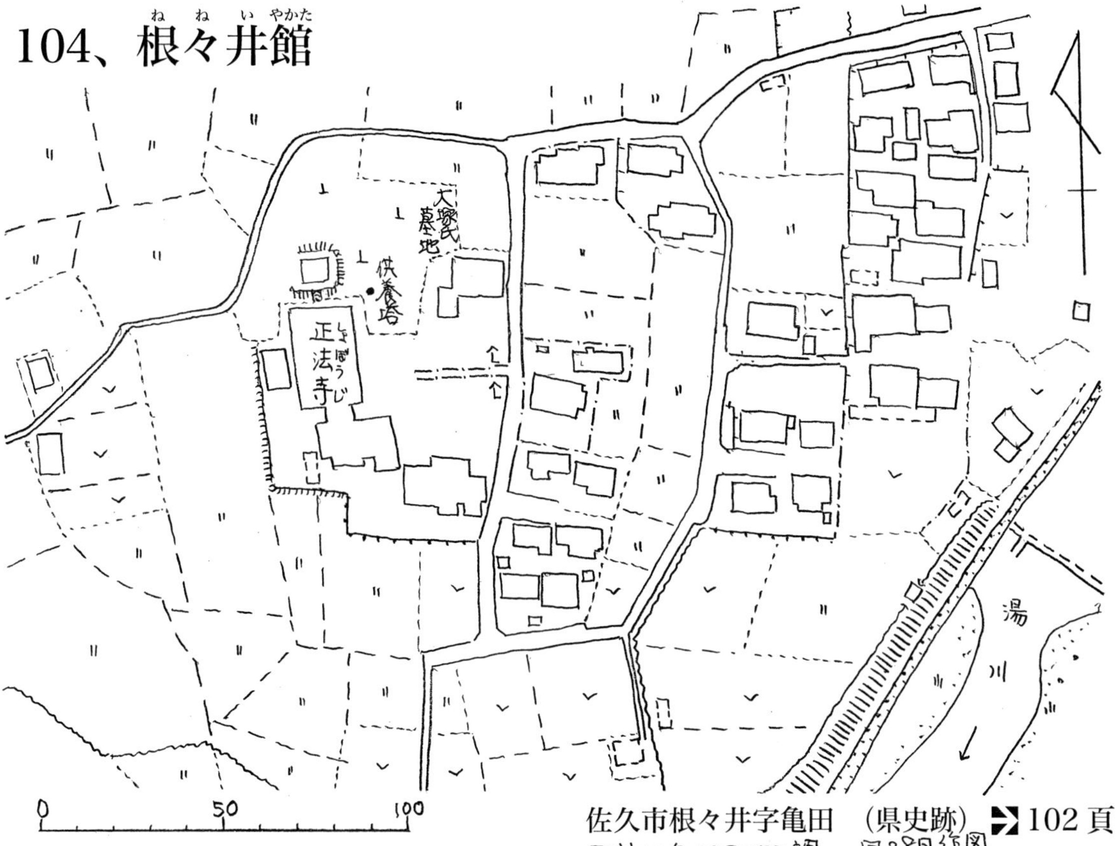

佐久市根々井字亀田　(県史跡) ➡102頁

平成14年12月27日調・同28日作図
標高　663m.

○立地　根々井集落の西部、湯川が大きく蛇行し、そこへ濁川が合流する所に正法寺がある。このあたりは、今でこそ堤防がしっかりできて、安心して住んでいられるが、おそらく往古は湯川の氾濫原の低湿地であり、その点、土豪の居館地としては異例な占地ということになろう。

○館主・館歴

昭和40年にこの地が木曽義仲軍の中枢にあって活躍した根井行親の館として、長野県史蹟に指定されている。正法寺の墓地には、推定鎌倉時代前半造立とされ、行親の妻が建立したと伝える石造多層塔があり、「根井行親供養塔」と呼ばれている。

ここが館跡と断定された根拠は、この一帯の地字名が「亀田」であることによるという。「かめだ」は「構え田」から転化したものとされ、構えを館の地としたのであるが、疑問が多く残されている。

根井氏は、北側の湯川の段丘上の広大な塚原の平原を使って牧場経営をして、勢力を貯えて来た豪族である。その居館が牧野の見えない、洪水の心配のある低湿地にわざわざ占地することは不自然であるし、意味がない。第一、正法寺の一帯に館を置いたとすれば、土塁か堀の痕跡が残ってもよいが、それが全く見当らない。

また、館が、村落よりも一般的に高い位置にあるのが普通であるが、ここでは、村よりも3〜4m低地になる。

この近くの段丘上で湯川の断崖に面して、道本城と呼ばれる館城があり、根々井集落とは市坂と呼ばれる坂で連絡している。この道本城が従来は根井氏の館であると言われて来た。

こうしたことから、正法寺の根井氏館説には大きな疑問が残るとしている考え(『定本佐久の城』郷土出版社)はほゞ納得のいく線であろうと思われる。

地名を大いに重視し、そこから多くのことが発見できることは確かであるが、居館は陣城のように一時のものでないから、占地が大事になる。地形が大きく変わっていないとしたら、この館説は無理がある。

105、藤ヶ城《ふじがじょう》（岩村田城《いわむらだじょう》・上《うえ》ノ城《じょう》）

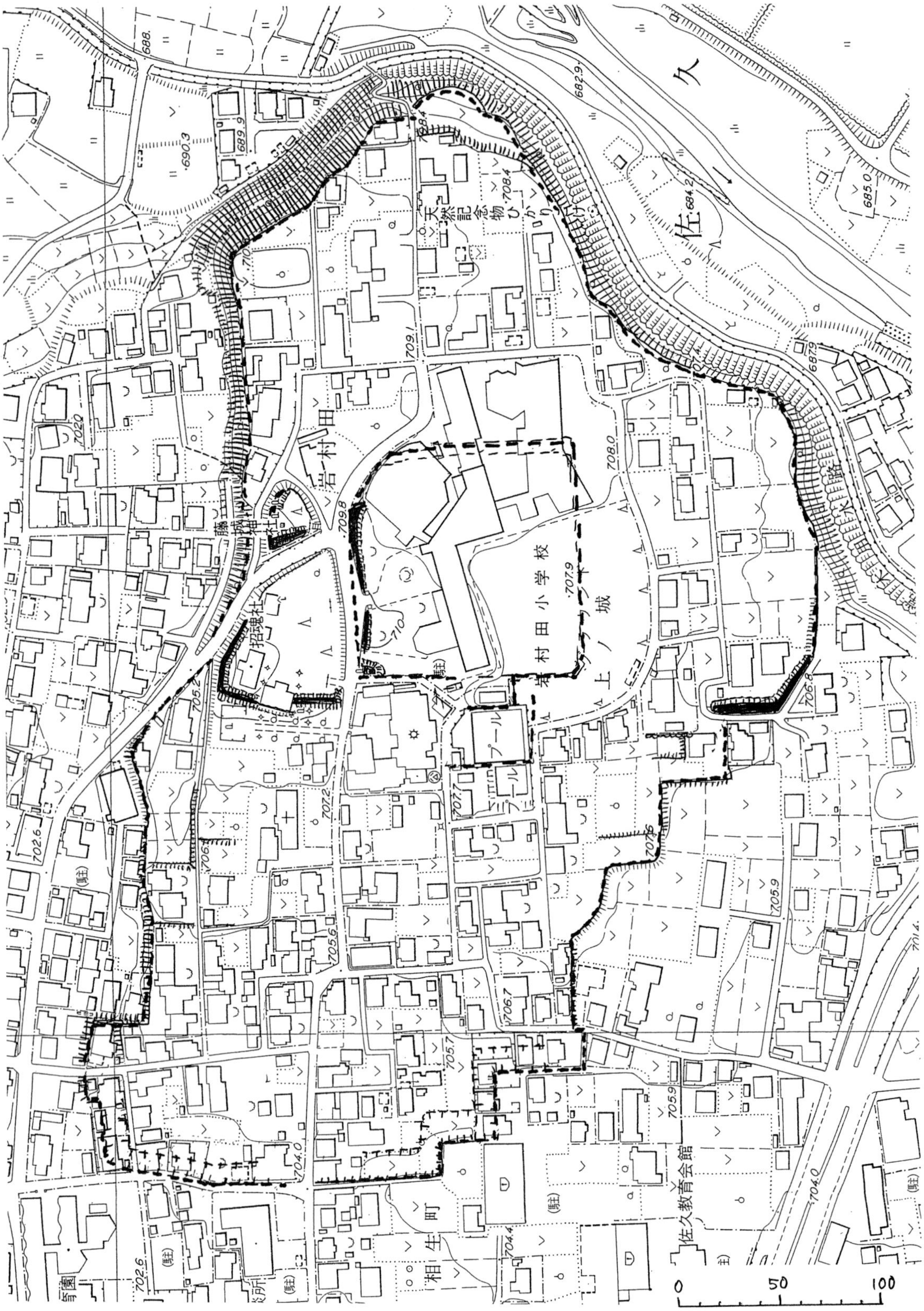

105、藤ヶ城《ふじがじょう》（岩村田城《いわむらだじょう》・上《うえ》ノ城《じょう》）

佐久市岩村田字上ノ城 ➡108頁

平成15年3月13日調・　再調．

標高710m、　比高20m

○立地　岩村田地区の南、湯川の右岸の段丘崖を利用して藤ヶ城が築城されている。湯川からの比高は20mほどあり、北、東、南にかけては断崖となっていて、いわゆる後ろ堅固の要害の地である。

○城主・城歴

岩村田藩一万六千石の内藤氏が幕末に築城を開始し、途中で明治維新を迎えたために、未完成に終わった城として、田口城とともに特異な例として注目すべき城と言えよう。

『長野県町村誌』の「藤ヶ城墟」に「黒岩城より南へ距る事四町余、往昔より上ノ城と唱ふ。大井氏累世居館の古跡にして、南北三町余、東西四町余、堀形橋台纔（わず）かに残れり。東南崖高く湯川を帯び、西北は平坦なり。後内藤氏這地を用て居城新築す。尚地の狭隘なるを以て、旧幕府の税地を買上げ内藤氏へ附す。故に又士卒の邸坊を設く。元治元年（1864）甲子四月移て此に居住す。明治4年7月正誠東京へ移住す。同五年二月正誠の旧住居を以て、長野県支庁と成す。其他郭郛（かくふ・くるわ）の門墻、砲台等統（すべ）て廃し、耕地、宅地に復せしむ。今士族の住宅のみ存在す。」とあり口絵がのっている。

岩村田は、中世大井氏の居住地として栄えた所で、近世に入ってからは初頭から小諸領内の中山道の一宿駅となっていた。後に幕府領となり、更に元禄16年（1703）より内藤正友がここを領するようになって、初めて岩村田領の陣屋が置かれた。この陣屋は領内六ヶ村（岩村田、長土呂、赤岩、猿久保、上平尾、小田井）から木材や労力を徴して造ったという。

この陣屋は民家に取り巻かれていたために拡張もままならず、藩士たちの居住に事欠いていたために、早くから上ノ城地籍に藩士の住居が構えられていたようである。

元治元年（1864）の「岩村田御新城分間縮図」のような築城計画が、藩主内藤正誠によって進められたが、事半ばで廃藩となり、ついに落成を見ないで終わった城である。

右の図を見ると、その計画を知ることができるが、本丸の北隅には天守を設け、四隅には櫓が計画されている。

左の現在の地図の上へ右の図を重ねると、ほゞその縄張りが見えてくる。

幕末に至って、武家諸法度による築城制限など、無に等しくなったためにできた計画である。

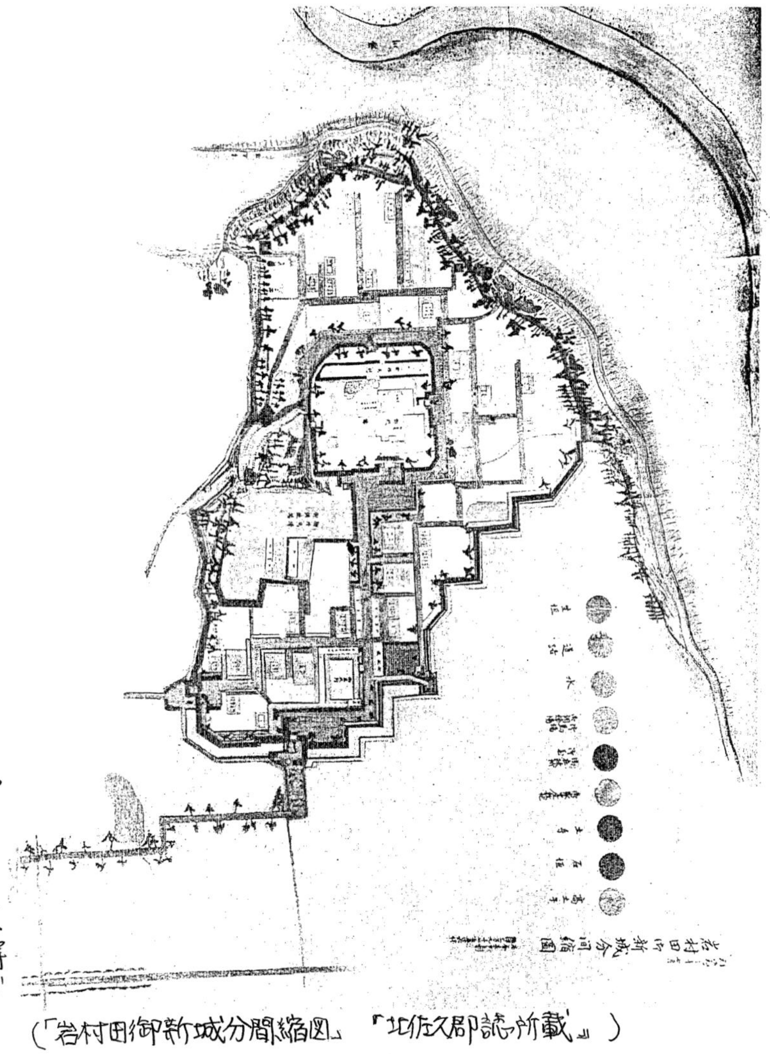

（「岩村田御新城分間縮図」『北佐久郡誌』所載）

106、中城峯《なかのじょうみね》

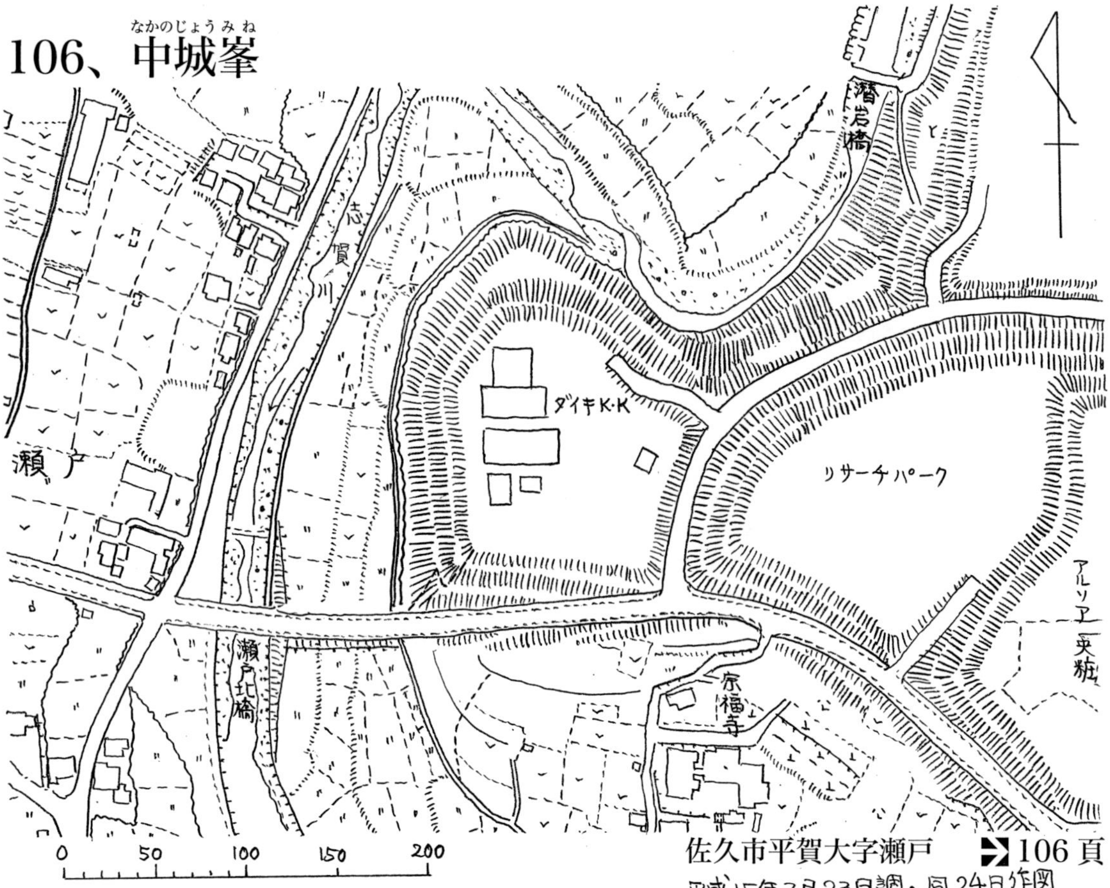

佐久市平賀大字瀬戸 ➔106 頁

平成15年3月23日調・同24日作図
標高 700m、比高 25m

○立地　瀬戸地区、瀬戸東の志賀川左岸の段丘上に中城峯の地名が残る。対岸には種畜牧場があり、台地上は開発が進み、見る影もなく削平され、工場敷地になっている。台地の南下には、宗福寺がある。

○城主・城歴

史料・伝承等全く不明。近くの八反田城が戦国時代に平賀氏の一族である上原筑前の居城という伝承がある。天正5年（1577）の上諏方造宮帳、中市之大鳥居の項に、「佐久郡之内名目瀬郷壱貫文代官上原筑前」とあり「上原筑前御恩御検地之帳」を残している。上原筑前は平賀氏の分脈とする（『甲斐国史』）一方、一説には諏訪氏の分派で、上原に居住したことにより上原を称すると言われる人物である。

城跡の南下の宗福寺は、上原筑前の創建と伝えていることからすると、この城跡に最も関係が深い人物は上原筑前ということになりそうである。南方至近の瀬戸城山の主もはっきりせず、上原筑前かあるいは瀬戸是慶の縁の者などが考えられるが、はっきりしたことは分からない。

この中城峯は、「中」の城峯であるから、この他に複数の城が想像されることなどからみても、八反田城や瀬戸城山とも関係のある人物と思われる。

○城跡

上記したように工場敷地とするために徹底した削平がなされ、辺縁部を見ても、殆ど旧地形が見当らず、どのような原形をしていたか想像のしようがない。

原地形から強いて想像すると、東西、南北とも100m内外の平坦面があり、そこの基部に当るあたり（今の道の所あたり）に堀でもあったのでないかと思われるが、古い地形図等で確かめる必要がある。

107、平賀城館《ひらかじょうやかた》

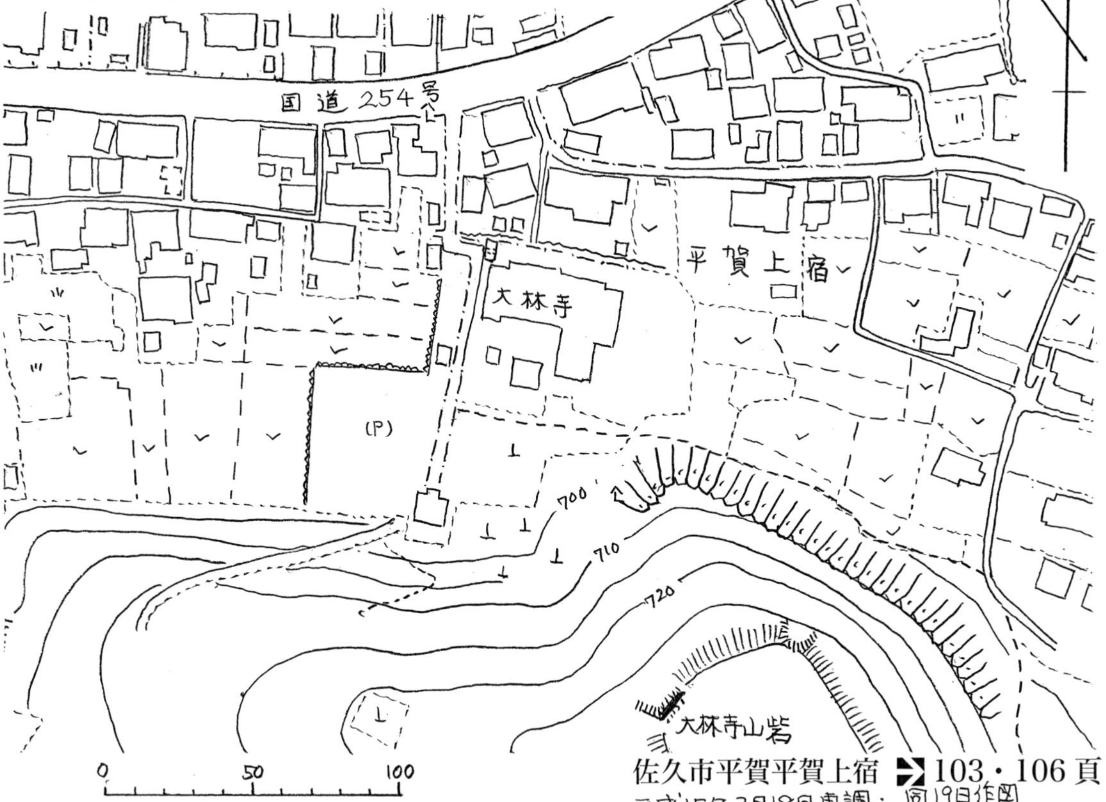

佐久市平賀平賀上宿 ➔103・106頁

平成15年3月18日再調・同19日作図

標高696m

○立地　平賀城の西方部大林寺山砦の北麓に大林寺があり、そのあたりに館があったのではないかとする説がある。

○館主・館歴

平賀城の発生については諸説があり、はっきりしたことは分からない状態にある。この地域に勢力のあった平賀氏は、大井・伴野両氏の系統に属し、平治の乱では源義朝と共に戦い、その後頼朝に重く用いられ中央で活躍した氏族であるが、文安年間に守護小笠原氏系の大井氏と争い滅亡したものと考えられる。

その平賀氏によって、平賀城が築城されたと考える説と、平賀城を平賀氏に結びつけるのは無理があるとする説、また平賀源心との関連を説くなど多くの説があり、一定の結論には未だ至っていない。

従って、平賀氏の居館地についても、はっきりしたことは分からず、平賀城とは関連させずに、佐久城山小学校周辺に考えるべきという考えもある。(『佐久市志、歴史編(二)』)

一方「平賀義信の築いたと伝えられる平賀城は、のちの平賀城の一部である西方大林寺山砦ではなかったかと考えられ、館はその北にある平賀集落内大林寺付近にあった。」とする説もある。(『日本城郭大系8』)

何れにしても平賀城の根小屋が山下にあったであろうから、その場所を考えると平賀上宿のあたりにあったと考えるのが最も妥当であろう。

○館跡

平賀氏の館がどこにあったかについて決め手となる資料は今の所見当らない。

しかし、平賀氏、大井氏、武田氏の何れの時期にしろ、根小屋があったであろうし、その館主は近くに物見を必要としたはずである。その点、大林寺山は手頃である。

大林寺周辺には館を特定づける遺構は見出せないが、ここが一つの候補地であとは、もう少し東の不動尊の北西のあたり、更に大林寺山の南、北谷津も考えられるが、後究にまつ。

108、石原豊後守邸《いしはらぶんごのかみてい》

佐久市常和常和北東畑 ➔103頁

平成15年3月18日調・同19日作図
標高 734m

○立地　平賀城の南東麓、常和地区常和北集落の内にある。

○館主・館歴　『長野県町村誌』の「石原豊後守邸跡」として、「本村(常和《ときわ》村)北沢組より卯(東)の方、字東畑(ひがしばた)にあり。東西二十六間(46.8m)、南北二十間(36m)。里俗伝に明応年間(1492－1500)石原豊後守居館すと云ふ、残礎存し今畑となる。又一小塚あり、高五尺、周回十六間。其中に栗の大樹一株あり、周回一丈五尺、東南の方十間許に沓石あり。此館の表門の沓石なりと云ふ。」とある。

また同書に「五輪塔一基」として「本村北沢組より卯の方、字東畑にあり。里俗伝に石原豊後守の墳墓なりと云ふ。」とあり、同屋敷の南西隅、島崎氏の屋敷隅に現存する。

石原豊後守の出自については資料なくはっきりしたことが言えないが、戦国期にこの地に在住していたとすると内山氏か大井氏に関係する者であるのかとも想像できる。

○館跡　屋敷と言われる畑は、集落内にあり。栗の木の塚跡も5×6mの方形の石積みとして残っているが沓石については確認できなかった。

近くの古老に聞くが屋敷跡、塚等の伝承を知る人は居なかった。

地元では、この屋敷の伝承は全く消えてしまっている。

北東山際に地元の人が言う「大とうりさん」なるお宮は、この屋敷の主と関連があるのかわからないが、位置は屋敷の鬼門に当る。

五輪は島崎氏がまつっていたと思われる。

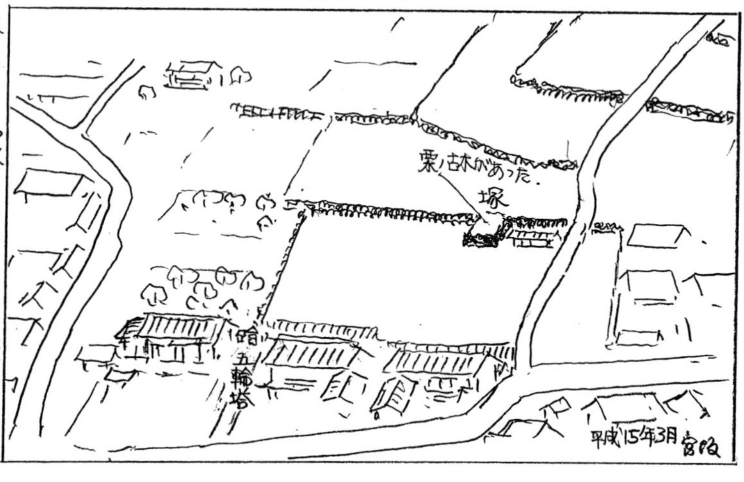

109、蛇沢城《へびざわじょう》

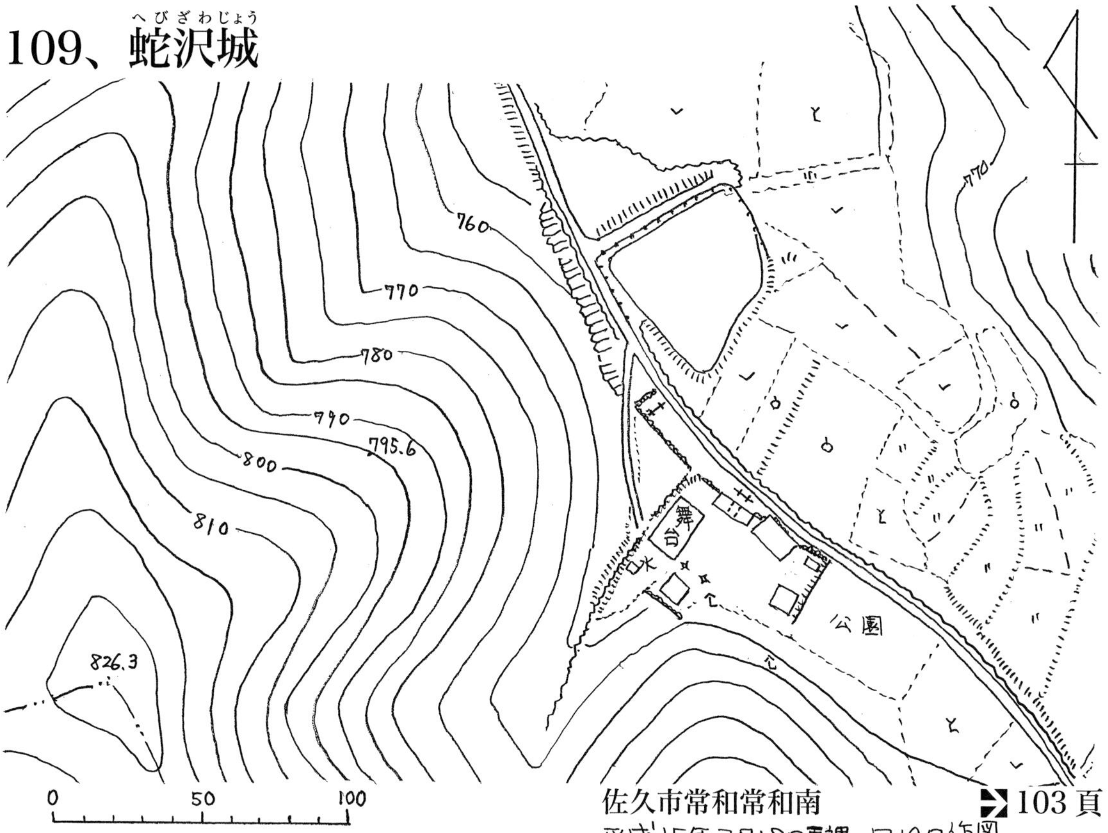

佐久市常和常和南

→103頁

平成15年3月18日再調・同19日作図
標高760m

（『長野県町村誌』所載の「蛇沢古城跡図」）

◦立地　　常和南地区の南、山田神社の所が蛇沢古城跡と伝える。

◦城主・城歴　　『長野県町村誌』に「古城跡」として、「本村（常和村）山田組より巳（南南東）の方五町（540m）にあり、宗像社の境内なり。今字を宮平と云ふ。里俗伝に往古城跡と云ふ。建久8年（1197）巳の二月二十日将軍家へ書上に、信濃国佐久郡山田郷、蛇沢城主黒沢藤太郎植光、在城本丸東卯の一分、西酉の三分に当り、二町三十間四尺、大手午の二分、南午の五分、北子の四分に当り、二町十四間一尺、大門五ッ、平城掛水七ヶ所、城中に蛇石一ッ、（説明略）譜代字子堀井惣吉、舟原喜助、左竹宗助右の外家中三十軒とあり。又信濃国佐久郡古城の図記に城図見えたり。按に右の二書信じ難き所なきにあらず、後人の参考を俟つ。」とある。

『町村誌』で言っているように、この記載内容はにわかに信じがたいものである。

◦山田神社

『町村誌』で紹介している文面によると二町余の城域になっているが、そうなる山田神社の境内（30×45）には、とても入り切らない。

この谷中お宮の東側一帯が城の内に入ることになり、「蛇沢古城跡」の図とも違ってくる。

黒沢氏については不明。神社の所は館するには北向きで条件は悪い。どうも肯首できる材料がない。仮りにあったとすれば、東の谷中であろうか。

110、伴野館《とものやかた》（野沢城《のざわじょう》）

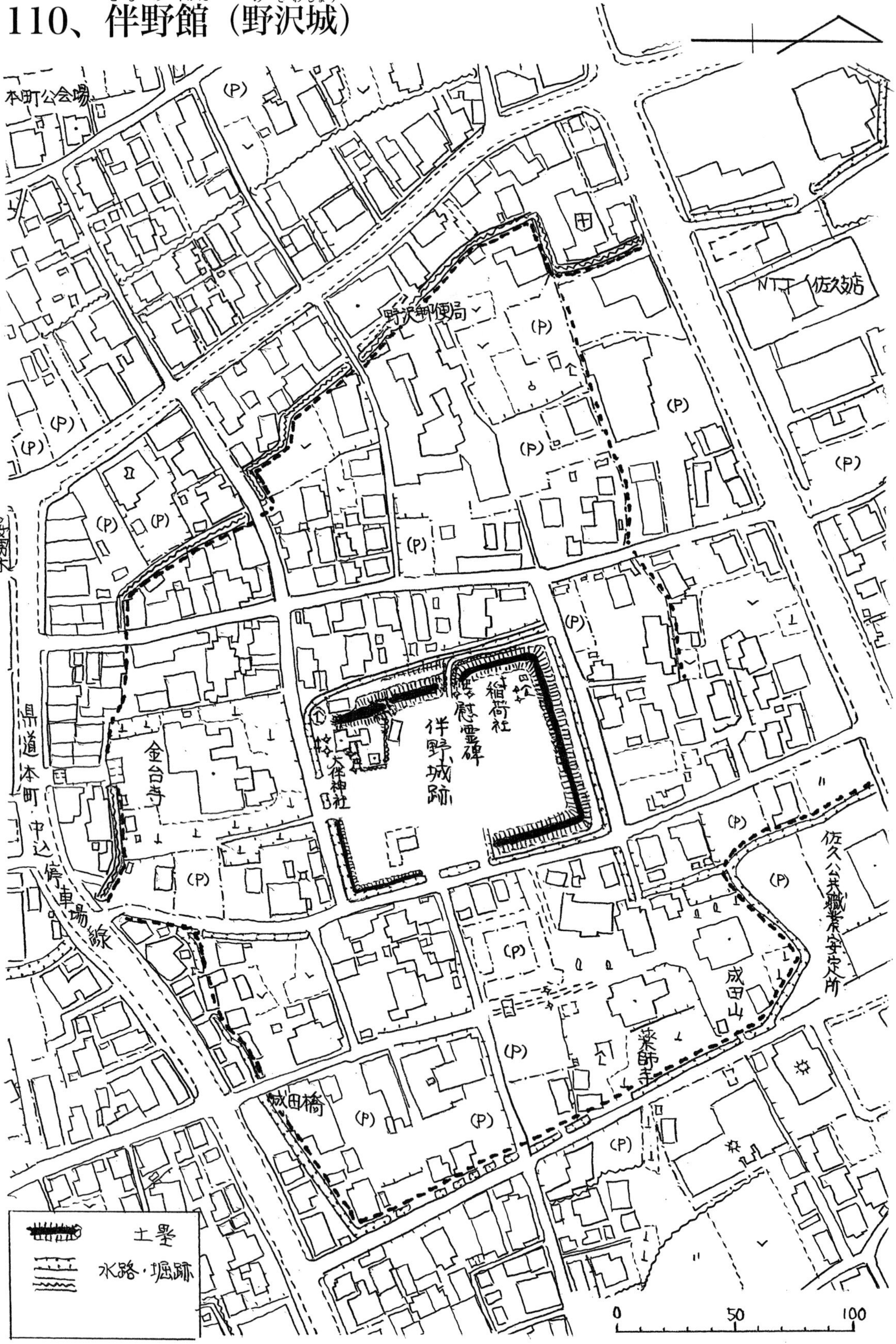

110、伴野館《とものやかた》（野沢城《のざわじょう》）

佐久市野沢字居屋敷　（県史跡）　➡101頁

平成15年
標高 676m.

○立地　野沢市街地の北側、千曲川の左岸の平坦地に伴野館がある。ここは、千曲川沿いの佐久甲州街道と内山峠の上州への街道、北佐久各地への道と、その先の上小、諏訪地方への道が集まる所で、古来交通上、軍事上の要衝である。

○館主・館歴

鎌倉幕府成立当時より頼朝の信任あつかった甲斐源氏の加賀美遠光が信濃国司に任命され、その子小笠原長清が文治年間（1185－90）に佐久伴野庄地頭に任ぜられ、伴野庄の地頭職（じとうしき）は長清の六男時長に伝領される。時長は伴野に土着して伴野氏を称し、伴野六郎を名乗る。

伴野館は、時長とその子時直の頃に原形が完成したものと考えられている。（『佐久市志』歴史編(二)）

この小笠原伴野氏は、幕府の中枢にあって安達氏と姻戚関係にあり、得宗専制政治をたくらむ内管領平頼綱らにより引き起こされたいわゆる霜月騒動により、徹底的に誅殺されて滅びてしまう。

霜月騒動では、小笠原氏の惣領佐久郡伴野荘地頭小笠原（伴野氏）出羽守長泰、その弟小次郎泰直、長男彦二郎盛時、二男彦三郎長直の兄弟父子四人が殺されたという。

そして佐久郡伴野荘の伴野氏の所領はことごとく没収され、北条一族の所有となり、伴野一族はあるいは四散し、また在地にひそんで機会を待つことになる。

伴野長泰の長子盛時の子泰房は、三河に逃れて三河小笠原氏の祖となり、長泰の三男泰行の子長房は在地にひそんで、出羽弥三郎と称して父祖の地奪還の機会を待ち、建武の新政を機に京都に移り、小笠原惣領家は京都小笠原系の長氏に移ることになる。

しかし、霜月騒動後にも、伴野氏一族がすべて伴野荘内から排除されてしまったのではないようで、一帯には一族の者が伝領した土地が残り、伴野氏系の氏族があり、鎌倉幕府が滅亡して、北条勢力が衰退すると、伴野弥三郎長房は旧領奪還に動き出す。

何れにしても伴野氏の失脚により、その後へ入った北条氏によって、館は強化拡張され、いわゆる野沢城と言われる外郭部を伴った城館になったものと考えられている。

以上は伴野館は、甲斐から小笠原氏が入って造られたとする説であるが、平安末期に木曽義仲に従って滅びた野沢太郎があり、野沢城のもとはこの野沢太郎に始まるという説があるがはっきりしない。

戦国時代になり、伴野氏は要害城前山城を築いて、本拠を前山へ移している。『洞源山貞祥寺開基之由』によると、前山城は伴野時長の子長朝が築き、数代続いて時長十代の孫伴野佐渡守光利が相続し、子孫相続して戦国末に至ったという。この戦国時代の前山城主伴野氏は小笠原惣領家の系統ではなく、時直の弟で佐久郡跡部に住んだ阿刀部（跡部）長朝系とされる。

天文9年（1540）武田信虎が佐久へ侵入して志賀城他十六の砦を落した時に野沢城も落城、前山城も武田氏に降っている。「雑記に伴野善右衛門信若、武田氏に降り居城すとあり。」（『長野県町村誌』）

その後は『町村誌』によると、武田氏滅亡後依田信蕃に野沢城は襲われ、城主依田肥前守は焼いて退いたとある。

小諸城主仙石氏の所領になり郷村の租穀貯畜所、更に代官の陣屋、岩村田内藤氏の出張役所などを経て廃城となるが、官倉や陣屋等に使われて来たために、その遺構はよく残されている。

○館跡

館跡は、東西約80m、南北110mの長方形で、周囲に土塁と水路（堀）をめぐらせていて、内部には大伴神社、稲荷社、慰霊碑等があり、現在城跡の整備工事が施されている。

土塁は、西辺と北辺、東辺の北側に高さ3m余のものが残っていて、大伴神社の西側に櫓台と思われる高台がある。

南辺の土塁は失われているが、水路の内側に低い土塁として残っている。周囲には土塁の外側に堀形が残る。大手は南であろうか。野沢城と呼ばれる外郭は、水路で囲まれていて、不整形でその跡をたどることができ、大手は西側、郵便局のあたりと考えられる。

111、茂木《もてき》屋敷《やしき》　112、竜岡《たつおか》屋敷《やしき》

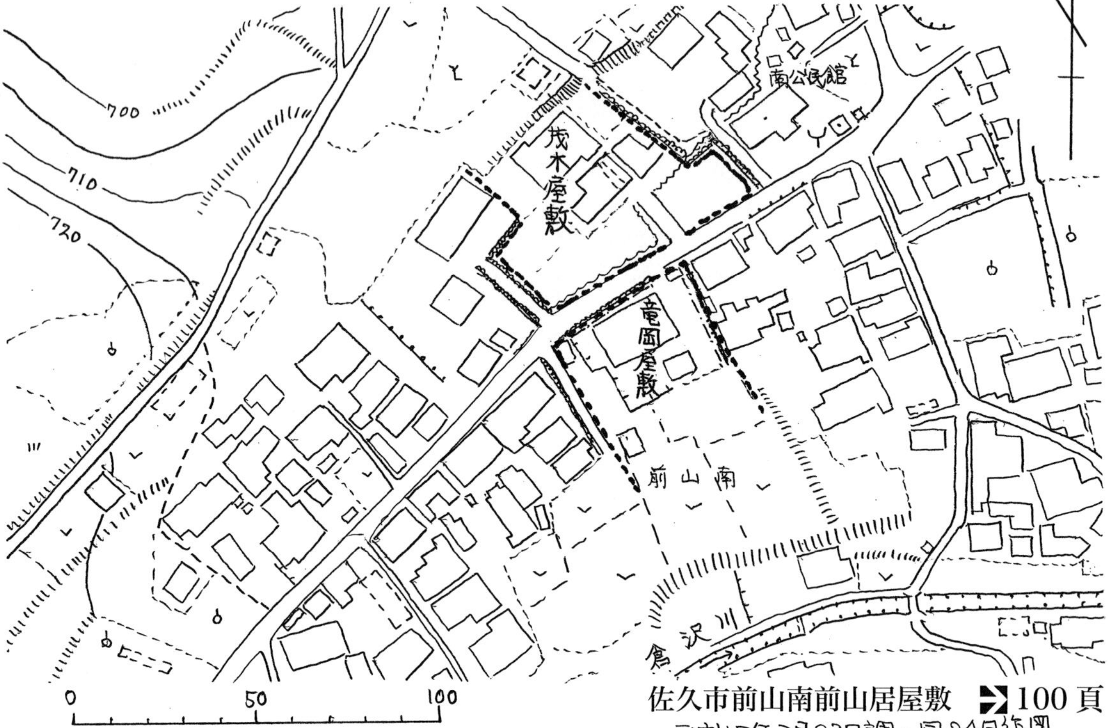

佐久市前山南前山居屋敷 ➔100頁
平成15年3月23日調・同24日作図
標高　700m

。立地　　前山城の南南東500mの前山南地区に二つの屋敷がある。ここは、前山城の南に続く丘陵地帯で、高雄山と呼ばれる小山を背負った所で、高台になるために、ここから前山城が至近に全容が見えるばかりか、野沢城、宝生寺山砦ばかりでなく、佐久平の大半を一望にできる所である。

[茂木屋敷]

公民館の西へ続く屋敷で、茂木氏宗家の茂木儀雄氏の宅地である。屋敷内へ水路がまわり、入口の門は「しまらずの門」と言って不時に備え閉めたことがないと言う。背後の岡に立てば、前山城は手に取るように掌握できる。

家伝では、この地の土豪で、伴野氏が前山城へ移る前の屋敷で、前山城ができると家老の一人として、横町へ屋敷を持ったという。北側一帯の丘陵部を所領していたという。

[竜岡屋敷]

茂木屋敷の向かいが竜岡屋敷で、現在の住人は茂木氏である。　西上がりの傾斜地で東西上下の屋敷と段差があるが背面は倉沢川まで広く平坦である。

ここも竜岡氏の旧地で、前山城ができると、茂木氏と共に横町の登城口へ屋敷を持ち家老の一人として伴野氏に仕えたという。

。両家の事跡については史料がないためにはっきりしたことは記せないが伴野氏が滅びた時に茂木氏、竜岡氏、市川氏、高柳氏の重臣四家は夫々に一族の中で残ったものが居て、存続し、今日まで及んでいるという。

高柳氏を除いて三家はこの前山に残ったといわれる。

113、横町《よこまち》茂木《もてき》屋敷《やしき》　114、横町《よこまち》竜岡《たつおか》屋敷《やしき》

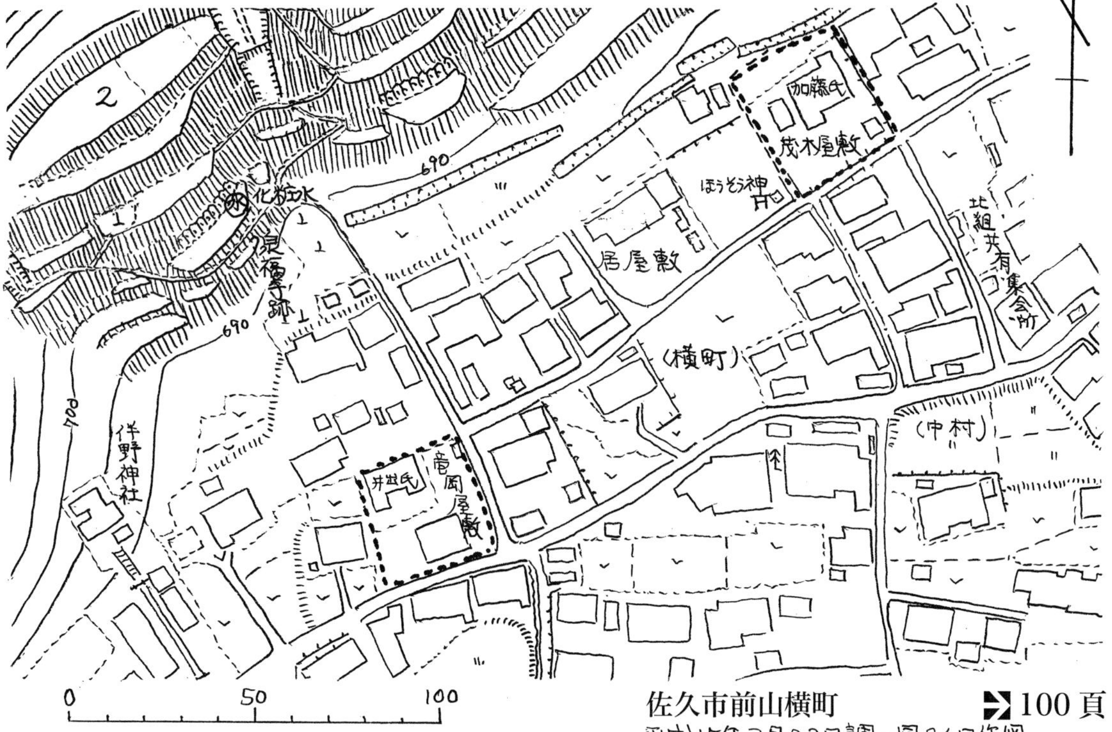

佐久市前山横町

100頁

平成15年3月23日調・同24日作図
標高671～678m

○立地.　前山城の南麓のいわゆる城下町の横町に伝承地が残る。

横町の地籍には小路が方形に通り、屋敷割の跡が歴然としている。南西の谷中には屋敷地に続いて泉福寺跡、伴野神社、前山寺があり、更にその奥には、武田氏時代に水野甚十郎に水番させたという水の手の甚十窪(じんじっくぼ)がある。

また東側の火の見のある辻は上木戸の地名があり、一帯は居屋敷の地名が残り、家士たちの屋敷地であったと言われる。

[横町茂木屋敷]

伴野氏の重臣であった茂木氏が前山城下へ構えた屋敷地と伝え、現在は加藤氏の屋敷である。大手筋の登城口に当り、そこを守るような配置である。

前山城は、武田氏の支配下に入って以後は、その前進基地の重要拠点として、城下の整備がされていると思われるので、いつどのように設けられたのか不明。また、それ以後北条氏や依田氏などの支配を受け変転するので、はっきりしたことは分らないが、天正10年の伴野氏の滅亡時までは存在したものと思われる。

[横町竜岡屋敷]

竜岡屋敷も前山城の重要な登城口(これが大手口と言ってもいい位の所)に位置している。現在は井出氏の屋敷地となっていて、全く面影はなく近隣の人々もそのことを知っている人は少ない。

115、前山伴野《まえやまともの》館《やかた》

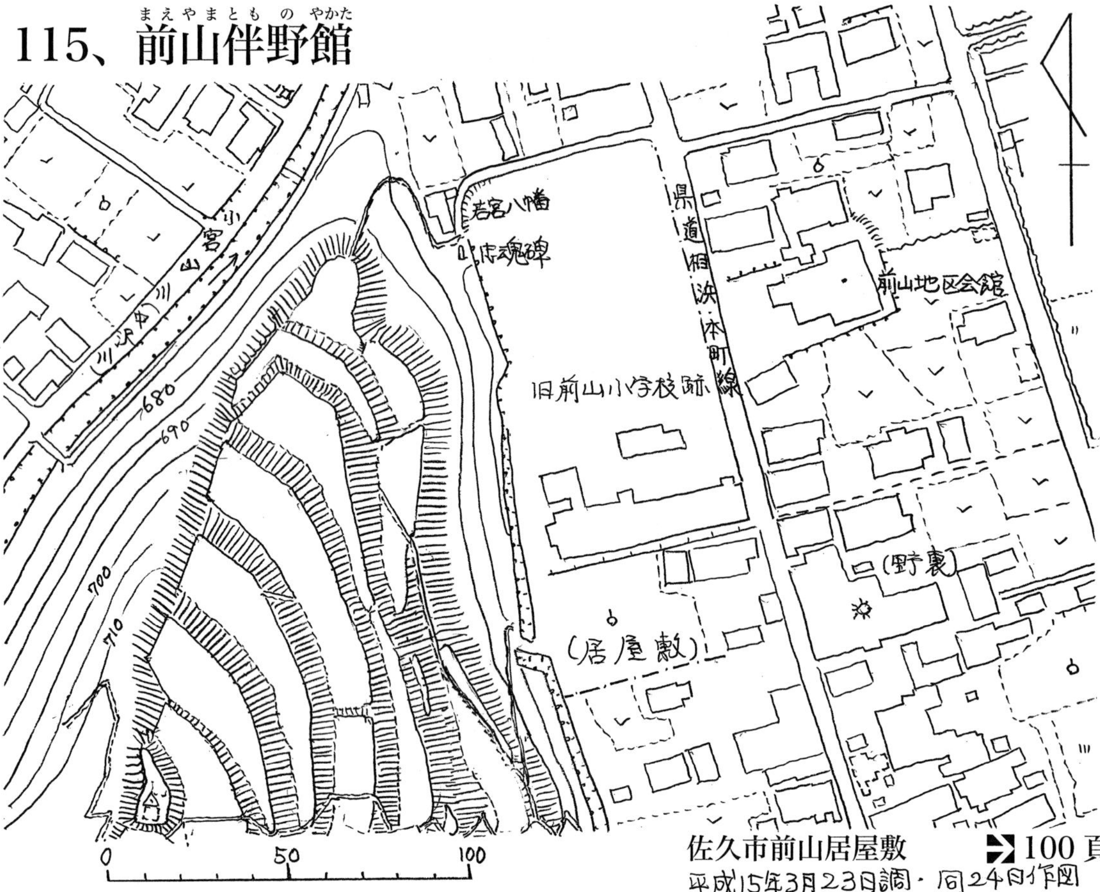

佐久市前山居屋敷

→100頁

平成15年3月23日調・同24日作図
標高668 m

○立地　野沢城の西、2.5kmの前山地籍に伴野氏の要害城である前山城がある。その東麓の字居屋敷あたりに伴野氏の館があったと推定される。

○館主・館歴

鎌倉時代の初め、小笠原氏が伴野庄の地頭となり、伴野氏を称して野沢に館していたが、隣庄の大井氏との抗争の中で文明年間に、伴野光利が要害の地をもとめて前山城を築き移ったとされる。（『蔗軒日録』）

この時に館した場所は、はっきりした記録等がなく確定できないが、旧前山小学校からその南のあたりではないかと考えられている。

前山城は、天文9年（1540）5月、武田信虎が佐久へ侵攻した時に、数十城を攻め破って、前山へ城を築いて在陣している。天文17年（1548）上田原の合戦で武田方が破れると、伴野氏も武田にそむくが、同年9月に前山は城兵数百人が討ち取られて落城し、すぐに城普請が行われ、以後前山城は佐久における武田方の有力な基地となり伴野氏もその支配下に入る。

天正10年（1582）武田氏の滅亡後は、関東の北条氏に属するが、徳川方の依田信蕃が真田昌幸の応援を得て佐久の平定にかかり、前山城は攻略され、城主は討死し、子の貞長も相木の白岩に戦って破れ伴野氏の嫡流は滅亡する。その後前山城は徳川方の拠点として利用される。

○館跡

伝承、遺構等全くないので、はっきりしたことは分らないが、上記のあたりに館があったものと考えられる。

伴野氏は鎌倉時代の霜月騒動に連座して惣領家は滅び、庶流から前山伴野氏が出たようで、更に武田氏の支配下の頃、徳川氏の領有した頃など複雑な経過を経ているので、その居館の場所も移動している可能性がある。

何れにしても、前山城の東麓から、南麓の横町へかけての一帯にあったことは確かであろう。

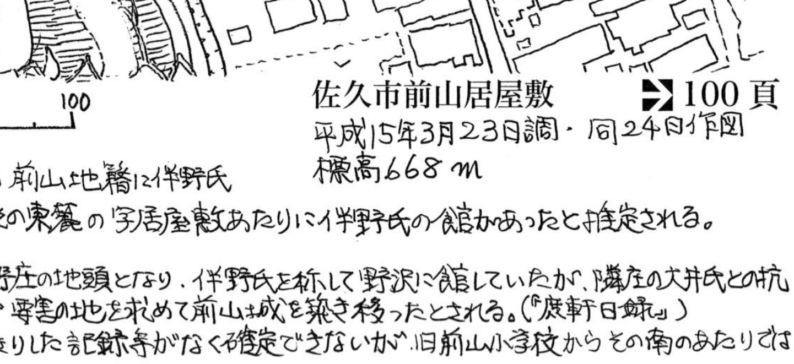

116、物見塚《ものみづか》（城山《じょうやま》・小宮山砦《こみやまとりで》）

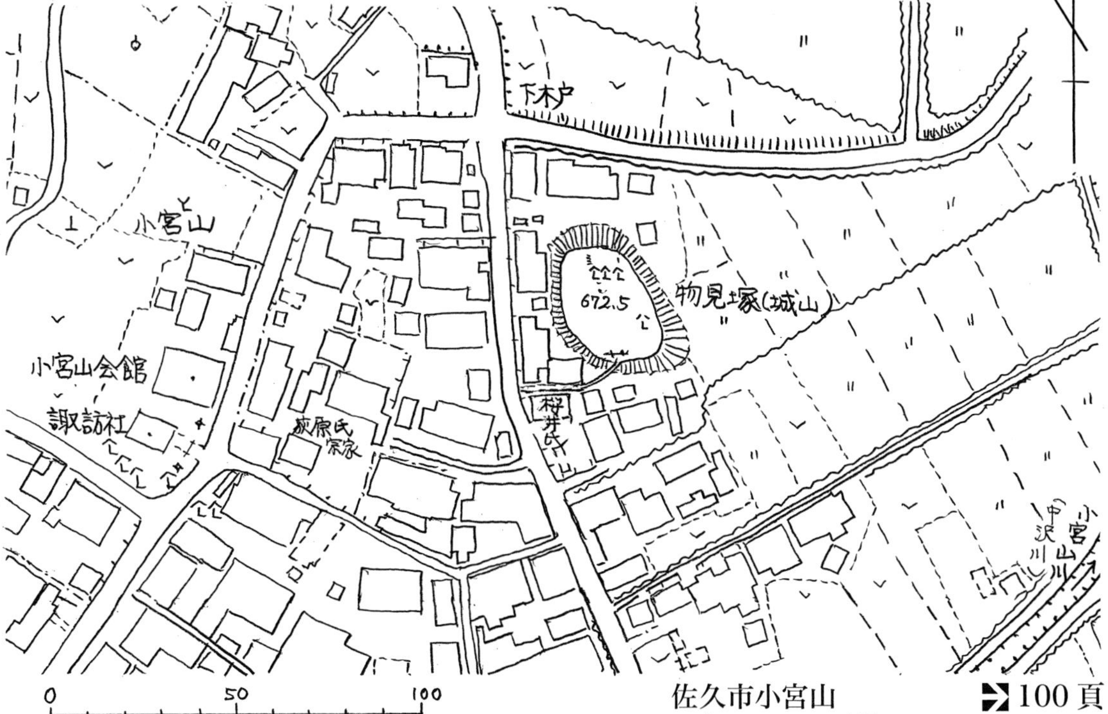

佐久市小宮山

100頁

平成15年3月23日調・同24日作図
標高672.5m、比高 6m

○立地　前山城の北端部に当り、県道の東側にある。
塚の北側の辻の所が「下木戸」と呼ばれていて、ここから前山城の城域に入る。下木戸と共に北辺の守りの要とも言える拠点である。塚の南には、小見山川が自然の堀となり、その南に土塁があり、城下地区の防衛線となっていたようである。

○城主・城歴
東西30m、南北32mの円形で、高さ10mに満たない小丘であるが、土地の人々は城山と呼んでいて、桜井一族が管理している。
塚上は耕作されたようであるが、現在は大半が竹藪で、北側に石祠が並んでいる。ここに0.5mの高さの土壇があるが、これはお宮を造った時のものと思われ、土塁等の遺構は見当らない。
これが自然のものであるか、人工のものであるかはっきりしないが、おそらく相当手を加えて、物見の台にしたのではないかと思われる。
『長野県町村誌』の前山村「伴野城跡」の項に「伴野城跡図」が載っていて、そこに「物見塚」が描かれている。古くからそのように言われていたようである。但し、同図では、主郭の所を出丸跡とし、2の曲輪の所を本城跡と記名していて、これは明らかに間違っている。
この物見が伴野氏によって造られたのか、武田氏によるものか、あるいはそれ以後のものか分からない。伴野氏の頃からも、この場所が重視されていたと思われ、何らかの施設はあったものと思われが、木戸と共に整備されたのは、武田氏による改修時かも知れない。
塚の近くに桜井一族と共に荻原一族が居て、荻原宗家のあたりを、『佐久市史』図67で「庄内屋敷」と言っていて、かつて庄屋をやった旧家と聞くが、この下木戸や物見塚との関係は不明である。

○城跡、　塚の現状は上記の通りであり、宅地造成のため幾分切崩している。
下木戸と連動し、小宮山川以北の一帯には防衛拠点となる一郭があり、その担当者が配置されていたと思われる。また物見として塚上には簡単な櫓などが設けられていたかも知れない。
宝生寺山砦と共に北側への防衛施設で支塁の例として貴重な例である。

117、泉屋敷《いずみやしき》

佐久市桜井

→100頁

平成14年12月27日調・同30日作図
標高660m

○立地.　千曲川の左岸. 野沢の平の中 桜井地区 上桜井

集落の北端に「いずみ屋敷」の地名が残る。一帯は構造改善のために、所々に残る墓地や住宅地以外の所は完全に削平されて、旧態は全く失われていて、その地名もこのあたりが いずみ屋敷の場所という程度しか残っていない。

○館主・館歴

『角川日本地名大辞典』によると「桜井」は「千曲川上流左岸に位置し、西境を片貝川が流れる。"さくらい"の"さ"は狭いとか小さいという意、"くら"は谷、"い"は用水のことで、野沢平の中を流れる小さな用水か川の流れているという意味の地名であると思われる。平安末期木曽義仲に従った桜井太郎、同次郎の住居と伝える泉屋敷という館跡が残っている。」とある。

桜井氏は、滋野一族で、木曽義仲軍の中に佐久党の中心人物根井大弥太滋野行親はじめ海野、祢津、望月、桜井などの滋野一族の面々がいる。また楯六郎親忠も根井行親の子で同族になる。

桜井太郎、桜井次郎の名は『平家物語』や『源平盛衰記』に出てくるが その活躍の様子については分らないし、その後のことは不明。

中世を通じ、桜井郷は佐久郡伴野庄のうちにあり、戦国期に入ると『諏訪御符礼之古書』享徳4年(1455)の御射山の項に「一桜井伴野代官鷹野中務満吉御符礼三貫三百文御教書之礼同前頭役十五貫」とあり、その後も寛正6年に伴野桜井代官中務満吉、文正2年、桜井入道沙弥道清、文明4年、伴野桜井鷹野中務入道沙弥道中子息鷹野又五郎橘棟吉、文明12年、伴野桜井鷹野美濃守満行、長享2年、伴野桜井 代官土佐守棟信、丹後守棟清とあり、鷹野氏の支配下にあったようである。

天正6年(1578)の『上諏訪大宮造宮清書帳』には、瑞籬6間分を負担していて、その代官八郎右衛門尉とある。

この「泉屋敷」が、その後全く廃棄されてしまったのか、一族の者に継承されたか等全く分からないが、伴野の代官がいたことは確かで、その屋敷地も問題になろう。

以上のように不明の点が多いが、現時点でわかったことを記録に止める。

118、日向城館《ひなたじょうやかた》（長坂館《ながさかやかた》）

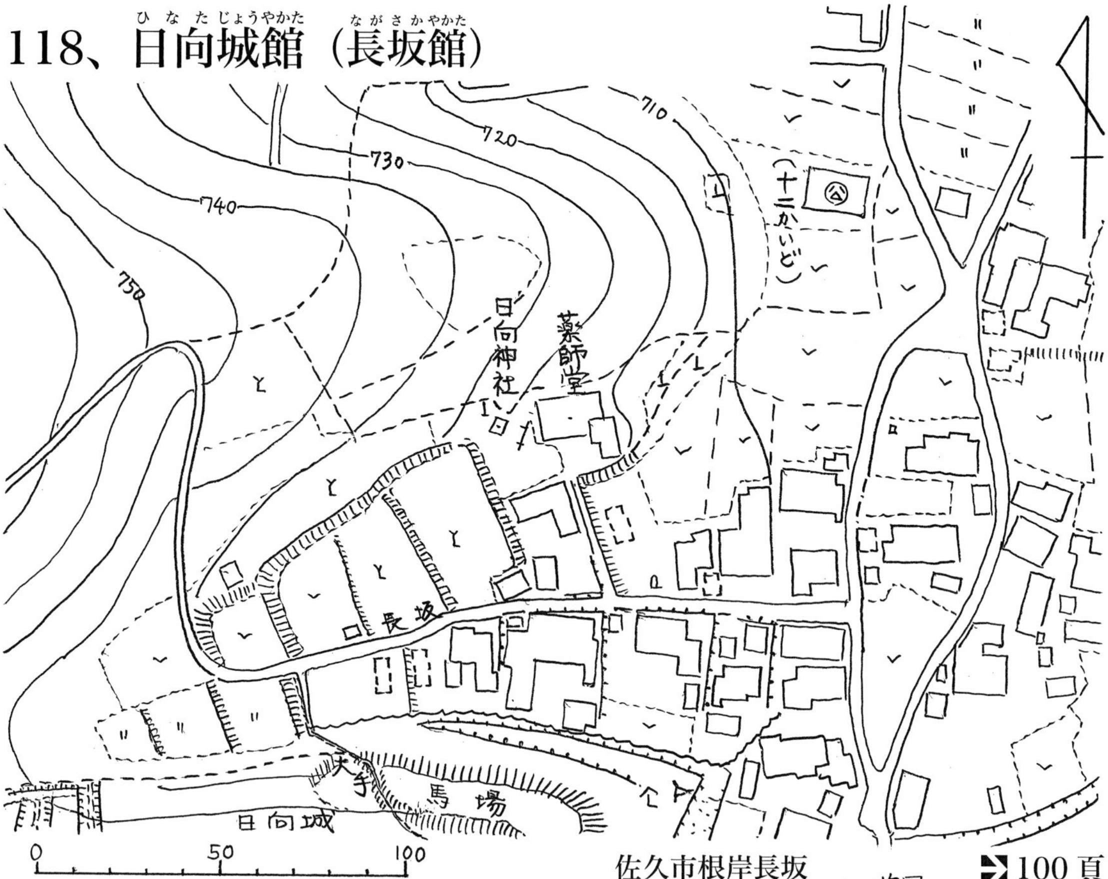

佐久市根岸長坂
平成15年3月23日調・同日作図
標高 730m内外

➔100頁

○立地　佐久市西部、根岸地区の中沢川の谷の少し入った所が日向集落で．その後背の山上に日向城があり．北麓が長坂と呼ばれていて．そこが根小屋のあった場所であろうと推定されている。

○館主・館歴

「南佐久郡古城址調査」によると、「長坂釣閑斎（長閑《ちょうかん》）光堅は甲州逸見《へみ》筋長坂に其宅址があり．其所には土塁・隍等の跡があったと云へば，甲州に居て信玄・勝頼に仕へたものと思ふ。惟ふに或は釣閑斎の子源五郎昌由でも此地方の番衆として遣はされ此城に居ったのであるか。」とある。

長閑斎は逸見筋の武田氏に属した武将で．武田氏の滅亡後．信長により殺されていて．日向城は武田一族とは関係が深い城である。

日向城本丸跡の八幡社、稲荷社は、佐久の三所に別れて住む武田一族がまつっている。武田本家の伝によると、信虎の男と伝える信近（母は巨摩郡山高村高竜寺関係某の女）が飯富兵部の後詰として入り，信近は永禄2年（1559）8月4日に没していて，今でも一族は8月4日を先祖の命日として祭りを続けているという。信近没後は子の兵庫．次いで長右衛門と継ぎ寛永元年（1624）12月屋敷が全焼して所払となり離散．一族三所分住。三弟は後に日向に上り．城下大手長沢口に居を構え（現在小字十二に移る）夫々に今日に至っている。

○館跡　長坂氏が日向に住んだかどうか不明であるが長閑斎の子源五郎昌由が住んだ可能も考えられるとあるがその場所は特定できていない。また武田一族の屋敷地との関連もはっきりしない。

長坂のあたりが城の大手に当るので．この道に沿ったあたりから．薬師堂、さらに十二の公民館のあたりまでの所に根小屋があり．武田氏に関連の者が居住していたことは十分に考えられるところである。

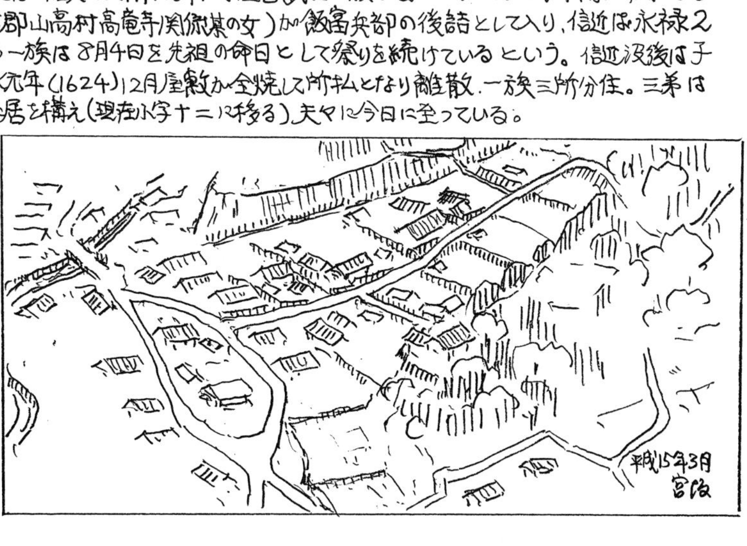

119、平《ひら》井《い》愛宕《あたご》山《やま》砦《とりで》

佐久市根岸平井 ➡100頁

平成23年9月6日調・同日作図
標高725m　比高50m

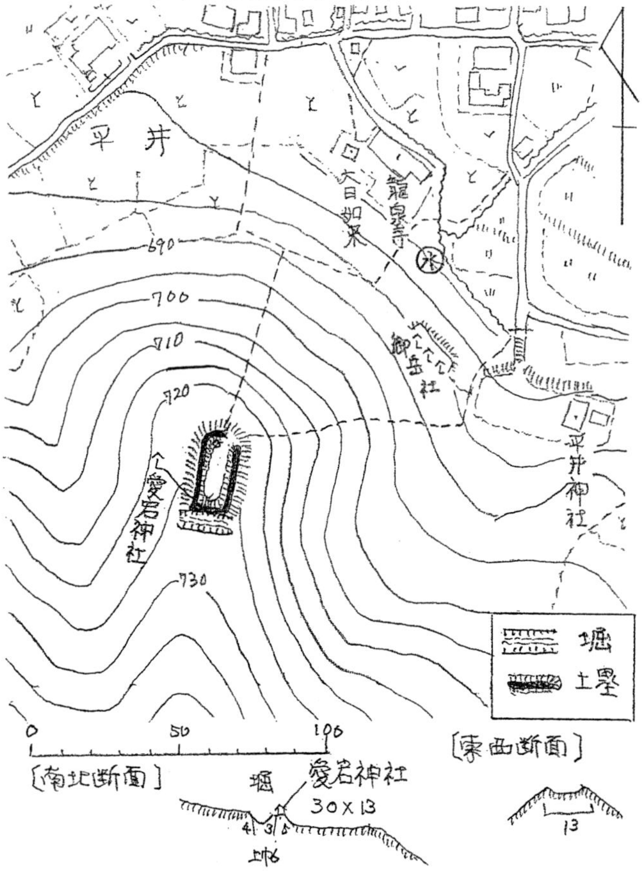

○立地　平井集落竜泉寺の南側の山尾根上に愛宕神社がある。登路は大日堂の裏手からと平井神社の傍らから直登する道がある。

山下には良質な湧水がある。比高50mの低い山だが、ここから竹田の虚空蔵山狼煙台を直視できる。

○城主・城歴　この砦についての伝承や史料はない。狼煙台の跡へ近世に愛宕神社や秋葉神社を勧請した例は多い。

竹田の虚空蔵山から西方へ狼煙の伝達を考えた時に、陣鐘や太鼓の音が伝わる範囲として、2〜3kmの半径内にこの愛宕神社が位置している。狼煙台間の距離的には適当な位置になり、現地の遺構の様子から砦跡と判断して、「平井愛宕山砦」と仮称した。

○城跡　まず愛宕神社の社地は尾根の中段のたるみを利用して、南北およそ30m、東西幅12〜13mの長方形の平場で、南側の後背の尾根に続く所を上幅6mの堀切で断ち、その土を内側へ掻きあげて、高さ2mの土塁に築き、尾根筋を遮断している。この堀の存在が砦であることの確証となる。土塁上には、文化12乙亥年(1815)銘のある石祠ともう一座、祠がある。愛宕神社であろう。

更にこの土塁は尾根の両側面へ続いていて、北部から北東部を除いて、ほゞ全周している。両側の土塁は崩れていて、現状は南北中心線が低い樋状になっているが、元来は明らかに低い土塁が全周し、北東部に虎口が開いていたことが明確に見て取れる。

この城跡は、腰曲輪や竪堀、横堀等を持たない、最低限の防備しか施していない、非常に簡素な縄張りであるが、物見や狼煙台には、この程度のものはいくらでもあり、良く残っている方である。

集落にも近く、山下至近に水場があり、これを担当した者にとっては、管理しやすいものであり、その立地の良さが後に愛宕神社勧請の場になったことが想像される。その狼煙台の設置者は、竹田の虚空蔵山狼煙台と同一であると思われる。

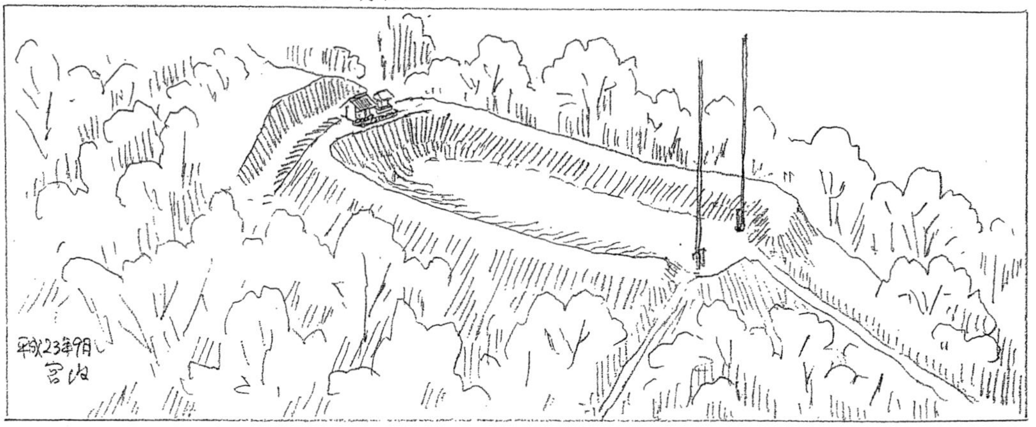

120、跡部《あとべ》氏《し》館《やかた》

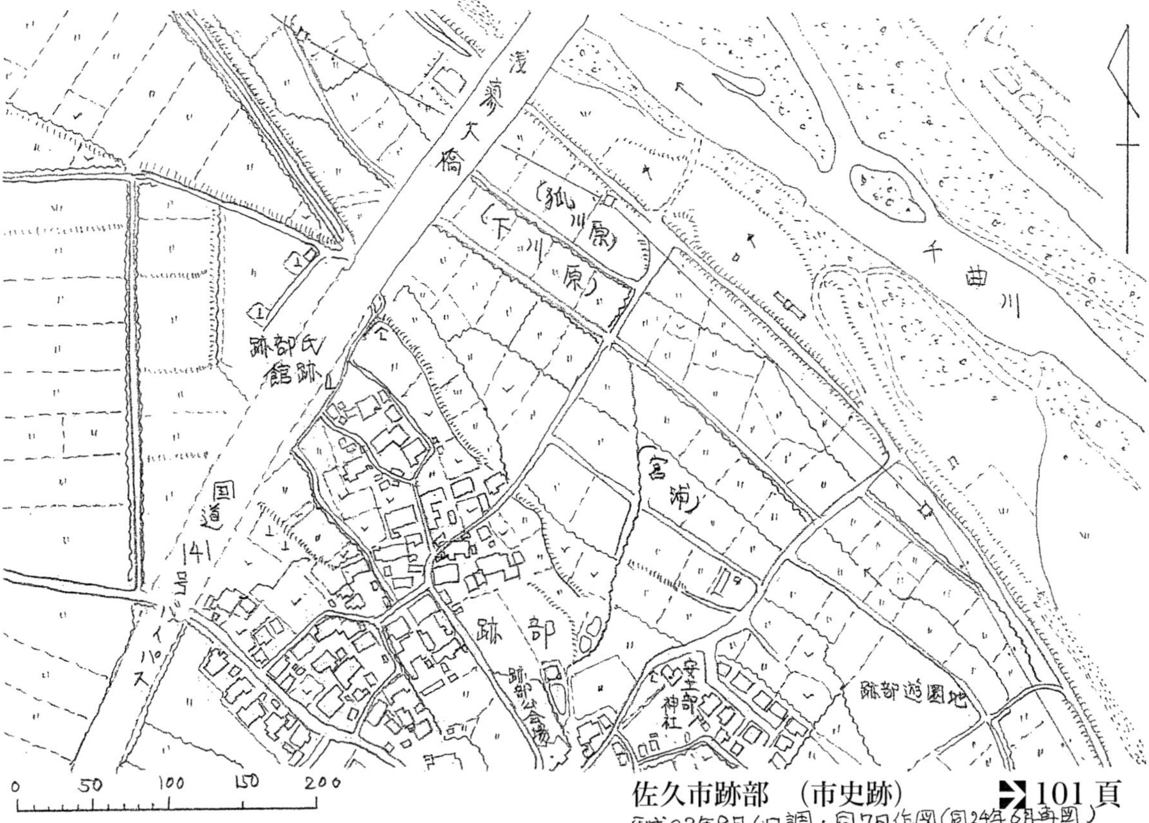

佐久市跡部　(市史跡)　➡101頁

平成23年9月6日調・同7日作図(同24年6月再図)

標高662m、比高4m

○立地　千曲川左岸、跡部集落の北端に当り、千曲川の氾濫原の下川原より比高4mほどの段丘上に立地している。現在該地は国道141号バイパス道路ができ、浅蓼(せんりょう)大橋のたもとになり、道路により館跡は二分された形になり、道路傍らの「跡部氏館跡」の標柱だけが残っている。

○館主・館歴　物部氏の一族 跡氏の部民が跡部氏と伝える。中世伴野時長の子 朝長が跡部に住んで跡部氏の祖となったが、室町期に甲斐国の守護代となって甲斐へ移ったとされる。また鎌倉期に伴野の市がかかあり、時宗の開祖一遍上人が伴野荘を訪れ踊り念仏をしたと伝え、現在も西方寺に県無形文化財として残されている。京都大徳寺の塔頭(たっちゅう)禅徳寺のふすまの下ばりから発見された「とものかう(郷) 二日まちや(町屋) た(太)郎三郎入道うけとり……」の文書より、伴野の地に二日町屋があり、その地は跡部地籍南部あたりと考えられている。

『佐久市志 歴史編(二)』の「伴野館の北方に続く町屋地名」(跡部区史より)の図によると下川原の「狐川原」の他に、上町屋、下町屋に続いて向畑があり、そこにくね添、続いて堀田の中にくわの木の内、屋敷添、木戸口、築地の内、門なしなど城館関連の地名がある。跡部氏館はこのあたりと思われるが、国道バイパス道や耕地整理により遺構は見当らない。

甲州へ去って後の跡部氏については、『甲陽軍鑑』の「武田法性院信玄公御代惣人数之事」の中に、「御譜代家老衆」に「跡部大炊助(侍大将)三百騎・旗色きれて見えず」があるが この跡部氏の後裔と思われる。

○館跡　上記したように現地で館跡の痕跡を探すのは無理であるが道路工事に伴って発掘調査をしたと思われるので、その報告書に当って見る必要があろう。

浅蓼大橋のたもとが跡部氏館跡

121、五領城《ごりょうじょう》（五霊城・五料城・御領城）

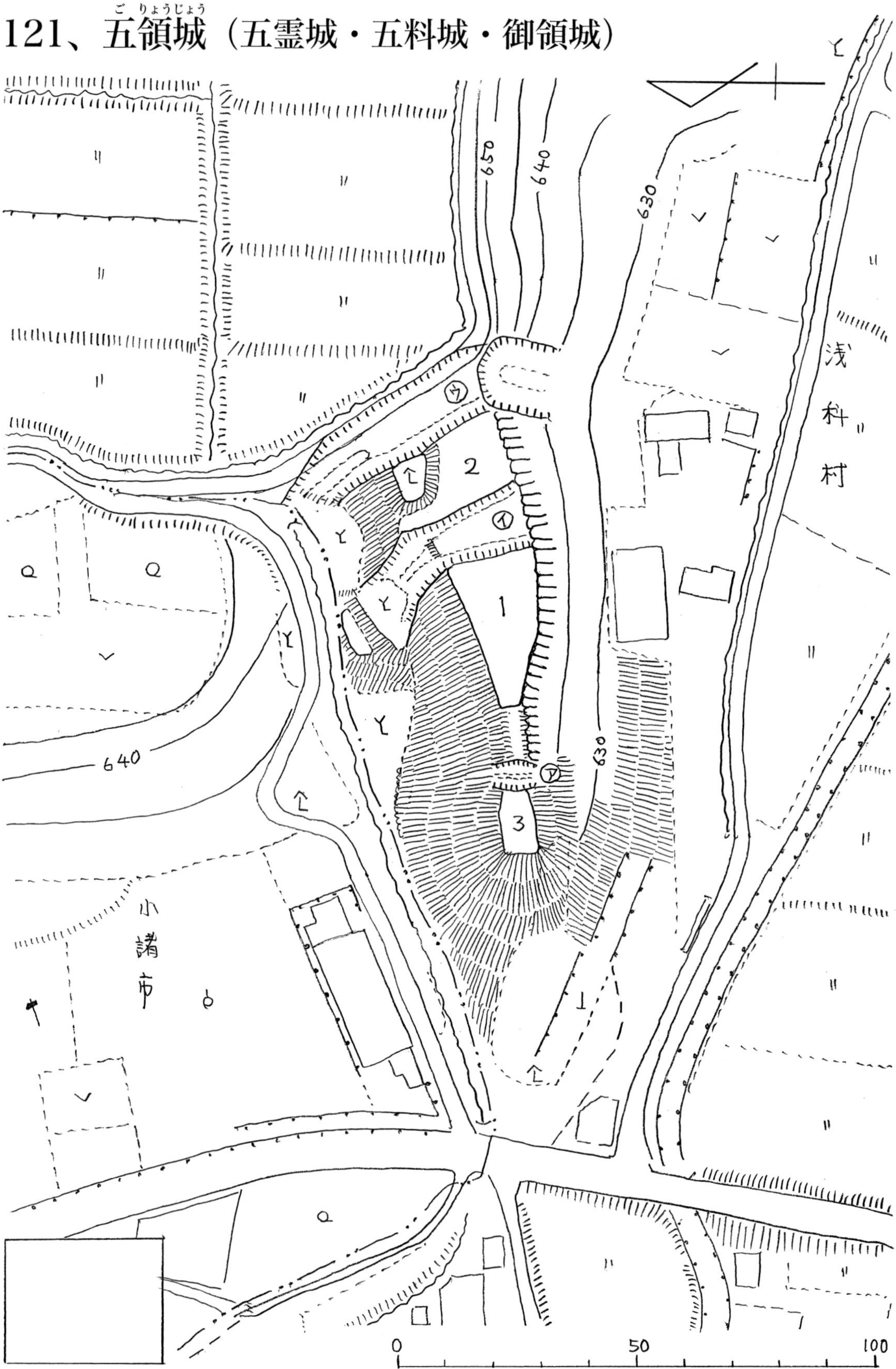

121、五領城《ごりょうじょう》（五霊城・五料城・御領城）　佐久市塩名田　➡102・110頁

平成11年7月19日調・同21日作図

標高648m.　比高27m

〔東西断面〕

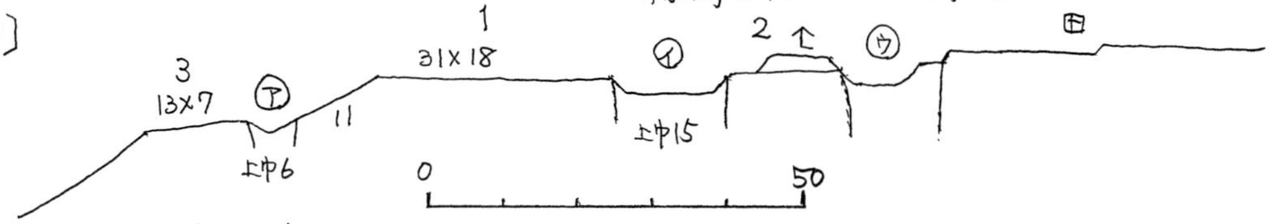

○立地　千曲川右岸、小諸市との境界にある台地の崖縁部か突出した部分に五領城かある。比高こそ少ないが、段丘の端に当るために、南の塩名田方面や西の望月町方面の視界はひらけ、遠見のきく所である。北の山下の河岸段丘上には、耳取大井氏か初期に居館したとされる場所か200mの位置にある。この段丘も千曲河畔から14～5mの高さかあり、台地と千曲川の間にあって、交通路を押さえるには格好の館の所在地となる。

○城主・城歴　甲斐源氏の流れをくむ小笠原長清か信濃守となりその子時長と朝光か佐久の伴野庄と大井庄に夫々入る。大井庄に入った朝光の総領大井又太郎光長か大井太郎を称し、その子どもたちを大井庄の要地へ配したとされる。嫡男大井彦太郎時光は小諸市大室へ、次男大井弥二郎光泰は長瀬、三男三郎行光は宗家を継いで岩村田に、四男又三郎は耳取に、五男又四郎宗光は森山、六男平原六郎光盛は平原に、七男光信は仏門に入る。この中で江戸時代まで家名を存続させたのか耳取の大井氏である。

五領城及び五領の館は、耳取大井氏によって造られたものと考えられる。この地に大井氏か入ったのは寛元年間（1243～45）と言われるか、やかて戦国期に入り、耳取の本城を構築する以前の要害城と考えられている。

○城跡　台地に続く所を㋑、㋒の2条の堀で遮断して、主郭1（31×18）を造る。2は北側か一段高く櫓台のようになり石祠（神名不明）かある。㋒の堀に面して土塁かあったと思われるか今はない。主郭より西下11mの所に㋐の堀かあり、3の平地かあり、終わる。南側は断崖で小さいか、南方に向けての砦であることかわかる。

耳取本城へ移った後も、南の重要な物見として、重視されていたことか考えられる砦である。

122、矢島城《やじまじょう》

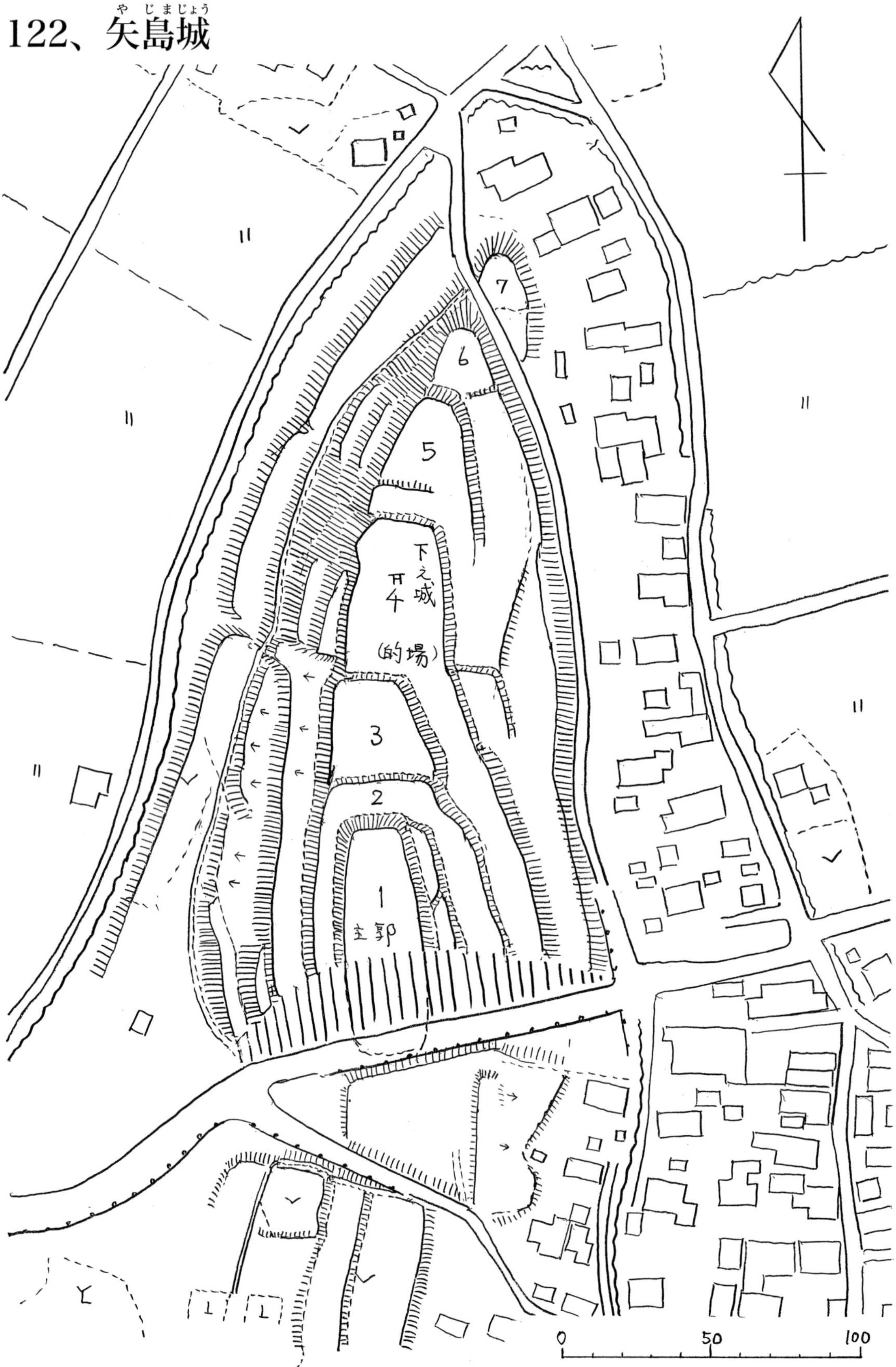

122、矢島城《やじまじょう》

佐久市矢島

➔112頁

平成11年11月9日調・同日作図

標高728m、　比高54m.

[南北断面]

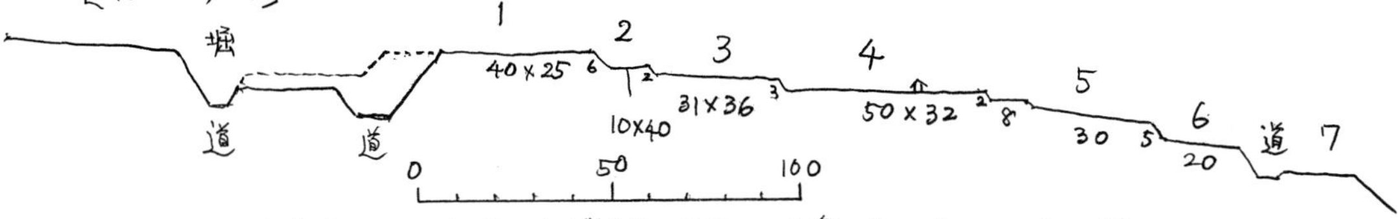

○立地.　矢島集落の西の丘陵の先端部にある。矢島の谷の出口にある八幡は中山道が通過している。東400mの宝泉寺裏山には、支城である天徳城があり、北500mの狐山には監視所があり、北西1Kmの所の台城など、これらも矢島城に関連するものと考えられている。

○城主・城歴　矢島城の主は矢島氏で、望月氏の一族である。養和元年(1181)横田河原の合戦の時、木曽義仲の軍中に八島(矢島)四郎行忠の名があり、平家物語にも八嶋四郎行綱が出てくる。承久の乱の官軍の中に「やしまの次郎」の名がある。南北朝時代に滋野系の望月氏は衰退し、根井八嶋に代わって大井氏の勢力が伸びて来て、その勢力下に入ったようである。天文年間に武田氏が侵入して来たときには、矢嶋勘右衛門が矢嶋と改め武田氏に属し、後に徳川に従っている。岩村田大井氏が村上氏により滅亡するとその後数年して矢嶋大井氏も記録がなくなる。出羽国へ移住したとの伝承がある。

○城跡、　道路の開通で主郭南辺と2郭南部が消滅している。また一帯は藪がひどく、細部はとてもとらえられなかった。長方形の主郭1を取り巻いて、2郭があり、3の北下には、本城で最も大きい4郭があり、東へ帯曲輪がまわっている。この4郭は、下之城あるいは的場と呼ばれていて、中央部北寄りに小祠(神名不明)がある。その北に5、6、7と続き、東側に段が延びている。東西両側に3～4段位がある。主郭の南の堀は、道を拡幅されたために わからなくなっている。南側の道のあたりに堀があったと思われる。　東西にある田甫は、泥田堀となって、この城の防備となったようである。

武田氏の時代に小泉内匠が在城したとも言われるが、戦国期も早い時期に廃城になったのではないかと考えられる。

123、天徳城《てんとくじょう》

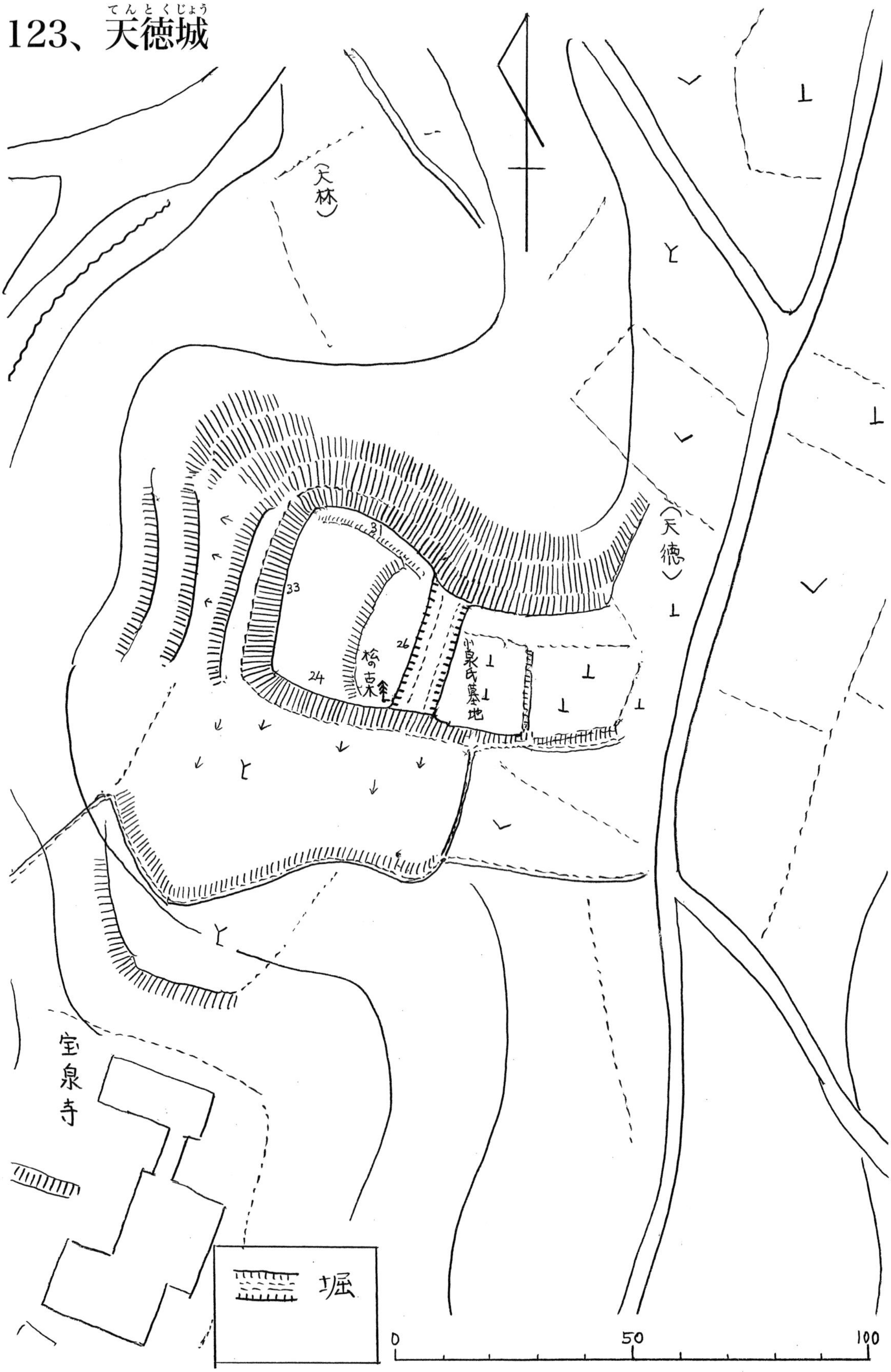

123、天徳城《てんとくじょう》

佐久市天徳城 ➡112頁

平成11年11月9日調・同日作図

標高707m　比高30m

〔東西断面〕

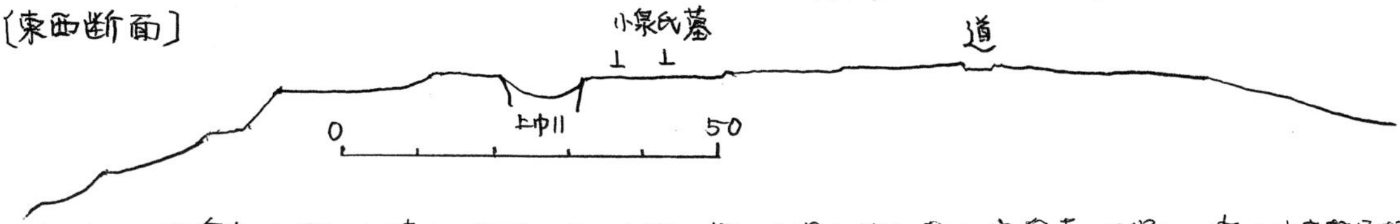

○立地　宝泉寺北側の丘陵上にあり、北は大林地籍の久保になり、南は宝泉寺の久保との間の小さな尾根先に立地する。尾根の最高点を道路が走り、その道から50mほど西へ寄るために、矢島集落や西側の眺望はきくが、東側の佐久平一帯の眺望は、少し限られる。従って、そのことが考慮されたと思われる。

○城主・城歴　立地からして、矢島城の支城と考えられている。また、矢島城が造られる以前の初期の矢島氏の本城とも考えられているが、はっきりしたことはわからない。宝泉寺の所は西向きながら、居館には最適地で、そこに附属する要害として造られた可能性もあり得る。

○城跡　小さな尾根のつけ根を一条の堀で断ち切って方形に近い平場を造っている。堀は埋まって浅くなっているが、本来はもっと深かったと思われる。それに、主郭側に堀に沿って高まりがあるので、ここに土塁があり、それを耕作によって崩したことが考えられよう。

西側や南に削平の跡があるが、これは桑園化の時のものと思われる。現在は単郭の砦の姿に見えるが、東隣りの小泉氏の墓地のあたりにも一郭があったかも知れない。と言うのは、先述したように東側の眺望を確保する意味で、このあたりに櫓が組まれたか、一郭があった可能性がある。

一帯は桑園化されて、一部旧状は失われているが、城への登路は、南山下の宝泉寺の鐘楼の所からの道がそのように思われる。

矢島城が奥まった位置にあるために、こうした支城を設けて、連絡や見張りをしたのであろう。小泉氏の墓地には、古い五輪塔や宝篋印塔が残っている。

124、桑山《くわやま》の内城《うちしろ》（左屋敷《ひだりやしき》）

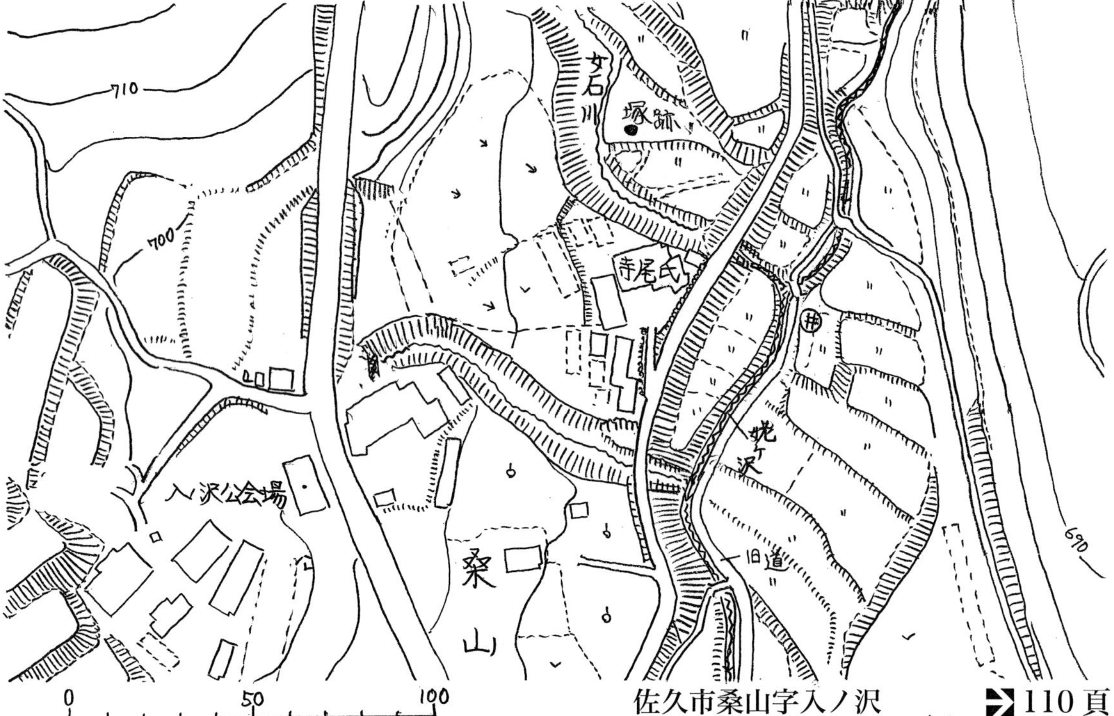

佐久市桑山字入ノ沢

➔110頁

平成15年1月22日調・ 同日作図
標高 680m． 比高 10m（姥ケ沢より）

○立地 桑山地区の入ノ沢の姥ケ沢と女石川が合流する所に内城（うちしろ）がある。現在は新道が屋敷地を削って通っている。旧道は姥ケ沢沿いにあり．そことの比高は10m余になる。 桑山地区は、御牧原の東麓になり、御牧原の登り口に当る。入ノ沢は沢口になるために、八幡方面の展望はきくが、東．北．西の視界は限られる。

○城主・城歴

『長野県町村誌』の桑山村「内城《うちしろ》」がこれで、「子（北）の方七町（756m）上ノ山にあり。方一町（108m）堀を廻らして井あり。蓋往昔地士某の住地なり。又左屋敷と称す。」とあり．次いで「姥塚」について、「丑（北北東）の方十五町姥ケ沢に対してあり、周廻二十間（36m）。里俗云往昔此地に一女住り、其居所を姥ケ沢と称し．其墓を姥塚と号し、又女石と称すと。皆字に称する所なり。」とある。

つまり、地士（土豪）の屋敷地であろうと言っていて．それ以上のことについては史料．伝承等なく．はっきりしたことは分からない。

○館跡．

北側は女石川の深い沢があり、南には入ノ沢があり．東は姥ケ沢川（女石川とも）が高い崖を造っていて．三方は自然の堀で囲まれた要害の地である。西側だけは傾斜して背後の山地へ続く。

現在は寺尾氏の宅地及び畑になっていて．東西20～30m、南北50m位の平地で、傾斜地と道路で欠けた分も考えると、50×40m位のもののようである。

井戸は、両川の合流点近くにあり．長野新幹線のトンネル直上になり、トンネルができてから水が出なくなったという。

125、御馬寄城《みまよせじょう》

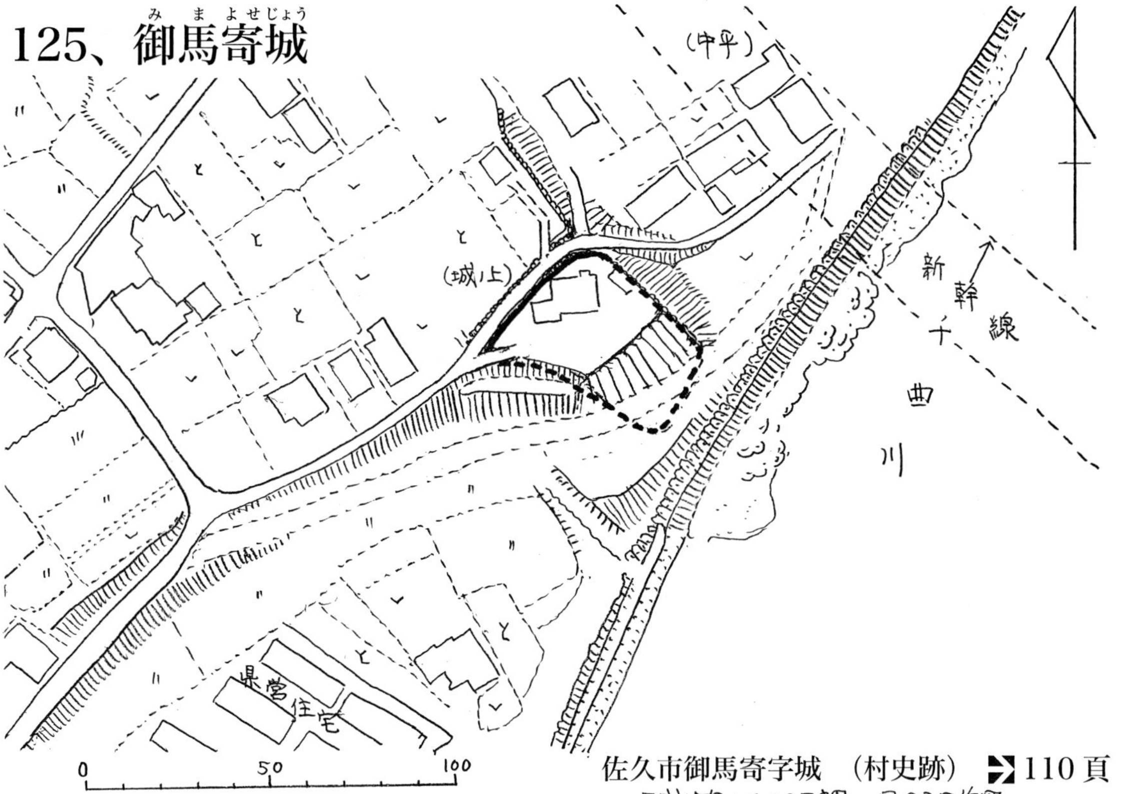

佐久市御馬寄字城　（村史跡）　➡110頁

平成15年1月22日調・同23日作図.
標高 635m.　比高 25m（千曲川より）

○立地.　千曲川左岸、御馬寄の河岸段丘崖に面して御馬寄城がある。すぐ東側に長野新幹線が通り、城跡を削って、千曲川畔に道路ができ、宅地化も進んで、周辺は大きく改変を受けている。

○城主・城歴

『長野県町村誌』の「古城址」がこれで、「村（御馬寄村）の丑（北北東）の方四町（432m）字城にあり。東西四十間（72m），南北二十間（36m）東西に堀あり。今畑となりて纔（わずか）に形跡を存す。千曲川に臨みて平坦なり。城山，城ノ腰，城ノ上の字あり。何人の居たるや不詳。或は古昔牧監居館の址ならんか。」とある。

現在この場所は田中島と呼んでいるようであるが，古くから古城跡と言っていたとあり、城と関係の地名が多く残っている。平成5年に下水道工事と新幹線工事にともなって、中平地区や付近の発掘調査が行われたが，竪穴住居址、土坑、縄文土器等が検出されたが、城跡は未調査になっている。

御馬寄は近世には中山道筋の千曲川渡河点になるが名前の示すように、古来牧場のひらけた所で，当然牧経営にたずさわる人々が多く居たことが考えられる。それらの人々の長の館跡ではなかろうかとしているが，傾聴に値する推論である。しかし、中世に望月氏が勢力を拡大して.御牧原一帯を制し、その東方に対する砦として位置づけることも考慮してみる必要があろう。

○城跡.

千曲川へ張り出した所に立地して東側は道路で削られて原形を失っている。西辺が道路の所とすると東西40間にはならない。

道路が堀の中を通ったとも考えられるが，このあたりははっきりしない。

何れにしてもこの城は東を意識して築造されたものであることは確かで，牧監なら無理にこの場所でなくてもよい。

規模から推して、川筋の監視を受け持ち.渡河点の警戒に当ったものが居住した城砦とも考えられるが，その確証はない。

126、望月城《もちづきじょう》

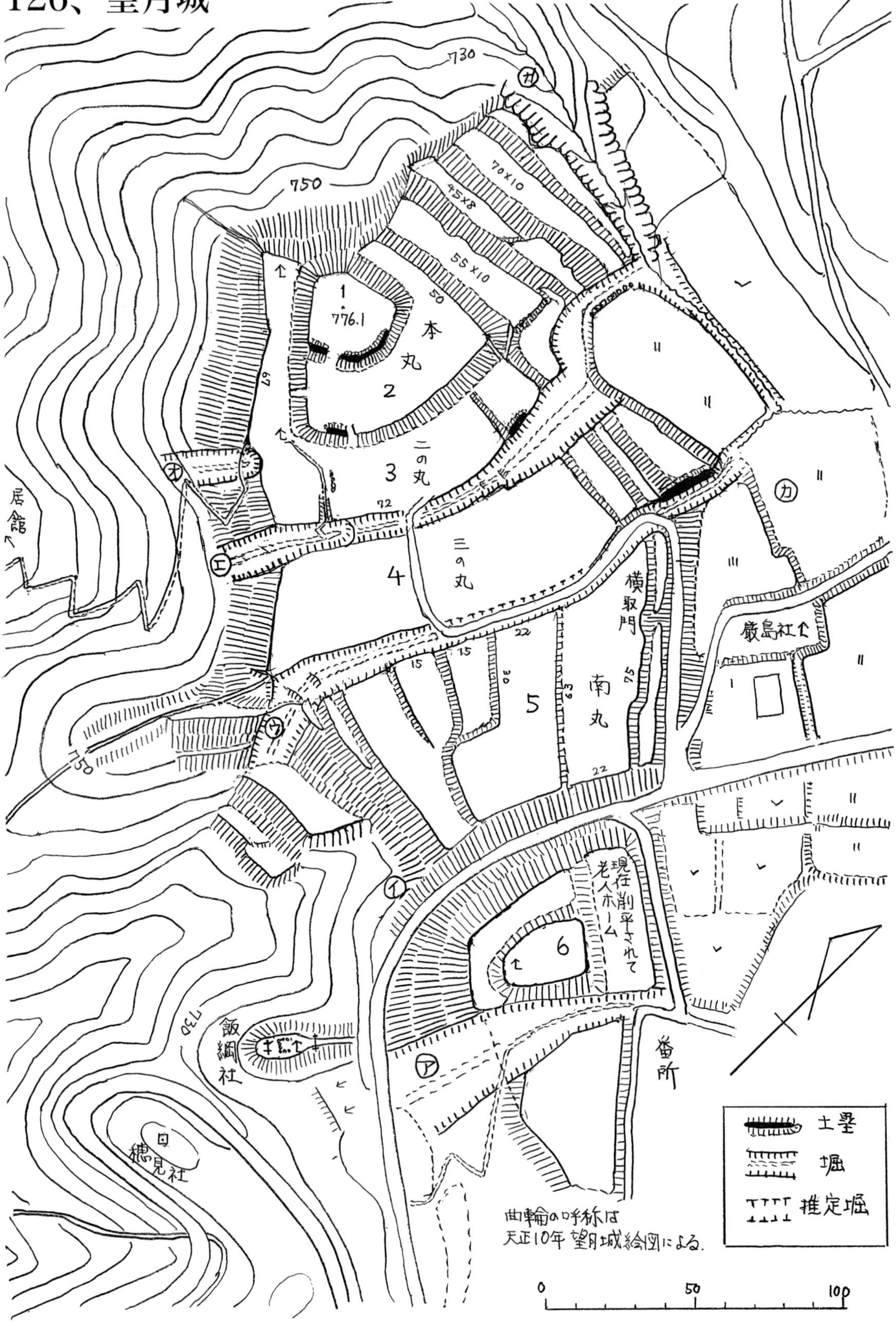

126、望月城《もちづきじょう》

佐久市望月字城 ➤112頁

平成11年10月30日調・同日作図

標高776m、比高110m(城光院より)

○立地　城光院の東の後背の山上に望月城がある。この山は、古来望月の牧となった御牧ケ原台地の南西端に当り、鹿曲川に面して急崖をなしている。台地との間には低地があり、ここが自然の堀となり、北から西へかけて深い谷があり、台地からの比高は少ないが要害の地である。

○城主・城歴、　古代より望月牧に関連して勢力を伸ばして来た滋野三家の一つ滋野系望月氏が下之城を中心に居り、木曽義仲軍に加わったり、鎌倉幕府に仕え活躍、建武2年(1335)中先代の乱で望月城(下之城)落城、破却。室町中期以降、望月氏の勢力範囲は、御牧ケ原全域に及び、城光院地籍に居館し、望月城を築城したと考えられている。天文12年(1543)9月、武田晴信により長窪城の大井貞隆と共に望月城も落城、望月一族は殺され本流は絶える。以後支流望月左衛門佐信雅が武田氏に属し、望月城主となる。その頃大改修を受けたものと思われる。　武田氏滅亡後は、上野国、佐久小県は滝川一益に与えられ、望月城もその支配下になる。現在の遺構は、武田氏支配下の望月氏の時代のものと考えられている。

○城跡　居館は西山下、鹿曲川の段丘上の城光院の所と考えられている。城域は東西300m、南北250mの台地上にあり、更に南瓜生坂より続く嶺上に支砦群がある。

城跡は大きく5つの曲輪に分けら、各曲輪間に南北の堀を入れ、北側、御牧ケ原との間の低地には、水堀を備えたと思われる。1、2は主郭部分で、一部に土塁痕がある。西側は急崖、北の斜面に4段の長大な曲輪がある。最下段は川へ断崖となっている。崩落地滑りで変形している。3(二の丸)は西側から東へかけて主郭部を取り囲み、前面は㊆の堀で守られている。4は三の丸に当る所、広大な所でいくつかに細分されていたらしい。5は南の丸と呼ばれ、北側に横取門が設置されていたらしい。㋑の堀(現在道路)の東には、6の一部があり、番所があったようである。現在老人ホームになり、旧状は失われてしまっている。大手は台地側にあったのであろうか。鍬島社はいつからあったか不明だが、城の鬼門除ともとられる位置である。この道が水堀の真中を通って、横取門に達している。

城跡の大半は耕作されているが、多くは山林に戻り、旧状をよく残しているので大事にしたい遺構である。

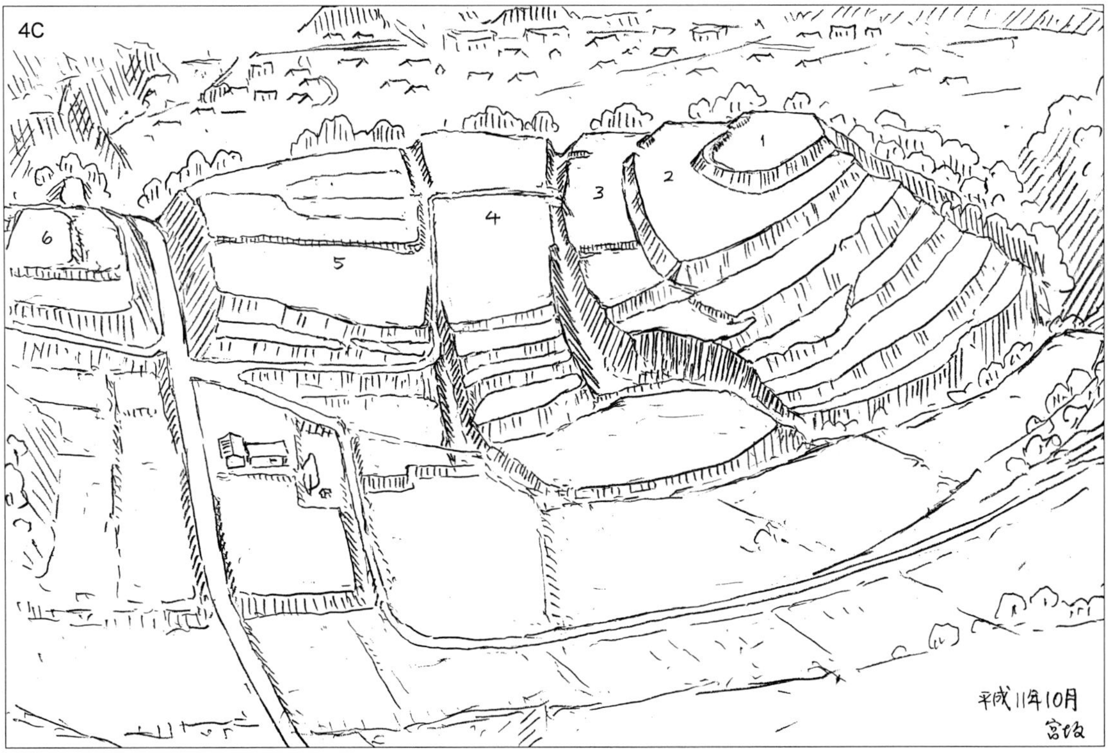

127、望月城砦群《もちづきじょうさいぐん》
(瓜生嶺砦《うりゅうみねとりで》・瓜生嶺南砦《うりゅうみねみなみとりで》・松明山砦《たいまつやまとりで》・胡桃沢嶺砦《くるみさわみねとりで》)

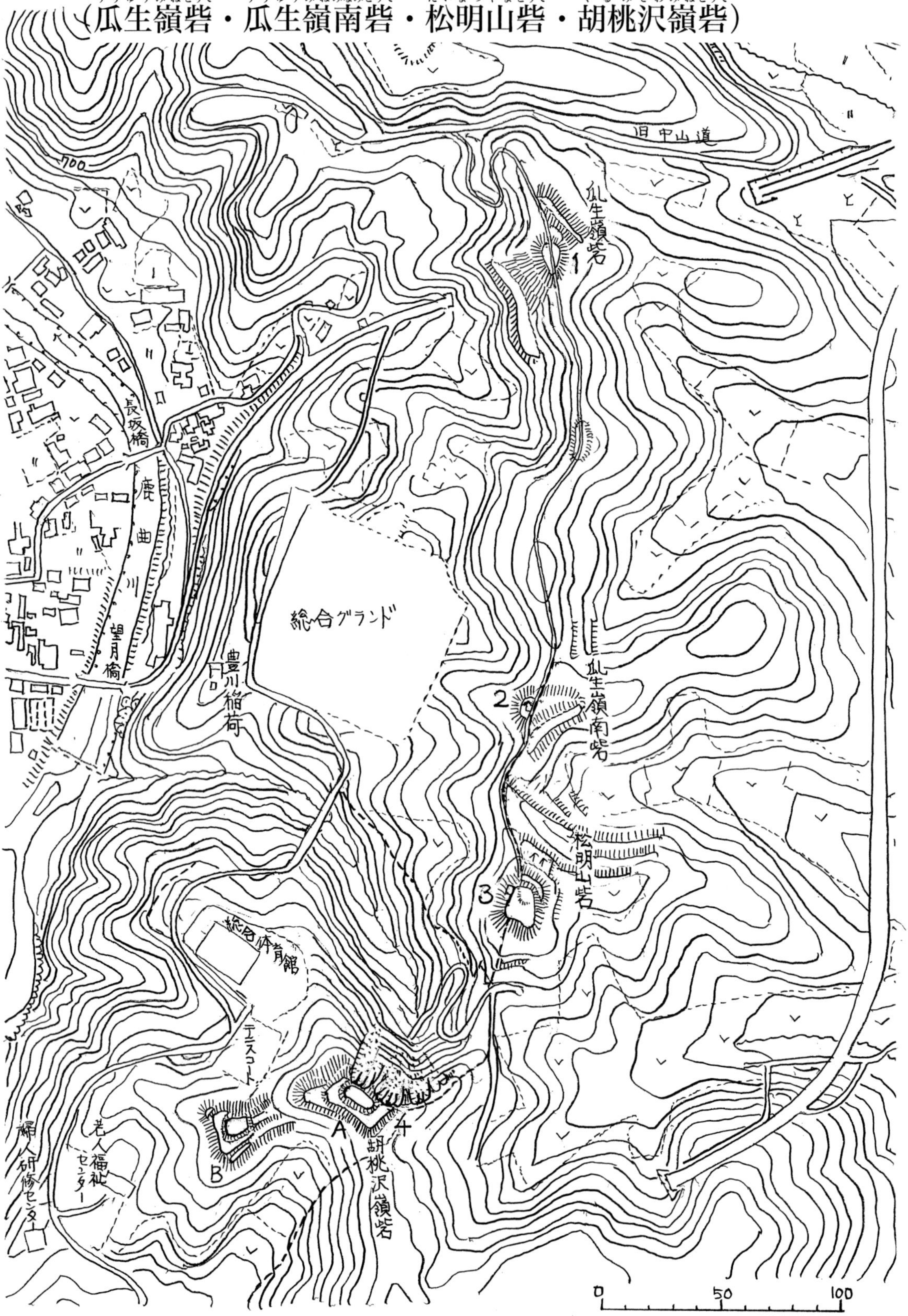

127、望月城砦群《もちづきじょうさいぐん》

佐久市望月瓜生嶺から南の山一帯

（瓜生嶺砦《うりゅうみねとりで》・瓜生嶺南砦《うりゅうみねみなみとりで》・松明山砦《たいまつやまとりで》・胡桃沢嶺砦《くるみさわみねとりで》）

平成11年10月25日.

➡112頁

772.8m　768m　780m　790m　比高100m～115mの山嶺上.

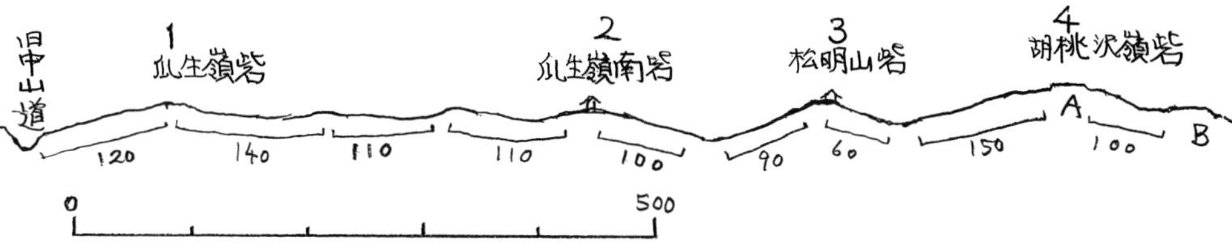

○立地.　望月城の南、旧中山道の瓜生坂の峠から南へ続く山嶺上に砦が連続する。この山尾根は、望月の町の東側鹿曲川の谷の東に、丁度防塁のように連なる山で、この自然の尾根上の小山に堡塁を設けたものである。この立地からして、当然、東側を意識しての防衛線と言えよう。

附近一帯の沢筋は、山尾根上まで耕作されているので、山上の平地の大半は畑の跡と思われ、砦のものとの識別は難しい。せいぜい山頂部と、その下1、2段程度であろうと思われる。

○城主・城歴.　望月城の支砦として築造されたもので、砦としての形を残しているのは少ない。

○城跡　1、瓜生嶺砦…（望月町誌の呼称による）、山頂部の真中を道が掘り割って通っているが、道の西側に25×7ほどの平場がある。東と西の下部に細長い平場があるが、東のものは、あるいは砦のものかも知れない。

2、瓜生嶺南砦…1より365mはなれている。15×10ほどの平場があり石祠2基がある。南斜面に削平地があるが、砦のものとは言い切れない。

3、松明山砦、24×25ほどの円形の平場があり、展望台が造られている。北斜面に、長大な切岸がある。全長150mほどあり、細長い段々が数段ある。これも畑の続きで、砦のものとは断定できにくい。　名前からして、狼煙台が置かれたものと思われる。

4、胡桃沢嶺砦、Aが、この山尾根上の最高点で、北側は崩落の断崖で、頂上部に30×8mの平場を2段ほどの腰曲輪が取り巻いていて、これが最も砦らしい形になっている。その西のB点も、頂上の平場を囲むように平地が取り巻いていて、このあたりは砦らしい姿である。

堀はどこにもないのが、少し問題になるが、堡塁とすれば、よいのかも知れない。

○先述した通り、削平地の大半は、桑園等に開発されたと思われるもので、頂上部の平地を堡塁程度のものにして、4は南端で、天神城とのつなぎとして重視された風にも見受けられる。また狼煙台として利用されたことも考えられよう。1、3、4はその可能性がある。

128、望月氏城光院館《もちづきしじょうこういんやかた》

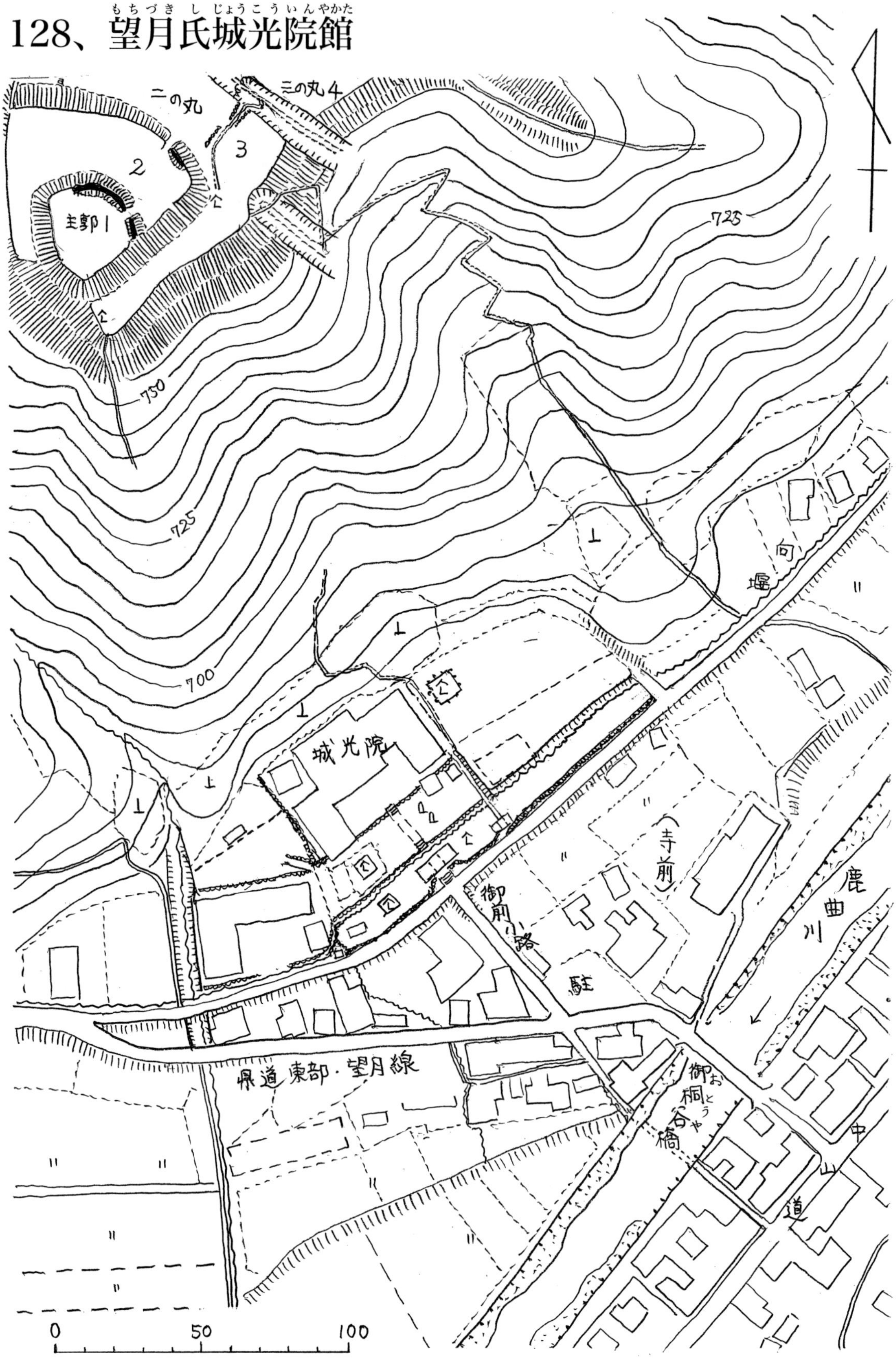

128、望月《もちづき》氏《し》城光院《じょうこういん》館《やかた》

佐久市望月 ➔112頁

平成15年1月11日調・同13日作図
標高 670m. 比高 5m.

〔南北断面〕

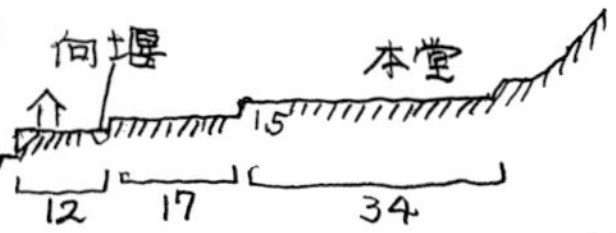

○立地　鹿曲川の右岸、望月城の南西麓の城光院の境内である。後背の110mの比高の山上には望月城があり、その居館とされる。

○館主・館歴

望月氏は古代から戦国時代まで当地方に繁栄した一族で、滋野氏三家（海野、望月、祢津）の一つである。御牧原を中心とした望月牧の牧場経営にかかわり力をつけて来た豪族で、数百年にわたって栄えたが、その居住地については、はっきりしない点がある。その中で、この城光院の地が一つの候補地にあげられている。

木曽義仲の挙兵の時に、義仲軍の中に、根井氏等と共に望月十郎重頼がいる。牧場経営により良馬の産地で、強力な騎馬軍団を持っていたことが伺える。『東鑑』の中には、望月三郎重澄、三郎重隆、余一師重など弓馬の名手がいる。建武二年（1335）の中先代の乱の時には、北条時行軍の中に望月氏があり、足利尊氏、信濃守護に反抗して、望月城は攻撃され、落城、破却されている。（『市河倫房・同助保着到状』）

この時の望月城は、城光院裏山の望月城でなく、下之城館であろうと考えられている。（『望月町誌』）

室町時代中期以降、望月氏の動きは活発になり、その所領も広がり、御牧原周辺全域が勢力下に入り、その頃にこの城光院の地に居館したのであろうとされる。（『定本、佐久の城』）

それとともに、館の後背の山上に要害城、望月城も構築され、本拠の防衛が考えられたもので、当然、城光院はなかったことになる。寺地は他にあって、館の使命が終わってから、由緒ある地に移されたと推定される。（寺伝では、文明7年、望月城主、望月遠江守光恒（光経）の開基とされるが、その時点では別の所にあったと思われる。）

天文12年（1543）望月城は武田晴信に攻められ、9月20日望月一族は殺され、ここに古代以来栄えた望月氏の本流は滅亡する。しかし、その支流が武田氏に属し、望月左衛門佐信雅（滋野氏）が望月氏を継いで、望月城主となり、武田氏の支援の下で大いに修築を加えたことが考えられる。

天正10年（1582）武田氏滅亡後は、上野、佐久、小県は、滝川一益に与えられ、望月城は滝川氏の支配下に入り、その頃のものと思われる望月城の絵図が残っている。

○館跡

武田氏の支配下に入ってからの望月氏の居館地は、おそらく、この城光院の館で間違いないと思われ、『天正10年の望月城絵図』には、居館はのっていないが、図中に、「此方向に居館有」「是ニ里居館ヨリ入道」の表記があり、城光院の地に居館のあることを暗示している。

また、城光院の門前の小路を「御前小路」と呼ばれていることなどから、城光院の地が居館であったことは確実であろう。

その範囲は、東西180m位の間に含まれ、その中核部は130m位になろう。入口は南面で山門の所が大手で、向堰と南の堀との間の10m余の所は土塁敷ではなかったかと考えられている。

西側は沢までの間は何らかの施設があったと思われる。

後背の望月城への登路は東に沢中の道と西側の稜線に沿った道が考えられる。

主要路は東の道であり今も残っている。

129、天神城《てんじんじょう》（天神林城《てんじんばやしじょう》・高呂城《こうろじょう》）

佐久市協和字本城　➡112頁

平成11年10月25日調・同日作図

〔南北断面〕

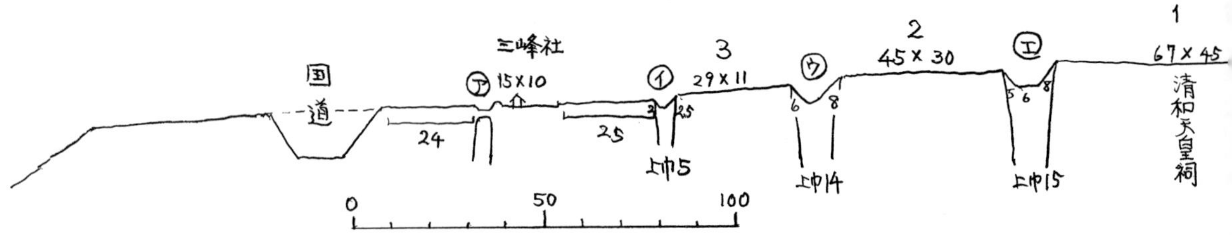

○立地　望月町市街地の南、鹿曲《かくま》川と八丁地川に挟まれた山尾根上に天神城がある。この尾根筋は、両河川が合流する北側は、細い山背をなしているが、南側になると、幅が60mから100mと広がり、協和小学校のあたりでは、400mに近い台地となって、ここに広大な水田地帯を作っている。　城域は、北の先端部から100mほど登った、国道の堀割りより南の所、南北400m、東西100mほどの地域に集中している。

○城主・城歴　『長野県町村誌』では「天神林城」の名で出ていて、また別の古図等によると、「高呂城」と呼ばれていたらしい。『長野県町村誌』や『千曲之真砂』等によると、永禄年中に依田小隼人（依田信蕃の従弟で芦田氏）が居城し、天文年中には、芦田下野守信守、信蕃、康国の3代が居城したらしいとしている。

室町時代後期には、「神使御頭」を勤める祢津氏系の春日氏ともう一方に小笠原系の伴野氏の一族の依田系図の春日氏が、春日地方に存続していたようである。文明11年(1475)大井氏と戦った伴野氏は、大井氏に勝ち、周辺の大井氏領の中で、八丁地川より水を引き、天神城の南の台地上や、東山下の天神を開発し、台地の先端部に最初の天神城を築城し、野沢前山辺の所領と共に伴野氏が伝領したらしい。

天文10年(1541)の小県海野攻め、天文12年(1543)長窪城大井氏攻め、天文18年(1549)の武田氏の川西地方の来攻により、佐久地方の領主に大きな変動が起きた。この時期に依田氏が勢力を伸ばして来たようである。

武田氏統治時代は、春日本郷から天神城にかけての地帯も依田氏の勢力下にあり、天神城の伴野氏系の春日氏は、依田氏と同族になることによって家名を存続させたようである。（『望月町誌』）

この伴野氏系の依田氏は依田信蕃の命令により、天正11年勝間の城の守りにつくことになり、天正18年(1590)、依田信蕃の次男康真が小田原征伐の後、徳川氏に従って上野国へ移されることにより、天神城は廃城となったとされる。

○城跡　この城跡を見て、主郭が1であることから考えて、初期の城は、㋔の堀より北の部分であったことがわかる。細尾根上を堀切って曲輪を並べる連郭式の縄張りで、大手は北方にあったものと思われる。この尾根上に3～4つの曲輪があったことが考えられよう。

最北の三峰社のある所は、不明確ではあるが、土塁痕もあり、大手の関門となった所と思われる。㋑の堀は小さいが、歴然としているので、㋒との間は一郭と認められよう。2になると、曲輪は広くなり、㋒㋓㋔の3条の堀は何れも大きく、上幅が15m内外の幅があって、曲輪の辺縁には石積みが残る。これらは往古のものとは即断できないが、土止め程度のものはあったかも知れない。両側面は急崖のために、腰曲輪は殆ど見当らない。

標高730m．比高35m（東下の県道より）

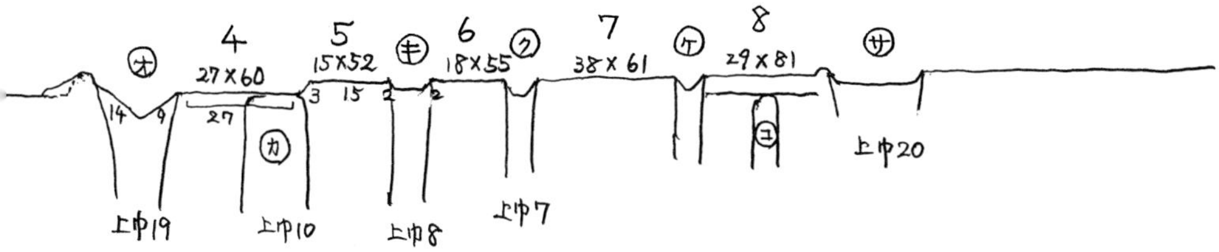

清和天皇祠

1の主郭は、南辺に㋔の堀に面して、高さ3m余の高土塁があり、中央東寄りに現在小祠をまつっている土塁片が残る。南の土塁の端が北へ折れ曲っていることからすると、往古は土塁が全周していたものを、耕作によって削平されたことも考えられる。虎口は東側であろう。ここまでが最初にできた部分で、その後、以南の部分が増築されたものと思われる。

4から8の諸曲輪は、台地上の幅が広くなっているために、今までの1～3とは異なり、東西に長い縄張りで、全く同じような規模の曲輪が連続していることと、堀幅が狭くなっていることから考えると、一時期に一気に行ったとは思われず、順次必要に応じて加えたのではないかとも考えられる。各曲輪間の連絡や虎口等は現状からは想像できにくいが8の曲輪の南辺に土塁痕があることから、ここには土塁があり、㋚の堀は現在埋め立てられているが、しっかりした堀であったものであろう。従って、ある時期から以後は、大手はこっちへ移ったことも考えられ、各曲輪間は、所によっては木橋がかかっていたことも考えられる。また4、5、6、7、8の曲輪は、諸氏の屋敷地になったのであろうか。そうなると、用水路が引かれていたことが考えられるが、そのあたりはどうなっていたのであろう。この城を協和小学校の辺までと考えられているが、それは少し無理で、㋚の堀を南限とみてよいと思われる。

129、天神城《てんじんじょう》（天神林城《てんじんばやしじょう》・高呂城《こうろじょう》）

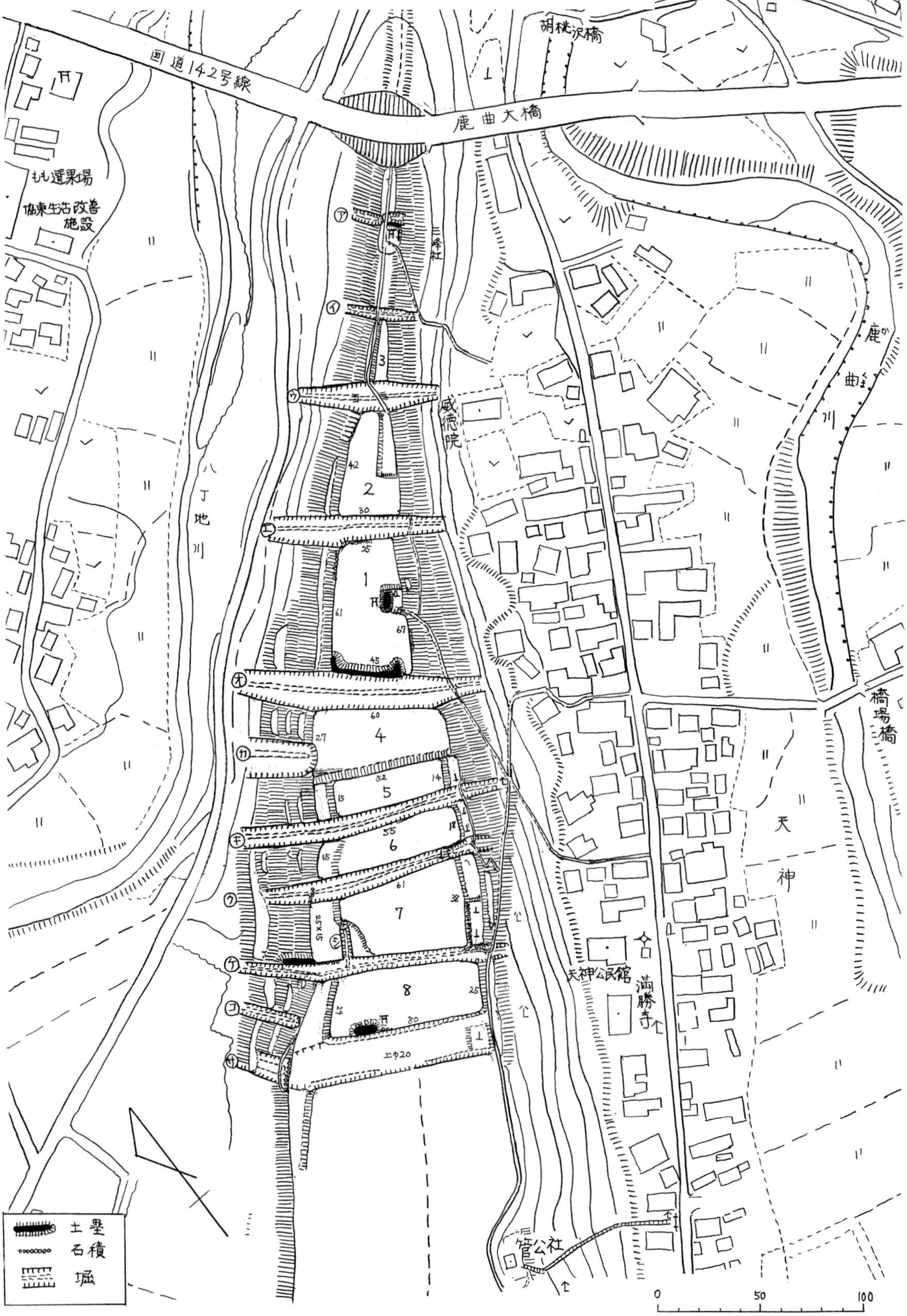

130、春日城《かすがじょう》（穴小屋城《あなごやじょう》）

130、春日城《かすがじょう》（穴小屋城《あなごやじょう》）

佐久市春日 ➡110・111頁

平成11年10月17日調・同18日作図

標高892m、　比高125m（居館より）

［南北断面］

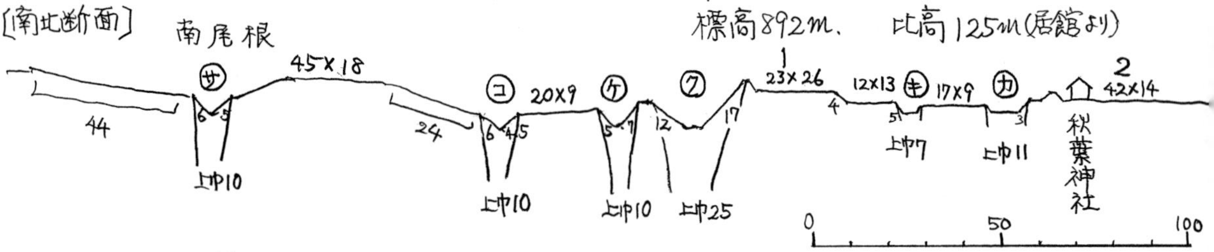

○立地　春日城は鹿曲川と細小路川が合流する所の南の両河川に守られた春日本郷の後背の山に立地する。尾根の先端部、北東山麓には康国寺があり、ここが春日氏、芦田氏の居館跡と考えられている。春日本郷は、望月の町より鹿曲川の谷沿いに4.5km入ったところで、更ここより6km奥には詰城の小倉《こぐら》城がある。

南北に主尾根が走り、その尾根上に主要曲輪があり、派生する支尾根上にも防御施設を施している。

登路は、法憧寺の沢筋からと、北のみゆる久保からの道、堀端公民館から北東の尾根通しに登る道がある。西山下の多賀社のあたりからもある。そこに舌屋口の地名がある。

○城主・城歴　春日刑部少輔貞親から始まる中世初頭からの祢津氏系春日氏が春日本郷に居館を構え、春日城を築いて、春日の領主として勢力を持っていたのが、武田氏の侵入により、春日氏は退転し、それに代わって、依田系の芦田信守が入居し、その子信蕃と2代が居城したと考えられている。（『望月町誌三』）

信守、信蕃は武田氏に従い、東海地方を転戦していたが、信守死し、天正10年3月武田勝頼滅亡後、駿河田中城にいた信蕃は、徳川氏に属し、春日城に帰る。（天正10年6月23日）、しかし佐久の地にはすでに北条氏の大軍が入っていて、これと闘うことになる。

春日城も北条の大軍には支えられずに、小倉城（三沢小屋と同一か）に籠って抵抗し、やがて、徳川、北条の講和後の佐久の平定にかかり、岩村城攻撃中に弟と共に戦死。

信蕃の長子康国は、松平姓を家康からもらい、小諸城6万石を継いだが、小田原の役で上州石倉城において長根縫殿助に謀殺される。（年25才）代わって次男康真が跡をつぎ、春日本郷の館跡へ康国の菩提を弔うために、康国寺を開創する。

康国は元亀元年（1570）、次男康真は天正元年（1573）に春日城で生まれたとする。

○城跡．　南北に長い尾根上に大きく4つの曲輪と附随する小曲輪群がある。先述したように4つほどの登城路があるが、大手に当るのは、北東の尾根先からのもので、法憧寺の沢からのものと、みゆる久保からの道は、荷駄を上げるための道であろう。水の手は不明。沢筋に湧水があるかどうか。

主郭1．　23×26ほどの台形で、後背南面に高さ3mの大土塁がある。後背の尾根は㋗㋘㋙の3条の堀で遮断する。特に㋗の堀は、上幅25mの大きなもので備えは固い。更に南の4の山の南に㋚の堀を入れ、南尾根からの侵入に備えている。

主郭から東へ延びる尾根上にも10段ほどの曲輪を設け、法憧寺の沢へは竪堀が下り、傾斜の緩い小庭の沢側には、長大な段曲輪が用意されている。

2の曲輪　秋葉神社のある所で、東側に虎口が開く。1との間は、余り高低差がないために、ここに㋕と㋖の堀を置き、分割はしているが、この堀は両側へ竪堀として掘り下げることをしていないので、段差をつけて、堀中も曲輪として使ったものであろう。従って、1から2は一連のもので、ここが主郭部として、この城の中核となる。

大手筋の北東尾根　その中心となるのが3の曲輪で、本城中最大の曲輪、防衛の重要拠点となる。2との間には、㋑㋒の2条の堀と間に幅3～4mの曲輪が尾根筋を固める。3には、みゆる久保からと尾根先からの道、法憧寺の沢からの道が集まるが、東側の辺に虎口のような箇所があるので、法憧寺の沢からの道はここへ登った可能性がある。

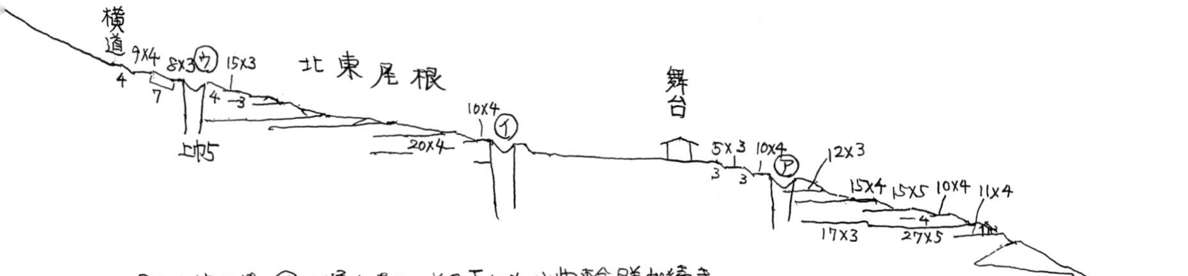

3より北には、㋐の堀があり、その下にも小曲輪群が続き、尾根筋を守っている。

みゆる久保入口の墓地から、北東尾根にかけての段曲輪も、ある程度は城のものと考えられる。

みゆる久保から北尾根に至る所の段々は、後世の耕作のものと分別は難しいが、北尾根上に、㋓㋔2条の堀が認められるし、ここから直接主郭部を襲うことができるために、何段かの曲輪を設けたはずである。

また北尾根の㋓の堀の北の小丘には、五輪塔の頭の空風部があるが、城に関連のものと思われる。

登城口の段曲輪を墓地として使われる例は、塩尻市の飯縄城にあり、ここでも先祖の故地を墓所としたとも考えられよう。

○城跡の遺構から、集落に近く、畑地と連続しているために、図示したものがすべて城跡のものとは即断できないが、城のものが後に耕作されたことは十分に考えられる。縄張りは地形上複雑とは言えないが、全山必要箇所にはきちんと備えができていて、その点、天正10年時に信蕃が帰郷した時にも手を加えたように思われる。それは、4と㋚の堀、東尾根、北尾根とみゆる久保あたりであろうか。山体は意外と険しく、小人数でも守り易い城と言えよう。ただ、竪堀や横堀が少なく、その点では、古式の姿を多く残している。

131、虚空蔵城《こくぞうじょう》（台城《だいじょう》）

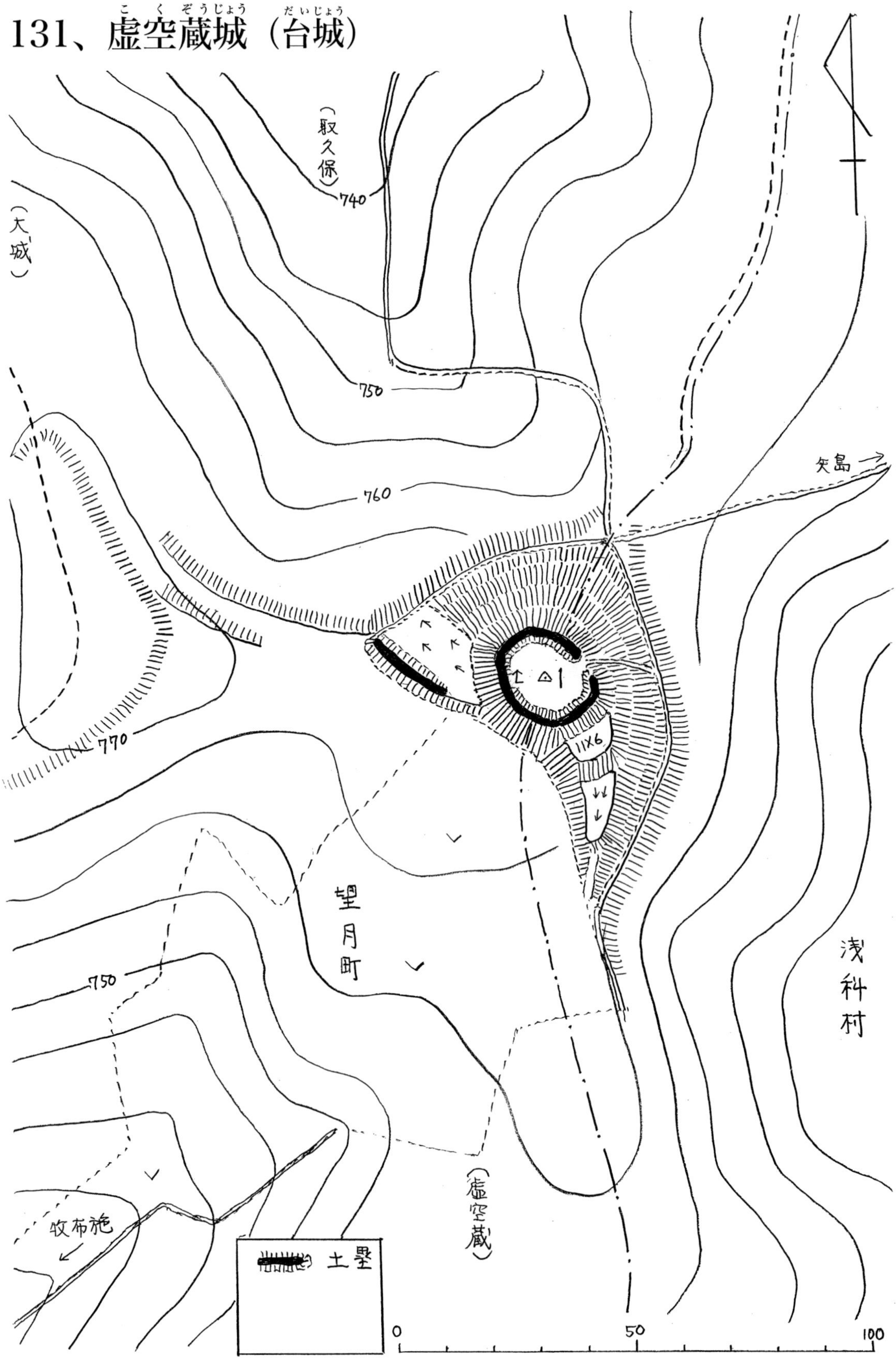

131、虚空蔵城《こくぞうじょう》（台城《だいじょう》）　佐久市布施虚空蔵（浅科村との境）

➡112頁

平成11年10月30日調・同31日作図
標高771.8m.　比高80m.

〔東西断面〕

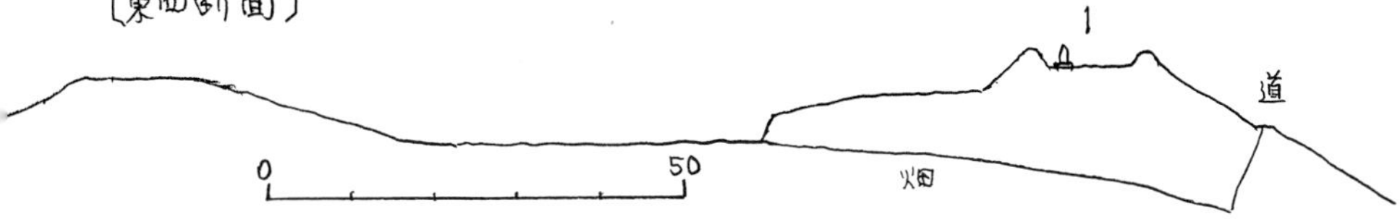

○立地.　布施川右岸の浅科村との境の山上にあり、矢嶋地区と山道で連絡している。東山下の矢嶋地区の小山に狐山の地名があることから、虚空蔵城のあたりを越える山道及び、矢嶋地区への監視所があったことが考えられる。虚空蔵城は取久保の東側の小山で、西側に同じ高さの山尾根があるために、北から東の方面の視界は広いが西側布施谷や望月城方面は視界は限られて来る。

○城主・城歴　虚空蔵菩薩を後世主郭内へまつったことからこの名が生まれた。往古は「台城」と呼ばれていた可能性がある。武田氏の狼煙台という伝承があるが、戦国時代に狼煙台として使われたことを言っているのであろう。この近くの狼煙台とおぼしきものに、春日谷の火打山、新望月トンネルの上の胡桃沢嶺砦や松明山砦などを考えると、武田氏以外の連絡網も考えられよう。『望月町誌』では、矢島大井氏の管下にあって、岩村田と布施、矢島をつなぐものではないかとしている。

○城跡　主郭は平坦面に築いた土壇のような小山で、高さ1～1.5mの土塁が全周している。東側に虎口が開き、曲輪内に虚空蔵菩薩の石像がある。広さは、土塁の頂部から計って17m×15mのだ円形をしている。南3m下に11×6の腰曲輪があり、その南にもう一郭あったと思われる。西側5m下に北下がりの平地があり、南側に土塁が20mほど残る。主郭から8m下は畑地跡で附近一帯は耕作されたらしい。

西側になだらかな山があり、そのため、西側の視野は限られ、西山下の牧布施集落から、殆ど見えにくい位置になる。この立地をどう考えるか。

この城跡の北山下25mの所に東や北あるいは西からの山道が集まっている。これらの道と無縁とは思われない。だれが設置したかわからないが、矢島、布施谷、望月、春日、芦田あたりとも関係がありそうである。

132、細久保物見《ほそくぼものみ》

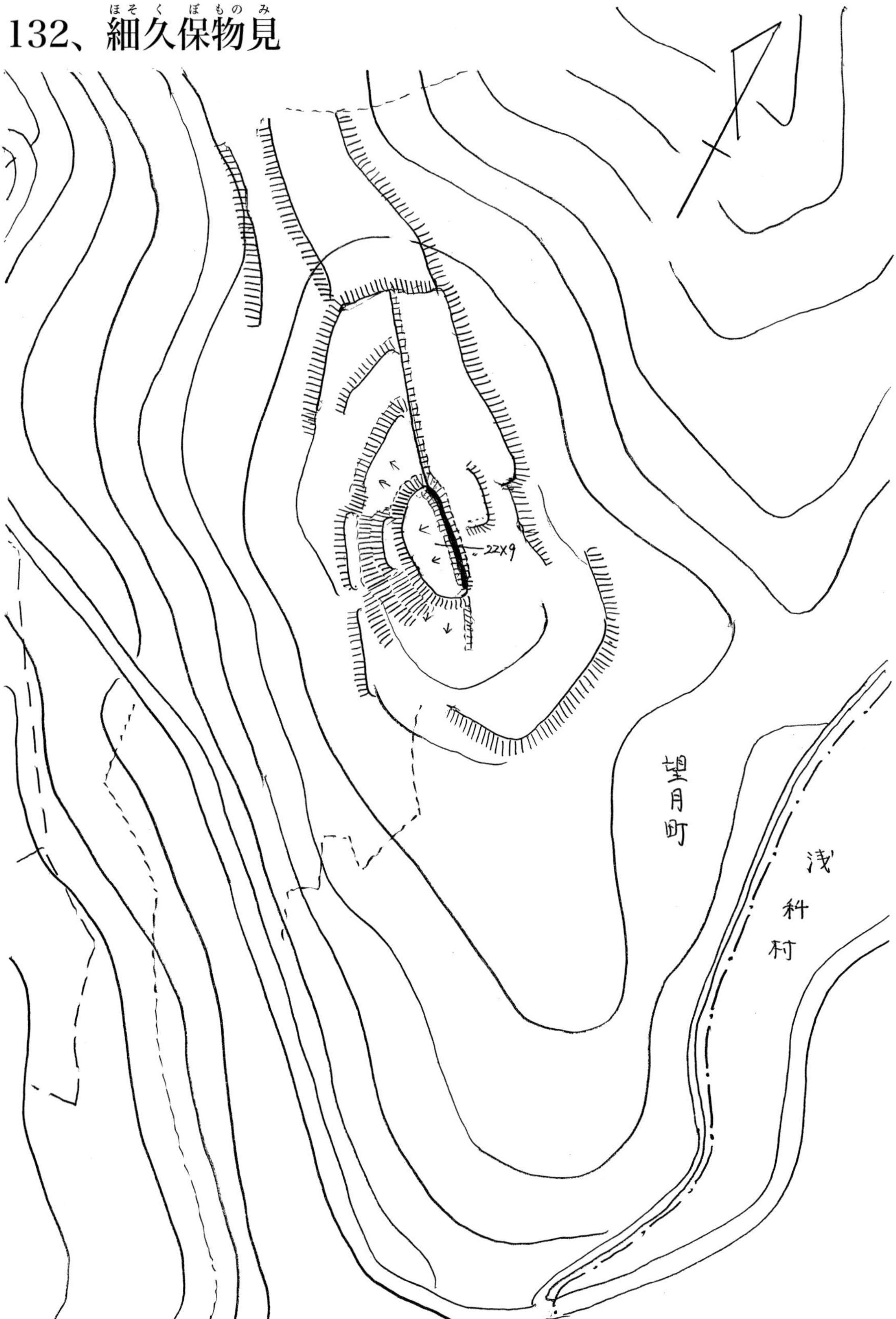

132、細久保《ほそくぼ》物見《ものみ》

佐久市布施字細久保 ➔112頁

平成11年11月3日調・同日作図

標高790.2m、比高90m(西山下の布施川より)

[南北断面]

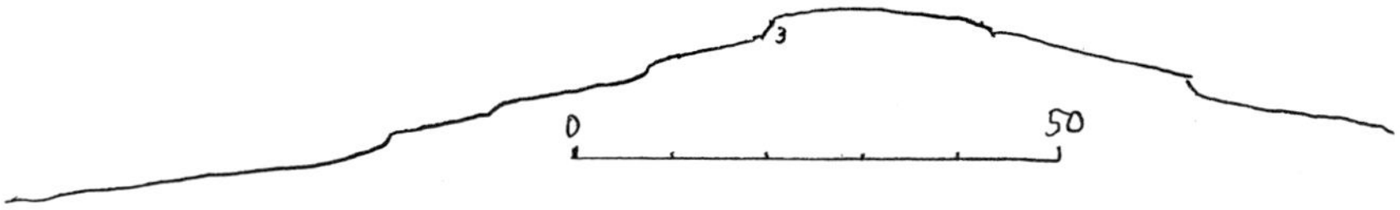

○立地　布施谷の東、布施川の右岸の山で、虚空蔵城より800m南に当る。南の鞍部を、布施から矢島へ通じる車道が通っていて、その峠から北西に150mほど入った所に山頂部がある。

○城主・城歴　布施氏あるいは矢島氏に関連するものと考えられているが、はっきりしたことはわからない。布施地区での聞き取りでは、細久保城の存在を知らないようである。地名字名などからしてここに城跡、あるいは砦等のあったと思われるものが残っているか、また伝承等、確かめてみる必要があろう。

○城跡、　一帯は畑として耕作された所で、その跡が山林や藪の中に残っている。山頂部は、22×9mほどのだ円形をしていて、北から東にかけて切岸がはっきりしているが、西から南ははっきりしない。東側が高くなり、土塁があったようにも見られる。一帯は植林したりして山林に戻っているが土手は新しく、畑のものと見られる。堀や土塁の痕があれば、砦の姿も見えてくるが、現状からは、困難というしかない。

遺構が消滅したのか、もともと山頂部を削平した程度のものであったのかわからないが、『長野県の中世城館跡』にのっているような城跡とは、とてもとらえることはできない。

これが砦跡とすると、佐久市、御代田町、臼田方面への眺望が優れているところから、布施谷勢力の物見がおかれたことが考えられよう。従って、もともと大した施設などはなかった所を、耕作されて、わずかの遺構も失われたとも思われる。

これを細久保城とした根拠から再検討してみる必要は残る。そこでここでは「細久保物見」として一応の図示をしてみることにした。

133、布施城《ふせじょう》（古城《こじょう》）

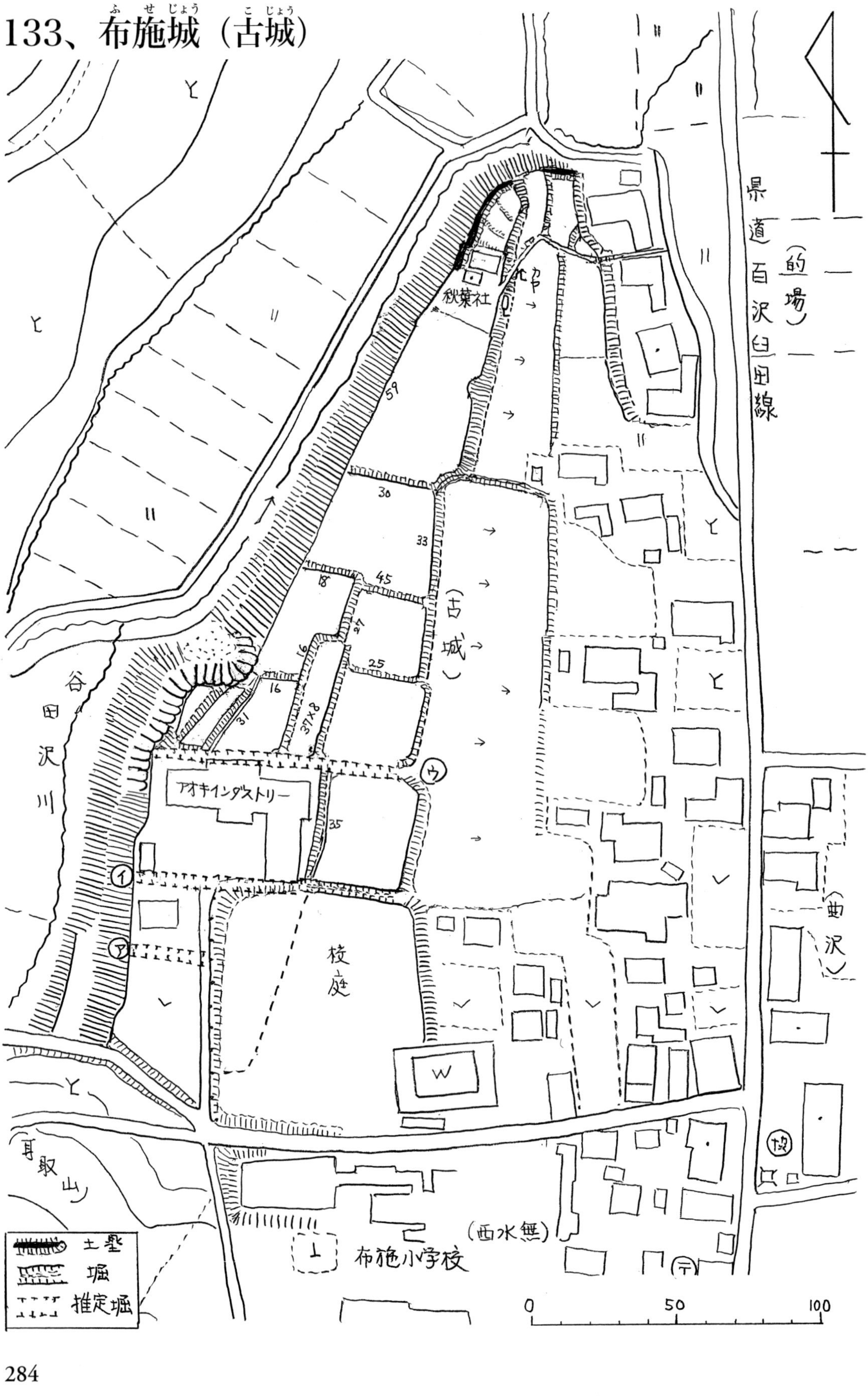

133、布施城《ふせじょう》（古城《こじょう》）　佐久市布施字古城　▶112頁

平成11年10月30日調・同31日作図
標高722m．比高17m（東県道より）

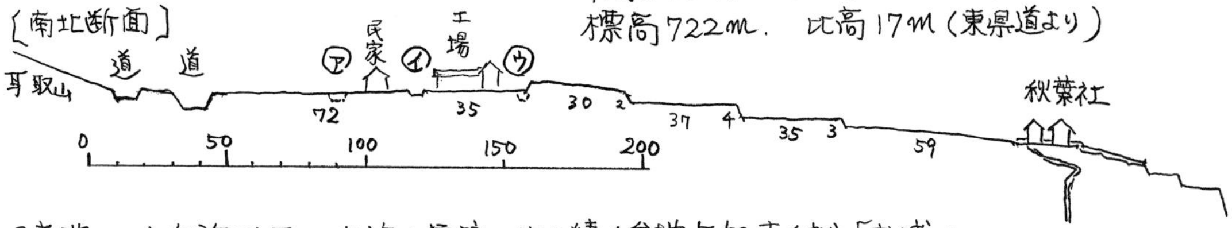

○立地　入布施地区、布施小学校の北に続く台地上が、古くから「古城」の地名で呼ばれ、『長野県町村誌』に「入布施西側の城跡」としてのっている。
一帯は、東布施川の谷とその支谷、谷田沢川の沢に挟まれた鋭角三角形の低い台地で、南の耳取山から北へ向かって緩い傾斜で下っている。西側谷田沢川に面しては急崖になっているが、東側は緩い斜面で、そこに畑の段差が3段位残っている。北端が秋葉社である。

○城主・城歴　中世末期の古図に「城」とあり、「布施大和守住す」とある。布施の谷には、鎌倉期に布施氏と大井氏一族の両系が所領を持っていたようである。この両氏族が中世末にはどのようになったか、はっきりしない上に、布施大和守がこの両氏に関係する人物か不明のために城歴についてもわからない。

○城跡　布施小学校の北の校庭西上のあたりから、アオキインダストリーの敷地あたりが中心になるようである。ここに㋐㋑㋒の3条の堀が存在したという。㋑㋒は一部にそれらしい痕跡が認められるが、校庭や工場の前身の稚蚕飼育所の建設により、大きく改変を受けている。
秋葉社はもちろん後世の勧請であるが、ここに土塁が残っている。あるいは鬼門除の神社があったことも考えられる。
造りからして、館城に属するもので、布施大和守と称する人物の屋敷に続く所を一通りの防御施設を備えたものであろう。堀の存在からすると、アオキインダストリーの所が主郭であるように思われる。
そして、この造りからすると、古い時期、つまり鎌倉期かそれに近い頃のもののように思われる。詰城を造るとすれば耳取山があるのに、それがないとすれば、古い時代のものと考えられよう。

134、式部城《しきぶじょう》（城山《じょうやま》）

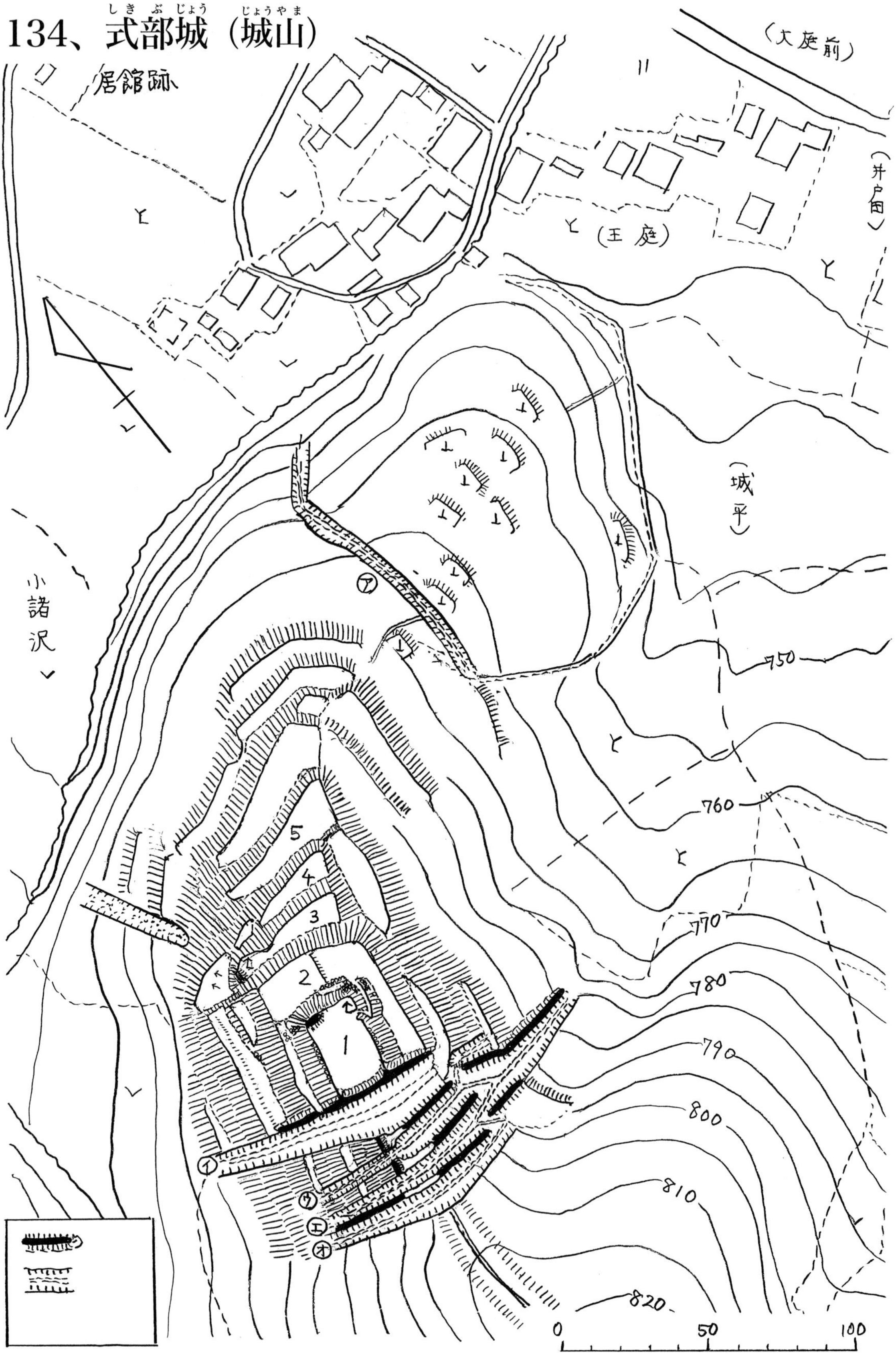

134、式部城《しきぶじょう》（城山《じょうやま》）　佐久市布施字式部 ➔111・112頁

平成11年11月3日調・同日作図.
標高 805m.　比高 80m

〔南北断面〕

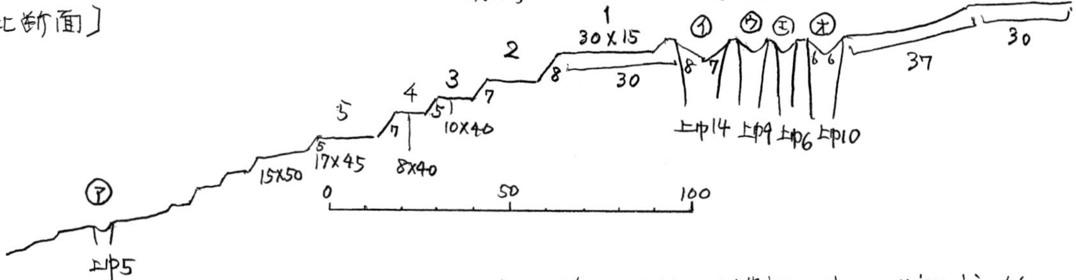

○立地　布施川の谷筋へその支流小諸沢が合流する所の山尾根の末端部を使って式部城が築かれている。居館跡は北東山下の小諸沢の小川の北側で、周囲を道路に囲まれ、一部に土塁が残っている。現在、宅地と竹藪になっていて、長方形をしている。

○城主・城歴　はっきりしたことはわからないが、ここに式部と呼ばれた人物が居館を持ち、背後の山に要害を構えたらしい。しかしその人物は、大井氏系であるか布施氏系なのかわからない。布施城のある所と式部は同一の水無せぎで灌漑しているところから、布施城の主と式部城の主とは同系の人物であると考えられている。

○城跡　全山耕作されたようで、山尾根末端の王庭及び城平の沢筋や小諸沢側にも削平地が続いていて、城のものとの識別は難しい。下部の墓地のあたりはともかくとして、㋐の堀から上もどこからかはっきりしない。数段は城のものを耕作したと考えられようか。

主郭は25×15ほどの長方形の平場で南後背に高さ5mの大土塁がある。北東隅に天照皇大神祠がある。8m下に2の曲輪が囲み、石積みも見られる。3も西から北へかけて囲んでいる。

この城の特色は、後背の堀の掘り方にある。西側は竪堀として並列して下っているが東側は、20mほど下った所で3本にまとめ、内1本は長く竪土塁と共に下げている。城平からの沢筋が緩傾斜のために配慮したものであろう。小さいながら、加工度の高い所から、戦国末期まで使われたと思われる。

135、火打山狼煙台《ひうちやまのろしだい》

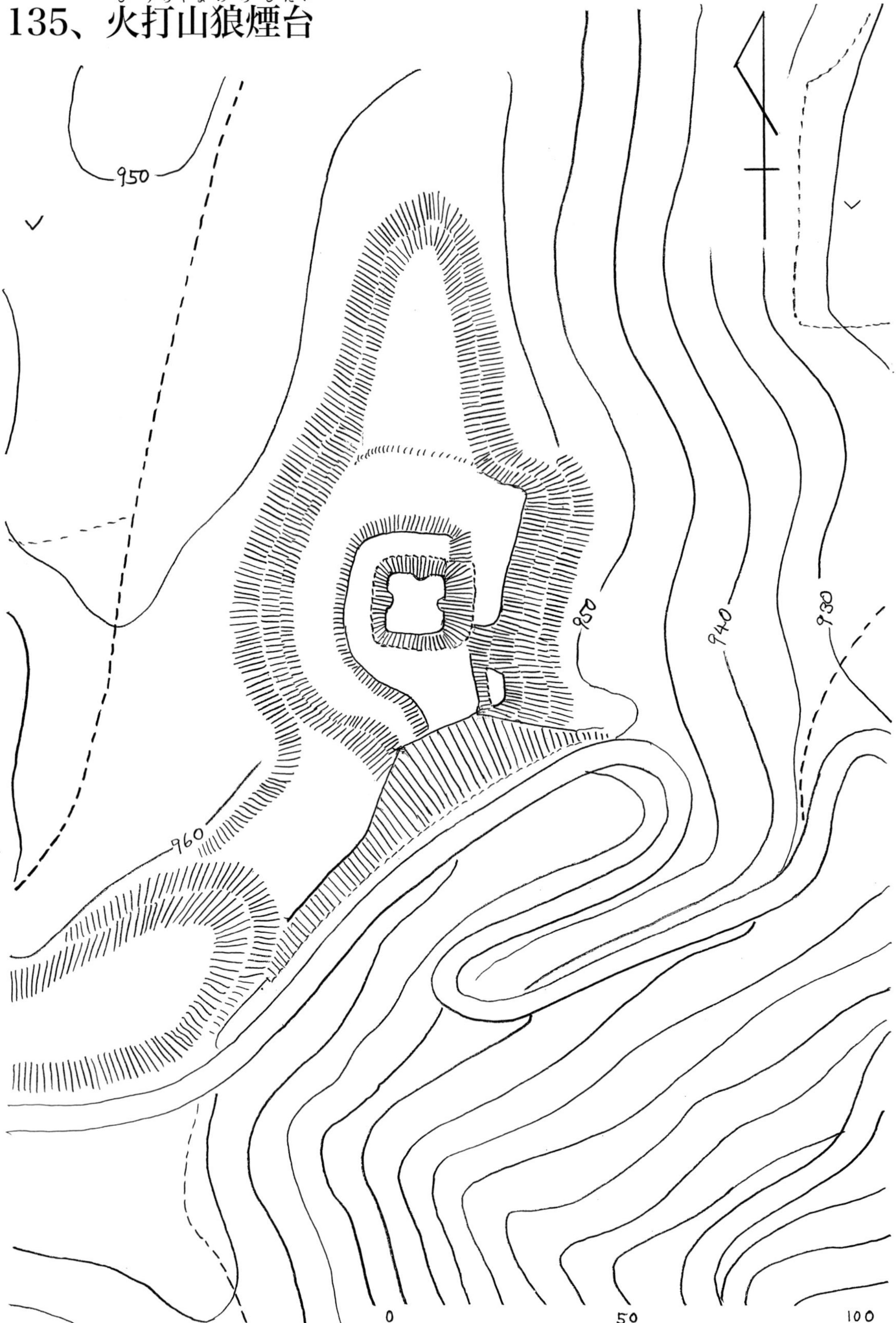

135、火打山狼煙台《ひうちやまのろしだい》

佐久市春日字栃久保の頭 ➡110頁

平成11年10月25日調・同日作図
標高960m．比高180m．

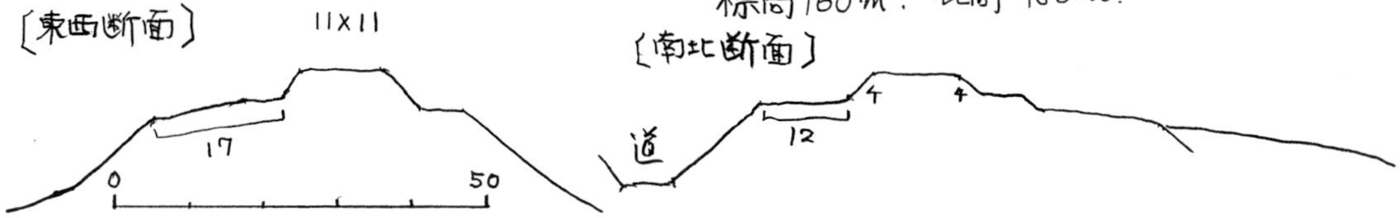

○立地、　大字春日の本郷の西の山頂で、望月カントリークラブゴルフ場の東の山になる。ここからは、春日城は一望にでき、鹿曲川の谷はもちろんのこと、天神城から望月城、更に遠く上信国境の山まで見通すことができる。狼煙台としては、実に格好の場所と言える。

○城主・城歴　はっきりしたことはわからない。栃久保城については、向反で聞いてみたが、城跡があったということは聞いていないという。その聞き取りの中で、火打山のことが出て来る。春日城が谷中の山のために、春日城より70mほど高い見通しのきく山へ狼煙台を置いたものと推定される。それと、ここには、西側の合ノ沢を経て、八丁地川の谷や芦田へ通じる山道があり、その道筋の監視も受け持っていたと思われる。南の沢は、山寺の地字で、大門の地名も残る。更にその南に「竹の城」の集落がある。ここにも居館跡があったことが伺えそうである。

○城跡．　栃久保の沢の頭の所で、向反からカントリークラブに向かう道路の最後のヘアピンカーブの北側が、狼煙台のあった所と思われる。一辺11mの正方形の台地がある。登るための道によってできたのか、糸巻き状に窪味があり、切岸はきちんとしている。丁度方墳のような形をしていて、まわりに幅4～5mの平地が取り巻いている。南と東側には、やゝ広い平地があったようで、西南下の窪地は、小屋掛けには適地である。

　火打山の名称から、狼煙台と考えたが、これがそうだとすると、一つのサンプルになるもので貴重な遺構と言えよう。

136、小《こ》倉《くら》城《じょう》

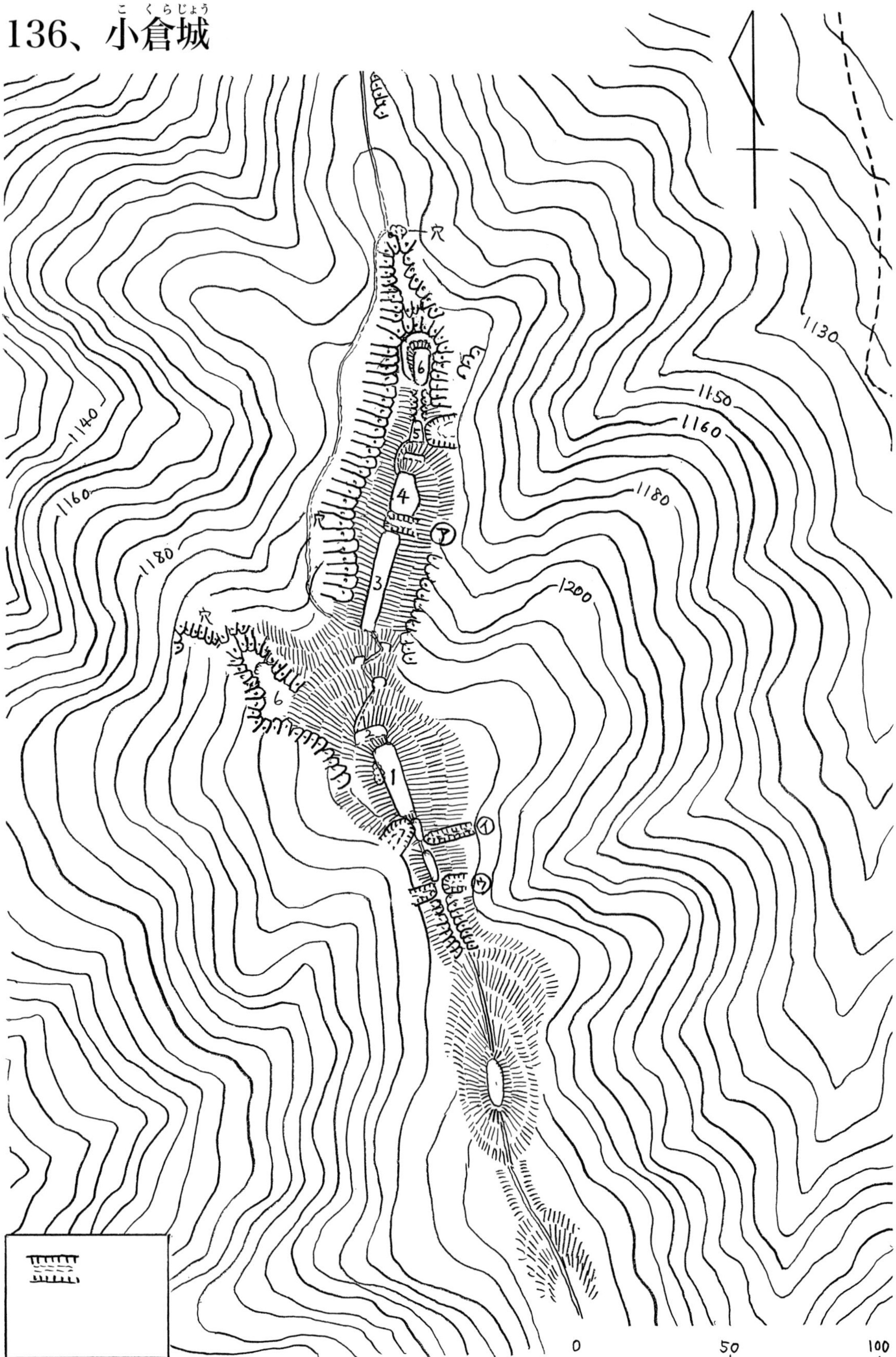

136、小倉城《こくらじょう》

佐久市春日字小倉 ▶113頁

平成11年10月17日調・同日作図
標高 1220m、比高 220m（北山麓より）

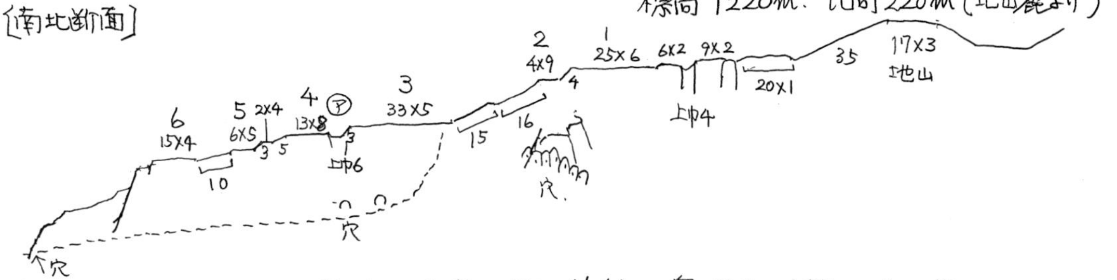

○立地　細小路川の谷の右岸の岩山で、春日城より約6km奥になる。対岸にはヴィラ蓼科カントリークラブのゴルフ場がある。登路は、川の左岸に一軒屋があるがその少し上で川を渡り、尾根通しに登る。

○城主・城歴、春日城が芦田備守とその子信蕃《のぶしげ》2代の居城となった。　天正10年武田氏が滅亡後、東海地方に転戦し田中城に在城していた信蕃は徳川に属し、やがて佐久へ帰り、春日城に入ったが、北条氏の大軍に攻められ、止むなく小倉城に退き、更にここも危なくなって、山伝いに蓼科山に逃れたという伝承がある。春日城の詰め城ということになる。

○城跡、細小路川へつき出した岩尾根上に、大きく2段に細長い小曲輪が並ぶ。　尾根通しに登ると大岩壁につき当る。岩壁の正面に2人が腰掛けられるほどの穴がある。道は右手の岩壁に沿って登り、沢の頭が岩が切れて、尾根へ出られる。そこが3（33×5）の平地で、北に上幅6mの浅い堀があり、3m下に13×8の4の曲輪になる。この3.4あたりが最も広い所。　その下には5と6の小曲輪があって、岩壁になる。　3から31m急登すると4×9の2の曲輪、4m上に25×6の1の曲輪になる。これが主郭部である。
1の後背は、自然地形とも見える堀㋑㋒があり、土橋で渡る。㋒の先は幅1mの岩尾根になり、その上は地山になるので、城域は㋒の堀までとなる。　1の北西下25mの所に岩尾根の張り出しがあり、その下に小さな岩窟がある。3の西下にも2、3の穴があるが何れも小さい。

○曲輪も小さく、小人数が逃げこむには適している要害の地形。水場は不明。沢まで下らないとないであろう。

137、比田井《ひだい》の城山《じょうやま》（内城《うちじろ》）

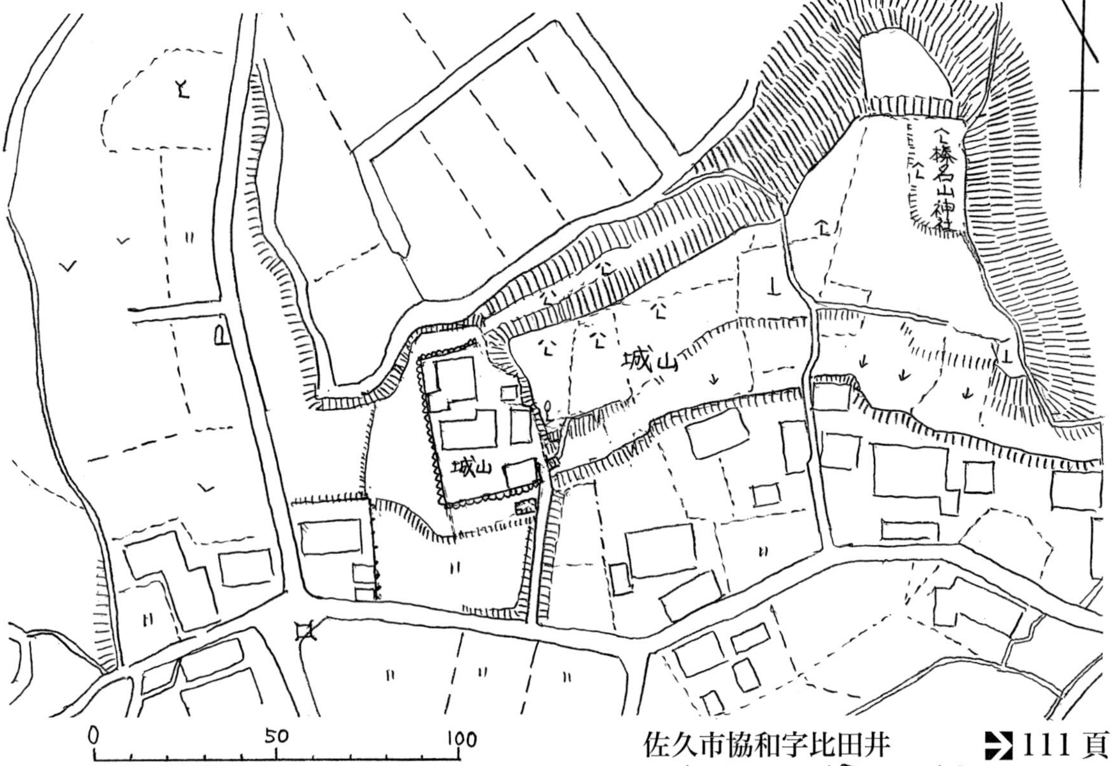

佐久市協和字比田井

➔111 頁

平成15年1月22日調・同日作図
標高 785m. 比高 15m.

○立地　比田井地区西部の山寄りの位置で、そこに山尾根の末端部が台地状に張り出しているのが城山である。東500mの所の諏訪神社の所には、玉塚古墳があり、古くからひらけた所である。

○城主・城歴　『長野県町村誌』協和村の「内城」の項に、「本村比田井組、王城(おき)にあり。一丘上の平地にして、四方低下す。東西一町(108m)、南北廿間(54m)たり。按に古昔官舎の地なるべし。この内城に彦狭島王の病に臥し薨し給ふより、王城、内裏窪の名も称せしならん。」とある。

彦狭島王は日本紀、「景行天皇五十五年、彦狭島王、春日穴咋村に至て薨し給ふ」とあることから伝えられるもので、その関係を示唆しているが、はっきりしたことは分らない。この城山の北東下の水田地帯に「内城」の地名が残っているので、この山と麓一帯に古い時代の土豪あるいは官人の居住が考えられる。

付近には、上王城(かみおき)、下王城、袋久保、谷地、蛇山(べびやま)内城、笹小路、御主久保、作之城、五反田、女郎田などの地名がある。

○城跡、　西端に屋号「城山」と呼ばれる柳沢義一氏宅があり、イチョウの古木とかやの木がある。その東へ続く丘が城山で、頂部は平坦で、竹林、山林、墓地、社地になっている。

北側と東側は急で比高もあるが南側は2〜3段になり、傾斜も緩い。

町村誌で言っているのは、この丘のことを言っているようである。

東北部に蚕神、榛名山社をまつってあり、昭和の初め頃までは、舞台もあり、村芝居が催されたという。

この上に立てば、鹿曲川流域は一望にでき、領国支配には好適の地と言える。

138、式部《しきぶ》の館《やかた》（布施式部館《ふせしきぶやかた》・坪《つぼ》ノ内《うち》）

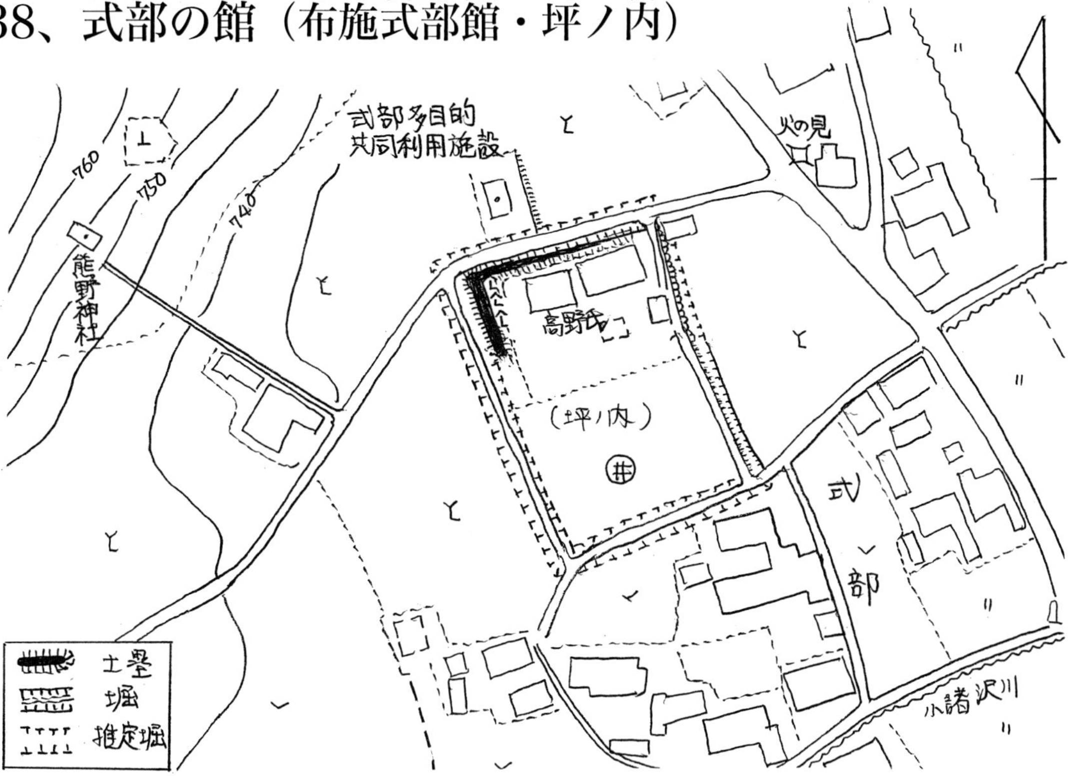

0 50 100

佐久市布施字大庭 ➔111・112頁

平成15年1月11日調・同13日作図
標高 728m．比高 2m．

○立地　式部集落の中央部で．布施川の左岸．西の山から流下する小諸沢の谷口に式部城館がある。南の山上には式部城があり、西側に熊野神社があり．館の所を「坪の内」と言っている。

○館主・館歴　『長野県町村誌』の「同(布施氏)城跡」として．式部城について、「式部組より西の山上の尾先にあり。‥‥本郭は東西十間．南北二十間．用水は遠く、原野の字泉水場より通し．山腹を引て二の郭に至りし跡あり。三面に数級の段階を削りて足溜りとし螺形の如く、回字形をなす、頗る要害の地なり。字を城山．城平と称す。平常の居を坪ノ内と称して、土石の塁、堀の址，顕然。城主布施氏の伝は、考る所なしと雖も，上古貴戚居住の跡なるは、山東の城下．内宮、王庭等の字其形跡を存す。‥‥‥」とある。

館跡の「式部居館跡」の説明板によると、「‥‥‥方形に設計されているのを基本とし、かつて四方に土塁が巡っていたものと推定されるが．現在は東北部に見事な土塁が残存している。‥‥‥本居館跡の構築年代は定かではないが．式部城跡の居館跡と見るむきがあり、室町時代といわれている。しかし構造上さらに古く位置づける説もある。」とある。（望月町教育委員会）

別に『佐久の史蹟と名勝』(菊池清人著)では．阿江木氏の居館跡としている。　また．式部と布施は同一堰で灌漑されていることから．布施城の主と式部城の主は同一系の人と考えられている。

○館跡　「坪ノ内」と言われる一角で．現在道で囲まれているが．四辺に土塁と堀がまわっていたことが想像される。

館跡の中央部に、井戸があり．かつては水をたたえていたようで．そこの井戸框が残っている（1枚岩をくり抜いている）

武部城の主については、布施氏とされるが．その出自等については、はっきりしないために、この館の時期についても確証がない。

方形館のような造りからすると、式部城よりも古く鎌倉期からあったとも考えられる。

139、長林屋敷《ながばやしやしき》

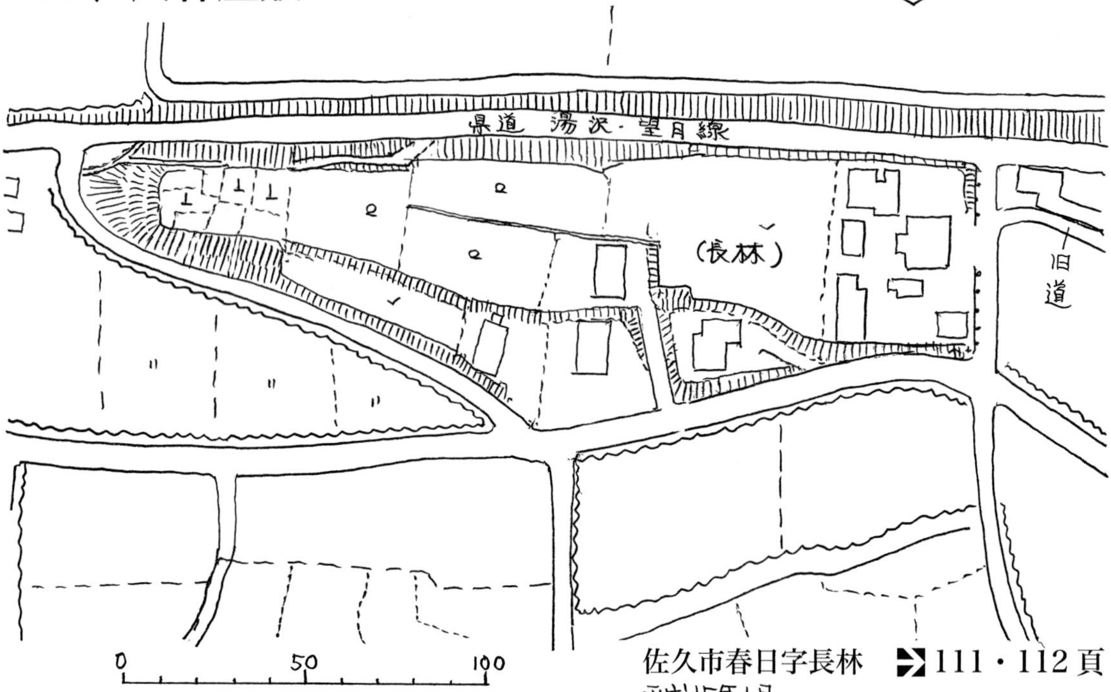

佐久市春日字長林 ➡111・112頁
平成15年1月
標高 746m、比高

○立地　　県道湯沢・望月線沿い高橋集落へ入る手前西側の台地が長林である。西側には別府に続く丘陵地があり、境沢の下城氏屋敷跡も至近で、長林の一帯には古墳もあり、古い歴史が伺える。

○館主・館歴

『長野県町村誌』に「長林邸跡」として、「本村(春日村)子(北)の方十町(1080m)字長林人家の東の高地にあり。四方塁ありて、東西三十町(三十間か 54m)、南北一町(108m)。蓋諏訪上宮神長官文書(『御符礼之古書』)、文明二年(1470)春日代官、長城新兵衛道光と見えたる邸の址ならん。」とある。このところ『春日温古記』では、「春日代官長困城新兵衛道光」と読んでいる。『御符礼之古書』では「長城」となっていて、この人物については、はたして長林に住んだか、はっきりしない所もある。

○館跡

位置の特定が難しい。右図の位置関係からと長林の地名からすると上記の図の場所になる。

この台地の幅は35〜50m弱位で、北へ行くに従って狭くなる。南北200m近くあり、その中で南半の位置が丁度町村誌でいう広さに近くなる。

この場所は周囲より、数m高く東側県道側は若干削られていると思われる。南側の県道と西側の道とを結ぶ道の所は低くなっているので堀跡かも知れない。

この場所の西側現在遊園地の場所にもそれらしい所があり、下城氏の旧地とも言われ、はっきりしないが上図の位置が最も近いと思われる。

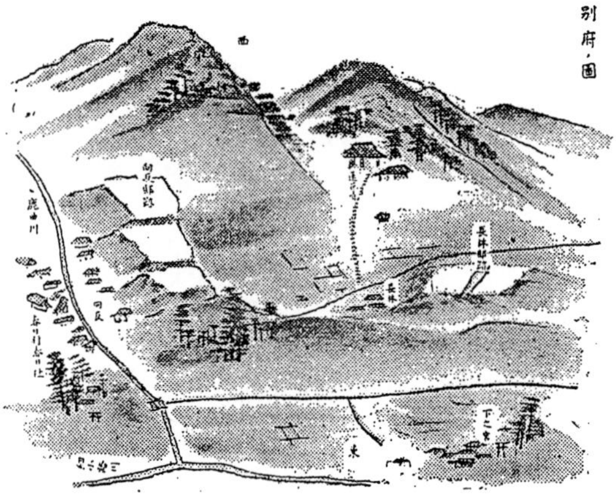

(『長野県町村誌』所載の「別府ノ図」に長林邸跡がある。)

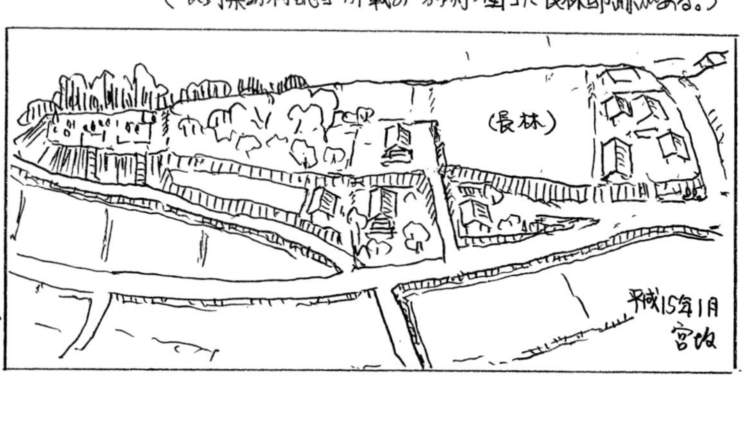

140、境沢《さかいざわ》の屋敷《やしき》（下城氏屋敷《しもじょうしやしき》）

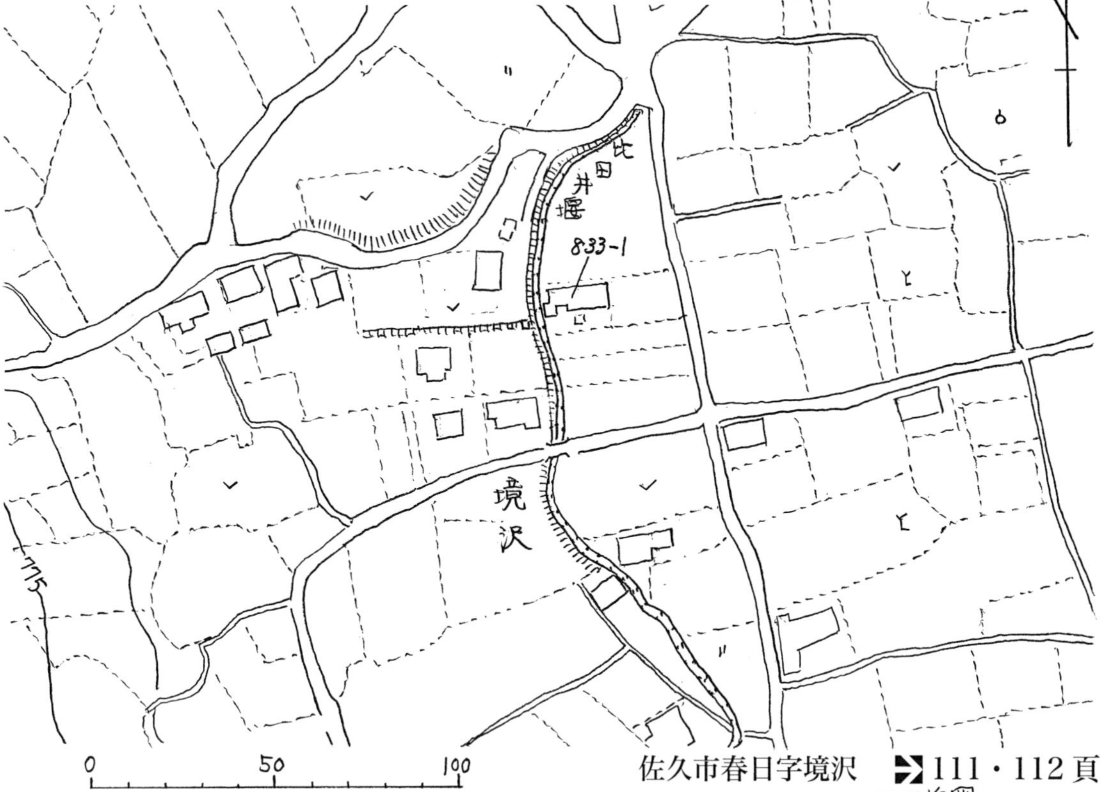

佐久市春日字境沢 ➔111・112頁

平成15年1月16日調・同日作図
標高 755m.

◦立地. 春日地区. 鹿曲川の左岸. 境沢の集落に立地する。ここは. 別府の蓮華寺に近く. 西側の山沿いの高台で. 最近宅地化が進んでいる。 その中で屋敷地は833−1番地の所と伝える。

◦館主・館歴 下城氏（下条氏とも）の屋敷地とされる。下城氏については. 蓮華寺の大旦那で. この一帯に勢力のあった一族で. 江戸時代には. 庄屋を勤めるなどしたと言われるが. 明治初年に火災に会い. 望月町の方へ出たと言われる。 その時に書状等を失ったというが、家伝では. 京都より来て土着した言われ.長林地籍に墓地があり. 「長林の家」と呼ばれていたという。

『長野県町村誌』の「長林邸跡」との関係や『日本紀』の景行天皇五十五年彦狭島王が春日穴咋村に至りて薨し給うという伝承との関係などが問題になるが. 史料等全くなく. 今のところはっきりしたことは不明。 下城氏は、江戸期までは下条氏を称していたとも言われ. この地を去るまでは880坪の屋敷があったと伝えている。 春日氏との関連が問題になるが. この一帯を広く所領したと思われ. 別府に深くかかわりのある氏族であったことも考えられる。

◦館跡. 後背の所に堰がまわっているので. この堰との関係も問題になる。

下城氏の家伝では. 833−1番地のところに880坪の屋敷があったというが、土塁などの痕跡は見当らない。 堰が西辺と思われるが. 東辺と南辺がはっきりしない。

強いていうならば. 現在民家の敷地になっている833−1番地の周辺部に東西40m内外. 南北70m内外の屋敷があったことが想像される。

141、春日本郷館《かすがほんごうやかた》

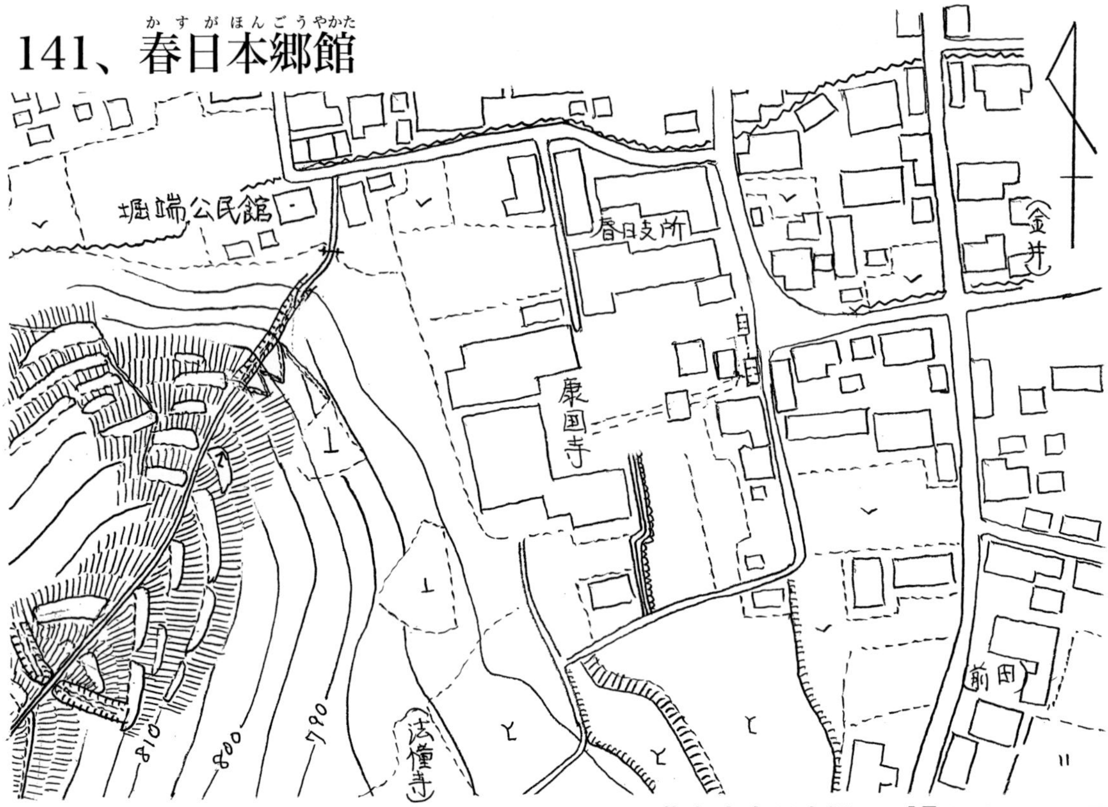

佐久市春日本郷　➔110・111頁
平成15年1月11日調・同12日作図
標高 765 m

○立地　春日城の北東山麓、同城の大手登路口に康国寺がある。この地が春日氏、依田氏の居館地と推定されている。

○館主・館歴　『長野県町村誌』の「春日穴小屋城跡」の項に「……居館は今金城山康国寺の境内なり。方二町、三方塁二重あり、濠を廻らして堀端小路の名あり。南を御新造と号し、上城戸、小屋口、馬場の称あり。寺中金井と称する大井堀抜の麗泉にて、金井小路の称あり。文政中近地より唐宋銭百余貫を掘出す。……」とあり、『承久記』『東鑑』『大塔物語』『諏訪御符礼之古書』等に見える春日氏、および、武田氏が侵攻して来てからこの地に本拠をおいた芦田信守、信蕃父子の居館地と言っている。芦田（依田）信蕃の子康国、康真はこの館で生まれたと言われ、康国天正18年（1590）上州石倉城で卒すると、その後継者弟の右衛門大夫康真により、当館に康国寺を建て、康国の菩提を弔ったとある。

近くの金井小路の名の由来は、諏訪上社の饗膳と神楽と託宣をつかさどる金井氏によるものとして、御射山や春日諏訪社の神宝が薙鎌であることなど諏訪との関係が深い祢津氏の分派春日氏の居館が本郷であったことは間違いないと考えられている。（『望月町誌』）

○館跡　『町村誌』で言っている「三方に塁二重あり、濠を廻らして……」の二重の塁や濠は現在見当らない。方二町というから、相当に広い範囲が想定されているが、現場で見る限り、東西100m、南北130m位の所に入るものと推定される。

142、向反《むかいぞり》の館《やかた》（殿様屋敷《とのさまやしき》）

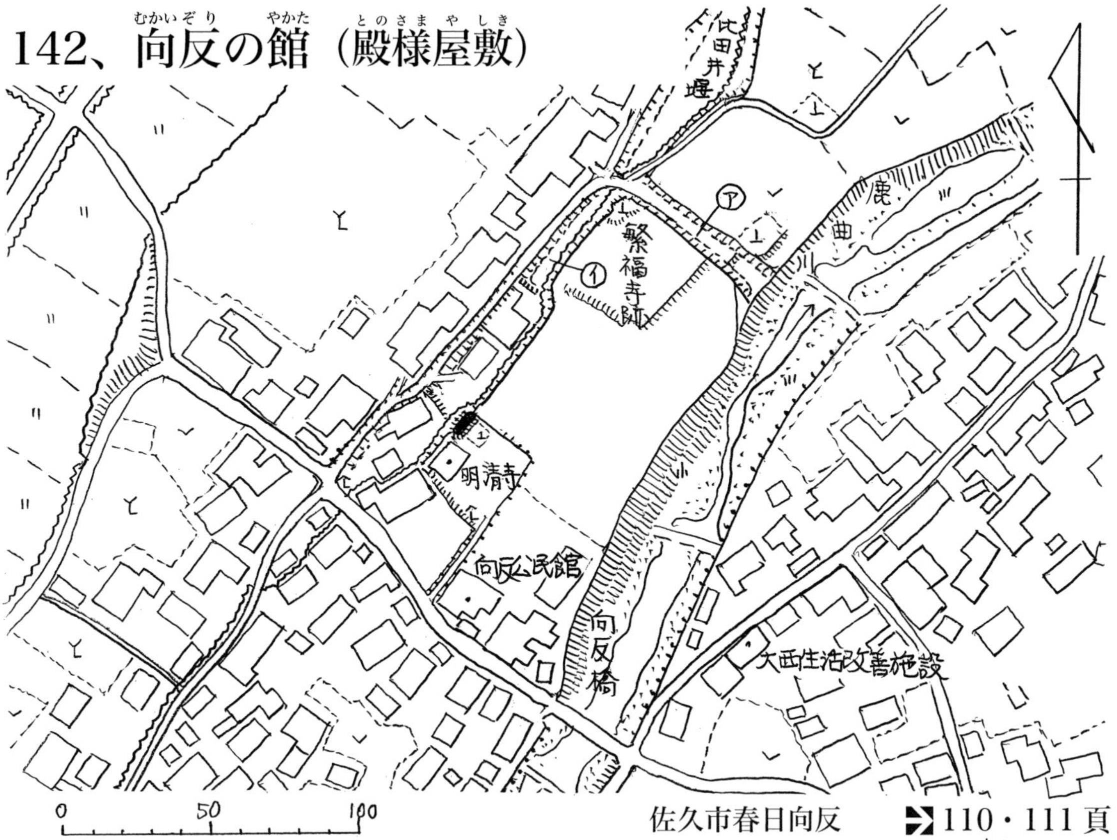

佐久市春日向反　➔110・111頁

平成15年1月11日調・同12日作図
標高 778m　比高 8m

○立地　春日城の北麓、春日本郷館の北西に当り、鹿曲川の左岸の段丘上に向反の館がある。

ここは、向反の集落の東端になり、向反公民館の裏手に当り、明清寺(みょうせいじ)の一帯になる。

○館主・館歴　『長野県町村誌』の「向反邸跡」というのがこれで、「春日組向反にあり。東西二町(216m)南北一町(108m)、三条の堀切あり、北に土塁あり。春日城に対して東西低下し、南は鹿曲川の水涯に臨み、北は斜に下りて、字裏谷、大沢の田圃なり。蓋春日芦田の二氏居住の際、重臣居館の址ならん。方今は人家稠密、明清寺、繁福廃寺等の地となりて、形跡を損ず。」とある。

「岡部山明清寺」は「境内官有地、東西十九間(34,2m)、南北十六間(28.8m)、面積一反十二歩、曹洞宗埴科郡松代町長国寺末派なり。春日組向反にあり。元禄九年(1696)岡部氏建立す。‥‥」とある。

このことから館跡の後に明清寺が建立されたことになる。繁福寺については、蓮華寺の末派で、明治5年に廃寺となりその草創については、手元に資料なく不明。しかし、付近に墓地二か所残る。

館主については、地元に異説あるが、町村誌の言うように、春日氏あるいは芦田氏時代の関連の者の館とするのが妥当であろう。わけても春日氏に属するもののように思われる。

○館跡　鹿曲川に面した、数mの崖上に位置している。『町村誌』に三条の堀と言っているが、一条は北側の㋐の堀で、上幅10m近くある。もう一条は西側の比田井堰の流れている所で、この二つは形がよく残っている。あと一条は、向反橋の通りの道の所であろうか。

広さは、東西60〜70m、南北145m位の広さがあり、明清寺の横と北西隅に土塁痕が残る。

㋐㋑の堀の造りからみると、比田井堰ができて、その堰の流水により堀を造ったと思われるので、堰の開発と深い関係がありそうである。

143、長者屋敷《ちょうじゃやしき》

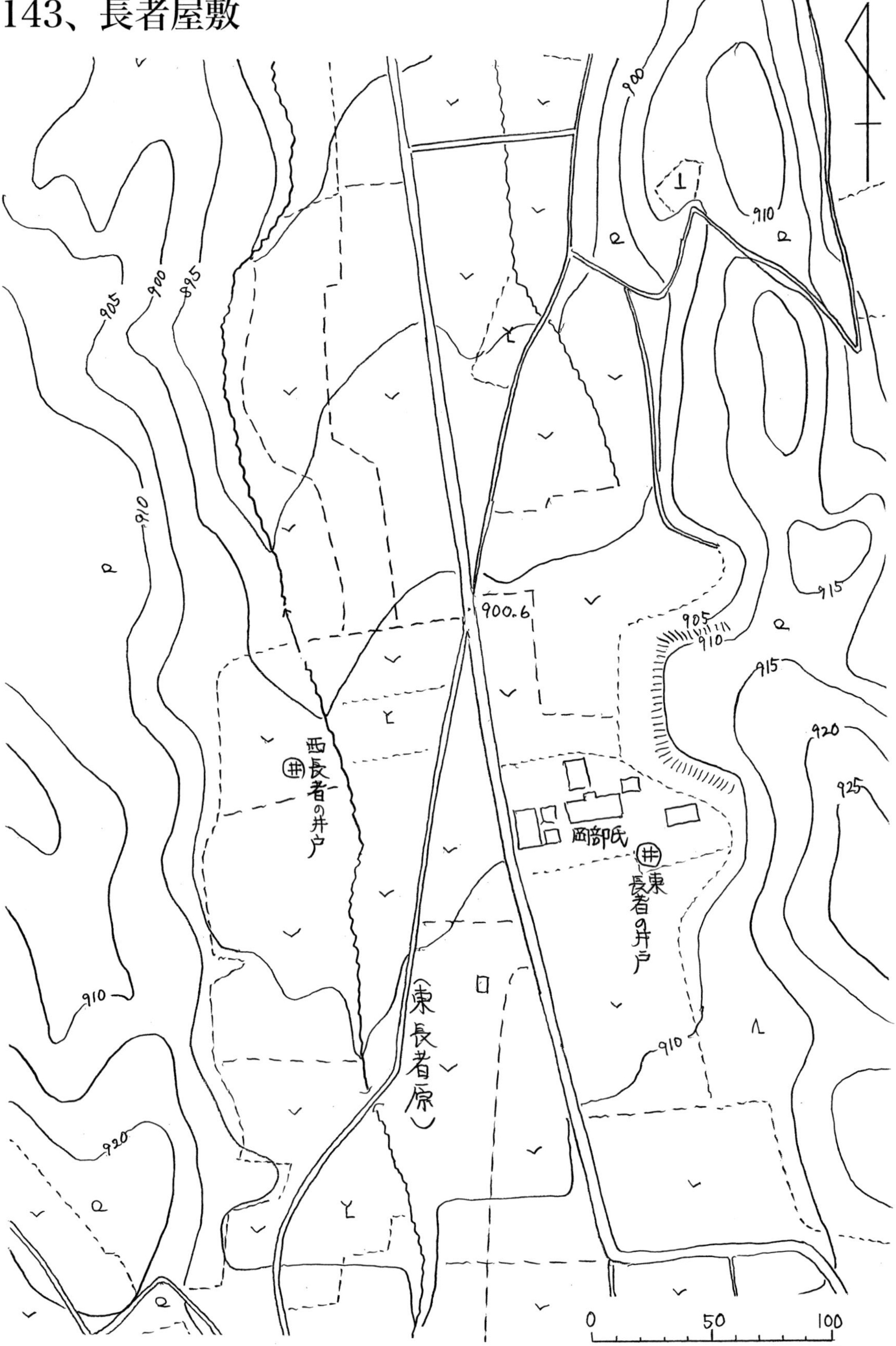

143、長者屋敷《ちょうじゃやしき》

佐久市布施東長者原 ➡111頁

平成15年1月22日調・同日作図

標高 900m

○立地

細小路川の谷と布施川の谷の間の丘陵上に、長者原の平原がある。山間の隔絶された一帯で、水便が悪く開発がおくれた所という。

一帯は緩やかな山地の間の南北に細長い北下がりの平原で、その中央部に南北に走る一本の道路があり、その両側に畑が展開する。

ここへ最初に入ったのは、岡部氏で、明治初年と伝える。ここより馬で岩村田の郡役所へ通ったという話が残っている。

長者原の住人の多くは、太平洋戦争後開拓として入ったという。この原野が近年までどのような状にあったか想像がつく。今は一面に畑地になっているが、その殆どが山林であったようである。

○伝承

『長野県町村誌』に「長者屋敷跡」として、「布施組未(南々西)の方長者原にあり。東西百二十間(216m)、南北百五十間(270m)、四境卯木を植廻して、中に井あり。旱魃にも水尽る事なし。此地に金を埋蔵し在りとて、愚者折々掘さくの力を費せり。或は此原を薗原にて、伏屋長者など云は非なり。」とある。

この地方の各地に長者屋敷の伝承地があるが殆どが伝説上のもので、その屋敷地を特定することは難しい。

ここも「四境卯木を植廻して、中に井あり。」とある。卯の木は岡部氏も不明と言うが、井戸は、岡部氏の屋敷内に「東長者の井戸」と言われるものが現存する。径1.5mほどで深さ1m余の丸い石積みの井戸で、今もきれいな水があり、近年まで使っていたという。

また、岡部氏屋敷から西の方、川向こうの畑中に西長者の井戸というのがあり、これも水がある。

以上のことから、この長者原の中で、古くからの井戸があり、生活しやすい場所であったことが伺え古い時代に人が住んだことが想像できる。その居住者がどのような人であったかは全く分からないし、村落を形成していたかも不明である。ある時期に居住し、その後村として残らなかったことを考えると落人のような人であったかも知れない。何れにしても近世の時代には無住の原になっていたことが考えられる。

○屋敷

『町村誌』で言うように、216m×270mの広さは、相当のもので、それだけの屋敷地は考えられない。耕作地も含めて岡部氏が最初に入った頃の場所に相当しないだろうか。

東西216mは、この場所の山と山の間の平地の幅に相当する。北辺と南辺の位置は全く見当がつかない。強いて想像すれば、2つの井戸を中心にしたあたりと言うことになろう。

何れにしても伝説の屋敷地であるが、井戸が現存しているので、何らかの事跡があったものと思われ、岡部氏の入植の占地となったようにも想像できる。

山中で獣に出会ったときの恐怖体験

山城の調査のため山の中に入って、城跡のすぐ近くまで行きながら、帰ってくることがある。どうしても、城跡らしい遺構が見当たらないのである。

南箕輪村の座籠城は、もともと調査書に記載された位置がとんでもなく違っていた。麓の人に聞くと、三つ目の鉄塔の場所と教えられたが、その近くにはそれらしい場所が見当たらない。

ついに四つ目の鉄塔を越え、さらにその上まで確かめたが、わからない。二千五百分の一の基本図はそこで終わっている。仕方なく山を下って見上げると、どうも心残り。結局、もう一回登り直して、やっとたどり着くことができた。

箕輪町の物見城のときは、もっとひどい。背丈ほどの笹が一面に密生し、見通しが全然きかない。その時は諦めて帰ったが、次に行ってあと二十メートルの所で帰ってきたことがわかって、何とも悔しい思いをした。

幸いクマに会ったことはないが、サルやカモシカにはよく出会う。カモシカはあまり怖くないし、近くまで近づいても逃げようとせず「チッ、チッ、チッ」と鋭い声で鳴く。最初は気に止めずにいたが、どうもこれは「ここは私の縄張りだから、入って来るな。早く出て行け」と、言っているように思えてきた。顔を見ていると、どうもそうらしい。

それからは、この「チッ、チッ」に会うと、「ここだけ測ったらすぐに出て行くから、ちょっと待っておくれ」と断ることにしている。カモシカは、目があっている間は動かないが、目をそらしたとたんにパッといなくなる。そしておもしろいことに、岩の上などの少しでも高い場所によく立っている。

サルは行き会うと、こちらも少し緊張する。逃げて行くのはいいが、岩の上などに座って、こちらを見ていたりすると怖くなる。まして、群れでいたりすると、「さて、どうしたものか」と考える。

中には大人ほどもあるような猿がいたりする。なかなかの貫録で、面構えがすごい。こちらが位負けするし、目をあわせずにいなくなるまで静かに待つのである。サルの群れに襲われたら、と考えただけでもゾッとする。

一回、大きな犬に出会ったこともある。家の近くで首輪をしていたので飼い犬だと思うが、子牛ほどの大きさで、唸って近づいて来た時には、血の気がうせた。最初は「すぐ出て行くから」と下手に出たが、ますます威嚇してくる。

あまりの怖さに、手に持っていた巻き尺を振り回して「この野郎！」と怒鳴った。すると犬が一瞬ひるんだので、さらに怒鳴ると、後ずさりをして、藪の中へ消えて行ってしまった。

ほんとうに怖かった思い出である。

［第三部］

北佐久郡

軽井沢町

●

御代田町

●

立科町

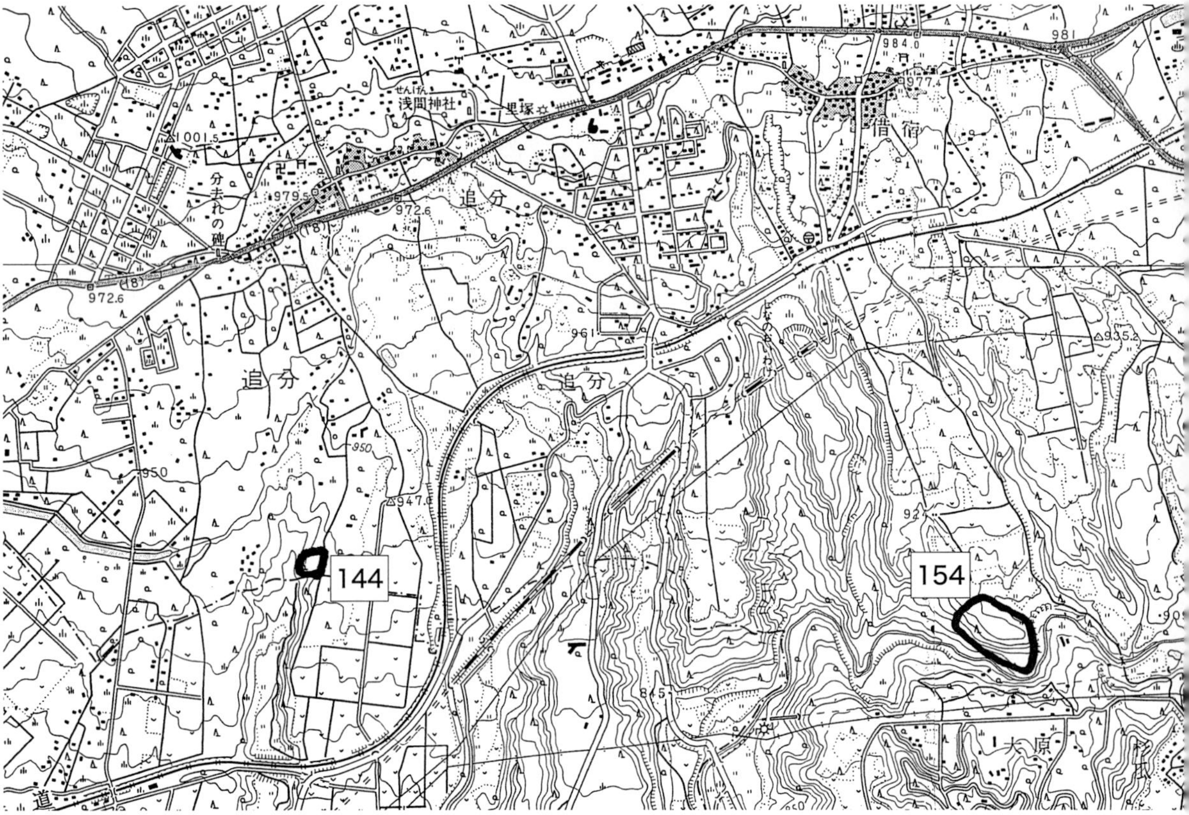
浅間神社
一里塚
分去れの碑
追分
借宿
追分
追分
大原
144
154

峠
桜沢
旧軽井沢
カトリック教会
軽井沢
釜の沢
矢ヶ崎
新軽井沢
147
148

プリンスホテルスキ
プリンスホテルゴルフ場
扇平
軽井沢町

144、備前屋敷館　145、油井中屋敷
146、風越山狼煙台　147、城山
148、城屋根砦　149、小館山砦
154、平林城　162.馬瀬口城
163、針木沢城　164.塩野城
167、梶原城・西城　193、十石城
194、上三田原城　195、宮崎城

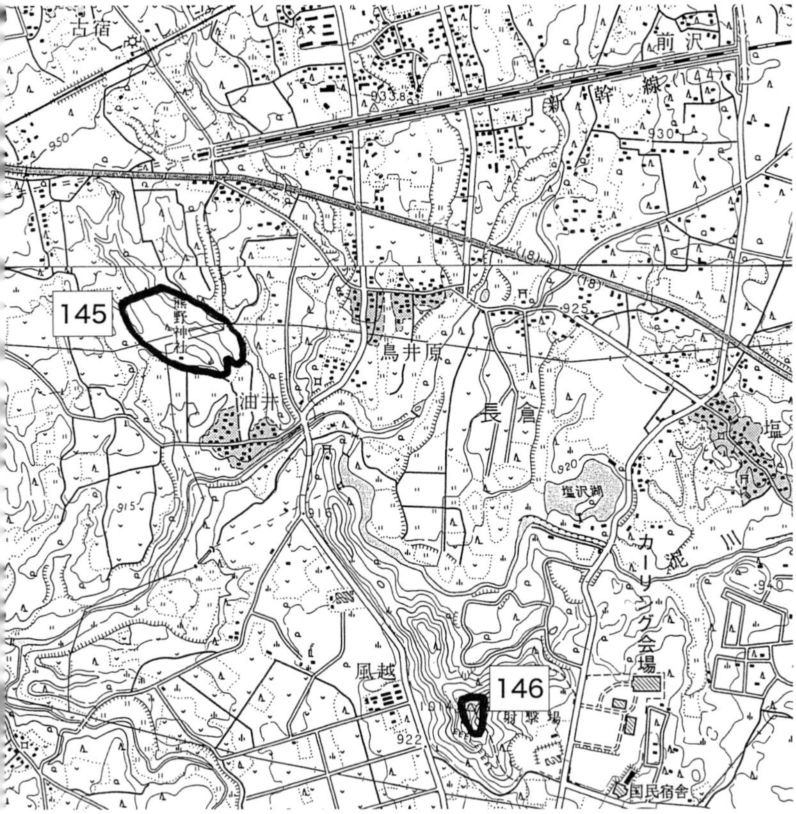

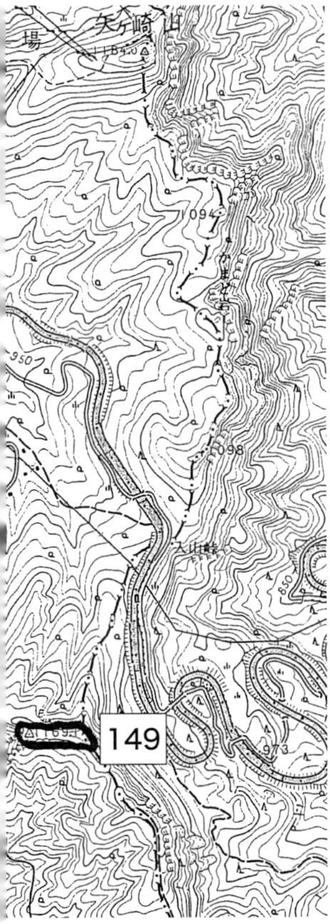

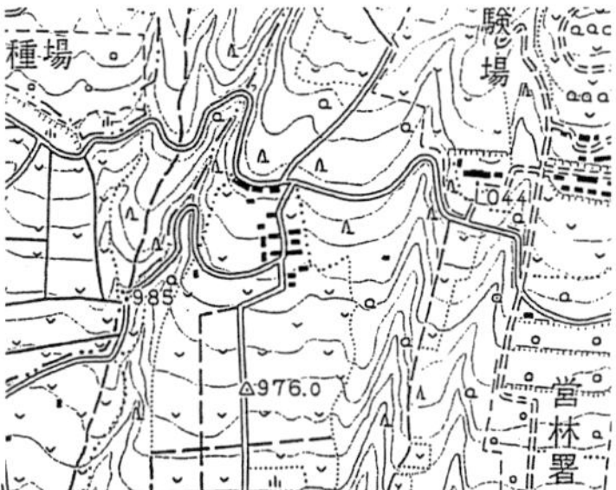

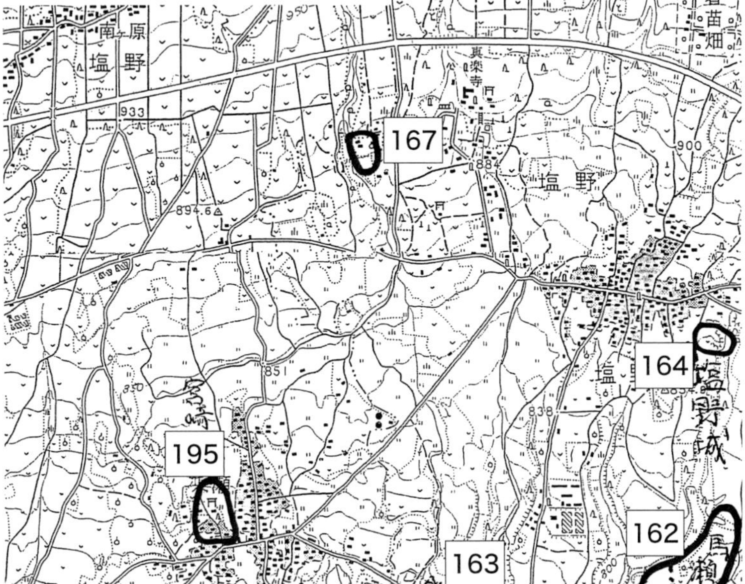

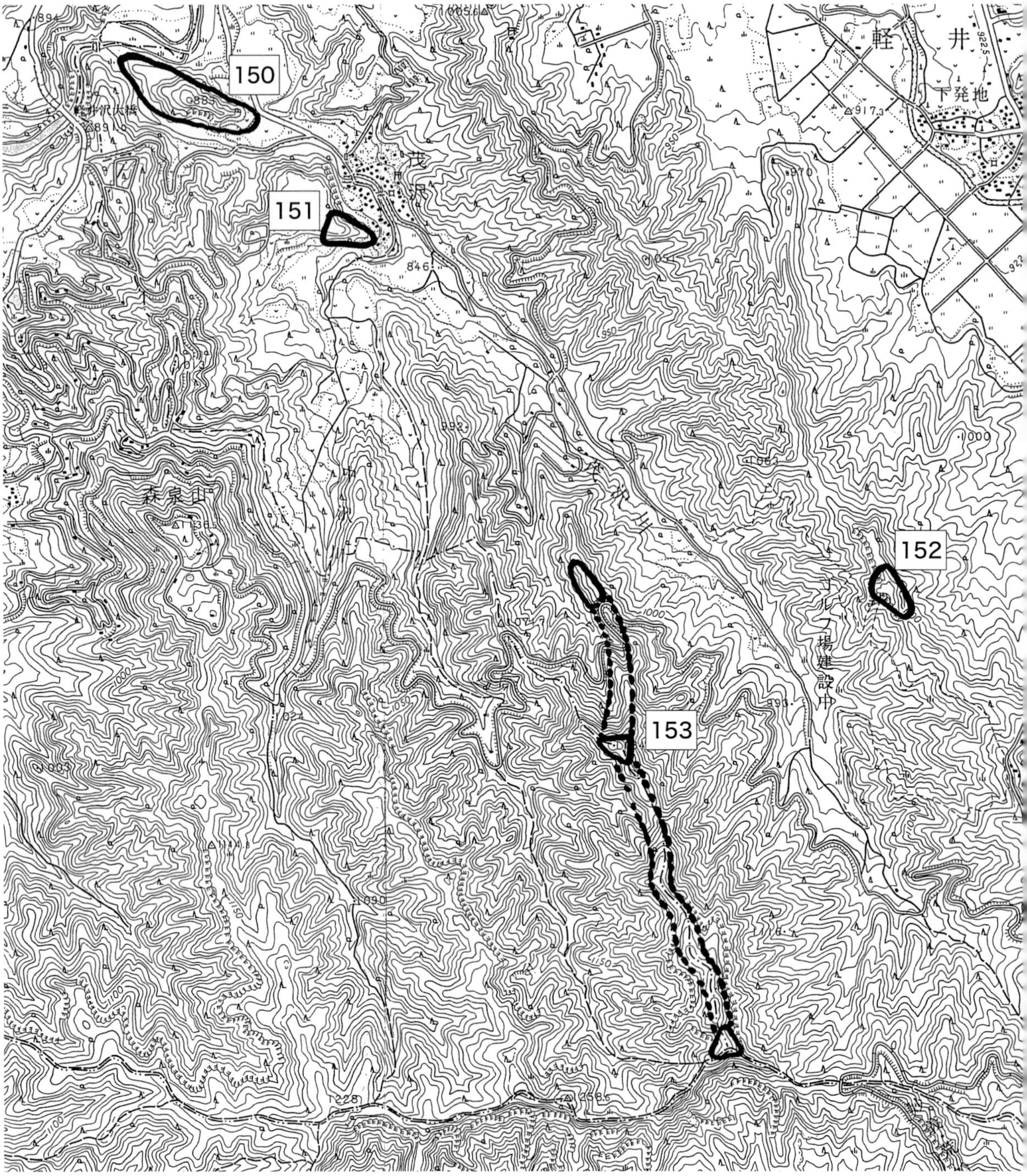

150、たて茂沢城　151、十二平茂沢城　152、高城　153、片木城

155、小田井城
161、戸谷城
165、長倉城
168、谷地城

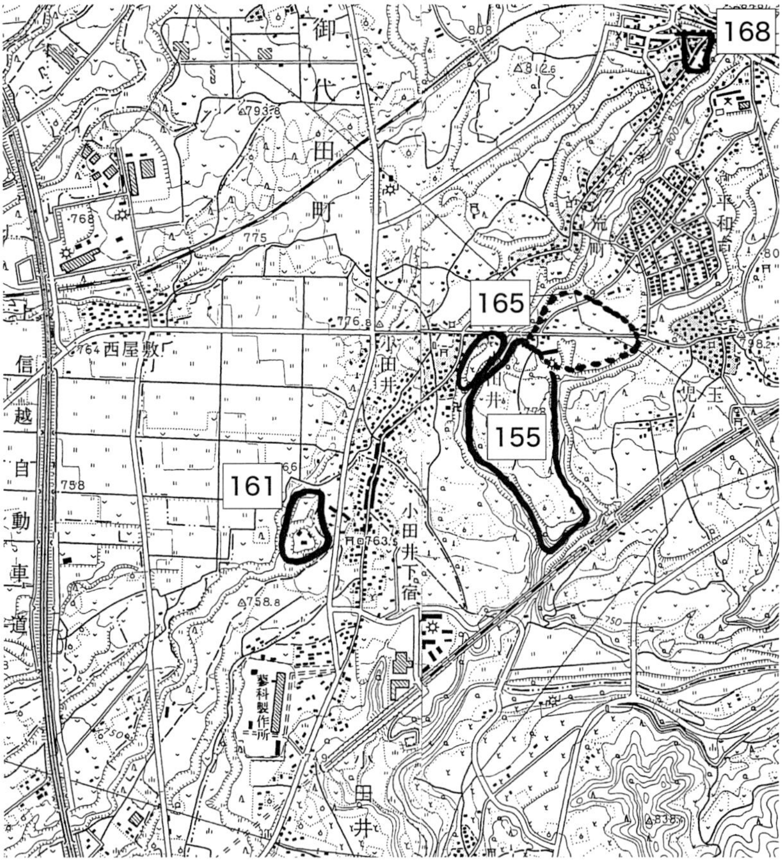

156、頭槌城
157、梨沢城館
158、向城
159、宮平城
160、広戸城
166、権沢城

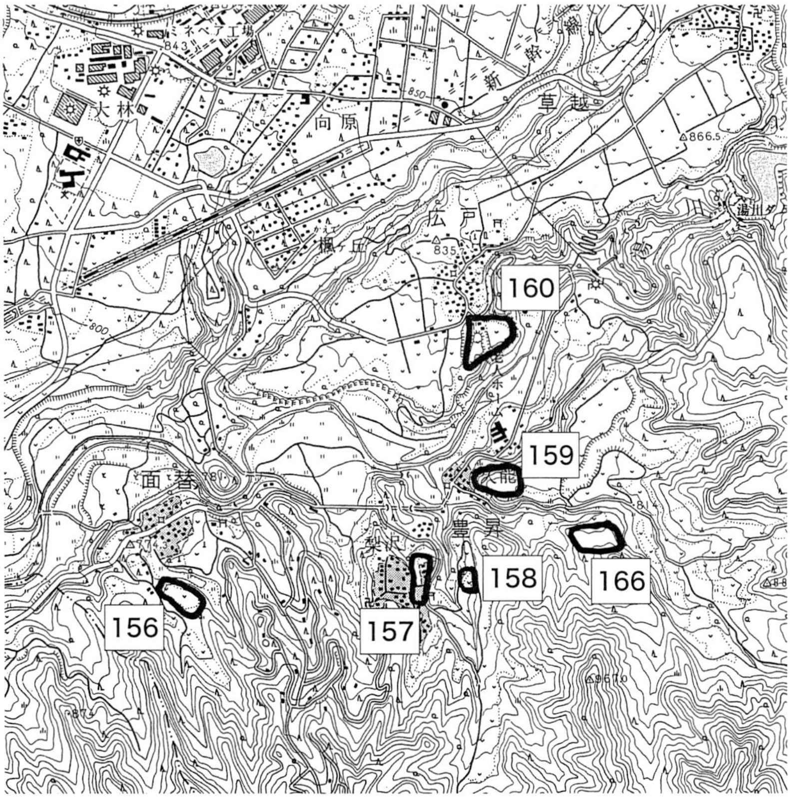

＊本頁の地図は原図の90％に縮小しています

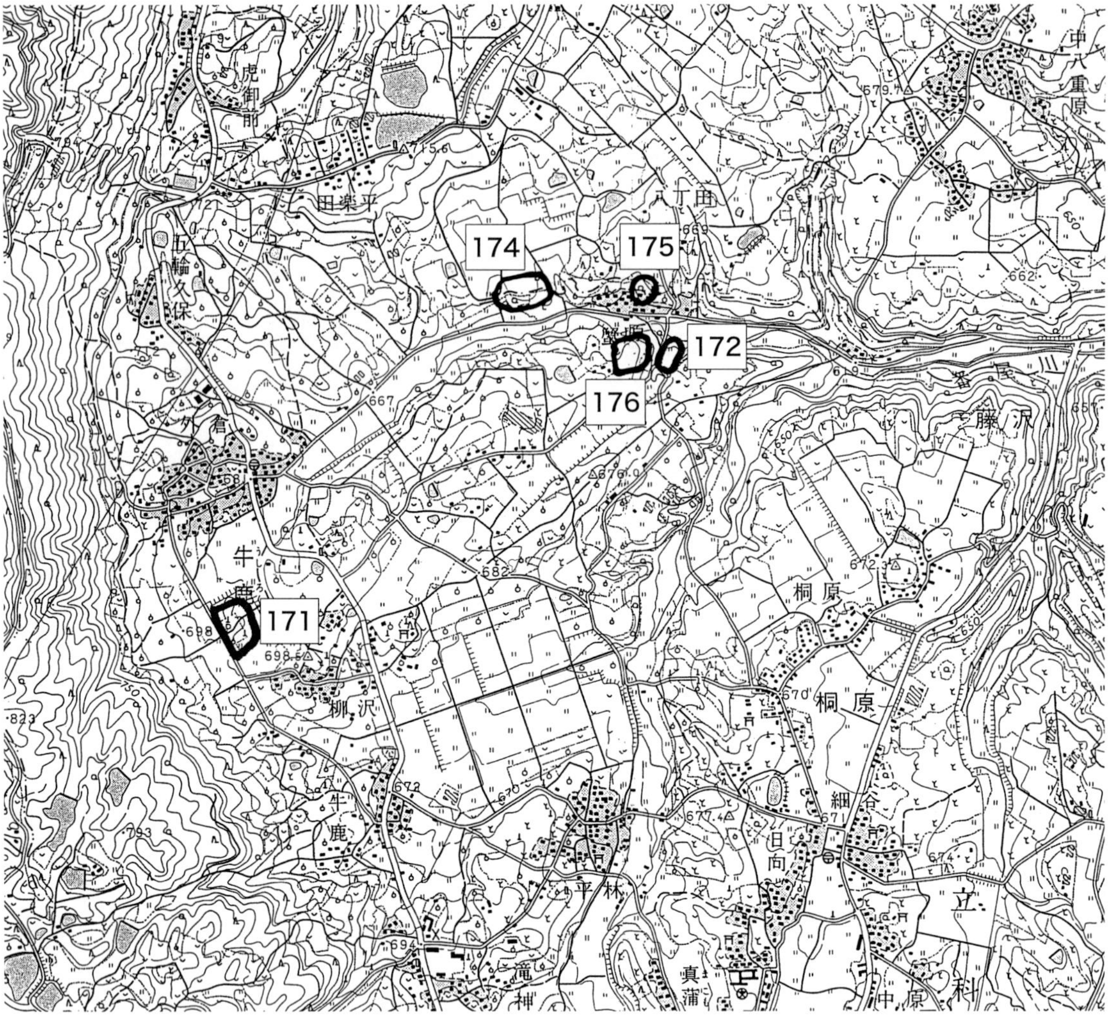

171、善正城　172、蟹原城　174、蟹原城　175、蟹原の朝日長者屋敷　176、蟹原の夕日長者屋敷

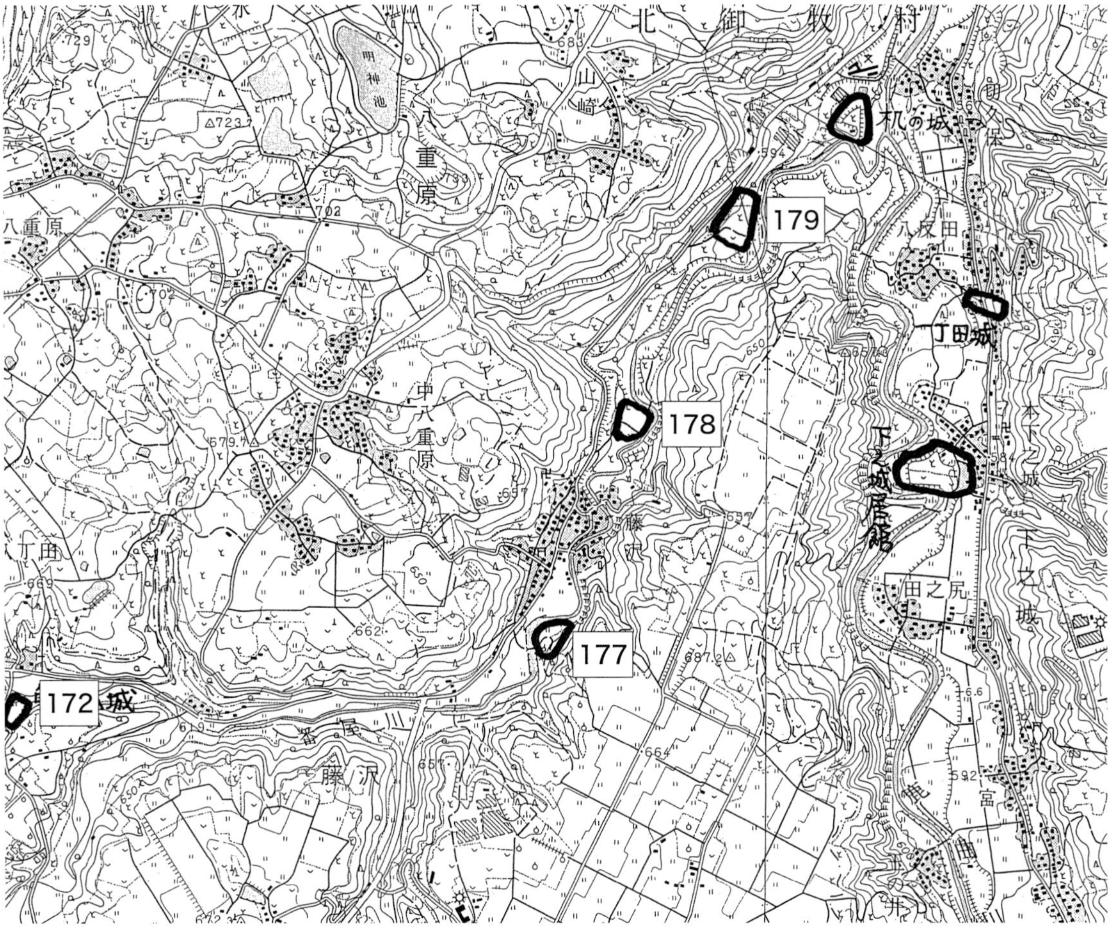

177、逸見屋敷　178、武居屋敷　179、藤沢の長者屋敷

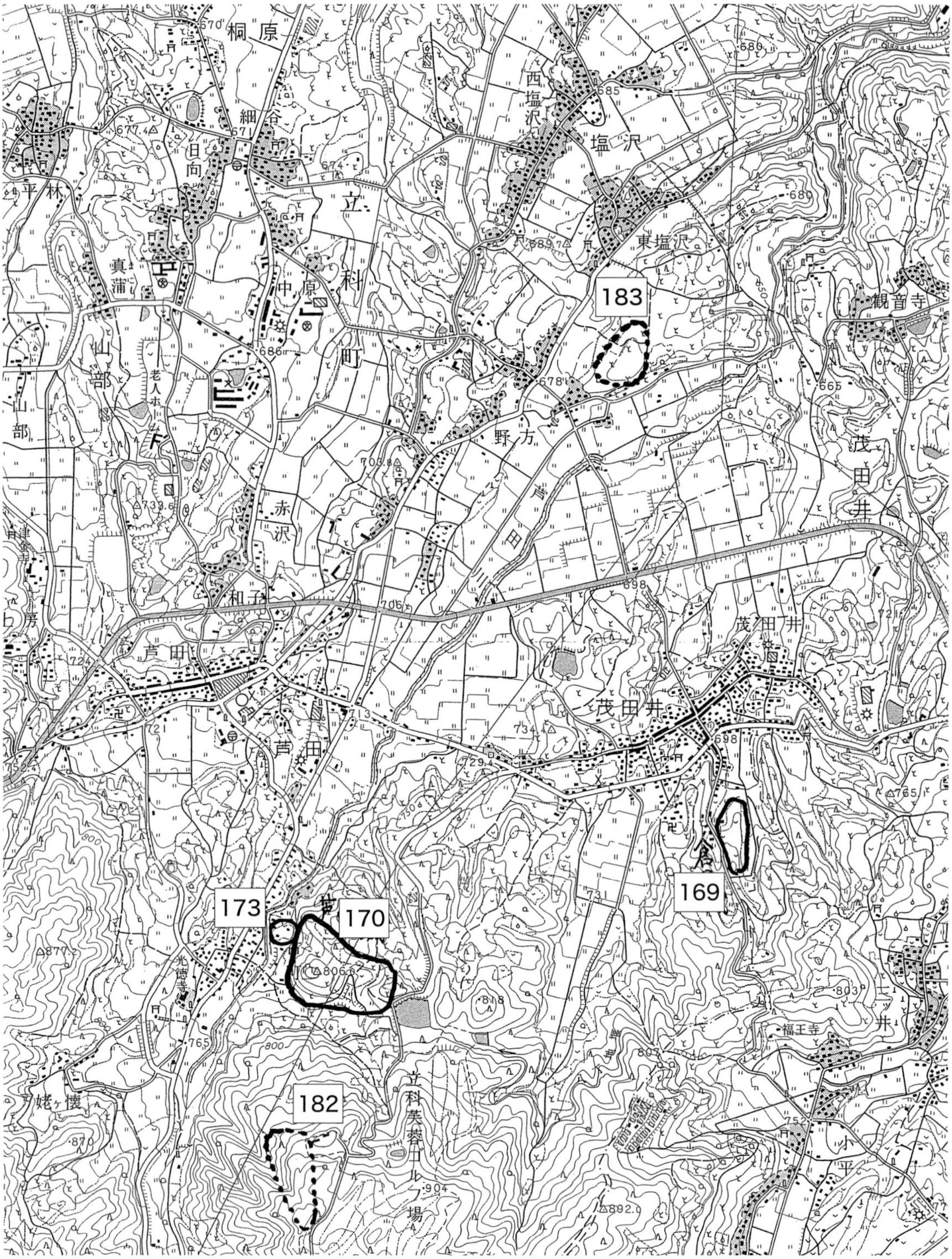

169、倉見城　170、芦田城　173、芦田氏館　182、陣場　183、大城

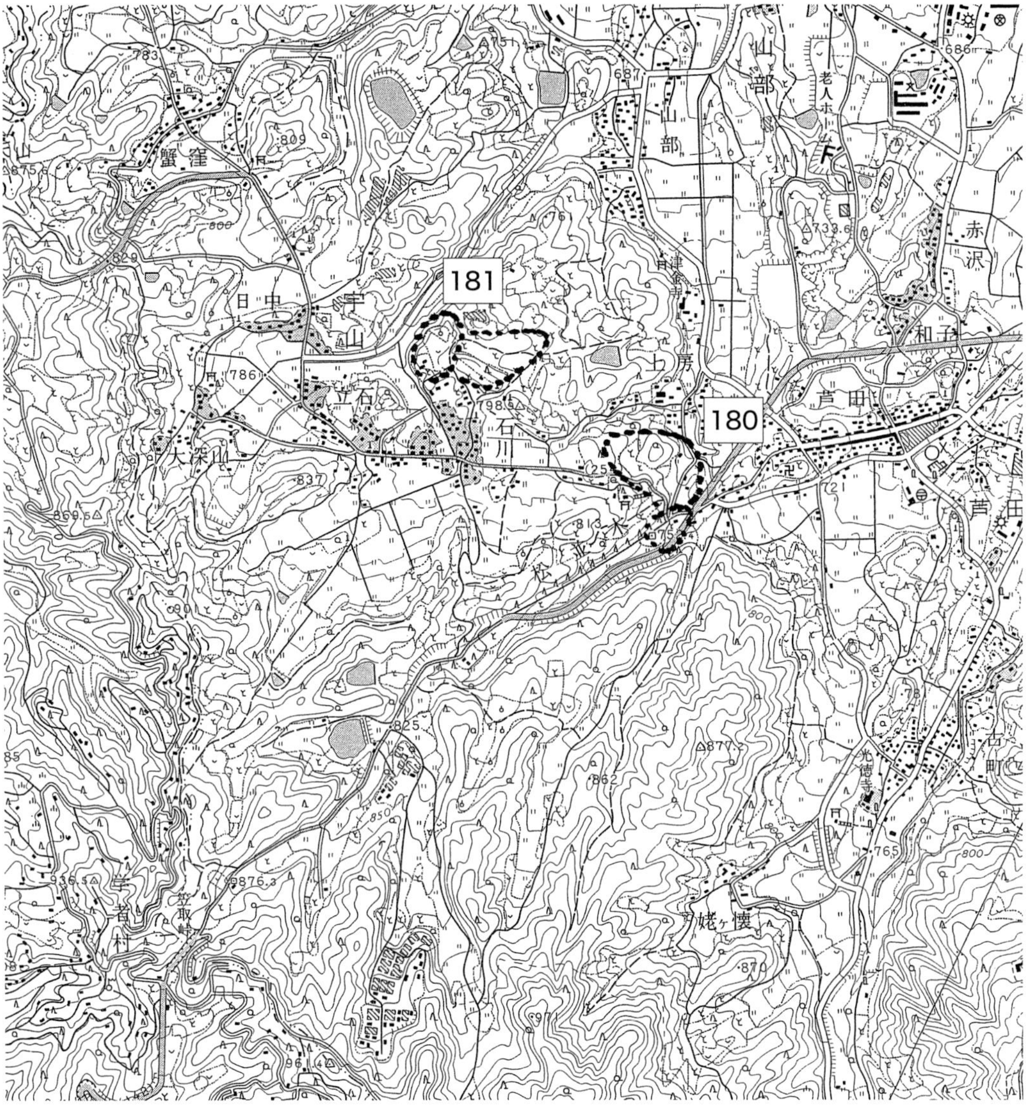

180、芦田の番屋　181、新城峯

144、備前屋敷館《びぜんやしきやかた》（備前林城《びぜんはやしじょう》）

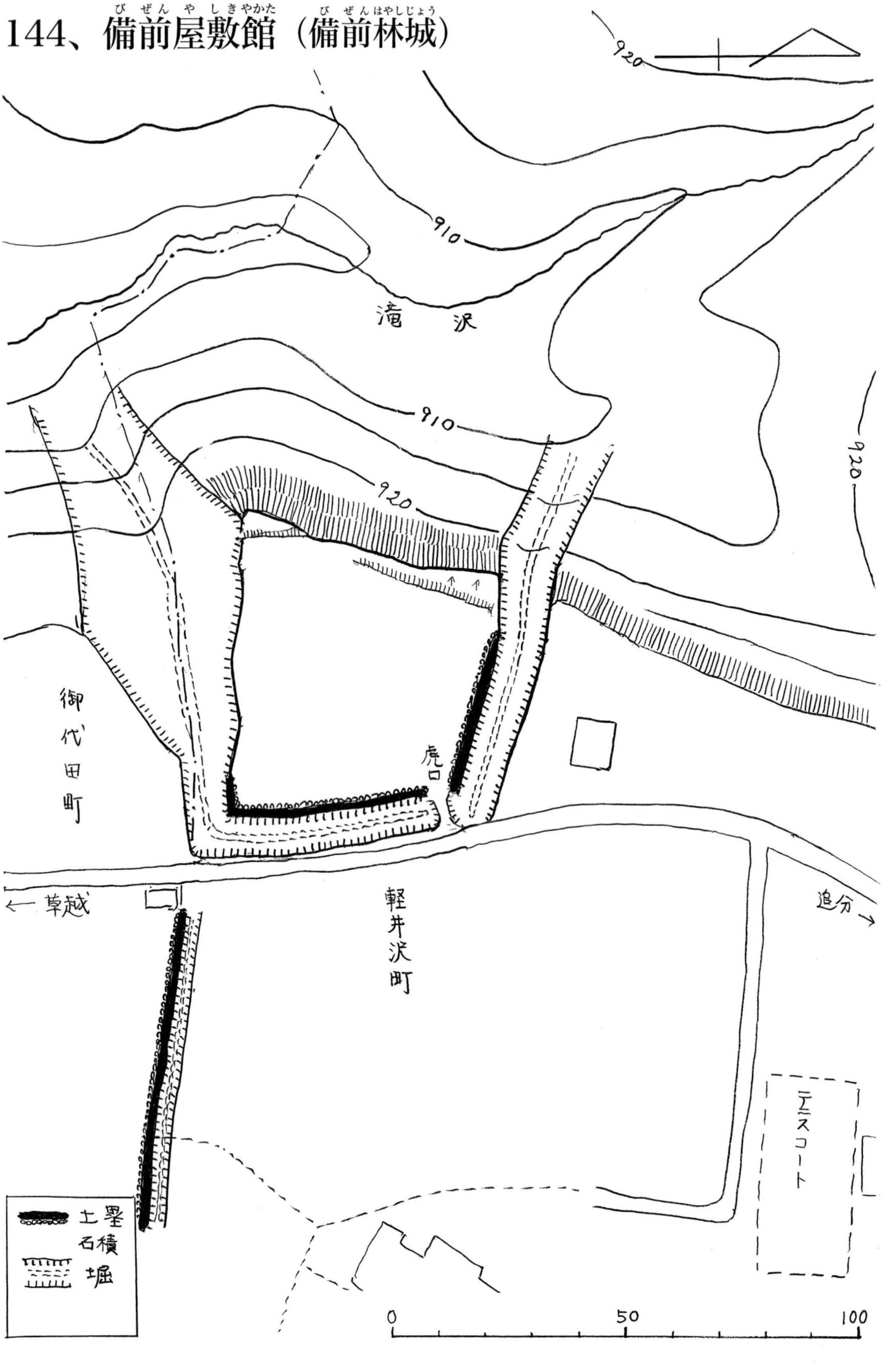

144、備前屋敷館《びぜんやしきやかた》（備前林城《びぜんはやしじょう》）

軽井沢町追分字備前林 ➡302頁

平成11年9月20日調・同日作図
（遠藤丘氏『追分備前屋敷』図参照）
標高933m．比高30m（滝沢より）

〔東西断面〕

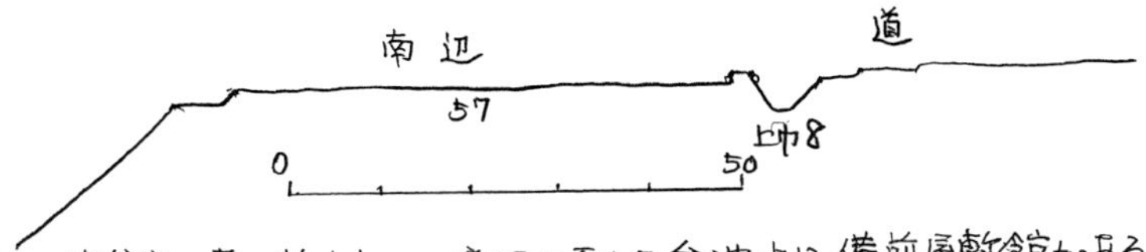

○立地　追分宿の南，約1kmの滝沢に面した台地上に備前屋敷館かある。御代田町との境界に接して，別荘地になっていて，すぐ隣りまで開発されている。
北側数百mの所には，断片的に堀跡や土塁か残っていて，備前屋敷の伝承か残るという。

○城主・城歴　伝承で，土屋備前守か考えられている。記録かなく，はっきりしないか，追分の土屋氏は戦国期より存在したようである。天文5年には，土屋左近助秀吉の名かあり，慶長15年には，小諸城主の仙石秀久より，追分の土屋市左衛門に対して，借地村130貫文か宛行われている。また同人は，大阪の役の時の佐久郡士の誓約書に署名かあり，近世初めまで，追分に居たことは確かのようである。
このことから，この台地の遺構は，土屋氏に関係するものと考えられている。

○城跡　最もまとまりのあるのか，この遺構で，台地の辺縁部を利用して，上幅7−9mの堀で囲って方形館を形成している。南は，自然の沢を生かして，そこへ20mほど掘っただけで済ませているか，北側と東側は，掘った土や石を内側へ掻きあげて，低い石を混えた土塁で囲っている。
北東隅に土橋かあり，虎口か開く。桝形等は不明。遠藤氏は，北側にも堀の跡かあり，一郭かあったと言っているか，別荘で失ったのか，その痕跡は残されていない。
東に全長70mほどある低い土塁は，北側の土を掻きあげたもので，この土塁の南に何かあったのかも知れない。丁度町境になっている。土塁は館内のものとよく似ていて，焼け石を積みこんである。
一帯は，その後の大噴火により，軽石等の堆積かあると思うので，埋没した分も相当あるのかも知れない。

○遺構は，いい形で残っていて，大きさからして，在地土豪層の館城として，大事に保存したいものである。

145、油井中屋敷《あぶらいなかやしき》

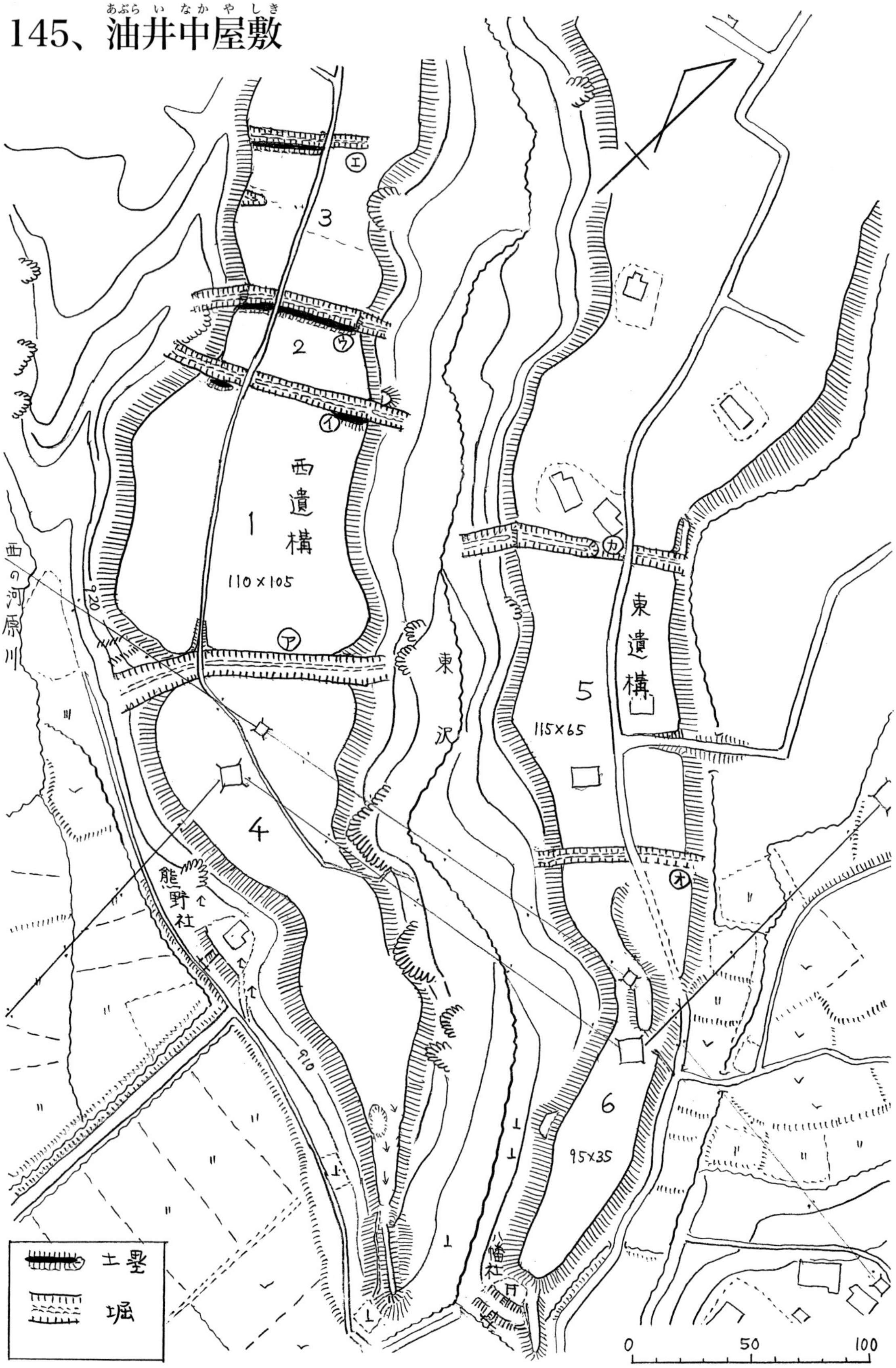

145、油井《あぶらい》中屋敷《なかやしき》

軽井沢町油井小字中屋敷 ➔303頁

平成11年9月14日調・同15日作図

標高928m(1)　比高26m(熊野社前より)

〔西遺構〕

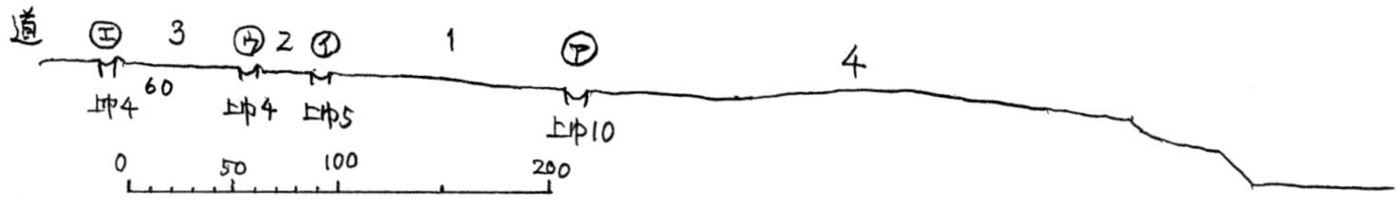

○立地　油井集落の北側の並行する2つの舌状台地上に中屋敷がある。2つの台地の間には20m内外の深さの東沢が流れている。一帯は沓掛の南西に当り、東山道の道筋にも近く、古くからひらけた所と考えられている。2つの台地に分かれているために、西遺構、東遺構と仮称する。

○城主・城歴　不明。　伝承では、台地上はナカヤシキサマと呼ばれ、油井の集落はシモヤシキと呼ばれていたようである。となると カミヤシキはどこかということになるが、はっきりしない。わかることは、ナカヤシキが「様」がつくような人の屋敷があったということである。

○城跡
• 西遺構……台地上に㋐㋑㋒㋓(㋓は道路跡かも知れない。)の堀があり、㋒や㋑の堀の土塁のつき方からすると、堀の南が内部ということになるので、㋐と㋑の間の1が主郭となる。㋐の堀が最も大きく、1の広さは、南北110m、東西100m余の広さになり、これは、土豪層の館とすると、大きいものになる。1の南の4は、ひょうたん型で、熊野社の裏手でくびれているが、堀があったようには見えない。笹がひどく、細部は見えなかったが、これはそのまま城内にするのは問題が残る。
• 東遺構…… 西よりもやや細目の台地で、そこに㋔と㋕の堀で区画した115×65ほどの5の曲輪がある。西遺構が北側の台地との間に、3条の堀を入れているのに対して、こちらは㋕の堀が一条で、㋔の堀も小規模のものである。㋔より南の鉄塔と八幡社との間にも結構広い平地がある。これも城内と見てよいか、即断はしにくい。

○以上概観したように、台地上を小型の浅い堀で区画しただけのもので、2つが並立している珍しさがあるが、戦国末期まで、改修を加えて使われたものとは考えられていない。昭和38年に道路工事で、鉄斧、刀子、鉄鏃、刀剣等が出土し、鉄斧は、平安末から室町期のものとされている。手法からして、東西遺構は同時期の同一勢力によってできたものであろう。

146、風越山《かざこしやま》狼煙台《のろしだい》

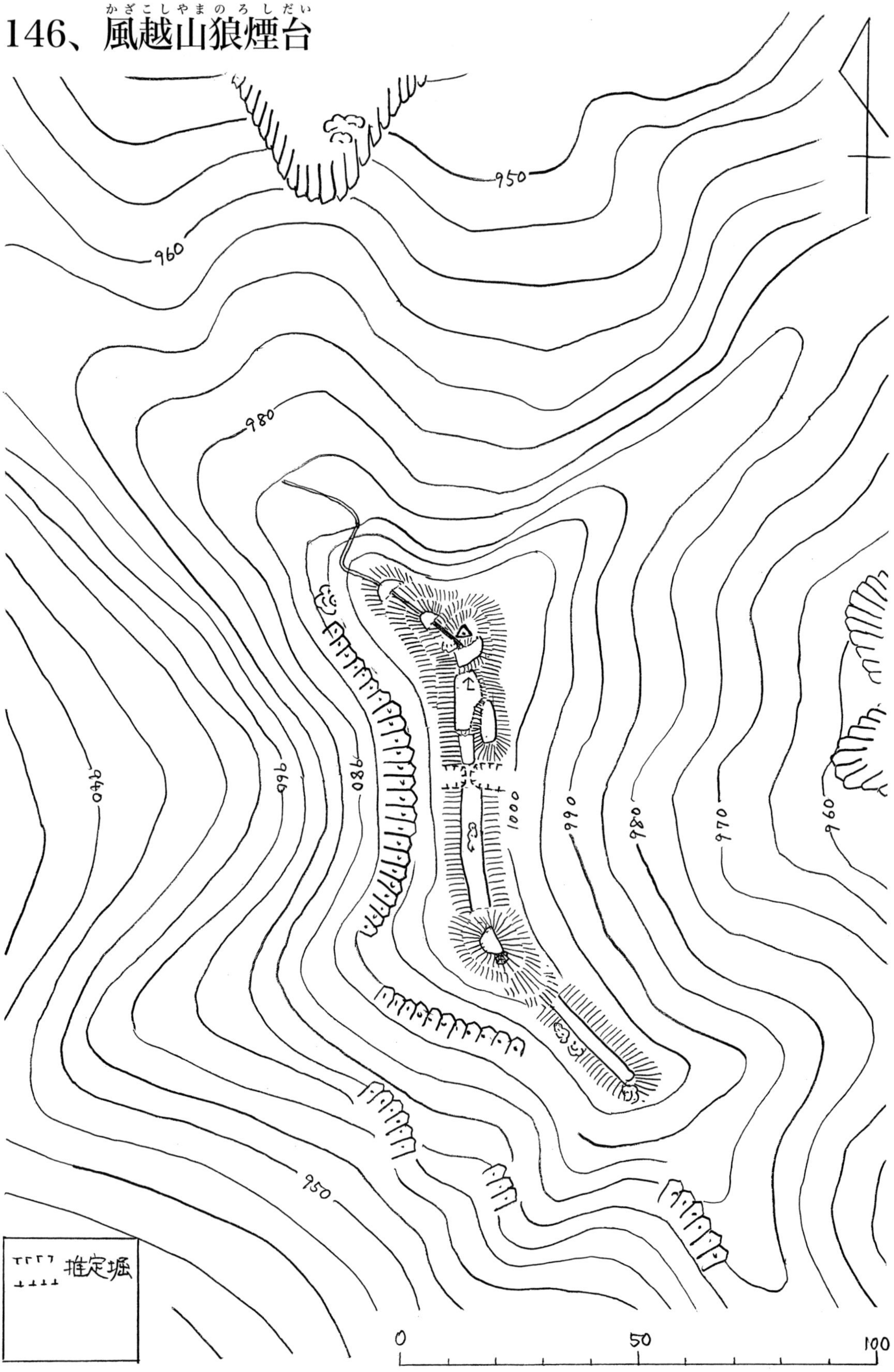

146、風越山狼煙台《かざこしやまのろしだい》

軽井沢町風越

303頁

平成11年9月14日調・同15日作図

標高1014.5m、比高94m.（東山下の県道より）

〔南北断面〕

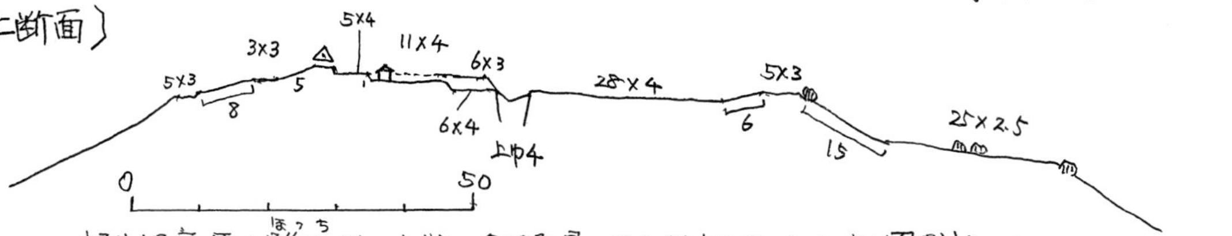

○立地　軽井沢高原の発地《ほっち》川の右岸、射撃場のある独立した小山が風越山で、北麓一帯は別荘地になっている。登路は北側の別荘地の方から登るとよい。

○城歴　不明。南の山下、下発地の北側に鼠原（ねずみはら）の小字があり、西側山麓に乙女田と呼ばれる所がある。ねずみは不寝見で、乙女は大遠見からなまったことばで、共に監視所の所在を暗示しているのと、小さいながらも独立峰で、頂上からの眺望はまことによく、南軽井沢方面の入山峠や和美峠方面が一望にできることから、狼煙台が置かれたものと推定されている。

○城跡　山頂の四等三角点の所から三方向に尾根が派生する。この山頂部に削平の跡が認められ、石祠（神名不明）もある。石祠のある平地は、11x4ほどで、最も広く、その南に堀形が残る。

ここに堀があったかも知れない。その南は28x4ほどの平坦な尾根が続き、小山の先は、一段下がって25mほど細尾根が続いて、あとは急落している。山頂部から、5x3の小山の間のあたりに狼煙台や見張台があったと思われる。石祠の南に穴状の地形があるが、それかも知れない。

推論から出たものであるが、立地等からしても十分に考慮されるべきもので、附近を通過していた東山道との関係も考えられるとしている。

147、城山《じょうやま》（見晴台《みはらしだい》）

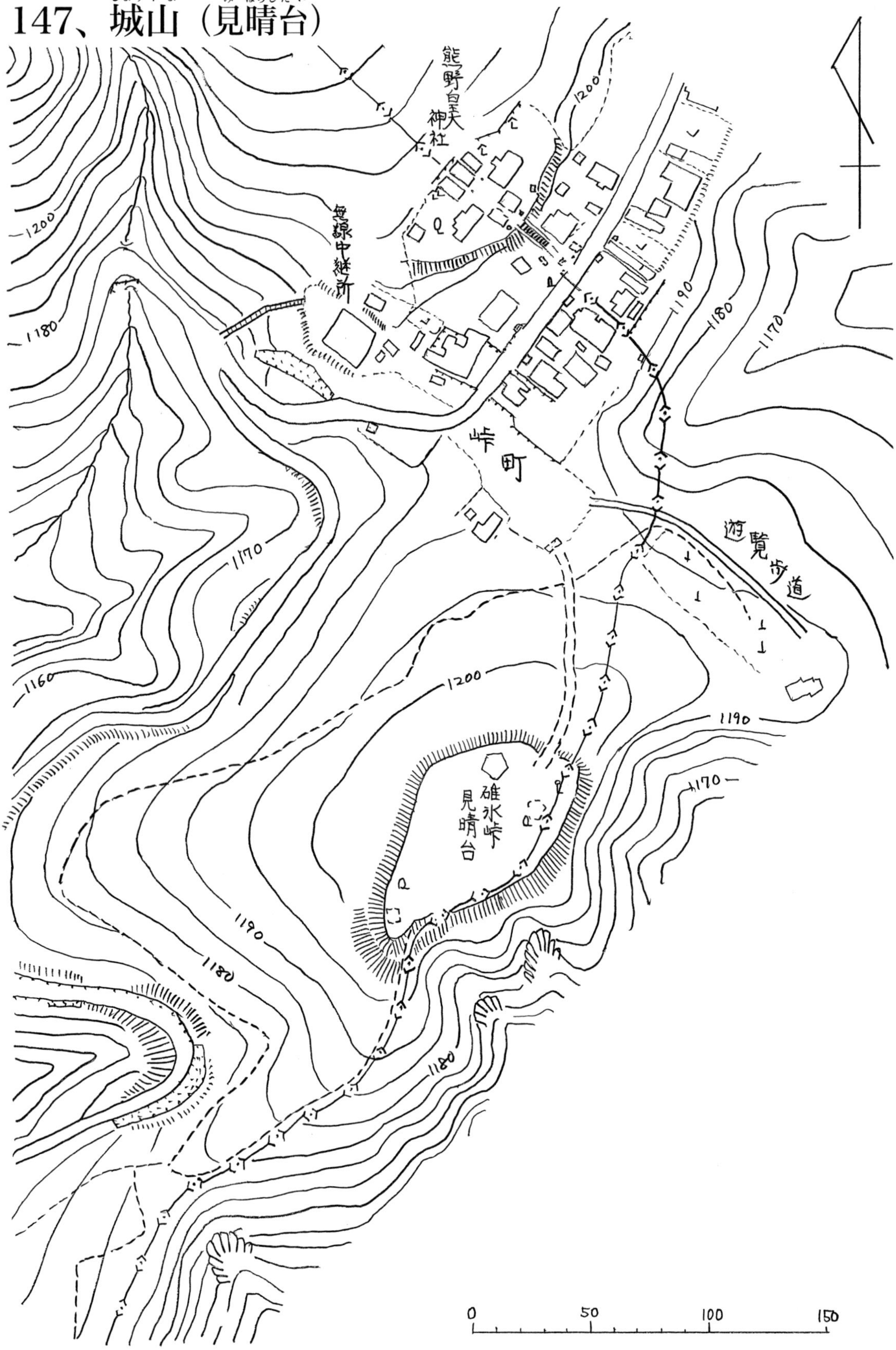

147、城山《じょうやま》（見晴台《みはらしだい》）

軽井沢町峠町

➤302頁

平成11年9月20日再調・同21日作図.
標高1204.9m、比高226m（矢ヶ崎川二手橋より）

[南北断面]

○立地、　軽井沢市街地の北東、旧中山道の碓氷峠に城山がある。ここには、熊野皇大神社があり、上信国境である。熊野神社の創立は古く、神社の由緒記によると、日本武尊にまでさかのぼる。日本武尊東征の時に相模灘で失った后、弟橘姫を偲んで「吾妻はや」と嘆かられという伝説がある。

古くから重要な交通路に当り、当社の烏午王のおふだは、武田氏の起請文に使われている。明暦3年に奉納された石の風車は、軽井沢宿本陣佐藤市衛門の寄進である。

○城主・城歴　万葉書紀の時代から、碓氷峠は相当の往来があったようで、平安期には峠の西麓に長倉駅が置かれたようである。南北朝の頃には、碓氷の神官滋野氏が宗良親王の軍に加わっていたり、戦国期には、武田上杉の両軍が陣場ヶ原で戦ったという。秀吉の小田原の北条征伐の時には、松井田城主大導寺駿河守政繁が碓氷の山で戦って、敗れている。関ヶ原の合戦の時も、新しい軍用道路を造ったらしい。

鎌倉時代以後の碓氷は、戦乱の度に、軍兵の往来が繁く、この城山もその度に何らかの役目を果して来たに違いない。滋野氏や佐藤氏との関係も推測されるが、はっきりしたことはわからない。

○城跡　公園化され、見晴台として整備されるに及んで、細部は失われ、砦としての遺構は全くわからなくなっている。堀や土塁、切り岸等、痕跡も見当らないほど、手を加えられている。見晴台の西側には削平地があるが、茶屋等の跡であるらしい。江戸時代の元禄頃には、熊野権現の門前に社家60戸があり、門付近の茶屋は合計すると80数軒に達したというから、その頃に既に旧状を失っていたかも知れない。

○何れにしても、ここは交通の要衝であり、ここを押えることの重要さは古くから変わりなく、しかも広く関東平野のかなたまで見通せる場所であるために、ここに狼煙台が置かれたことは確かであろう。それは戦国期はもちろんであるが、古代の烽火台も考えられる。

148、城《じょう》尾《お》根《ね》砦《とりで》

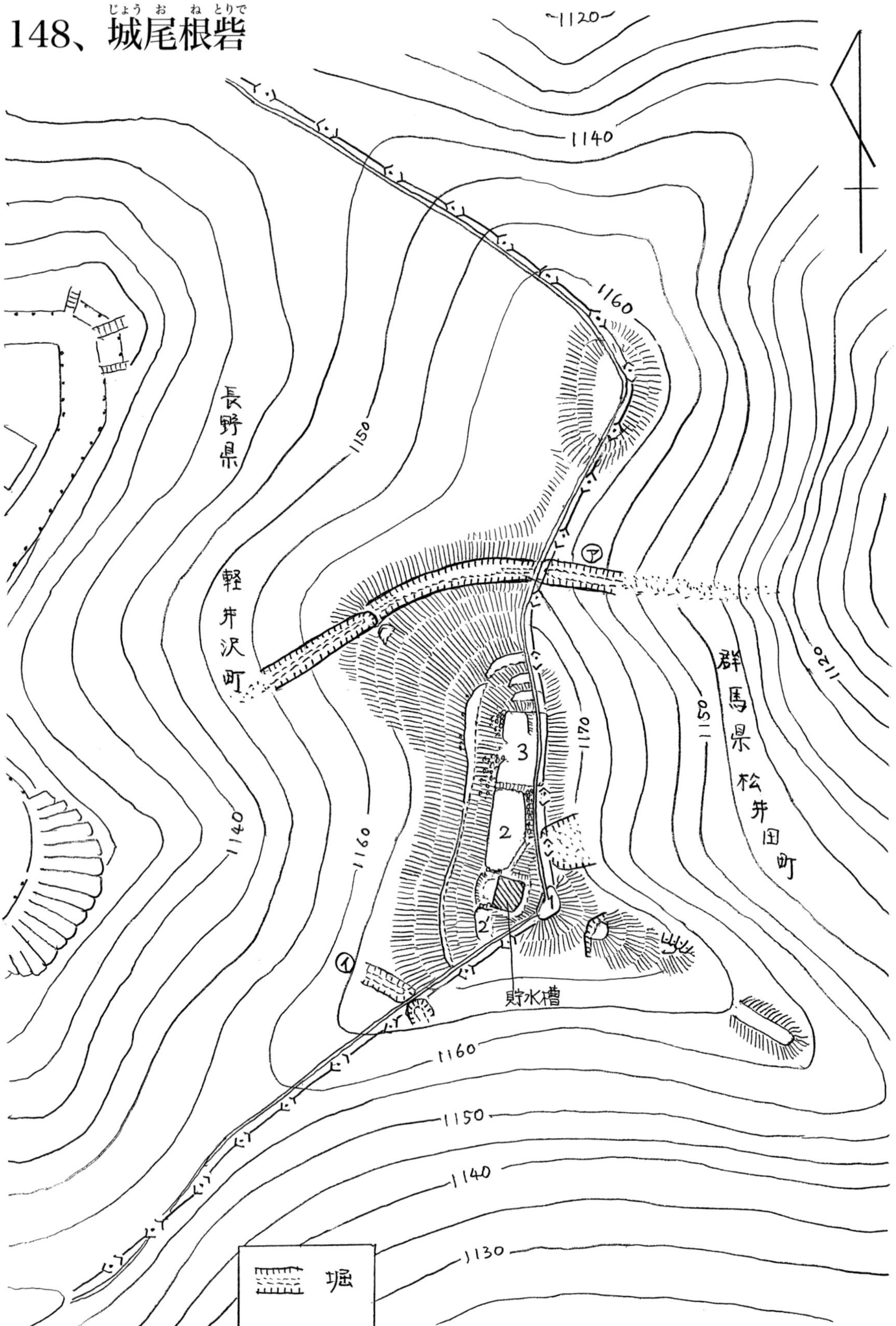

148、城尾根砦《じょうおねとりで》

軽井沢町桜ノ沢城尾根　➔302頁

平成11年9月20日調・同21日作図

標高1180.5m.　222m（矢ケ崎川中村橋より）

［南北断面］

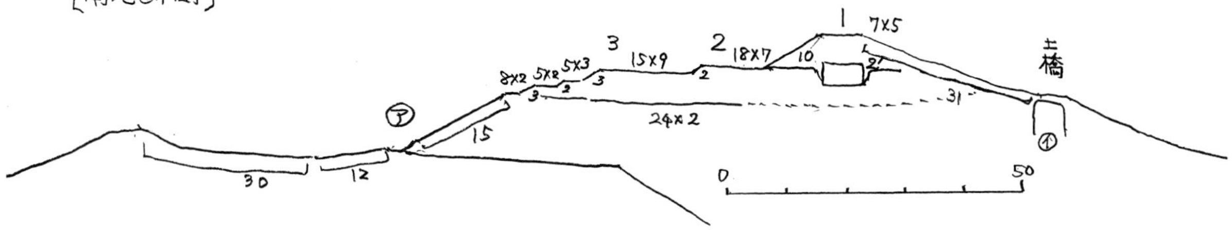

○立地.　熊野神社のある峠町と旧国道の碓氷峠の中間点の県界尾根上の最高点が城尾根である。尾根通しに遊歩道があり、頂上には、別荘地への水道の水槽が造られている。ここからの眺望はまことによく、北1100mの峠の見晴台（狼煙台）はもちろん、群馬、軽井沢の一帯は、手に取るように見える。登路は、別荘地の道路から尾根に出て簡単に登れる。

○城主・城歴　永禄年間に、武田晴信が上杉氏や北条氏に備えて築いたという伝承があるという。立地や遺構から、戦国期の狼煙台があったことは、間違いないであろう。山の西麓は中村地籍で、中山道が開通する以前からの軽井沢の集落のあった所と考えられ、佐藤氏一族が居たので、関連があるのかも知れないとされる。

○城跡　山頂に水道の水槽が建設されて、中心部は改変を受けているが、頂上の主郭はごく狭いものであったと思われる。一段下の2の曲輪へ水槽が造られたらしい。岩を削って造ったらしく、附近に砕石が散乱している。当時の石垣の残がいではないらしい。北側の斜面に数段の腰曲輪があり、15m下の鞍部に近く、㋐の横堀が北の斜面を巻いている。真中辺は道路状になっているが、横堀が埋没したものであろう。

南西の尾根は31m下に①の堀形があり、土橋が残る。南東の尾根には、1より8m下に小曲輪がある。ここは、切岸になっていたかも知れない。　2、3あたりに小屋がけをしたのであろうか。

何れにしても、この地域の砦の伝承のある山の中で、きちんとした堀が認められる点で、確実なものである。

149、小《こ》館《だち》山《やま》砦《とりで》

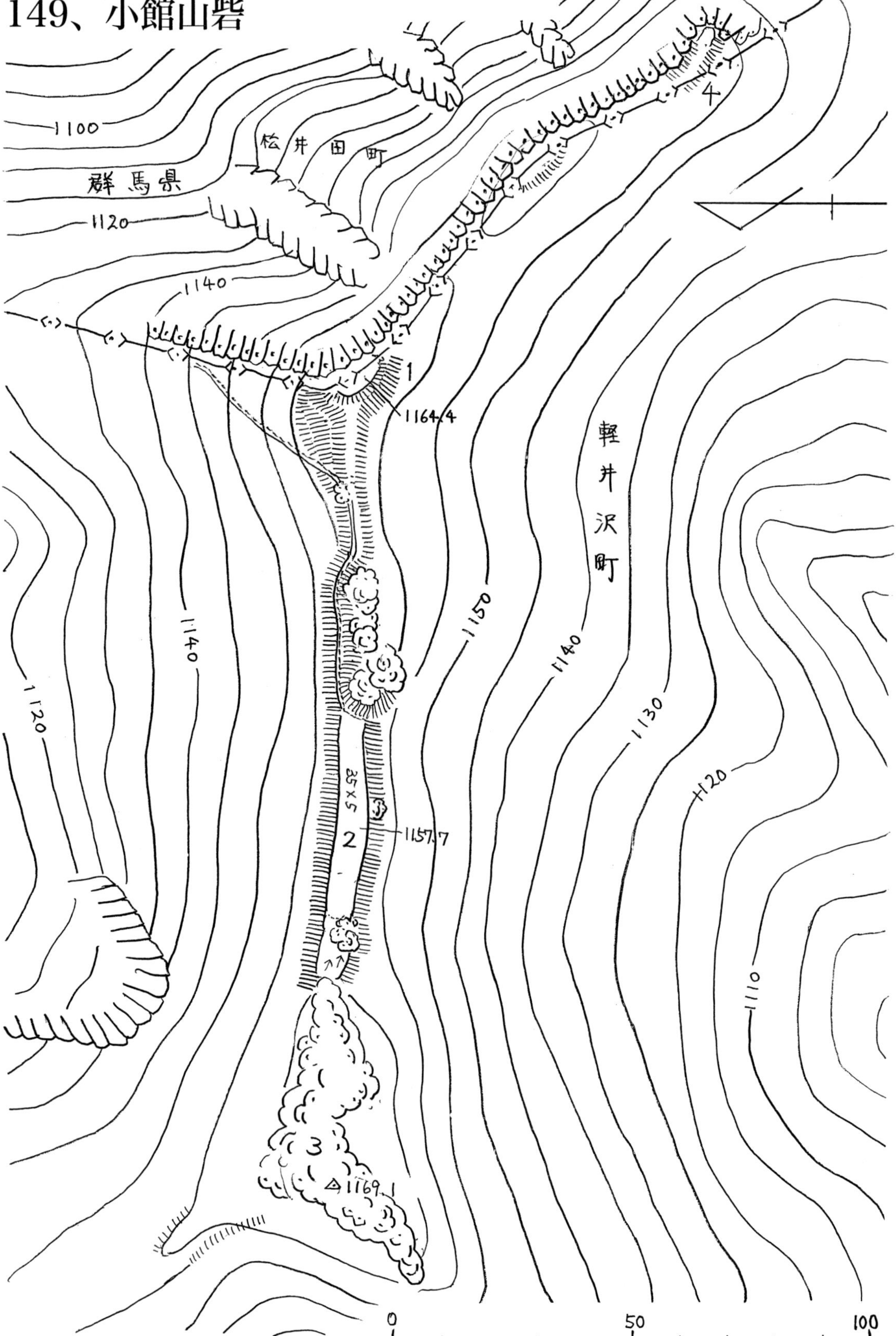

149、小館山砦《こだちやまとりで》

軽井沢町境新田小館山 ➡303頁

平成11年9月20日調・同日作図
標高1169m．比高135m（入山峠より）

［東西断面］

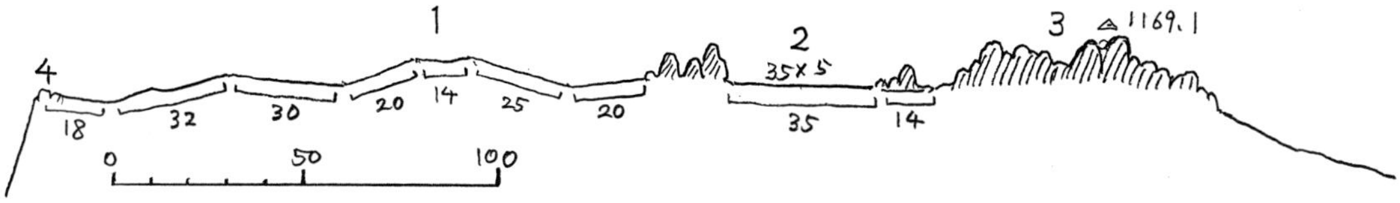

○立地．　入山峠の南．600mのところにある岩山が小館山である。入山峠の旧道より，県界に沿って登るが，長野県側は比較的傾斜が緩いのに対して，群馬県側は絶壁に近く．尾根筋から．松井田町側は．眼下に一望にできる。

○城主・城歴　天正年間に武田氏が築いた砦という伝承が残る。
永禄6年（1563）の軽井沢境に当てた武田氏禁制文書に「境之右馬助」の名が出てくる。境は入山峠の直下の集落で，そこに軽井沢の佐藤一族の右馬助が居住していて，入山峠の警備を命じられたものと考えられているが，はっきりしたことはわかっていない。

○城跡　山頂部の東西の尾根は，長さが300mほどあり，そこにいくつかの岩峰が聳立していて，しかも群馬側は絶壁で，東からは登れない。それだけに東方の眺望はまことによい。
最も高いのは，3の岩峰であるが、これはやたらに登れない。物見に適しているのは，1と4であるが西の方を見通すには，1の方がよい。平地のあるのは．2のところで．幅5mほどの平らの尾根が35mほど続く。小屋がけをしようと思えばできるし，東西両側は岩峰で守られている。
堀や土塁の類は見当らず，自然地形のまゝであるが，あえて考えてみると，1を物見の場所として，2か1の近くに小屋がけをしたのではないかと思われる。
狼煙台だけなら．ここまで登らないでも．途中の1072.2m峰のあたりでも間に合うが，あえてここに置いたのは，入山峠と和美峠を結ぶ尾根筋の道が，案外使われていて，その警備も兼ねていたとしか思えない。

150、たて茂沢城《もざわじょう》

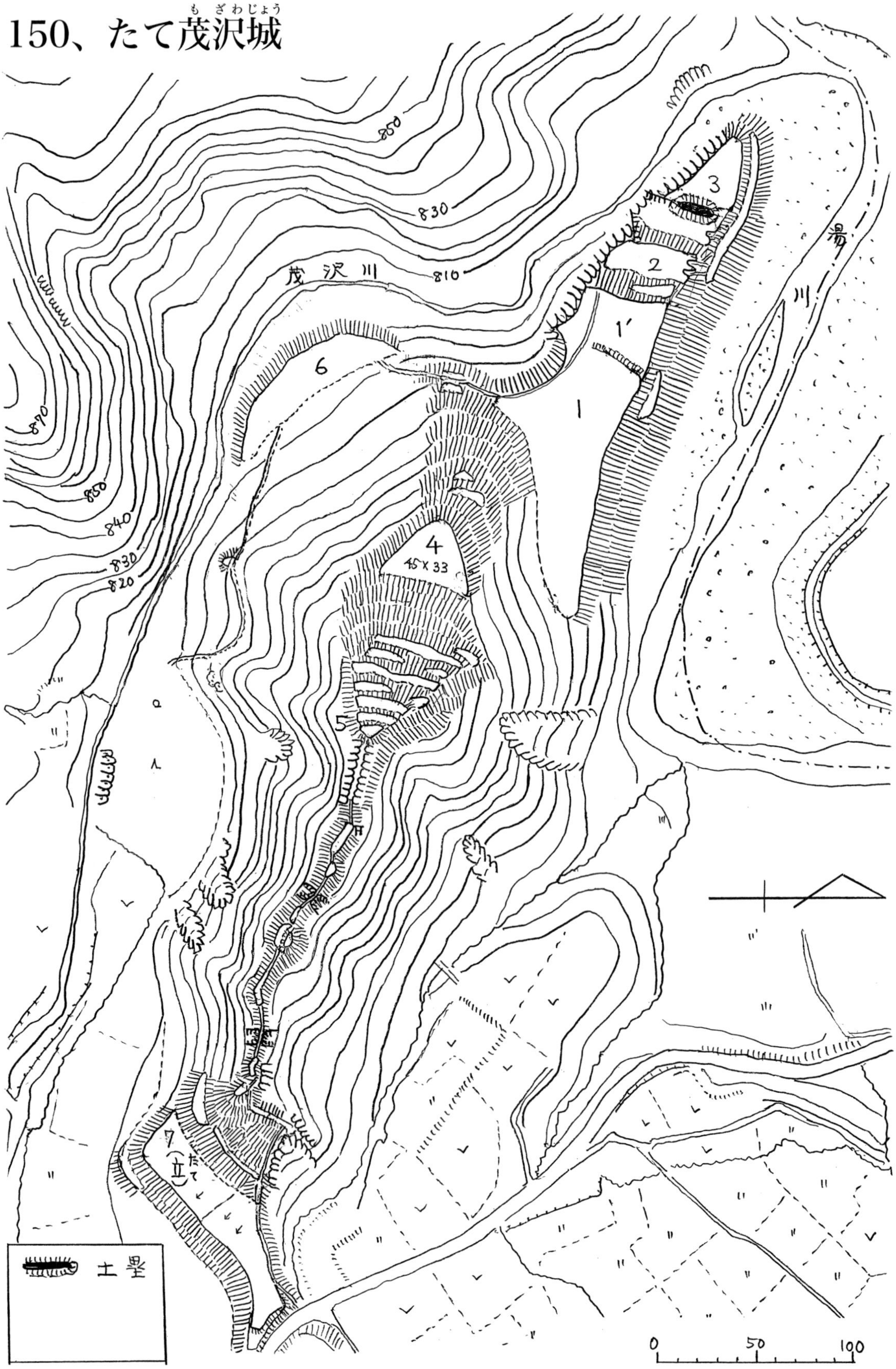

150、たて茂沢城《もざわじょう》

軽井沢町茂沢字立

➔304頁

平成11年9月2日調・同3日作図

標高880m．比高80m．(北麓湯川より)

［東西断面］

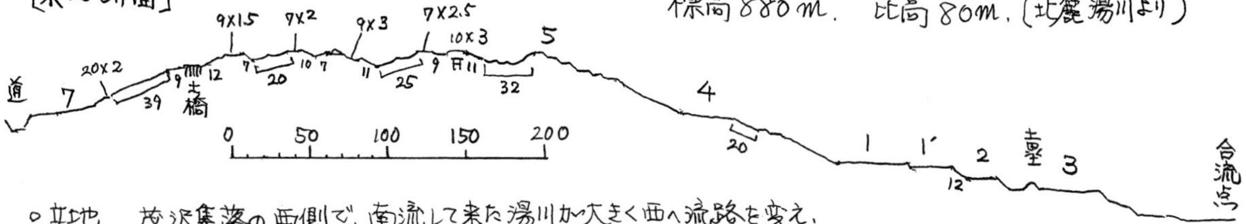

○立地　茂沢集落の西側で．南流して来た湯川が大きく西へ流路を変え、西流する茂沢川と合流する所の東西に長い山に茂沢城がある。山の東端の一段高い平地を立(たて)と呼んでいる。館から来たことばで居館が想定できる。山体は険しく．南北の両側面は断崖で、人を寄せつけず．尾根は1mに満たないやせ尾根になる。山頂部と西麓に主要部分がある。

○城主・城歴．　はっきりしない。中世の五輪塔が近くから100基近く(現存60余基)出ていることから、豪族の居住が想定できる。平尾依田氏の一族である依田伊賀守長久が領主であり、この城との関連が考えられる。また、仁治元年(1241)吾妻鏡に出てくる長倉保の領主武田伊豆入道光蓮や．長倉郷内に存在した阿江木氏なども考慮してみる必要があろうと考えられている。

○城跡．大きく分けると．立と呼ばれる部分と．山頂の物見と詰城となる部分と、西山下の広大な本城部分の3つになる。大手は茂沢川に沿った南西部と思われ．6の平地あたりから入ったものであろう。本城は．東西北辺で165m，南北西辺で50mほどもあり．2段に分かれている。西下の2は35×15ほどの方形で，1との間に小さな曲輪が挟まれている。2から11m下は堀とも見え．大きな土塁を挟んで3の曲輪になる。北下数mには幅4mほどの帯曲輪が巡り．そこへ虎口が開く。

詰城は．中段の4の曲輪を経て．山頂部に数段の曲輪が階段状に並んでいる。物見や背後に備えたものであろう。尾根筋にも小さな平地が連続する。その東端が7で、これを館と見るのはどうであろうか。搦手の重要な施設があり屋敷もあったかも知れないが，城主の居館が置かれたとは思われない。

地元の人は、ここに城があることは聞いていないという。「立」というのは、7および山を言うと言っていたが．6のあたりを大手として．城主の館は本城のある．西側と見るのがよいだろう。後世の耕作も考えられるが，相当に加工度が高い城といえる。

151、十二平茂沢城《じゅうにでえらもざわじょう》

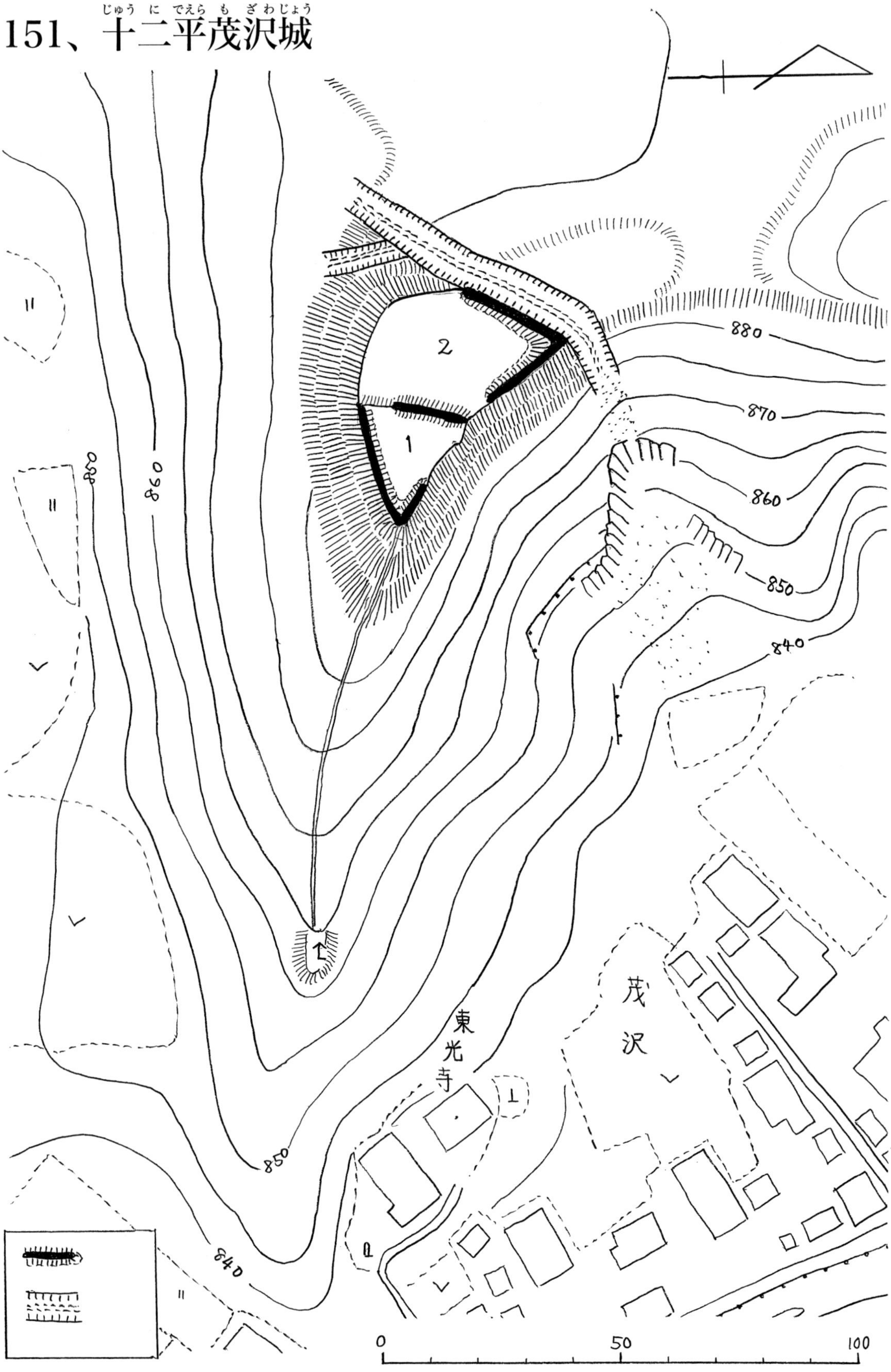

151、十《じゅう》二《に》平《でえら》茂《も》沢《ざわ》城《じょう》

軽井沢町茂沢十二平 ➡304 頁

平成11年9月2日調・ 同4日作図
標高886m. 比高54m（大日橋より）

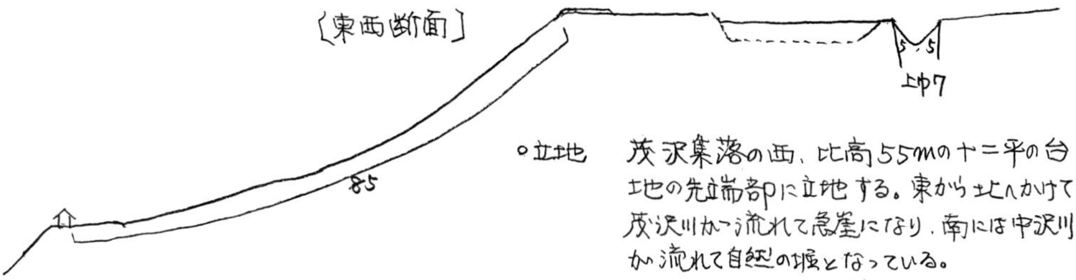

○立地　茂沢集落の西、比高55mの十二平の台地の先端部に立地する。東から北へかけて茂沢川が流れて急崖になり．南には中沢川が流れて自然の堀となっている。

○北西700mの茂沢川の対岸の山には，たて茂沢城があり．南方片木沢の奥の岩山に片林城、更に、茂沢川の奥には高城がある。茂沢は古くからひらけた所で．南篭の高台には．中世の五輪塔が数十基集められている。

○城主・城歴　相木入道の居城とする伝承がある。また若林氏がここの領主であったとする伝承もある。多数の五輪塔の存在からして．室町時代に，長倉との関係で．阿江木氏（のちに相木氏）がこの辺りを支配し．後に依田氏一族の支配になったと言われ、それらの諸族にかかわる在地土豪層の要害城であろう。

○城跡　台地の先端の突出部を、上幅7m．長さ50mほどの堀で遮断し、周囲の必要部分を土塁で囲った造りである。城跡への登路は．東の細尾根に沿った道と．南側の斜面から堀のあたりへ登る道が考えられる。曲輪は、先端部の三角形の部分が一段高いので，ここが主郭1として，その西に、堀との間に2の曲輪がある。竹籔がひどく、何とか辺縁は計測して図にしてみたが．内部はどのようになっているか、不明。
何れにしても一条の堀と小さな曲輪が2つで．周囲に腰曲輪等は見当らない簡素のものである。このことからして．大勢力がかかわったものとは思われない。おそらく茂沢に住居をおく土豪層の要害で、茂沢川沿いの物見も任務していたとも考えられる。
近くのたて茂沢城との関連は不明。　あるいは、たて茂沢城の支城としての時期もあったかも知れない。虎口や細部が見えないために普請の様子等は．判断できにくいが、狼煙台の線も考えられないことはない。

152、高《たか》城《じろ》

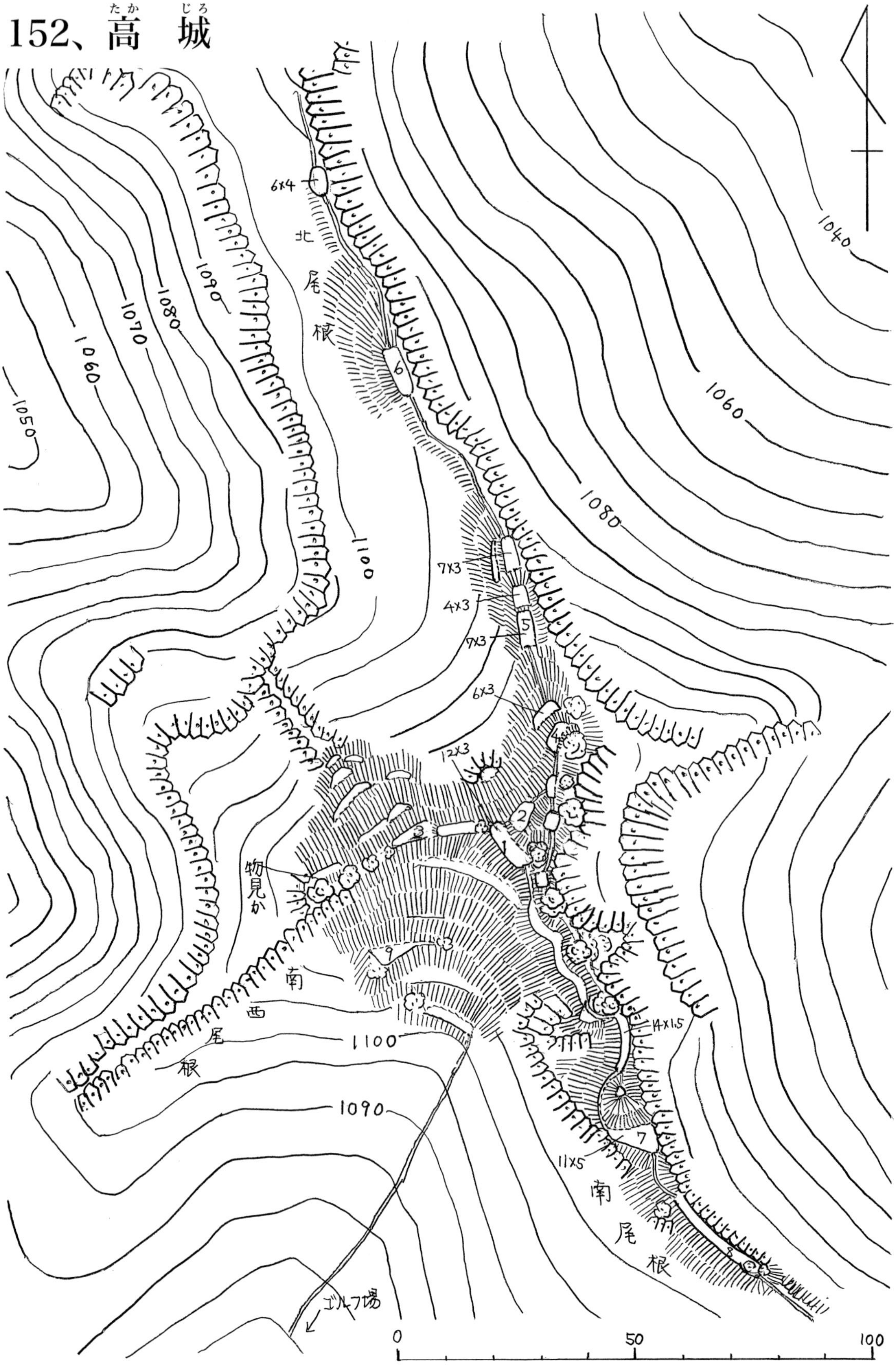

6×4
北
尾
根
6
1040
1060
1080
1090
1080
1070
1060
1050
1100
7×3
4×3
5
7×3
6×3
12×3
4
2
1
3
物見か
9
南
西
尾
根
1100
1090
14×1.5
7
11×5
南
尾
根
8
ゴルフ場
0
50
100

152、高《たか》 城《じろ》

軽井沢町発地字悪場 ➡304頁

平成11年9月14日調・同日作図
標高1175m．比高（250m 発地より）

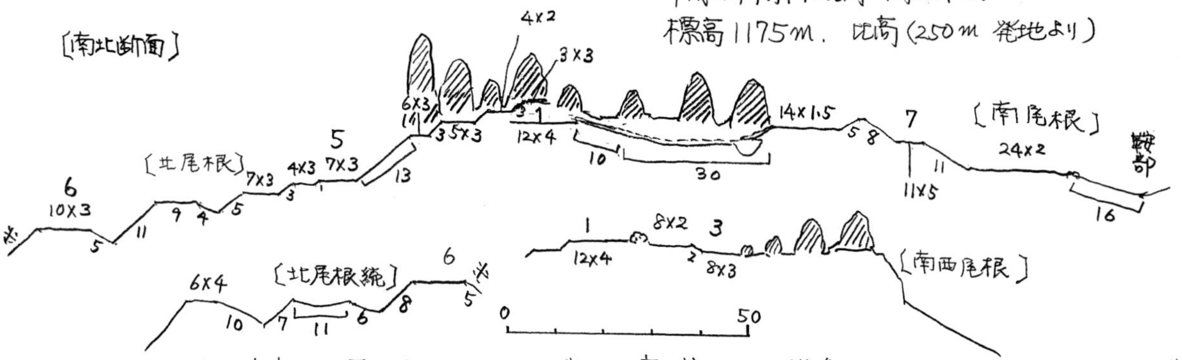

○立地．八風山から北北西へ延びた尾根上の岩山に高城がある。登路は、茂沢川の谷のゴルフ場のクラブハウスの所から熊笹の斜面を登ると近い。道は消えてしまっている。発地側からの道もあるらしい。

○城主・城歴　不明。

○城跡．南尾根の鞍部から16m登ると、8の24mほど平らな細尾根になり．そこから岩場になり11m急登すると7の曲輪になる。道は、小突起を巻いて、14×1.5の平らな尾根を過ぎると、岩峰になる。西側に若干の平場があり．頂上近くの最大の曲輪1（12×4）になる。ここで尾根は南西尾根と北尾根に分かれる。

頂上部には．3×3、4×2、5×3の平地が岩塔の間にある。主郭に当るものは．1.2.3.4あたりの所であろう。南西尾根の北の斜面に数面の平地がある。突端の岩の所は物見であろうか。北の尾根に沿って．5の所に削平地が続く。何れも小さなものであるが．これらが「善棚」「銭棚」と呼ばれているものと思われる。小さいながらも、頂上部を中心に配置されている。

南西尾根と南尾根の間の沢筋は、比較的傾斜も緩く、2～3段の削平されたと思われる地形が残り，ここに登路があったと思われる。沢の下部に水場があるので，それを使ったであろう。

○断崖絶壁に囲まれた岩山で．狭い尾根筋に，小さな削平地が残る。狼煙台として使われたかわからないが．槍の穂が発掘されているというので，在地国人層の詰めの城として使われたことが考えられる。また目立つ山であるので、逃げこみ城として使われたことも考えられよう。

153、片木城《かたぎじょう》

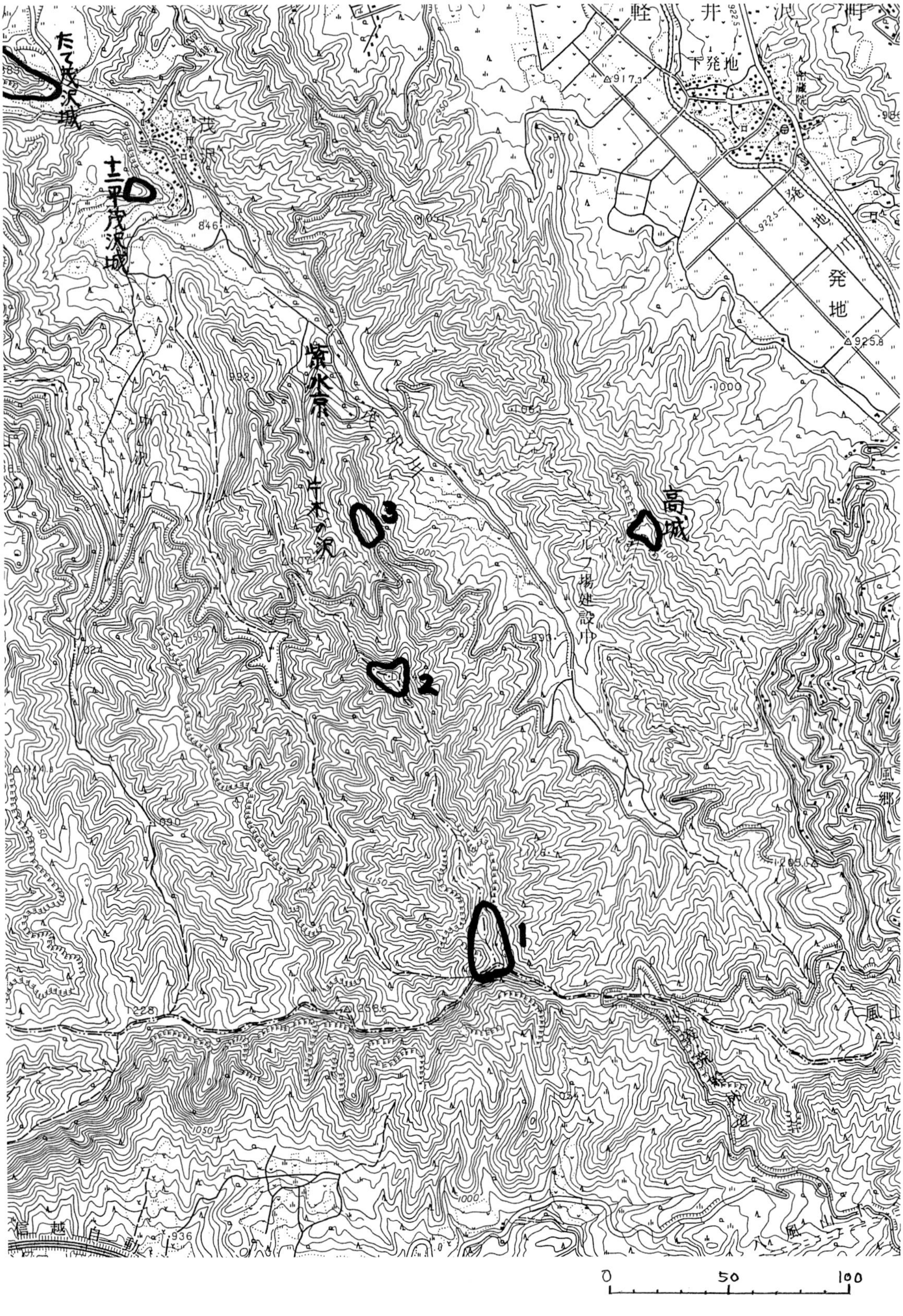

153、片木城《かたぎじょう》

軽井沢町茂沢（紫水京上）

➡304頁

平成11年9月6日調・同14日確認．

○立地．　茂沢集落の奥，茂沢川の左岸，高城《たかじろ》と相対する尾根上にあることは確かであるが，位置がはっきりしない。地元の人に確めてみるが，人によって教えてくれる位置が違う。紫水京から尾根通しに最高点まで歩いてみたが，ここがそうだと確信できる所がなかった。

そこで，位置を考えてみることにする。候補地は，3つほどあがる。

1．まず村人が教えてくれた場所で，20mほどの絶壁に囲まれた，一番高い所という。八風山に続く佐久市との境界の山で，尾根通しにはとても登れない。西側の沢の頭に一部何とか登れる場所を見つけて登ったが，命がけの登はんになる。

頂上には若干の平地があり，心なしか削平されたらしい跡があるが，はっきりしない。この尾根上で，ここが最も広く，眺望はよい。周囲は断崖で，西側の沢筋から道があるらしいが確認してない。

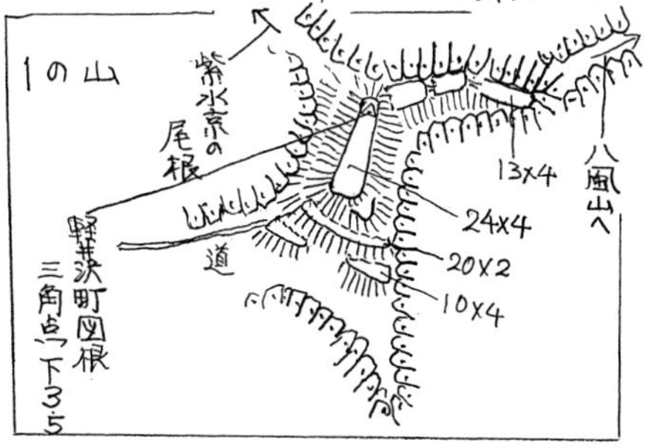

この山なら逃げこむには，安全と言えるが，水場は不明。長くは居られない。一時の避難場所にはなる。

2．片木の沢の西の尾根で，茂沢の集落に最も近く張り出している尾根と，先程の紫水京からの尾根の交わる所の峯である。茂沢の集落から見える山は，この山ではないかと思うがはっきりしない。岩山で，岩壁が囲んでいるが，上には平地はないように見受けられた。

片木の沢の頭になるため，片木城の名称から考えると，この場所がそうかも知れない。

3．紫水京から入る尾根の中段で，林道森泉山線よりも下になる。ここが片木城の跡だと教えられたが，それらしい平地は見当らない。細い岩尾根で，小さなピークが5つほど連続している所である。

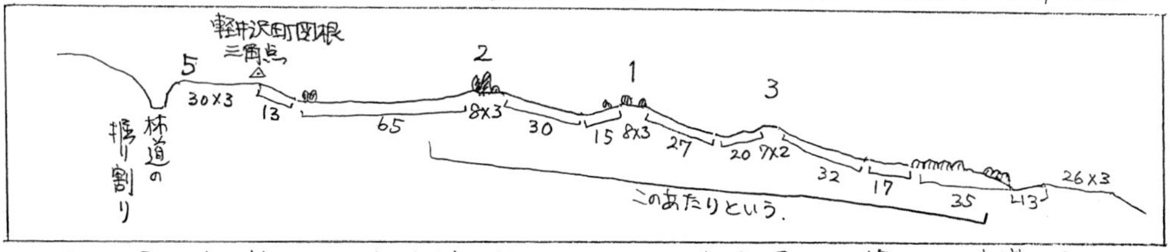

尾根の幅は，広い所で3m位で，狭い所では1mほどの細尾根上で，砦としての遺構は見当らない。

○城主・城歴　十二平茂沢城の城主 青木（相木ともいう）入道が，武田勢に攻められて，ここまで逃げこんだが，やがて見つかり，一族全員が討ち死にしたという口碑が残る。また危急の際には，狼煙をあげた場所とも言い伝えられている。

○片木城があると言われている尾根は，近くの高城《たかじろ》と同様に尾根上に岩塔が立ちはだかり，岩壁が至る所にある険しい地形である。

口碑にもあるように，逃げこむ場所であったことが想像できる。また，この尾根筋が万一の時の逃亡路で，尾根を越え，香坂の谷へ，あるいは八風山を越えて上州へ逃れることが想定されていたのかも知れない。

従って，もともとここには砦らしいものはなく，相木入道が逃れる途中に，一時足を留め，そこを捕捉されて討死にした場所を言っているようにも思われる。下から見れば，この2km以上もある岩山も，あの山という概括的な言い方で表現され，その結果，場所の特定ができなくなっているようにも考えられ，ここでは，十二平茂沢城あるいは，茂沢の人々の逃げこみ城が片木城であろうということにして，結論が得られないまつに，後究にまつことにする。

地元の人々が納得のいく結論を出してくれるものと思うが，こうしたはっきりしないものが沢山ある。年寄りがいるうちに何とか聞き取って行かなければならないが，急がれることである。

154、平林城《ひらばやしじょう》（城《じょう》の腰《こし》）

軽井沢町追分字平林 302頁

平成11年9月6日調・同日作図
標高911m、比高55m（湯川より）

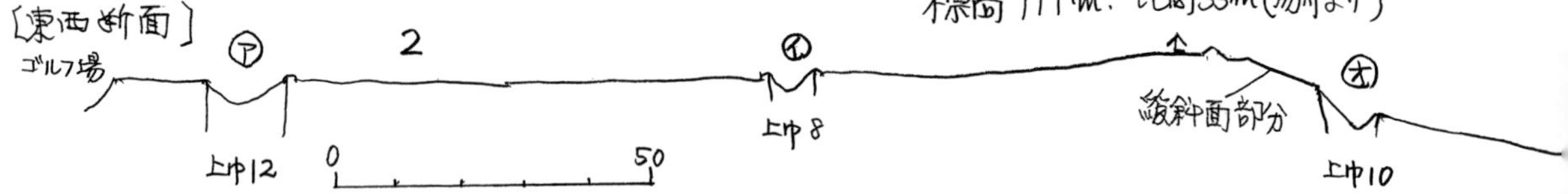

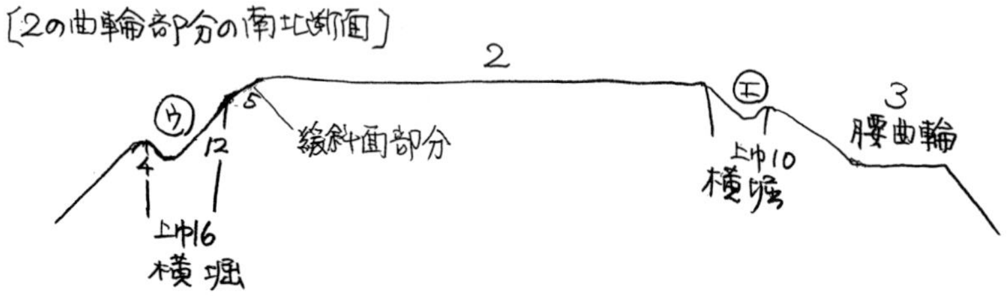

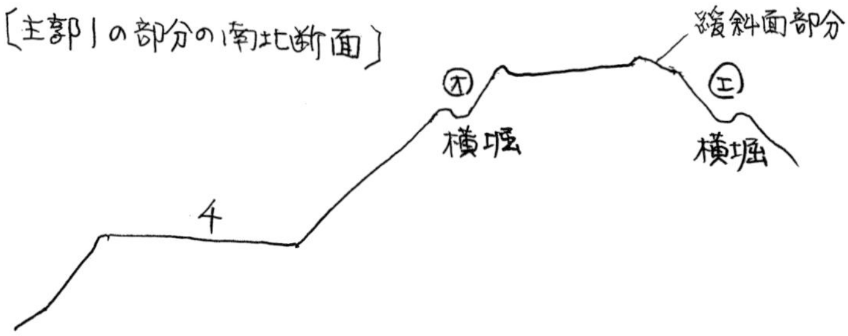

◎各所に見られる緩斜面部分は、曲輪面の削平の際、切岸との間に残った部分で、削平が不完全であったか、切岸の土を掻き上げることをしないで、斜面のまゝ残したことが考えられる。そして、そこに柵列を置くかしたように思われる。

工事を急いだことから、このような形が残ったことが考えられる。

○立地　大原の自由ヶ丘別荘地の北、湯川を挟んだ台地の先端部に平林城がある。台地上から湯川までの比高55mほどの急崖である。湯川が東から南、西へと蛇行していて、東側には自然の沢が食いこみ、三方は急斜面に守られていて、台地へ続く北側に堀を入れて、城を造成している。

城跡下の湯川の渕を「桂渕」と呼び、落城の際姫が入水したという伝説があるという。

○城主・城歴　記録等はない。

永禄4年（1561）北条氏の書簡の中に「臼井越山之敵ハ松井田上之山に陣取、又かり宿近辺へ打散而放火働一理ニ候」とあり、後北条氏との関連が示唆される。また天正11年（1583）の依田信蕃文書中に、「刈宿（借宿）之若共」とあるので、そのことから平林近在に地侍の集団が居たようにもとれる。

何れにしても武田氏や北条氏が県境を越えて攻守を繰り返していた土地であるので、それらの勢力により築城あるいは修築を受けていることも慮に入れる必要がある。

○城跡　大手は北方になり、道路があるあたりが、城の虎口と考えてよさそうである。現在はすぐ近くまでゴルフ場になり、城跡の北の部分は、大きく改変を受けていて、大手筋の旧態は見られない。多分土橋で2の曲輪へ入ったのであろう。2の入口に土塁の残痕がある。

㋐の堀の西半では、曲輪から堀になる所まで幅広い緩斜面がある。これは、2の曲輪の南辺縁部や主郭の北や南の辺縁部にも見られ、曲輪から斜めに緩斜面があり、その下に切岸がされる。

2の南西部の傾斜の緩い所には㋒の堀を入れ、続く東の部分は、急斜面になるので、所々に小さな腰曲輪を置き、その両端から竪堀を下げているのが目立つ。

2と1の間には堀があるが、西半ははっきりしなくなる。これは堀というより桝形に近い形ともとれる。

主郭1は、三角形で東端が少し高くなる。2から1の東側は、比高が少ないこともあり、ここに、全長140mにもなる横堀がつく。この㋓の横堀は、東の先端部から折り返して、南斜面を45m続いている。

1の先端部の下は、尾根筋に沿って3段程の削平地が見られる。これは、南下にある大きな4の曲輪との連絡の段であろう。4の山際に湧水があるとされるが、熊笹がひどく、確認はできなかった。地形から見ると出てもよさそうな所である。西側の斜面に洞穴がある。

東側㋓の横堀より10m下に85×20の紡すい形の3の曲輪がある。比高の少ない東側の沢筋の守りのための腰曲輪である。

1は、1部切れているが、低い土塁が全周していたようで、北東の隅と、南辺の中央部に虎口を開く。

○以上、城跡を概観したが、まず、西の急斜面を除いて、㋒㋔㋓の横堀で守っているのが特長的である。横堀が多用されるのは、戦国期も末期になってからで、その点この城は、加工度も高く、実に効果的な縄張りで、城としての完成度も高い方であり、新しい印象が強い。

近隣の在地土豪層が領国支配のために造った城ではなく、境い目の城としてある勢力の拠点あるいは、つなぎの城として、兵站基地としての性格が強いように見受けられる。

おそらく、武田氏、或いは北条氏の息のかかった城で、しかも戦国末期の築城あるいは修築の城(天正期)ということが言えそうである。㋐の堀の外側に丸馬出しでもあれば、おもしろいが埋まっていることも考えられよう。ここへ城が必要になり、、峠を越えて橋頭堡が欲しいのは、北条氏ということになるであろう。武田氏滅亡後のことになろうか。また土塁の構築は、内部の土を掘り上げていることや、2郭に多く見られる切岸との間の緩斜面等、工事を急いだ様子が伺えるのはおもしろい。

154、平林城《ひらばやしじょう》（城《じょう》の腰《こし》）

155、小《お》田《た》井《い》城《じょう》

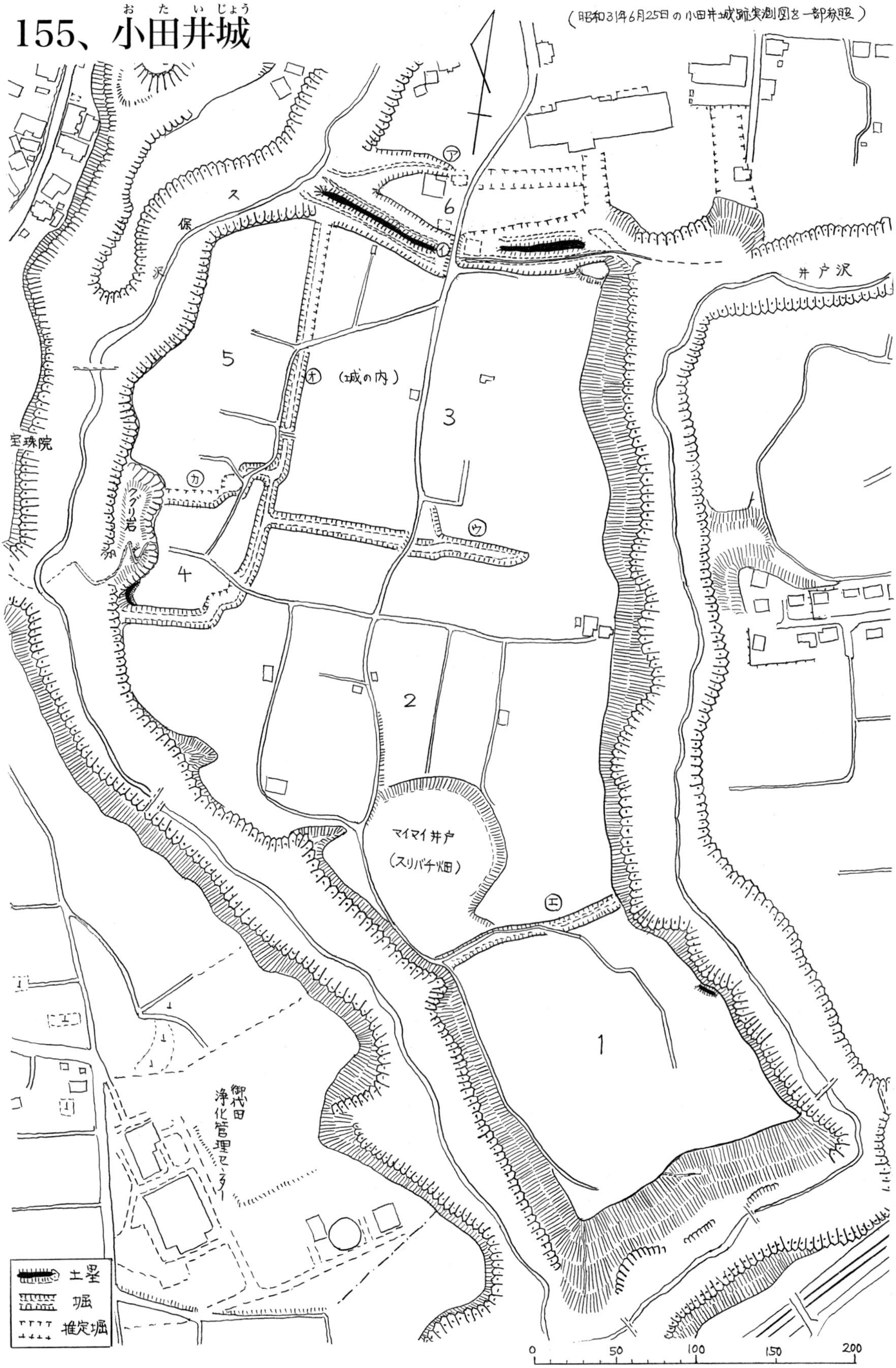

155、小田井城《おたいじょう》

御代田町小田井字城の内　(町史跡)　➡305頁

平成11年9月2日調・同3日作図
標高980～767m.　比高40m(南端)

〔南北断面〕

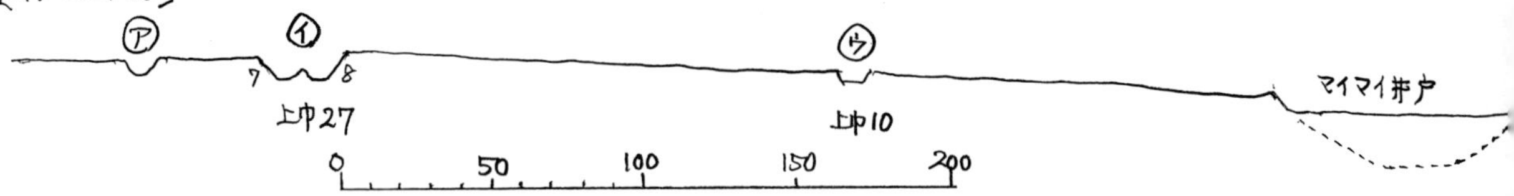

○立地.　小田井宿の東側、久保沢と井戸沢の田切りの間に挟まれた台地上に小田井城がある。現在大半が畑地で、字城の内になる。両側の沢は20～40mの絶壁で、北辺が台地へ続いているが、そのせばまった所と言っても幅180mもある所に堀を入れて、台地を独立させている。城域は、南北650m，東西最大幅300mもあり、広大である。

外城は更に北側に、この倍ほども広がり、佐久屈指の大城ということが言える。

○城主・城歴.　戦国期 大永年間の築城とされる。城主として、小田井又六郎、弟二郎左衛門が拠ったとされる。

天文13年、武田晴信の誘降にのらなかったため、板垣信方を先鋒として、8,000余騎で攻撃され、12月15日に落城。又六郎以下全将兵が討死にしたと言われる。

武田氏の圧迫がせまってくる中で、小田井城は修築を加え、防備を固めたものであろう。

天文16年の志賀笠原氏を攻めた時に武田勢と笠原氏支援の上州勢が闘った、小田井原の戦の時に、この小田井城がどのように使われたかは不明である。

天正10年(1582)、武田氏、織田信長滅亡後は、北条氏直の勢力に支配されていたが、徳川方の依田信蕃の佐久統一のために攻略され、以後廃城となる。

以上のように、小田井城は何回も実戦の場となり、常に緊張状態が続いた地域であるために、夫々利用した勢力により、改修を加えて来たことが想像できる。

しかし、城域が広大であるだけに、その遺構は漠然としていて、少しばかりの兵力で守ることがかえって難しいことが言える。

小田井又六郎が武田勢と戦った際に、手勢3,000を率いて戦ったとされるが、当時の人口や勢力範囲からして、3,000人の兵は、とても考えられない。その$\frac{1}{10}$と言ってもよい兵力で、これだけの広い城はとうてい守るのは難しい。城は広ければ良いというものではない。兵力に合った大きさの城が守り易い訳である。

○城跡から.　城跡を大きく分けると6つ位になろう。外城はおいて、㋐の堀から中を考える。

㋐の堀の東半がよくわからないが、東の井戸沢へ連結していたとすると、そこに6の一郭が見えてくる。これは馬出し曲輪とも言うべきもので、大手の最初の曲輪で、門もあったと思われるし、ここの土橋から㋑の堀も土橋で、城内へ引水がされていたと思われる。

㋑の堀はいつだれが掘ったのかが問題になるが、流水を使って掻き崩したものであろう。これだけの幅を必要としたのは、鉄砲を想定するようになってからで、最初から2重であったとは思われない。改修により2重にしたものであろう。

◦ スリバチ畑のマイマイ井戸は、本当に水が出たか疑問である。貯池（天水溜）であったかも知れない。

　マイマイ井戸は、小田原の一夜城にもあるが、もっと小型で、湧水は望めそうもない地形である。

◦ それよりもクグリ岩を脱出口としているが、ここは、久保沢の底へ下れる唯一のルートで、宝珠院の南の沢中の道へ通じ、大事な所になる。

もちろん脱出口を想定したかも知れないが、一番大切なのは、水場の確保と、城外との連絡路で、道の折れを利用して小さな曲輪跡が認められるし、門も想定できる。

　そう見てくると、台地の西辺部を㋔、㋕の堀で区画した意味がわかる。だだっ広い所ではどうにもならないために、ここに水場に近く、適当な広さの曲輪が得られることになる。4の西端には土塁痕があり、ある時期には、中核的な曲輪であったことが考えられよう。

　小田井又六郎の時代にはどうであったか考えてみると、兵力等からして、とてもこんな大きなものは考えられない。主郭は1であったことは確かであり、南西の尾根は下まで下れそうである。どうも1を中心として、㋓の堀以内位が主要部で、あとは、㋑か㋐のあたりに防御ラインがあったのではなかろうか。

　㋒㋔㋕の堀は後のものと思われる。この堀は上幅10mほどで、所々に折れを入れて、仲々巧妙である。小田原勢の手になったとすると、佐久の足場としての中継の塁として興味深いものがある。

　6の所の馬出しが丸馬出しであったら、武田の修築も考えられ、このつかみ所のない城跡から、多くのことが発見されるだろうと思うと、大勢力と関連があるだけに、興味深い遺構といえる。

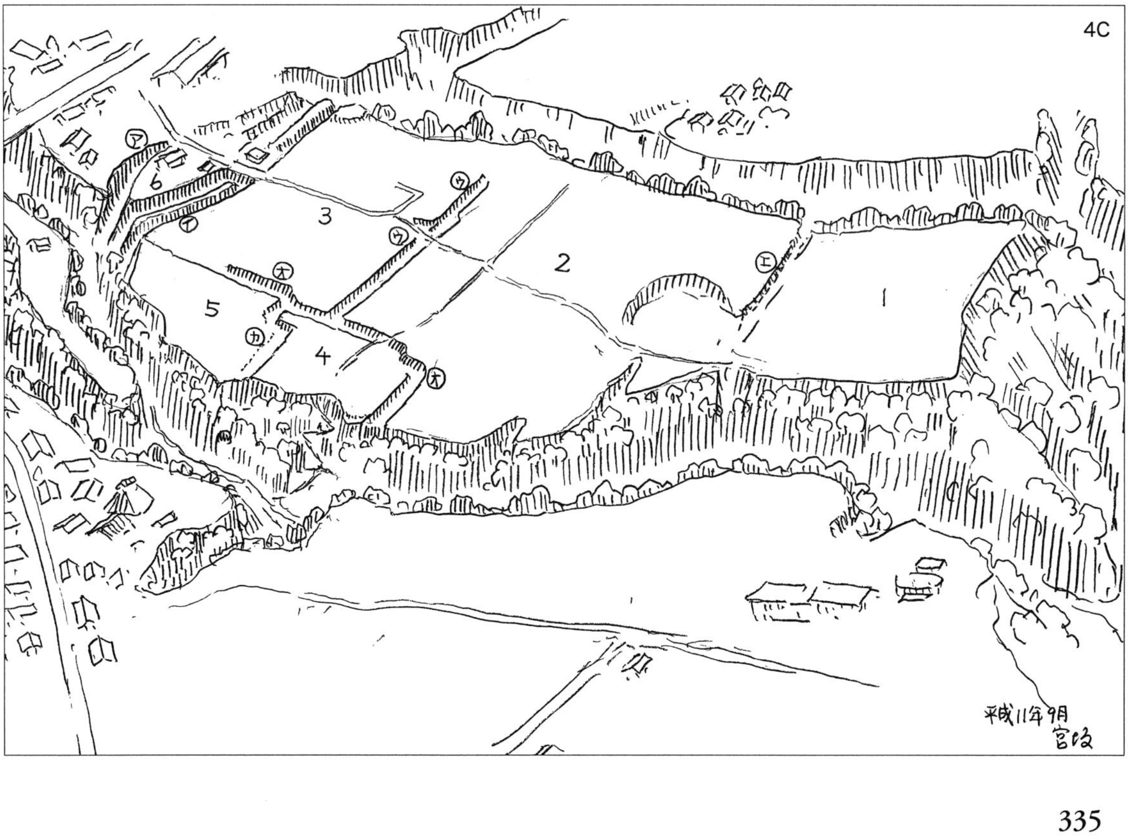

156、頭槌城《ずづちじょう》

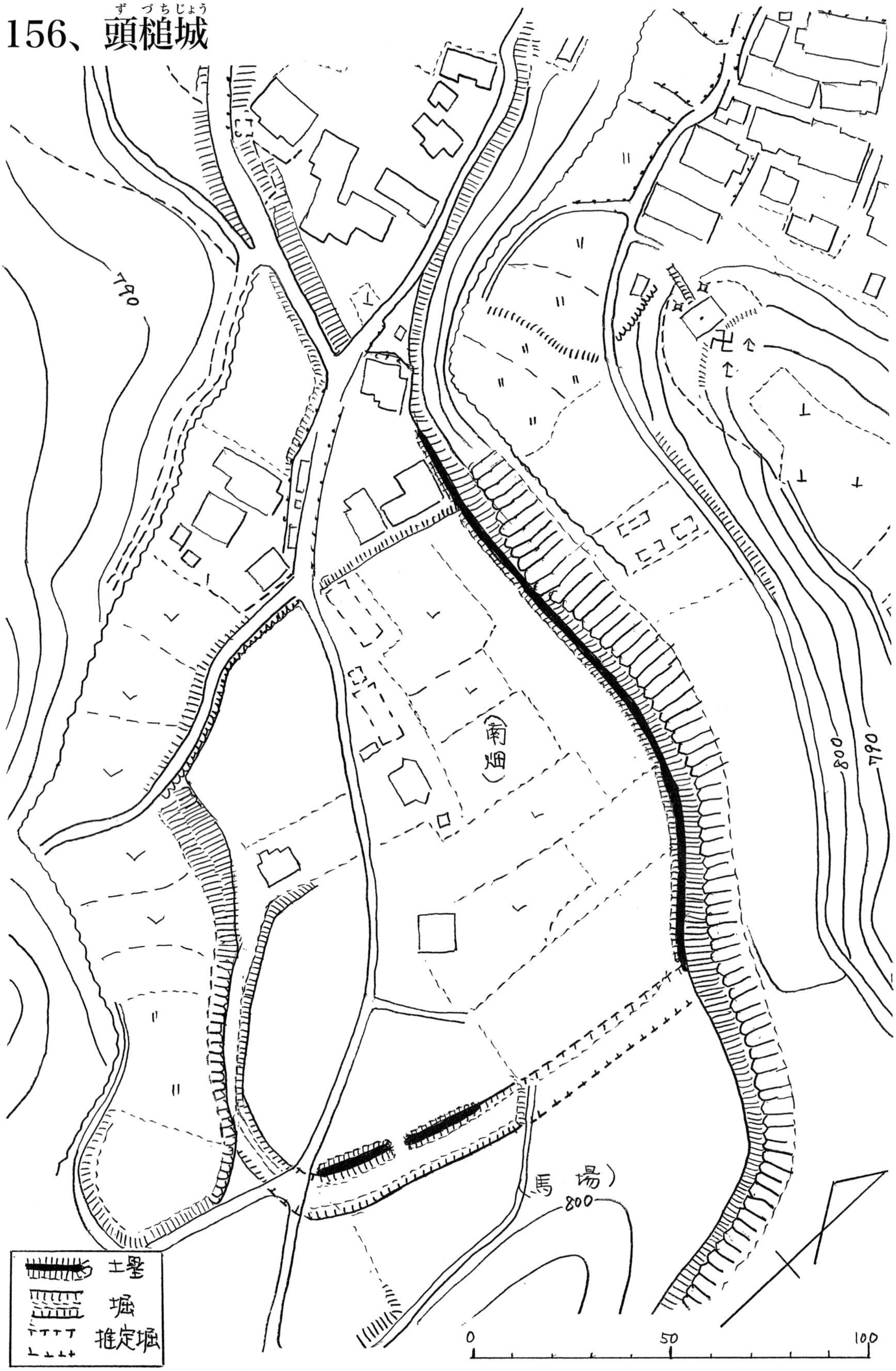

156、頭槌城《ずづちじょう》

御代田町面替字南畑　➡305頁

平成11年8月24日調・同日作図

標高792m.　比高20m(北側田切の沢底より)

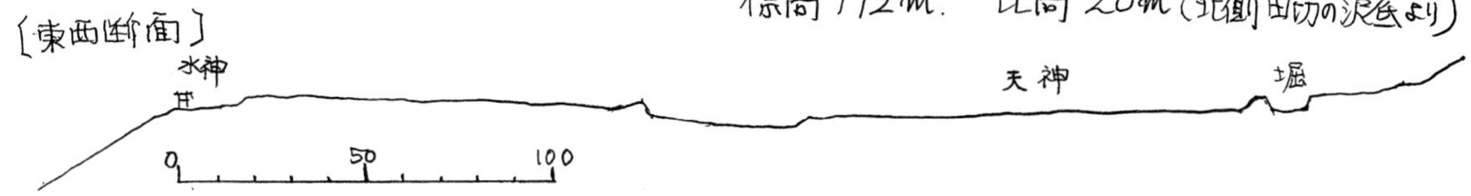

○立地　平尾富士の北麓の台地上に立地する。北側は田切りの沢の断崖で、南の沢はそれ程深くはないが、両沢に挟まれた台地で、字南畑、通称大星平と呼ばれている。

台地の東側の山際に、上幅10mの堀が南半分に残る。

○城主・城歴　不明、　面替の集落が北屋敷、南屋敷の字名である所から、この城館に関連の名前と思われる。中世、長倉牧に関連の国人が居住していたことが考えられる。

○城跡、東辺に後背の山地との間に堀がある。現在は南半50mほどに堀形りが残っていて、堀の西側に土塁があることから、以西が城内と言える。土塁の中間点に、低い所があるので、虎口かも知れない。搦手に当る。北側崖際に土塁痕が残るが、後のものか不明。広さは東西160m、南北120mほどの広さがあり、東側へ緩くのぼる平地である。北東の隅の鬼門除けに天神をまつったとされる(『御代田町誌 歴史編上』)が、今は見当らない。畑のあたりを天神と呼んでいるという。(荻原さんのおばあちゃん。)

水はなく、北の沢のお寺の門前の池から汲み上げていたという。西側が大手筋と思われるが、あいまいで、どこまでが城域か特定できない。西側の荻原氏の住宅のあるあたりの方がまとまりがあり曲輪らしい姿である。ここが大手と思われる。

頭槌城の名がどこから生まれたか、定かではないが、台地上に屋敷を構え、附近の田切りの沢や台地下の平地を耕した頃、あるいは牧に関係する人たちの屋敷地であったものと考えられる。山沿いの間いあたりに馬場があったと言われていたらしい。

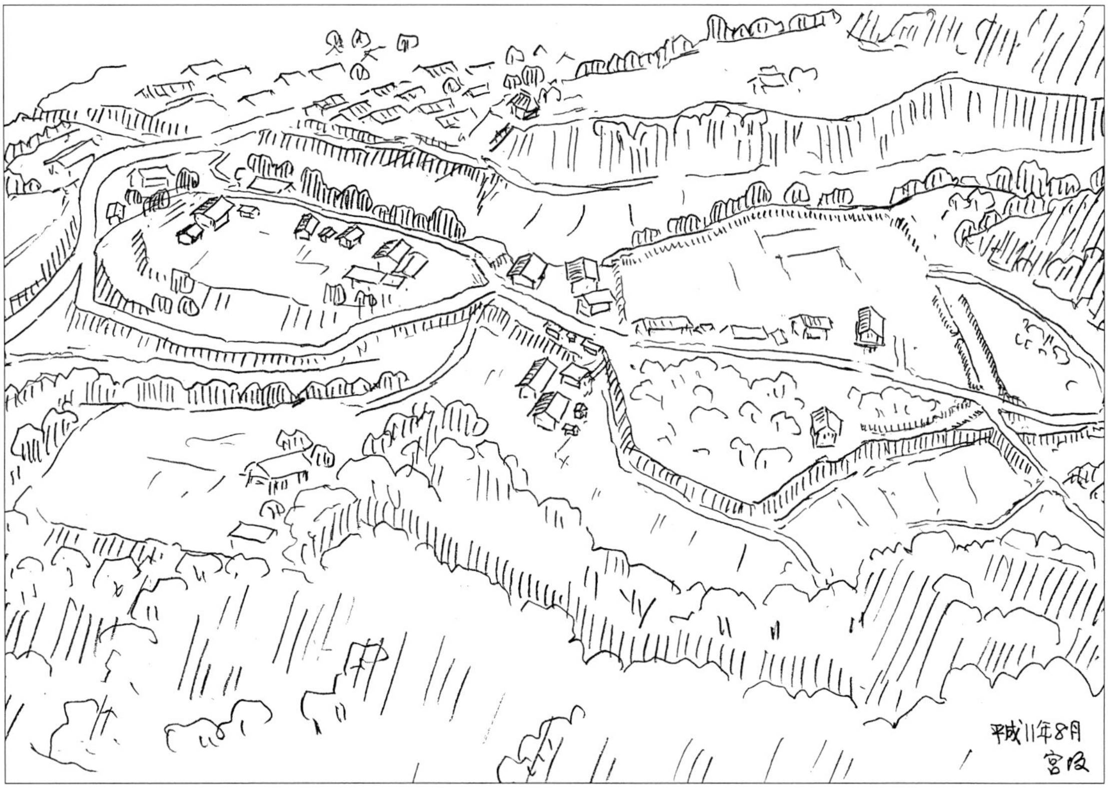

157、梨沢城館《なしざわじょうやかた》

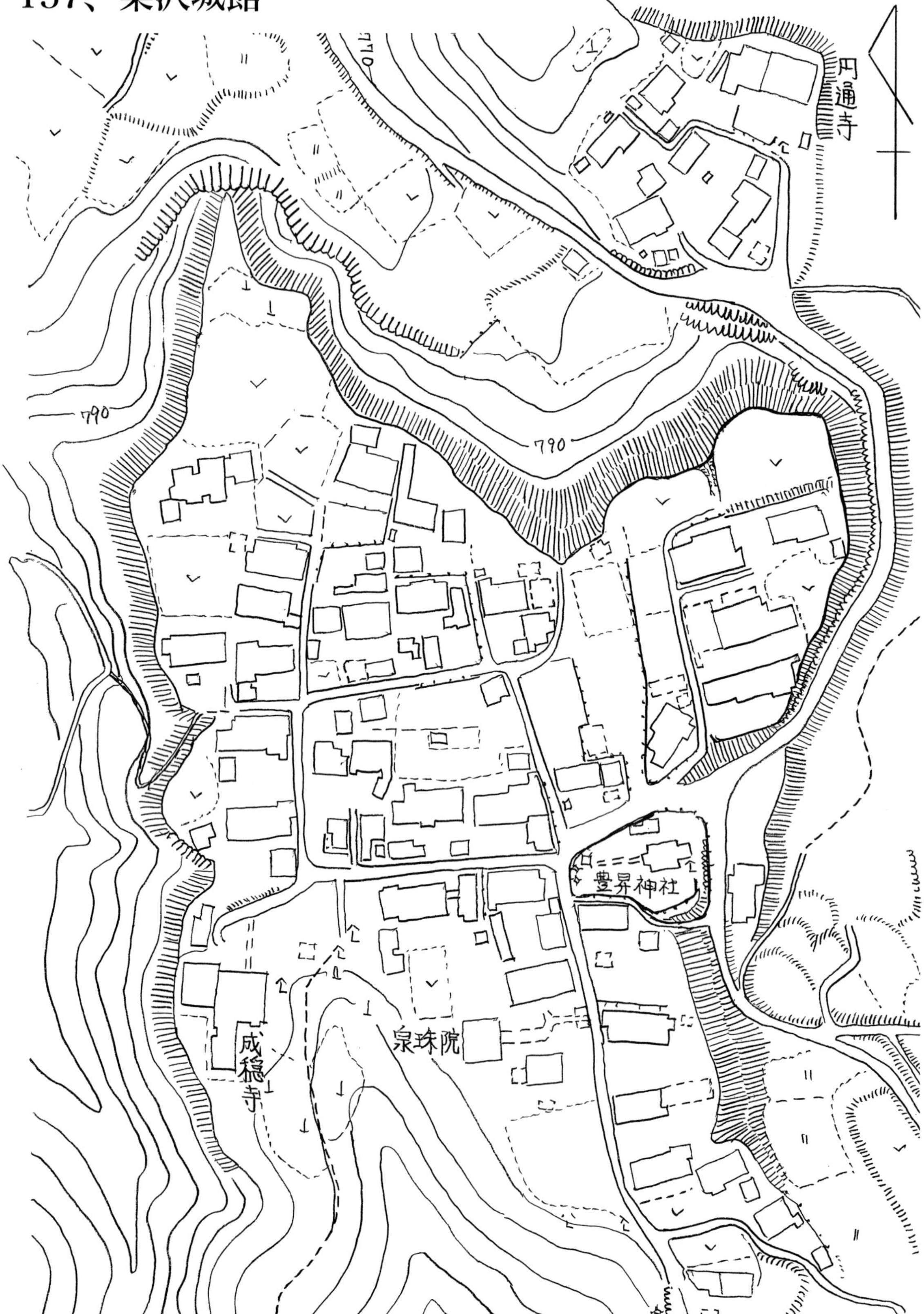

157、梨沢城館《なしざわじょうやかた》

御代田町梨沢

305頁

平成11年8月24日調・同25日作図

標高810m、比高55m（北側県道より）

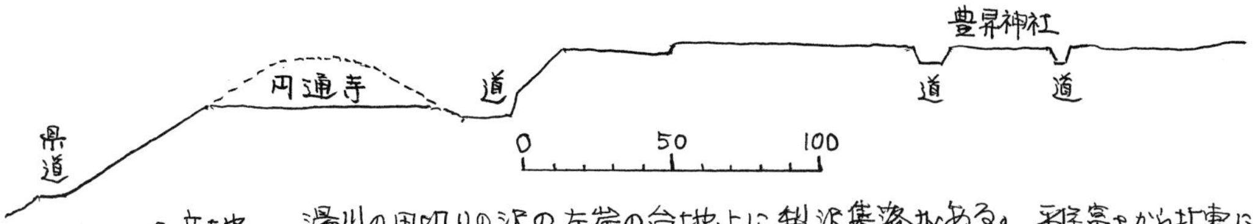

□立地　湯川の田切りの沢の左岸の台地上に梨沢集落がある。平尾富士から北東に派生する山尾根の末端部に当り、東西に沢が湯川へ向かって下っていて、そのために、西、北、東の三面は急崖に囲まれ、背後は山を背負って、集落全体が要害である。

□城主・城歴　『大井文書』によると、「大井之庄司大井朝光、岩田城（大井城）居城・嫡男大井光長本城相続、弐男 長倉二郎大井朝信と号し、仁治元年（1240）長倉牧奉行として梨子沢居城」とあり、この館城に向城《むかいじろ》（古城《ふる》）、宮平城が集まっている。集落内の道は、方形に整理され集落内全体が一族の居住地となっていたことが伺える。

岩村田方面から宮平を通って、長倉方面へ向かう古道の道筋に当り、その点からもこの城館は考える必要があろう。

□城跡、　豊昇神社境内とその北の一角が館跡と考えられているが、館主の屋敷地がどこにあったかこのままでは即断できない。台地上の全域が要害地帯として考えられていたことは先述したが、台地への登路が問題になる。西側の沢から集落の真中へ登る道が大事なルートと思われる。それが大手筋とすると、館主の屋敷は東端の豊昇神社から泉珠院、あるいは、北東の張り出し部分あたりが最も有力になり、向城と相対応していたことが想像される。成穏寺と円通寺の起源によっては、両寺ともこの館城の重要な位置で、防衛上の一環を担っていたと思われる。向城は梨沢が岩村田の本城と共に落城して後に、改修を受けたもので、当時も沢を挟んで、両方の台地に一族が居住していたことは考えられよう。古くからの館城とされるが、集落全体が防衛の対象になっている点、貴重な遺構である。

158、向城《むかいじろ》（古城《ふるじょう》・依田城《よだじょう》）

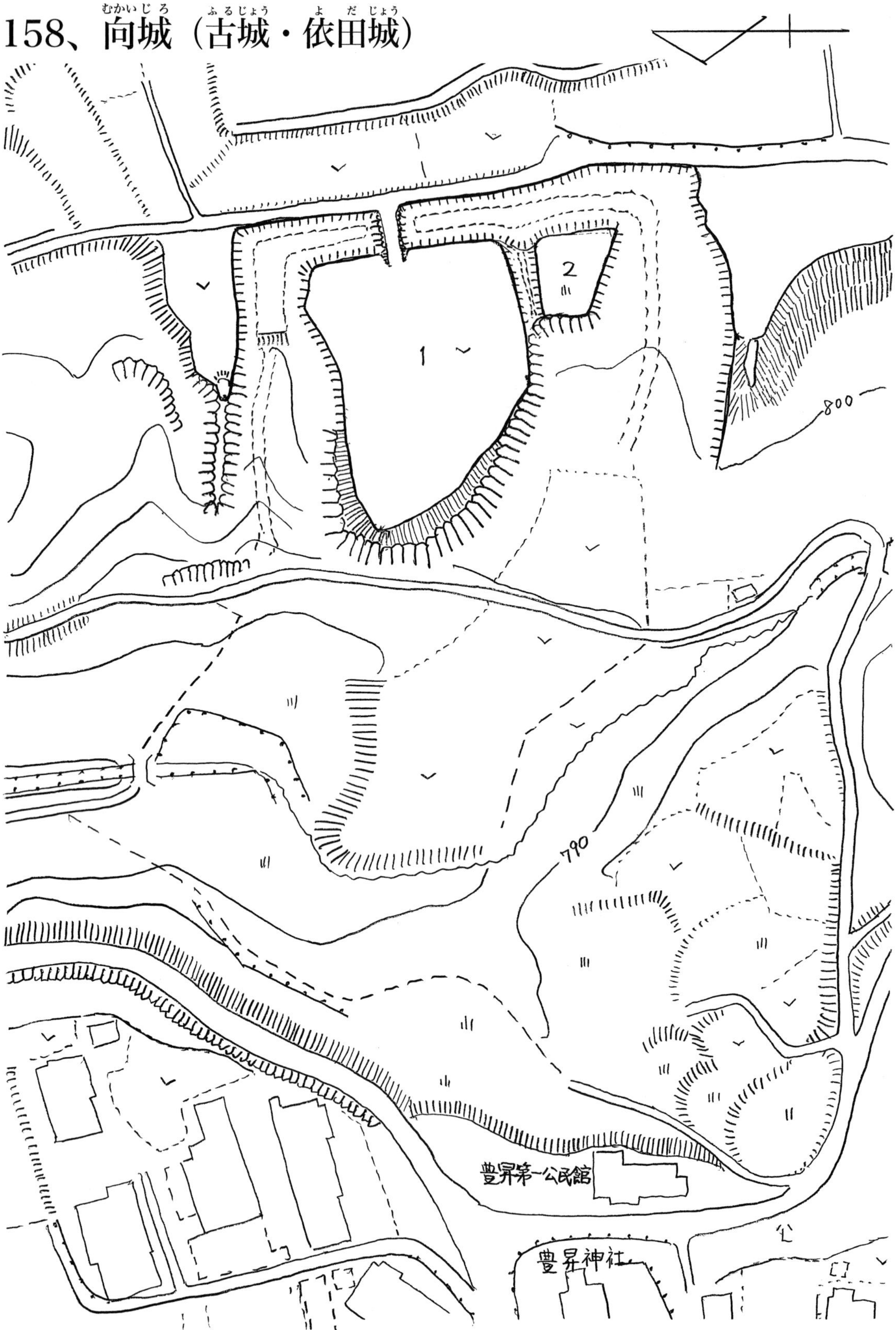

158、向城《むかいじろ》（古城《ふるじょう》・依田城《よだじょう》）

御代田町梨沢 ➡305頁

平成11年8月24日調・同日作図。
標高812m、　比高24m。

〔東西断面〕

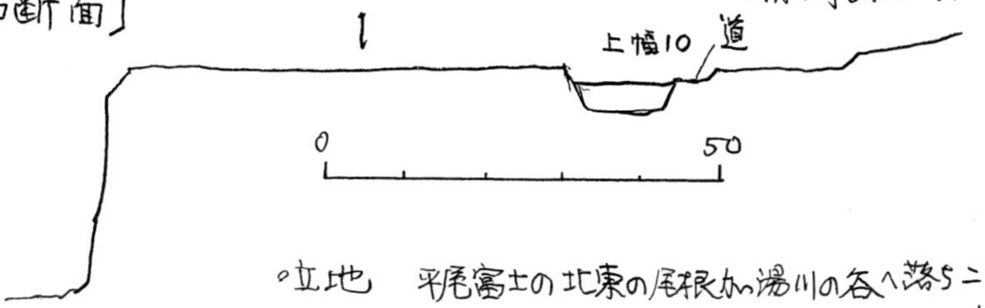

○立地　平尾富士の北東の尾根が湯川の谷へ落ちこむ所の台地上にあり、西側の谷を隔てて200mの所に梨沢（梨子沢）城館がある。北、西、南の三面は、高さ20m余の断崖で、要害地形である。

○城主・城歴　『大井文書』によると「大井之庄司大井朝光、岩田城（大井城）居城、嫡男大井光長本城相続、弐男長倉二郎大井朝信と号し、仁治元年（1240）長倉牧奉行として梨子沢居城」とあり、『御代田物語』では、応仁元年（1467）に村上氏により攻め落されたという。これは梨沢城館を言っているが、当然この向城も同じ運命であったと思われる。

大井氏が滅亡した後、文明3年（1471年）に、向城へ依田氏が拠ったとされ、別名依田城とも呼ばれていた。周囲には江戸時代まで集落があったという。

○城跡　台地の辺縁部の断崖を利用した館城で、三面は断崖で近寄れない。東の台地との間は上幅10m余の堀で遮断し、中央部に土橋（両側石積み）で渡っている。南側に2m低く、浅い堀を挟んで、18×13ほどの台形の2の曲輪が附属する。台所などの施設かも知れない。

附近には、平地が取り巻き、後背の山に守られて、堅固な一帯になる。依田氏がこもったのは、そうしたことを考慮してのことであろう。

また対岸の梨沢の集落も、崖に取り囲まれた、要害で、大井氏の居館を含めた城となっていたように思われる。向城と梨沢館は、向城の南の沢から堀中が通路で結ばれていたようである。

159、宮平城《みやだいらじょう》（猿之介城《さるのすけじょう》）

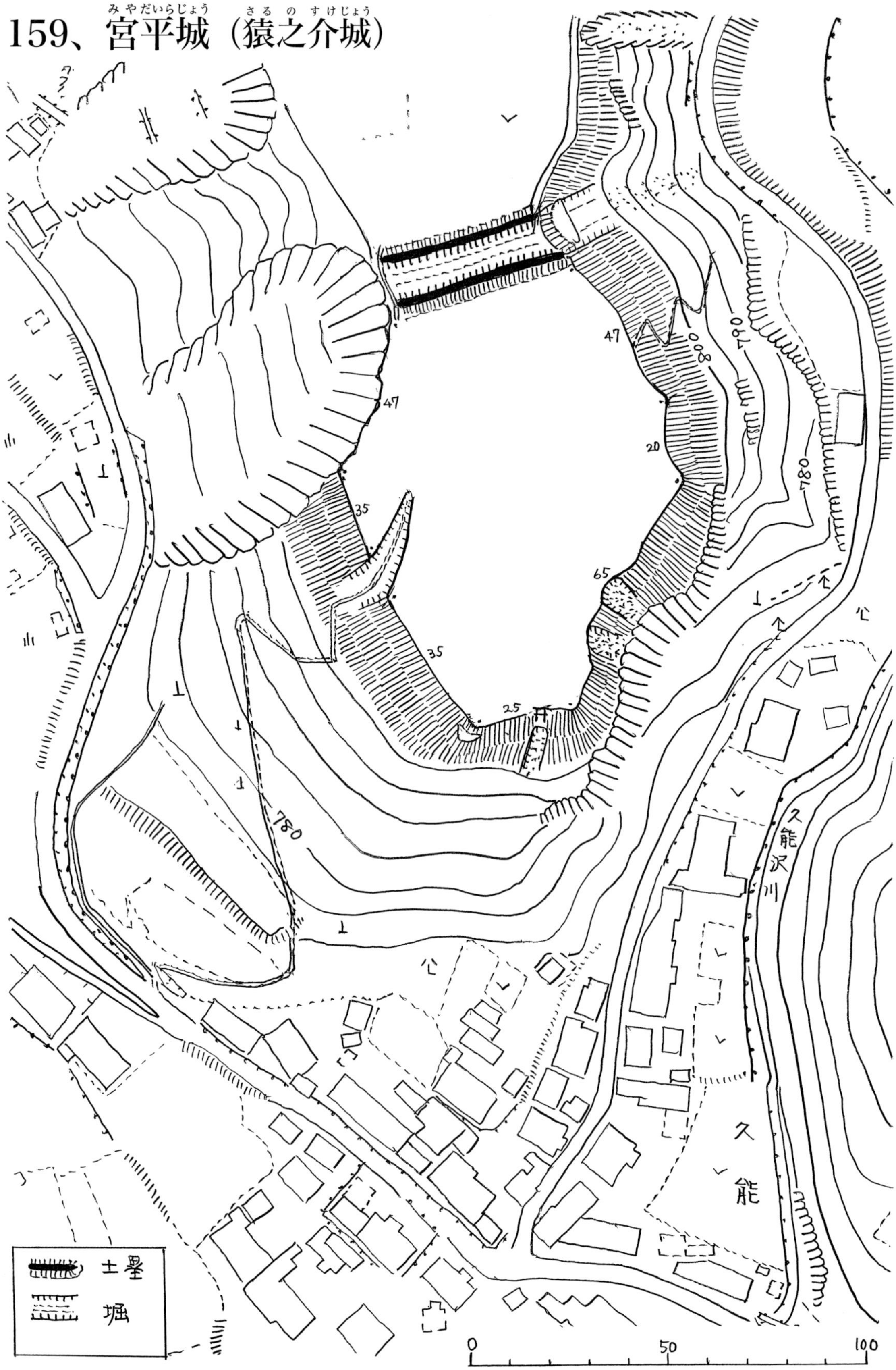

159、宮平城《みやだいらじょう》（猿之介城《さるのすけじょう》）

御代田町豊昇久能字城腰 ▶305頁

平成11年8月24日調・同25日作図

標高 814m、比高 55m（西山下県道より）

［東西断面］

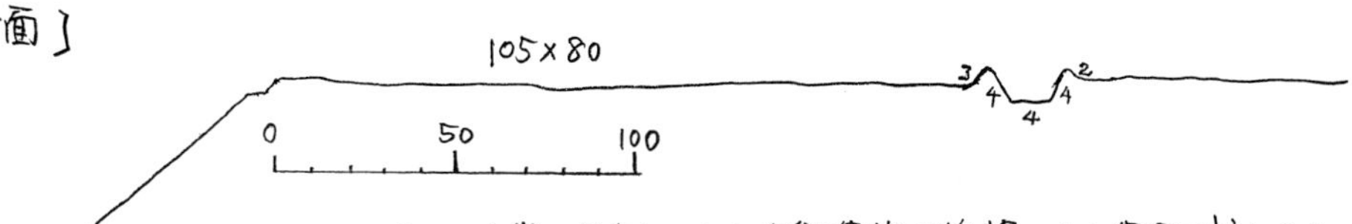

○立地　湯川の左岸の段丘上にある久能集落の後背の山に宮平城がある。南側には久能沢川が流れて断崖を造っていて、北側も急斜面と断崖になり、東側だけが縄文時代集落の宮平遺跡の台地につながり、広い台地の先端部が城地になる。

南西300mの至近に梨沢の城館があり、久能沢川の南の山かげには向城《むかいじろ》があり、更に北方400mの断崖上に広戸城が立地して、一城砦地帯を形成している。

○城主・城歴　築城年代不明。明治11年発行の『長野県町村誌』には、長倉猿助の居城で、天文年間に小田井又六郎に与して、武田氏に敗れ、以後廃城になったとされる。

○城跡　広い台地の先端部にあり、北、西、南の三面は急で、要害の地であり、東のくびれた所を上幅10m、長さ45mの堀で遮断している。堀の東西両側に土塁がつくが、内部にあたる西側の方が少し高くなっている。曲輪は一つで、内部の区画はわからない。東西105m、最大幅南北80mほどの不整形で、北辺に久能集落からの登路が登っていて、桝形状の地形を造っている。北山下の登路に沿って、大きな平場が2、3段あるが大手筋であるので、根小屋があったとも考えられる。水場は不明。宮平の縄文時代の集落遺跡からみて、古くから人の住んだ所であるので、水場もそう遠くないように思われる。

○南の斜面に竪堀が3条あると記載されているものもあるが、自然地形で、竪堀とは若干異るものと思われる。特にこの城跡が梨沢城よりも新しいとは言い切れない。この方が要害性は高いが、向城よりも加工度が高いとは言えない。同一時代のものであろう。在地土豪層の城に属するものである。

160、広戸城《ひろとじょう》（武者城《むしゃじょう》・民者城《みんじゃじょう》）

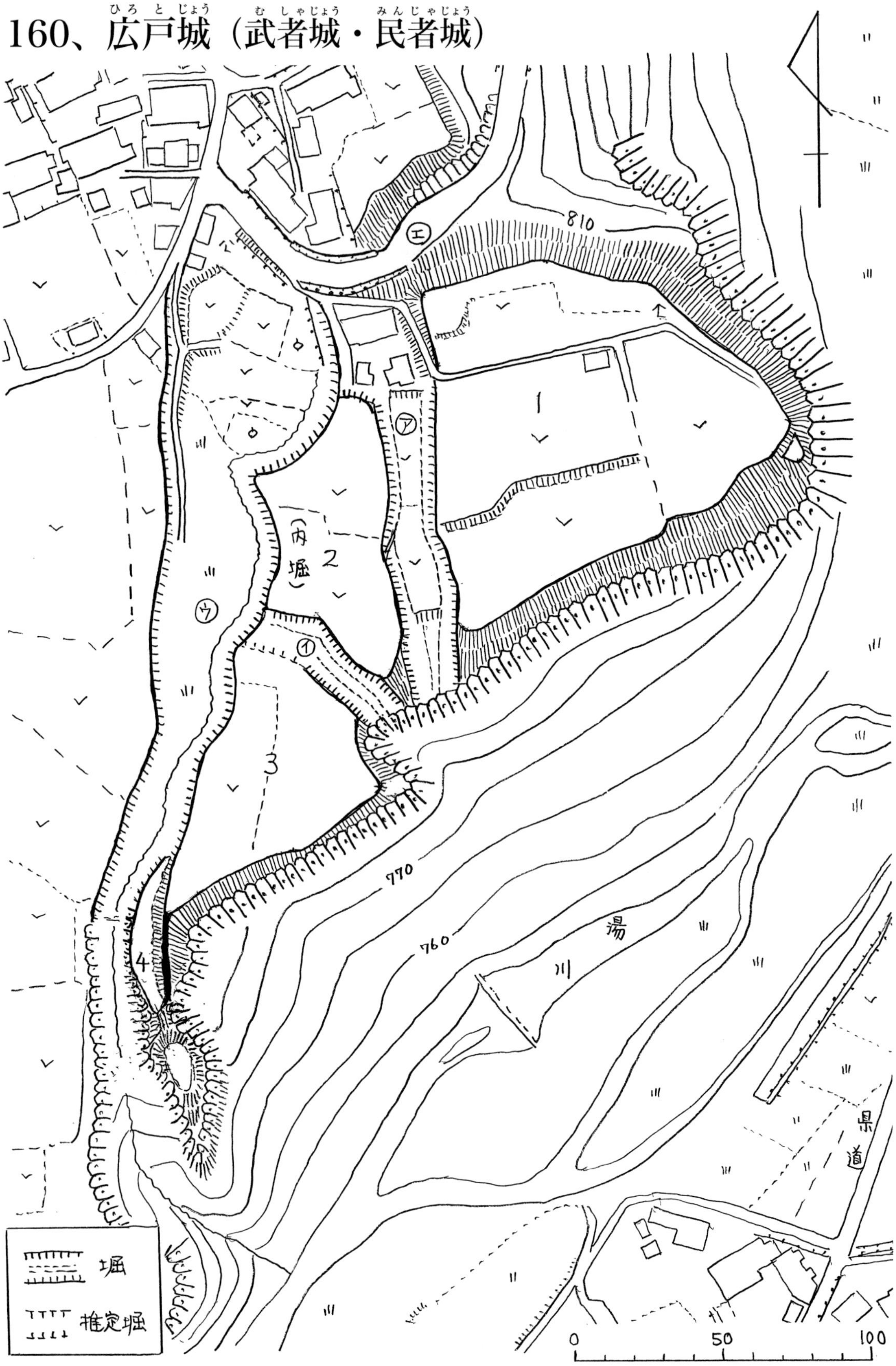

160、広戸城《ひろとじょう》（武者城《むしゃじょう》・民者城《みんじゃじょう》）

御代田町広戸 305頁

平成11年8月24日調・同26日作図
標高825m、比高70m

〔東西断面〕

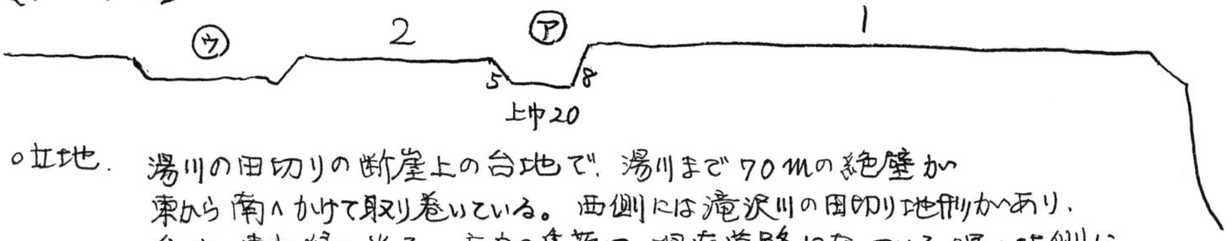

○立地　湯川の田切りの断崖上の台地で、湯川まで70mの絶壁が東から南へかけて取り巻いている。西側には滝沢川の田切り地形があり、台地の東辺縁に当る。広戸の集落は、現在道路になっている堀の北側になり、屋敷の字名で、往古は広戸城にかかわる屋敷地であったことが伺える。
　附近を長倉へ通じる古道が通り、長倉牧との関連も考慮してみる必要があろう。

○城主・城歴　天文年中の12月末、餅つきをしている際に武田軍の急襲を受け落城する。時の城主武舎加賀守は討ち死にし、奥方は崖から傘を広げて飛び降り、下の沼に沈んだという伝説があり、後世、城主を悼み城跡の一角に墓碑を建ててあるが、何回建て直しても割れてしまうといわれ、近年までこの地では暮れに餅をつけば赤くなるとしてつかなかったという。崖下の沼は底無しの沼と言い伝えられている。

○城跡　台地との間を㋐㋑㋒㋓の堀で切り離して、4つの曲輪を造成している。㋒の堀は自然の小河川による沢で、そこに㋐㋑の2つの堀を加えている。2を主郭とする説明もあるが、台地辺縁の城では奥の崖に接する所を主郭にする例が多いし、1が最も高いことから、これが主郭であろう。2、3、4は、主郭の守備のための曲輪である。
　大手は西側で、北西部と南西部に虎口が開いていたことが考えられる。㋒の堀中を流れる用水は、いつ頃からかわからないが、城ができた頃には、引水されて、城の水の手として利用されていたことが考えられよう。
　東西180m、南北200mの城域で、この地域の城の中では最も加工度が高く、要害堅固な城といえる。（追分から引水されているようで、この用水と城との関連は深い。）
　小田井城が武田氏に降る頃に、近くの諸城と共に武田氏の手に落ち、その後も狼煙のつなぎ等に利用されたことが考えられよう。

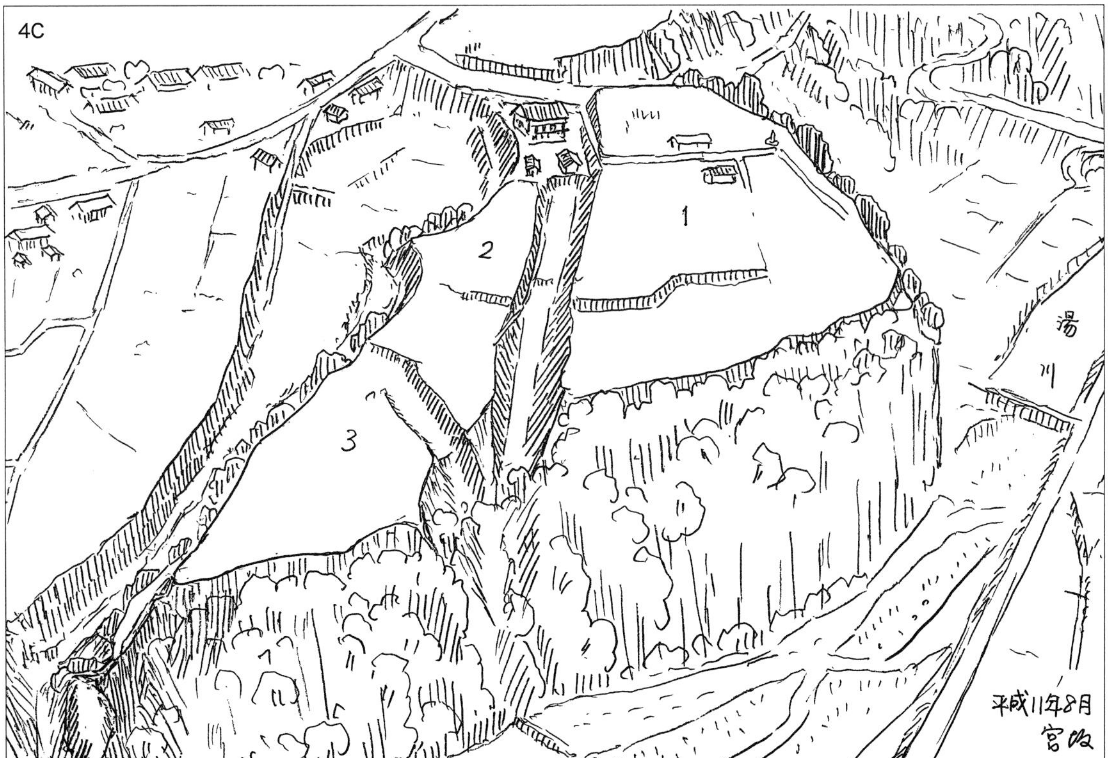

161、戸谷城《とやじょう》

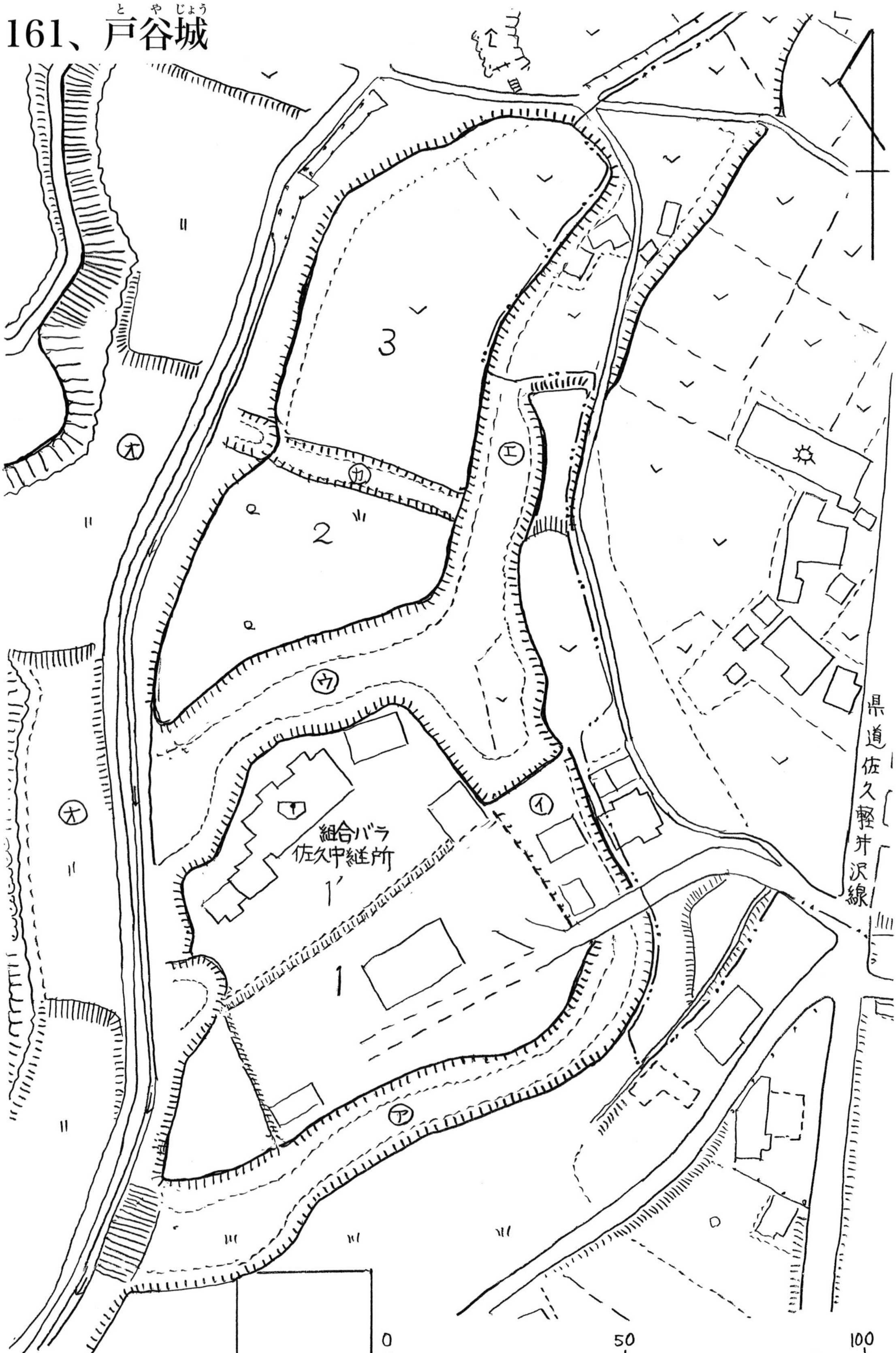

161、戸谷城《とやじょう》

御代田町小田井字殿畑 ➔305頁

平成11年7月28日調・同29日作図
標高763m. 比高10m(西下の田面より)
『御代田町誌・歴史編上』参照

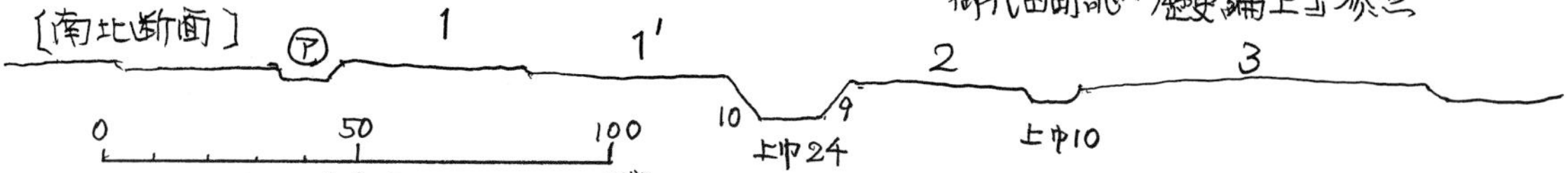

○立地　旧中山道の小田井《おたい》宿の南西、濁《にごり》川の田切地形の左岸にあり、本城小田井城の西600の位置。現在組合バラ佐久中継所になっていて、一面の平坦地に削平されているが、『御代田町誌』の図面を見ると南北2段に図示されているので、それによる。

○城主・城歴　小田井城には長倉城、戸谷城、金井城の三つの砦があったとされ、小田井城の築城は、大永年間(1521〜27)に国人小田井吉六郎副親によるとされる。その後武田氏に圧迫されるに及んで、小田井の修築が行われ、それと共に周辺の戸谷城も築造あるいは強化されたものと思われる。
　戸谷城は金井城と同様に、交通の要衝を監視する目的があったことが考えられる。城主については不明。

○城跡　主郭に当る1の曲輪は現在周辺部は改変されていて、中央部の段差は耕作によるものかはっきりしないが、現状はない。東辺の①の堀と南辺の㋐の堀は埋め立てられている。単郭かと思った所、㋒と㋓の堀の先に、2と3の曲輪があり、仲々大がかりなものであることがわかる。2と3の間には上幅10mの㋕の堀があり、2と3が城域に入ることの証拠となる。
　縄張りからして、西を意識した造りで、小田井城の西の守りを受け持っていたことが伺える。大手ははっきりしないが、東側にあったことが想像できよう。この姿からすると、まず1と1′ができ、2と3は、その後に増築されたものと思われる。天正10年以後の北条氏、徳川の争奪の中で補強された部分もあろうと思われる。

162、馬瀬口城《ませぐちじょう》

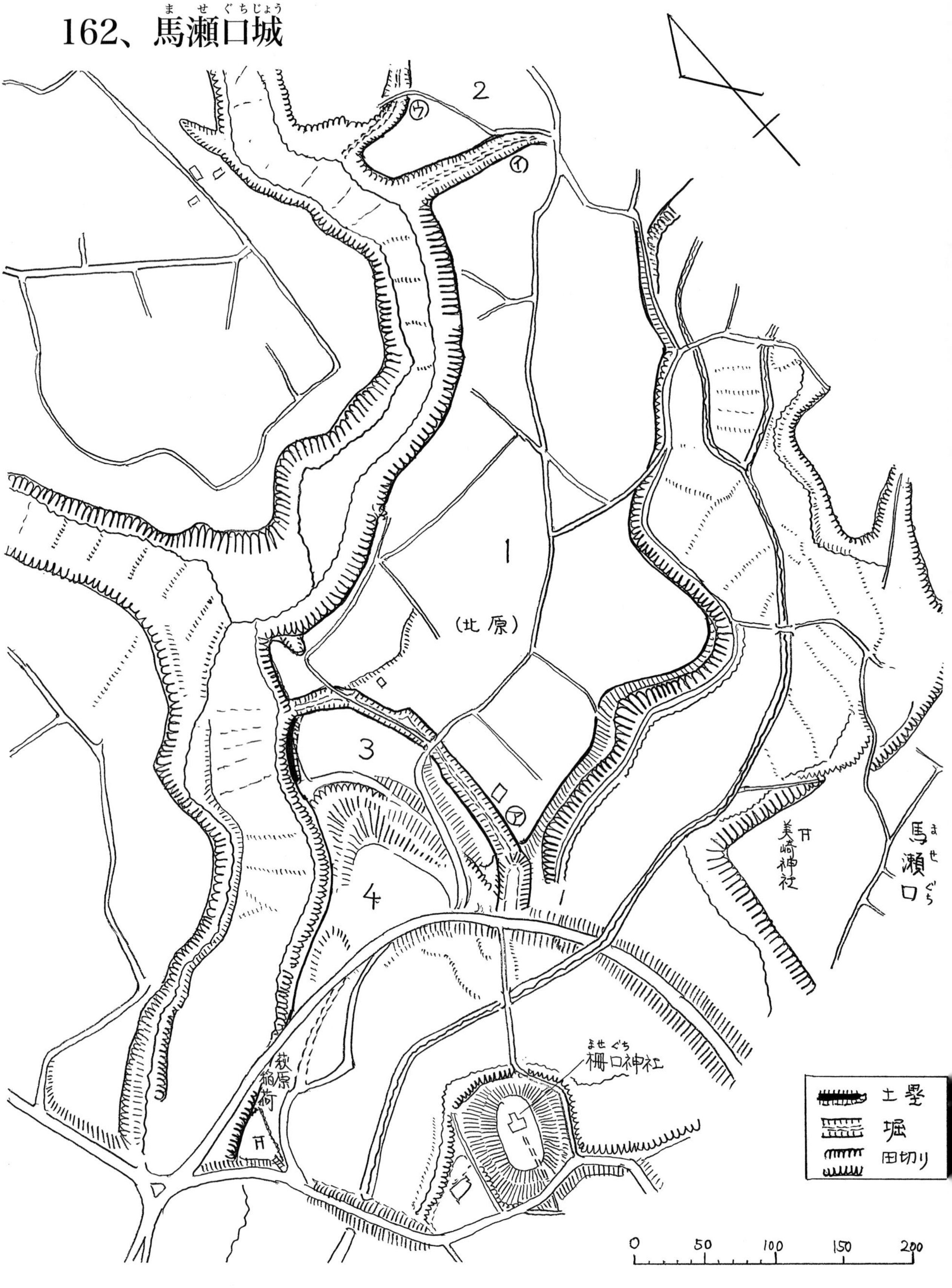

162、馬瀬口城《ませぐちじょう》

御代田町馬瀬口字北原 303頁

平成11年9月2日調・同日作図

標高812m、比高25m。

［東西断面］

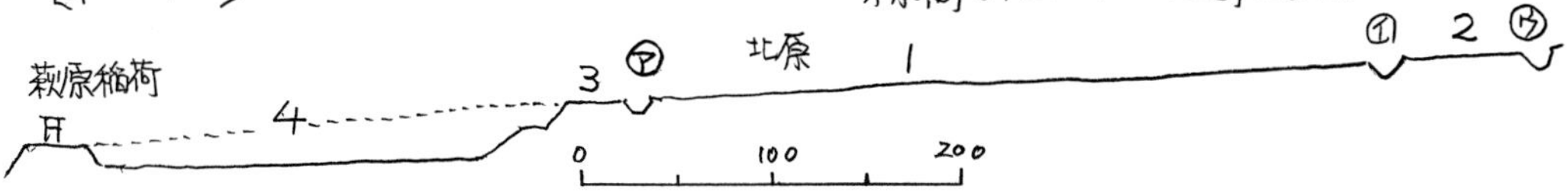

○立地　馬瀬口集落の北の田切りの中を繰矢川が流れている。その沢を挟んだ北の台地上が字北原で、そこに馬瀬口城がある。以前には萩原稲荷社から台地が続いていたが平成3年に断崖を崩す工事があり、台地の先端部は土採りがされ、完全に旧態は消滅している。

○城主・城歴　不明、伝承もない。

○城跡から、萩原稲荷までの地形が全くわからなくなっているので、判断ができにくい。一応台地上に残る㋐の堀を基準にして、台地北東の400mの距離を隔てた所に㋑の谷があり、更に続いて㋒の谷がある。これらが城と関連があるかどうか難しいが、㋐㋑の間を1、㋑㋒の間を2、㋐の西の台地上の平地を3、すっかり採土された所を4とすると、この城の主郭がどこか問題になる。

1では広すぎるようで、陣城ならともかく、これでは守り通せない。㋐の堀の西に城の主要部があったとすると、割合いまとまりがよく見える。

調査により、建物跡等は発見されなかったようで、監視の砦か陣城ではないかと考えられている。

もう1つ考えられることは、㋐の堀は城のものでなく塩野牧の馬瀬口《ませぐち》、つまり、牧場の境界の堀割りではないかということである。この堀割りのあたりに1つの口があったのではないかということも考慮してみるべきかも知れない。

4の所がないので、すっきりしないが、あるいは、百姓の逃げこみ場所であったのか、何とも判断しにくい城跡である。至近に針木沢城や十石城の広大な遺構があるので、1を主郭とする見方も消去はできない。

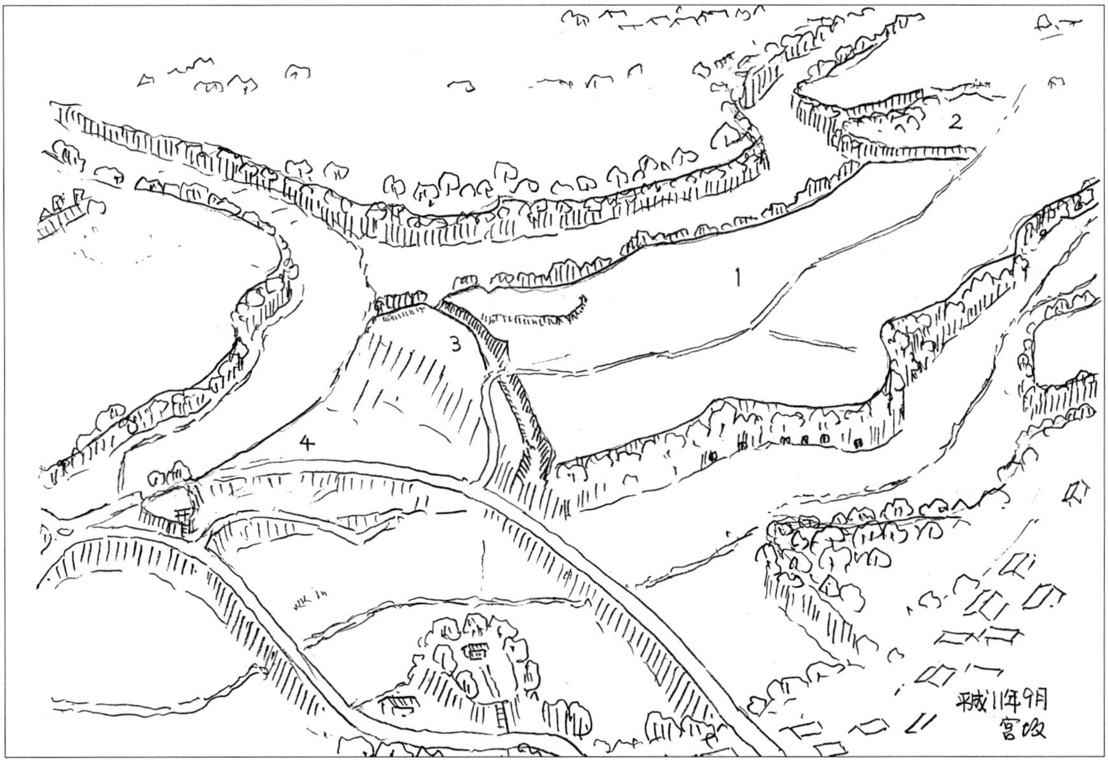

163、針木沢城《はりきざわじょう》

163、針木沢城《はりきざわじょう》

御代田町塩野　➡303頁

平成11年7月19日調・同20日作図
標高799m、比高25m（針木沢より）

〔南北断面〕

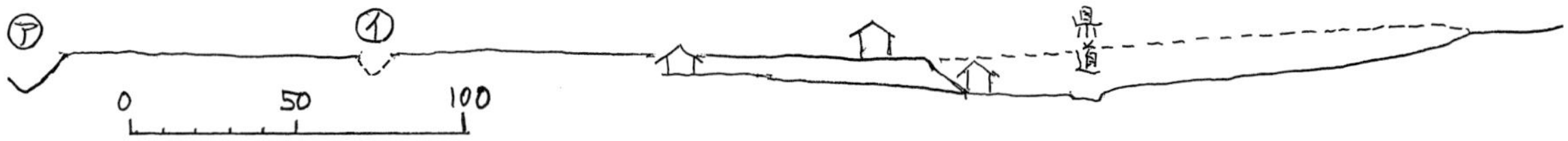

○立地　御代田町馬瀬口より、乗瀬へ向かう県道馬瀬口小諸線を挟んで、針木沢と平原用水の間の台地上に針木沢城がある。従来この城跡は馬瀬口城と混同されていたが、台地上は塩野地籍になるため、針木沢城の呼称をとる。

○城主・城歴、　不明、発生は塩野牧の馬柵《ませ》口に当る集落の防衛のために、近在の土豪と住民によって造られたものが、やがて、平原城の依田氏のもとに属して、その支城としての任務を果したものとされる。

十石城と100mも離れていない、地続きの場所で、その境界もはっきりしない状態で、十石城の主との関係も気になるところである。平原氏（依田氏）に統合されてからは、共にその支城網に組み入れられたと思われる。

曲輪を構成する西側の平原用水があって、はじめてできたものと思われるので、用水の建設以後のものと言えよう。

○城跡、　県道の北側は、かつて周囲に空堀が巡り、2つの曲輪が認められたとされるが、現在は採土されて全く旧状は失われている。県道の南は、道より大分高くなっているが、この高さが北の方へ続いていたようである。ここにも以前には、3つの曲輪があったとされるが、十石城に隣接する㋐と㋑の堀の間を1として、150×75ほどの部分が2と3に分かれていたのであろうか。

何れにしても、南北400mにも及び、続いて十石城が同程度の広さがあり、この連続する城塞が共に平原用水を使って造られていることに、この城の意義がありそうである。即ち、用水の確保と深い関係があると言えよう。

2の部分から「いろりの灰」が出土したと耕作者は言っているが、北国往還ができる以前に、こうした台地上に防衛も考慮して、村落があったことも考えられよう。

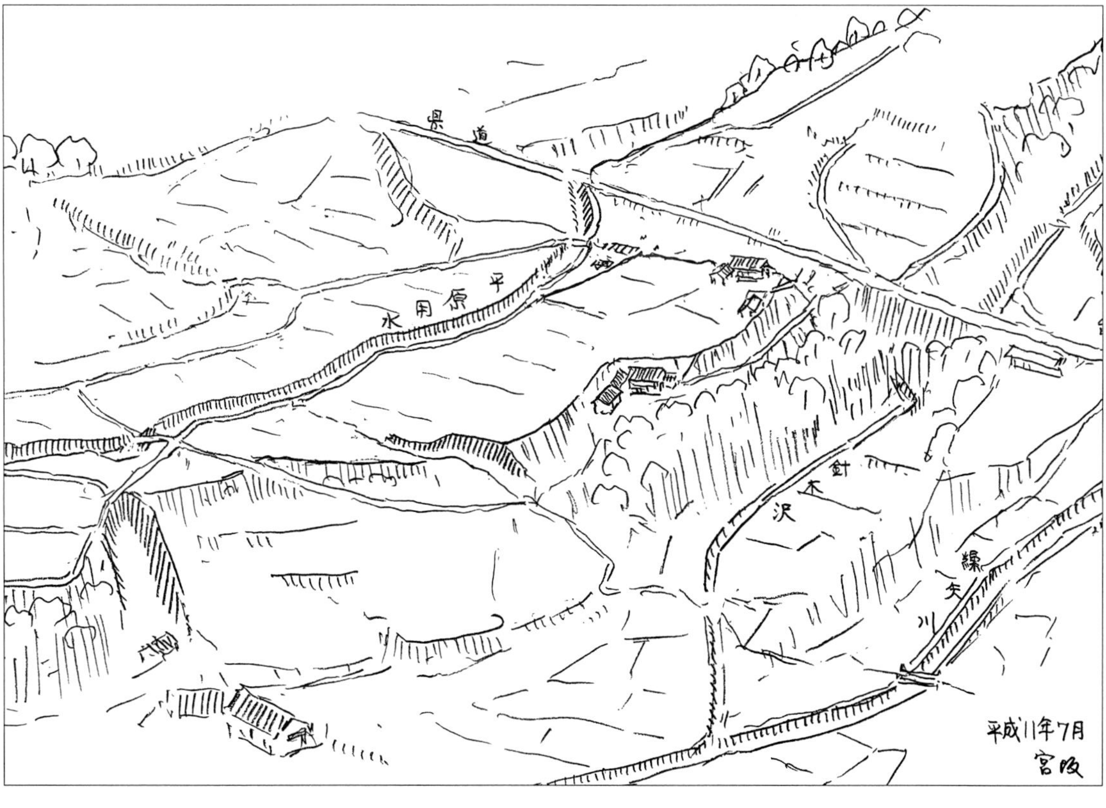

164、塩野城《しおのじょう》

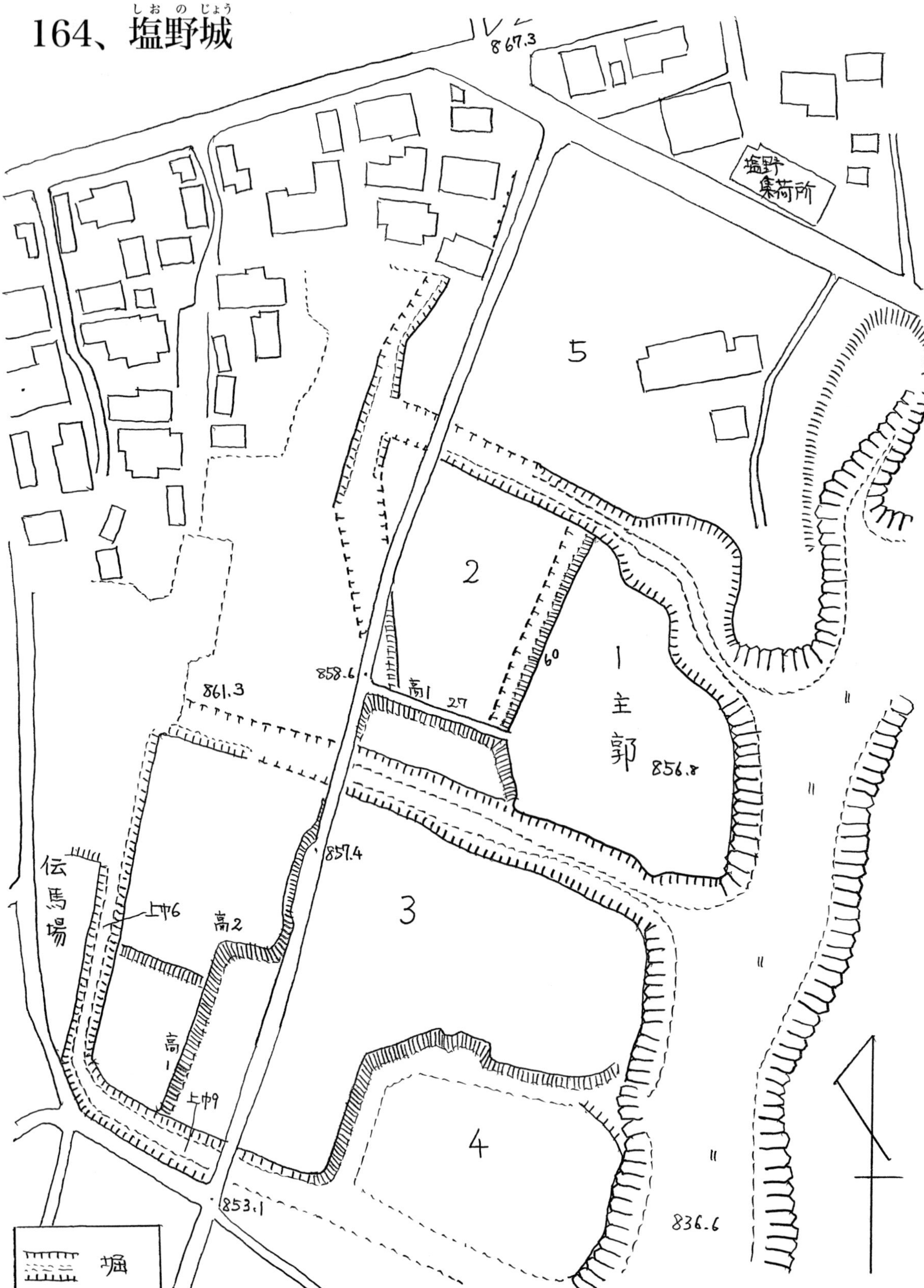

164、塩野城《しおのじょう》

御代田町塩野

▶303頁

平成2年8月調・平成3年2月作図.
標高856m、比高9m

［主郭部東西断面］

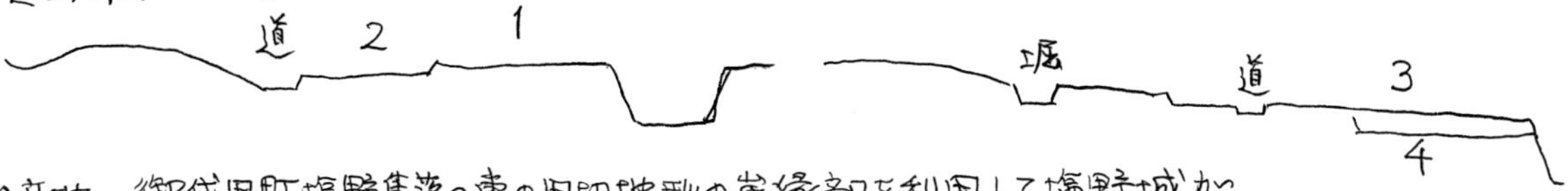

○立地　御代田町塩野集落の東の田切地形の崖縁部を利用して塩野城がある。南方数百mには、馬瀬口城があり．その西方には、田切地形を使った針木沢城・十石城、上三田原城がある。

○城主・城歴．「信州佐久郡塩野村　内堀石近城」の図が残るが．現状を写したもので．後世の作で．城名も調査者がつけたものと思われる。往古は何と呼ばれていたか不明。城主についても塩野牧と関連の豪族のものとも考えられる一方、平原大井氏の系統の者が居住したのかも知れない。

何れにしても在地土豪層の館から発展したもので．ある時期、平原城の支配下にあったことが考えられよう。

○城跡．　主郭が館として造られ．その後周辺へ順次拡大していったように思われる。3の曲輪の西側の「伝馬場」との間の堀が北へどのように接続していたのかが不明。埋没したのか．もともと無かったのか、そのあたりが問題になろう。工事半ばで中止されることになったのか、興味のあるところである。

また戦国末期に北條氏が侵入して来た時に、この城は何らかの役割りを果したのか，あるいは，全く問題にされなかったのか，そのあたりも今後考えてみる必要があろう。即ち陣城として短期間改修の手を加え．完成しないまゝに放棄されたということも考えられないことはない。

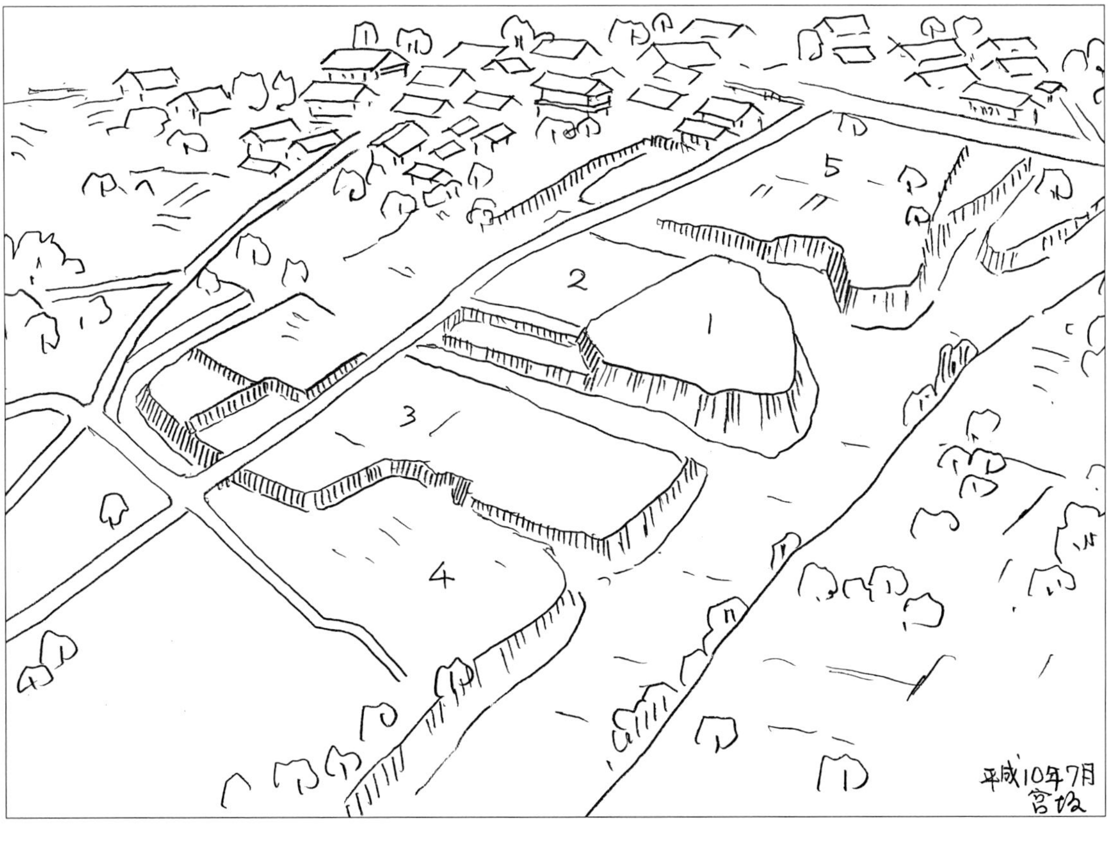

165、長倉城《ながくらじょう》

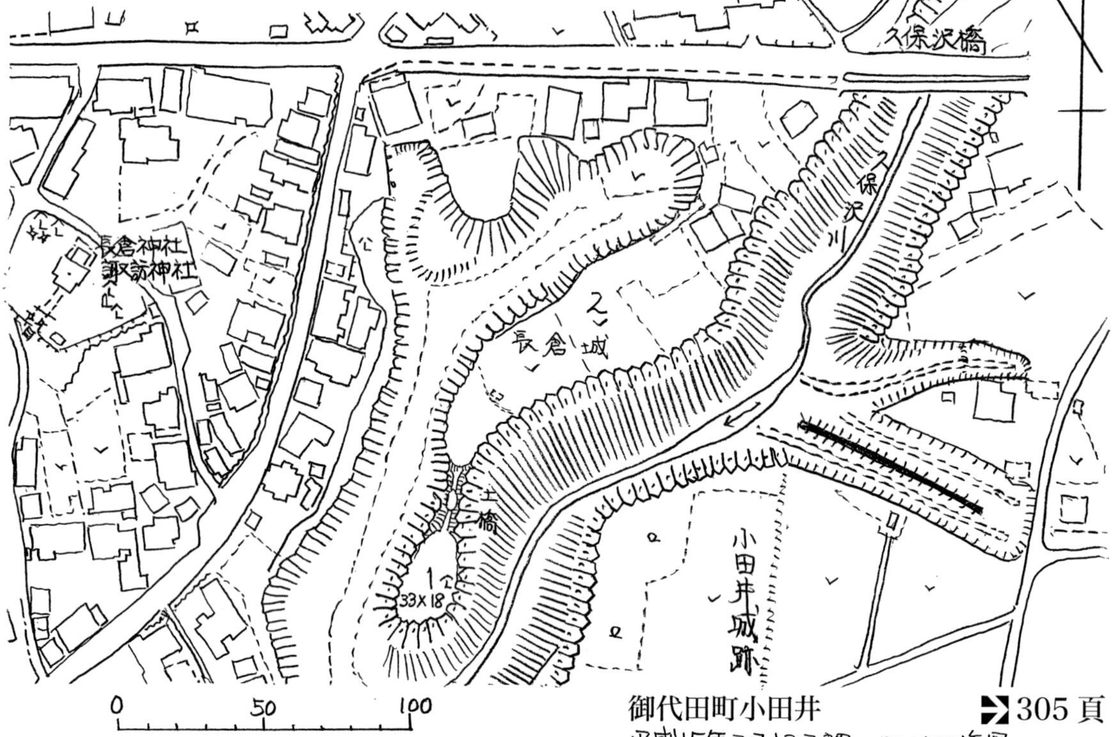

御代田町小田井
➔305頁
平成15年3月13日調・同14日作図
標高 779m、比高30m

○立地　小田井宿の東、久保沢川の右岸の田切地形に囲まれた小さな台地が長倉城である。

東隣りが小田井城の大手筋になり、比高30mの断崖に囲まれていて、人の寄りつける所ではない。

○城主・城歴

佐久平北半に勢力をもっていた岩村田大井氏が文明16年（1484）に、村上氏の攻撃により滅亡し、佐久平は、村上氏と甲斐武田氏の取り合いの場となる。

そうした中で、国人小田井吉六郎副親は領国防衛のために大永年間（1521～28）に小田井城を築城した。城歴については『長野県町村誌』に詳しくのっている。副親以後代々相続して天文13年12月15日に尾台又六郎信親、舎弟治部左衛門尉 武田晴信と戦って落城、武田氏滅亡後、北条氏の支配になるが、依田信蕃に攻略されて小田井城は廃城となる。

この小田井城には 長倉、金井、戸谷の3つの支城があり 長倉城は小田井城の大手に近くその監視と防衛を受け持っていたようである。城主は豊昇の宮平城主長倉猿助と伝えられる。　上記『町村誌』によると、「宮平城」の項で「‥‥長倉猿助居城する所と言ふ。天文年間小田井城主、小田井又六郎に組して、武田晴信と戦て戦死す。後廃城となる。」とあり、天文13年の12月に戦死とされる。この長倉城を守っていたのであろう。

宮平城のある 宮平は、式内長倉神社のあった所で、その一角に宮平城が築かれているので、長倉氏はその長倉神社と関連する人物かとも思われる。

○城跡

南北に細長い半島状の台地で幅が最大幅35mほど。北のつけ根を断ち切れば、侵入は不可能となる。先端部に20m余の土橋の先に小平地があり、形の上では、これが主郭となる。（33X18m）

造りから見て、小田井城の大手の堀と久保沢川内を監視するもので、いわゆる逆心郭の構造になっていて珍しい縄張りである。

現在、耕作地で北半は破壊されている。

166、権沢城《ごんざわじょう》

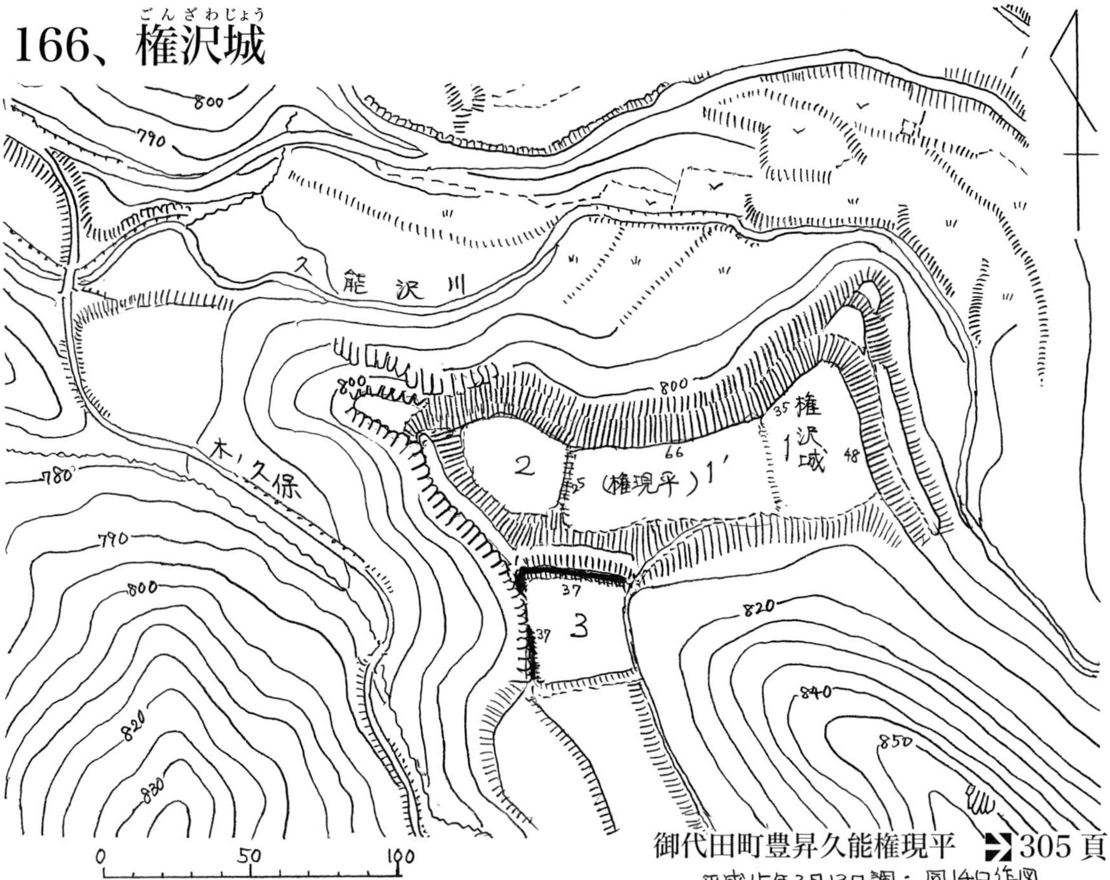

御代田町豊昇久能権現平 ➔305頁

平成15年3月13日調・同14日作図
標高 811m、比高 25m

○立地　豊昇久能集落の東方 久能沢入林道と木ノ久保線林道が分岐する所の東側の山の中段に広い段丘がある。

その一角に権沢城という所がある。久能沢川の対岸、北西の台地上が宮平で、その西端に宮平城があり、この段丘と同一面になる。

○城主・城歴

『御代田町誌 歴史編上』の「遺跡一覧表」に城跡とあるところから調査に入る。地元の聞き取りでは、「権現平」という地字が分かっただけで、城跡の存在、伝承等を聞き出すことができなかった。

該地は昭和40年代頃までは耕作されていた所で、その形跡が色濃く残されているようである。

上記町誌の記載の場所は 北面する長さ130m、幅35m内外の段丘の東端部、上図1のあたりである。久能沢川に面しては急崖になり、北東へ張り出した尾根筋には、2段ほどの小平地があり、東側の斜面には細長い平地が残る。土塁、堀などの遺構は見当らない。

この段丘面の西端2の場所は、西側木ノ久保と北側は崖になり、西側に土塁状の尾根があって、まとまりのある平坦面である。また、その南上の3の場所は方形で付近では最も高く、土塁状地形も見られる。

○以上のように、この権現平の権沢城と呼ばれる城跡については、不確実なことが多く問題が残る。

まず、伝承、史料が全くないこと、それに、城館の存在を示唆しそうな地字名などが見当らないこと。

加えて宮平城に近く、この地に城館を置く意図など不明な点が多い。

しかし、近くには、古い村落跡もあったり、香坂地区への山道を考えに入れると、物見の者が居住したことは考えられ、記録して問題を残しておく。

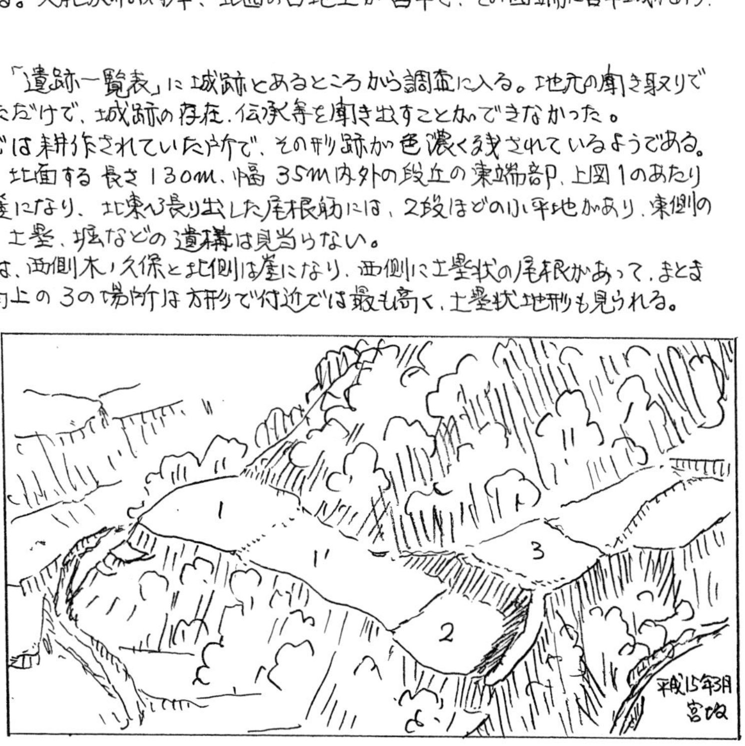

167、梶原城《かじわらじょう》・西城《にしじょう》

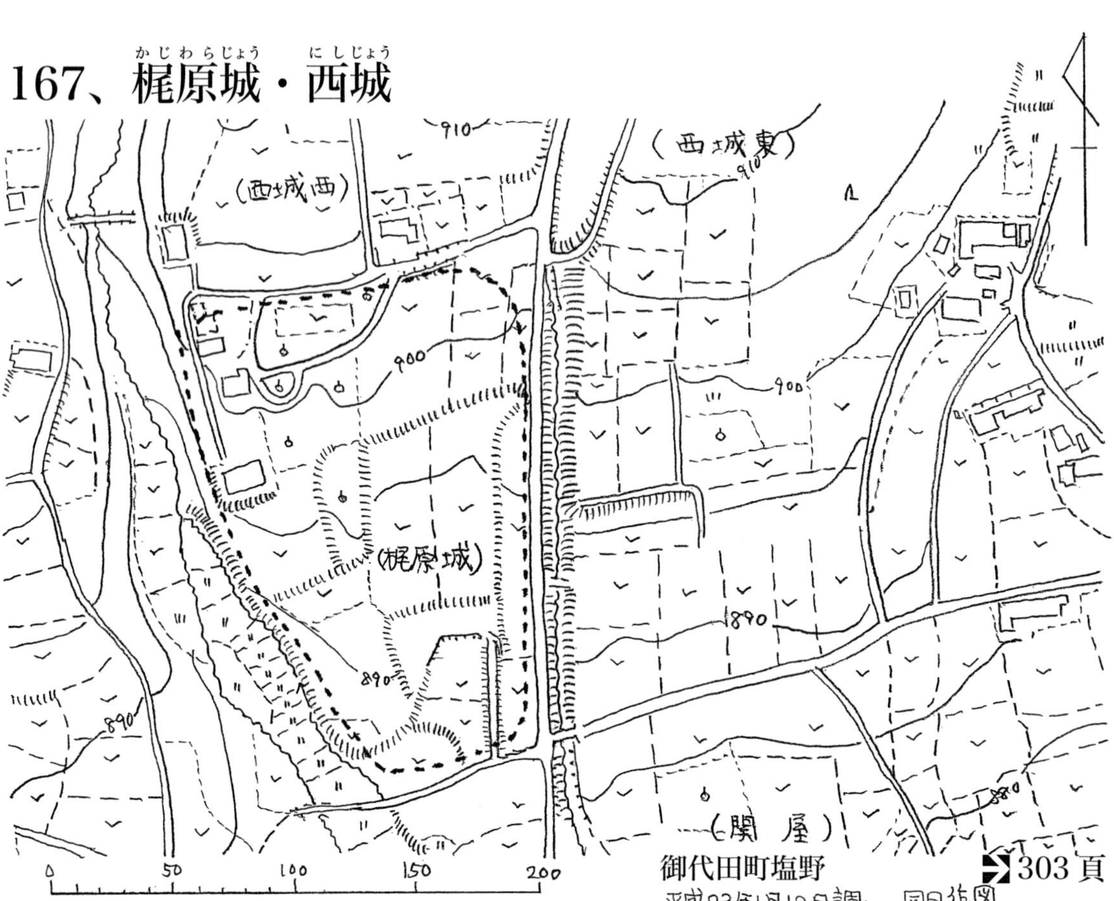

御代田町塩野

303頁

平成23年1月12日調・　同日作図
標高　895m あたり（梶原城）

○立地　浅間山の南麓 御代田町塩野地区の名刹真楽寺の西側300mの位置に梶原城と言われる場所があり、そこと真楽寺との間に「西城」の字地があるが、その場所は明確でなく、この両所は同一のものとの説もあり、はっきりしない。ただ『御代田町誌 歴史編上』所載の『付編 御代田町の遺跡』の分布図によると、上図の点線の位置に「梶原城遺跡」を矢印で示し、それを含めた一帯を「西城西遺跡」とし、その東の一帯、真楽寺との間を「西城東遺跡」としていて、西城の位置は明示されていない。なお、真楽寺の東一帯が「城之腰遺跡」と図示されていて、真楽寺の南、県道の間の一帯は「関屋遺跡」である。

○城主・城歴　『御代田町誌 歴史編上』によると、『佐久口碑伝』には「城の腰は頼朝の布陣の跡」と伝え、「西城は梶原源太の陣の跡」との伝説を載せて、真楽寺周辺には頼朝にまつわる伝説が多いが、実際には頼朝やその家臣が長野県を訪れた記録は残っていないので伝承の信憑性は疑わしいとしている。

城の腰遺跡からは天仁(12世紀初)の大噴火の後鎌倉時代になって、極く少数の人が住んだ痕跡が見つかっているらしいが、もちろん豪族の住居などではない。西城の畑からは以前に地下式坑と思われる中世の頃らしい穴が見つかったことがあるが、これも城館跡を示唆するものではない。しかし、真楽寺は2度にわたり上部から移されて現在地へ17世紀末頃に創建されたというから、豪族の屋敷跡へ移されたことも想像できる。

従って梶原城や西城、城の腰などの地名もそんなことから関連したものとも考えられないことはない。

○城跡　土塁や堀、曲輪等の遺跡は全く見当らないし、伝説の生まれた事象も不明である。

上記したように真楽寺の近在であるので、それとの関連がありそうには思われる。一帯からは矢の根石や縄文土器片が沢山拾うことができた。記録するに止める。

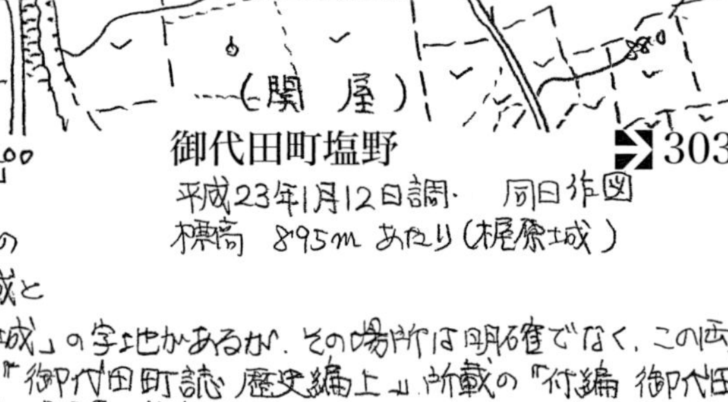

梶原城の一帯、要害の地でもない。

168、谷地城《やちじょう》

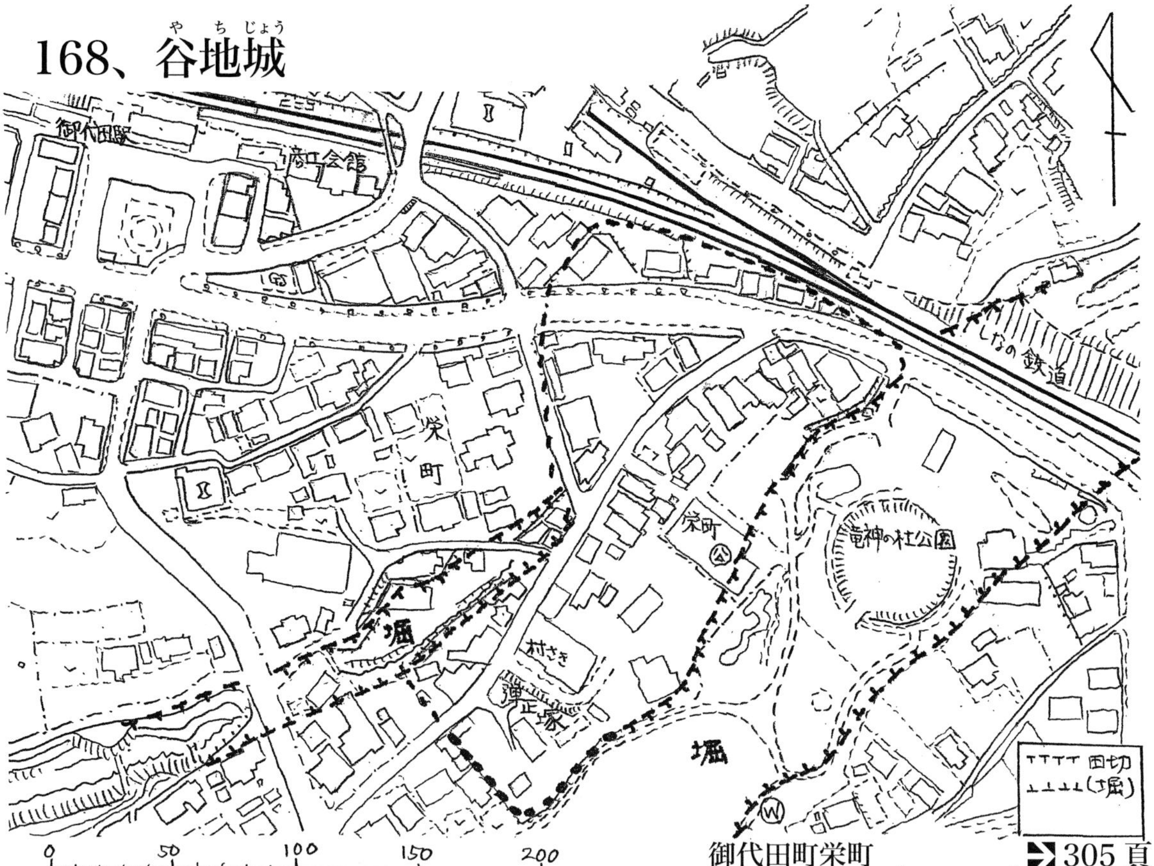

御代田町栄町 305 頁

平成23年1月12日調・同日作図
標高 822mあたり

◦ 立地. しなの鉄道 御代田駅の東南 200m の栄町地籍に谷地城の伝承地がある。現在竜神の杜公園になっている所は久保沢川の田切地形になっていた所で、以前には深い谷になっていて、その地形を利用しての立地であることが分かる。ここから南南西1.2kmには小田井城が同じ久保川の田切地形を使って造られている。

◦ 城主・城歴 『長野県町村誌』御代田村に「‥‥六月信長弑せられ、一益、正栄西上す。北条氏直大挙して本郡を侵す。其臣大導寺駿河守政繁、先鋒として小田井城に入、後小諸城に移る。尋て氏直四万余騎を率いて来る。地将市村弾正治郎(一に尾台又六郎の長子なり、父戦死の時逃れて、遠江国渥美郡市村に走り後帰住す)市川三郎と共に北条氏に降る。本郡諸将来属す。武田の旧臣依田信蕃(のぶしげ)徳川氏の命を得て、旧友を招集し本郡を侵す。栄田康忠驍軍たり。八月氏直甲州入、徳川家康と戦ぶ。十月両氏和を議して、本郡徳川氏の有となる。信蕃及び徳川氏の諸将、市村氏の居城を攻略す。弾正治郎戦死し、三郎遁逃す。(後三郎事跡不詳)本郡徳川氏の所領となる。‥‥」とある。

『御付田町誌 歴史編上』では、この市村氏の城を「谷地城」としていて、弾正の戦死により「谷地城は廃城となり、城館の内容については遺構が消滅しているため明らかではないが、この土地には、北条氏から弾正の武勇を惜しんで築いたとされる弾正塚が近年(昭和30年代)まで残っていた」とある。

◦ 城跡. 弾正塚の場所は上記の所で、久保川の田切に接して小高くなっていたが削平されて「町島公園」にされたと土地の古老は伝える。竜神の杜公園の所が田切地形で低くなっていて、谷地(湿地)になっていたのでこの城名がついたのであろうか。西側にも田切の痕跡が残っていて、この両田切を堀として築城したことは明らかである。また弾正塚は城の南端部になり、今も段差があるので、そこに堀を掘り、その土で櫓台を築いてあったものを利用した塚と思われる。北側線路のあたりに堀があったであろう。

こうした現地形から見ると、大手は西側が最も有力に思われる。当時は「市村城」と呼んでいたかも知れない。今はその堀形がわずかに残っている。

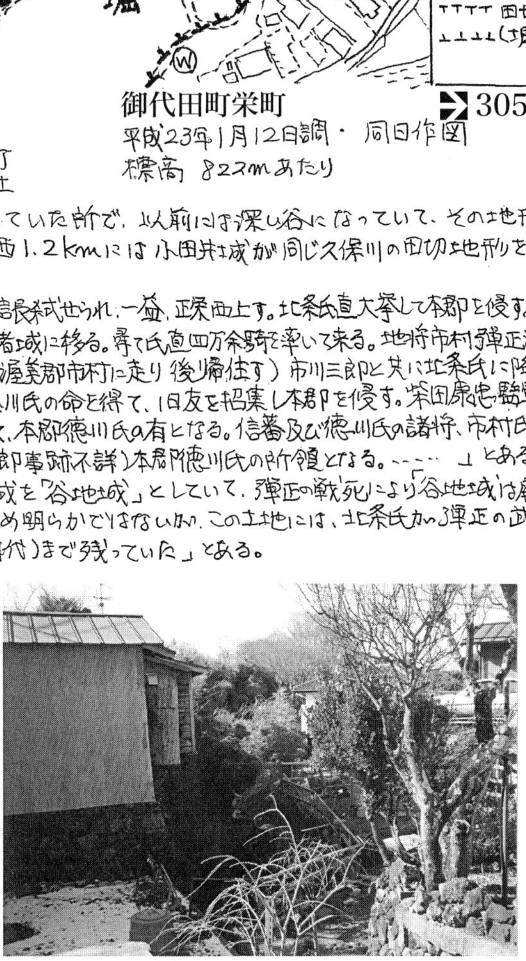

西側の堀跡の田切

169、倉見城《くらみじょう》（茂田井城《もたいじょう》）

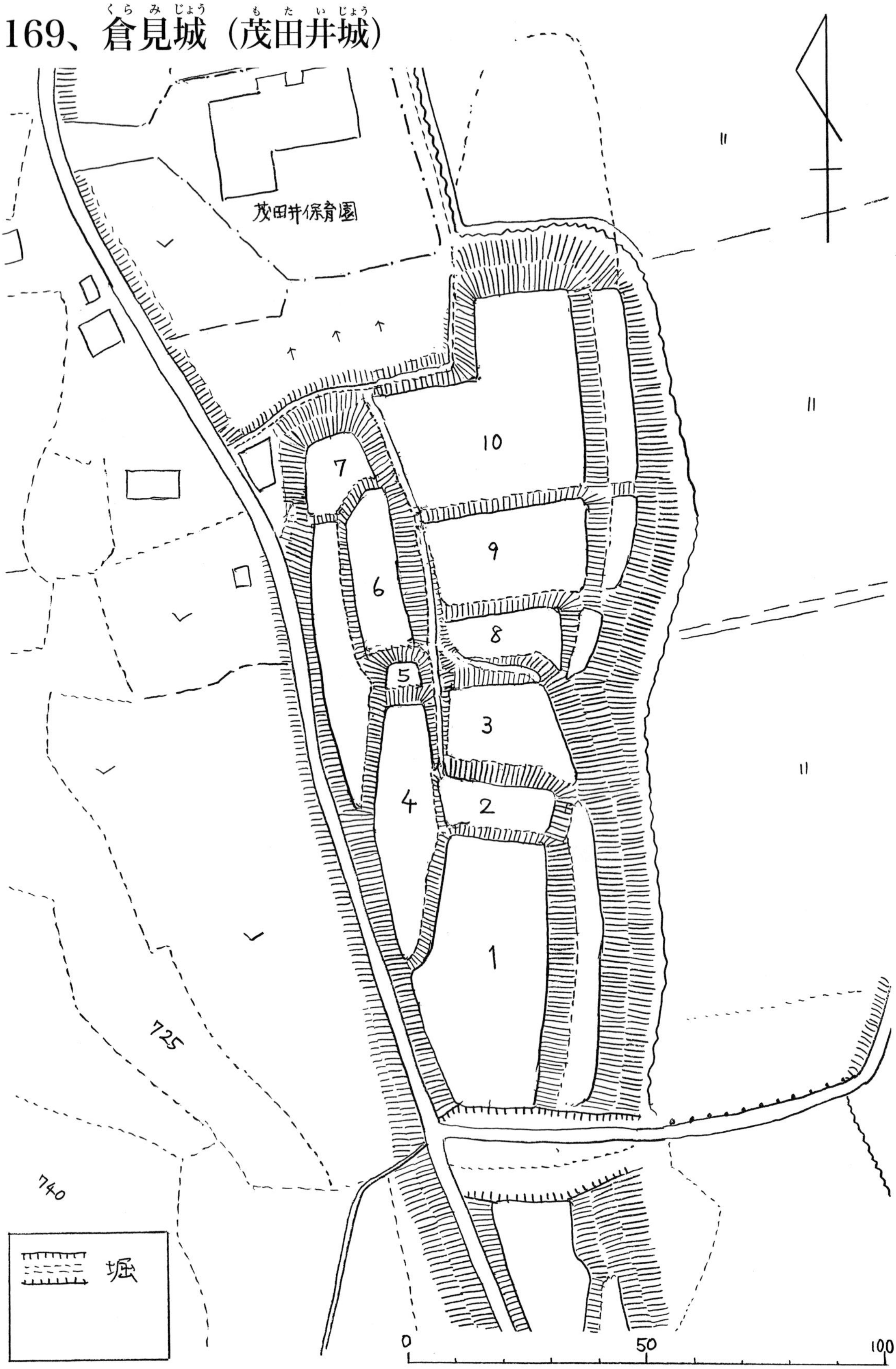

169、倉見城《くらみじょう》（茂田井城《もたいじょう》）

立科町茂田井

308頁

平成11年10月2日調・同3日作図
（『立科町誌』倉見城概要図一部参照）

［南北断面］

標高730m、比高18m

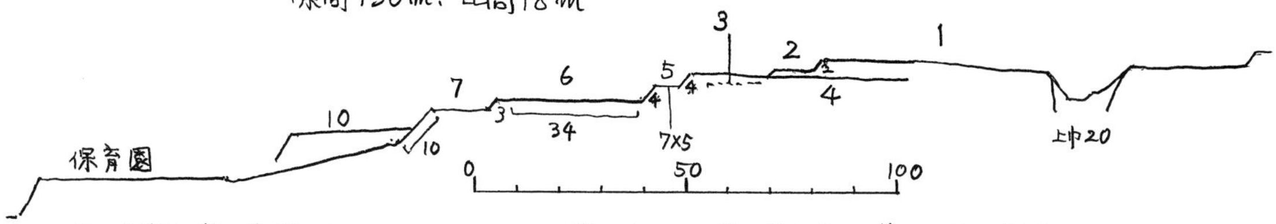

○立地　茂田井宿の南、後背の丘の上にあり、ここは、茂田井から小平へ抜ける山道の口元に当る。

○城主・城歴　米持《よねもち》氏の居城と伝えられる。米持氏は高井郡井上城の井上三郎満実の子、三郎五郎家老が同郡米持に移り米持氏を名乗り、その子孫が佐久へ来住して倉見城を築くという。その後芦田二郎光遠の代に、倉見「木の宮」に築城し、芦田庄司となり、甕(もたい)氏を名乗る。文明年間に甲斐の大軍が佐久に乱入し、6月8日に当城を攻め、甕米持庄司は戦死、以後、芦田氏と共に武田氏に帰し、天文年中に米持主殿介が居城したとも伝えられる。廃城は、天正15年頃とされる。（立科町教育委員会・城跡の案内板による）

○城跡、　茂田井保育園に続く丘に茂田井城がある。城域は東西140m、南北400mほどで、後背の尾根が狭まった所に上幅20mの堀（道路になっている。）をおき、続く最高所に主郭1（広さ53x25）がある。尾根筋は4、5、6、7と続くが、その東側に、幅広い段郭が2、3、8、9、10があり、東の沢に面して腰曲輪がついている。10の北にも若干の段みが続いたらしいが、耕地整理で失われている。

尾根筋に沿って、中央部に道が1まで通していて、その両側に曲輪が並ぶ縄張りから、保育園の庭のあたりが大手筋で、7と10の間の道から登ったものであろう。10が大手筋で最も広く、9、10あたりに屋敷があったのではなかろうか。

全山耕作され、1、2、3、8、9、6、7は藪になり、特に3、8、9は入れないために、不明の点は、立科町誌の郷道氏の図により補った。

後背の尾根が一条の堀しか見当らず、備えは堅固とは言えないが、在地土豪の屋形を兼ねた城として、一応の体裁を整えている。江戸期に城跡より、古銭や南京の中皿10枚等が出土したと言われる。

私が歩く場所は、言わば百姓の生きていた場所

山道は、一雨降ると壊れてしまう。夕立ちで道が川になり、深い溝ができて通れなくなることがよくある。溝を跨《また》いで何とか通れるうちはよいが、どうにもならなくなるときがある。仕方がないから道普請をするしかない。

私はそのために、車のトランクにスコップを入れて持ち歩いている。使いたくないが、これで結構助かっている。

このごろは下手なことをして時間をかけるよりも、歩いたほうが早いと思えば歩くことにしているが、それでも山道を走るからには、その覚悟が必要である。

出掛ける前に二万五千分の一の地図、都市計画の基本図などで車を乗り入れる場所や置く場所なども考えて行くが、現場は思うようにならないことが多い。

道があっても、薮で覆われていて通行不能や、台風で不通になっているなど予定が狂うこともよくある。頂上近くまで車で上る予定が上れなかったり、その逆に、いい道が開通していて大助かりをする場合もある。どだい、人様があまり行かない所へ行くのだから、少しくらいのことで済めばもうけものと思う。

ある村の調査で懲りたから、今は無理をして車を乗り入れないように気をつけているし、自動車も四輪駆動にしたので、お陰でこれからは少しはよいと思う。

＊

私が歩く場所は、言ってみれば百姓の生きていた場所とも言える。営々と土地を耕し、山の木を育て、神を祀り、野の仏に祈って生きて来た、百姓の生活の場を辿っているように思える時がある。

なるほど、山城は豪族が領国を守るために築いてきたのかもしれないが、働いたのは百姓たちである。中には村を守るために、百姓が造った山城さえある。土を削り、堀を掘り、石を積み、家を建て、柵を結ぶ。みんな百姓の手でやってきたから、大抵のことは自分の手で片付ける力を持っている。

百姓の習性は、少しでも広い土地を耕すことだ。一鍬一鍬耕地を増やし、一株でも多くの作物を植えたいと考える。石があればそれを取り除き、境ぎりぎりまで耕すために石垣を積む。信じられないほどの労力を注ぎ込んで、二尺、三尺の土地を広げる。

段々畑や棚田がいい例である。何代かけたか知らないが、小さな畑を造るために、山を削り石を積む。その跡が今、山野の至る所に残っている。

150. たて茂沢城跡

151. 十二平茂沢城跡

152. 高城跡

154. 平林城跡

155. 小田井城跡

159. 宮平城跡

160. 広戸城跡

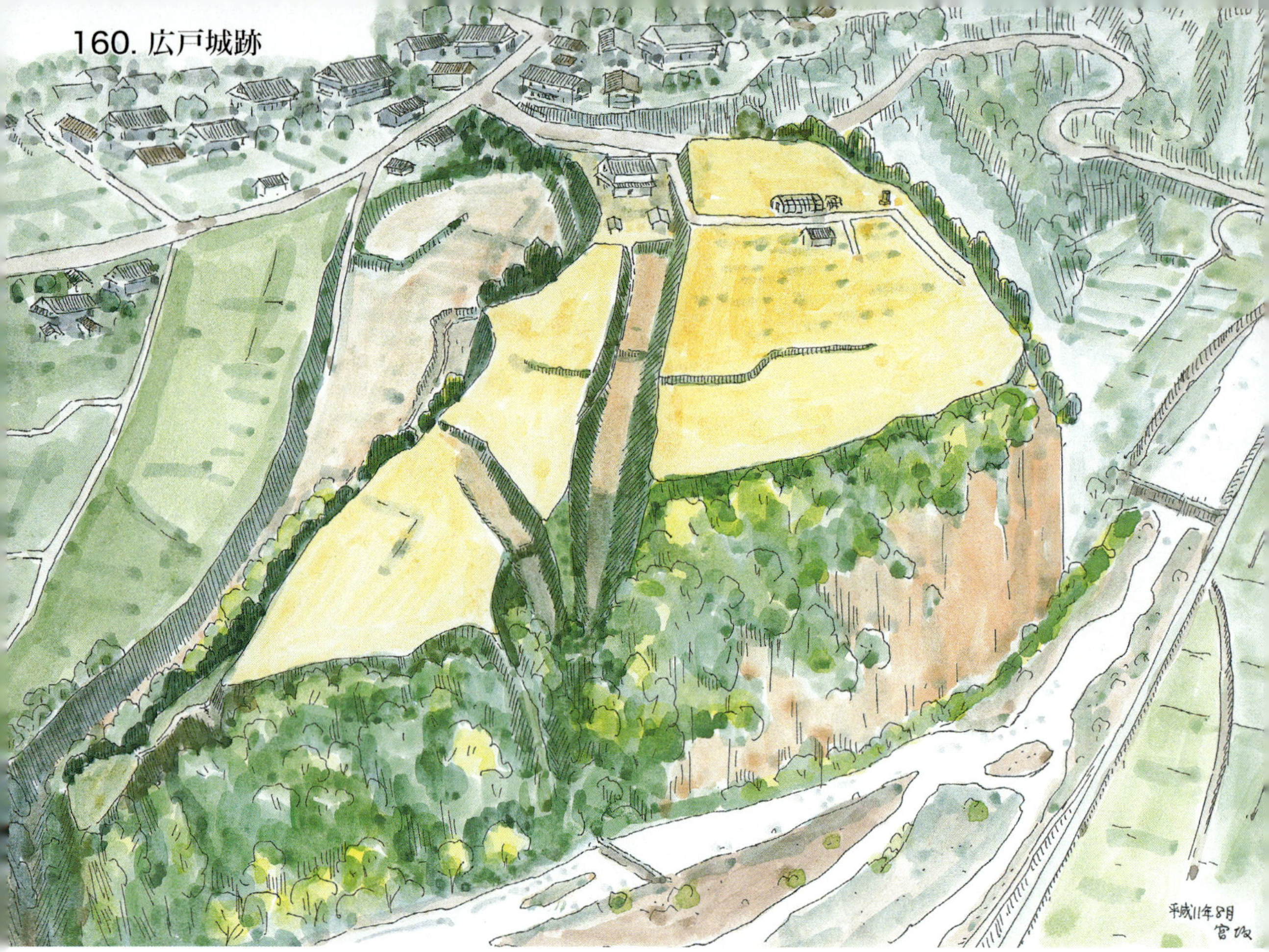

170. 芦田城跡

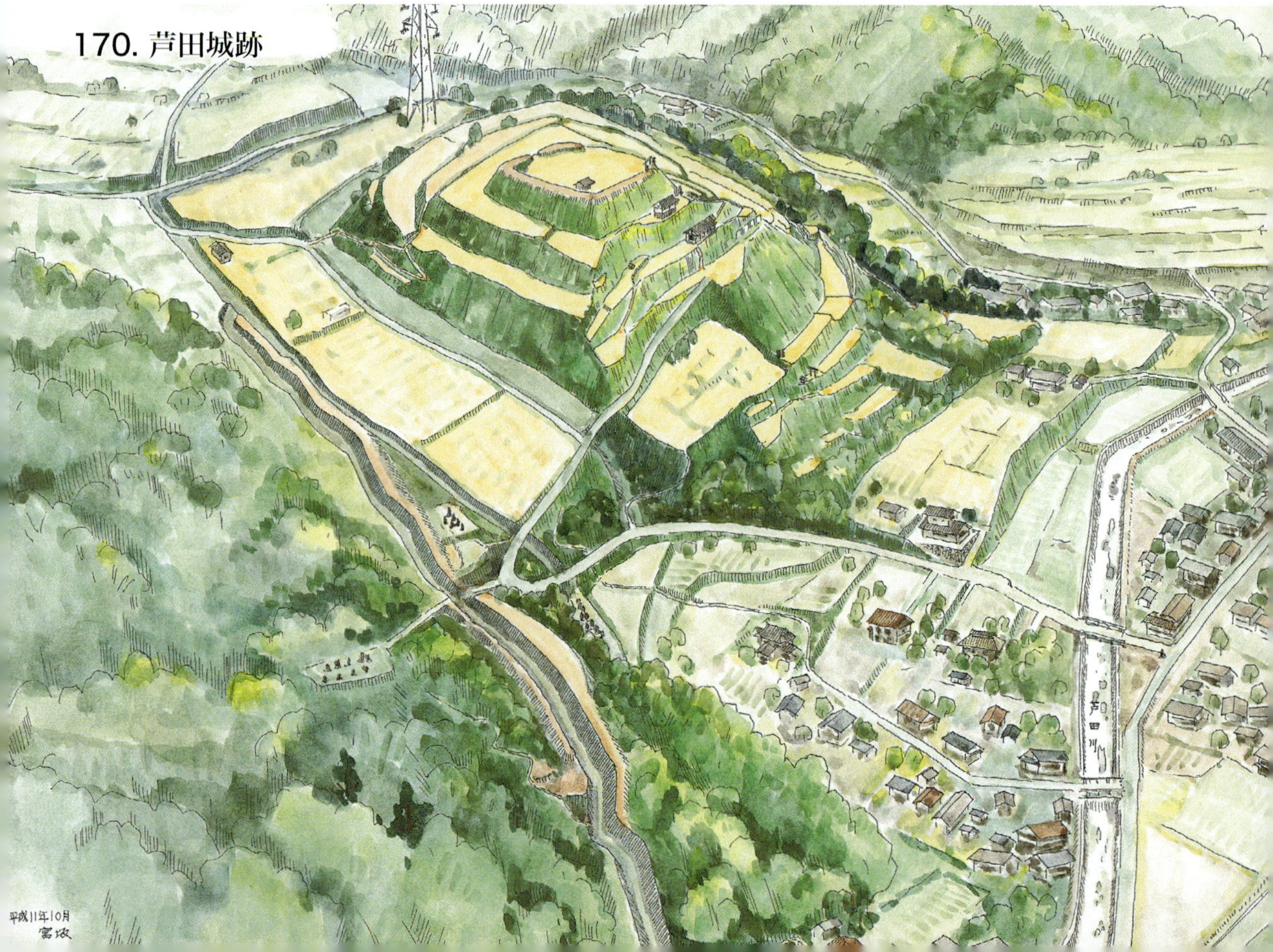

187. 平原城跡

190. 塩川城跡

201. 与良城跡

202. 七五三掛城跡

203. 富士見城跡

205. 霧久保城跡

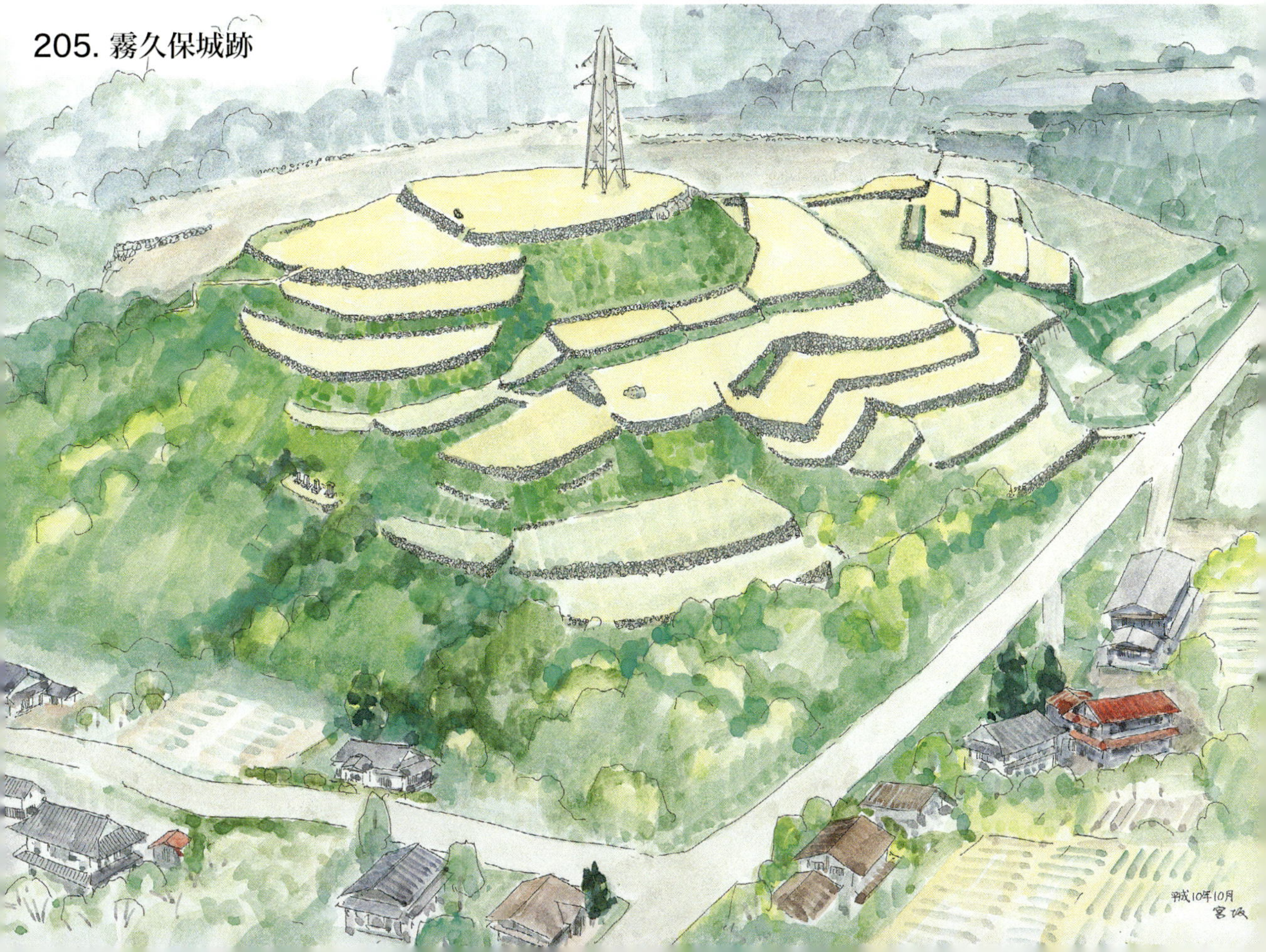

220. 楽巌寺城跡

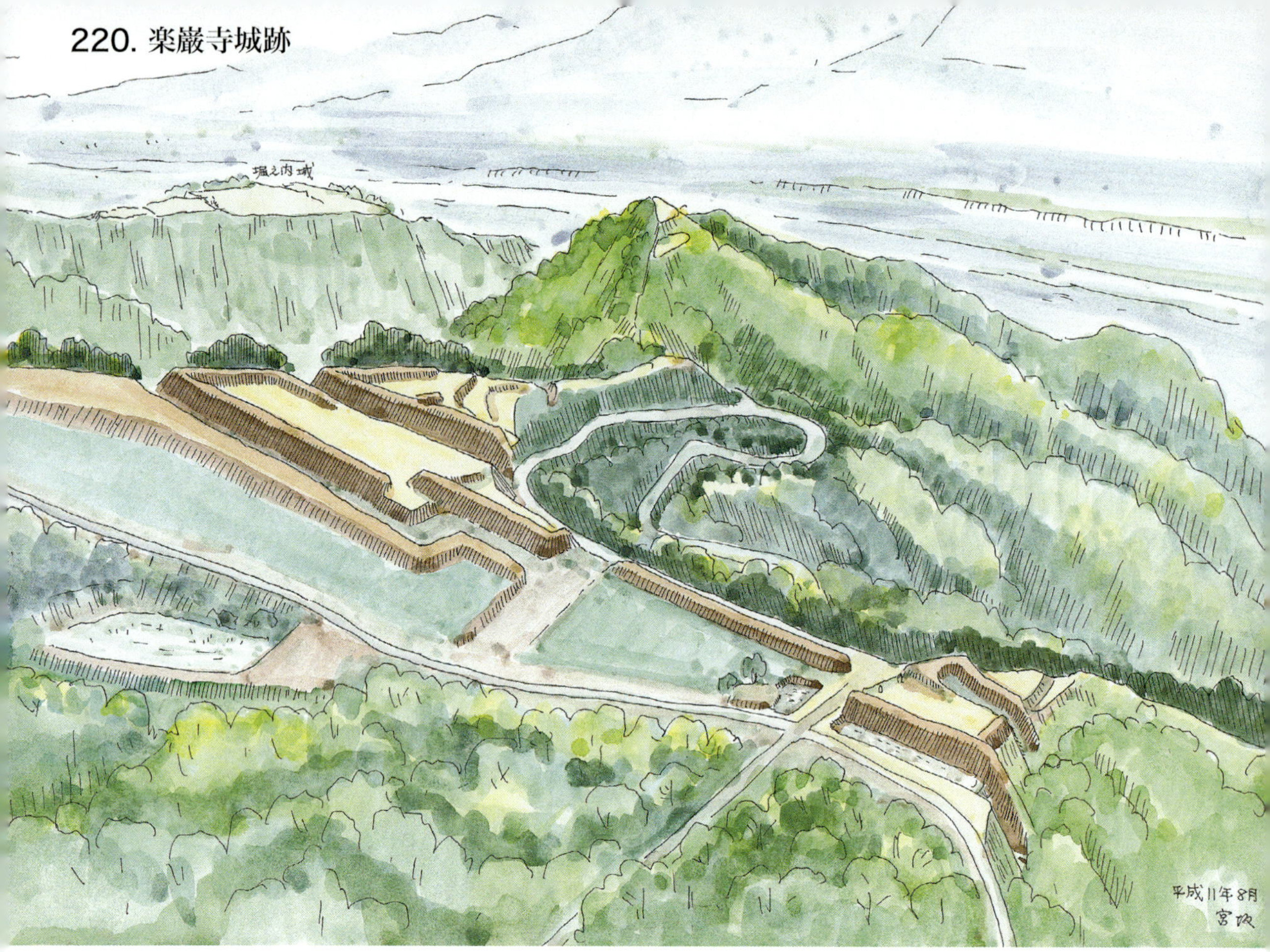

221. 堀之内城跡

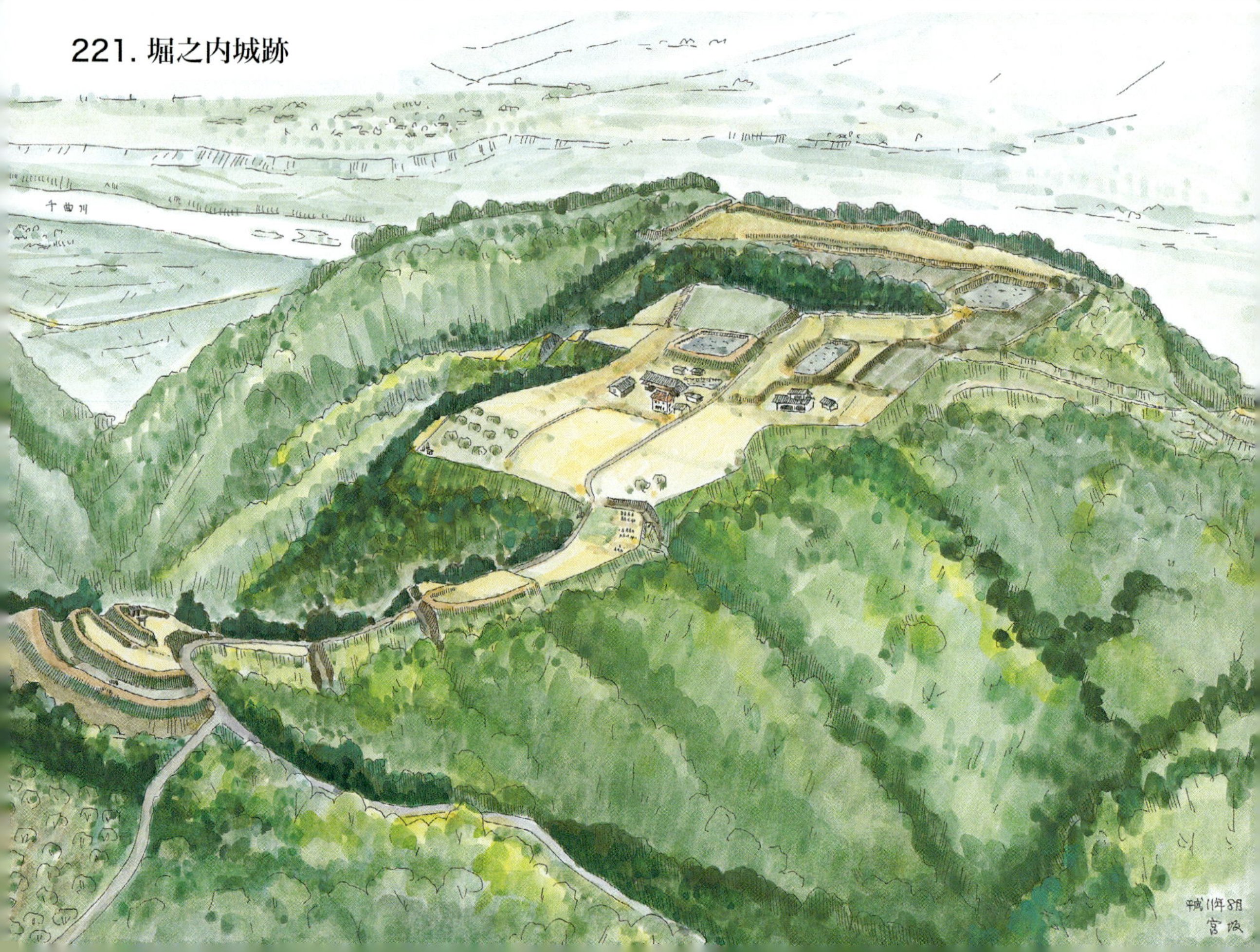

170、芦田城《あしたじょう》（木《き》の宮城《みやじょう》・倉見《くらみ》高井城《たかいじょう》・芦田小屋・芦田か城・芦田乃城）

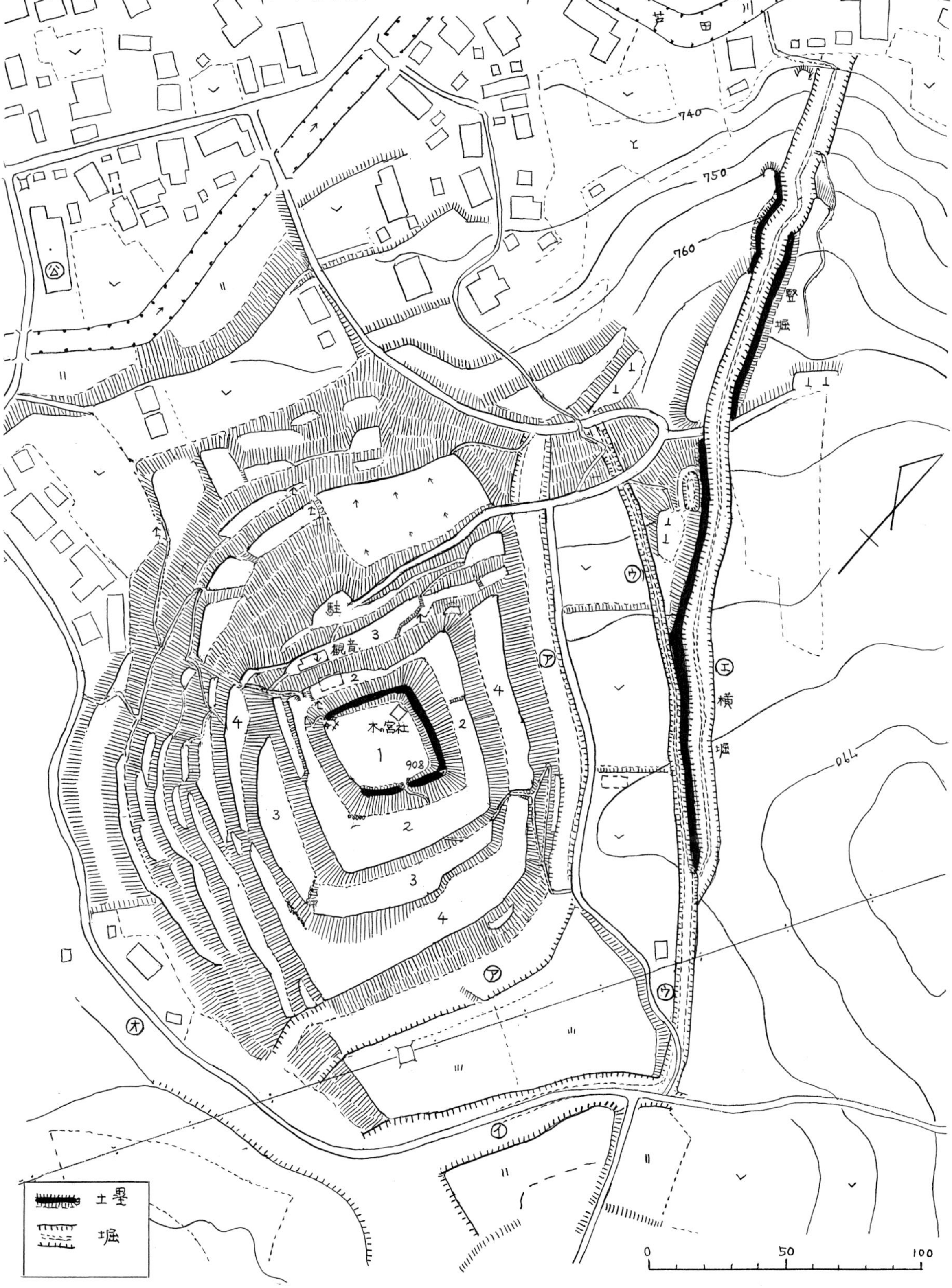

170、芦田城《あしたじょう》

(木《き》の宮城《みやじょう》・倉見高井城《くらみたかいじょう》
芦田小屋・芦田か城・
芦田乃城)

立科町茂田井　(町史跡)　➔308頁

平成11年10月9日調・同日作図
標高806m、比高65m.

[東西断面]

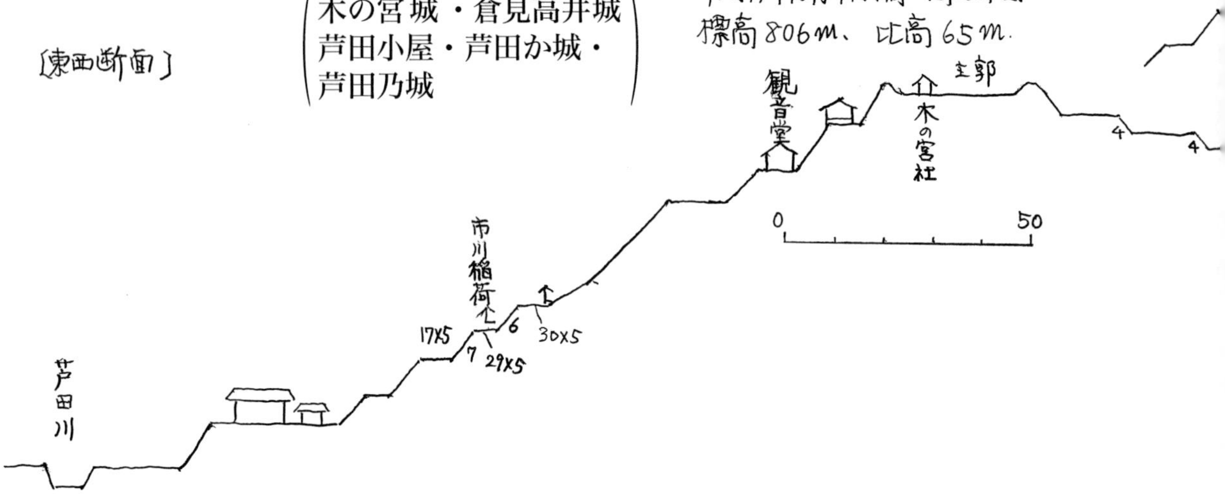

◦立地。　芦田川の右岸、古町の東の小山が芦田城である。比高は前面が65mほどで、背面は30mそこそこの独立峯で、全山が加工されていると見てよいであろう。これに、山の東側の平坦部も城域に取りこんで、南北400m、東西250mほどの広さになる。

◦城主・城歴　芦田氏は、大井庄の地頭、岩村田の大井氏の分流で、当初小県郡依田荘(丸子町)に居住したが、芦田備前守がここに移って、芦田氏(依田系)を称したとされる。鎌倉時代から滋野系芦田氏がこの地に勢力を張り、大井氏と対立する。小笠原氏の府中から武石峠を越え、大内道《おおないど》を経て佐久平から関東へ向かう道筋に長窪城を築いて、小笠原氏へも備えたが、小笠原と大井氏の連合軍のために、永享8年(1436)8月3日、芦田氏は降伏、長窪城は大井氏の支配下に入る。

この時依田氏は、北信の米持《よねもち》氏(井上氏系)と共に、滋野系芦田氏を攻略して、芦田に移る。芦田城は依田系の芦田又四郎光徳が、文安2年(1445)に築いたとされるが、それまでの山城を改修したものと言われる。

天文9年(1540)頃から武田氏の佐久侵入が激しくなり、同10年、光徳より4代後の下野守信守の時に、諏訪頼重のために攻略され、以後武田氏に属するが、防衛上の理由からか本拠地を春日城へ移す。信守は三方ヶ原の戦で勇名をはせ、二俣城に封じられる。

信守の子信蕃《のぶしげ》は芦田から再び依田を名乗り、父に従って東海地方を転戦する。天正10年(1582)武田氏滅亡後は、徳川家康に従い、佐久に帰ったが、その時は、北条氏直の大軍が佐久へ侵入していて、信蕃はやむなく、春日の奥地三沢小屋、更にその奥まで籠もり、北条軍に対抗する。北条軍が去った後の佐久郡内の統一のために奮戦し、岩尾城攻撃中に兄弟揃って討ち死にする。家康は長子竹福丸に松平姓を与え、小諸城6万石を与える。

◦城跡、　居館は芦田川の対岸の古町にあったとされる。御屋敷と呼ばれる地積に東西100m、南北200mの所に明治まで堀の跡もあったと伝えられる。

主郭、　32×34ほどの方形をしていて、三方に土塁があり、南に虎口を開く。東側の土塁が最も高く、3mほどあり、郭内に後世木の宮社がまつられている。これは越前福井藩家臣になっていた芦田氏が祖先の霊を近世になって祀ったものという。

主郭を取りまいて、方形に近く2～3段の幅広い曲輪が取り巻き、比高のある北側と南側には、その下に数段の曲輪が認められる。南の一部と西側は藪がひどく、下部は細部はとらえにくかった。公図等に当ってみる必要があろう。

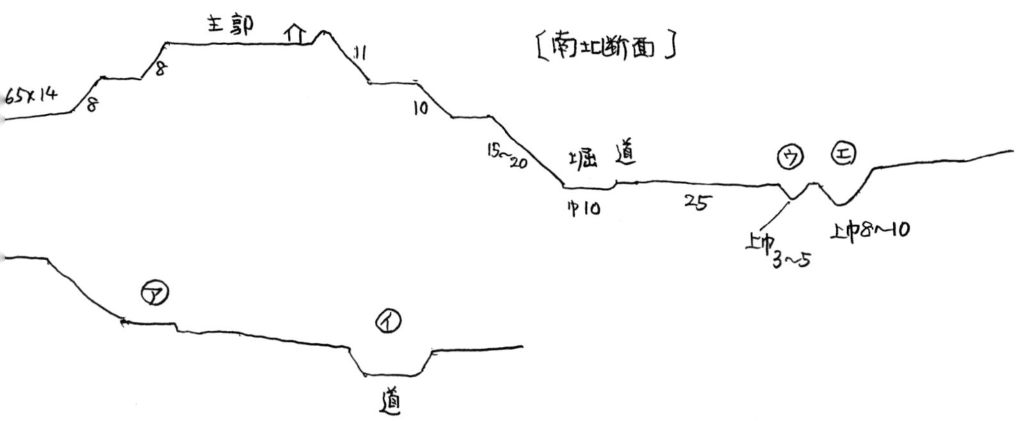

主郭を取り巻いて、回字形に腰曲輪が取り巻いているが、比高の少ない東側と南側に長大な堀が巡っている。東から南の山裾にかけて上幅10mほどの㋐の堀が取り巻き、その外側に広い平地を囲んで、西側の自然の谷㋔から続いて㋑、㋒の堀が外郭線を造る。㋒の堀は途中から2条になり、外側へ更に大きな上幅10mにも及ぶ㋓の堀がついて、この堀は、北の芦田川にまで達している。このことから最も比高の少ない、東側の台地との間は3条の堀で守られ、その内部に広い平地を包み込んでいる。

○登路、大きく2つが考えられる。1つは、㋓の堀中道を登り、㋒の堀との合流点あたりの少し北側あたりから、西へ向かい㋐の堀を渡って、4へ入り、3から2へ、そして1の南の虎口に至るルートで、もう1つは、北西の山麓、公民館の方から、竹林の中を登り、西側の4から北側の2へ入り、現在はここから直ちに主郭の鳥居の所へ登っているが、そうしないで、主郭の西下を巻いて南の虎口から入ったものであろう。この外に北東下からの道も考えられるが、それは前述の2つのルートにつながったものと思われる。大手は北西からのものか。

○この山は全山耕作された形跡もあり、虎口の形状ははっきりしていないが、何れも坂虎口で所々に門を置いたと思われる箇所があり、遺構の残存状況はよい。特に長大な堀はみごとで、戦国末期まで改修を加えられながら使われた城として、貴重なものと言えよう。

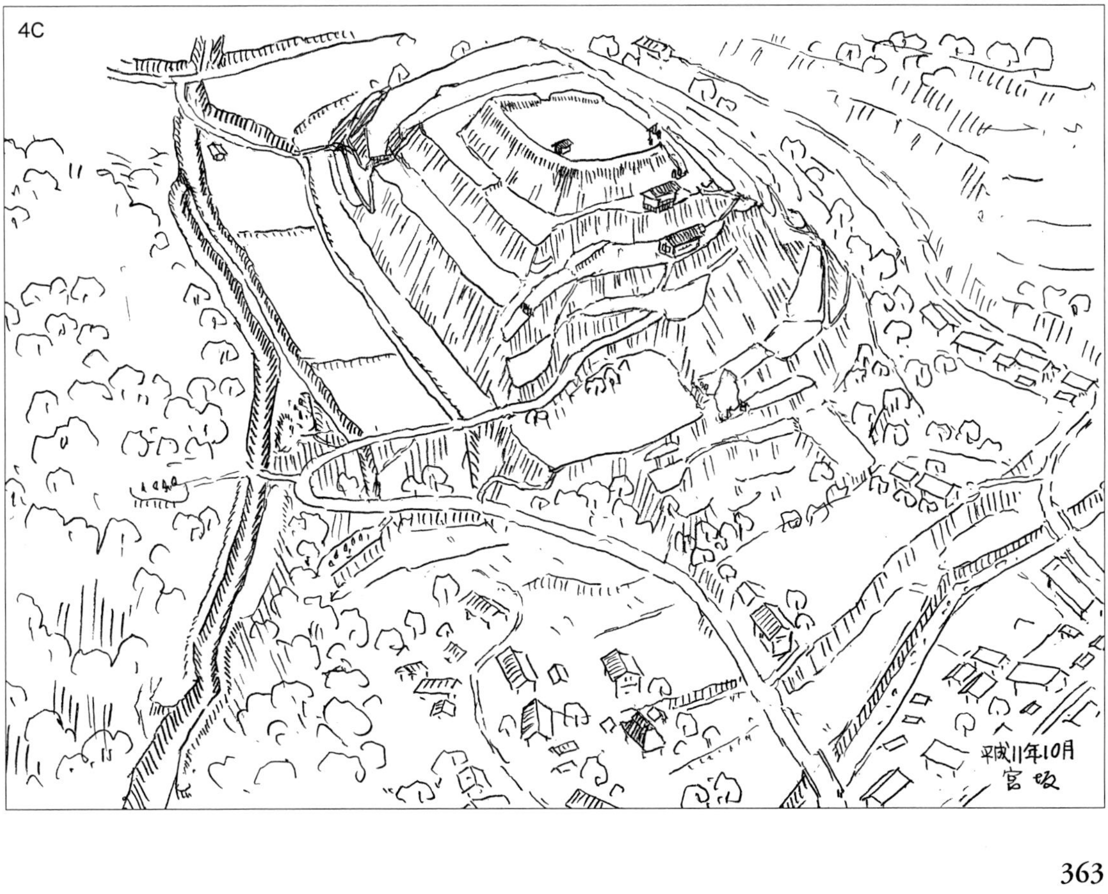

171、善正城《ぜんしょうじょう》

171、善正城《ぜんしょうじょう》

立科町外倉　➡306頁

平成11年10月2日調・同3日作図．（『立科町誌』郷道氏図．参照）

標高695m．　比高10m（北西下の田甫より）

［主郭部南北断面］

○立地　牛鹿《うしろく》地区，外倉集落の南の丘が善正城である。周囲は耕地整理ですっかり変ぼうして，旧態は失われていて，わずかに主郭部などに面影が残っている。

○城主・城歴　地元の古老の伝承するところでは、小県郡丸子の城主．箱山判官国正の弟、太郎善正の居城で，外倉源太はその重臣であり，善正山に続いて，馬場の跡が2か所あるという。箱山城は北方箱畳池の北西．八日町の後背の山で，ここから約3km先になる。

○城跡　『長野県町村誌』に「丘の尾先に作られた城で，主郭は東西40間（72m）、南北35間（63m）の規模で，3面に土塁がある。主郭と一条の堀を隔てて，二の郭があり．また一条の堀がある。そこは今林となっている。」とある。

このことを．現地に当ってみると、主郭の大きさや．三面にあったという土塁は失われているが．中谷氏の墓地の所が中心になり，その南の道の所に堀があって．2の曲輪になり．その南がまた堀になっていたというあたりは．大体当っている。東側は、2の曲輪の東辺になる．墓地の線を北に延ばすと．折れのある田甫の畦畔か、その一つ東の畦畔につながり．このあたりが東辺となろう。

北は．主郭の北辺線より50m行った所が高い土手になっているので．そのあたりが考えられ．西辺は道のあたりとすると、回字形の縄張りが想定できそうである。しかし．周囲の堀は自然地形を生かしたもので．郷道氏が未完成であったのではと考察されているのは、うなずける所である。

○ともあれ．今となっては．細部がはっきりしないために、何とも言いにくいが．大手は．東側にあった．丘陵上の館城の姿が考えられる。

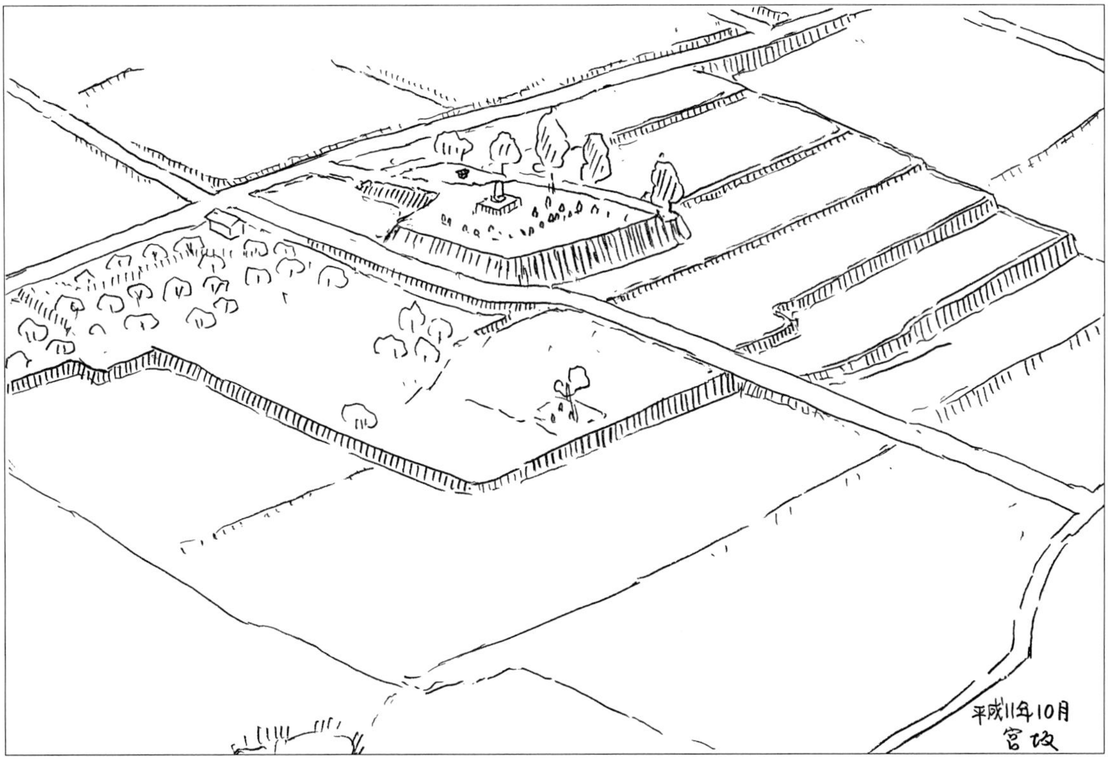

172、蟹原城《かにはらじょう》

172、蟹原城《かにはらじょう》

立科町蟹原

➡306頁

平成11年10月2日調・同3日作図.
標高647m. 比高12m.

〔1の部分 南北断面〕

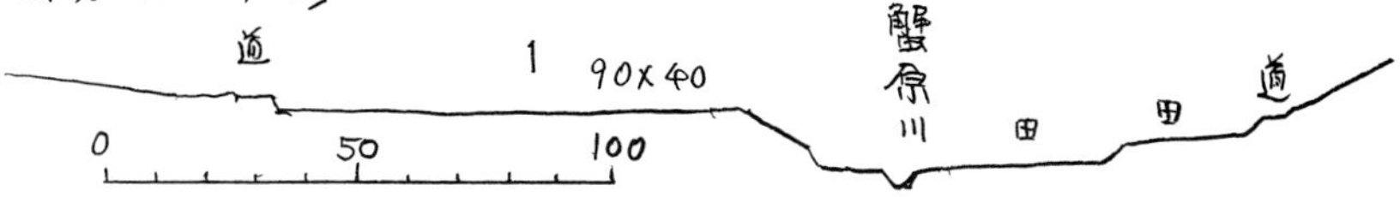

○立地. 位置がはっきりしない。『長野県町村誌』によると、蟹原小城.夕日長者屋敷.蟹原城.朝日長者屋敷等があるらしいが.遺構がはっきりせず、その位置が特定できない。地元の人に聞いてみるが 朝日長者屋敷.夕日長者屋敷の所在を知らないという。

番屋川というから、この川の近くに番屋があったことは想像できる。番屋川と蟹原川に挟まれた台地は.現在.果樹園等になっていて、広大であるが 遺構も伝承もはっきりしない。

『立科町誌』では. 2の台地上にこれらの所在を考えているが.はっきりできないでいる。

○城主・城歴. 蟹原城には.滋野氏一族の蟹原四郎幸重が藤原氏を称して.代々居住したらしい。

○城跡 地元の人々は、1の部分が蟹原城といい，2の台地上には何もなかったといっている。

1、蟹原川に面した段丘で、2の台地より数m低く.東西2面に自然の沢が堀になっている。「東西に大堀がある」というのは、このことを指すのか。現在埋め立てていて東側がはっきりしなくなっているが.南北90m.東西40mほどの広さがあったものと思われる。これは.北面はないが、沢中であるために要害性は脆弱である。傍の道を守るにはいいが。

◦朝日長者屋敷には東西北の三面に土塁と堀があり.北側のものは二重になっていたというし，夕日長者屋敷は方二町もあり屋敷内に池があり.その中に井戸があったと具体的に記録されている。この位置も問題になる。蟹原集落の北、北御牧村分の台地が気になる。地図で見た限りであるが、堀らしい地形もあり、ここに長者屋敷があったと考えられないだろうか。

◦召水(めしみず) おしみずは集落の西方で、望月と上田を結ぶ旧道に面しているという。この台地上にすべてを見るのは無理がありそうである。今後の究明がまたれる。

173、芦田氏館《あしたしやかた》

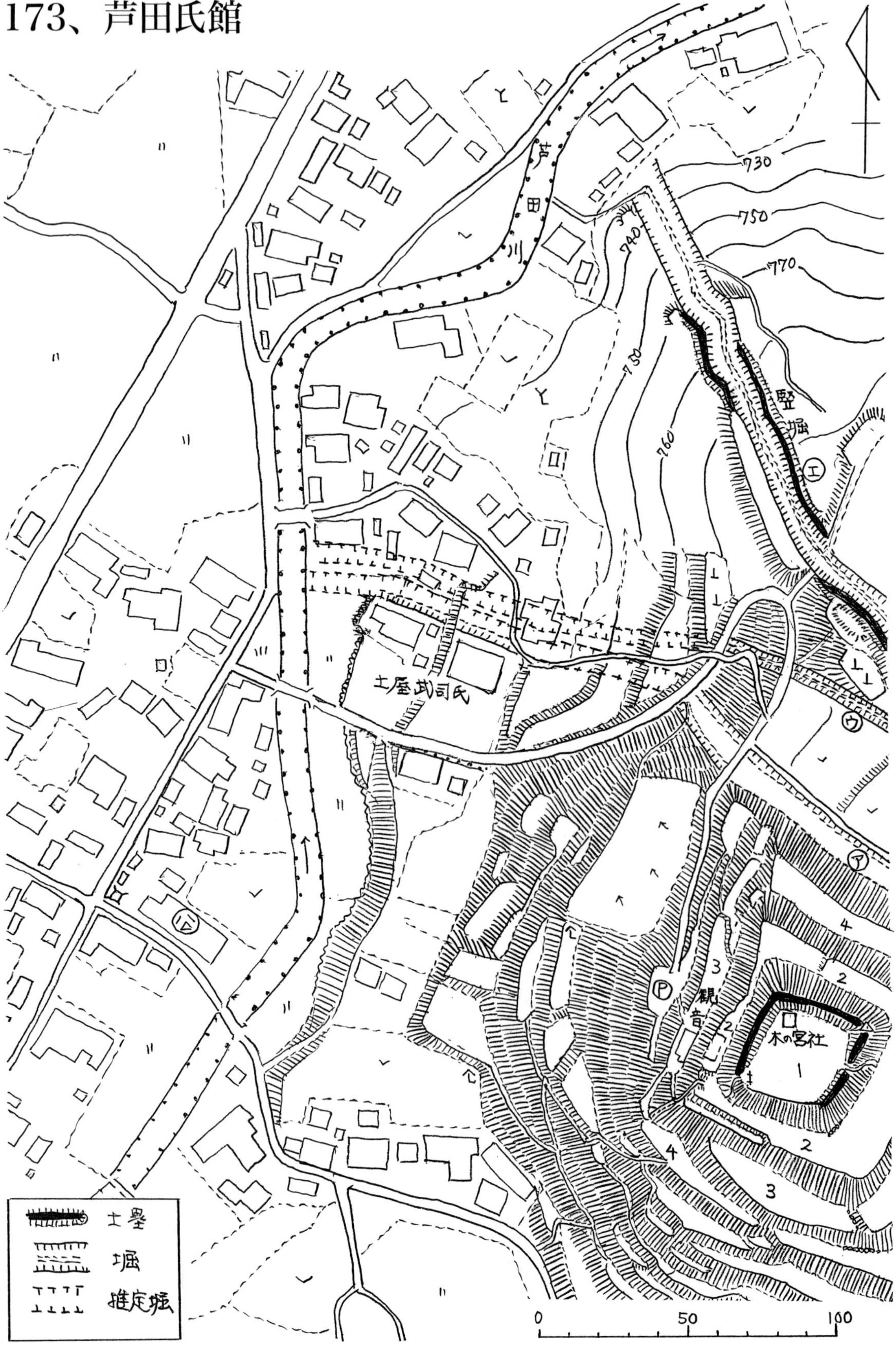

173、芦田氏館《あしたしやかた》

立科町古町 →308頁

平成15年3月9日調・同日作図
標高740m

〔東西断面〕— 土屋武司氏宅の所

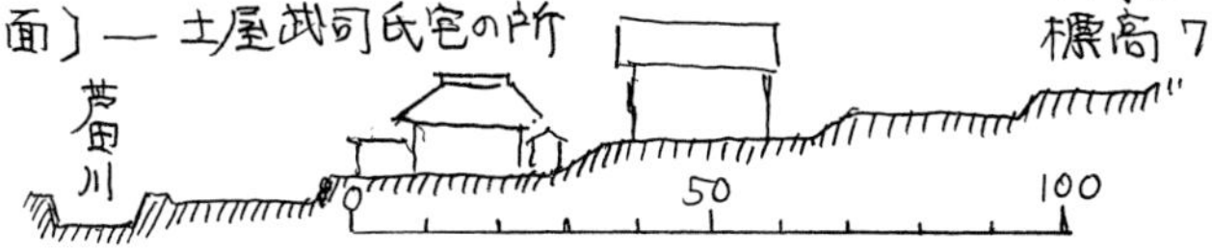

○立　地　　芦田城の城下、芦田川の右岸一帯で、東西100m、南北300m余にわたる地域に含まれていて、その中心になる所は、土屋武司氏の屋敷のあたりと考えられる。

○館主・館歴

『長野県町村誌』に「本村（芦田村）午（南）の方にあり。御屋敷と称す。東西一町、南北二町 三面に堀の跡あり。今古町人家の地に属して、南に大ムロの木あり。其大さ三囲、下に石祠あり、此枝を伐れば祟あり。又剱の井、御茶の水あり。其北を坪の内と称す。方一町塁の跡あり。西北の隅に大桜樹あり、三囲、下に小祠あり。西の方建石と称して畑中に三穴石あり。其西の高地を高卒塔婆と称す。されども其ものなし。北は古御堂長宝寺の廃跡あり、坪の内より東北を上下王庭と称して平地なり。続きて御局屋敷、高屋敷、籏屋の地名存す。山城の古城址は要害に拠の地にして、居館は此所なり。廃城の後田畑となる際、芦田川を両村の地界となし、今地址は茂田井村に属し、本丸の跡、木宮社は芦田村にて祭る。」とあり、続いて、越前福井の芦田氏の家伝が詳しくのっている。

芦田氏は大井庄の地頭岩村田大井氏の分流で、初め小県郡依田荘（丸子町）に居たが、芦田備前守の時にここに移って芦田氏を名乗った（依田系）とされる。しかし、鎌倉時代から滋野系芦田氏がこの地に勢力を持ち大井氏と対立するが、小笠原、大井氏連合軍に降伏し、この時依田氏が北信の井上氏系米持氏と共に滋野系芦田氏を追って芦田に移ったという。

芦田城は依田系芦田又四郎光徳が文安2年（1445）に築いたとされるが、それまでの山城を改修したものと考えられている。

以来依田系芦田氏が拠城とするが、天文10年（1541）光徳より4代後の下野守信守の時に諏訪頼重に攻略され、武田氏の侵入に当り、これに属し、本拠地を春日城に移す。信守、信蕃父子は、武田氏の下で東海地方を転戦し、信蕃（依田氏を名乗る）は、天正10年武田氏滅亡後は家康に従い、佐久郡の統一に奮戦し、統一を眼前にして岩尾城攻略中戦死。後を長子康国、次子康真と継いで、故あって越前福井の松平氏に仕えて代々相続する。

館跡に居住する土屋氏は、武田氏ゆかりの一族と伝え、越前の芦田氏の流れを汲み、芦田氏が藤岡で没落後、天正の頃に祖先ゆかりの地に来住して今日に至っているという。

○館跡

根小屋に当る範囲は、芦田川の右岸の広範囲にわたるが、芦田氏の館のあったところは、土屋武司氏の屋敷一帯と考えられる。同氏の屋敷の裏手には、芦田城の㋐㋒の堀が延びて来て、2重の堀となって、館の備えとなっていたものと思はれる。館を囲んで土塁等があったと思われるが今は見当らない。

同氏屋敷内には、明治初年越前芦田氏より同家へ入ったちえが松平春岳よりもらって来たと伝える柿の木が残っている。

集落の北端の「御屋敷」の地名は下屋敷に当るという。

現在町村誌に言う多くの古跡は失われてしまっているが建石は現存している。

174、蟹原城《かにはらじょう》

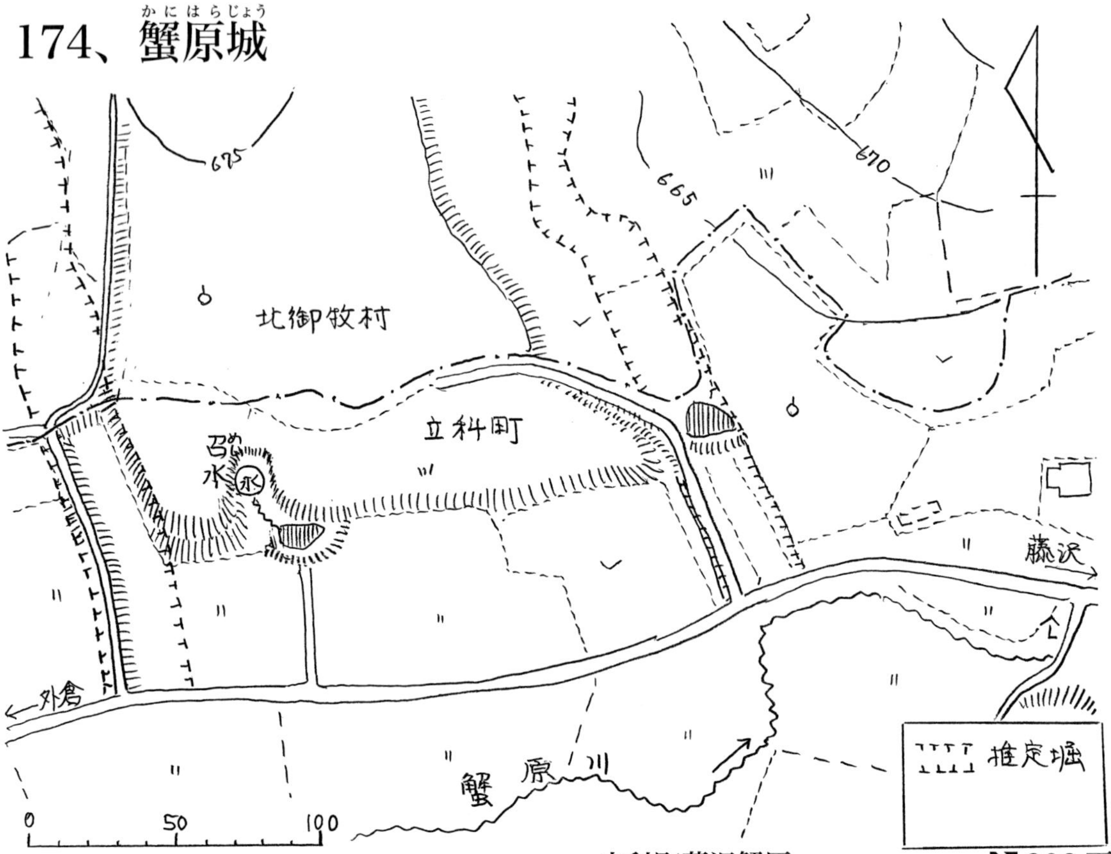

立科町藤沢蟹原
平成15年3月9日調・同日作図
標高 665m

306頁

○立地　蟹原集落の西側、蟹原川の左岸外倉《とぐら》へ向かう道の北側に召水(めしみず)の湧水があり、この水源の一帯が蟹原城と思われる。

○城主・城歴

『長野県町村誌』の「蟹原城址」の項に、「西(西)の方二十二町(2376m)(藤沢村より)蟹原にあり。東西三町(324m)、南北二町(216m)、南面は藤沢川(蟹原川)に臨み、東西北堀を繞らし、北は原野に接続す。

滋野氏の族、蟹原四郎幸重、又藤沢氏と称して代々住する由、里老の伝記にあり。

用水は召水(めしみず)と称して、大旱にも減ずる事なく、郭内へ引用せる跡あり。」として、右図をのせている。

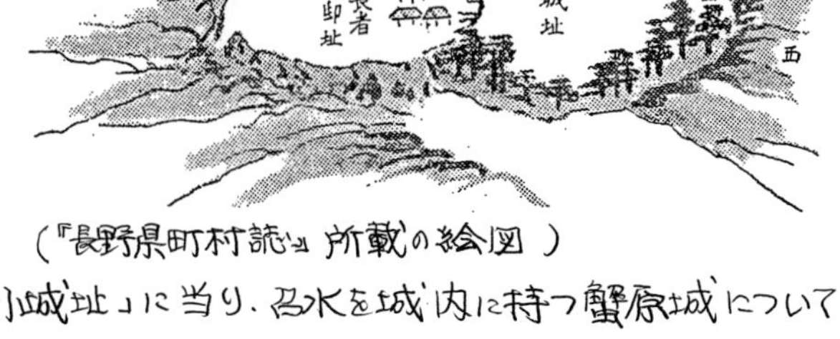

(『長野県町村誌』所載の絵図)

○城跡

近くで聞き取りで出てくるのは、「城の畑」と言って、蟹原川の右岸の小台地のことを蟹原城と言っている。これは、絵図の「蟹原小城址」に当り、召水を城内に持つ蟹原城については知る人がなかった。

絵図からすると、召水の一帯、道より北側、北御牧村分になる果樹園のあたりも少し加わったあたりかと推定する。ここ尾根状の高まりがあり、その東西が沢状に低くなっているので、そこが堀であろう。

北側の境界になる堀がはっきりしない。あるいは、東から入る道のあたりを言っているのであろうか。召水は今も相当量湧いていて、そこから南へ少し下ったところに池があり、用水源となっている。

現地を見る限りでは、要害の地とは言い難く、古道に接した館城としての類で、この土地の開発領主が水源をおさえると共に、道の監視に当ったのではないかと想像する。

175、蟹原《かにはら》の朝日長者屋敷《あさひちょうじゃやしき》（冬屋敷《ふゆやしき》）

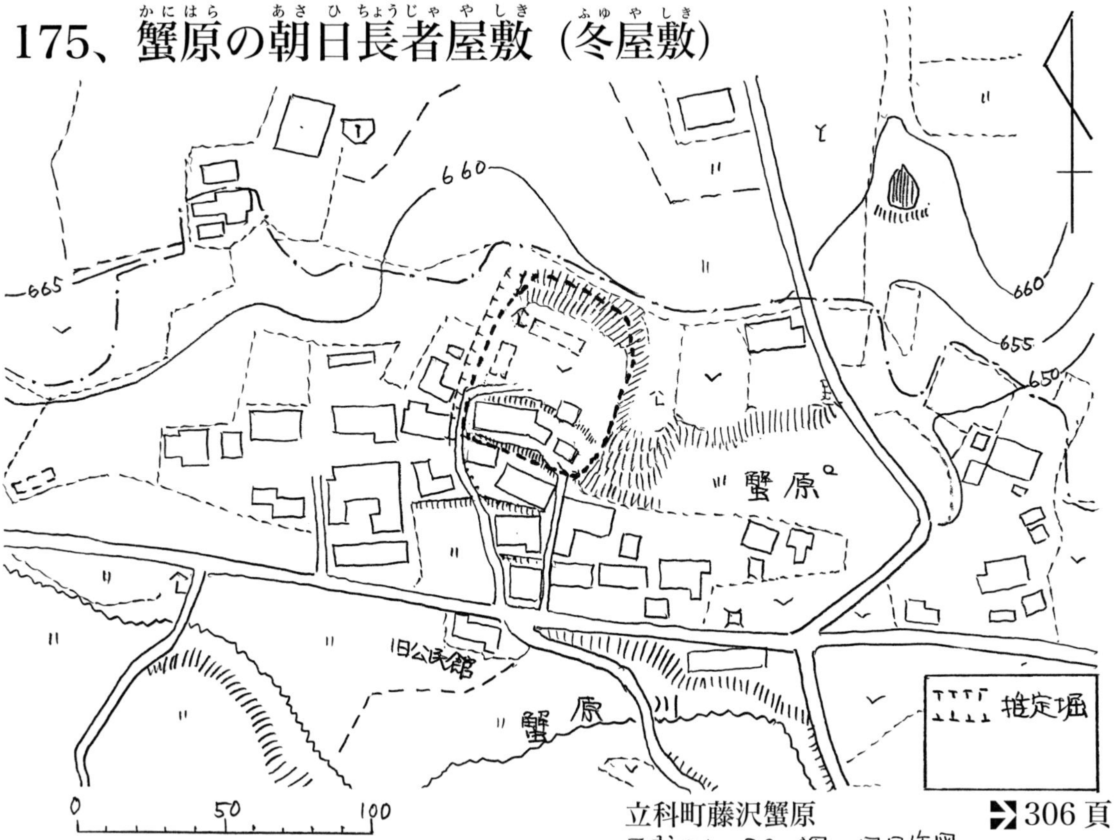

立科町藤沢蟹原　➔306頁

平成15年3月9日調・同日作図

標高655m

○立地　蟹原集落の中央部の北端、つまり最上段に位置する桜井尭明氏の屋敷の所を土地の人は「冬屋敷」と言っている。このあたりが丁度「朝日長者屋敷」と一致するものと考え、両者は同一のものと推定した。

○館主・館歴

『長野県町村誌』に「長者屋敷」として、「蟹原の人家なり、土人朝日長者邸と称す。南面は藤沢川に臨み、三面に土塁、堀あり、東西は一重、北は二重あり、原野に連なる。」とあり、左ページの絵図がのっている。

藤沢川（蟹原川）の北で、蟹原城と並び、しかも人家の所というと、この場所になり、上記のように冬屋敷と言われている所に一致する。長者が誰であるか全く分らないが、それなりの分限者あるいは豪族が屋敷を構えていたことが想像できる。

この近くに別府の地名が残り、それに関連する館跡とも考えられるが、はっきりしたことは分らない。

○館跡

町村誌の記述では、土塁と堀が囲んでいるとあるが、西側に水路があり堀形がある。桜井尭明氏の宅地の裏の畑は50×25mほどの広さがある。背後は土手になり北西の隅に水神社をまつる。東側の竹藪の所が土塁跡であろうか。

南面する所で、背後の堀は不明であるが、水もあり、居住性はよい。

冬は温かいこの屋敷に住んだとのみ言い伝えられ、それ以上のことは分らない。

176、蟹原《かにはら》の夕日《ゆうひ》長者《ちょうじゃ》屋敷《やしき》（夏屋敷《なつやしき》）

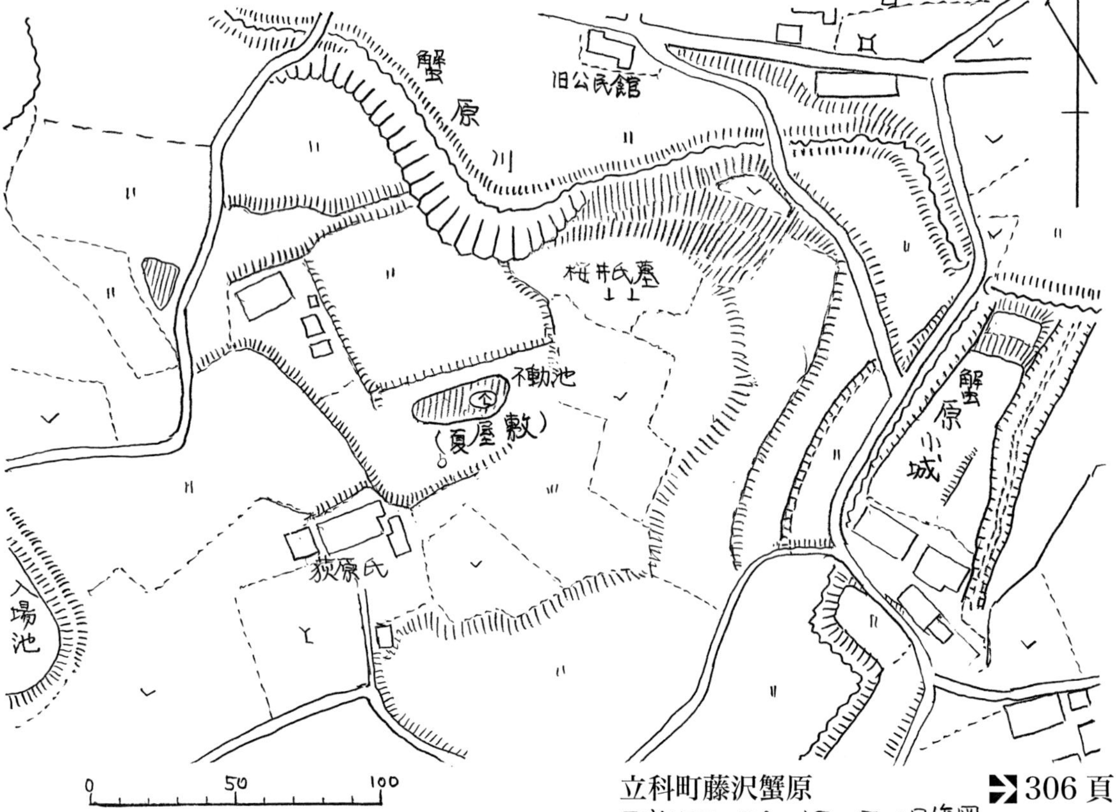

立科町藤沢蟹原

➔ 306 頁

平成15年3月9日調・同10日作図
標高 660m、　比高 20m

◦立地　　蟹原川の右岸、蟹原小城の西側の台地上に土地の人々が夏屋敷と呼ぶ場所がある。蟹原川の崖に面した所で、ここが夕日長者屋敷の場所と一致するように思われる。

◦館主・館歴
『長野県町村誌』の「長者屋敷址」の項に「蟹原の南藤沢川（蟹原川とも）の岸上にあり。方二町、土人夕日長者邸と称す。一池ありて中に井あり、総て此辺より土器、鉄器、矢ノ根、農具、古銭等出で、今も存する者あり。里老の伝ありと雖、年暦不合多し。藍別府の旧地に続きて、此所に別府の館舎ありし地にて、長者は長官の称ならんか。廃跡となりしより、年代久遠、事跡の伝を失し附会多し。故に是を略す。」とあり、蟹原城の項で示した絵図をのせている。

絵図によると明らかに、藤沢川の南で小城の西側であるから、荻原伸氏宅の北側のあたりで、不動池（池中に不動をまつる）の周辺の夏屋敷の場所と合致する。

南方500mほどの所が別府で寺屋敷の地名が残るが、そことの関連も視野に入れて考える必要があろうか。はっきりしたことは分らない。

◦館跡　　不動池を中心とした、この台地上が夕日長者屋敷跡であることは、ほゞ間違いないであろう。

「一池ありて」というのは不動池のことであろう。池中の小島に不動をまつるが、井戸は不明。

方二町というと広大な場所になるが、その形態や境界等については、現地ではとらえ難い。

夏屋敷、夕日長者の由来等不明。

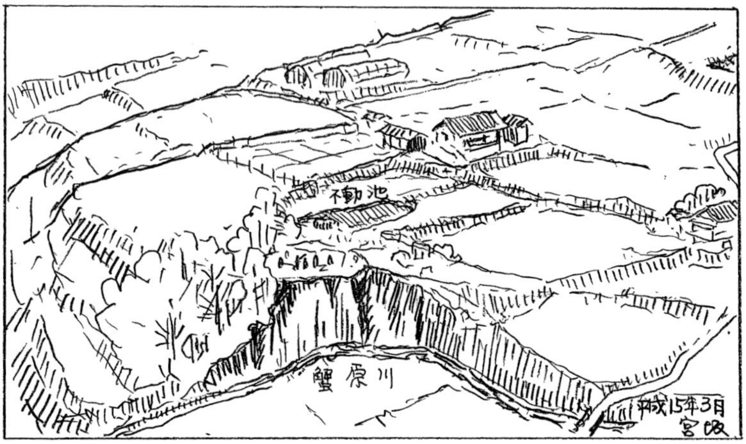

177、逸見屋敷《へんみやしき》

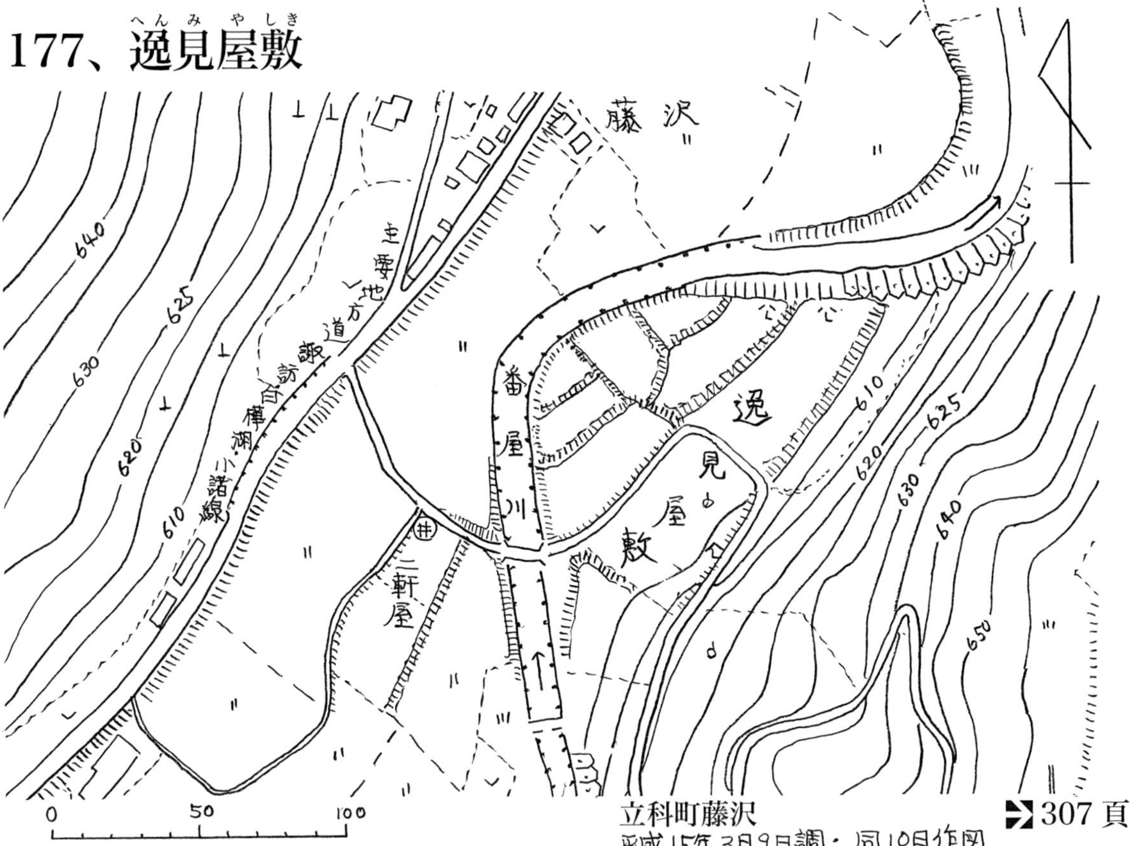

立科町藤沢
平成15年3月9日調・同10日作図
標高 595m

307頁

○立地　藤沢集落の南端．番屋川に沿った所に逸見屋敷が記録されている。その位置は、右の絵図では番屋川の右岸になっている。

○館主・館歴
『長野県町村誌』の藤沢村「武居屋敷」の項に、武居屋敷のことの後に、「又逸見屋敷、入道窪、出城、矢崎、矢ノ沢、矢ノ原の字あり。皆此地に隣れり。」とあって、右の絵図がのっている。
「逸見」がいかなる人物か史料・伝承等なく不明。

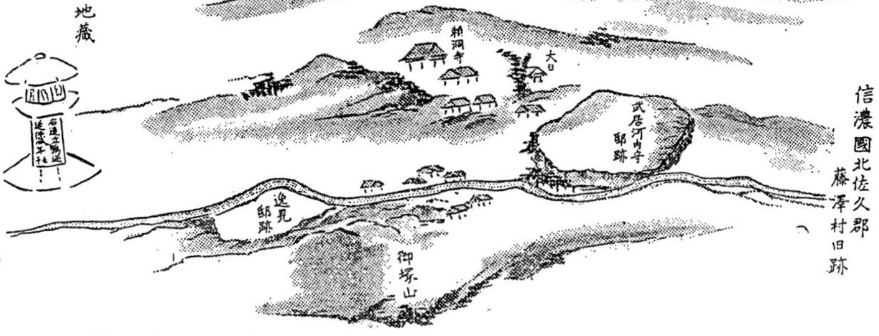

（『長野県町村誌』所載の「藤沢村旧跡図」）

○館跡
藤沢集落の南端から御塚山の方へ登る農道があり、番屋川の東岸の半月形の段丘が逸見屋敷で、現在は、りんご畑、田、畑等になっていて、りんご畑の一角に石祠（神名不明）がある。
川の西側には二軒屋と呼ぶ所があり、井戸があったといい、明治頃まで人家が二軒あったという。
北東山上の御塚山の塚は、藤沢氏の墳墓と伝えているが、この逸見屋敷は藤沢氏関連のものであるとも考えられるが所伝なく不明。

178、武居屋敷《たけいやしき》

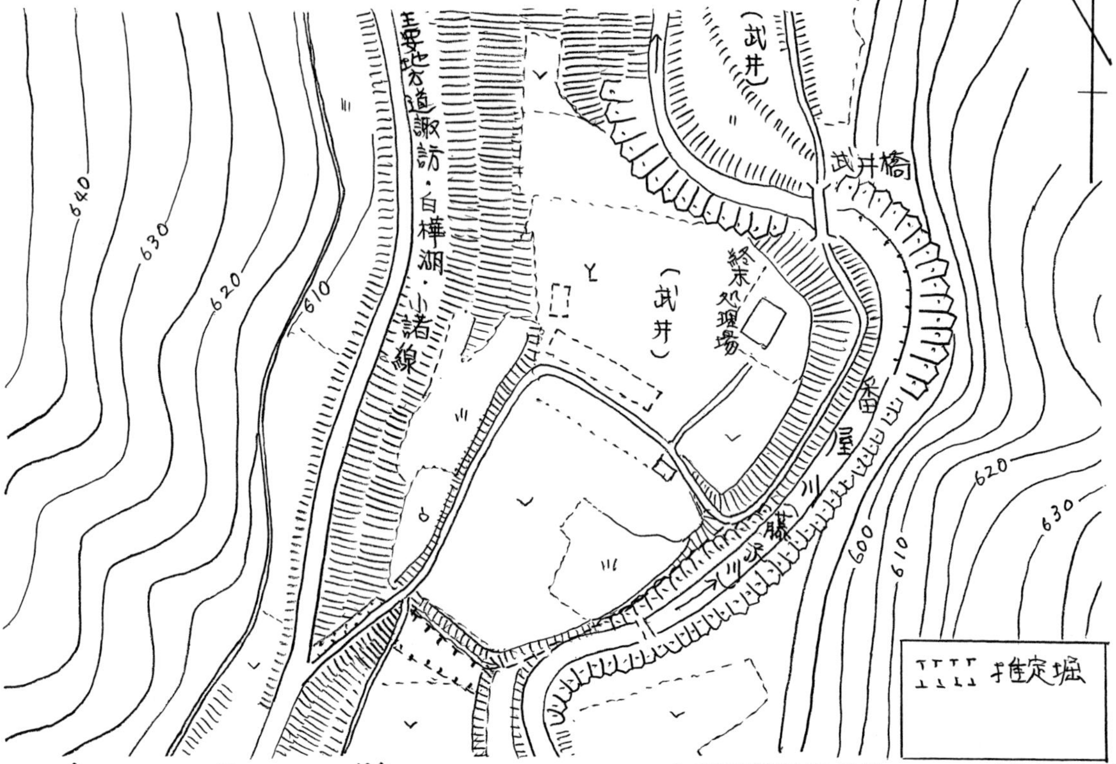

立科町藤沢字武井 ➔307頁

平成15年3月9日調・同10日作図
標高585m、 比高10m(番屋川より)

◦立地　藤沢集落の北側、番屋川の左岸の段丘が「武井」の字名で、武居屋敷の地と考えられている。番屋川は藤沢の谷の中を蛇行しながら北流しているが、その蛇行によってできた河岸段丘上に集落が発達し、その一つに武居屋敷、長者屋敷、逸見屋敷などの名前が夫々残されている。

◦館主・館歴
『長野県町村誌』に「武居屋敷」として、「村(藤沢村)の丑(北北東)の方四町(432m)、藤沢川(番屋川とも)の西岸にありて字となる。東西二町(216m)、南北三町(324m)、西に堀切あり、藤沢川南より北に廻流す。水屋は嵩石壁立、天正中武居河内守栄長、古館の址にして、望月町金井氏に其知行の分限帳存せり。又逸見屋敷、入道窪、出城、矢崎、矢ノ沢、矢ノ原の字あり。皆此地に隣れり。」とあり、「藤沢村旧跡」の絵図に「武居河内守邸跡」の記載がある。

武居氏の出自については不明であるが、同書「御塚山」に「村(藤沢村)の卯(東)の方三町山上にあり。塚ありて老松繁茂す。上に弥陀仏の塔あり是藤沢氏の墓なりと云ふ」とあり、当地方に藤沢氏が居たようであり、それとの関連も気になる。

◦館跡
番屋川が蛇行してできた段丘の一つになり、半月形の所にあったと思われる。西に堀切とあるのは、旧道に沿って段差があるので、そこであろう。

古い道は、今の車道の下の段丘の西側を来て、ここで東へ折れて、川沿いに北へ向かい武井橋を渡るか、東へ折れずに川の左岸を大日向へ向かったと思われる。

近くに矢ノ沢、長者屋敷等の地名が残る。

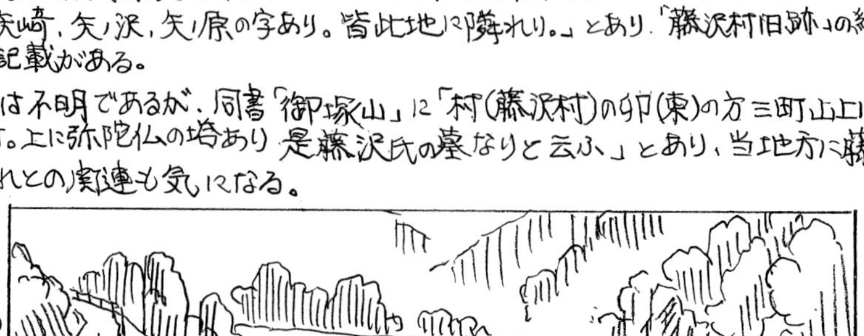

179、藤沢《ふじさわ》の長者屋敷《ちょうじゃやしき》

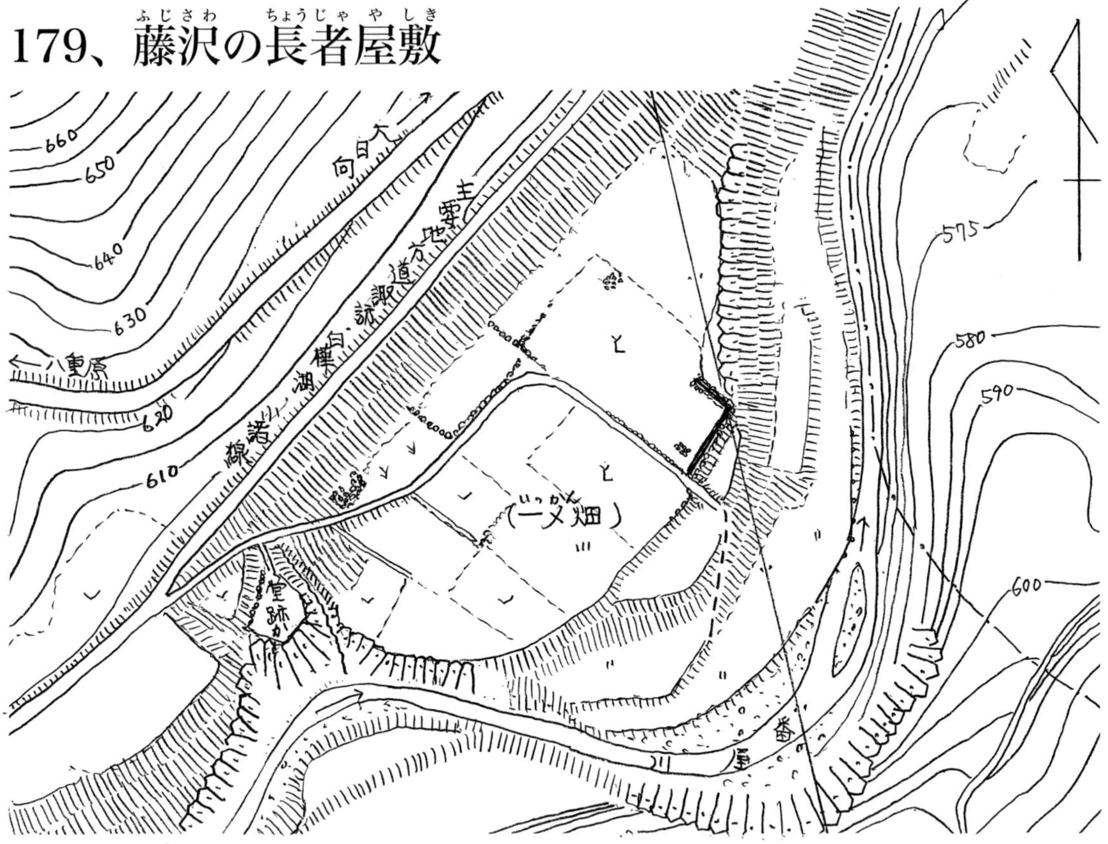

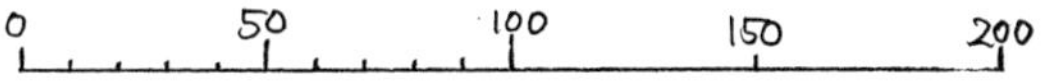

立科町藤沢字一メ畑

307 頁

平成15年3月9日調・同10日作図
標高 575m、 比高 10m（番屋川より）

◦立地　番屋川の左岸、立科町の北端で北御牧村の政所城に近いところに一メ畑（いっかんばた）の地名がある。ここに長者屋敷の伝承がある。ここも番屋川の蛇行によってできた半月形の段丘上に位置し、川の東岸は険しい絶壁が続いている。

◦館主・館歴

『長野県町村誌』に「長者屋敷址」として、「村（藤沢村）の丑（北北東）の方十町（1080m）字一メ畑（いっかんばた）にあり。方一町（108m）、藤沢川（番屋川とも）の西岸にあり。鎮守社宮司社の址なる処に、方六尺の石段あり、南西隅に高五尺、方十間（18m）、堂の跡と云あり。該地を堀に五輪石、又土器、銅鉄の具又古金銭の出し事ありと云ふ。此地は下之城、大日向二村の境に接して、字政所城址（まんどころじょうし）の近傍なり。」とある。

旧藤沢村には長者屋敷が蟹原に二ケ所、藤沢に一ケ所、計三ケ所もあり、珍らしい所である。これもその一つであるがこの屋敷の主については史料・伝承等なく不明である。

◦館跡

町村誌で方一町と言っている場所は、平の中央部あたりであろうか。

所々に石塁で囲んだ跡があるが、開墾の時の石を積んだもので、屋敷跡の遺構であるか即断できにくい。

また社宮司社の跡や堂の跡も特定できなかった。

ただ、下っていく道の左手に石を積みあげた所があるので、これが社跡のようにも思われ、崖上が堂跡であろうか。

ある程度の分限者が居住していた跡であろう。

180、芦田《あした》の番屋《ばんや》（山部《やまべ》の番屋《ばんや》）

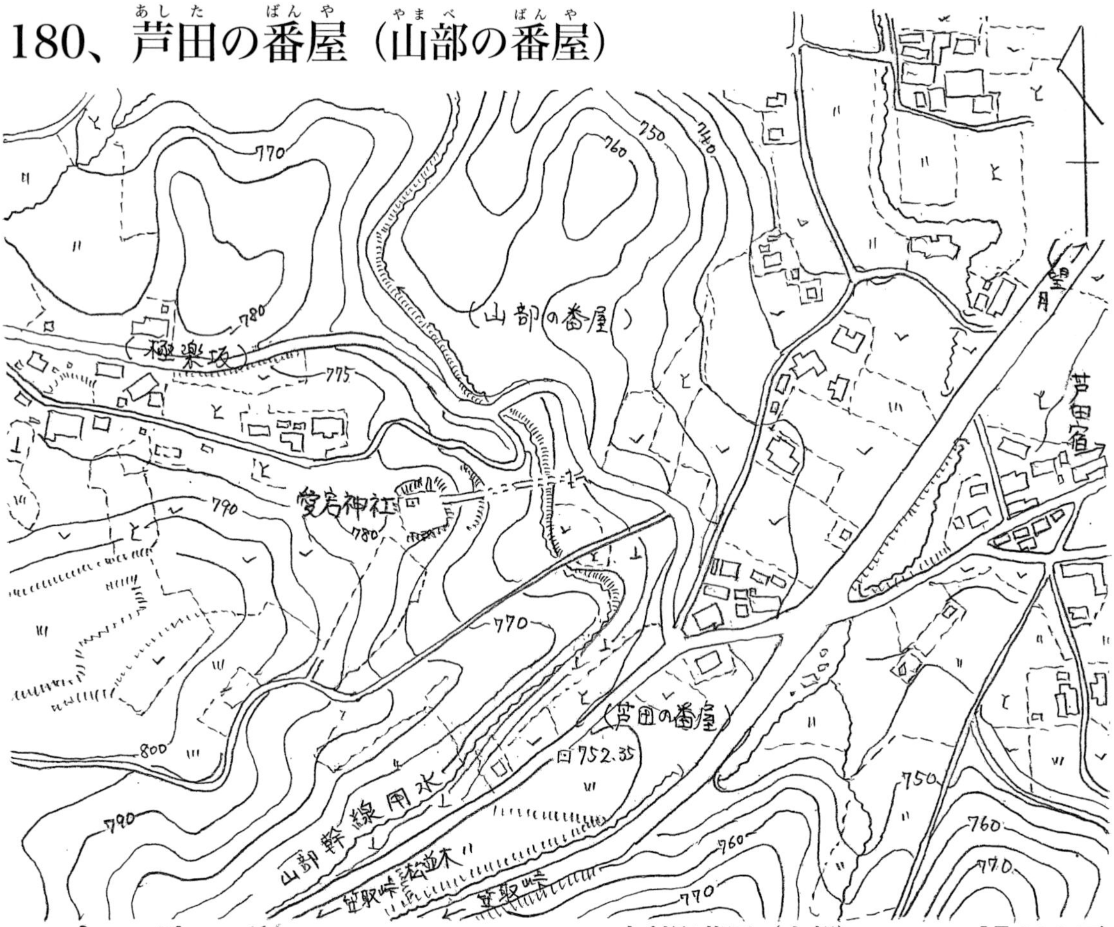

立科町芦田（山部）

309 頁

平成23年4月7日調・同日作図
標高750mあたり。

○立地　芦田宿の西側、笠取峠の松並木の東端部に番屋の地字があり、そこに続いて、山部地区にも番屋がある。地区は別であるが両者は元々は一続きのものであったと思われる。ここは近世には、中山道の道筋になり、笠取峠の峠口になるが、中世には、松本から佐久を結ぶ大内道（おおないど、小笠原道とも）が芦田と長窪の間にあり、この道とも関連する立地である。正に交通の要衝である。

○芦田の番屋（山部の番屋）　『たてしなの地名』（平成21年、立科町教育委員会、立科町文化財保護委員会）の山部村の項に「番屋（バンヤ）」がある。「番屋」は"お林番"またはその他の"御番人"などを配した場所ではないだろうか？芦田八ケ略誌にも番屋橋（往還橋也）とあり、番屋につながる"御林"（官林）として『東は武隈（タケクマ）西は細久保山道を限り、南は姥ケ懐、北は石打場百々也　物周り三十丁、坪数四十弐町、山見弐人、芦田壱人、姥壱人」とあり、番屋から南部の官林を管理させたものか、このあたりに役人をならべさせて道行く人の検問を行ったのかつまびらかでないが、"番屋"の地名だけが残る。」と解説している。

上記のように山番所あるいは、街道筋の番所（口留番所・穀留番所）で、佐久と上小地区境の物流の統制に当ったものとも考えられるが詳しいことは分らない。

近くに愛宕神社があるが、中世の狼煙台や砦の跡へ火伏せの神様である愛宕神社や秋葉神社をまつった例は多い。この愛宕神社も交通の要衝にあり、往古に物見・狼煙台として使われていたことは十分に考えられそうである。

近くに津金寺があり、大井氏関連の施設も考えられ軍事的にも重要な場所であるので、古くから物見が置かれたことが想像される。

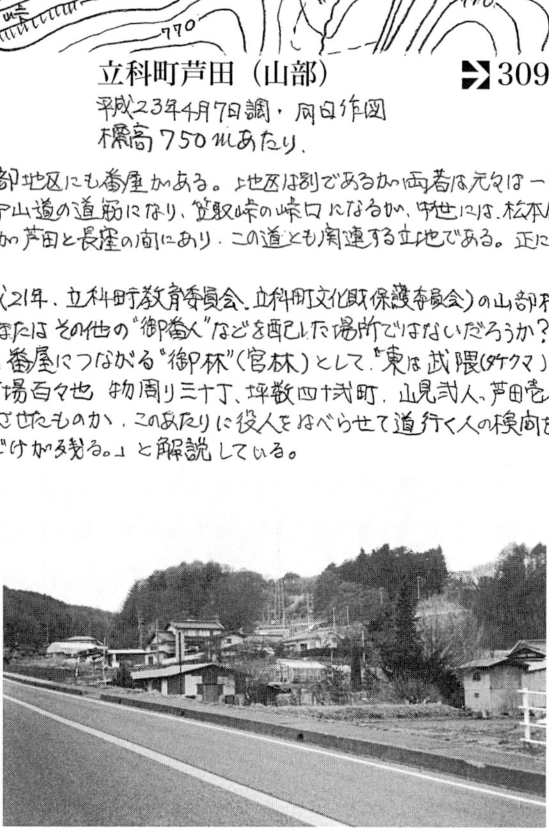

芦田の番屋のあたり。

181、新城峯《しんじょうみね》

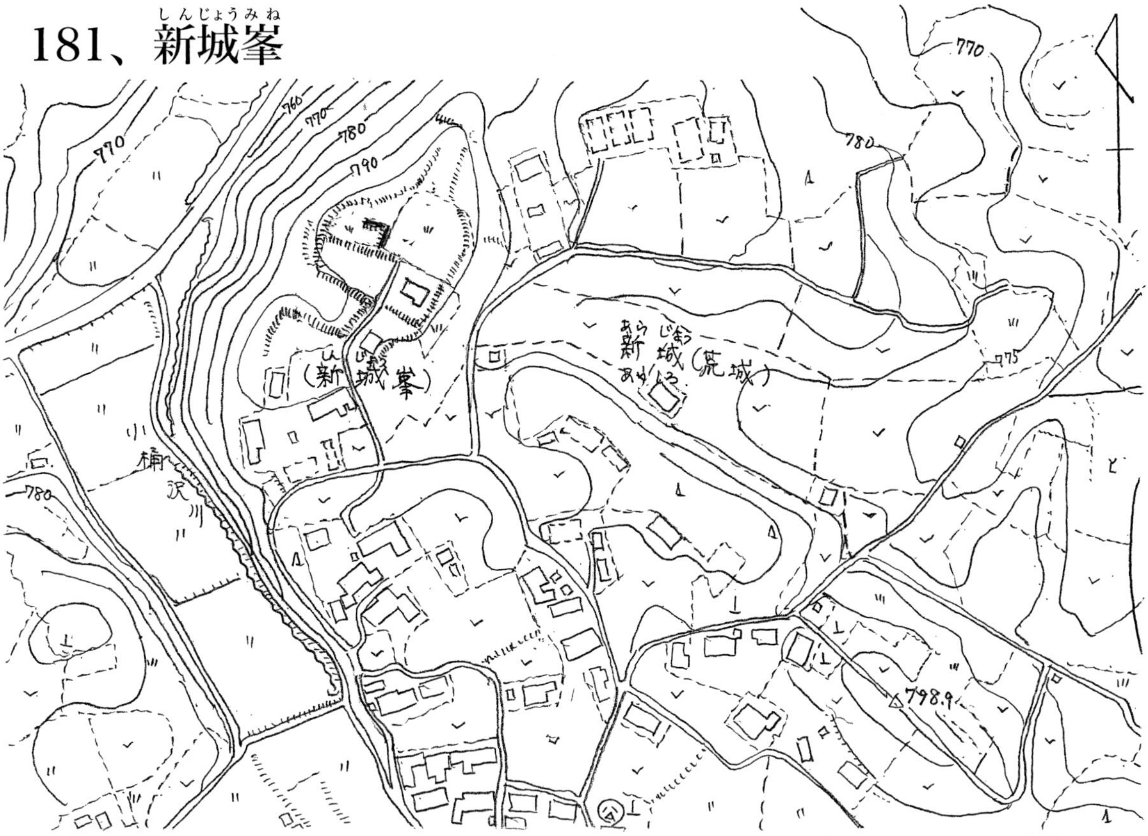

立科町山部新城

➔309 頁

平成23年4月7日調・同日作図
標高 795m、比高 35m（小楠沢川より）

［南北断面］

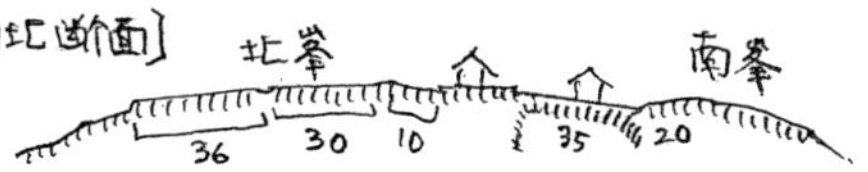

○立地．　笠取峠の松並木の北方，芦田の番屋の北西約1kmの所に「新城（荒城）」（あらしろ）、「新城峯」（しんじょうみね）の地字がある。小楠沢川の谷に面した丘陵上で、中世の大内道（小笠原道）に接した所である。

○新城（あらしろ）　『たてしなの地名』（立科町教育委員会・立科町文化財保護協会）の「山部村」に「新城」（あらしろ）がある。「"新城"は"荒城"（あらじょう）の意味で、"新城峰"などの地名もあることから、その昔、山城があったところではないか？　しかし山部の地に城があったという文献が見当らないことから、もし、城跡であるとするならば、中世以前の山城であったともいえる。」と言っている。中世以前の山城と言っているが、この地域には考えにくいことであり、「あら城」は、簡単な城を指す場合があり、土豪層の臨時の城館を言う場合もある。

現地を見るに、小楠沢川に面した丘陵の先端部の山頂部分を「新城峯」（しんじょうみね）と言っていて、そこへ続く東側の丘陵部分を新城（あらしろ、あらじょう）と言っている。山城があったとするならば、西端の新城峯のあたりが最も可能性があると思い調査をしてみる。該地は、中央部に窪地があり、二つの山に分かれていて、山頂部まで往古は耕作されていた痕跡が残っていて、畑の境と思われる土塁や切岸が見られるが城跡と認められる遺構は発見できない。

近くの字地名に狭間口（はざまぐち）矢原（やばら）があり、城館関連の地名とも見えるが、これも確証たり得ない。史料や伝承がなくても砦や城館跡があることは例があるのでここに城がなかったとも言い切れない。

考えられるのは、古い主要道路に接する立地からみて、道押えのために設けられた簡単な構えがあり、関係者が配置されていたことから、この名が残ったとも考えられないことはない。ただ中世は「しろ」と言わずに「じょう」と言っていたので、その点で気になる。

新城峯と言われるところ．

182、陣《じん》 場《ば》

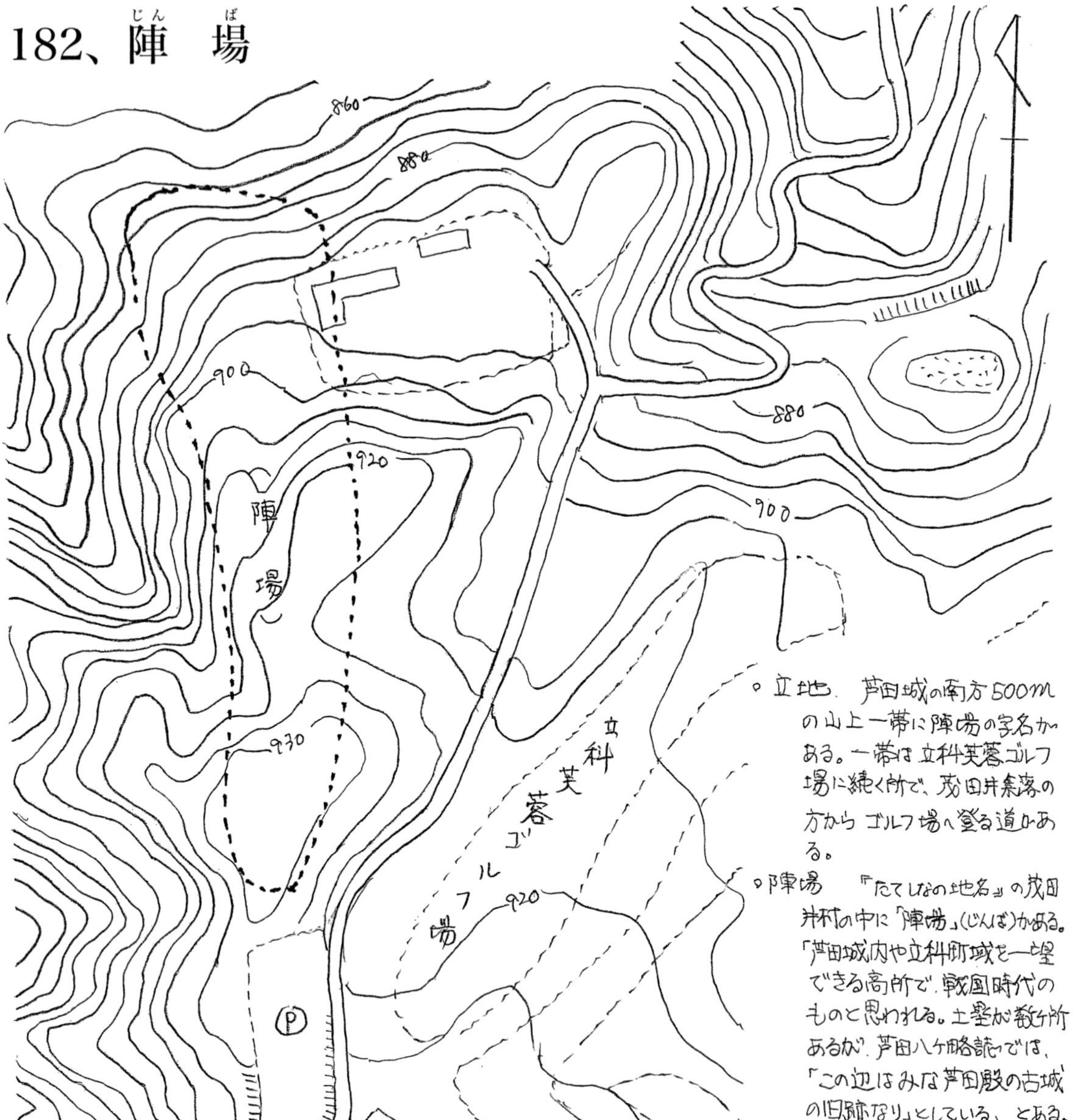

◦立地　芦田城の南方500mの山上一帯に陣場の字名がある。一帯は立科芙蓉ゴルフ場に続く所で、茂田井集落の方からゴルフ場へ登る道がある。

◦陣場　『たてしなの地名』の茂田井村の中に「陣場」(じんば)がある。「芦田城内や立科町域を一望できる高所で、戦国時代のものと思われる。土塁が数ヶ所あるが、芦田八ケ略誌では、「この辺はみな芦田殿の古城の旧跡なり」としている、とある。
つまり芦田城の周辺の砦としているが詰め城としては近く理解しにくいものである。
むしろ、芦田城攻めの時の陣※

0　50　100

➔308頁

立科町茂田井
平成23年4月7日調
同日作図
標高 920mあたり

※場をここに置いたためについた名称と考えた方が分かり易い。城内の様子が見通せて、その搦手から攻める拠点としたら、この場所は実に格好の地と言える。その点からあらかじめ、芦田城の出郭的な施をここに設けたという考えも成り立つが、詳しいことは分からない。

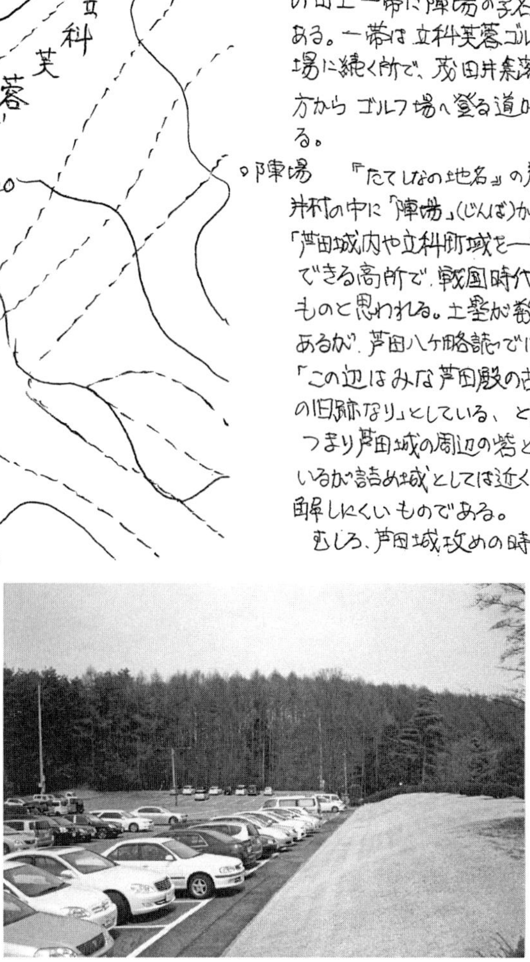

陣場は駐車場の向う。

183、大《おお》城《しろ》

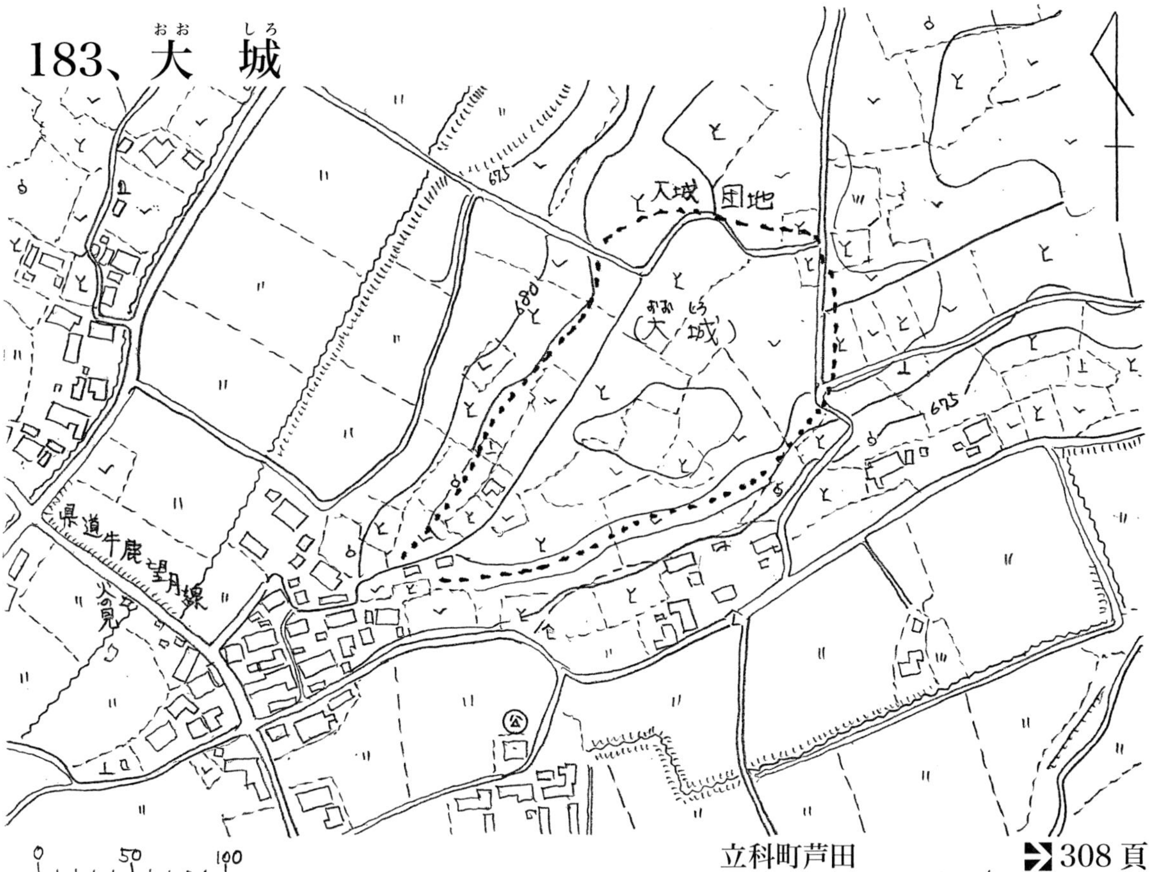

立科町芦田

308頁

平成23年4月7日調・同日作図
標高685m

○立地　　芦田地区、芦田川の左岸の、丘陵地に大城の地字がある。県道牛鹿・望月線の野方集落の東側の台地上で、現在は大城団地となり、すっかり宅地化が進んでいるために旧状は全く残されていない。

○大城　　『たてしなの地名』（立科町教育委員会・立科町文化財保護委員会）の芦田村の項に「大城（おおしろ）」について載っている。「"城"は"数代""田代"の意味（山中襄太郎）だというが、本町の大城は"水田"と解すような場所ではなく、丘陵であることから、"城跡"と解されており、この周辺に"細丸"、"貝戸"、"番馬"などの地名があることからも"城跡"と解すべきであろう。しかし古文書に大城の文字を見ることがなく、古老伝に"岩下氏居城の跡"というが、芦田五十騎の一人、岩下甚左衛門の手のものが芦田氏に属したとき、この辺に築城したという伝説もきかない。朝廷、領主の直接に使う所。"王城"とも書く。」と解説している。　即ち多分城跡と思われるがその史料はなく、岩下氏の城跡という古老伝があるが確証はないというのである。

一帯は御牧原（みまきがはら）に近く、古来牧場と関連のあった所と考えられ、牧場経営により力を貯えた土豪が点在していた地域と思われる。従って、このあたりの開発領主が屋敷を構えていたことは考えられるところであるが、軍事的な防御施設を伴った城砦とは趣を異にする類のものであったと考えられる。

あるいは、近くにこの丘陵地を通過する主要道路があり、その道を押えるために配下の者などを配置して、防衛網を作っていたことも考えられよう。　それをしたのは、立地からすると、芦田氏か望月氏が考えられるが、史料等は全くないために想像の域を出ない。

ただ北西1.5kmの西塩沢の地籍に「狐の墓場」という地字名がある。これも中世の時代の監視を任務とした人と関連する地名と考えられるが、ことによったら、ここと関係があったかも知れない。

問題は、中世には、城館のことは、「じょう」という言い方が多く「しろ」とは余り言っていない。「大城」はそのまま見れば「大きな城」で、中心的な城館を言うことになるが、今の所ここに大がかりな城館があったと想像できる物証が全く見当らない。

大城の丘陵地（今は団地）

愛用の巻き尺が刻む 山歩きの悲喜こもごも

山城の調査で、一番多くなくすのが巻き尺の端に取り付けた木の棒である。一人で測るのに便利なように、十二、三センチの庭の木の枝を結びつけてある。

その棒を地面に差し込み、測り終わると引っ張って巻くので、巻き尺がよく切れてしまう。だから、すぐにつなげられるように、いつも瞬間接着剤を持ち歩き、切れるとその場で貼り合わせる。そのため、私の巻き尺はつぎはぎだらけで、ひどい状態だ。

五十メートルも行って引っ張ると、引っ掛かってしまってなかなか戻ってこない。疲れている時などは誰もいないから、ブツブツ文句を言いながら外しに戻るのである。バラや薮がひどい時に限って、そういうことが起こる。

この巻き尺の端に付けた木の棒は、手ぬぐいの端を裂いた布で、しっかり結びつけてある。しかし、外れたり切れたりするので予備の棒は何本か持っているが、なくなると気になるものである。

今までいくつかの山をともに歩いて来た、いわば仲間のような思いがして、置いていくわけにもいかず、本気で探す。いくらでも代わりはある木の枝であるが、それでも探す。

でも、いったん巻き尺から離れてしまうと自然の物だから区別がつきにくく、探し当てるのがほんとうに難しい。「すまないなあ、勘弁してくれ」と思いながら、もう何本も山の中に置いてきた。

伊那市の公園になっている城跡での出来事だ。巻き尺を引っ張って行くと、その先に高校生のアベックがオーバーをかぶって座っている。何か少し怪しげな様子なので、どうしようかためらったが、いまさらコースを変えるのもおかしいので、そのまますぐ脇を通って測った。

「すぐに終わるので、申し訳ないね」と言ったつもりだが、若い二人はさぞかし「嫌なじじいだ」と思ったに違いない。それにしても、昼間から楽しそうで、私なんか眼中になかったかもしれない。

こんな広い町だからいいが、山の中で突然人に出会うと、それこそギョッとする。私もそうだが、相手の人の驚きも相当なものであることがわかる。心臓が止まりそうだと言う表現があるが、まさにそんな思いをする。

人などいないと思っているところで人に行き会うとびっくりするが、怖いのは鉄砲撃ちである。薮の中をはいずり回っていて、獣と間違えられて撃たれたら困る。遠くで犬の声がしたり、鉄砲の音がする時には、ときどき大声を出して自分の存在を知らせるようにする。

鉄砲撃ちには迷惑かも知れないが、こちらも撃たれてはかなわないので、許してもらっている。

［第四部］

小 諸 市

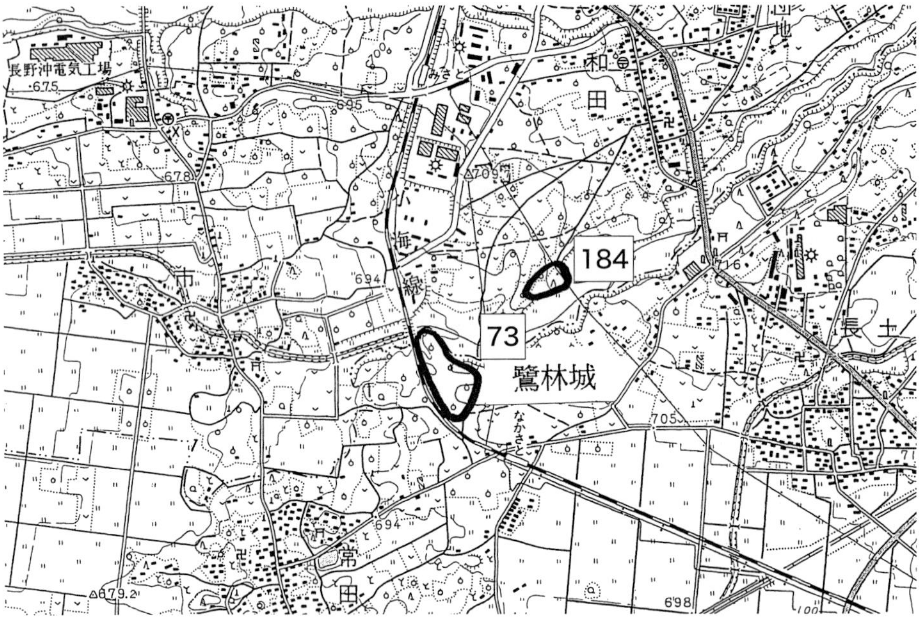

(73)、鷺林城
184、東城

192、野火附城

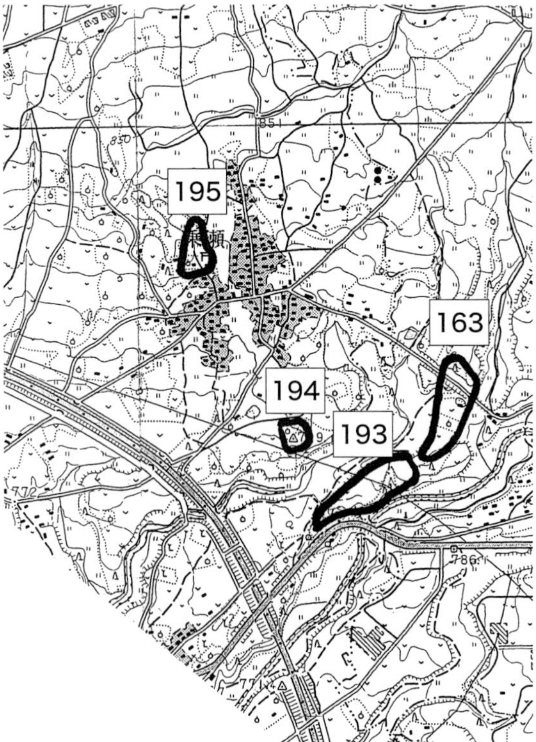

(163)、針木沢城
193、十石城
194、上三田原城
195、宮崎城

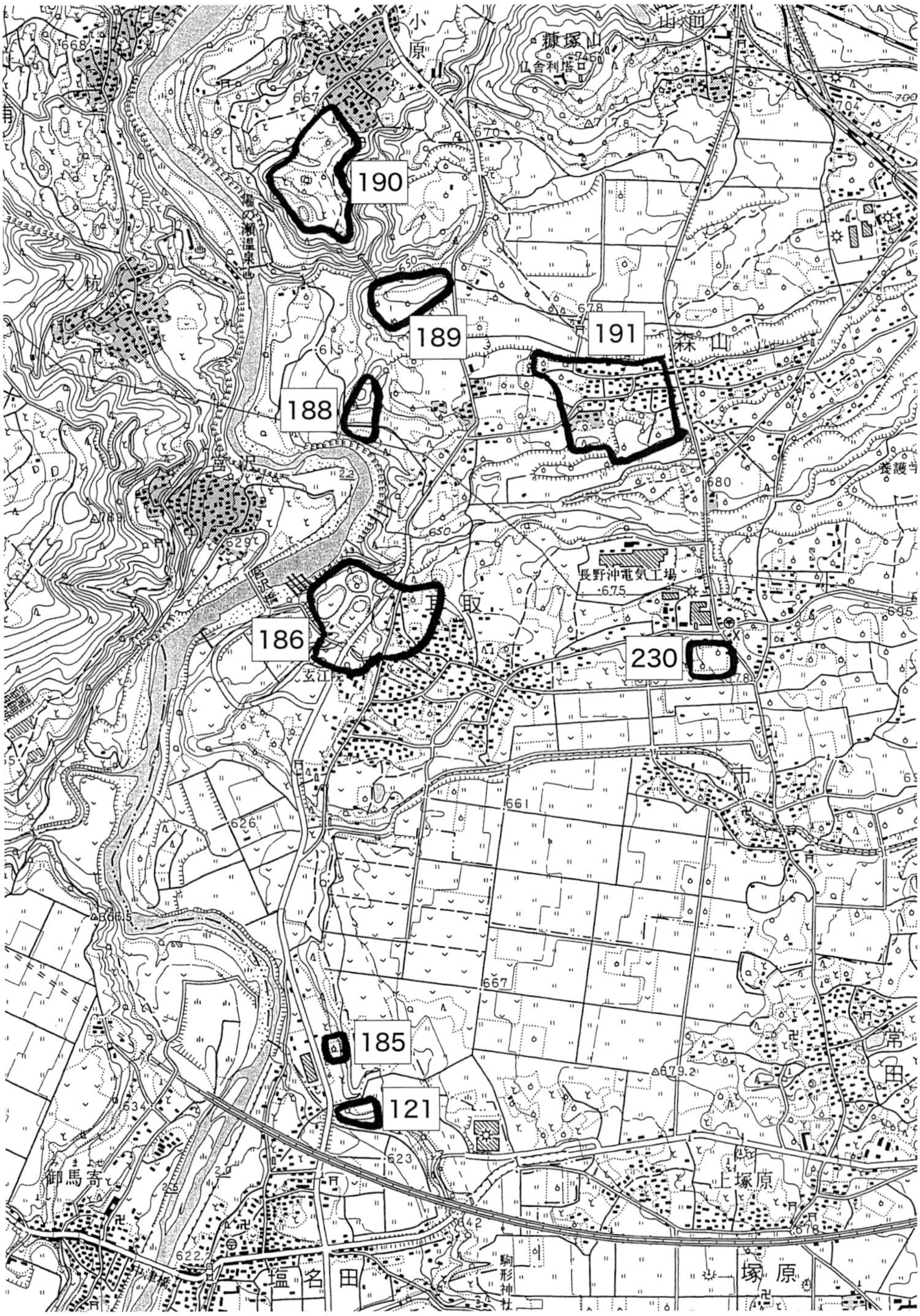

(121)、五領城　185、五領大井館　186、耳取城　188、硲城　189、北ノ城
190、塩川城　191、森山城　230、五ヶ城

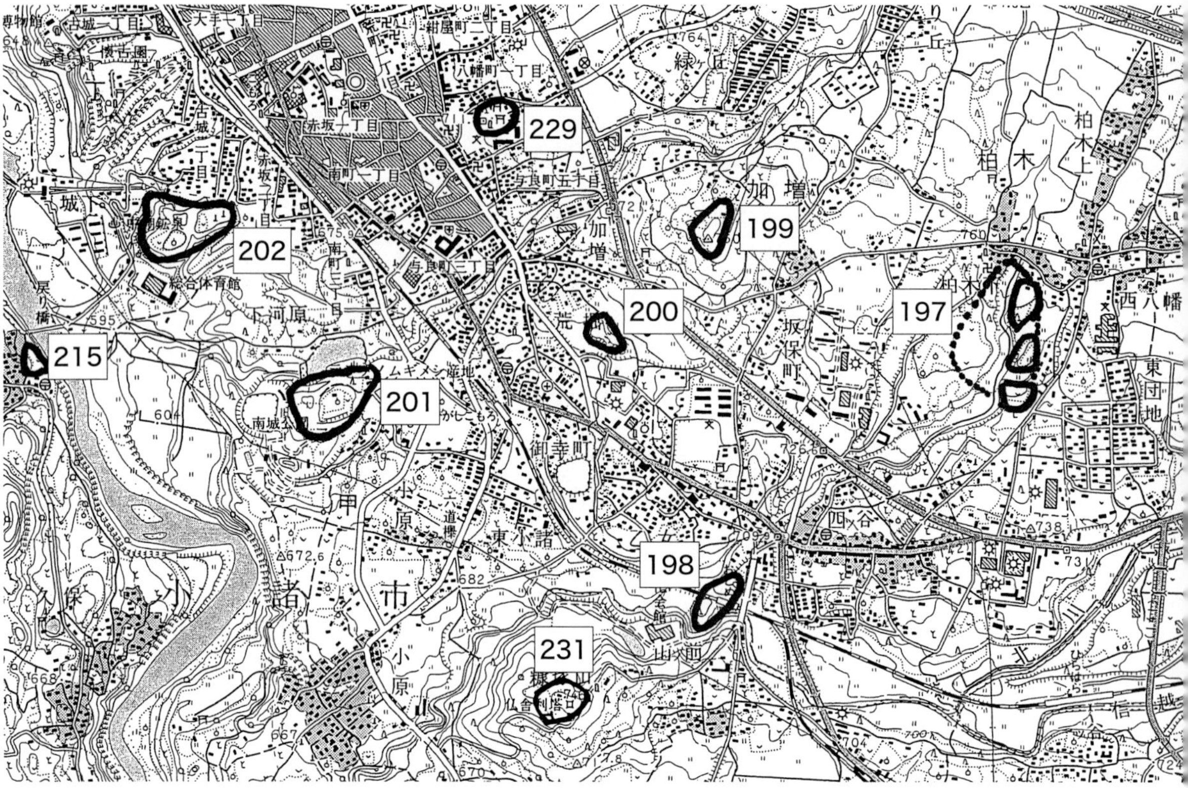

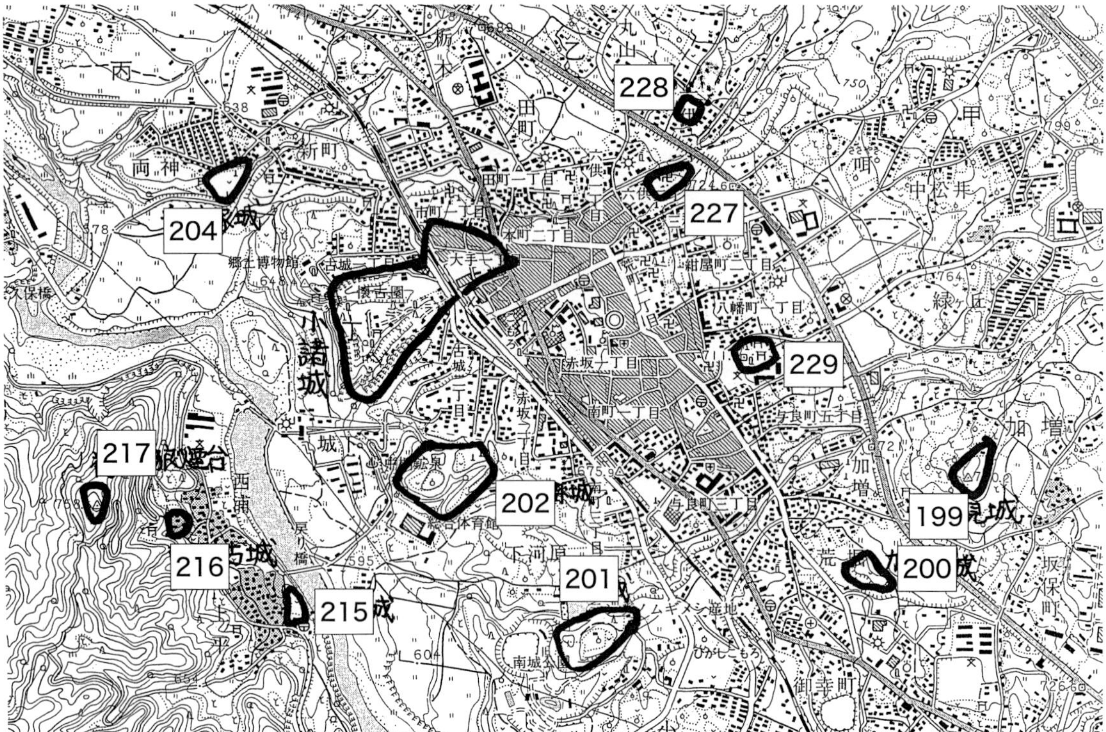

204、手代塚城　216、西浦古城　217、袴腰狼煙台　227、成就寺　228、宇当坂の館

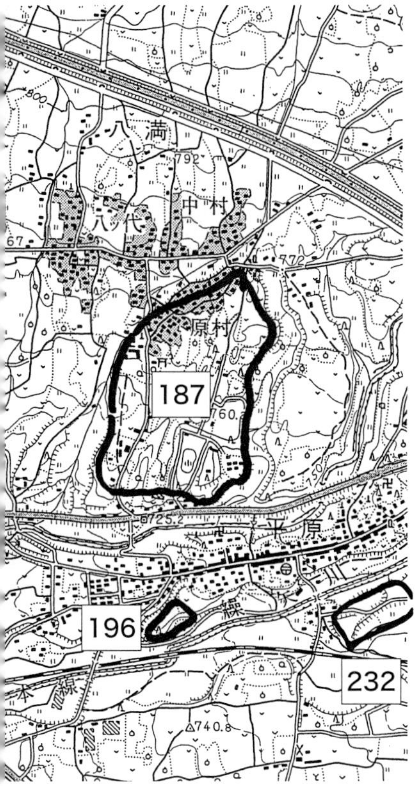

187、平原城　196、丸山城
197、柏木城　198、繰矢川城
199、大遠見城　200、加増城
201、与良城　202、七五三掛城
215、上の平城　229、与良氏館
231、糠塚山狼煙台　232、祝堂城

214、旦田城　222、芝生田館　223、宇賀山砦
224、川窪氏邸　225、刈屋城

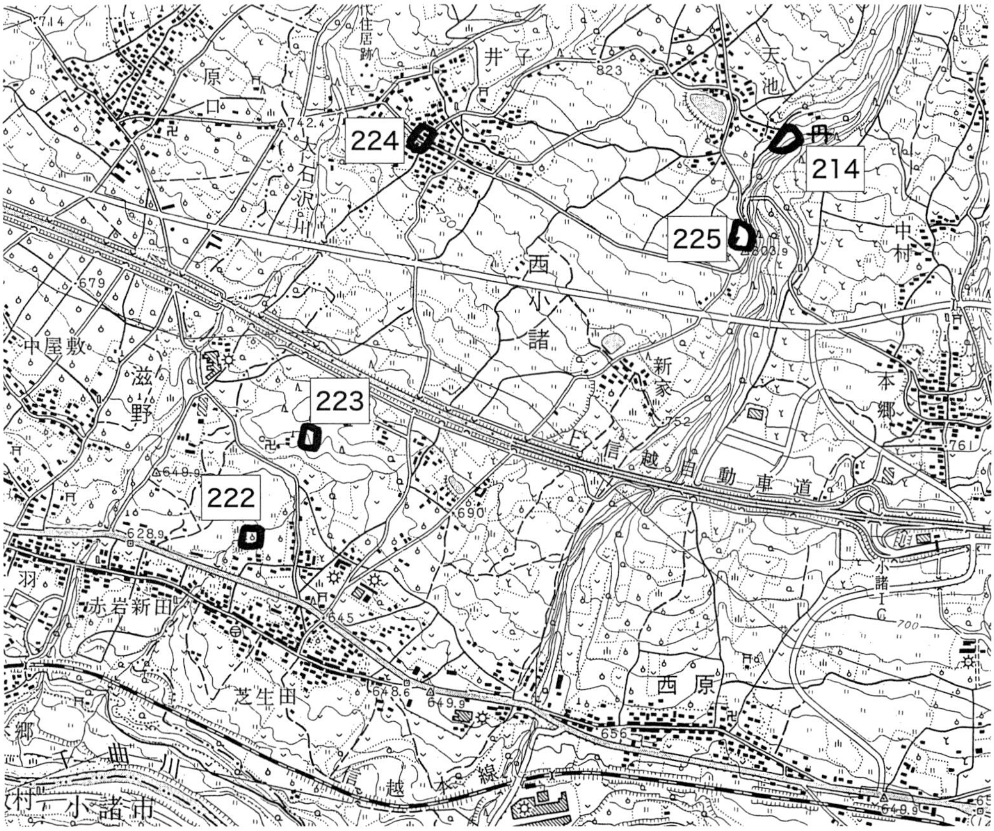

204、手代塚城　205、霧久保城
216、西浦古城　217、袴腰狼煙台
218、鴇久保愛宕山城　219、桝形城
220、楽巌寺城　221、堀之内城

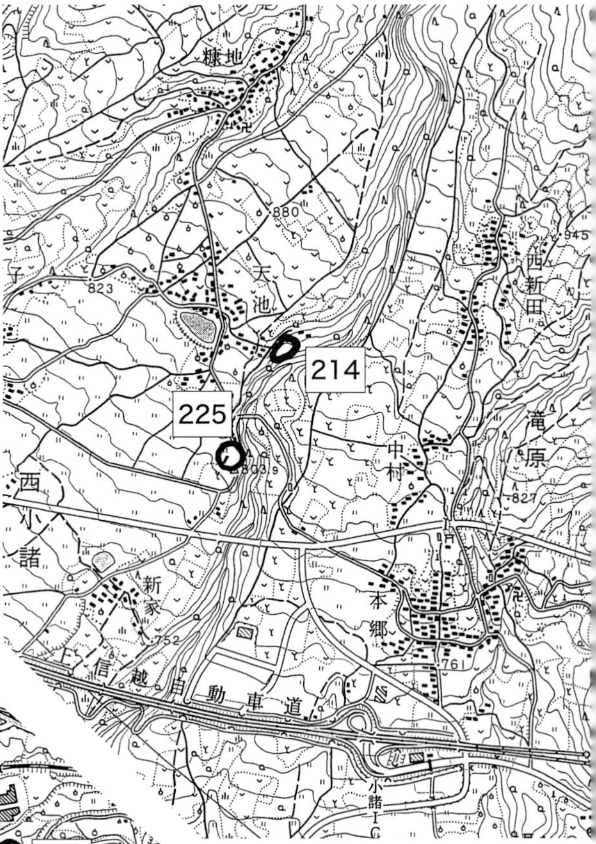

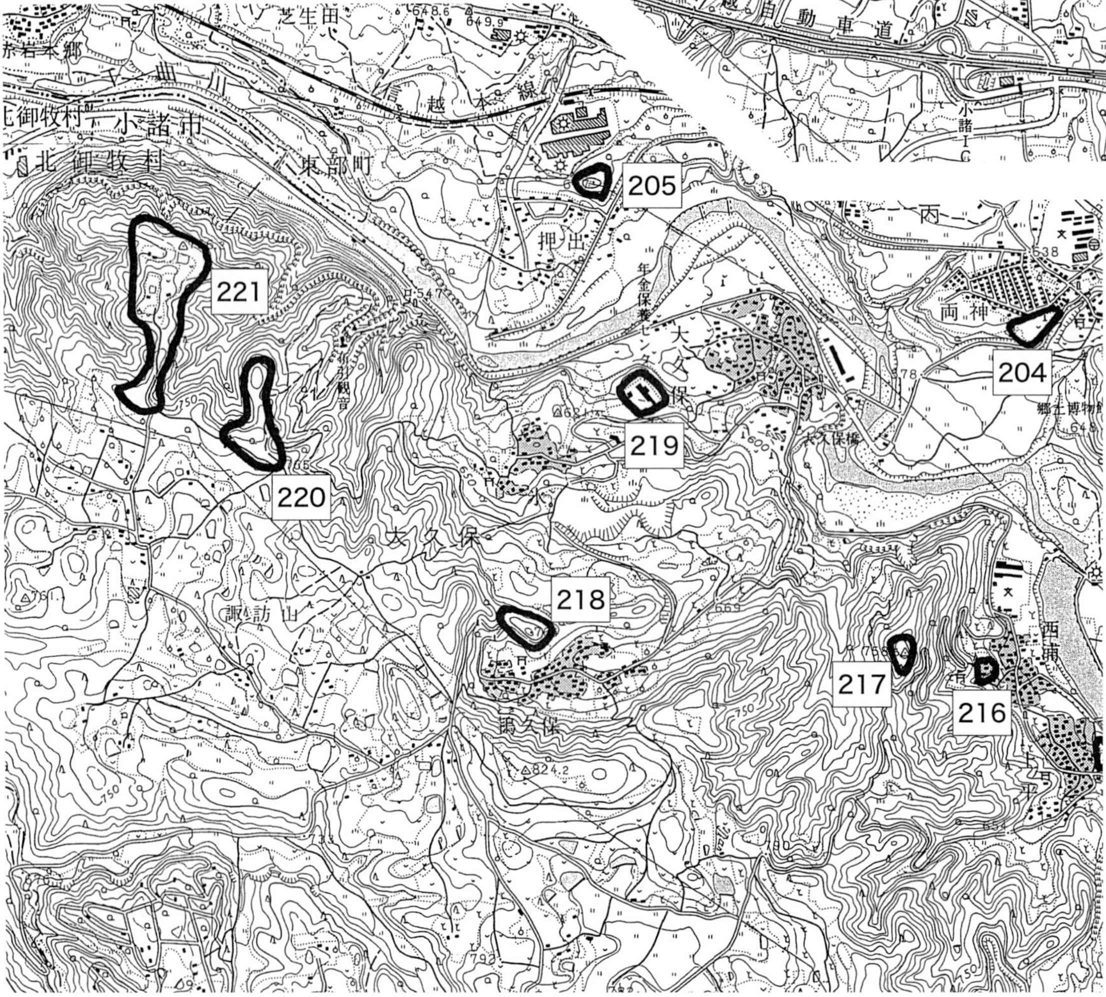

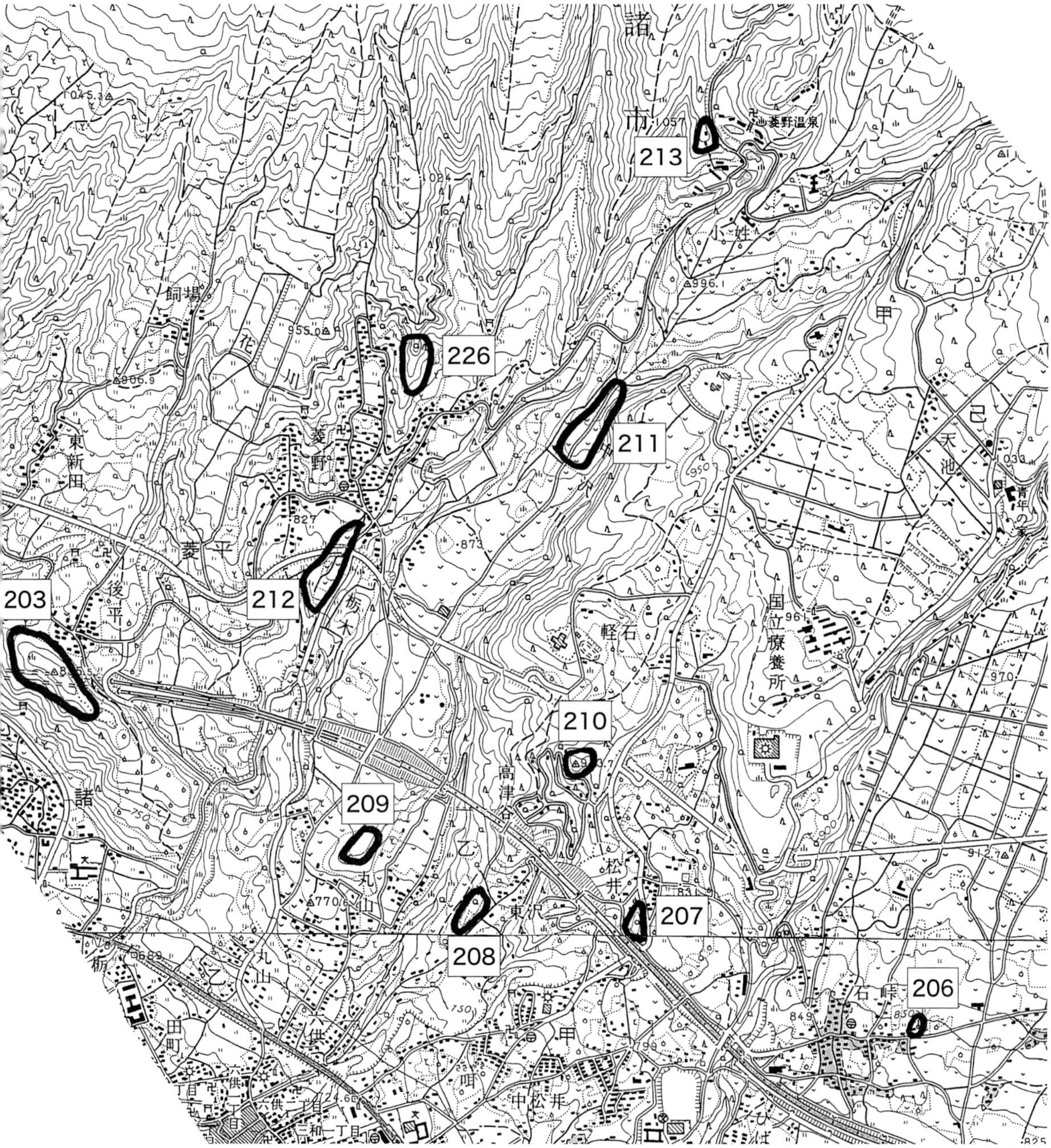

203、富士見城　206、長張城　207、松井愛宕山城　208、東沢城　209、丸山
210、高津屋城　211、桃野城　212、菱形城　213、雲之助城　214、旦田城
225、刈屋城　226、城の峯館

184、東城《ひがしじょう》（城山《じょうやま》）

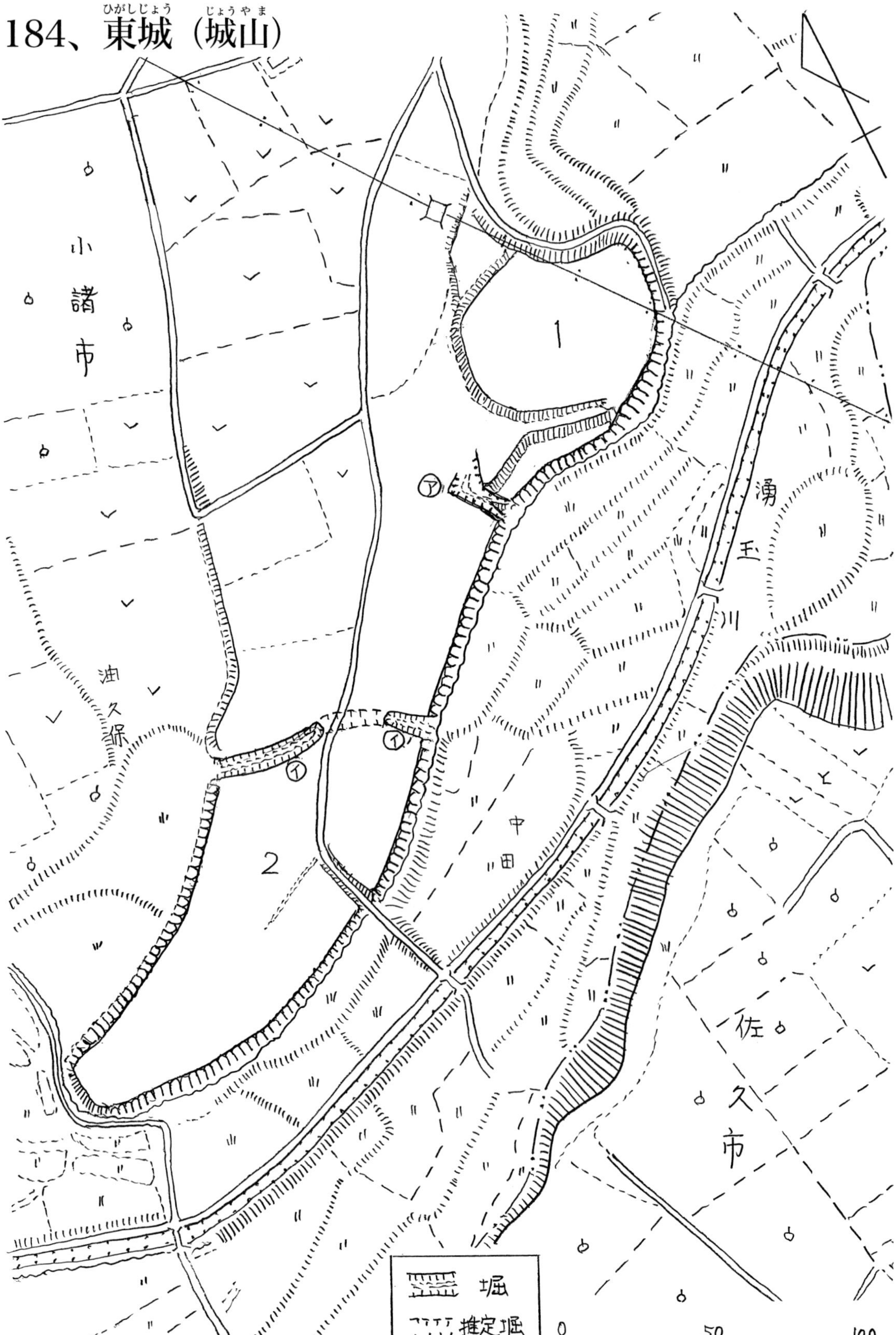

184、東城《ひがしじょう》（城山《じょうやま》）

小諸市和田

➔382頁

平成11年7月31日調・同8月1日作図

標高 700m.　比高 7m（湧玉《わくたま》川原より）

〔東西断面〕

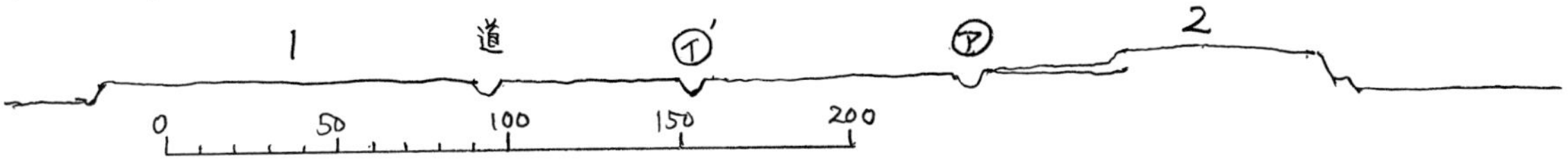

○立地　湧玉《わくたま》川による田切の沢の右岸の台地上に東城がある。東側の沢に面しては断崖で、西側の油久保の沢状の低地に挟まれて、細長く半島状に台地が突出している場所になる。

東城の西150mの至近に、湧玉の沢を挟んで、鷺林城がある。このあたりは、旧和田集落があった古屋敷の地名があり、そこから東に当るので東城と呼ばれたのであろう。土地の人は1の位置を城山と呼んでいた。

○城主・城歴　不明。耳取大井氏の勢力圏内にあるために、耳取城の東の守りに当った砦と考えられる。城名はそこから出たのかも知れない。

西の油久保のあたりの窪地から、かって鉄滓が出土したと伝えられているので、砦との関連も考えられる。

○城跡．1の部分は北側の台地から少しの段差で径50～60mの円形の場所で、南に耕作の跡とみられる2段ほどの平地があり、西側に㋐の堀形がある。この堀は北側は消えていてその先がどうなるかわからない。鉄塔と1との間に連続すれば、一応の形になるが、はっきりしない。

1から西へ100mの所に、湧玉の沢と油久保側に堀形がある。この㋑と㋑′の堀は18mで連続する位置にある。そうすると、ここから西の台地の先端部が、崖の高さは数mに満たないものであるが独立した地帯となる。これも東城の内へ加えて見る必要があるように思われる。

立地からして、この砦は東を意識して備えたもので、西方の勢力の物見の塁と見られるものであろう。

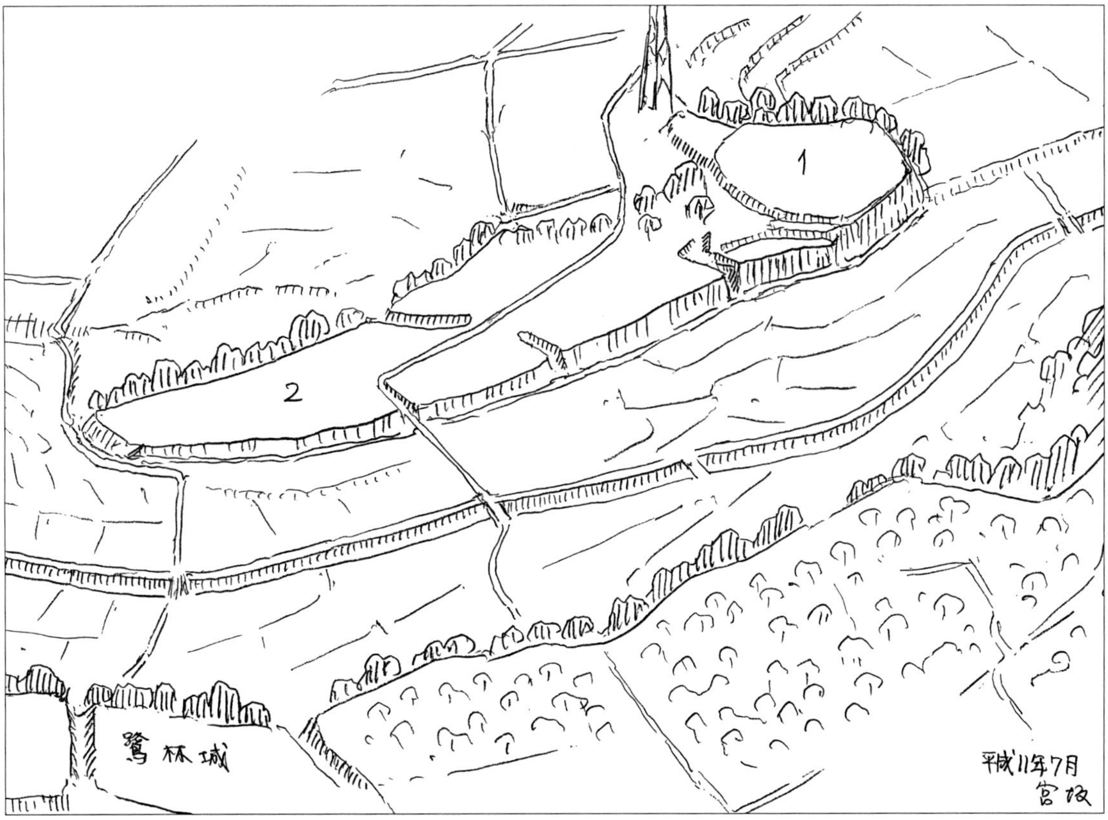

185、五領大井館《ごりょうおおいやかた》

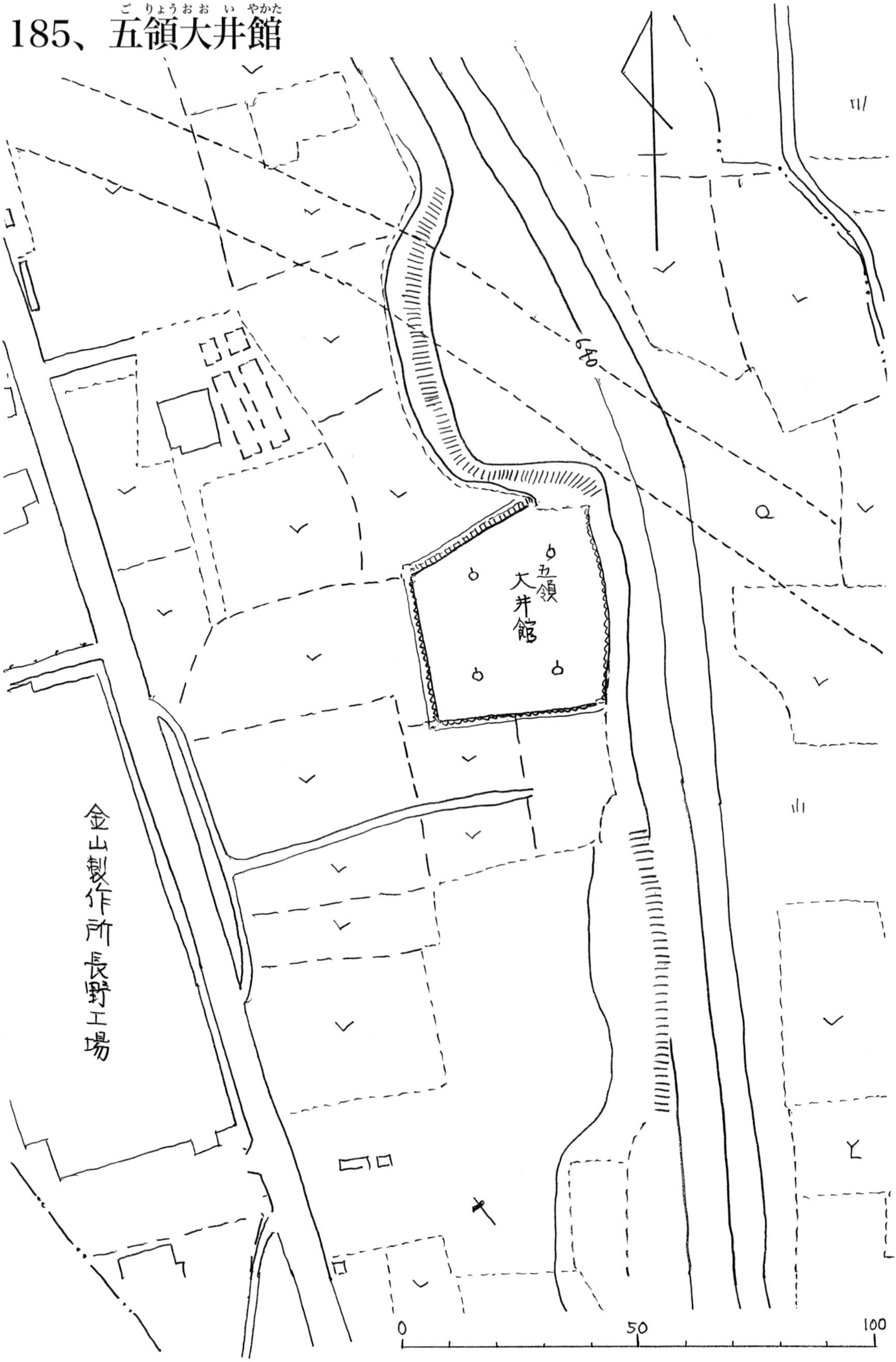

185、五《ご》領《りょう》大《おお》井《い》館《やかた》

小諸市耳取字五領

383頁

平成11年7月24日調・同26日作図・
標高630m。

〔東西断面〕

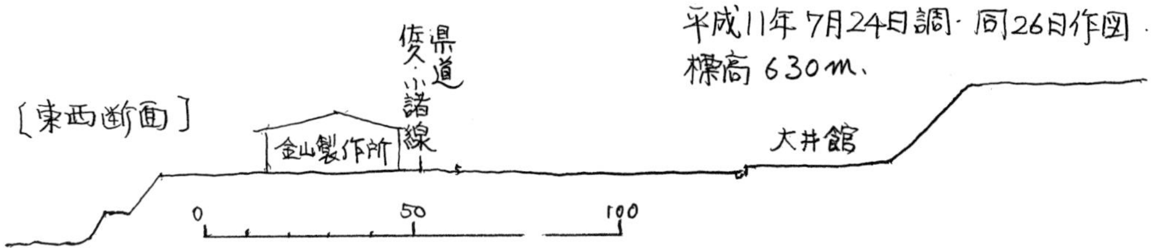

○立地　千曲川の右岸、小諸市，佐久市．浅科村の境界に近い河岸段丘上に耳取大井氏の五領の館跡がある。東側は常田の台地へ20mの比高差があり．西側は15mの段差で千曲川の川原になる。ここに南北550m．幅最大200mの段丘があり．その中央部．東側段丘崖の下に館跡があり．現在くるみ畑になっている。

○城主・城歴．　大井又太郎光長の四男又三郎行氏が耳取に居館して．周辺地域を領知したとされる。又三郎行氏の兄弟は．大々に宗家岩村田を継いだ三男三郎行光をはじめ．小諸市大室（嫡男）．長瀞（次男）耳取（四男）．森山（五男）．平原（六男）に居住し．大井庄を治める。後にこれらの大井一族の中で．江戸時代まで家名を存続したのは．耳取大井氏である。

その耳取大井氏が．最初に入部して．館を構えたのが．五領の地と考えられている。寛元年間（1243〜45）といわれる。その後戦国期に入って．耳取城を構築して、移転したと考えられている。

○館跡、現在道路工事で北側は大きく改変を受けているが、高さ0.4m．ほどの石垣に囲まれた一部が館跡とされる。周辺には湧水もあり、北側には．道路で消滅してしまっているが．一段高い所もあり、この場所を中心に館が営まれ、この広い台地上が諸士の屋敷や村落になっていたものと思われる。

砦は段丘の南端．後背の台地の先端部に五領城が設けられている。西側、千曲川を自然の防塁として．附近の水田地帯を守ったものであろう。

186、耳取城《みみとりじょう》（鷹取城《たかとりじょう》）

小諸市耳取　➡383頁
平成11年8月16日調・同日作図
標高655m、比高64m（千曲川より）

〔本丸東西断面〕

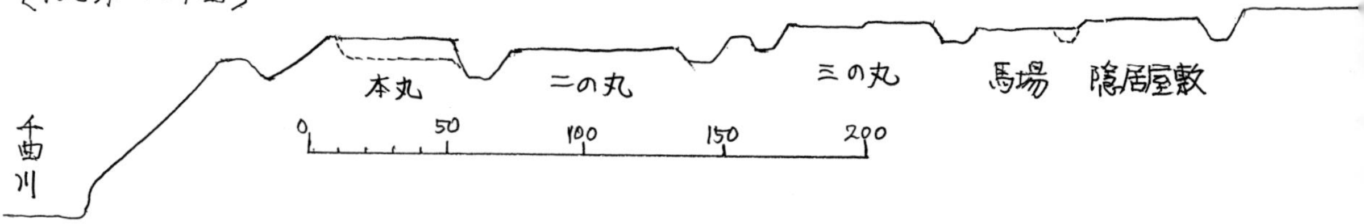

○立地　千曲川の右岸の断崖上の台地辺縁。西側が千曲川、北側に四掛川の深い谷があり、南側には田切り地形が取り巻き、要害の地形である。東側だけが台地に接しているので、ここへ南北の堀を入れ、大手としている。

○城主・城歴

耳取城の成立については、記録がないので、はっきりしたことはわからない。

大井光長は岩村田に本拠を据え、子どもを領内の要所に配置して分治させたという。耳取へは四男の行氏を配したとされ、耳取大井氏がここより始まる。行氏は初め五領の館へ住んだようで、やがて要害城として五領城（浅科村）を築き、領国支配をしたようである。

室町中期以降、世は乱世となり、佐久地方でも大井惣領家は岩尾城を、小諸大井氏は鍋蓋城、平原大井氏は平原城、というように領国防衛のために築城が盛んになり、その頃に耳取大井氏も五領よりも要害の地、耳取へ城を築いて移ったと考えられている。

その時期は、応仁、文明の乱以後で、増築を繰り返して、佐久でも屈指の大きな城にしていったと思われる。（『小諸市誌、歴史二』）

○城跡　曲輪の配置は、玄江院の居館部分まで含めると、東西に4列に並んでいることに気づく。まず、主要部分は、真中の田切地形の北側にあり、その台地上を東西の堀で分割している。

最北の一列は、北西端に城名ともなった鷹取山の険峰が断崖の中に聳立していて、望楼の役目を果していて、四掛川の断崖に面して、隠れ曲輪とも言うべき2つの平地があり、その南上に、西側から、西小屋曲輪、観音堂曲輪、荒屋曲輪、藤棚曲輪、北曲輪が並び、この列の南側に、同じく西側から本丸、二の丸、三の丸、馬場、隠居屋敷、東曲輪がある。

南は浅い田切地形で、その南には西から南曲輪、中島曲輪の列があり、この南に、玄江院の居館部分が続き、これらを取り巻くように浅い低地が西から南、東へと続き、南の守りをしている。玄江院の南の水田は水堀であった可能性もある。

各列の夫々の曲輪は南北の堀で区画されていて独立性の強い配置で、並列しているのは、この城の成立に深いかかわりがあると思われる。即ち、これらの諸曲輪は一度にできたのでなく、長い年月をかけ、順次増築されていったために、こうした縄張りになったのであろう。

成立の順序を想像するに、まず、本丸、西小屋あたりが最初にでき、観音堂曲輪や二の丸、三の丸というように、東と南へ城域を拡張して行き、更に、田切り地形の南へも拡げたのではないかと思われる。

最初に千曲川と四掛川による崖を利用して築城するために、台地を分割するために東側より引水をして東西の堀を造り、土を掻き崩して行ったのであろう。この堀は以前から洪水によってある程度の形はあったと思われるが、それを利用して形を整え、夫々の曲輪間の堀を掘るために利用し、城内の水の確保にも利便したように思われる。

水流の末端は、最終的には千曲川や四掛川へ落して行ったことがわかる。

耳取大井氏の祖行氏が五領より最初に移った場所は、本丸か西小屋曲輪の何れかであったと思われ、その痕跡があったと考えられるが、今は両方共に散々採土されて、すっかり破壊されてしまっているのは惜しいことである。

城跡の現況は、殆どの曲輪が民家や耕地、墓地になっていて、細部は失われているが、堀跡などが随所に残り、大よその姿は想像できる。標示してある曲輪名はどこから生まれたか不明であるが諸書によっては別の呼び名がある。南曲輪が、東曲輪の南、中島曲輪の東に標示されていたり、馬場が荒屋曲輪、隠居屋敷の方まで広がっていたり、大手がもう少し北へ寄っていたり、中には田切り地形以南は城外としていたりで様々である。

○玄江院　　寺伝では、「弘治元年（1555）鷹取城主、大井民部少輔政継が、隠居していた館を喜捨して万福寺にかえて、松岩長伊を招いて玄江院をおこす。」政継の法号は玄江院殿雪岳道意大居士である。

○耳取大井氏のその後　　戦国を生き残り、江戸時代まで家名存続をしたのは、耳取大井氏である。

○鷹取城の名は鷹取山から出ている。千曲川に面した断崖に鷹が住み、それを捕えたことによるのであろうか。

耳取城の本城防衛のために附近には多くの支城が配備されている。硲城《はざま》、北の城、森山城、五ケ城、東城、五領城等の他に、下塚原屋敷、桑山の番所、山浦の番所、屏風岩屋敷等の監視所が設けられていたようである。

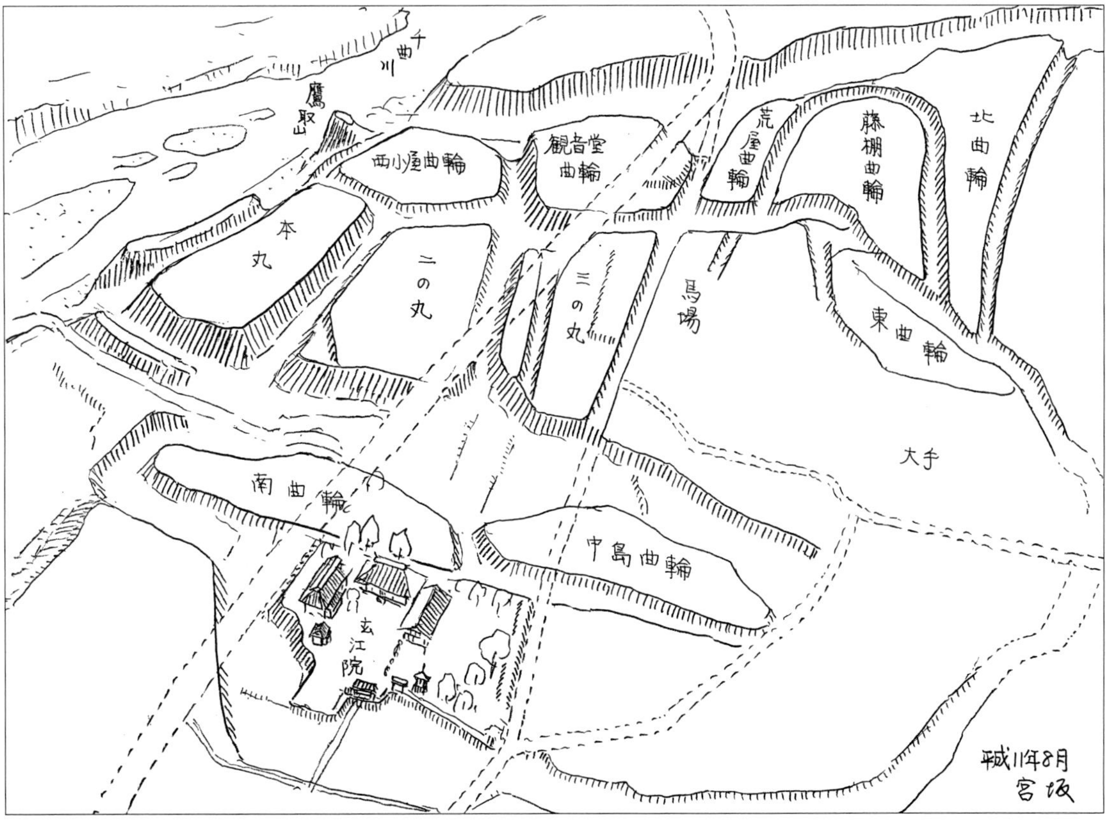

186、耳取城《みみとりじょう》（鷹取城《たかとりじょう》）

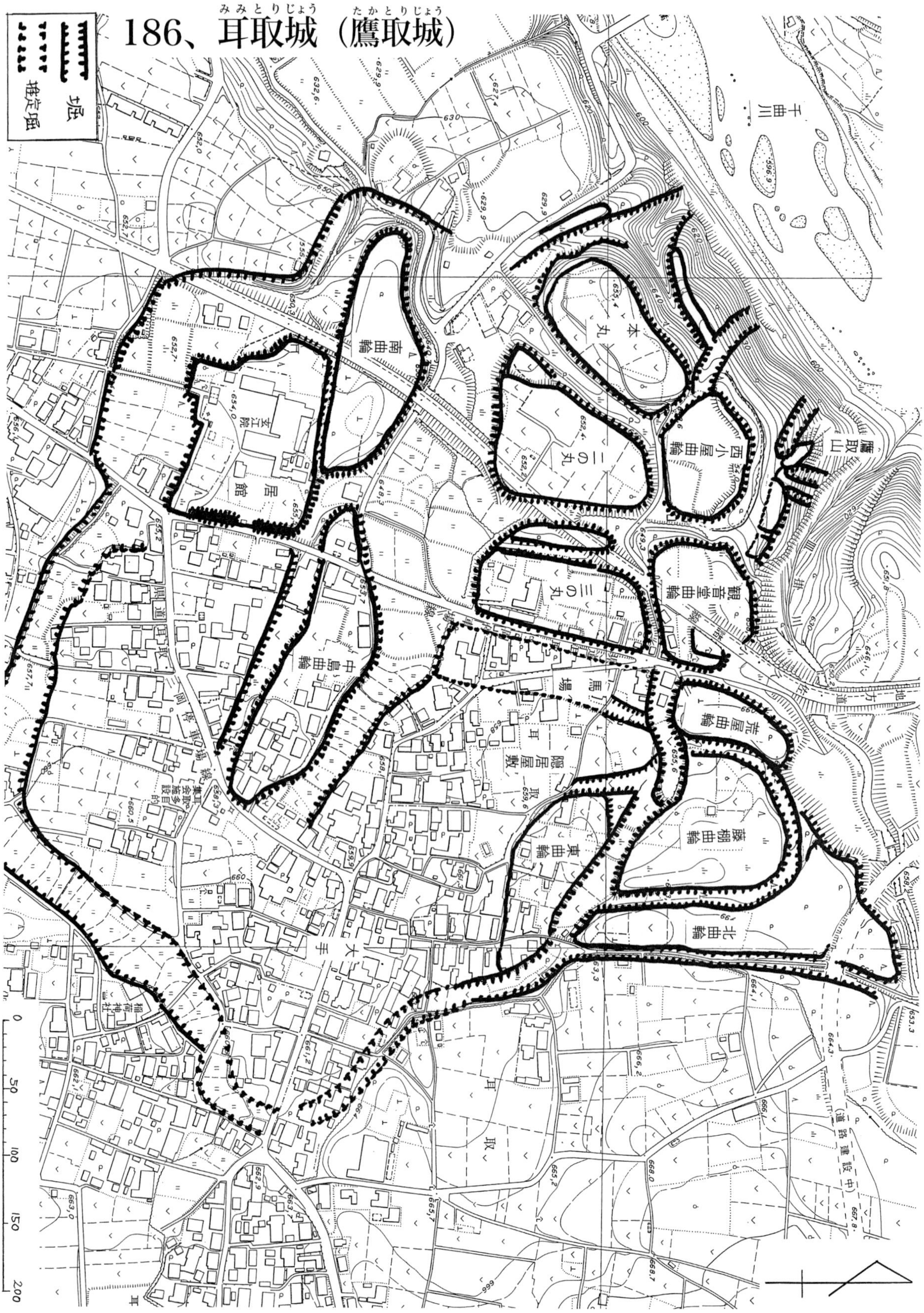

187、平原城《ひらはらじょう》（有利小屋城《うりごやじょう》）

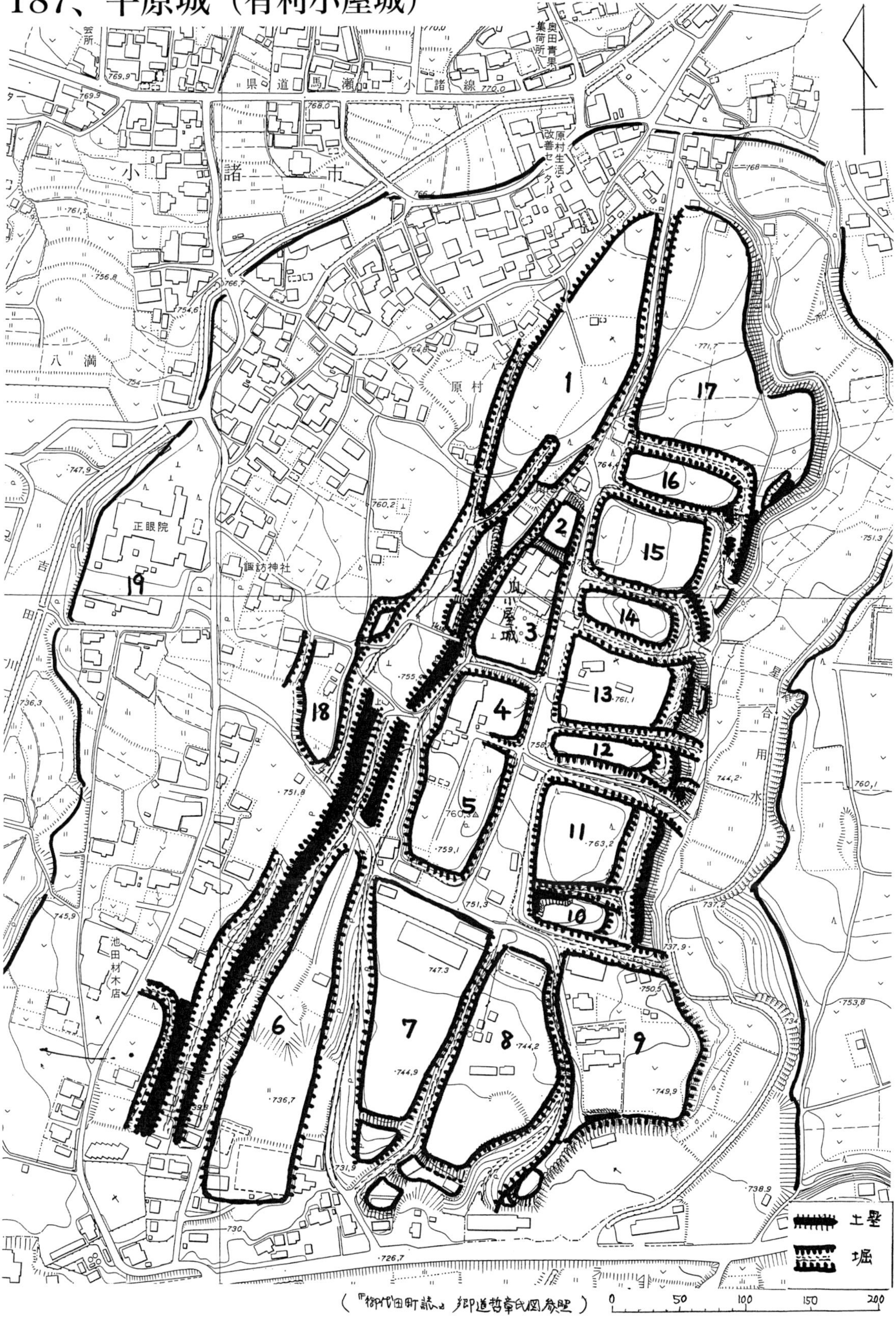

（『御代田町誌』郷道哲章氏図参照）

187、平原城《ひらはらじょう》（有利小屋城《うりごやじょう》）

小諸市平原 ➡385頁

平成11年7月28日、31日調・同日作図

標高763m，比高26m（主郭部分）

〔東西断面〕 主郭部分

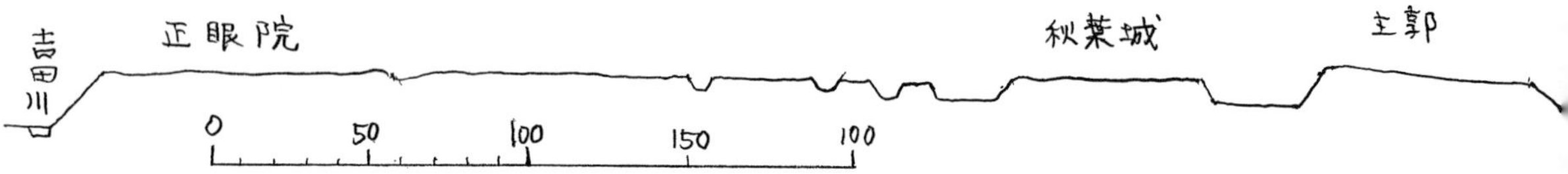

○立地　平原集落の北、北川の田切地形を挟んだ台地上で、東側が県合用水の田切りで西側が吉田川の田切りに囲まれている。北方と西側の北寄り部分は後背の台地との間に段差がなく、そこに原村の集落ができている。

北端を通る往還は、県道馬瀬口・小諸線で、加増、柏木、八幡を通り、乗瀬、塩野、馬瀬口へ通じる古くからの主要路で、沿線には、加増城、大遠見（乙女）城、柏木城、上三田原城、十石城、針木沢城、馬瀬口城がある。

○城主・城歴

成立については不明。平原次郎景能が築城したとする説は、無理があるし、大井氏の築城説もある。大井光長の六男平原六郎光盛が平原へ入居して平原氏を名乗る。光盛の入居した場所が往時の情況から祝堂《ゆじどう》の地と考えられている。大井氏が数代平原に住んだ中で平原の有利小屋城を構築する可能性はあるが、確証はない。

また小林某が築城したとする説もあるが信頼できにくい。

残るは、上野国から入った依田全真《まさざね》の築城説である。大井氏の盛んの頃に依田氏は、大井氏に臣属したらしい。村上氏に攻められて岩村田の大井総領家が没落、佐久は村上の所領となり、依田全真は村上氏の要請もあって、平原城へ入ったのではないかと考えられている。（『小諸市誌』）

依田全真は村上義清没落後、終身つかえないで97才で死亡，法名全棟という。（『寛政重修諸家譜、依田氏系図』）

全真の後、信盛，昌忠，盛繁と居住し、信盛は武田氏に属す。生島足島神社の武田氏への起請文の中に依田又左衛門尉信盛（平原城主）があり、他に佐久武士として，大井小兵衛満安（小諸城主），小林与兵衛幡繁（柏木城主か）等。

盛繁の頃に徳川氏に属し、徳川秀忠の上田攻めの時には、その軍に加わり、大阪の役には、本多佐渡守正信の手に属して戦功があり、後に江戸へ出たため，平原城は自ら廃城となるという。

依田氏が平原城に入居して、村上氏の中核となった頃には、馬瀬口《ませぐち》、塩野、乗瀬，福島（八満）坪内（西八幡），十石，祝堂《ゆいどう》，丸山，下原，竹ノ花，曽根，前田原等の集落が領地と考えられ、「平原千貫文」と言われた。城域の範囲は、蛇堀川まで及び，範囲内の柏木氏、加増氏の各城も連合体として、平原氏の下に結集されていたと考えられている。

従って上記集落の範囲にある諸城は、発生は夫々違っているが、平原城の支城としての性格を持っていたことが考えられる。

○城跡

主要部だけでも城域は、南北800m、東西500mに及ぶ広大なもので、星合の田切を越えた所や吉田川の西、更には南の北川の田切の南の現平原集落の台地上の外城の砦まで含めると、想像を絶する範囲が考えられる。

まず、大きく城域を見ると、星合の田切と吉田川の田切の間にできた自然の沢が南北に2条ほど流れ下っていて、これを生かして、中核部は曲輪が2列に並列している。

個有名詞のついた曲輪は、3の仏小屋城、4の秋葉城、5の太鼓城で、かっては、3.4の西下に湧水があり城の水の手とされていたようであるが、今は涸れている。

主郭部は、3.4.5あたりとも考えられているが、最も高いのは11.10で、ここが主郭と考えた方が縄張り上や地形から最もよいように思われる。

東側の星合の谷に面しては、北から、17の南東の張り出した部分が15.16の東側を包むように土塁となり、その中は大きな堀で、部分的に2重の堀として、虎口の造りが見られる。15から南へ延びる土塁は部分的に石積みもあり、東下に星合の谷からの虎口が開く。

13、12、11、10の曲輪の北側も中段に横堀が入り、東西の横堀と共に各曲輪の強化を図っている。この横堀は最初からのものでなく、後の改修で加えられたものであろう。

1、2、3、4、5の西側は、流水を使って掘ったと思われる3～4条の竪堀があり、その間の土塁が複雑になって、全ぼうがわかりにくくなっている。

1、17、南の6.7.8.9の大きな曲輪は城内の耕作地で、食料を生産していた所と考えられている。諏訪神社のあたりへ続く18の北のあたりが大手と考えられている。正眼院のあるあたりが領主の平時の居館とされ、出曲輪であったと思われる。

西側の竪堀が連続するあたりも、西側の段差のない弱点を補うために、次々と増築されたものと思われ周辺部の整備と共に何回にもわたって改修された結果がこのような大城になったのであろう。最終の大改修は、天正10年の徳川氏と北条氏の佐久取合いの頃と思われ、仮に北条氏の手が入ったとすると、西側の堀に障子堀などが残っていればおもしろい。

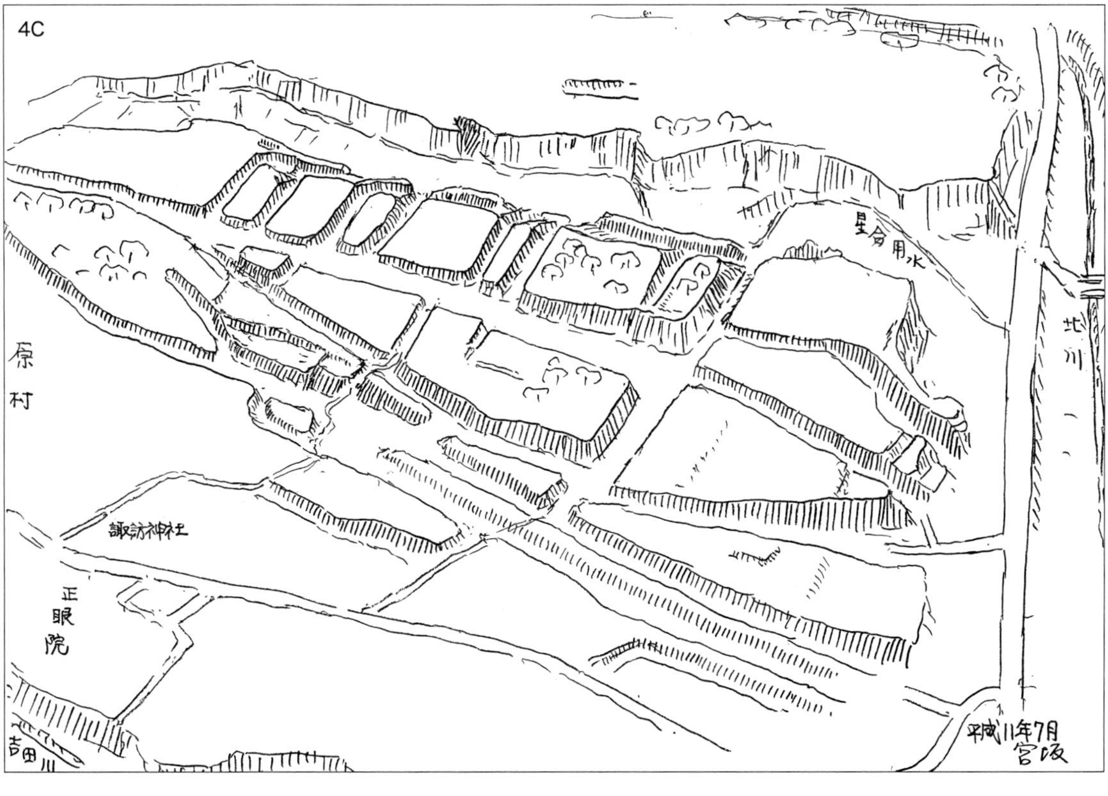

188、硲《はざま》城《じょう》

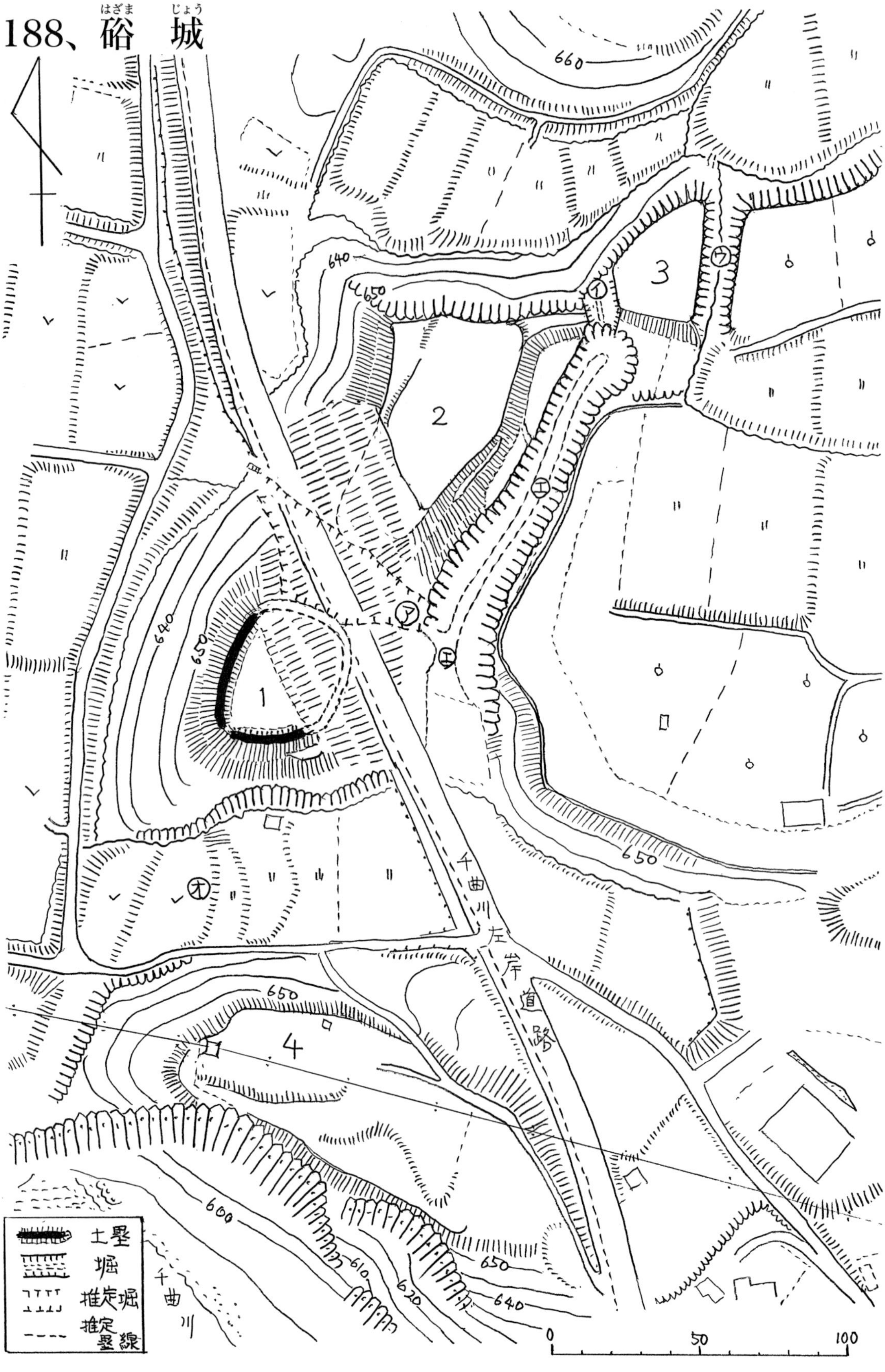

188、硲《はざま》 城《じょう》

小諸市耳取字硲

➡383頁

平成11年8月4日調・同6日作図．同16日再調・修正．
標高660m，比高35m（西山下水田より）

〔南北断面〕

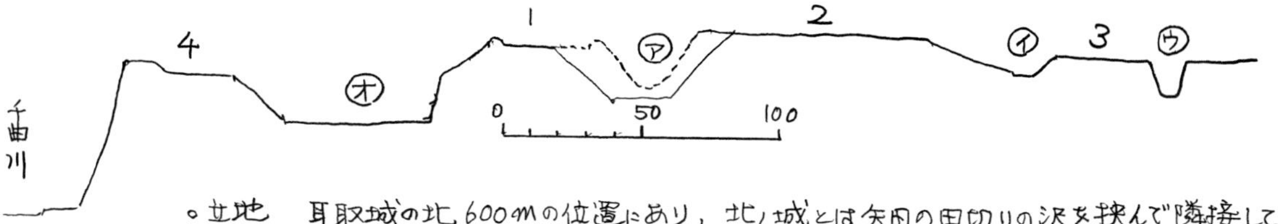

◦立地　耳取城の北600mの位置にあり，北ノ城とは矢田の田切りの沢を挟んで隣接している。ここは森山の台地の末端部で，小河川によって削り残された小山が連続していて，末端の山下の沢㋔を，小諸から佐久，甲州へ通じる主要路，塩川道の古道が通過している。塩川道は小諸から，千曲川沿いに来て，硲城の南の㋔の小沢を耳取りの台地に登っている。まさに交通のネックで，耳取城の北の関門に当る場所に硲城がある。

◦城主・城歴　耳取城の支城で，平井氏，山浦氏の名前があがっているが，はっきりしたことはわからない。

◦城跡　北側は北ノ城との間に矢田の田切りが深く，東に㋓の沢が食いこんで，尾根上は近寄りがたい地形である。そこに南から㋔の沢，㋐㋑㋒の堀で4つの小山に分割される。

現在は中心部に千曲川左岸道路が通過して，主郭と2を破壊してしまっている。1には土塁が全周していたようで，南西隅に少し低くなっている所がある。北西の隅に巨岩があり，物見台に使われていたらしい。

2と3は，頂上部は削平されているが，土塁等は見当らない。城域とするには確証はないが，北の田切り方面を守るために何らかの施設があり，連動したと思われるので，一応城域とみる。また㋔の沢の南の，千曲川との間の山も，現在は果樹園，土取り場等で，遺構らしいものは見当らないが，ことによったら，1と相呼応して，間の道を守ったことも考えられよう。

まこと名のように硲を守る城構えであると言える。

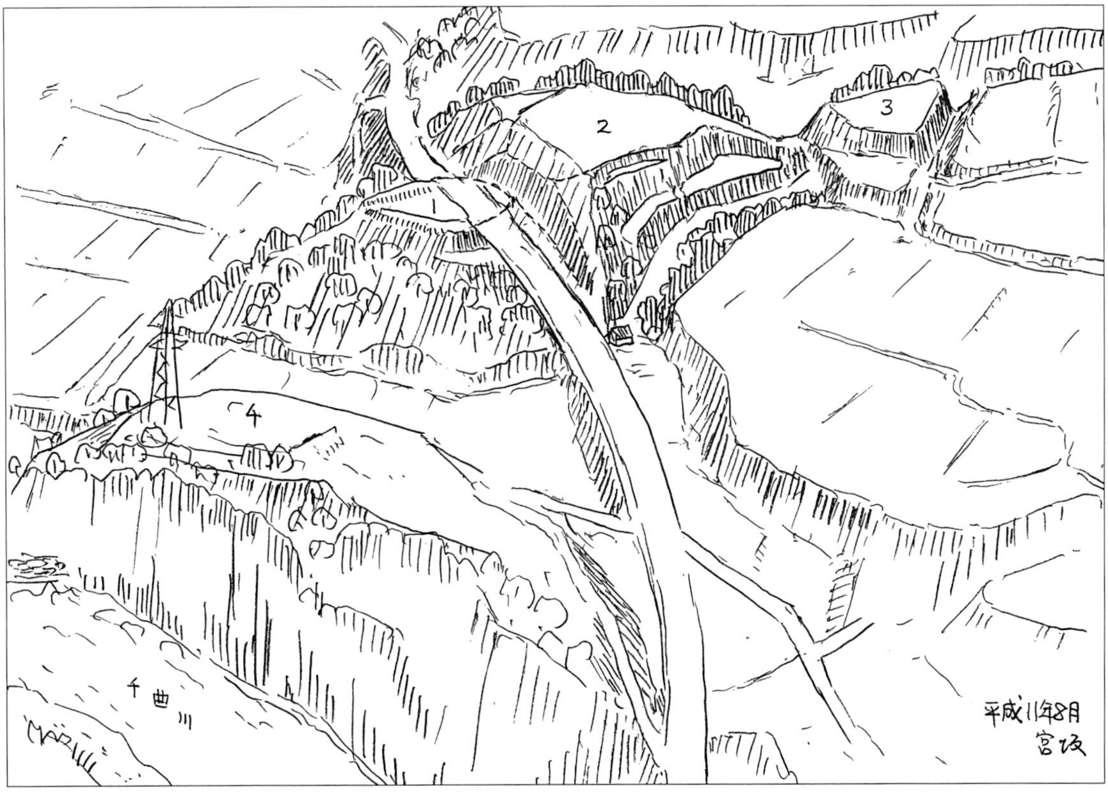

189、北《きた》ノ城《じょう》

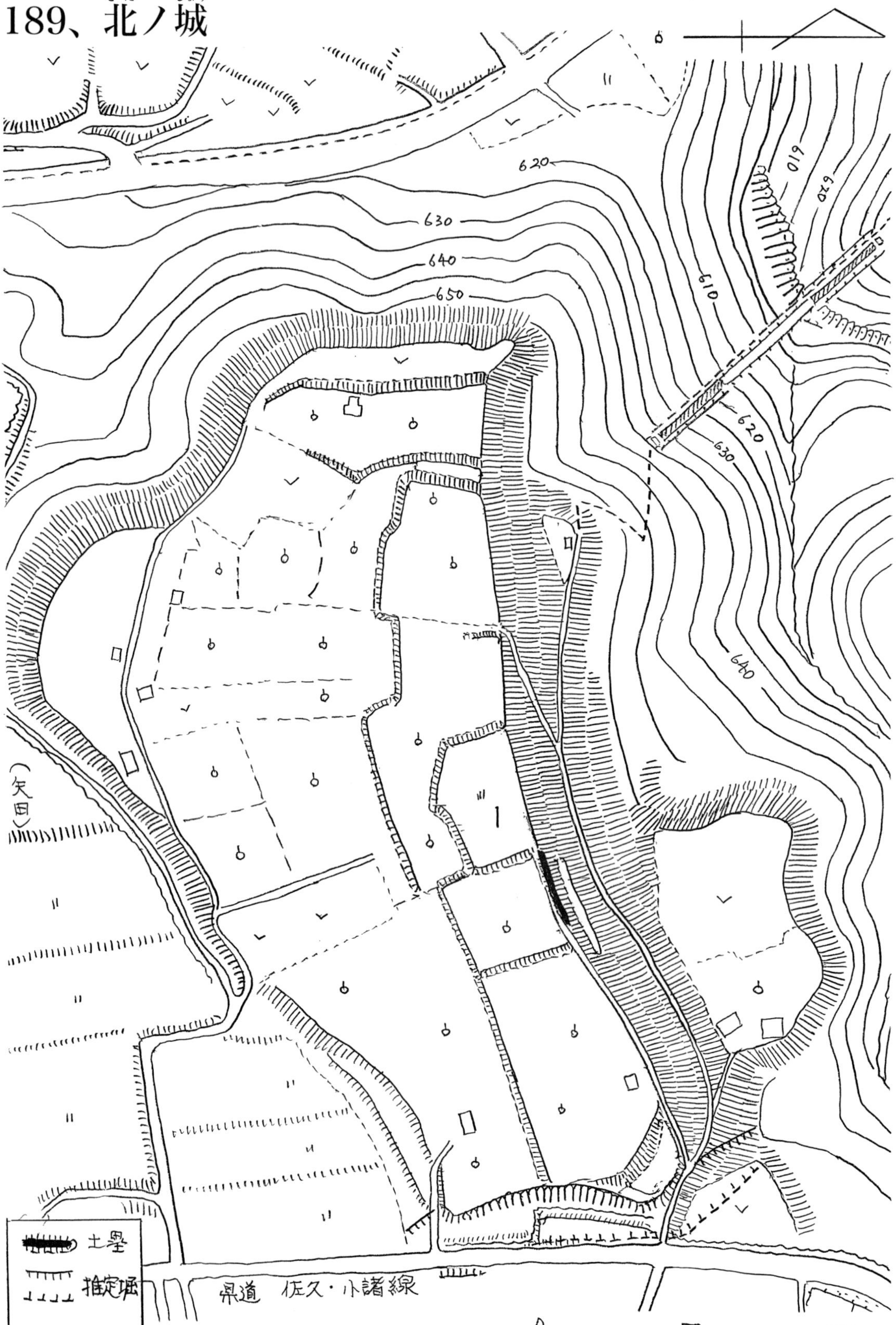

189、北《きた》ノ城《じょう》　　小諸市耳取字北ノ城　　▶383頁

平成11年8月4日調・同5日作図
標高676m.　比高65m（西下の水田地帯より）

〔東西断面〕

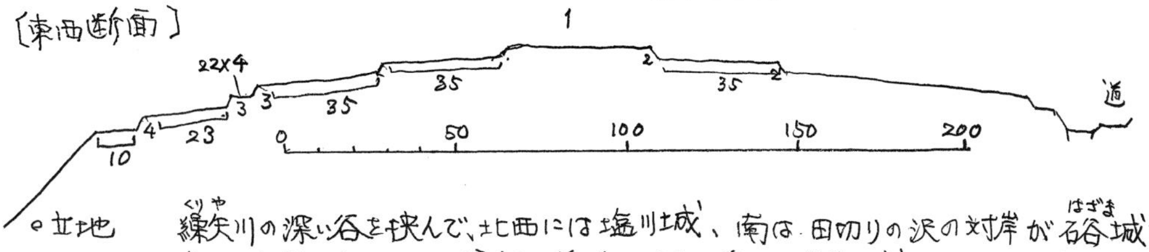

○立地　繰矢《くりや》川の深い谷を挟んで、北西には塩川城、南は田切りの沢の対岸が硲《はざま》城で、三城が千曲川の右岸の台地の辺縁部に並ぶ。1km南には耳取城があり、耳取大井氏の本拠地に近い。
　現在は県道佐久・小諸線が傍を通っているが、往古の小諸から、佐久、甲州への主要道路である塩川道は、西山下の千曲川畔から硲城の南を、耳取の台地へのぼっている。

○城主・城歴　耳取城の北にあるところから北ノ城と呼んだようで、耳取城の北の守りの一環として造られたものと考えられるが、城主その他は不明。

○城跡　北側が繰矢川の深い谷で、西側も千曲川の川畔の水田地帯まで急斜面になり、南は矢田の田切りの沢に囲まれ、東だけが森山の台地へ続いている。そこのところへ一本の堀を入れて独立させている。
　東西の台地の北寄りの部分が高くなっていて、この中央部の高いあたりの1が主郭に当る所であろう。東へ下って、県道へ出るあたりが大手口であろうか。西へも緩く下り、台地の西の辺縁部には段差がはっきりして曲輪等の形が伺い知ることができるが、台地の南半分は、南へ緩い傾斜で下っていて、果樹園等になっていて、はっきりした縄張りはつかめない。もともとそうであったのか、耕作により消滅したのかわからないが、地形から見て、北へ備えた砦であることは見取れる。北下に大きな平地があるが城のものであるとは確証はないが、要害地形であるので、城域に入れてもよいだろう。
　おそらく、往古もそれほど大がかりな工事はなく、北方へ向けて、幅広く防護柵などを設けることによって相手に視覚的に防衛ラインを意識づける効果をねらった砦のように思われる。

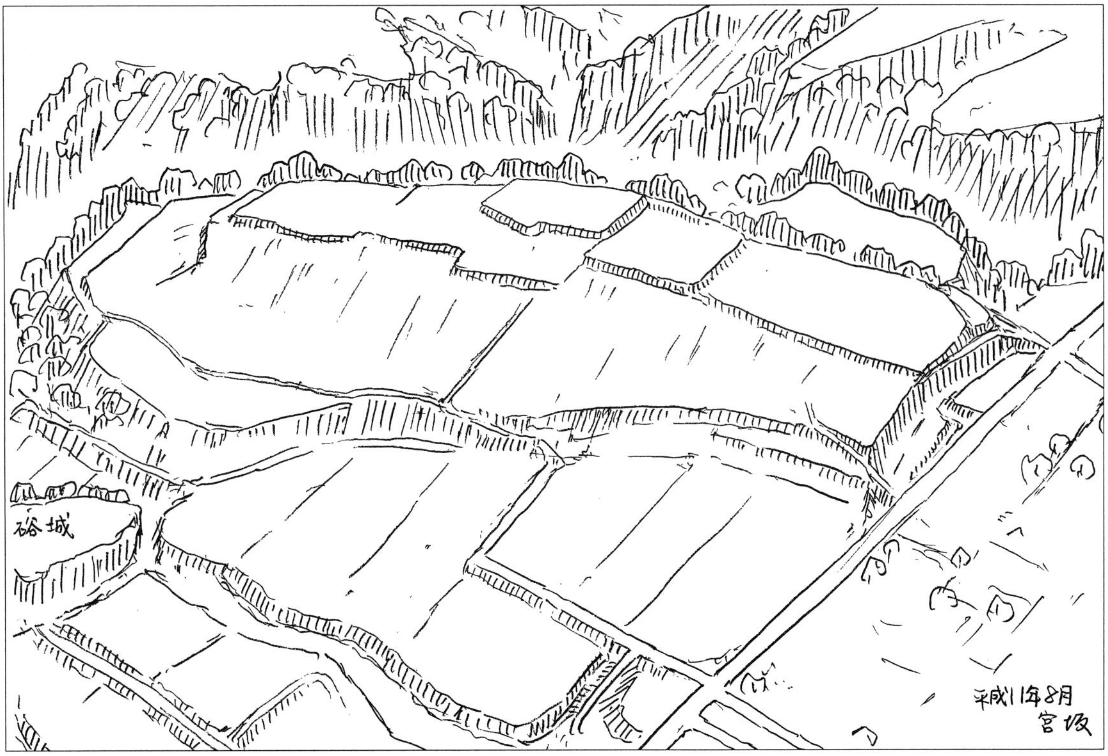

190、塩川城《しおがわじょう》

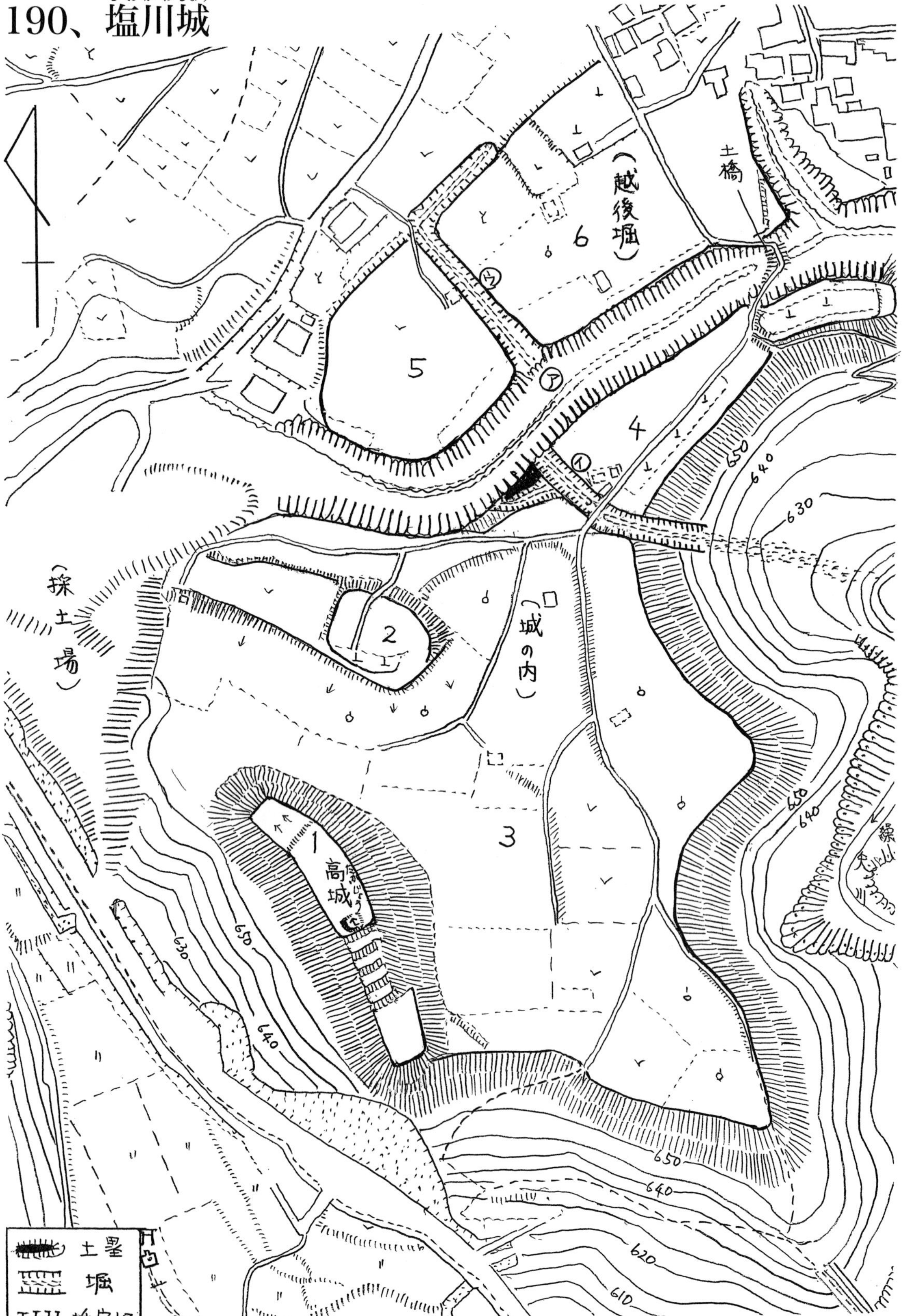

190、塩川城《しおがわじょう》

小諸市甲

➡383頁

平成11年8月4日調・同5日作図．
標高671m、比高 85m（西山下の千曲川畔より）

〔主郭部高城《たかじょう》部分・南北断面〕

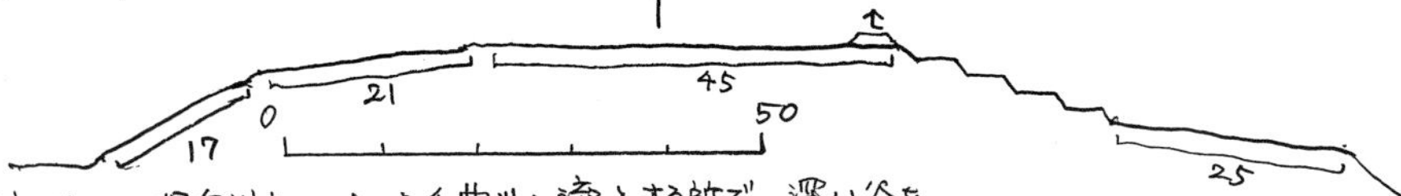

○立地　繰矢川がいよいよ千曲川へ流入する所で、深い谷を作りながら、大きく蛇行をして、台地を複雑な地形にしている。　台地の東から　　南に繰矢川が流れ、かって繰矢川の奔流が流れてできたと思われる越後堀と呼ばれる谷が台地を小原の台地から切離している。東西300m・南北350mの台地と、越後堀の北の城外と思われる所にも遺構がある。

○城主・城歴　はっきしたことはわからない。一般的な砦とは趣きを異にする構造で、越後堀(ア)より南の「城の内」と呼ばれる一帯と、(ア)より北の5，6の部分の成立は違っているように思われる。

○城跡　主郭部は(ア)の越後堀よりも南の地域で、東と南、西は繰矢川の谷と千曲川の谷で人を寄せつけない地形である。唯一、台地の北東の隅の土橋が連絡路になっている。往古はどのようになっていたか、独立した台地で、東西300m、南北350mの広い地域である。その台地の南西の隅に、土地の人が「高城《たかじょう》」と呼んでいる山があり、これが物見台も兼ねて、砦の主郭部分に相当する。この他に高城1の北に墓地になっている高台があり、あとは、起伏はあるが、広い平らの部分3になる。この台地が「城の内」と呼ばれている。

城の内の北東は、(イ)の堀で切断しているが、越後堀に沿って、土橋の所へ延びる部分は4で、城への通路に当る曲輪である。1、2、3は、隔絶された逃げこみ城の観を呈する。

所が越後堀の北に(ウ)の堀によって区画された5，6の曲輪がある。これはどちらかと言うと館城の類に属し、土豪、領主層の館があったのではないかと推測できる。

この2つの遺構を関連づけるとすると、5，6は居住区つまり館部分で、越後堀より南の1、2、3の部分は、有事の際の逃げこみ城となる砦部分として使われたことが考えられる。1，2，3では水が不便であったことが予想され、平時は水便のよい5，6を居住区にしたこともあろう。

現在西側から、採土によって破壊が進んでいる。

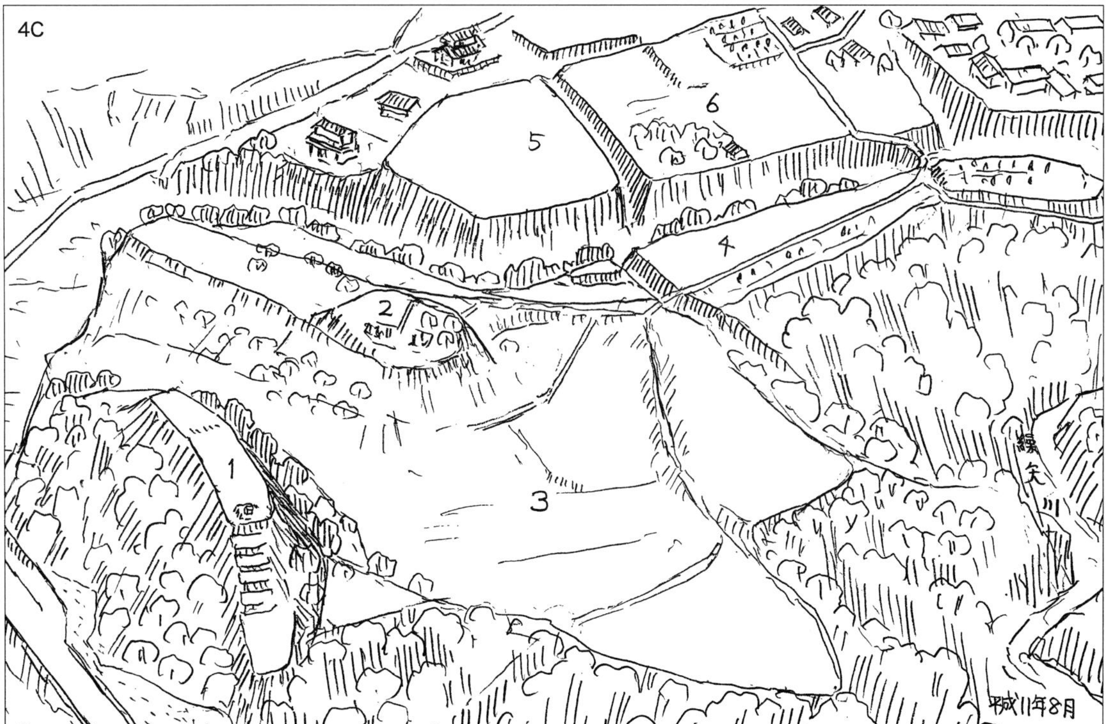

191、森山城《もりやまじょう》

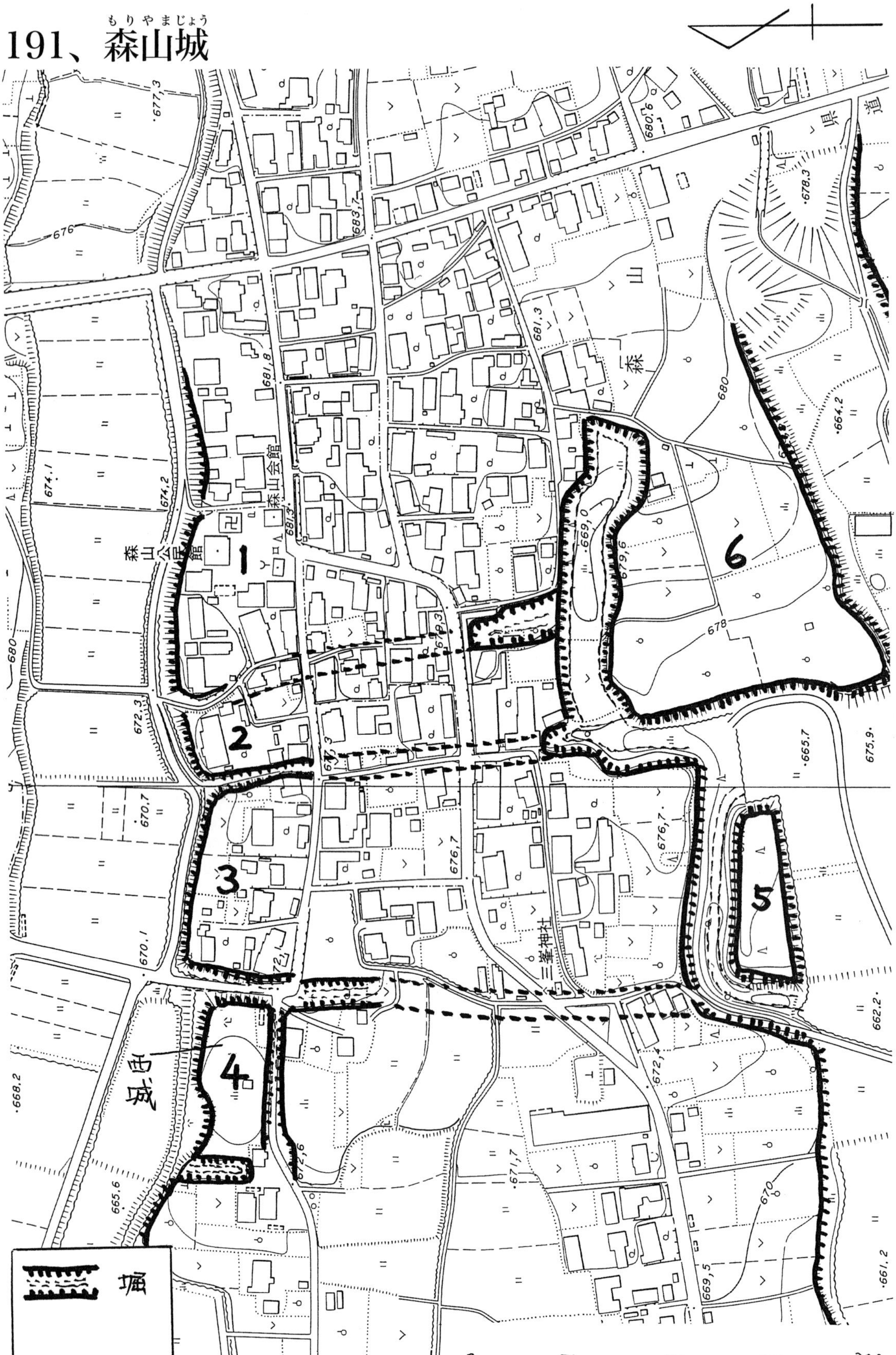

191、森山城《もりやまじょう》

小諸市森山

平成11年7月31日調・8月1日作図

標高681m．　比高7m

➔383頁

○立地　森山集落のある台地上が城地とされる。北と南に田切地形が自然の堀となって幅300mほどの台地上に遺構が散在する。南西700mに耳取城がある。

○城主・城歴．岩村田大井氏光長は5男宗光をこの地に入居させたという。一帯は古くから拓け、水田があったと考えられる。宗光は総領家を継いだ三兄の行光と相続をめぐって争い、行光の代官を殺したため、行光の訴えで、執権北条時宗は宗光を佐渡へ流罪にして、森山大井氏は離散したと考えられている。森山大井の居館がどこにあったか不明。

その後へ入ったのが近江国の守山氏が入り、やがて森山氏と改名する。守山氏は、耳取大井氏の下にあったようで、耳取城の北の支城として森山を守ったとされるが、その城の位置ははっきりしない。森山氏は後武田氏、徳川氏に属し、依田氏（松平）に仕え藤岡へ移って廃城となる。

遺構や伝承等から、一つは公民館のある一帯ともう一つは、森山集落の南西端の西城と呼ばれる所が居館の場所と考えられている。

公民館の庭の一隅に、寛政4年に守山氏の子孫が当地を訪れた際に建てた「信州森山故城」の古碑が残る。

○城跡　集落内に堀跡やその痕跡があり、6ケ所ほどの区画が考えられる。北の田切り地形の底へ下る道と、南側の堀形とを結ぶと、うまく対応するので、往古は、連結していたとも考えられ、森山公民館のあたり（東辺が不明）を1として、西へ2、3と続き、西端が西城と呼ばれる4になる。西端に上幅15mの堀が現存する。集落南西の所に深い堀に囲まれた一郭があるが、現在採土して破壊が進行中である。5の場所で惜しいことである。その東の6の地域も一つのまとまりが見える。地名等に当れば、もう少し、はっきりするかも知れない。

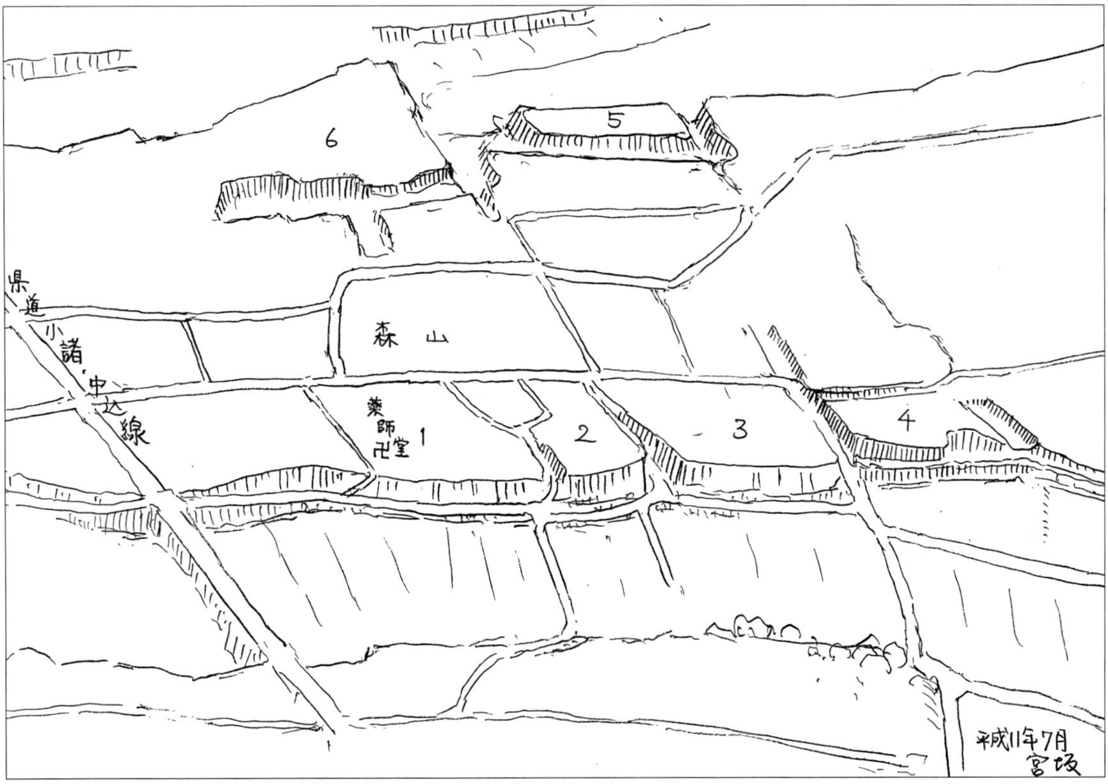

192、野火附城《のびつけじょう》（狐っ原《きつねぱら》）

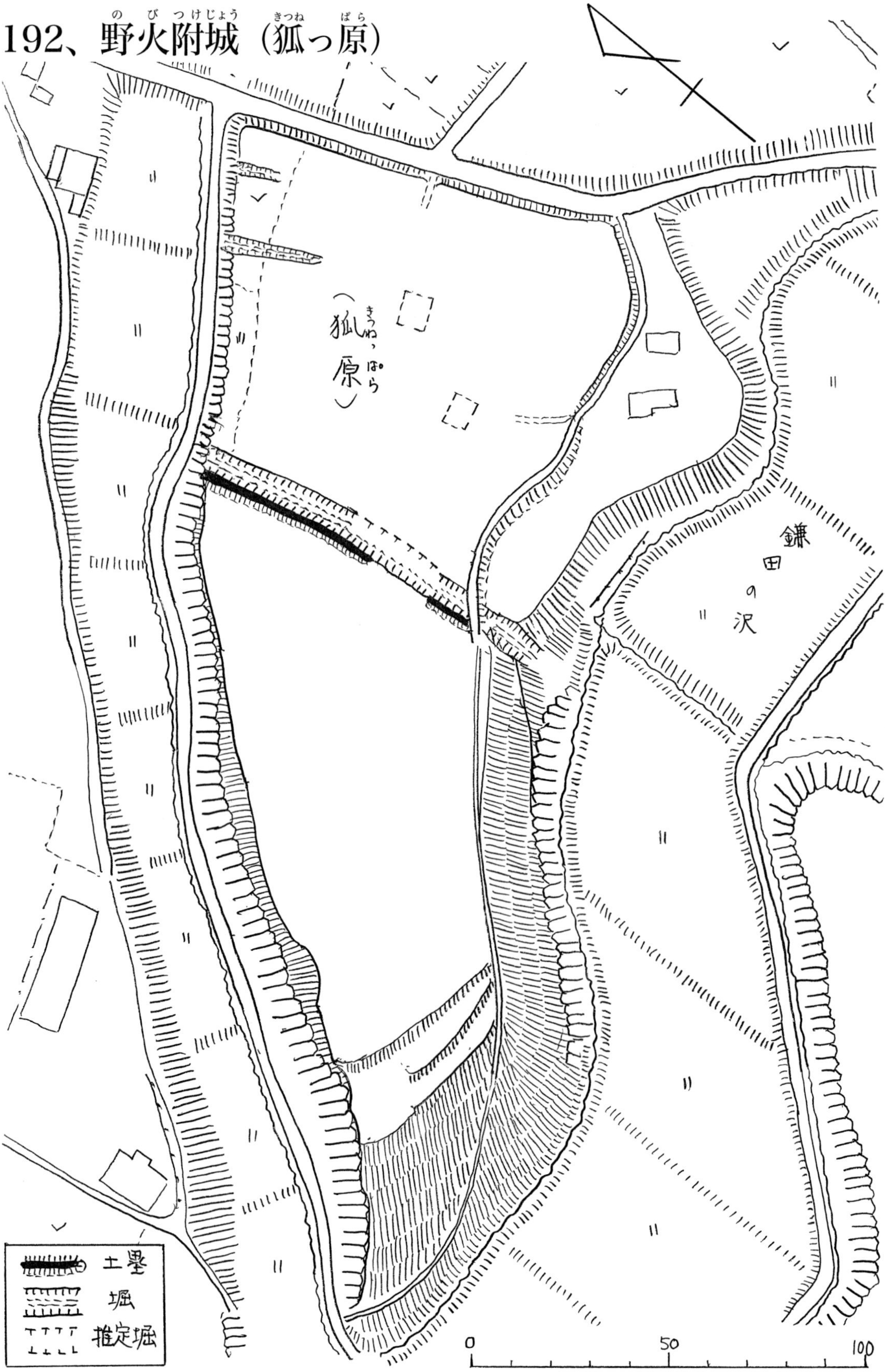

192、野火附城《のびつけじょう》（狐《きつね》っ原《ぱら》）

小諸市御影新田字野火附 ➔382頁

平成11年8月4日調・同日作図

標高750m．比高17m．

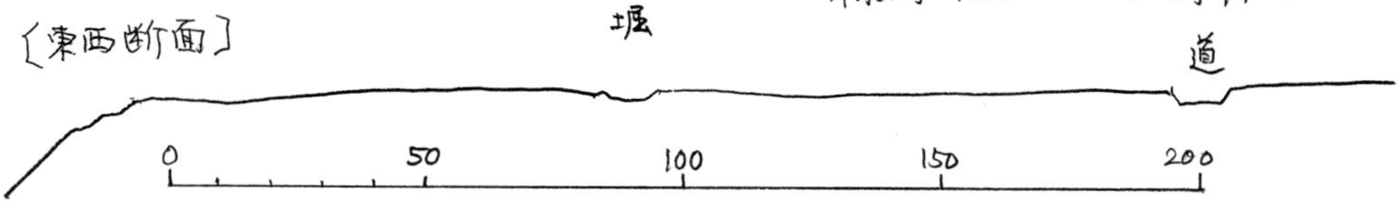

○立地　御影集落の南東の御影神社の南に続く沢の南の台地が、俗称狐原《きつねっぱら》になる。台地の南は鎌田の沢の田切りで、2つの田切りの沢は、西で合流するが、その間の三角形の台地の先端部を使って砦が築かれている。

○城主・城歴　鎌田の沢は御影用水が造られる以前から、湧水を集めたり、水路があって、田作りが行われていて、古い集落がひらけていたようである。御影新田村の前身の曽根村に属する集落である。　城主・城歴は不明であるが、「狐」（見張、監視の士卒の隠語）が居た場所で、平原城の南の物見の砦と考えられる。

○城跡　250m東には、上信越道が通っていて、周辺はすっかり耕地整理ができている中で、この台地は山林として残ったためにわずかの遺構が認められる。

東の台地の基部の道から80mほど入ったあたりに、薮で見落してしまいそうな、幅8m、深さ最深1m弱の浅い堀が北の田切りから鎌田の沢まで通っている。堀に沿って、西側に土塁が断続している。砦の決め手はこれだけで、土塁の付いている方が内側になるから、堀より西側の台地の先端部が砦になる。

土木工事も至って簡単で、堀一条、しかも直線で、あとは台地周辺の田切りの崖が守りとなっている古式の物見の類に属する。

193、十石城《じっこくじょう》

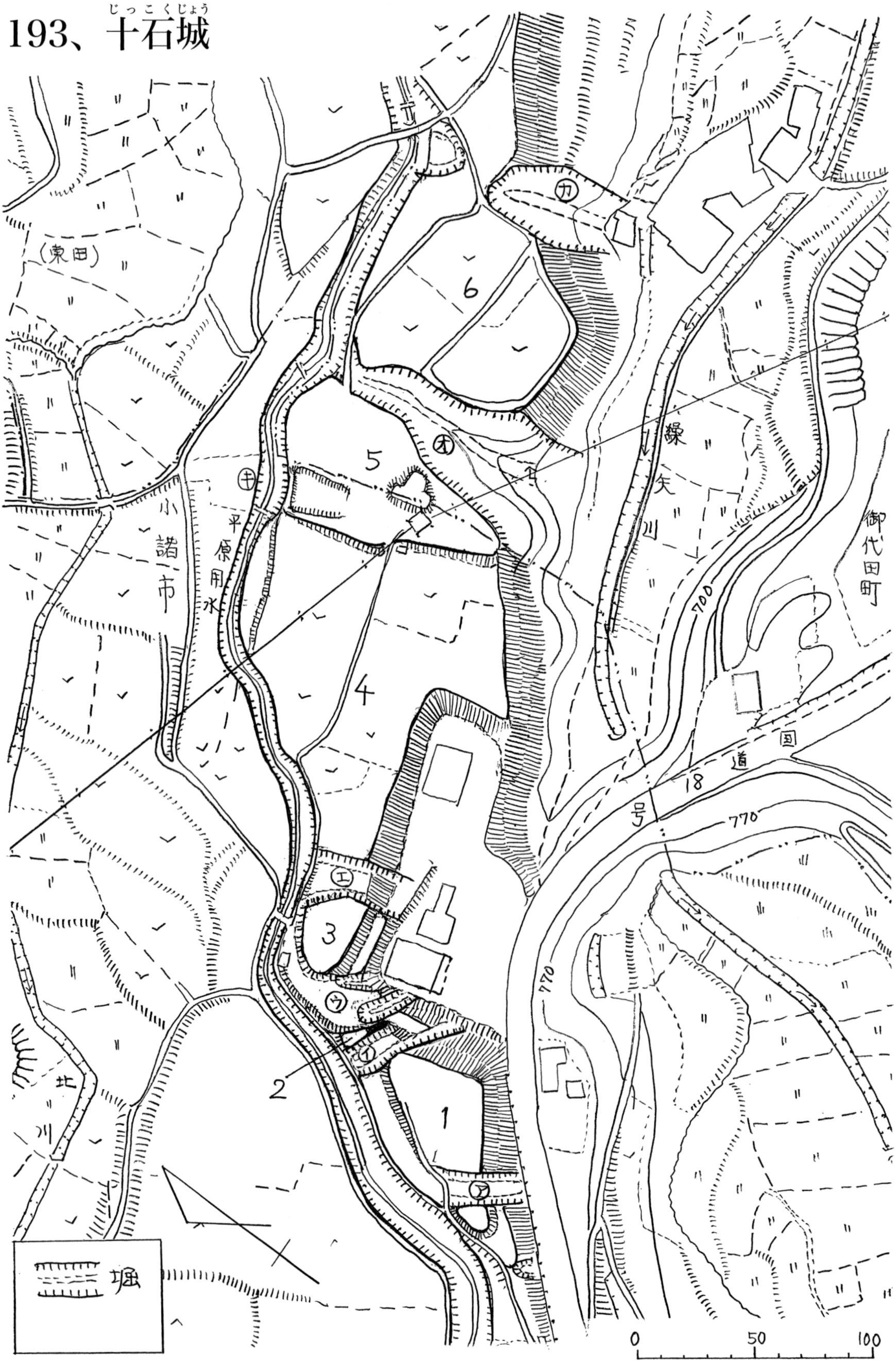

193、十石城《じっこくじょう》

小諸市平原十石・御代田町 ➔382頁

平成11年7月19日調・同日作図
標高 782m～793m. 比高 30m.

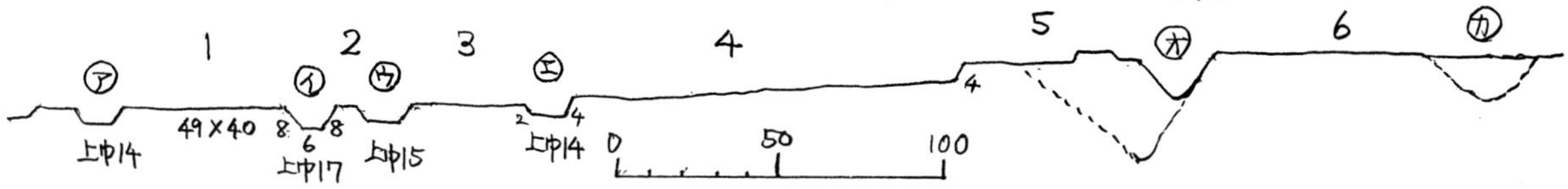

○立地　繰矢川の田切り地形と平原用水の間に挟まれた台地上にあり、北100mには、地続きで同じ台地上に㋕の堀を挟んで針木沢城が続き北西150mには上三田原城（城畑）がある。また本城平原城は西方1300mの位置にあり、北国往還の以前の古道が北側を通っている。

○城主・城歴　依田三右衛門が居城したとする伝承があるが、時代的に無理のようである。何れにしても平原城の依田氏の系類に属する人が居たことが考えられよう。北国往還（現国道18号）以前の小諸から軽井沢方面へ向かう主要路の押えとして、また平原城の東の備えとして利用されたものと思われる。

更に平原用水が「呑み堰」として引水され、その堰が北から西へかけて、大事な備えとして使われているので、城跡は用水ができた以後に造られたことがわかる。

○城跡　東西450m、南北100m余の地域にわたり、南北の堀は㋐～㋕まで6本数えられる。その間に曲輪は6箇ほどあり、㋐の西の一部も加えると7になる。1～3までは比較的細かに分割しているが4、5、6は大きい。特に4は120×100ほどあり、南半は工場のために削り取られていて、細部は不明。

6を十石城へ含めないで、針木沢城へ付けることも考えられるし、6を独立した館とみることもできそうであるが、針木沢城・十石城・上三田原城の三城は連携しながら機能したことも考えて、㋐の堀から㋕の堀までを十石城としてまとめることにする。

北と南の繰矢川の田切りの中の水田地帯の保護と古道の押えとしての城と考えられる。

194、上三田原城《かみさんどはらじょう》（城畑《じょうばた》）

194、上三田原城《かみさんどはらじょう》（城畑《じょうばた》）　小諸市平原　➡382頁

平成11年7月19日調・同20日作図
標高799m，　比高20m，

〔南北断面〕

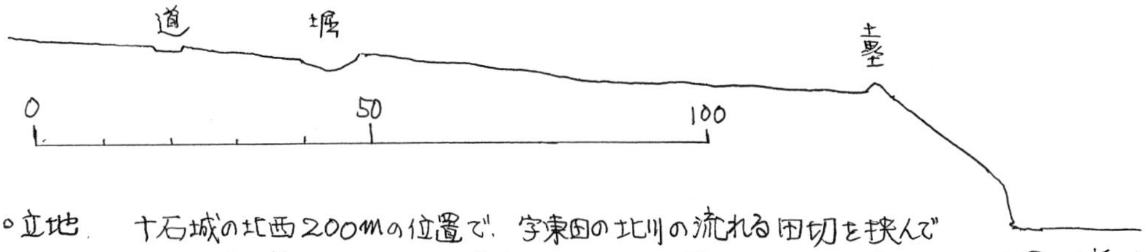

○立地　十石城の北西200mの位置で、字東田の北川の流れる田切を挟んで上三田原城が台地の辺縁部にある。同城の北辺を通る道は、北国往還以前の主要道で、その道が東田の沢を越える所にあり、十石城と共に、この道を抜きでは考えられない立地である。
　北西500mには宮崎城があり、平原城の浅間山麓東部の守りを受け持っていたことが伺えよう。

○城主・城歴　不明　戦国期には平原城の属城として、機能したと思われる。

○城跡　造りから見て、段丘の辺縁を利用して造られた館城で、規模は東辺が90m、南辺45m、西辺63m，北辺80mの方形館に類するもので、土豪層の屋敷とすると小さい方とは言えない。
　東辺と南辺に低い土塁が残る。内部は山林の藪で、段差等細部ははっきりしないが、南が低く緩い傾斜をしている。東辺には縁より一段下がって、武者走りのように3m幅の腰曲輪がついている。
　北側の堀は東半は埋まっていて、消えているが、堀に面して土塁があったと思われる。
　これだけの屋敷を持つ者は、相当に財力もあったことが想像され、十石城、針木沢城とは異った系統のもので、発生も違っていると考えられる。　東下の田切の中に館跡と言われる所があるようであるが、それは、城主の屋敷とは断定できない。この城は要害城というより、館を含めた城であるので、城主の居住区は、曲輪内にあると考えられる。
　最初は、十石城とは別に築かれ、東田地籍の保護に当っていたのがやがて平原氏の下で連携するようになったのであろう。十石城の出城とする見方もあるが、独立したものと考えられる。

195、宮崎城《みやざきじょう》（城《じょう》の山《やま》）

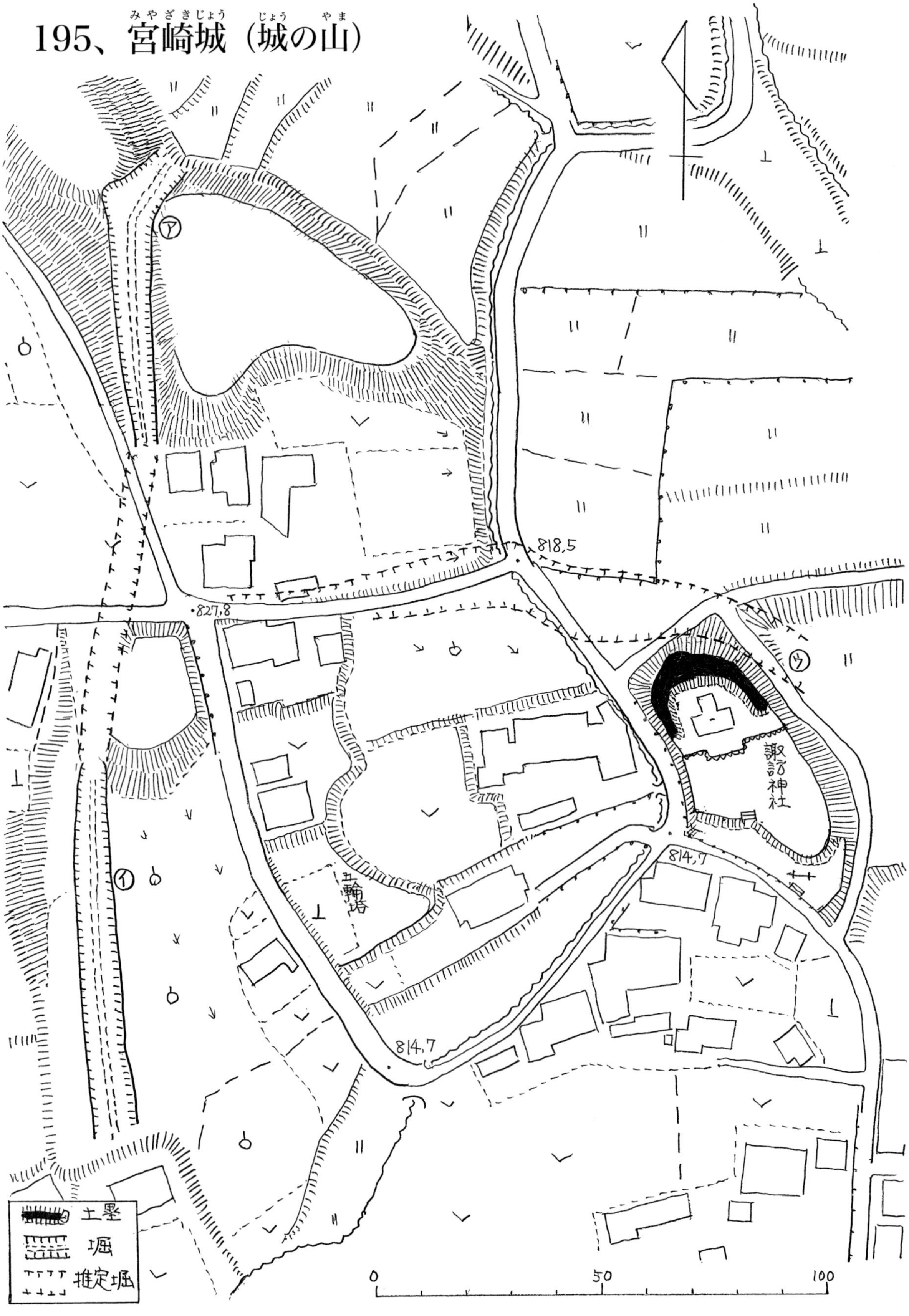

195、宮崎城《みやざきじょう》（城《じょう》の山《やま》）

小諸市乗瀬字宮崎 ➡382頁

平成11年7月19日調・同21日作図

標高832m～810m

〔南北断面〕

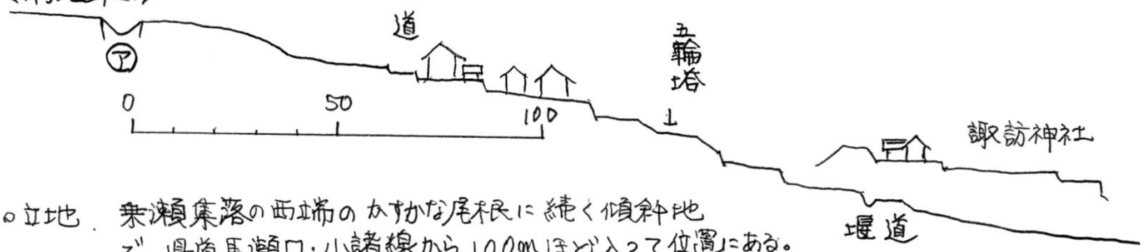

○立地　乗瀬集落の西端のかすかな尾根に続く傾斜地で，県道馬瀬口・小諸線から100mほど入って位置にある。
乗瀬集落の中心は，谷の東にあり，北から東にかけては水田地帯になる。

○城主・城歴　不明，平原城の勢力範囲にあるために，ある時期以降はその系統に属したと思われる。

○城跡　はっきりした縄張りが見えにくい城跡である。諏訪神社の境内はまとまりのある形をしていて，城内の一部に組み入れられるようである。まず，㋐の堀は長さは65m，幅が8mほどあるが，宅地と道路で南が消えている。その南の続きは，㋑の堀になると思われる。㋑の堀の東の南北の道は，ことによると堀跡とも見えないことはないが，はっきりしない。諏訪神社の北側から，西の台地の方へ堀があったように見える。これが㋐㋑の堀に接続していたとすると，㋐の堀の北端を頂点に，鋭角三角形の地域がまとまり，そこに4つほどの区画が見えてくる。
中心は，五輪塔のある墓と諏訪神社との間の南北，西辺で100m，東西80mほどの場所で，南は，堰の流れているあたりということになろうか。西側の尾根筋が高く，物見が置かれていたであろう。

○繰矢川以北の平原地区の用水は，塩野，馬瀬口，乗瀬地区から引水をしていることから，交通路と共に，用水路の確保という課題がある。諏訪神社西を流下する堰はいつ頃からのものか，こうした水源の確保も考慮にいれて考える必要があろう。
この辺では，田切り地形の中を流れる川と，そこから台地上へ引水した用水路に接して水田が拓かれている。諏訪神社の西の堰は，まさに台地上へ引きこむ所に当る。

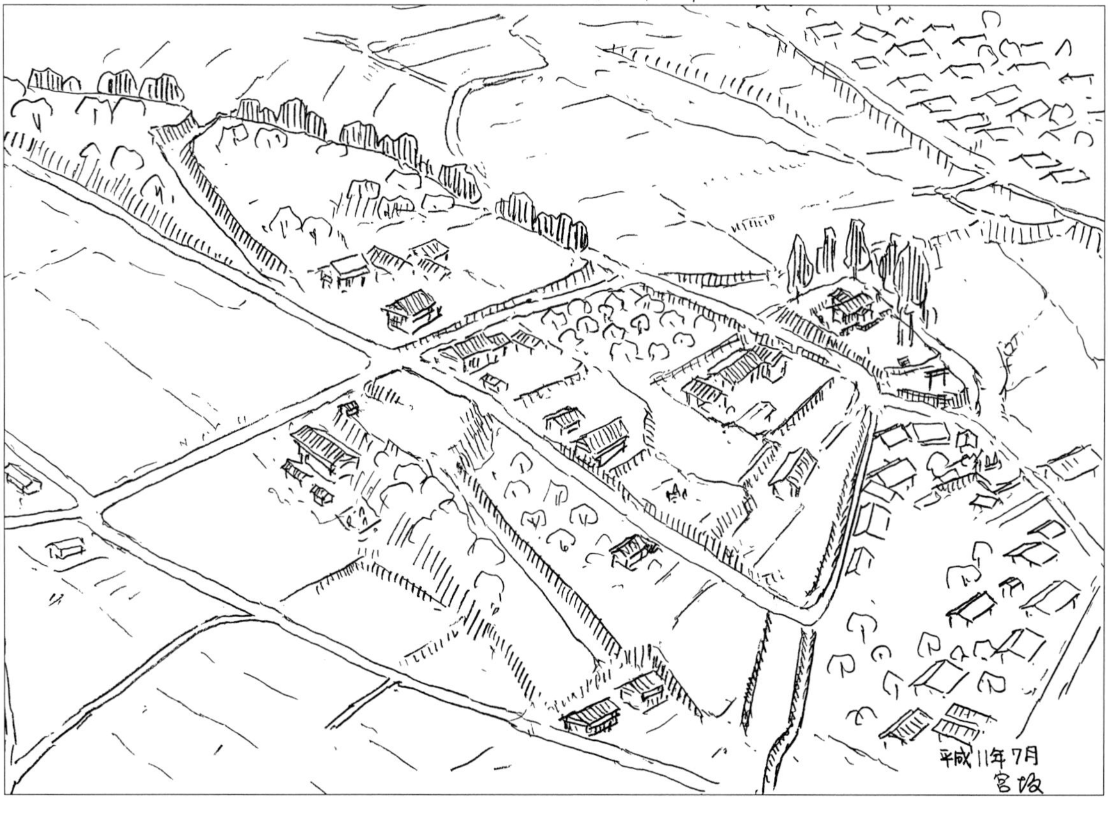

196、丸山城《まるやまじょう》（小田切城《おたきりじょう》）

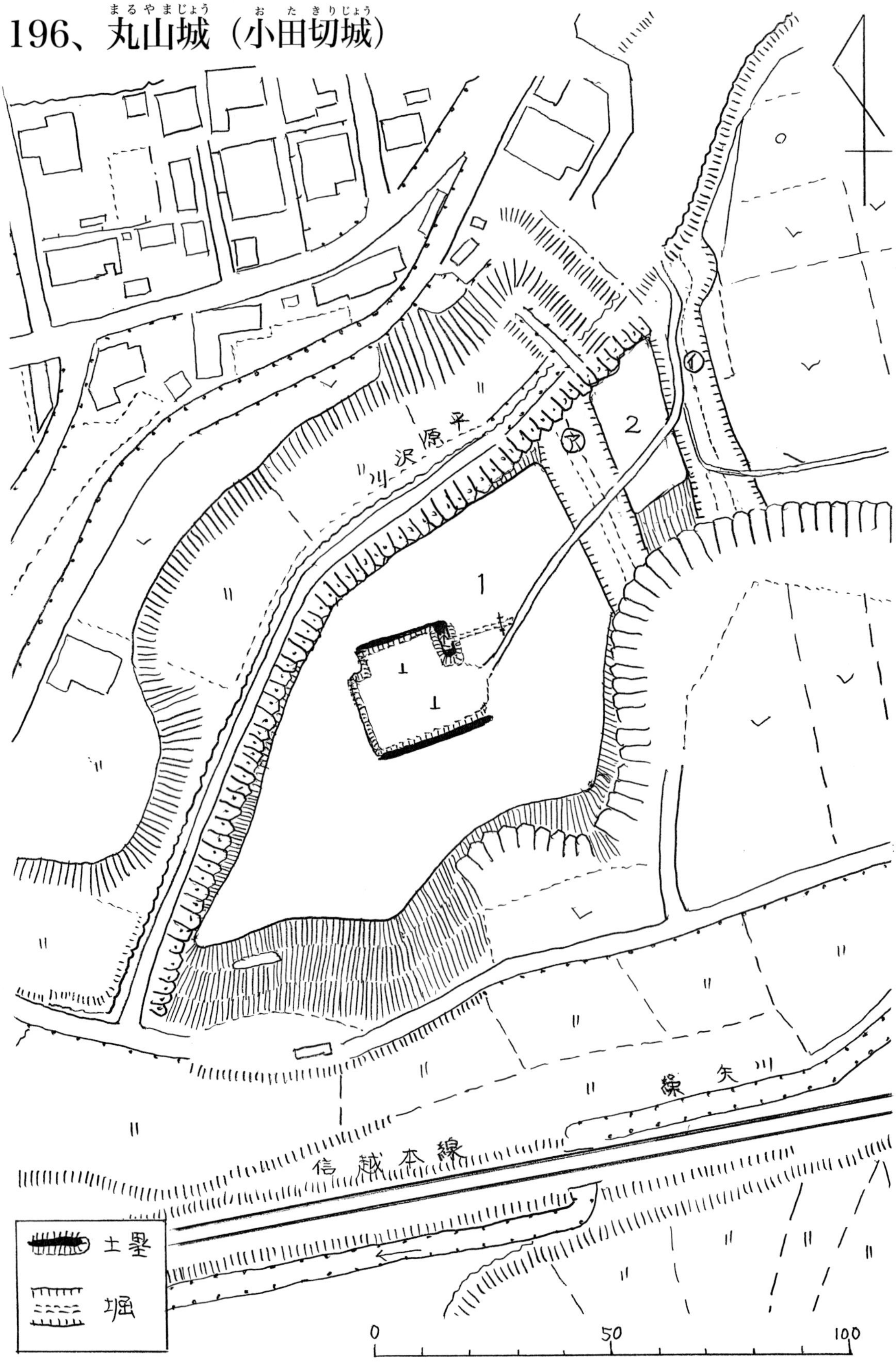

196、丸山城《まるやまじょう》（小田切城《おたきりじょう》）

小諸市平原 ➔385頁

平成11年7月28日調・同29日作図

標高738m、比高18m

〔南北断面〕

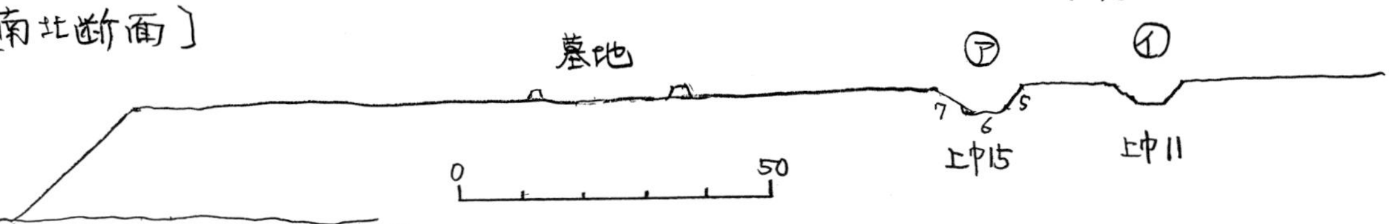

○立地　平原集落の南、繰矢《くりや》川と平原沢川の両田切地形に挟まれた台地上に丸山城がある。平原の集落は、江戸初期に北国往還が制定されて、村寄せにより形成されたもので、それ以前の古道は、北400mにある平原城の北側を通っていたようである。

丸山城の北側、平原から一ツ谷及び南へ通じる主要道があり、附近の田切り地形の沢底は古くから水田が拓けていたようで、それらを守り、また平原城の南の防衛を受け持っていたものと思われる。

また平原沢川は㋑の堀の所で滝になって、沢底へ落ちているが、城内へ引水された形跡もあり、小さいながらも堅固な要害であったと思われる。

○城主・城歴　位置からして、平原城に関係する勢力の砦と思われるが、はっきりしたことはわからない。一説には、この城を小田切城と呼び、小田切氏が居たとする説もある。

○城跡　比高は20mに満たない台地であるが、北から西へかけて、平原沢川の流れる沢側は断崖で東面も繰矢川の田切りで人を寄せつけない。東の台地へ続く所を2条の㋐㋑の堀で遮断している。この北の所が大手筋であろう。平原沢川の水を引き入れていることからすると、居住性もよく、館を伴った城砦であった可能性もある。中央部に墓地があり、土塁等があるが、これは墓地によるものである。

信越本線が眼下の田切り地形の中を走っていて、城跡は山林の藪に埋れている。

197、柏《かしわ》木《ぎ》城《じょう》

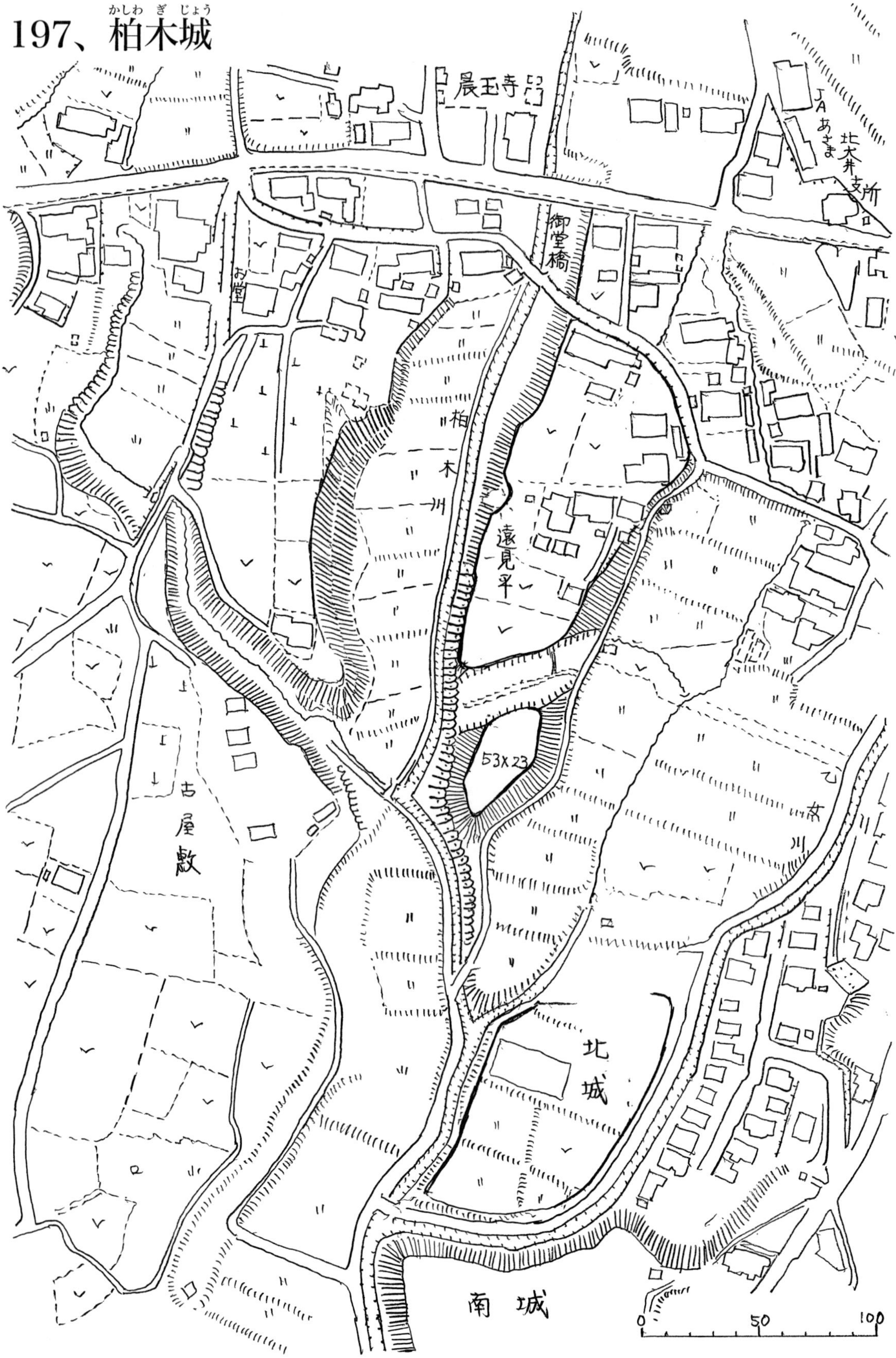

197、柏木城《かしわぎじょう》　　小諸市柏木　　➡384頁

平成11年7月24日調・同25日作図
標高760m～745m

○立地　柏木下集落の一帯に北城・南城・古屋敷と呼ばれる地域があり、それらを合わせて柏木城と考えられる。県道より下で、乙女川、柏木川が流下する周辺部である。

○城主・城歴
地域の土豪層によって、部落防衛のために築かれたものがはじめで、やがて柏木氏が拠ったと考えられているが確証はない。一説には、永禄10年の生島足島神社の起請文の中に平原城主の依田又左衛門尉信盛や前小諸城主大井川兵衛満安と並んで記名されている小林与右兵衛幡繁が柏木城主あろうとする説がある。

○北城、○南城
乙女川と柏木川が合流する地点の台地上に北城がある。現在一帯は採土され、削平されて工場用地になり旧態を知ることはできない。乙女川を挟んで南の台地上の南城も表面を削り構造改善をして、これも細部は失われている。東保育園のあたりから、南城の方へ堀形があり字東前畑地籍にも城塞があり曲輪跡が残っていたとされるが、団地等により殆どが失われた。

北城の北80mの柏木川に接する所に53×23ほどのぼうすい形の一郭がある。北側に上幅20mの堀があり、小さいながらの砦の形がよく残っている。この曲輪も、北に続く台地と共に、北城や南城に接続する城域と思われる。このあたりに遠見平の地名が残る。

また柏木川の西側田切りを挟んで、お堂があり、墓地となっている台地も、古屋敷の地籍となり、城域に加えてもよいだろう。

はっきりしたことは地名に当ってないのでわからないが、柏木城と言われる城砦は、御堂橋の南の台地から北城、南城へ続くあたりが中核となり、その周辺部にも砦を備えていたもののように考えられる。土塁があったとされるが、その位置、遠見平等や旧状を知っている人からの聞き取りによって、詰めていくと、もう少し縄張りも見えてくるかと思う。

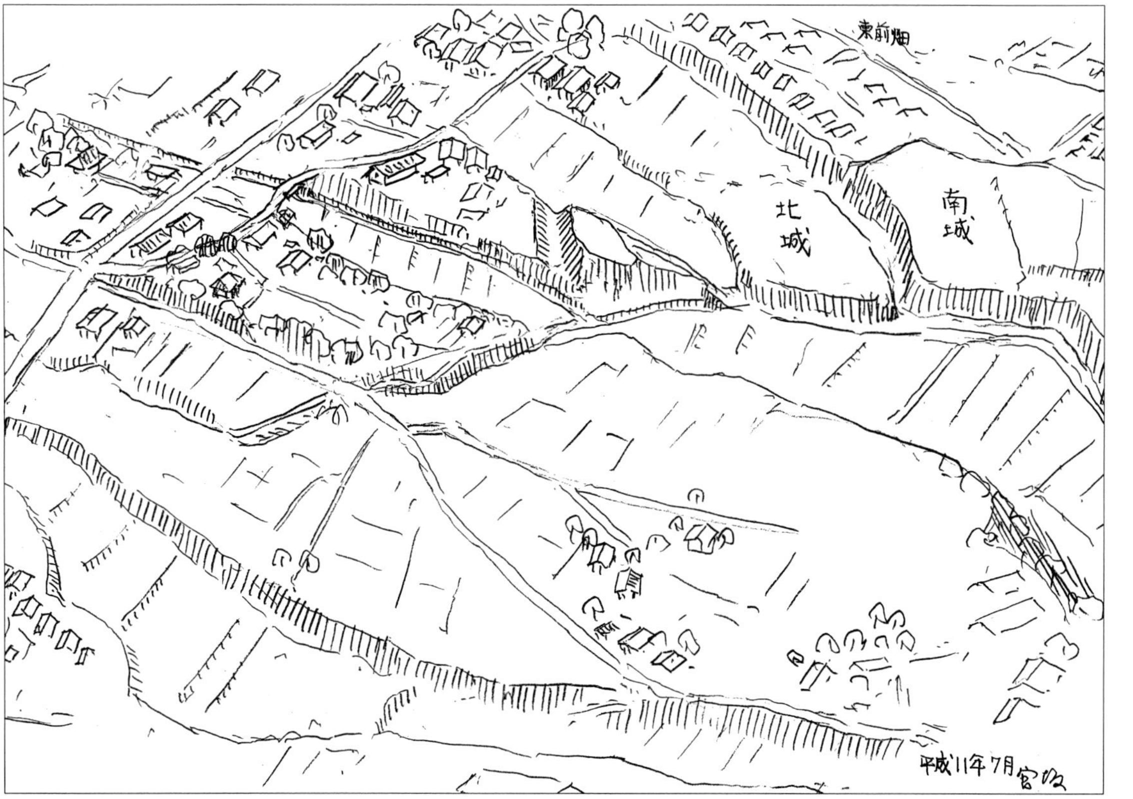

198、繰矢川城《くりやがわじょう》

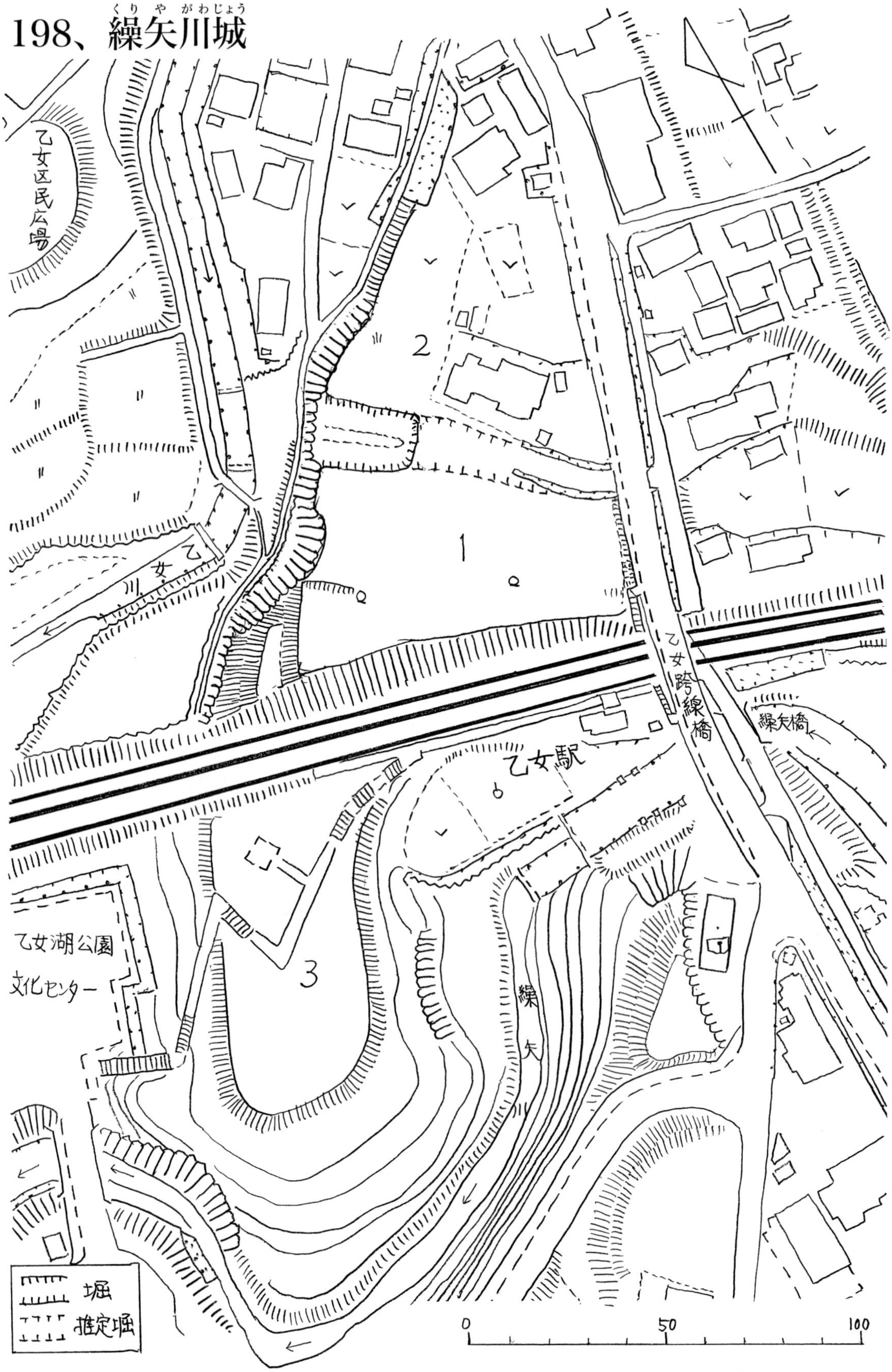

198、繰矢川城《くりやがわじょう》

小諸市乙女

➡384頁

平成11年7月24日調・同26日作図
標高705m．　比高15m

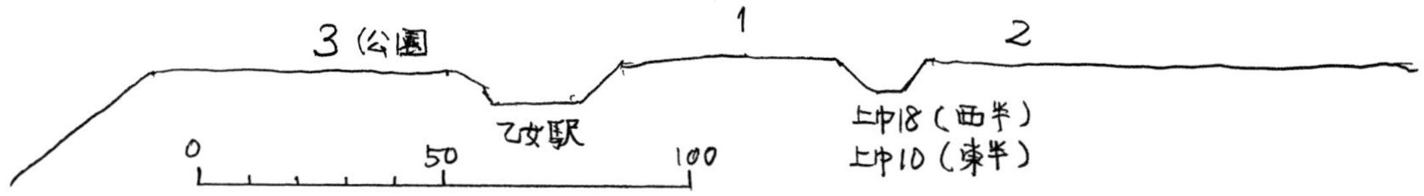

○立地　乙女駅のある所で、台地に向かって繰矢川が反転して大きく蛇行し、南側を包みこみ、西側には乙女川の田切地形が自然の堀となって、侵入できない。南西600mに糠塚山が控え、東側には北国街道と森山道が走り、旧甲州街道が繰矢川を渡って乙女宿へ入ってくる交通の要衝に立地している。小諸へ入る東の大事な関門の一つと言える。

○城主・城歴　　不明。　与良城、加増城、柏木城の何れに属したものかわからない。

○城跡、　最大幅100mにも及ぶ台地上に一条の堀が認められる。西側の乙女川の田切り地形から、上幅が20m弱の堀が25mほど残り、東半にも上幅10mほどの堀が40mほどある。これは、往古には連続していたことが想像できる。

堀より南、線路までの間を1として、これが主郭に当るものと思われる。堀より北は城域とは断定できないが、一応2の地区とし、線路より南の公園の山もことによったら一郭をなしていたことが考えられないことはない。線路の堀割りで、1と3の続き具合がわからなくなっているので何とも言えないが、あるいは、堀があって、1と3の二郭であったこともあり得る。

地形からみると、乙女川に沿っていることなどから、柏木城の南の守りとも考えられるが、はっきりしない。

また城名は、『小諸市誌』及び『長野県の中世城館跡』に従い、繰矢川城としたが、乙女の名称が多いことからであろうか、繰矢川城は無理がある。強いて言えば、「繰矢川乙女城」と言うべきであろう。

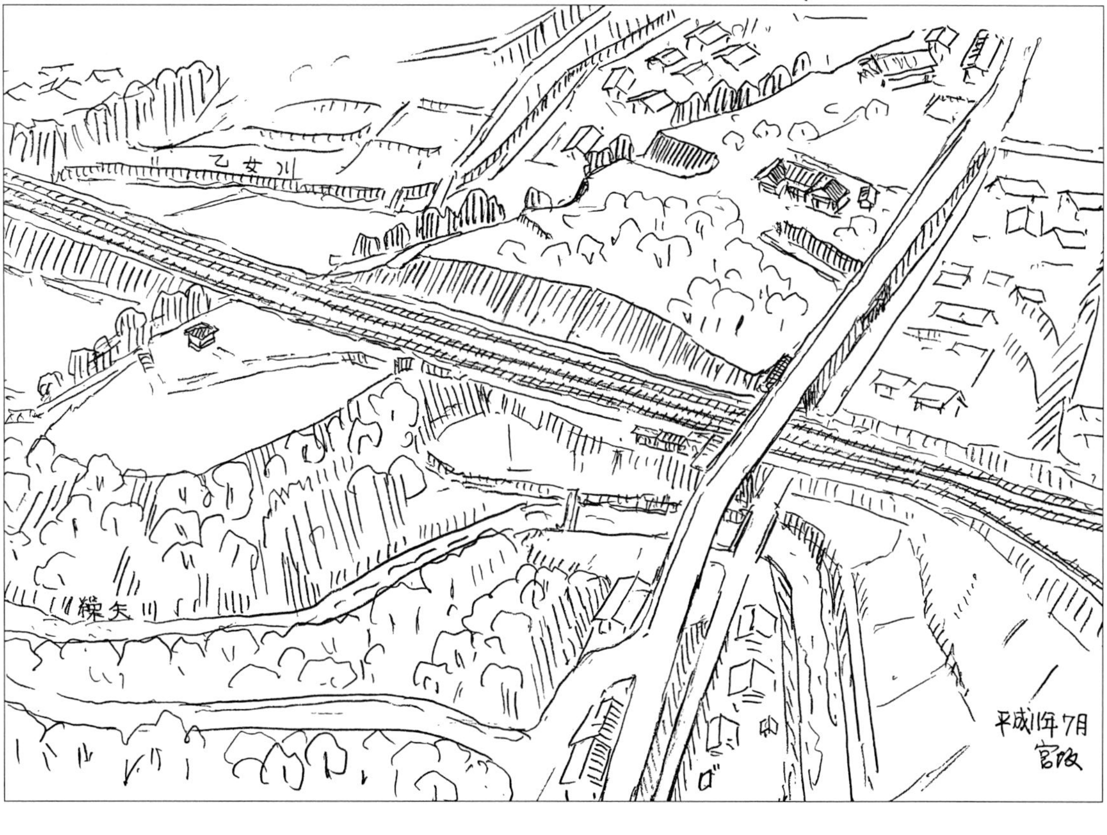

199、大遠見城《おおとおみじょう》（乙女城《おとめじょう》）

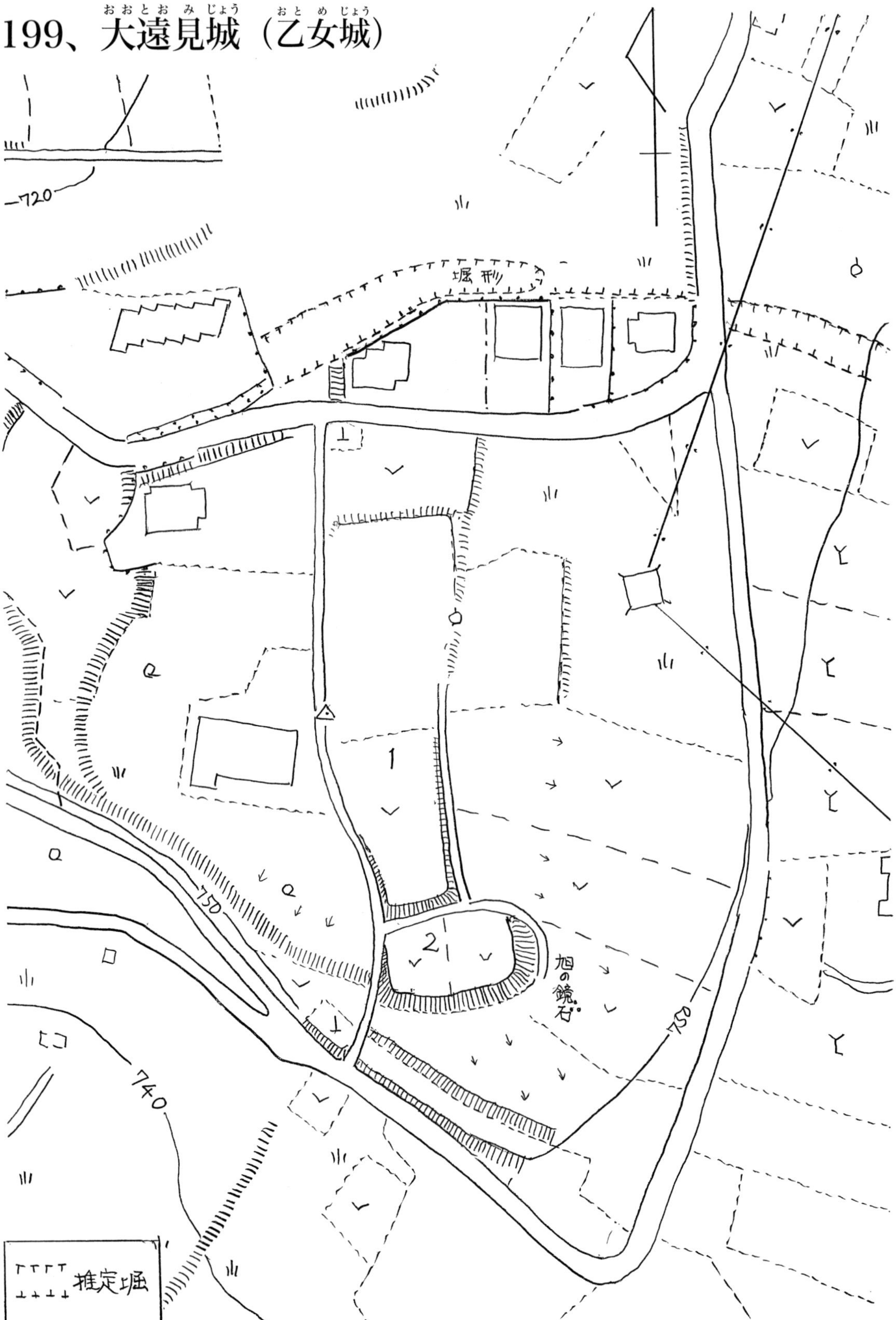

199、大遠見城《おおとおみじょう》（乙女城《おとめじょう》）

小諸市加増字舟久保

➡384頁

平成11年7月24日調・同25日作図。
標高760m。　比高60m（加増城より）

〔南北断面〕

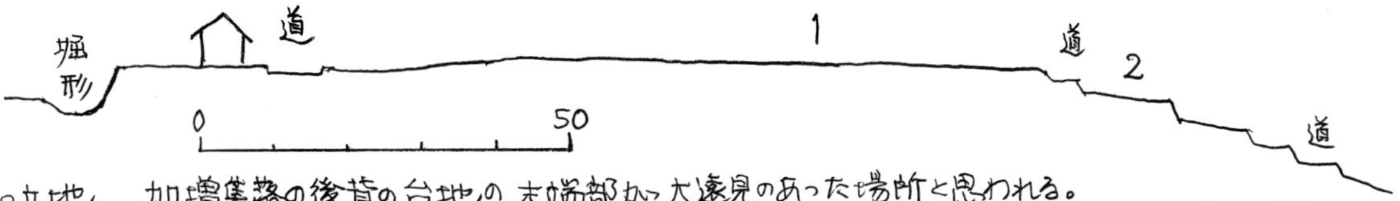

○立地　加増集落の後背の台地の末端部が大遠見のあった場所と思われる。
ここから南西の加増城に向けて緩やかに下るが、台地の先端に当るために、ここからの眺望は優れていて、大遠見の場所としたら格好の場所と言える。　唯問題は、幅広い台地上のため、東西両斜面はゆるやかで、要害性は低く、防備は不安である。しかし物見台としては、大した備えは必要がなかったのかも知れない。

○城主・城歴　何れの系列にある物見であったのか、不明。　古くから「乙女城」の名で城跡の存在は伝承されていたようである。
400m、南西下方に加増城がある所から、それとの関連がまず考えられよう。加増城は低地にあり見通しはよくない所から、後背の台地上に物見を設定したと考えられる。　しかし、加増城の主がはっきりしないためにこの大遠見の所属も不明というしかない。

○城跡　城跡と言ってもはっきりした遺構はない。台地の脊梁にあたる部分は、南北250m、幅50m内外の所であり、北端に堀形らしい地形があり、実に無防備に等しい。南の先端部に25m×12mほどの形のよい畑があり、東下に「旭の鏡石」と呼ばれる石造物がある。このあたりが物見には最も良い場所である。　台地の北辺に窪地があるが、これが砦のものであるとは考えにくい。あるとしたら一条の簡単な堀があったかも知れない程度のものであろう。

○この地域には遠見、大遠見の地名が多い。柏木城に遠見平、加増の大遠見城（乙女城）、乙女集落の大遠見更に小諸城の二の丸の所が遠見坂である。また芝生田にもあるようで、至る所に物見が置かれていたことが伺える。

200、加増城《かますじょう》

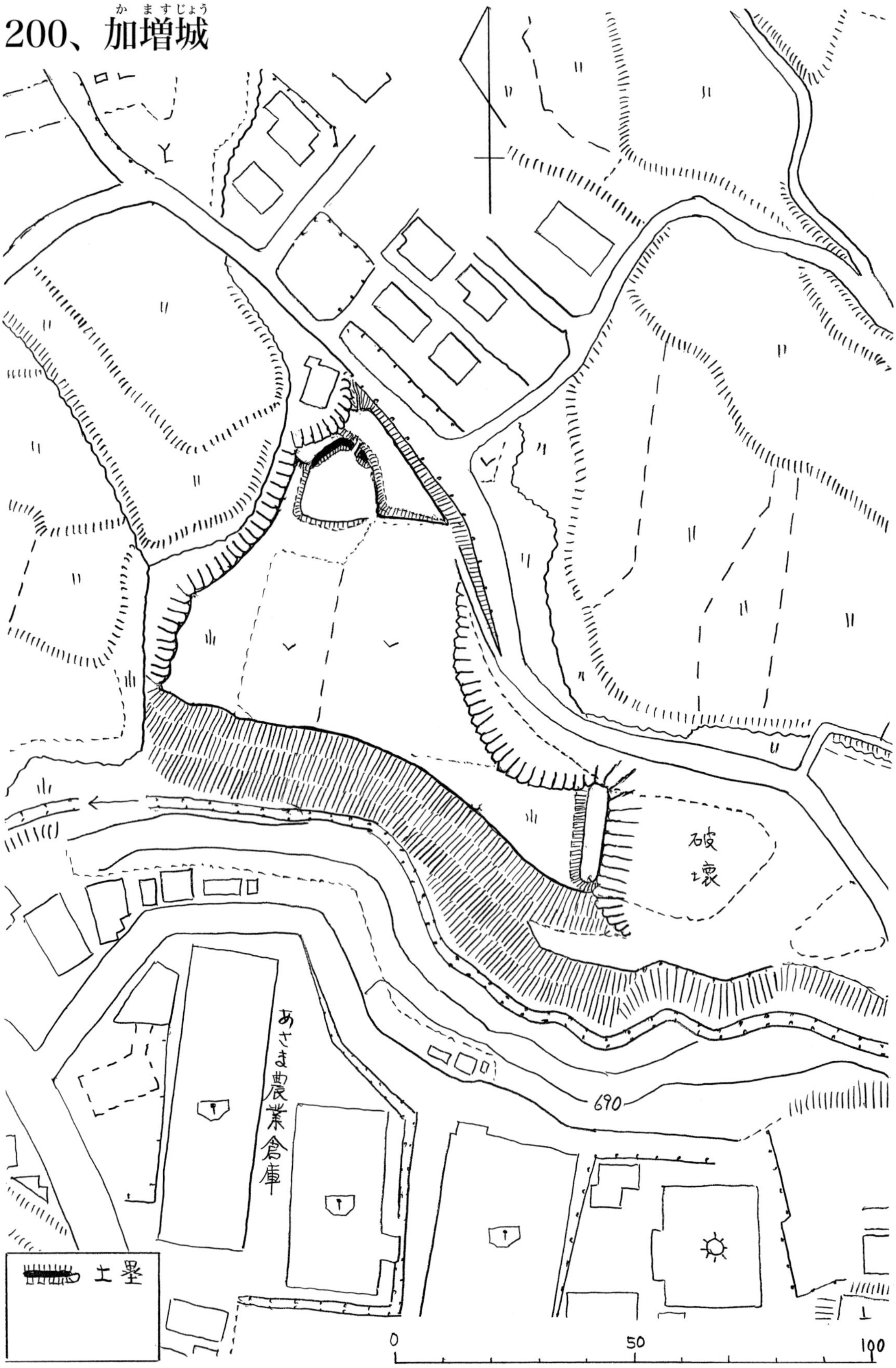

200、加増城《かますじょう》

小諸市加増字城

➜384頁

平成11年7月24日調・同25日作図
標高 700m. 比高 10m

〔南北断面〕

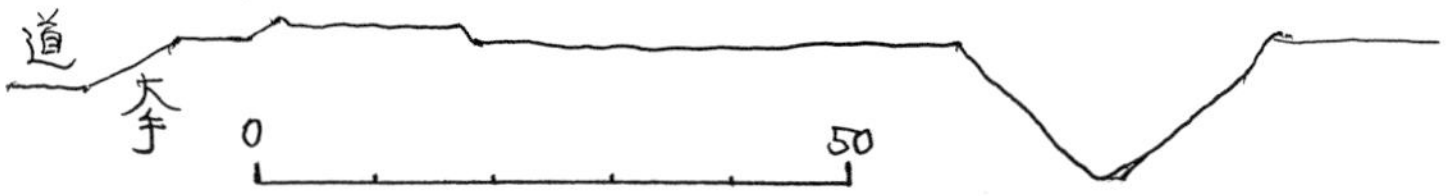

○立地　小諸市街地の東端、蛇堀《じゃほり》川の支流が流れてできた水田地帯の中の比高10mほどの台地上に加増城がある。西と南は水流により断崖、急崖となっていて、低いが仲々の要害地形である。

○城主・城歴　不明.　与良城に属するものか、柏木城に属するものかはっきりしないが、附近には牧場に関係する古墳が多く、古くから豪族が居住していたことが考えられている。

自然地形を生かした砦で、規模等から考えてみても、古くからの豪族の要害で、近くの大族に吸収されて、支城として組みこまれていったものと思われる。北東400mの小高い山には、大遠見城(乙女城)があり、加増村の伝承では、侍屋敷が12ヶ所あったとされる。

○城跡　北の一角が大手筋で、道路より登り道がある。一段低い曲輪があり、続いて、北辺に低い土塁の残る一角がある。そこから南の広い平地は耕作されていて、そのために東側から道路がつけられている。西側は10mの高さの断崖で、南の川に面して急崖になる。東側はかすかに登り、突然崖になっているが、これは採土のために破壊したようで、『長野県の中世の城館跡』の略測図によると、東側に2つの曲輪があり、堀切りらしいものもあったように図示されている。

城跡には、以前に「朝皇」「真開」の2つの石祠があったとされる。その位置は北の一郭と思われる。2社共、今は加増神社へ移されてない。

一帯は、荒堀の地名のように田切りの地形に近く、古くから水田がひらけていたことも考えられ、在地土豪の領地支配のための城館が、大きくは小諸大井氏の勢力下に入って支城化したものと考えられる。

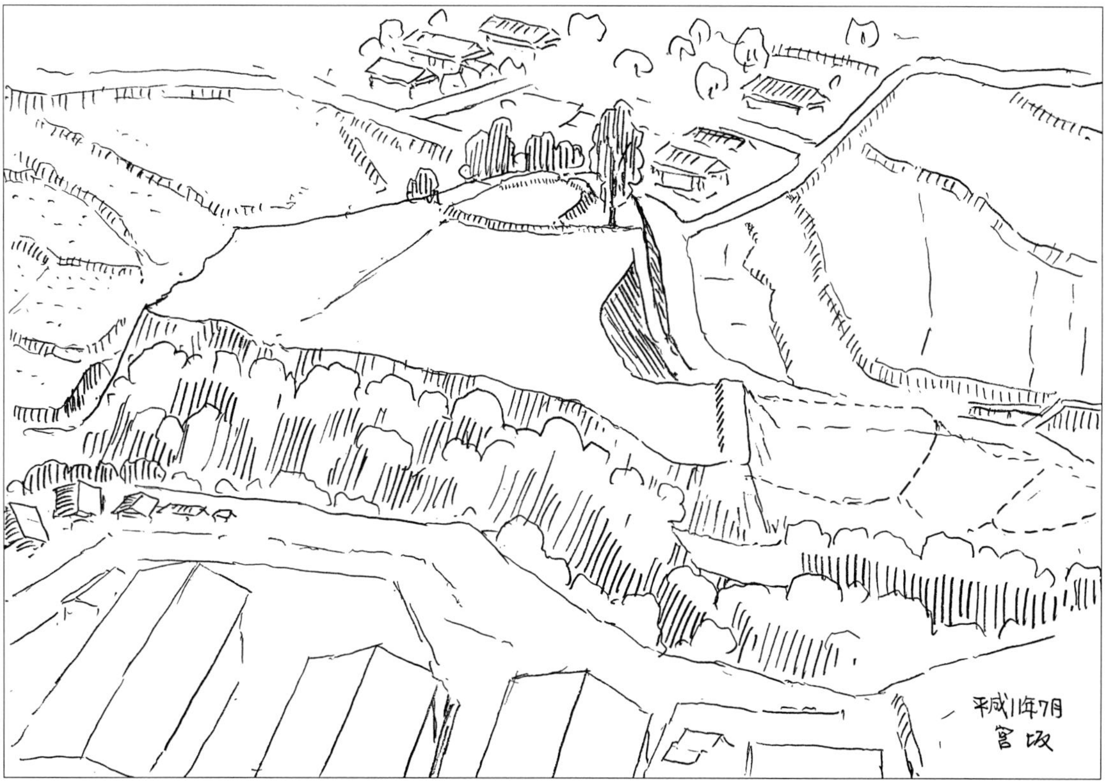

201、与良城《よらじょう》（下河原城《しもがわらじょう》）

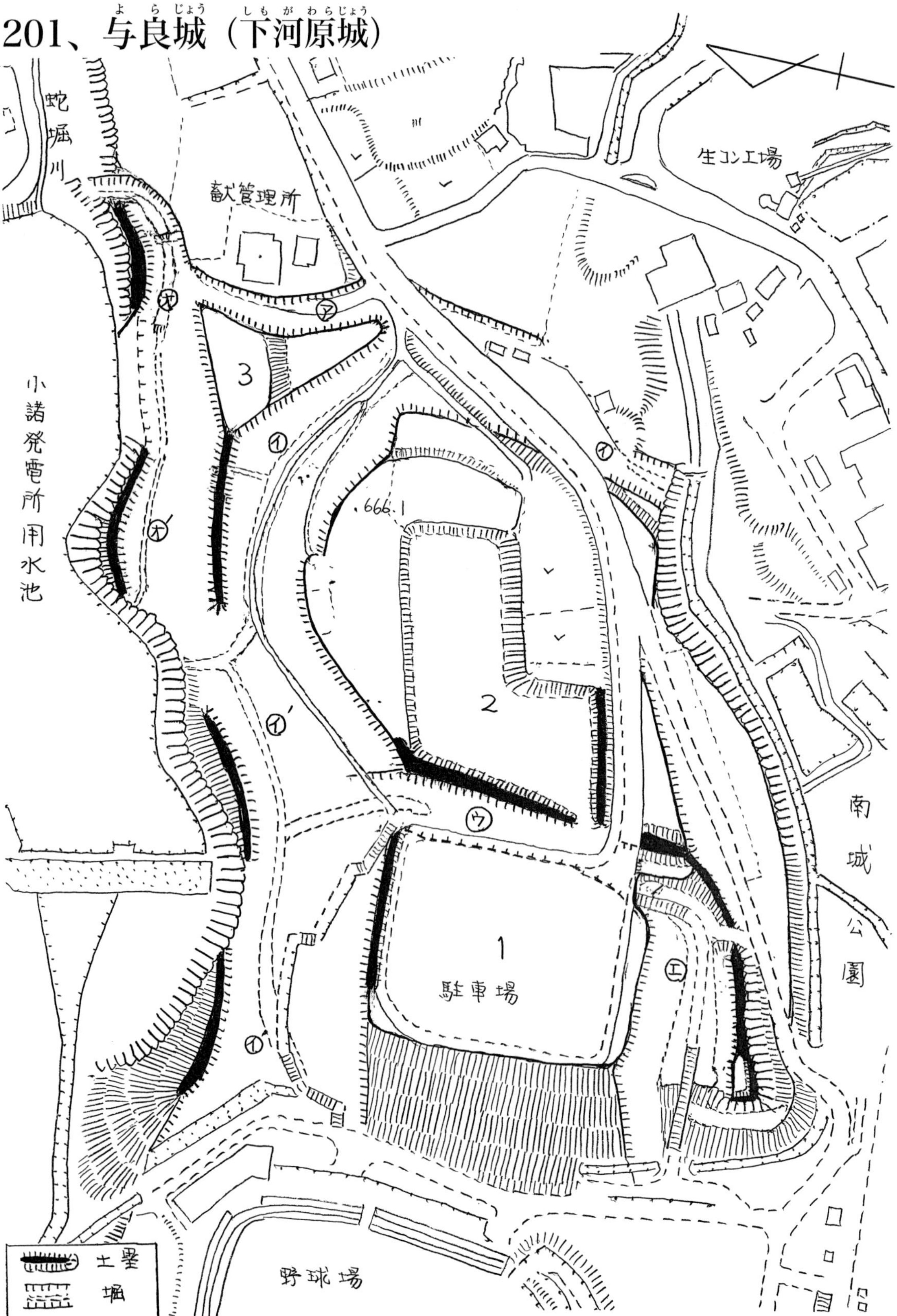

201、与良城《よらじょう》（下河原城《しもがわらじょう》）

小諸市甲字南城

➔384頁

平成11年7月28日調・同日作図．
標高666m．　比高50m（西下の水田より）

〔東西断面〕

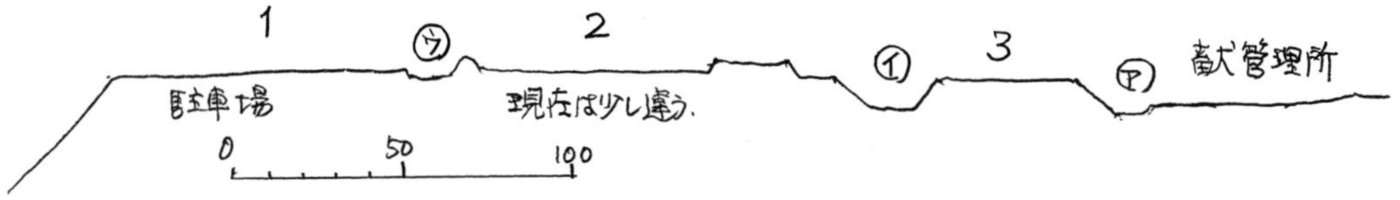

○立地　蛇堀川の田切地形が千曲川畔の水田地帯へ落ちこむ所の左岸の台地上にある。蛇堀川の沢は現在小諸発電所の用水池になっている。
一帯は南城公園になり，駐車場や遊園地に変わっていて，細部は失われている。「都市計画基本図」が遊園造成前のものであったので，それをもとに図示する。
小諸大井氏の鍋蓋城より1.2km．七五三掛城より600mの位置で，与良城の大手門脇を通ったという道は．佐久，甲州から善光寺方面へ通じる古道で，交通の要衝に立地する。大手は南にあったと言われている。

○城主・城歴．『小諸温故』等によると，小林氏が居城したとされる。発生は在地土豪によるものと思われるが不明。一説には，甲州安田郷の安田義定の末義知が小諸に入って高津屋城に入り，その後与良郷に南城を築いて移り，郷名を名乗って与良氏となったとする。

○城跡　大きく分けて3つの曲輪がある。鹿《しし》曲輪，南城・北城に分かれる。主郭は駐車場になっている1（南城か）であろう。2との間にウの堀と土塁があったようで，大手の位置からすると，2が主郭とする考えも成り立つ。3が鹿曲輪ということになろうか。
この城の1つの見どころは．北面のイからイ′へ連らなる巨大な堀と，そのもう1つ外側にあるオからオ′へ続く．堀のすごさである。南面は．それに対して．田切り地形の断崖で．エの堀の外に断崖があって備えになっている。南が大手というから，プールの方からエの堀の中を通り．1と2の境い目へ登る遊歩道のルートが大手道であろうか。
造りから見て．南面と北面を意識して備えられている城で中々の備えである。

202、七五三《しめ》掛城《かけじょう》（𢪸掛城・注連掛城）

小諸市甲字七五三掛　➡384 頁
平成11年7月24日調・同日作図
標高650m、比高50m、

〔東西断面〕

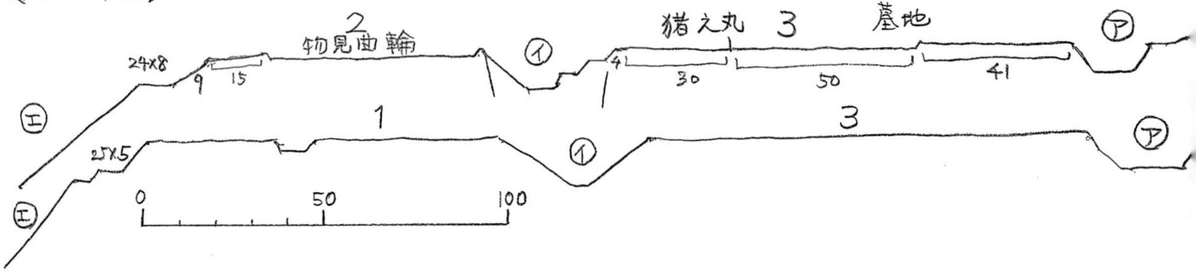

○立地　小諸城の南300m、松井川の深い谷が北から西へ大きく湾曲して流れ下る所の台地上に七五三掛城がある。南側にも焔硝蔵の台地との間に大きな沢がある。これは松井川の分流によってできた沢で、南面と北面、更に西面は断崖で、人を寄せつけない要害である。

○城主・城歴　小諸城の前身の小諸大井氏の本城鍋蓋城《なべぶた》を補強するために、乙女城を築城したが、それでもまだ備えは十分とは言えず、南の守りを補うためにこの七五三掛城が築城されたと考えられている。従って、成立は、鍋蓋城が大井伊賀守光忠の時に築かれ、その子光為（光安）により、乙女坂に白鶴城（小諸城二の丸の位置）が構築され、やがて更に七五三掛城が築城されて、小諸大井氏の本拠地を形成していた。本城は乙女坂の城であったと思われ、光安が居住したと考えられる。

武田氏は天文22年に村上氏を越後へ追い、翌年村上氏の後ろだてを失った小諸城を攻め落す。その時の小諸城は、本城が乙女城と考えられ、支城に鍋蓋城、七五三掛城、手城塚城、富士見城、高津屋城、大遠見城（乙女城）があり、同盟者として、与良城（与良氏）、塩川城（大井氏）がある。同類には平原城（依田氏）、柏木城（柏木氏）、耳取城（大井氏）もあったが、小諸大井氏が落ちた天文23年に、既に武田氏に属していたかは不明。

この七五三掛城は規模も大きく、一度にできたものとは思えない要害である。小諸大井氏の中核となった城であろう。

武田氏の時代になると、乙女城を中心に城地が拡張され、後の小諸城の姿の原形ができ上がり、七五三掛城の方は外郭として、余り手が入らなかったように思われる。

大井氏の時代に、ここへ入っていた城主名はわかっていない。造りからして、本城とも言える規模であり、当主あるいは、それに匹敵する人が入っていたことが伺える。

○城跡

大きく3つの曲輪に分かれる。松井川と松井川の分流の流れによってできた㋐の沢に挟まれた台地を、㋑と㋒の堀で、3分割している。㋐㋑㋒の堀は何れも松井川の水勢を利用し、水を引き入れて作ったものと思われる。そのことから考えると、当初は、松井川の谷も今ほど深くなかったように思われる。

主郭は1の注連《しめ》掛《かけ》と呼ばれる所で、東西100m、南北70～80mの所で、中央より西に寄った所に上幅9mほどの浅い堀があり、2分されている。西側に3つの腰曲輪があり、南には5m下に全長150mにも及ぶ幅10m内外の長大な腰曲輪がつく。周囲は急崖で人を寄せつけない要害である。まさに四面が崖である。

1の北、㋒の堀を挟んで、松井川との間に物見曲輪と呼ばれる一郭がある。東辺に土塁が残る。三角形の平地で、西端が物見台なのか一段高くなっている。西側下に大きな腰曲輪があり、松井川側は川のため絶壁である。

台地の東側部分が、猪之丸と呼ばれる墓地や畑になっている広大な平地である。墓地の中央より東寄りの所に段差があり、南辺に堀の痕跡が残ることから、ここも1と同様に2郭に分割されていたことも考えられる。西側に2段の腰曲輪が㋑の堀中に残り、そこを経て、2や1への通路となっている。

北側松井川側は断崖で、その中段に用水堰と道が通っている。墓地は小諸城の成瀬氏等の墓があり、小諸城との関連が伺える。

南㋐の沢を隔てて、南に幅20～30mの細長い台地が防壁のようにあり、七五三城焔硝蔵となっている。台地のつけ根に堀がないので、独立はしていないが、後世に焔硝蔵が置かれたのであろうか。従ってこのあたりも小諸城の城域に含まれていたと考えられる。

○以上概観したが、小諸城の発生に関連した城で、しかも規模大きく、残存状態も良好の方で、大事に残したい城跡といえる。大手筋は小諸城と同様に東北の隅あたりが考えられ、墓地の入口の辺と思われる。

202、七五三《しめ》掛城《かけじょう》（扌〆掛城・注連掛城）

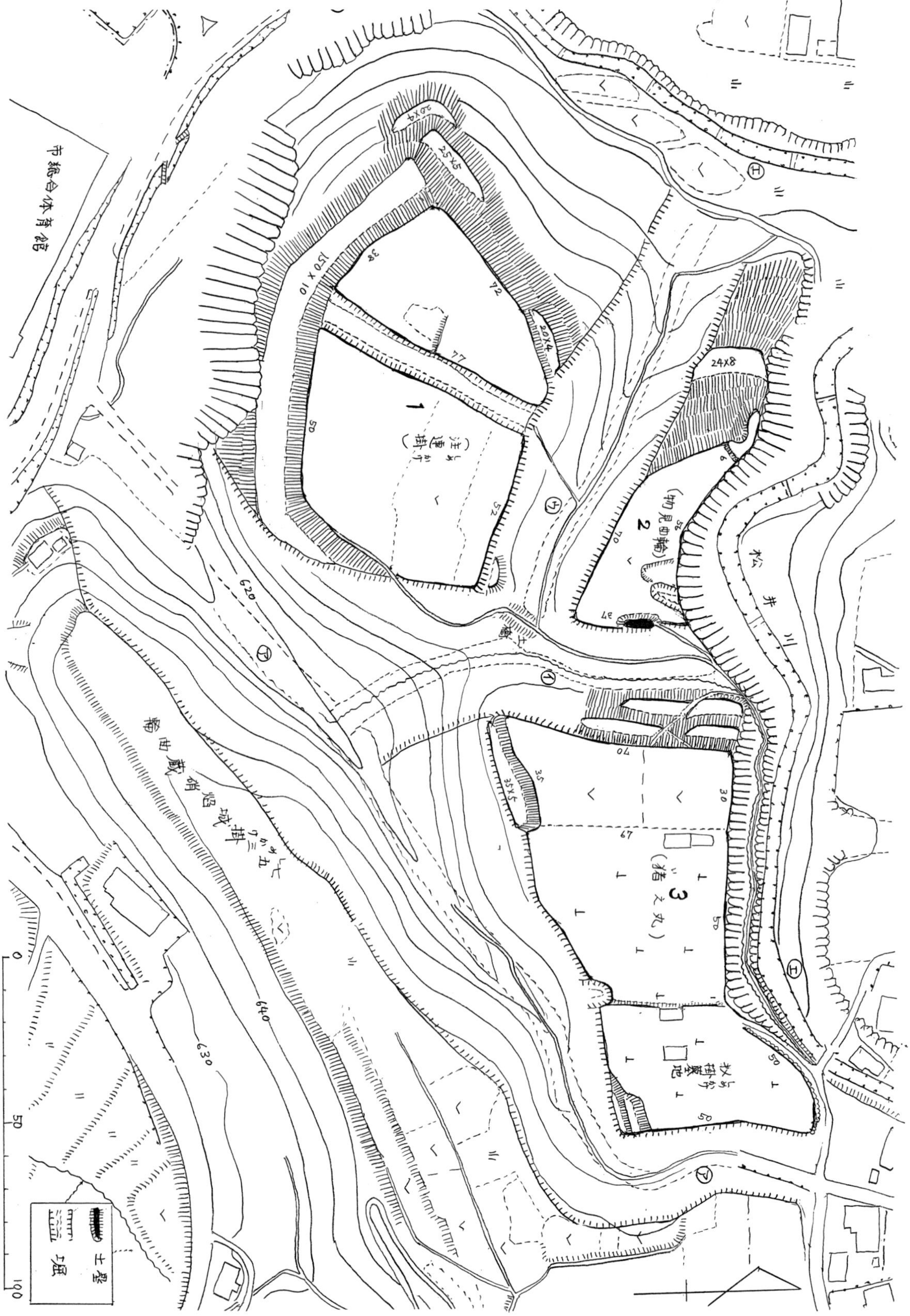

203、富士見城《ふじみじょう》（大室城《おおむろじょう》）

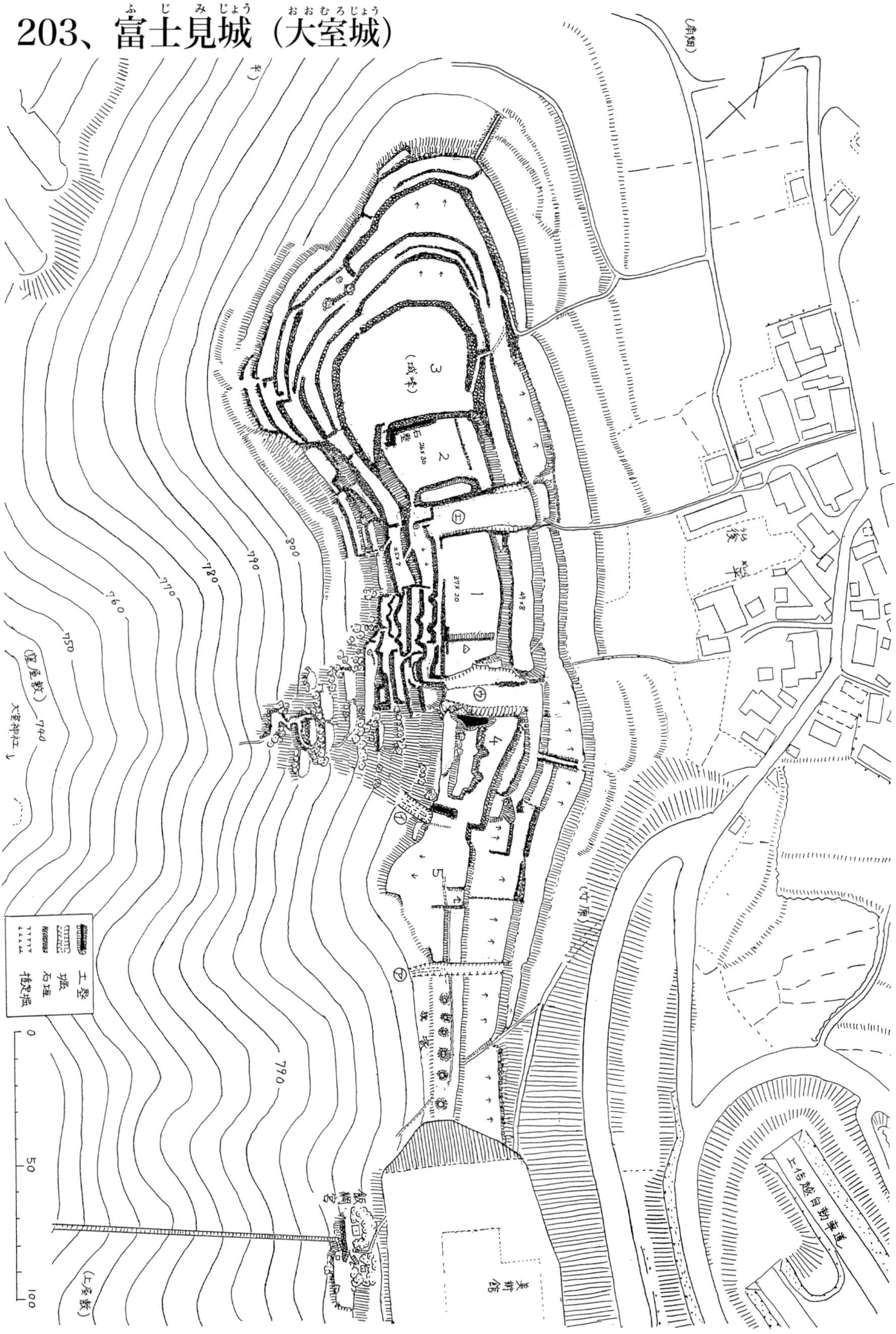

203、富士見城《ふじみじょう》(大室城《おおむろじょう》)

小諸市諸字城峯　➡387頁　4C
平成10年6月23日.25日調.同25日作図
標高835.5m.　比高145m(水明小より)

〔東西断面〕

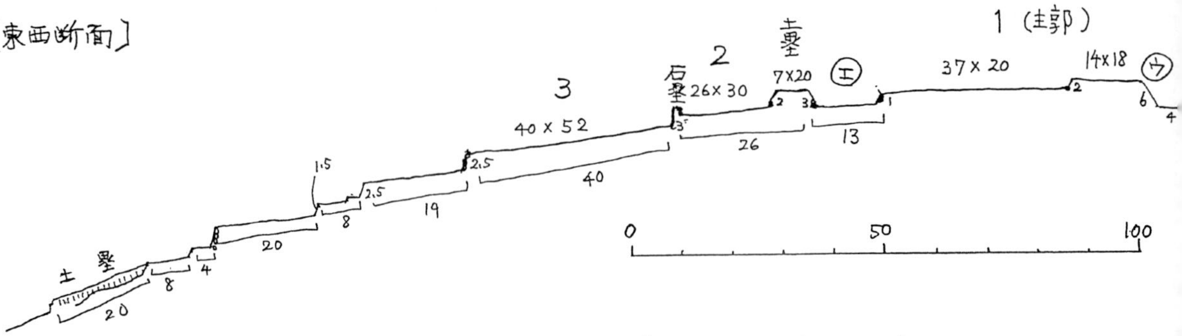

○立地　高峰の広大な南斜面に独立峰のようにできた丘陵上に立地し、南麓の諸集落より145mほど、急登するのに反して、後背の北麓 後平《うしろだいら》地区からは比高が30mほどである。しかし、高地に立地するために、晴れていれば富士山を遠望することもできるので、この名がついたものであろう。

○城歴　築城者、築城時期ははっきりしないが、西の滋野系の勢力と隣接する地区であることから、大井氏系の勢力と緊張状態が生まれた頃に、境い目の城としての砦が造られたことが考えられよう。
武田氏が佐久地方へ侵出した頃には、佐久経営の拠点 小諸鍋蓋城(小諸城の前身)の支城の1つとして整備され、多少の石垣が積まれたことも考えられる。
武田氏滅亡後は、徳川、上杉、北条の諸氏の信州取り合いの中で、小県地方に根を張る真田氏と徳川氏の争うところとなり、徳川配下の柴田康忠が一時在城したとされる。

○全山岩山で至る所に石があることから、殆どの曲輪が石積みによって区画されている。
東西に細長い山頂は南北にも、ある程度の幅を持っていて、広大な削平地や急な斜面に驚くばかりの石垣が残されているが、そのすべてが城のものとは思えず、城域の特定に苦しむ。

1.主郭　飯綱山の最高所にあり、三角点のある一段高い曲輪とその西に続く37×20ほどの長方形の曲輪が本城の中心になる。東に上幅11mほどの堀㋒があり、西には2の曲輪との間に上幅13mの㊁の堀で守られている。両方共浅い堀である。特に西の㊁の堀は浅く、曲輪と言った方がよい位である。東の㋒の堀は、地区の土採り場となり、形は変形しているが、本城で最も大きな堀である。
主郭の南面の急斜面上には、幾段にも石垣が積み上がっていて、みごとである。この石垣には所々に折れを伴った積み方が目立つが、それは横矢のための折れというよりは、石垣の崩壊を防ぐための工夫か、巨石が至るところにあるため、真直に積めなくて、このようになったのかも知れない。
室集落から登ってくるとすれば、最短の登路はこの地域にくることになり、露岩の間を縫うようにして、この石垣の中を登ったと思われる。

2の曲輪.　東の㊁の堀との間に20×7で高さ2mほどの土塁があり、西側の南半分には、内側1m高、外側3m高の石塁が備えられ、南西隅には、3からの虎口が開き、まとまりのある方形の曲輪である。

3の曲輪　最も広い曲輪で、北東隅へ登る路があり、この半円形の曲輪を囲んで、高さ3m近い石垣が取り巻いていてみごとである。この石垣は、地形に合わせて半円形で、折れの意識は働いていない。
この3の曲輪を取り巻いて、3～5段ほどの曲輪が考えられる。特に北の尾根先を取り巻く長大の曲輪と高石垣は石も大きく、高さも3mほどあって、3の曲輪の石垣と共に圧巻である。
南西の尾根筋には、大分下まで削平地が続き、虎口の様子が複雑である。

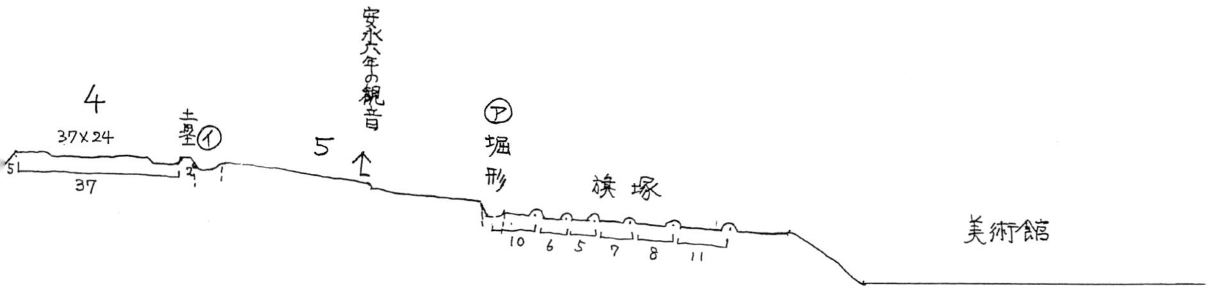

西限は高石垣の下の段位までを城域と考えてみた。

4の曲輪　東の平坦な尾根上にあり、出曲輪とも言うべき曲輪である。中心の線上に土塁状の高みがあり、東西に土塁がつく。東北の隅には枡形状の石垣もあり、このあたりへ北の後平よりの登路の1つが入っていたようである。
5との間に往時は堀が入っていたことも考えられる。

5の曲輪　地山に近い平地で、曲輪とするには問題もある。しかし、㋐の位置に堀形がかすかに残っているので、ここに小さな1条の堀が想定できると、ここが城の東限となり、木戸など設けられた場所とも思われる。

旗塚　㋐の位置から東の平らな尾根上に旗塚と思われるものが数箇確認できる。往古は東へもっとたくさんあったのを耕作の際に破壊したことも考えられる。この旗塚は一応城外とみる。

○根小屋　室集落とする見方もあるが、後平に居住区を置いたとする方が無理がない。

○石垣　石垣で改修を加えたのは、何れにしても戦国末期であろうと思われる。それがどこの部分であるか確定しにくい。廃城は徳川の時代に入ってからであろうか、明治以降の養蚕による開懇等により、新たに築かれたものも多いことが考えられる。
とにかく、これだけ石垣が多用されている城は、長野県では特異な例であるので、不明の点は多いが大事に残し、後究にまちたい。

［主郭部南北断面］

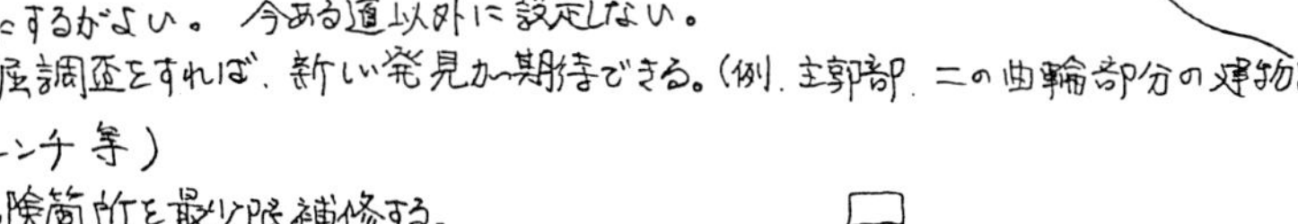

（付）

○公園化の留意点

1、遊歩道の設定は慎重にするがよい。今ある道以外に設定しない。
2、できたら主要部分の発掘調査をすれば、新しい発見が期待できる。（例、主郭部、二の曲輪部分の建物跡、㋐㋑の堀の存在確認のトレンチ等）
3、石垣の崩れに対して、危険箇所を最少限補修する。
4、案内板は別図の例を参考にされたい。（埋建てでないものにしたい。）

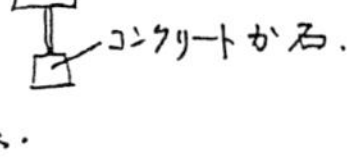

5、城域の樹木、石垣部分のものは原則として除去。展望もある程度考慮。
6、表面草地または芝地が望ましい。土手以外の竹はある程度除去。
7、東屋、ベンチ等最少限に。東屋は建設に注意。（重機の導入は避けたい。）（発掘できたら主郭も可。）
8、見学者の便のために、縄張図等資料を常備しておくのが望ましい。（場合によったら美術館へ置き案内を出す。）

204、手代塚城《てしろづかじょう》（手城塚城・手白塚城）

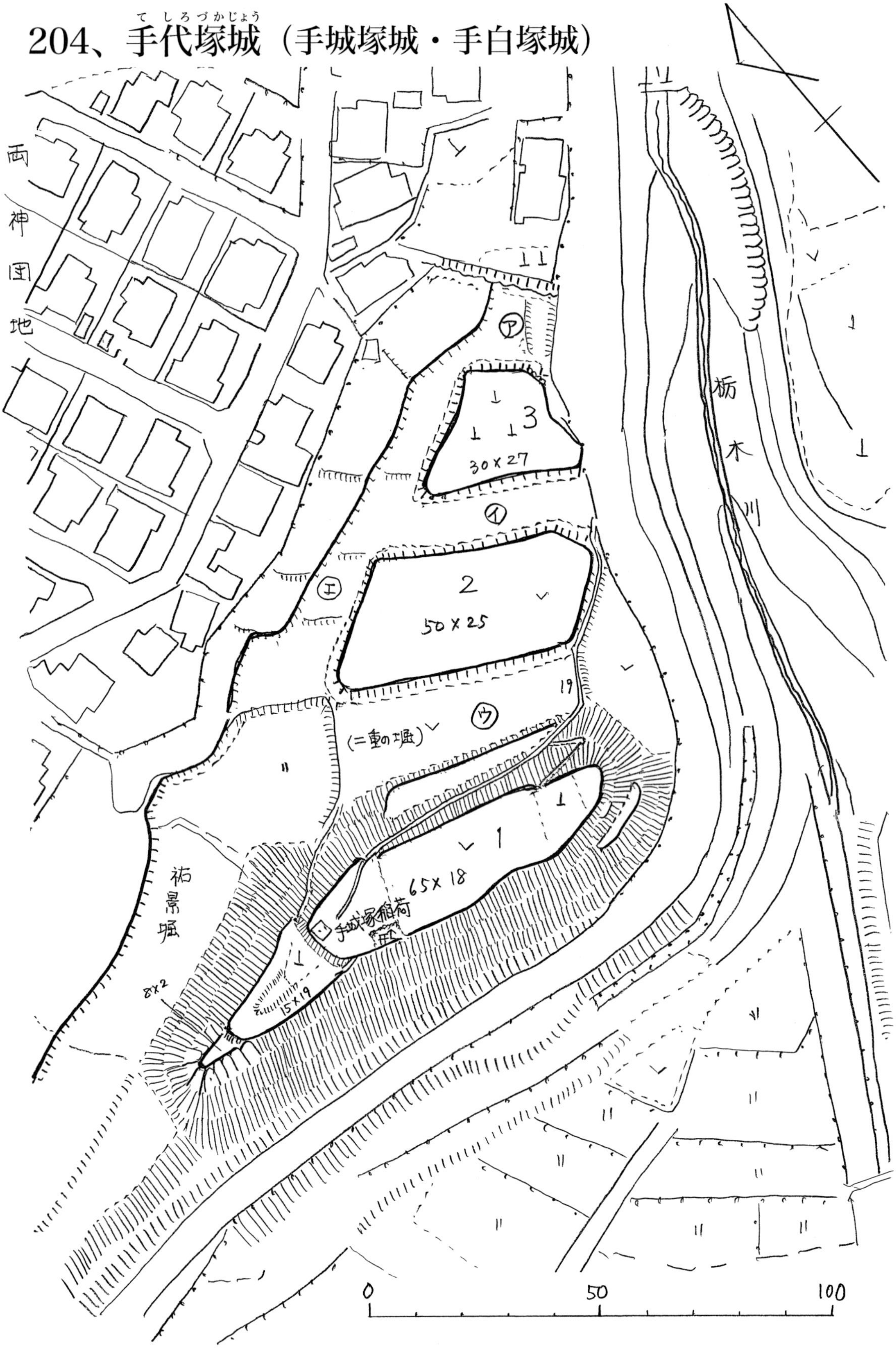

204、手代塚城《てしろづかじょう》　（手城塚城・手白塚城）　小諸市丙字両神 ➡384・386 頁

平成10年7月2日調・同日作図
標高 630m. 比高 40m（南、栃木川より）

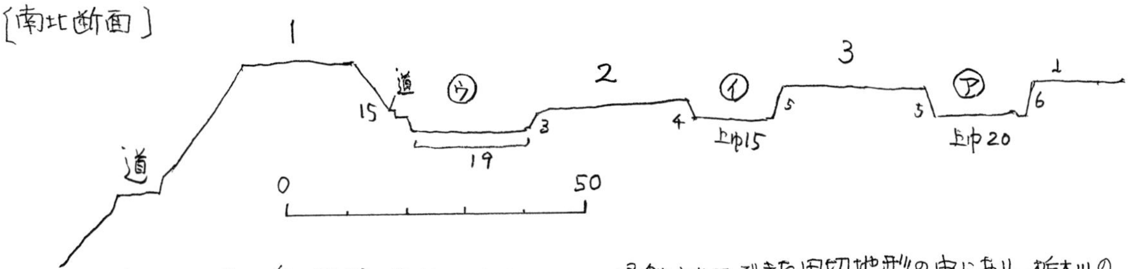

。浅間山、高峯山塊の裾野の台地が小河川によって浸蝕されてできた田切地形の中にあり、栃木川の作った小台地上を3条の堀で区画して造られている。
ここは丁度小諸の町はずれから千曲川畔へ下る道筋に当り、川筋には平地も多く水田が拓けてくる位置である。

。㋓の堀は、栃木川の古い流路であろうか、両神団地、芦原中学のある台地を分割して、手城塚稲荷のある小台地を形成している。これで㋐㋑、㋒の三条の堀で区画して3つの曲輪を構成している。

。西端の稲荷のある1の曲輪が最も高く、これが主郭で、順次東へ2、3と小台地が続く。
曲輪は夫々に独立している。屋敷地とみる方が当っていて、古城に隣接する一連のものと思われる。1と2の間の㋒の堀は二重堀であったらしい。

。『小諸砂石鈔』等によると、長尾安芸守が居城したとされ、安芸守祐景が岩尾城において、甲州勢と戦い戦死（延徳元年）し、手代塚城に廟所と五輪の大塔を建てたが、失われて今はない。
附近には、屏風田、道見堀、道木川、遠見堀、聖田、寺屋敷等の名が残る。

。長尾氏は大井氏の系類と思われる。祐景堀を隔てて、物見曲輪があり、主郭の西に洞穴があったという。

205、霧久保城《きりくぼじょう》

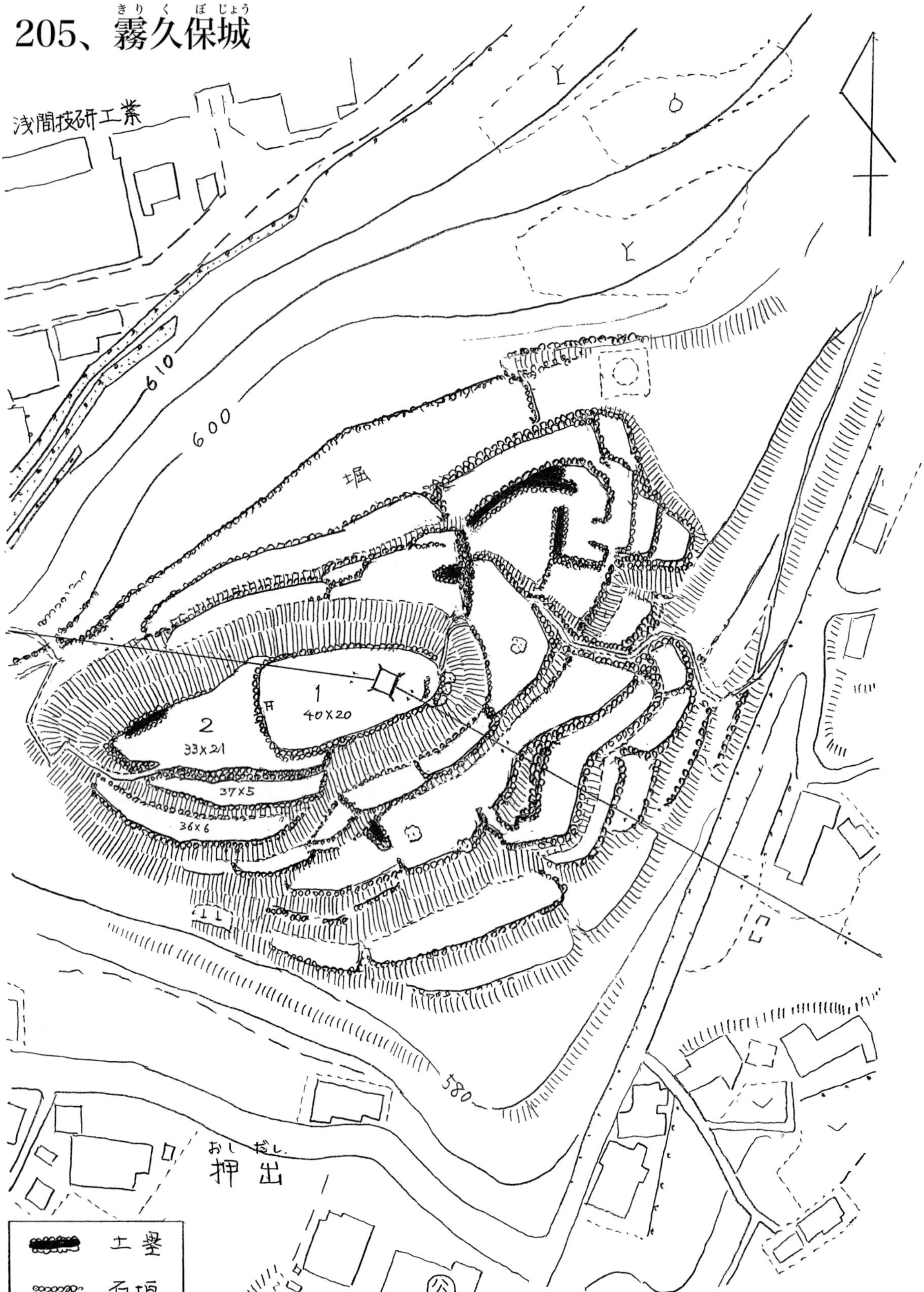

205、霧久保城《きりくぼじょう》　小諸市押出　➔386頁

平成10年7月2日調・　同日作図.

標高 608.8m.　比高35m.

〔東西断面〕

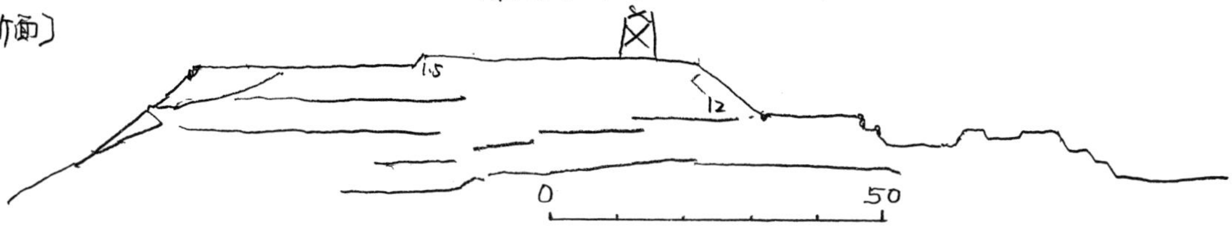

◦立地

千曲川に面した段丘の端にできた小山に立地している。従って一帯には円礫が多くあることから、それらの石を利用して、削平地の辺縁に土止めとして石垣を積み上げている。

全山耕作されたようで、石垣の大半は畑のために積まれたものであろう。

◦石垣、　富士見城のものと若干趣きを異にしている。割石でなく、その殆どが河原石で、削平の際に出た石を土止めとして利用している。従って、上から下までの石垣は比較的少なく、辺縁部に鉢巻き状と腰巻き状に積み、中間を土手にしている所が多い。

また石を積み上げた塚状の土塁や石塁が所々にある。

◦東北の下からの道の登る所に桝形があり、東南のあたりにも、しっかりした虎口の形がある。こうしたことから見ると城として造成する時にある程度の石積みができていたことが考えられる。

◦城歴等についてははっきりしたことはわからないが、千曲川沿いの道を押さえる目的があり、富士見城と結んで一つの防衛ラインを形成していたことが考えられる。

◦城域は、はっきりしたことは言えないが、3段位は城のものと見てよさそうである。北の堀より南だけでも相当の広さと規模になる。北面は藪がひどく、はっきり見れなかった部分がある。

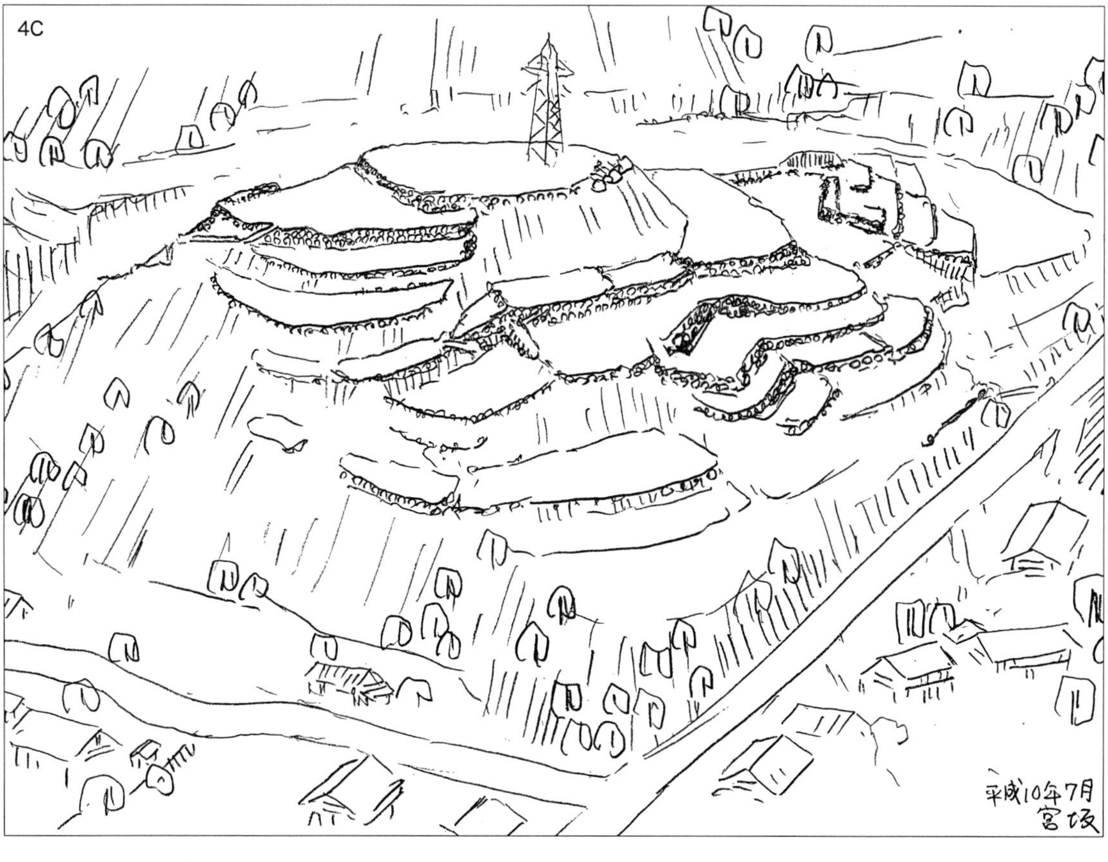

206、長張城《ながはりじょう》

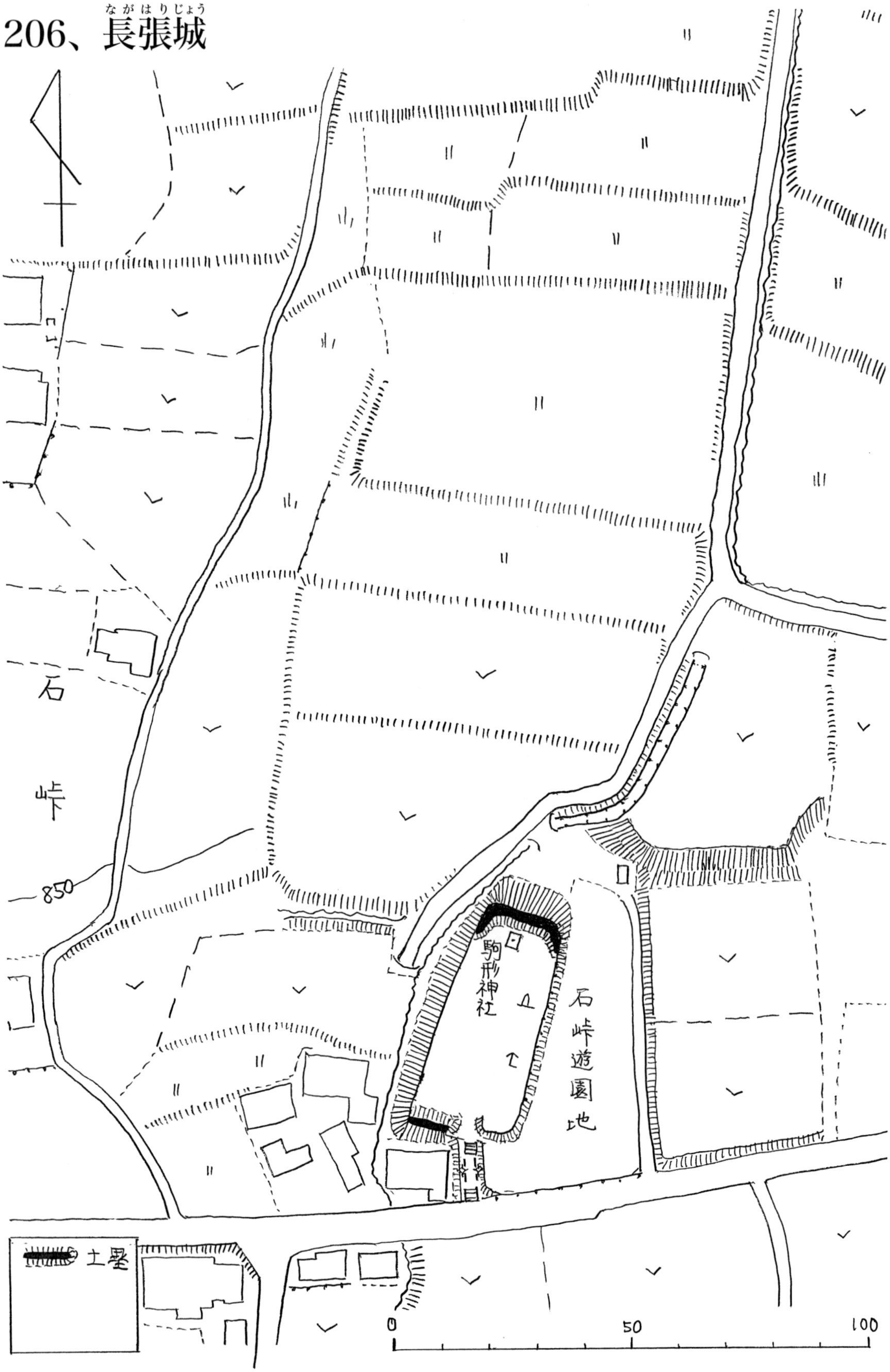

206、長張城《ながはりじょう》

小諸市藤塚 ➤387頁

平成11年7月19日調・同20日作図
標高 845m～890m

〔駒形神社部分南北断面〕

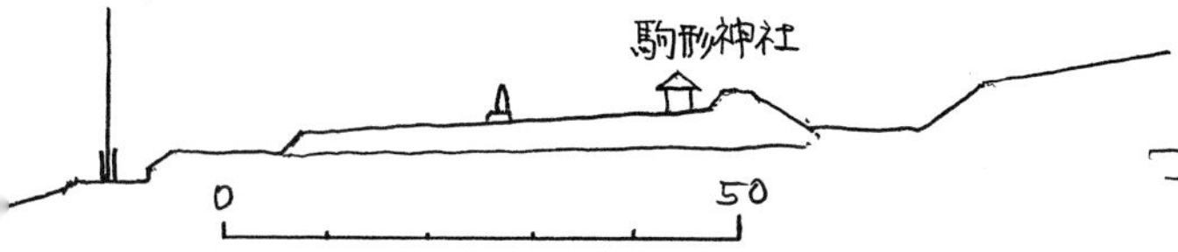

〔東西断面〕

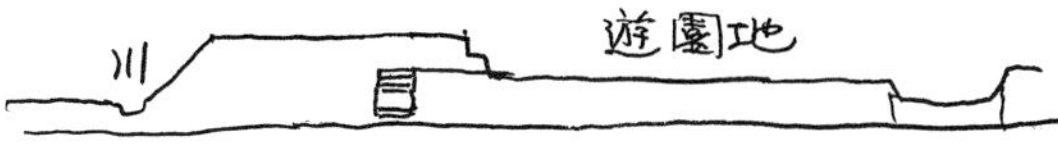

○立地　浅間山麓の裾野の石峠集落に長張城跡がある。標高850mほどの所であり、ここからは北佐久地方はもちろん、南佐久方面まで見通せる場所である。
　上信越道の上、サン・ラインの道より下の水田と畑が一面にひらける中に城跡がある。

○城主・城歴　　不明、地名、伝承等わからない。

○城跡　『長野県の中世城館跡』の略測図によると890m附近に堀形と曲輪らしい表記があり、870m附近に堀形と2～3の曲輪があり、駒形神社のある所に曲輪があることになっている。
　それらのものが、東西150m、南北500ほどの耕地の中に散在していて、そこから城としての縄張りが見えてこない。
　現地で見ると、上部の堀形は、山林の窪地で、曲輪とはとても思えない山である。中段の堀形は水田で、それを挟んで2、3の段差があるが、これを曲輪と決定づけるものは見当らない。唯一まとまりのあるのが駒形神社のある所で、ここは周囲より3～4mの微高地で、城があったのかと思わせる地形である。
　地名、字名等から割り出されたのか、伝承によるものなのか、わからないが、現在の地形から見る限りでは、はっきりしたことは言えない。
　そこで駒形神社の所だけ図示し、後は後究にまつしかないと思う。

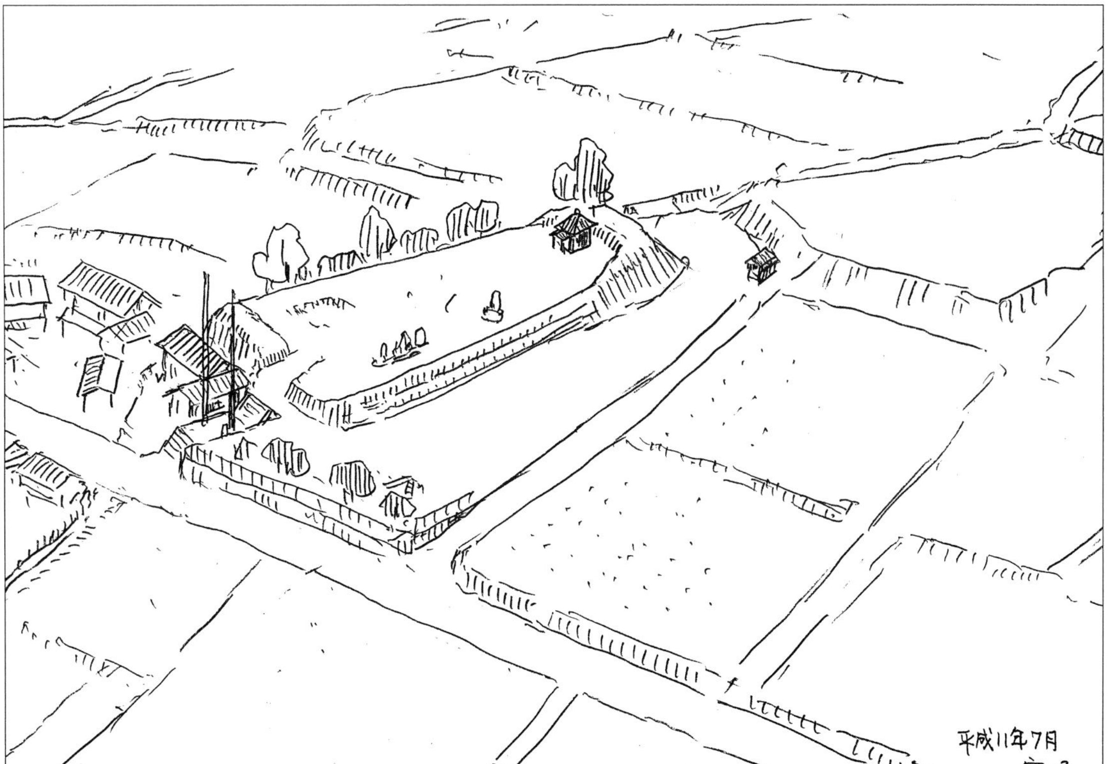

207、松《まつ》井《い》愛宕《あたご》山《やま》城《じょう》（松《まつ》井《い》城《じょう》）

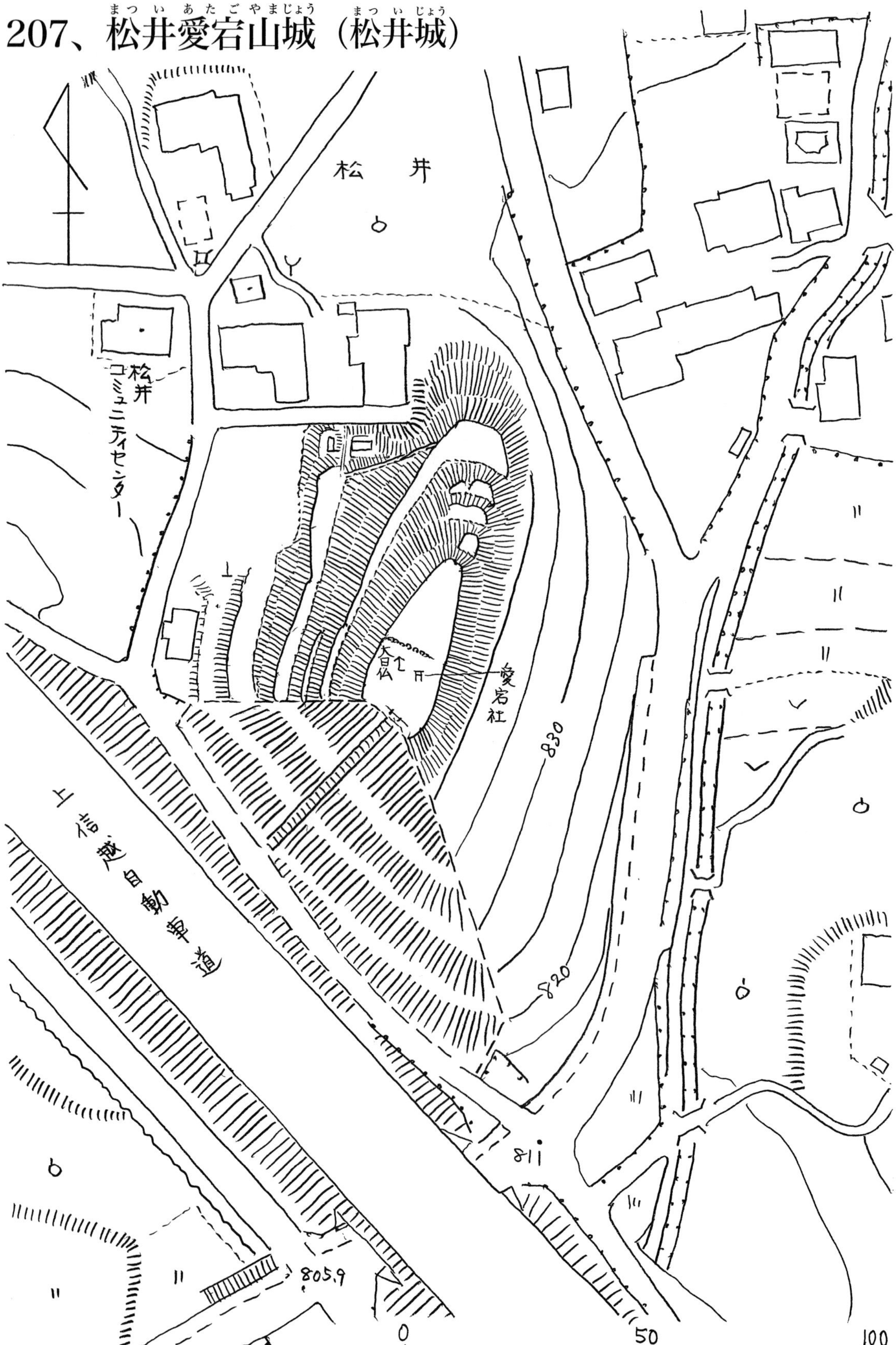

207、松井愛宕山城《まついあたごやまじょう》（松井城《まついじょう》）

小諸市甲中松井 ➡387頁

平成11年7月6日調・同7日作図

標高846m、比高40m（高速道下より）

〔南北断面〕

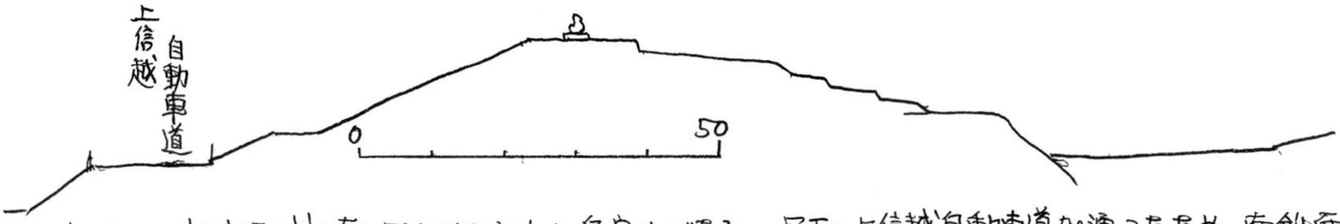

◦立地　高津屋城の南500mの小山が愛宕山である。足下に上信越自動車道が通ったため、南斜面は削ってしまっているので、南面はわからなくなっている。加えて高速道工事に附随して、この山を遊園地として遊具等を設置してしまったため、細部は失われている。

しかし、ここからの望めは広く、小諸市街地はもちろん、御牧ヶ原方面も一望にできる。そうした景勝の地へ、大日仏をまつり、愛宕社を勧請した所から、愛宕山と呼ばれている。

◦城主・城歴　不明

至近に高津屋城があり、これを守るように、丸山、東沢城、愛宕山が一列に並んでいる。このことから、山下の勢力によって、物見に使われたものと思われる。またここに密集する城砦を高津屋城砦群とした場合、これらの小城砦が、大井氏や戦国時代の大勢力とどのような関係にあるかということは不明の点が多いだけに興味ある課題になろう。

◦城跡　山頂の平場は、35×14ほどの広さがあり、現在2段に造成されている。東面は急で段差は見当らないが、比高の少ない西面には、3〜4段の平地がある。北面も同様である。このことからすると、南斜面にも、2〜3段の腰曲輪があったと思われる。

◦小さい山で、逃げこむための城の類ではなく、物見の系列に入るものであろう。城跡へ愛宕社をまつる例は多い。それは、近隣からよく見える山で、景勝の地であるからであろう。これだけでも残ったのは幸いかも知れない。

208、東沢城《ひがしざわじょう》

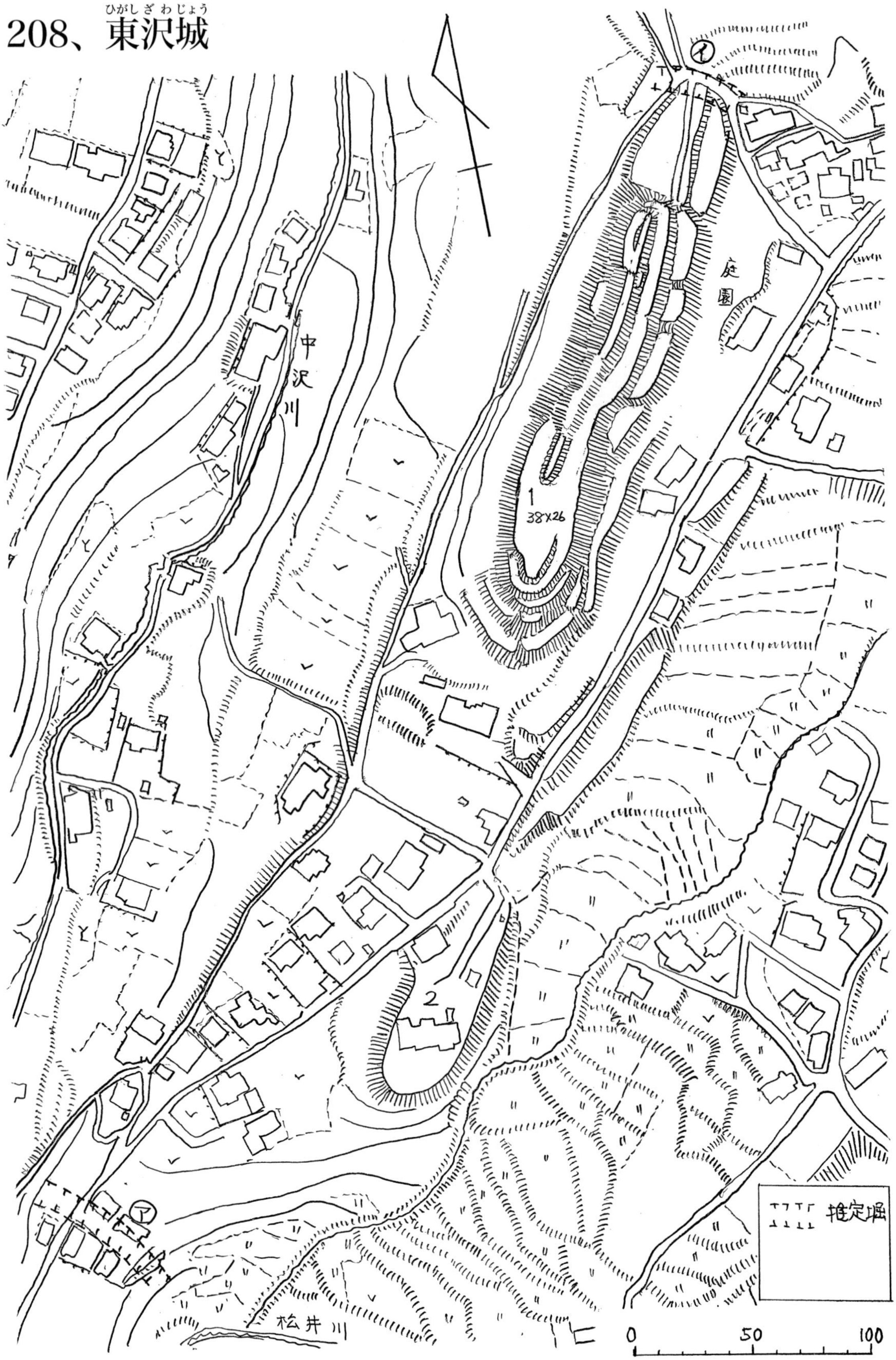

208、東沢城《ひがしざわじょう》　　小諸市東沢　　➡387頁

平成11年7月6日調・同7日作図

〔南北断面〕　　標高794m.　比高65m(松井川より)

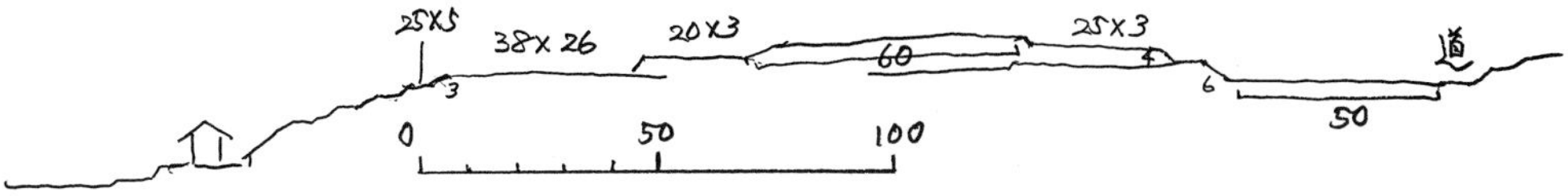

○立地　小諸市の後背山麓の台地上に多くの砦跡があるが.東沢城は.高津屋城の南西600mの位置にある。東側に松井川.西に中沢川の2つの沢に挟まれた南北に延びた台地上の小山に砦部分がある。

高津屋城を背負って.その前衛を守るように.西から丸山.東沢城'.松井の愛宕山が位置しているのが.わかる。

○城主・城歴.　伝承等不明.　地名等も不明.

○城跡.　まず位置からして、高津屋城の前衛に当り.北西450mに丸山があり.御所平は中沢川を挟んで300mの至近である。丸山と御所平を砦と居館のセットと考えるなら.東沢城も類似している構成である。即ち.麓の居館(根小屋)を2の位置.あるいはその附近と考え.後背の山に砦部分を置いたとすると、酷似しているし、砦部分に堀や土塁で備えないで.実に簡素な造りである点でもよく似ている。

東沢城の場合.下部の㋐の箇所と.後背の山へ続く部分に.ことによると堀があったのかも知れないが.あっても極く小規模のものと思われる。

○以上のような現状から.考えられることは、在地土豪層の拠った所で.この小さな台地上を守ることを考えていたのではないかと思われるし.また.高津屋城にいた勢力下にあって.そこへの通路や.山麓の横道の監視などが考えられていたとも思われる。

一帯は.全山耕作されているので.どこまでが砦のものとするか.大変難しく.図示するのもはたして妥当かどうか悩むが.一応現状を記録して.後究にまつことにする。

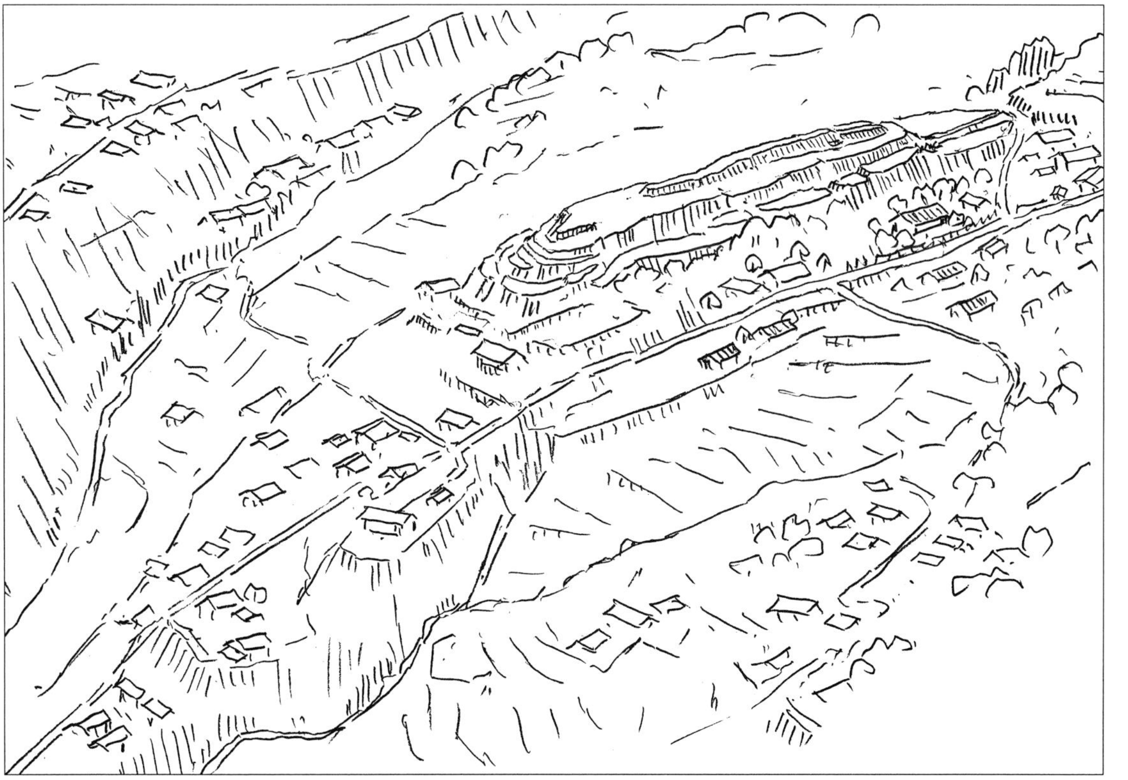

209、丸《まる》　山《やま》

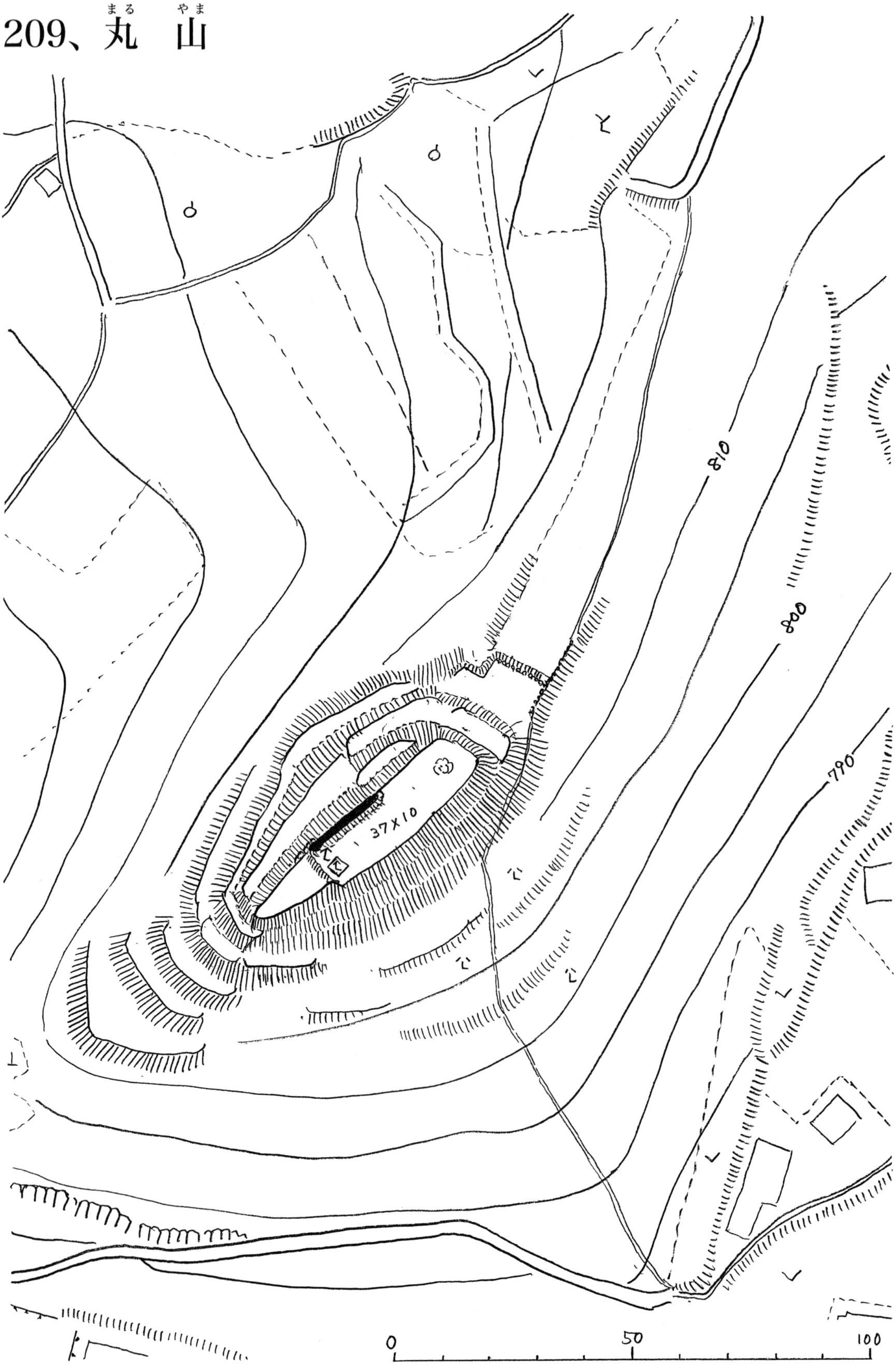

209、丸《まる》山《やま》

小諸市丸山 387頁

平成11年7月6日調・同日作図

標高815m、比高40m（東の山麓）

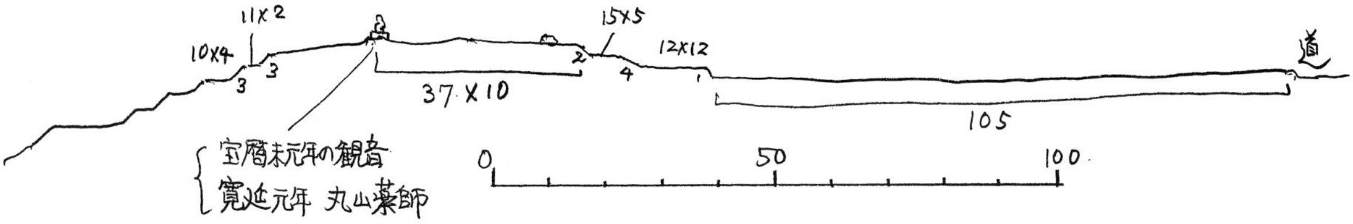

○立地　高峯山の裾野が市街地に移る所に、名の示すように丸い形の山尾根がある。よく目立つ山であるので、砦がおかれたという伝承があるのであろう。

○城主・城歴　城についての伝承等不明。唯、南の山下300mの中沢川の谷に面して、御所平（御所村とも）の地名があり、小諸城の出城があったという伝承があるので、御所平に居館を持っていた主が、後背のこの山へ物見、あるいは詰城を設けたことが考えられる。

○城跡　城跡と見てよいのか、はっきりしないが、山頂部に37×10ほどの長方形の平場があり、西側17mほどに土塁と思われる高みがあり、南端に寛延元年（1748）の丸山薬師の石像と宝暦元年（1751）の観音（？）像が2体並んでいる。

そのための削平ともとれる平地や、耕作によると思われる平地が山を取り巻いていて、砦の縄張りがはっきりしない。北へ続く幅広い100m余の水平の尾根筋も畑で、堀があった形跡が見当らない。

○一応概念的に図にはしたものの、はたして砦であるとも言い切れないが、考えられるのは、ごく簡単な物見に類するようなものがあったのではなかろうか。また、高津屋城との関連で見る必要があると思われる。

210、高津屋城《たかつやじょう》（高津谷城・高津奈城《たかつなじょう》）

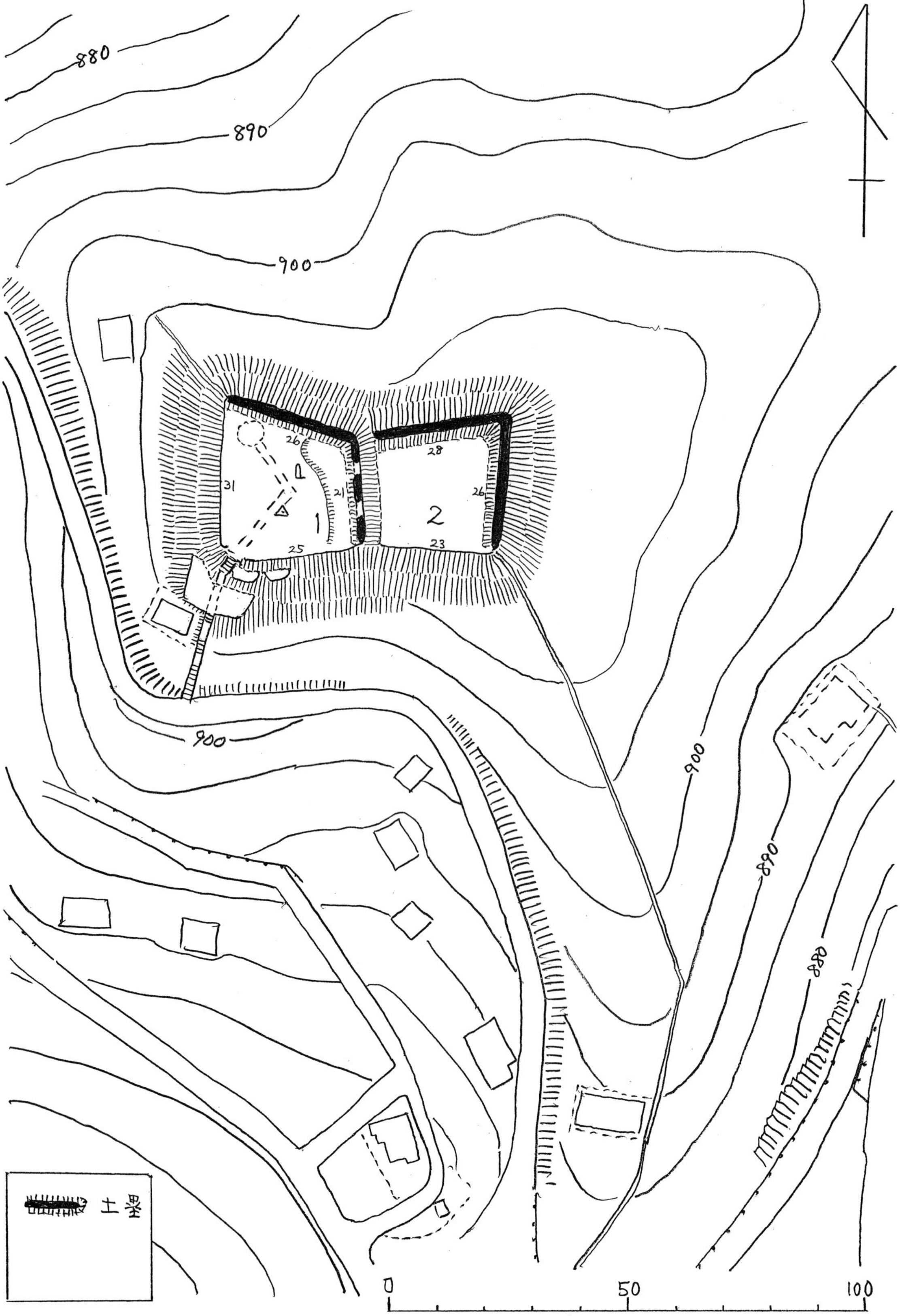

210、高津《たかつ》屋《や》城《じょう》（高津谷城・高津《たかつ》奈《な》城《じょう》）

小諸市甲・乙 ➔387頁

平成11年7月6日調・同8日作図

標高913.7m、比高100m（高速道より）

［東西断面］

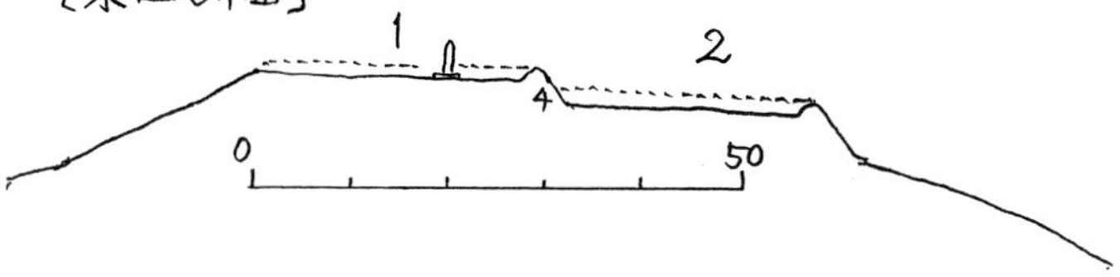

○立地　東沢集落の後背の上信越自動車道の上の山が高津屋（高津奈）である。
北西山下に丸山、南下に東沢城、南東下に愛宕山城がある。

○明治期に山上へ「大浅間大神」を勧請して、宣伝したために、一時は茶屋も建ち賑わったという。現在も大浅間大神の石碑が立ち、東屋がある。周辺に別荘が散在する。

○城主・城歴　雲之助某が居住したという伝承が残る。菱野の雲之助城との関連があるように思える。

○城跡　比較的平坦な山頂部に似たような方形の平場が2つ東西に並んでいる。西側が高く、ここに大浅間大神碑や三角点、東屋があり、南の車道より参道が登っている。北辺、東辺に高さ1m弱の土塁が巡り、東側が少し低くなっている。往古は土塁が全周していたことが考えられる。（1）

東側に一段低く、似たような広さの2の曲輪が続き、これも東辺と北辺に土塁が残る。北辺の土塁は上面の馬踏みが1.5mほどあり、高さも2m弱で、最も高い。土塁の外側は数mの切岸であとは平坦な地山へ続く。1の南西下に参道を挟んで小さな平場がある。

水場は不明、近くに湧水でもあるのだろうか。

○城跡として、小規模ながら、一応のまとまりがあり、近隣の城砦の中では中核となるものと思われる。武田氏の時代に、狼煙台として使われたという伝承があるが、考えられることである。しかし、それは下の愛宕山であったかも知れない。南山下の勢力の詰めの城であった可能性もある。即ち大井氏の時代、ここに詰め城を求めたことは考えられないだろうか。

211、桃野城《もものじょう》（新城《あらじょう》）

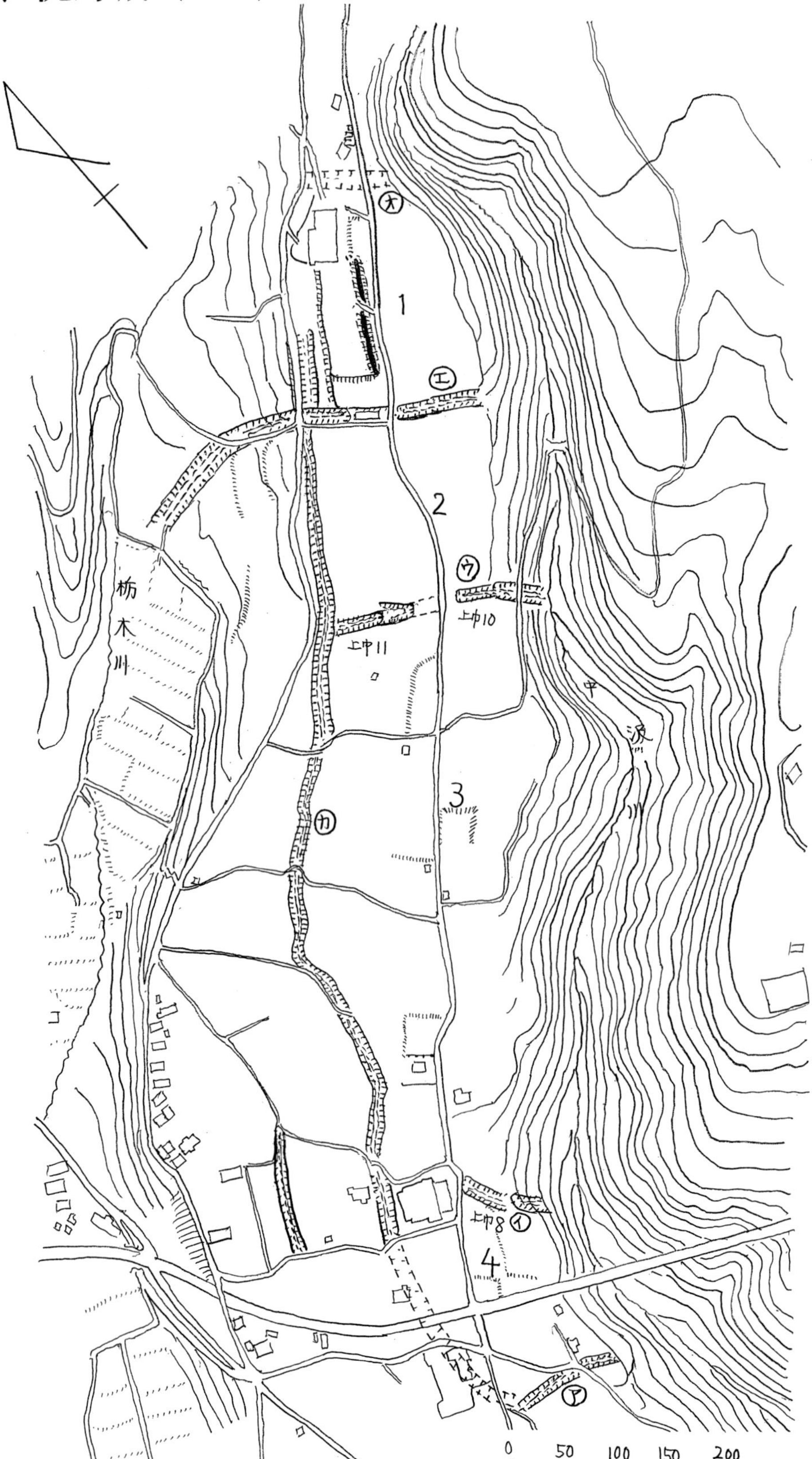

211、桃野城《もものじょう》（新城《あらじょう》）

小諸市菱野字新城 ➡387頁

平成11年7月6日調・同7日作図

標高上端940m．下端840m

〔南北断面〕

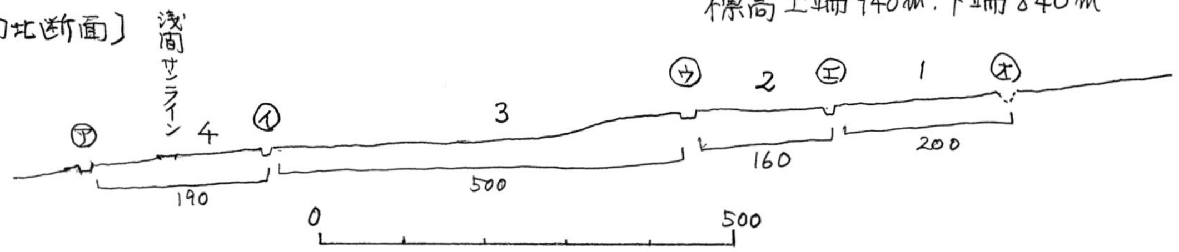

〇立地　菱野温泉の南1km，菱野集落の東側の中沢川と栃木川に挟まれた南北に長い台地上に桃野城がある。東側を流れる中沢川は深い谷を作り．西側の栃木川も自然の堀となって．その台地上に更に栃木川の水を引き入れて．竪堀を掘って区画している。

〇城主・城歴　不明．　矢留城に拠った雲之助の父大之助が築城したという伝承があるが．新城の名のように．この城は矢留城や菱形城などより新しく．未完成に終わったものとも考えられていてはっきりしたことはわからない。

〇城跡、　南北1.100m，　東西200mにも及ぶ広大な城域で．誰が何の目的でこのような城を造ったのか判断が難しい。台地を区画する横堀は4条～5条あり．中心となるのは、1と2のあたりで．3．と4も城の中に入るが．城の中心からははずれる。

1は最も高く．㋓の堀で守られ．道路に沿って．土塁が走り．東西に分割されている。㋔の堀ははっきりしないが．ここと．㋒と㋓の堀に挟まれた2とが中心になり、その下の部分は未完に終ったのか、余りにも広い場所で掴み所がない。

とにかく．この台地へは、一村がそっくり入ってしまう広さがあり、ここへ新しい村を造る計画でもあったのであろうか。即ち．菱野あたりに勢力を持っていた者が より堅固な防衛を頭に分村あるいは移住を考えたのかも知れない。堀の造りからして．西方勢力に備えたことは確かであろう。

212、菱形城《ひしがたじょう》（城《じょう》）

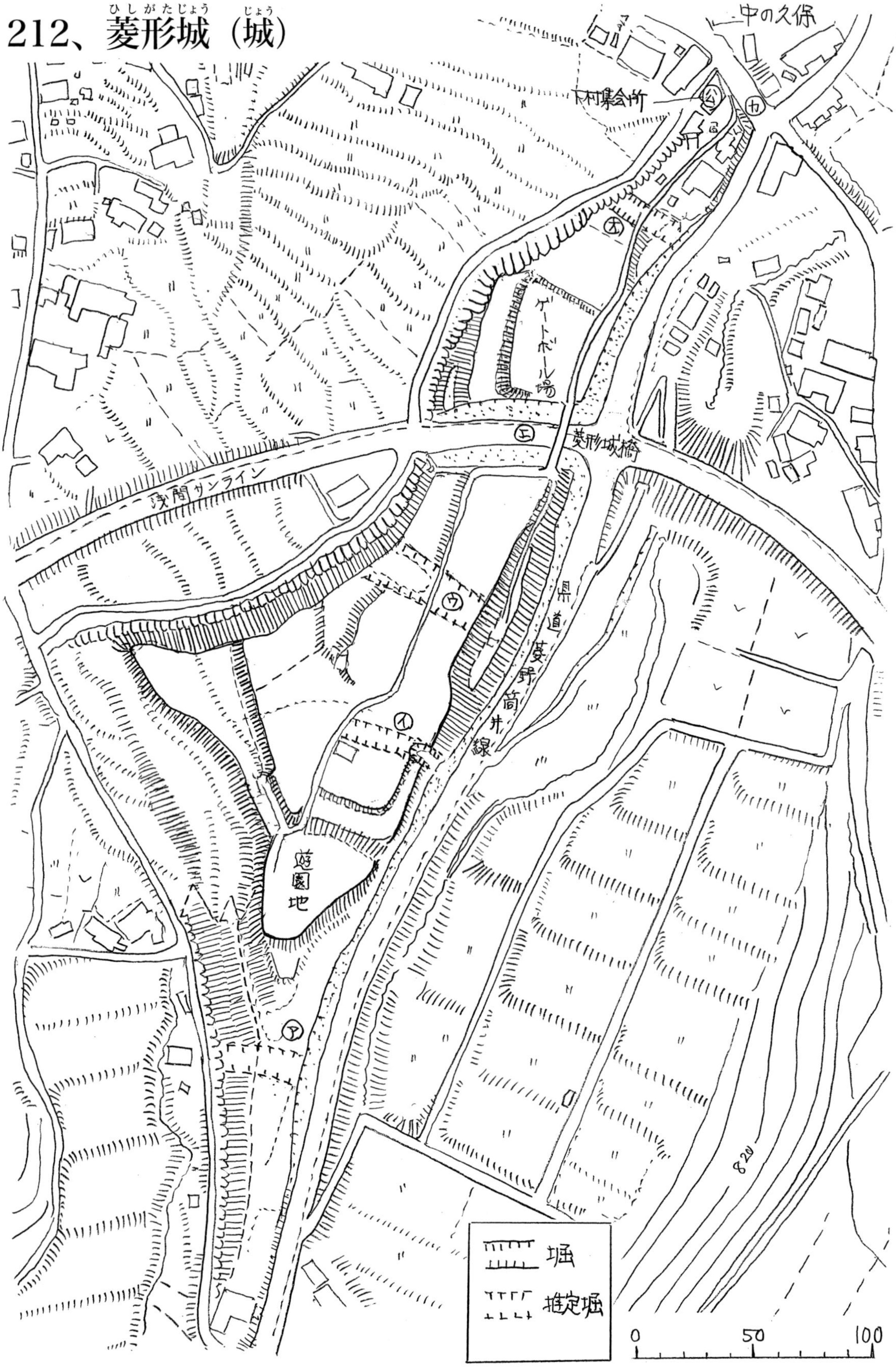

212、菱形城《ひしがたじょう》（城《じょう》）

小諸市菱野城 ➔387頁

平成10年8月25日調・同26日作図

標高844m、比高 20m（東の沢より）

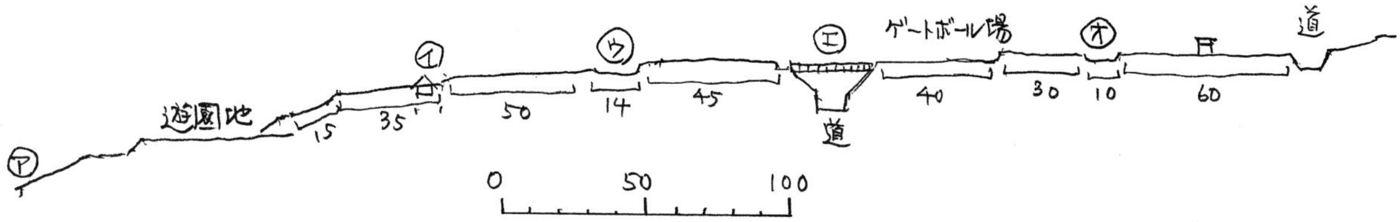

○立地　菱野集落の南、小河川によって田切地形になっている間にできた南北に長い丘陵を利用して菱形城がある。浅間サンラインの建設により、城跡は分断されている。

南西900mの所に富士見城、南東1kmに高津屋城、北東1kmに桃野城、更に2kmの菱野温泉には雲之助城があり一帯は、西の小県方面への防御ラインを形成している地帯である。

○台地上は幅が40〜50m、広い所で100m、狭いところは10mといった場所で、南北の長さは、450mほどあり、これを所々堀で区画していたようである。

最南端の遊園地の南の㋐は確認できていないが、堀のほしい所である。遊園地の北辺のあたりにもあったかも知れない。大きく削平しているのではっきりしない。

㋑の東端にそれらしい痕跡があるが、西側がはっきりしないので、これは無理か。㋒は西半が堀形になっているので、少なくとも西側には堀があったと思われ、東もその可能性が高い。

㋓は浅間サンラインの堀割りになっている所で上幅は30mあるが、何もない所を堀割ったのか、何か堀形があったのか不明であるが、あってもよい場所である。

㋔には堀形が残っている。最北は集会所の北の道の所にもあったかと思われる。

○主郭部、㋒と㋔の堀の間の部分で、ゲートボール場のあたりと道南の一角あたりが中心であろう。

北の集会所の辺が大手筋となろうか。発掘調査がされているので、それと照合してみる必要がある。

213、雲之助城《くものすけじょう》（矢留城《やどめじょう》）

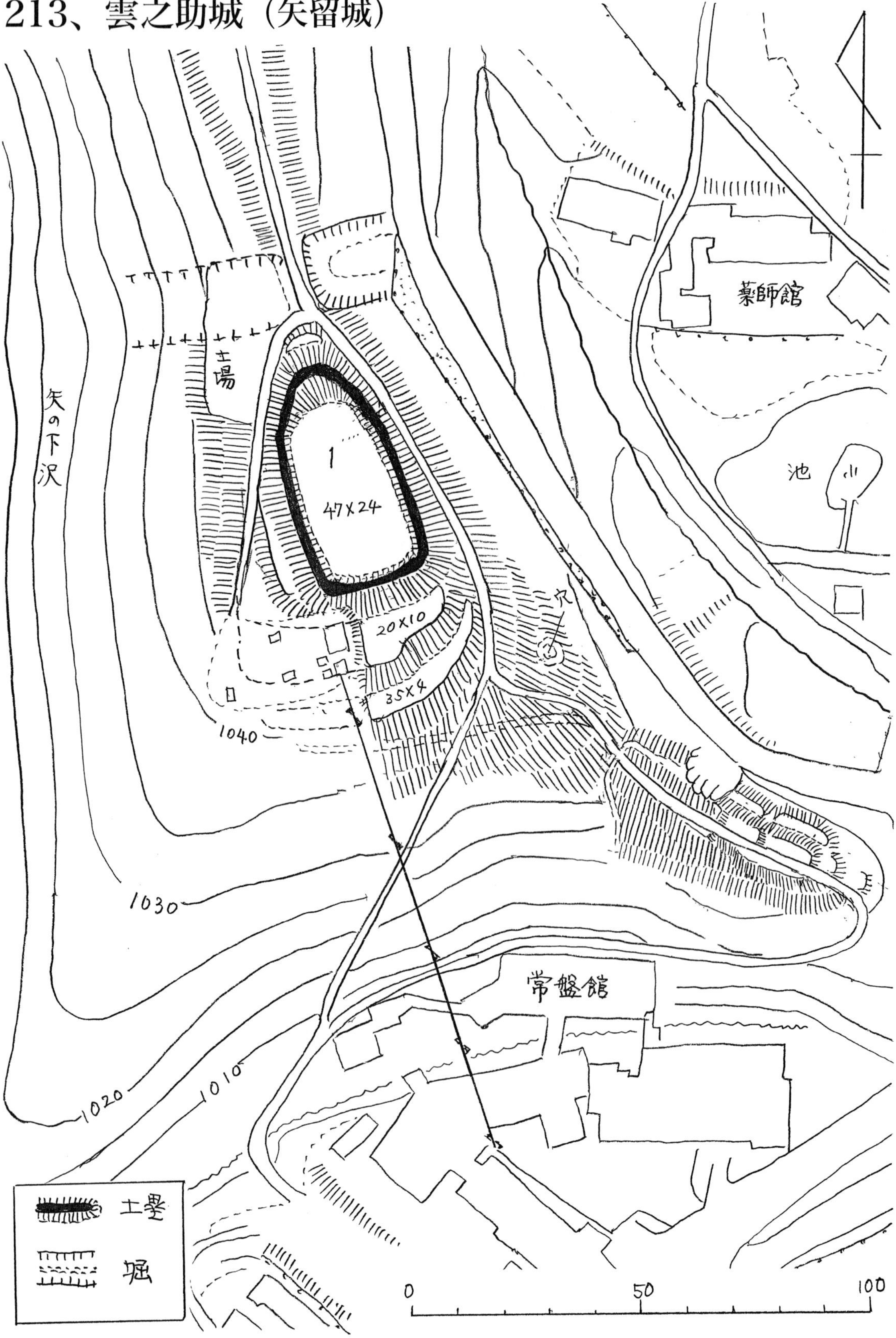

213、雲之助城《くものすけじょう》（矢留城《やどめじょう》）

小諸市菱野 ▶387頁

平成10年8月25日調・同日作図

標高1052m、比高57m（常盤館より）

〔南北断面〕

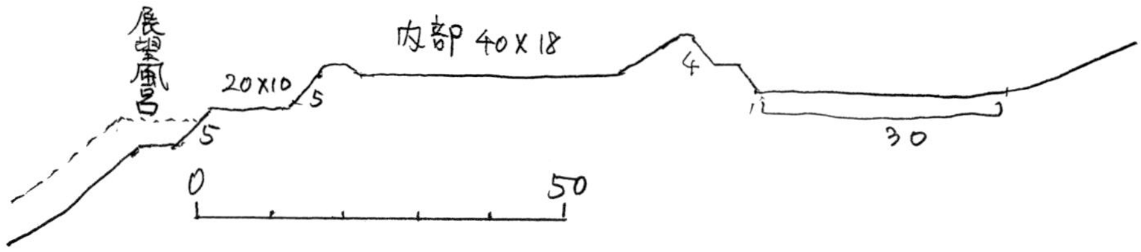

○立地　菱野温泉 常盤館の裏山で、現在 雲之助温泉があるところ。高峯山の裾野の小山の1つ。登路は常盤館の裏手の尾根上に道がある。附近の沢は水が豊富で古くから拓けたと思われる。

○1、主郭　土塁頭から頭へ、南北48m、東西22～24m。北側に高さ3mの土塁があり、あと低い土塁が全周していたという。現在内部は40×18ほどで、ゲートボール場に削平されていることと南西下あたりに展望風呂や登山電車の軌道等で改変を受けているので細部は失われてしまっている。

常盤館での聞き取りでは、土塁が全周し、特に切れ目はなかったとされる。南辺に虎口があったと思われるが不明。

南に2段の腰曲輪があり、場のあたりが広いので、相当に広い曲輪があったと思われる。後持の道の所の東側に堀形が残るが、西側は土場を造成して堀形は消滅している。

南東の小尾根の先に若干の削平の跡があるが、城のものかどうか不明。南西の尾根上は未調査である。西の沢は矢の下沢といい、黒曜石の矢鏃が出ているという。

私有地とはいえ、もう少し上手に遺構を残せたと思われるが残念。東南下の穴は旅館の氷の貯蔵庫らしい。

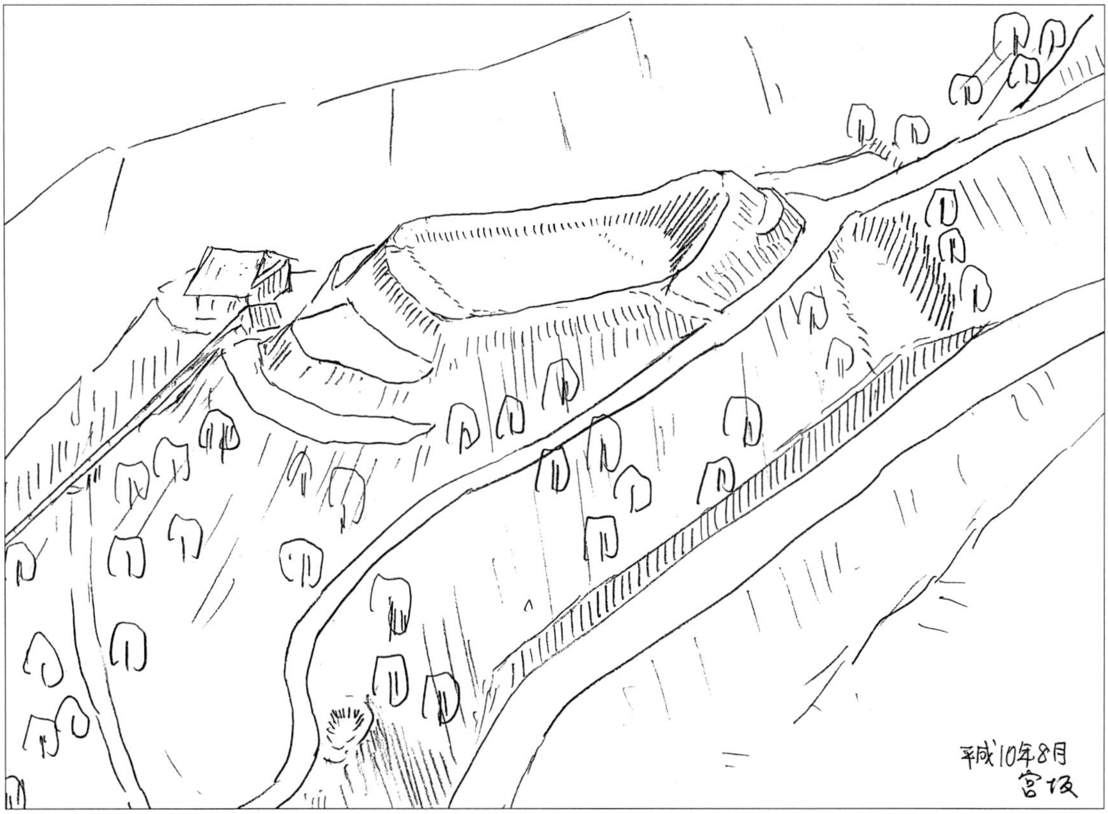

214、旦田城《たんだじょう》

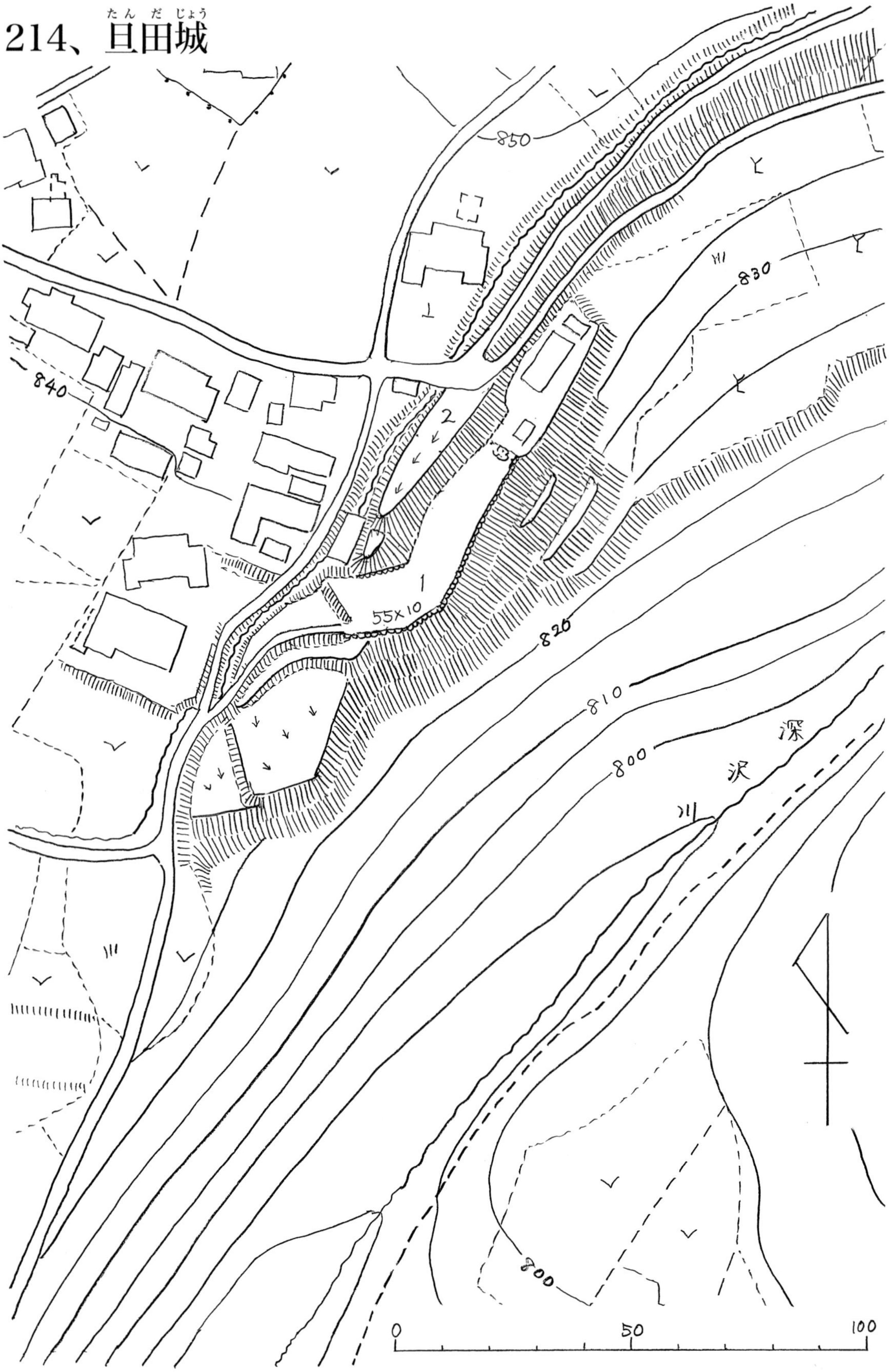

214、旦田城《たんだじょう》

小諸市井子字一騎場 ➡385・386頁

平成11年7月6日調・同日作図

標高840m、　比高45m（深沢川より）

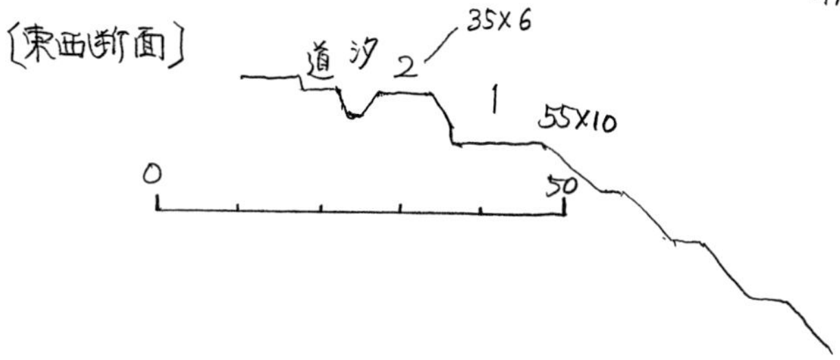

○立地　東側は深沢の谷に面して、その崖縁に築かれている。

後背の西側は、現在用水が通っていて、あたかも堀のようになっているが、これは後世のもので、往古にはなかったものであろう。（深沢堰）

○城跡、　深沢の谷の崖縁に55×10ほどのくの字形の平地が城跡とされる。宅地になっていたようで、東側の縁辺には、高さ2～3mの石垣が積まれているが、これも当時のものではない。

西側には、深沢堰との間に35×6ほどの土塁状の平地があるが、古くはこの堰のような堰の流路はなくて、西の台地につながっていたものと思われる。

1の北東に35×7ほどの長方形の平地が続き、一軒の民家がある。東側の斜面には段々があるが、これも後のものであろう。

寛保2年に大満水があり、深沢の側面が大分削られたらしいので、この1の平地も相当崩れたようである。往古は、この倍位の幅があったと思われる。

○城主・城歴、　不明。ただ立地からして、東向きの城で、深沢を挟んで東の方を見張るためのものであることが考えられよう。南方400mの位置にある三宅城（刈屋城）も同じで、滋野一族の三宅氏が居住したようで、祢津氏の系類に属するものであることがわかる。

215、上《うえ》の平城《たいらじょう》（上《うえ》の屋敷《やしき》）

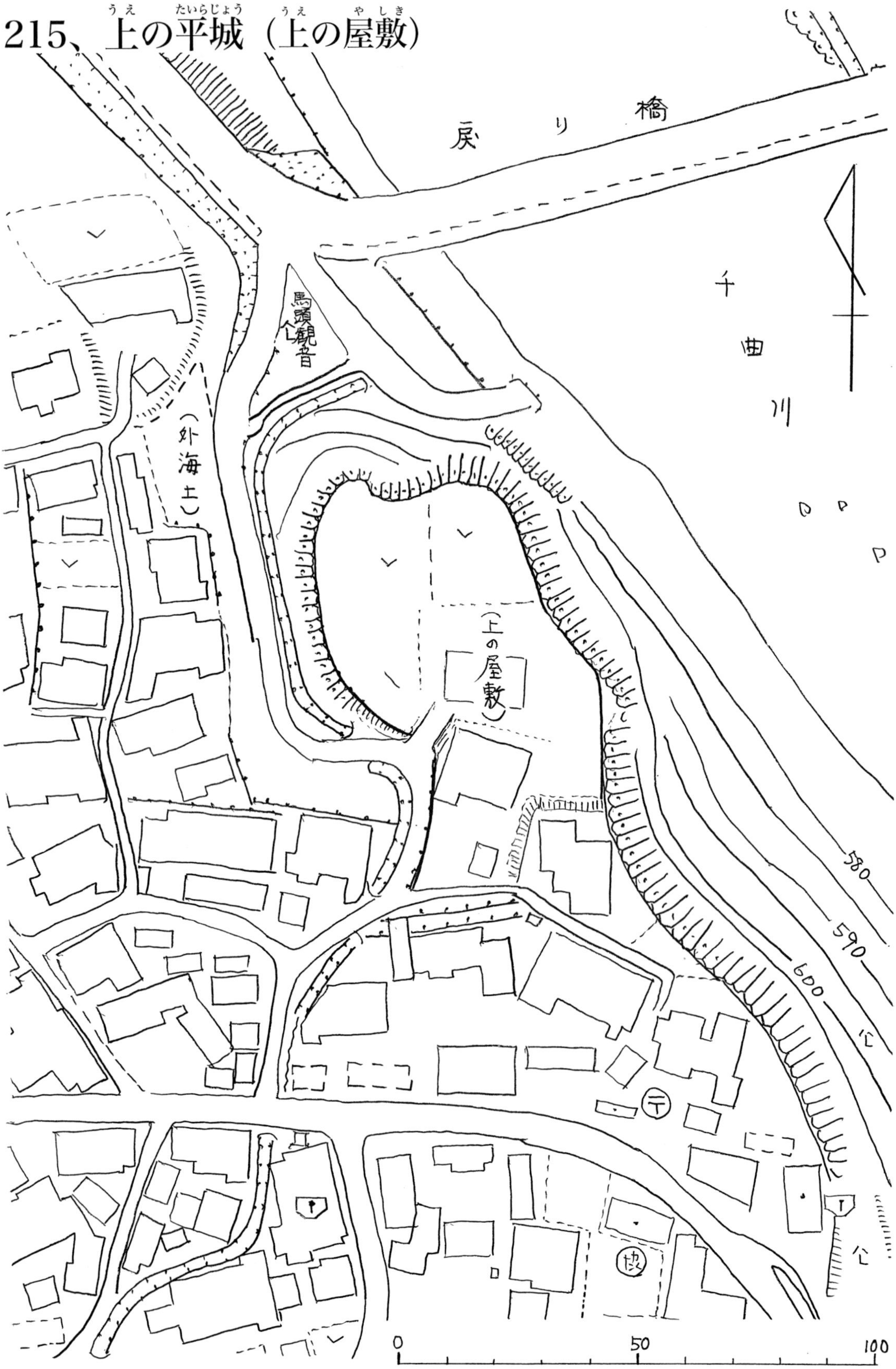

215、上《うえ》の平《たいらじょう》城（上《うえ》の屋敷《やしき》）

小諸市山浦字上の平　　384頁

平成11年8月16日調・同17日作図

標高614m、　比高40m（千曲川より）

○立地　七五三掛《しめかけ》城の対岸、千曲川の左岸の断崖に面して、小河川によって削り出された小さな台地を利用している。従って西、北、東の三面は断崖で、南がわずかに後背の台地に接続している。上の平集落の中でも最も低い位置にあるのに「上の屋敷」と呼ばれて来たのは、これより下に集落があったということになるのか。呼称について不明。

○城主・城歴　不明。御牧ケ原の台地上の勢力に属するものか、小諸大井氏にかかわる勢力なのかよくわからないが、千曲川畔に立地するところから、このあたりに渡河点があったのではないかと想像される。もしそうだとすると、山浦地方への関門になり、その監視のための砦となり、小諸側の勢力の拠点の1つということも考えられる。

○城跡　「上の屋敷」と土地の人は呼んでいる。その名の通り、千曲川畔を見張る監視所の類ということになる。現在は採土のため4m位は削り取って、西側が土塁状に残されているが、以前には、その辺縁より更に高かったというから、南の家の高さ位で、一連の平らで、南北80m、東西50mくらいはあったと思われる。

　古い自動車が放置され、西側の崖も崩落しているので、近くどうなるかわからない状態にある。

○望月氏の系類に属するか、小諸側に類するか前述したが、地形から見る限りでは東へ備えた砦、つまり御牧ケ原台地上の勢力、望月氏系ということになるが、時期によっては、袴腰狼煙台に関係するとも考えられる。

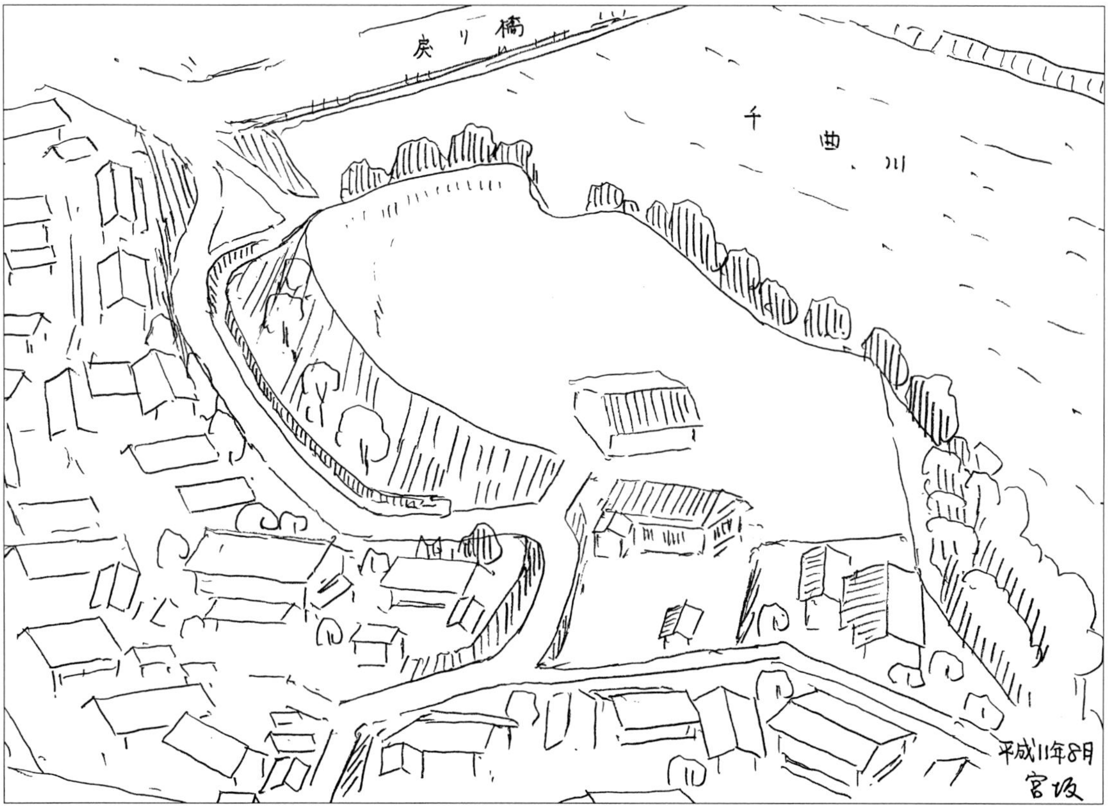

216、西浦《にしうら》古城《こじょう》（古屋《こや》）

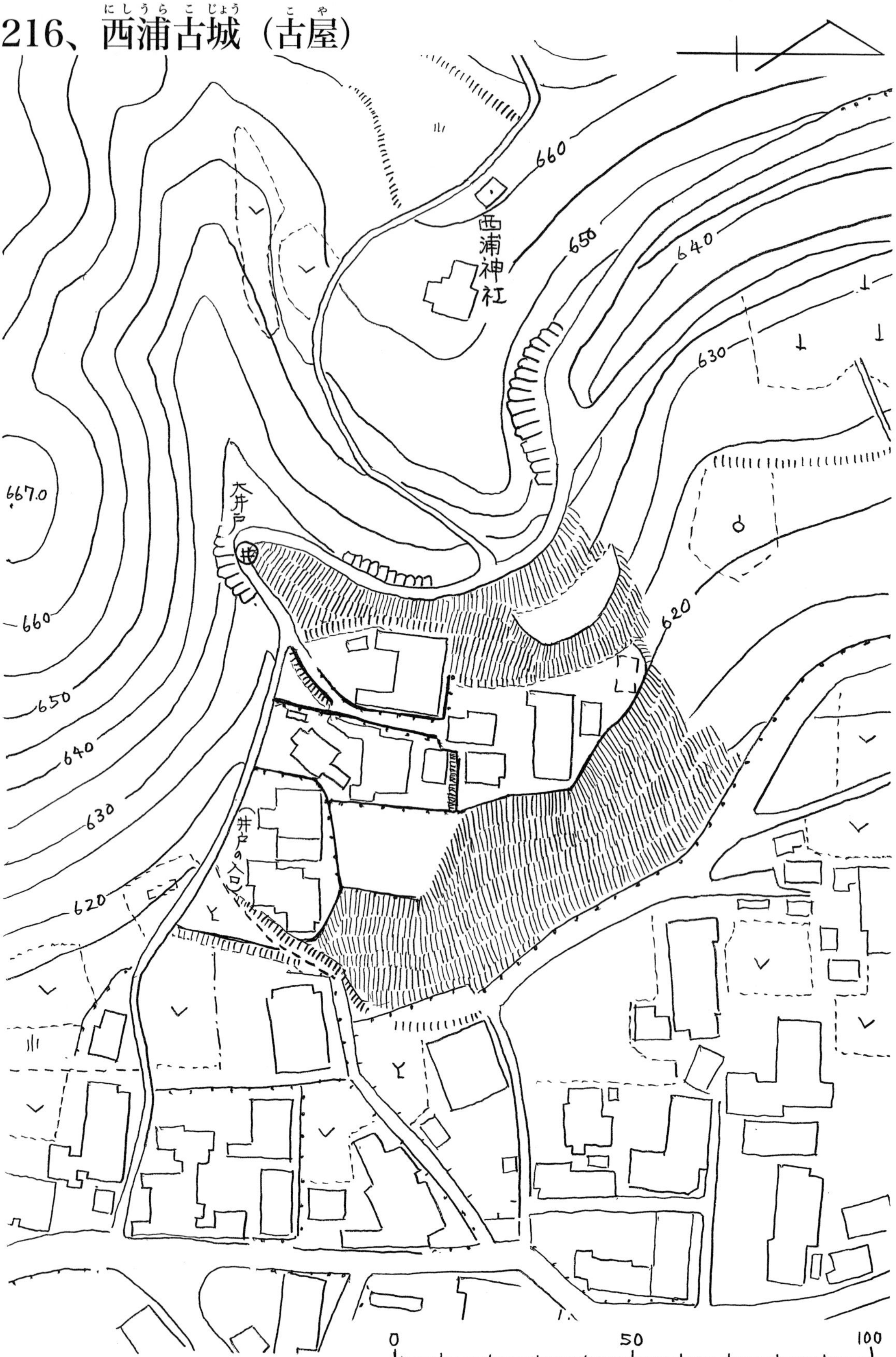

216、西浦《にしうら》古城《こじょう》（古屋《こや》）

小諸市西浦古屋

➡384・386頁

平成11年8月16日調・同18日作図
標高620m、比高25m

〔東西断面〕

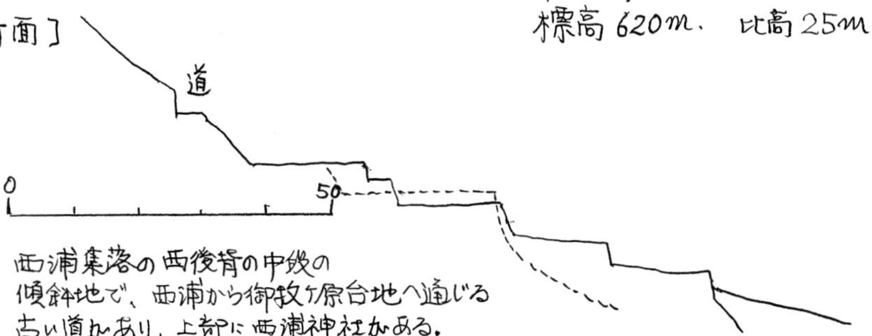

○立地　西浦集落の西後背の中段の傾斜地で、西浦から御牧ヶ原台地へ通じる古い道があり、上部に西浦神社がある。

階段状の平地に民家が5戸、高い石垣の上に並び、下から見るとあたかも城郭の観がある。最下段の家のあたりを井戸の入口と呼び、その上を古屋《こや》の小字名がある。上部の道が曲がる所の道中に古井戸があったが、今は道下になり涸れている。坂道を登り切った所が袴腰の鞍部になる。

○城主・城歴　不明。「古屋《こや》」と言う地名、附近に「的場」「馬場」の地名により、砦の存在に気づいたもので、上部の袴腰の狼煙台との関連も視野に入れる必要があろう。

そうなると袴腰の狼煙台が成立した時期より以降のものとなるが、この立地条件から見て、台地上へ備えたものとは考えられない。即ち、西浦集落方面へ向いたもので、台地へ通じる山道を見張るための条件が加わり、望月氏系の前進基地とも考えられる。あるいは、狼煙台の番士の根小屋として生まれたことも考慮される。

○城跡　西浦集落の後背の沢口にできたわずかばかりの平地を階段状に造成して、少しでも優位の条件を得ようとしている点で、集落とは切り離せない関係になり、在地土豪の屋敷とも見られる。もし、これが土豪層の屋敷となると、袴腰は、武田氏侵攻以前からの詰め城となる可能性もある。

以上様々な可能性を考えてみたが、その成立は案外古く、以後色々と利用されたことであろう。

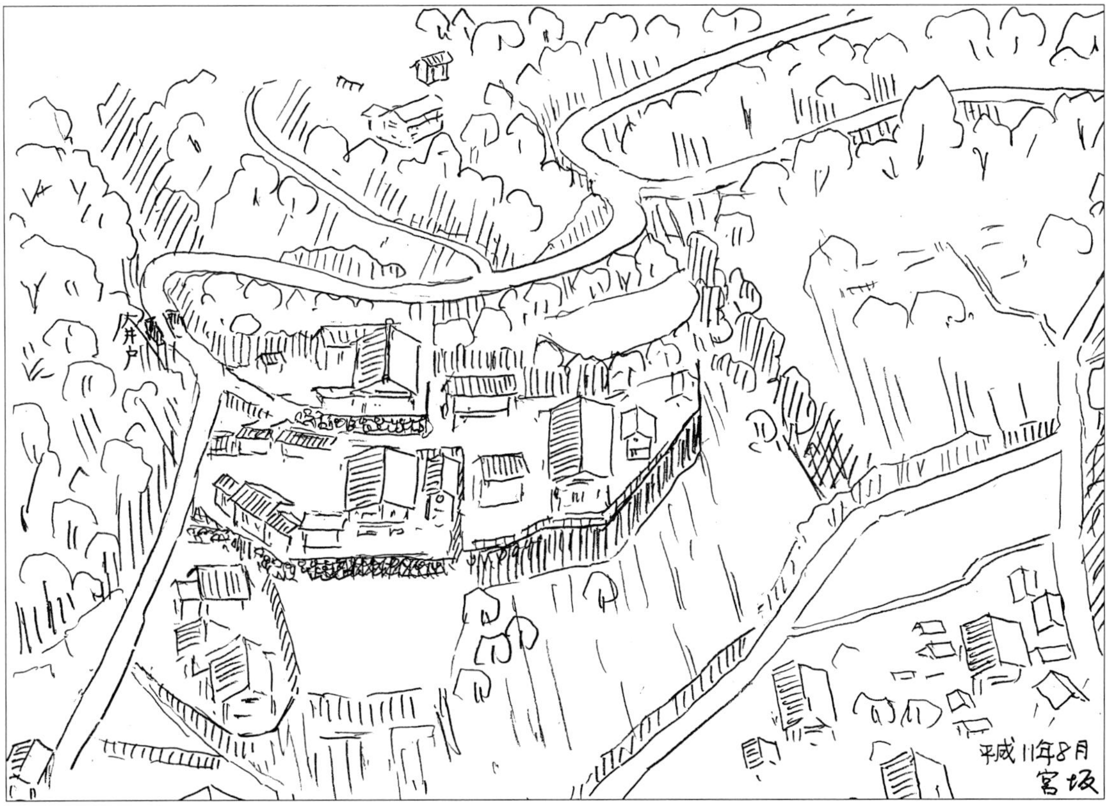

217、袴腰狼煙台《はかまごしのろしだい》

217、袴腰狼煙台《はかまごしのろしだい》

小諸市西浦字袴腰 ➔384・386頁

平成11年8月16日調・同17日作図
標高758m．比高170m（千曲小学校より）

［南北断面］

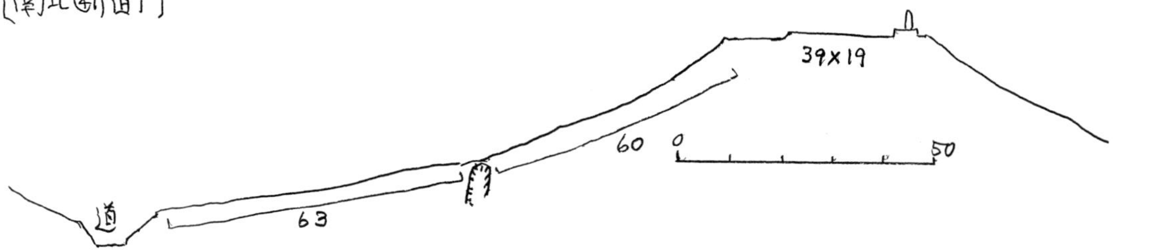

○立地．　小諸懐古園の南西方向．千曲川を挟んで真正面に袴の腰板のような形の独立峰が聳えている。ここは御牧ヶ原台地の東端の千曲川への崖の部分で．ここからの眺望はまことによく．遠く北の東部町方面から小諸市域の諸城は言うに及ばず．浅間山麓．佐久市方面まで見通せる。
　ここに武田氏の狼煙台の伝承がある。小諸城の見張台を果たし．情報伝達をしたものであろう。

○城主・城歴　不明．小諸城に属する者の所管と考えられ、西浦あたりに根小屋を持っていたと思われる。

○城跡　西浦から御牧ヶ原へ登る道が山の南の鞍部を通過している。現在は山頂は展望台になっていて．車道も整備されている。
　山頂の削平地は．南北39m．東西は北辺で19mの三角形をしていて．石像と石碑が建っている。南の尾根筋に空堀らしい所があるが藪ではっきりしない。南の先端部が若干低くなっている。狼煙台跡か。
　東山下に古屋《や》の地名があり．沢筋に古井戸があり．「井戸の入口」の地名が残る。古屋《こや》の上部に西浦神社がある。袴腰との関連は不明。しかし、番士の根小屋には最適の位置と言える。

218、鴇久保愛宕山城《ときくぼあたごやまじょう》

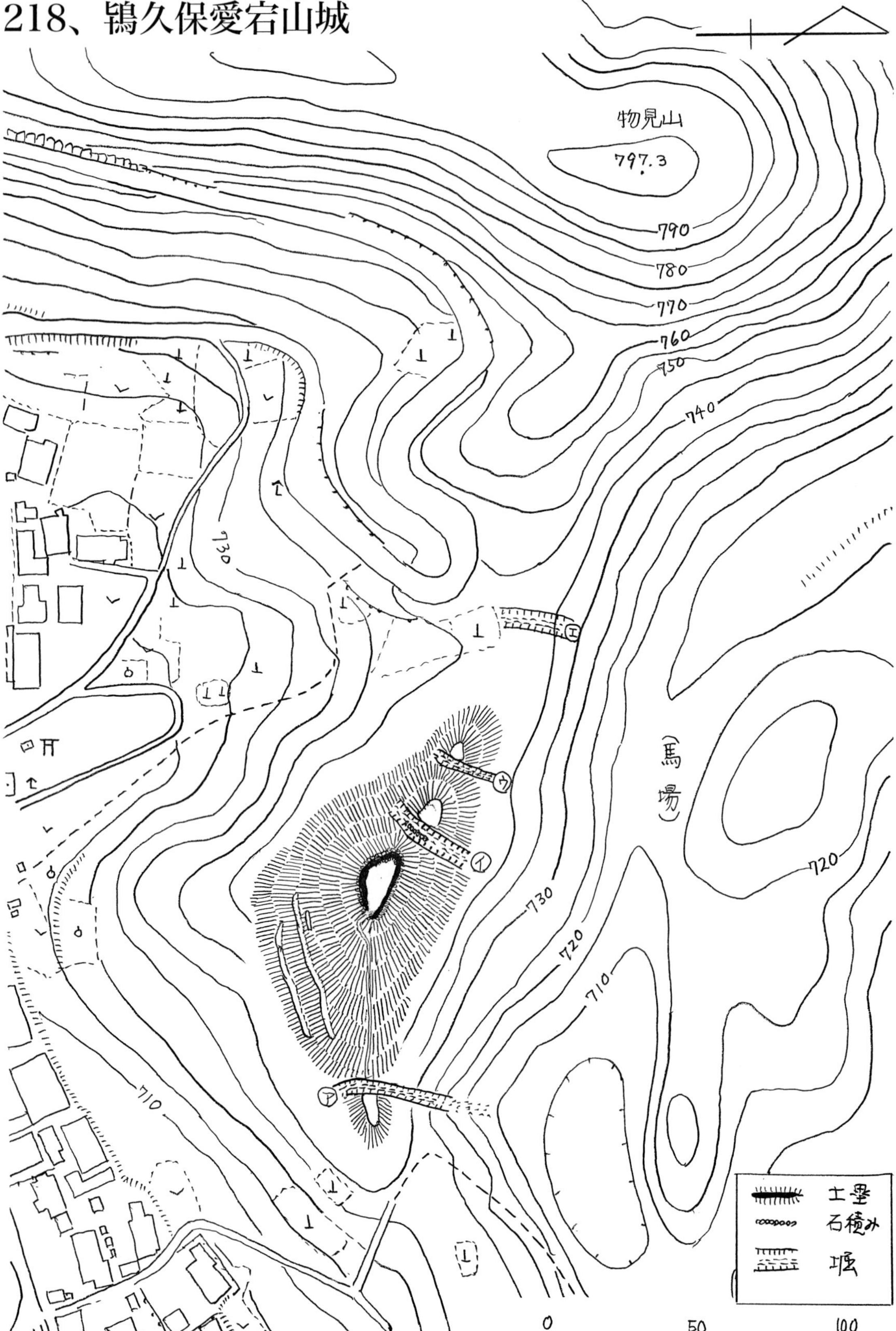

218、鴇《とき》久《く》保《ぼ》愛宕《あたご》山《やま》城《じょう》

小諸市大久保字竹ノ上

➡386頁

平成11年8月16日調・同18日作図.
小諸市教育委員会「愛宕山城跡発掘調査報告書」参照
標高762m、比高60m（鴇久保より）

〔東西断面〕

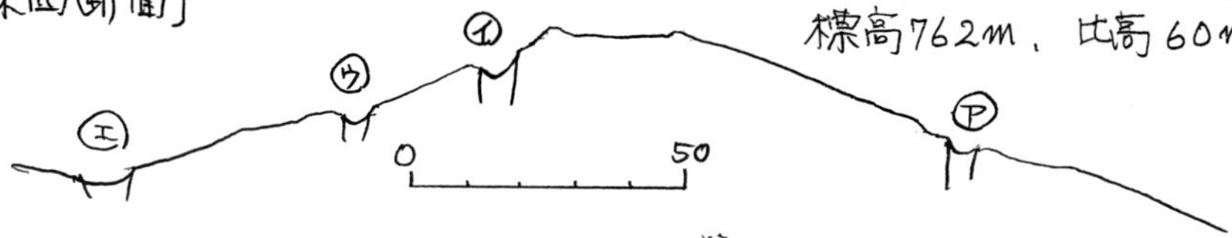

○県道立科小諸線バイパス建設により、平成8年8月から発掘調査をし、現在は遺構は消滅しているので、調査報告書により作図をする。

○立地　御牧ケ原台地の東北端に位置する鴇《とき》久保集落の北の山で、台地よりやゝ下るが、北は千曲川への急な斜面になるため、眺望はまことによく、特に東部町、小諸市街地は一望にできる。
ここに大久保から氷集落を経て、御牧ケ原へ通じる道があり、布引山釈尊寺が戦国に要塞化される中で愛宕山も物見として整備され、更に武田氏治下で改修を受けた可能性がある。目の下に桝形城があり、東500mに万福寺の山、1200mで袴腰の狼煙台がある城砦地帯である。

○城主・城歴　望月氏の系統に属する釈尊寺が布下村（北御牧村）の布下仁兵衛雅朝や栄巌寺の荒法師雅方等によって要塞化されていく中で、附近の桝形城や万福寺等も備えを固め、愛宕山もその西の物見山と関連して砦ができたものと思われる。やがて武田氏の治下で狼煙台として利用され、改修もされ、石積み等がされたものと思われる。根小屋は鴇久保の集落であろう。

○城跡　単郭で小規模である。広さは東西18m、南北15mほどの三角形の平場で、土塁が全周し、南東の隅に虎口を開く。土塁には石積みがされ、虎口に櫓門が建っていた（河西克造氏）とする所見がある。曲輪内に1棟の掘立柱（2間×1間）の小屋があったとされるが、番士の休む所はあったのであろう。虎口の櫓門の存在は、この程度の砦にはどうであろうか。
西の尾根筋に3条、東の大手の尾根に1条の堀が検出され、南斜面に2段の曲輪が確認されている。北の勢力を意識した砦であるから、北斜面に何かあるように思われる。堀も北斜面に長く掘り下げているので、そこに居住区がある可能性もある。また馬場のあたりまで防御施設があったかも知れない。

219、桝形城《ますがたじょう》

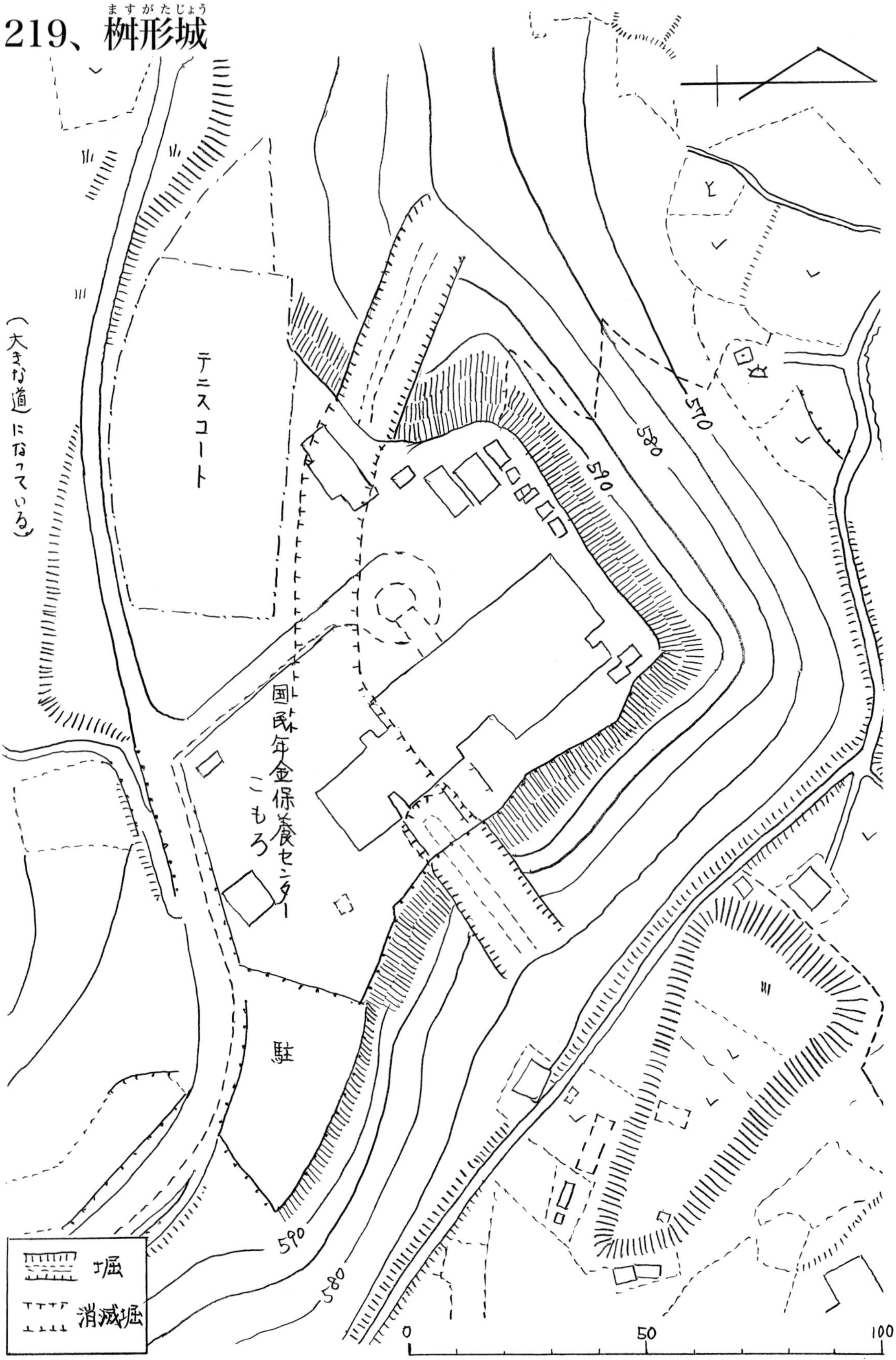

219、桝形城《ますがたじょう》

小諸市大久保字東柳沢 ➡386頁

平成11年8月16日調・同17日作図

標高598m、比高40m（県道より）

〔東西断面〕

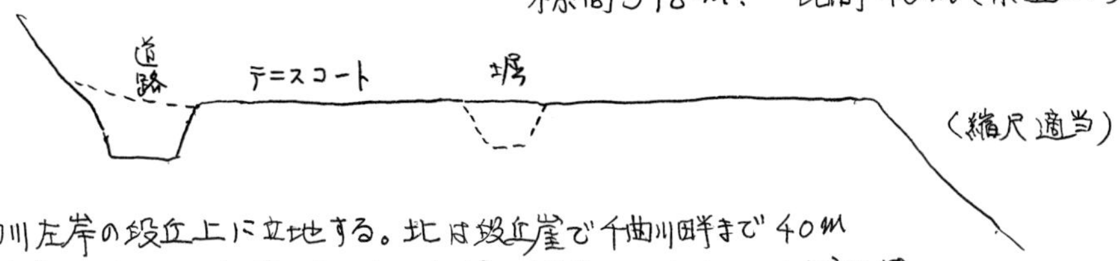

○立地　千曲川左岸の段丘上に立地する。北は段丘崖で千曲川畔まで40m余の急崖で、南側は御牧ケ原の台地へ続く傾斜地で、800m上方には鴇《とき》久保の愛宕山城がある。東崖下には大久保集落があり、道はこの城を通って氷集落を経て釈尊寺へ通じている。一方鴇久保から愛宕山城の鞍部を越えた道も桝形城の近くで合流するため、この場所は交通の要衝である。

大手は東側にあったようで、その近くに、釈尊寺の末寺の一院、神明山山王院神興寺があった。

○城主・城歴　釈尊寺の大檀那は望月氏で、その勢力下にあった地域である。戦国期に釈尊寺が要塞化される中で、追手の楽《がく》巌寺には荒法師雅方がいて防衛に当ったのに対して、神興寺は搦手口にあり、桝形城はその防衛拠点となったと思われる。（『小諸市誌』）

桝形城は千曲川の対岸への備えで、愛宕山城と連動していた。武田氏の侵攻により、釈尊寺諸城砦は兵火に焼け落ちたが、神興寺は延宝年間まで桝形にいたが、やがて大久保集落へ移る。

○城跡　現在は、国民年金保養センターこもろの敷地となり、一基の城跡碑を残すのみとなっている。東斜面に堀形があり、西の沢へと連続していたことが想像できるが、大手と言われる東側の様子も全くわからなくなっている。大久保村誌の「東西広き所60間、狭き所48間、南北42間」という大きさも、どこを測ったのかよくわからない。また「大たいの形が桝形をしていたので、この名称が残った」とされるが、方形を言っているのであろうか。南側のテニスコートのあたりがどうなっていたかと大手の形状が気になる。よい測図が残っているとよいのだが。

220、楽《がく》巌《がん》寺《じ》城《じょう》

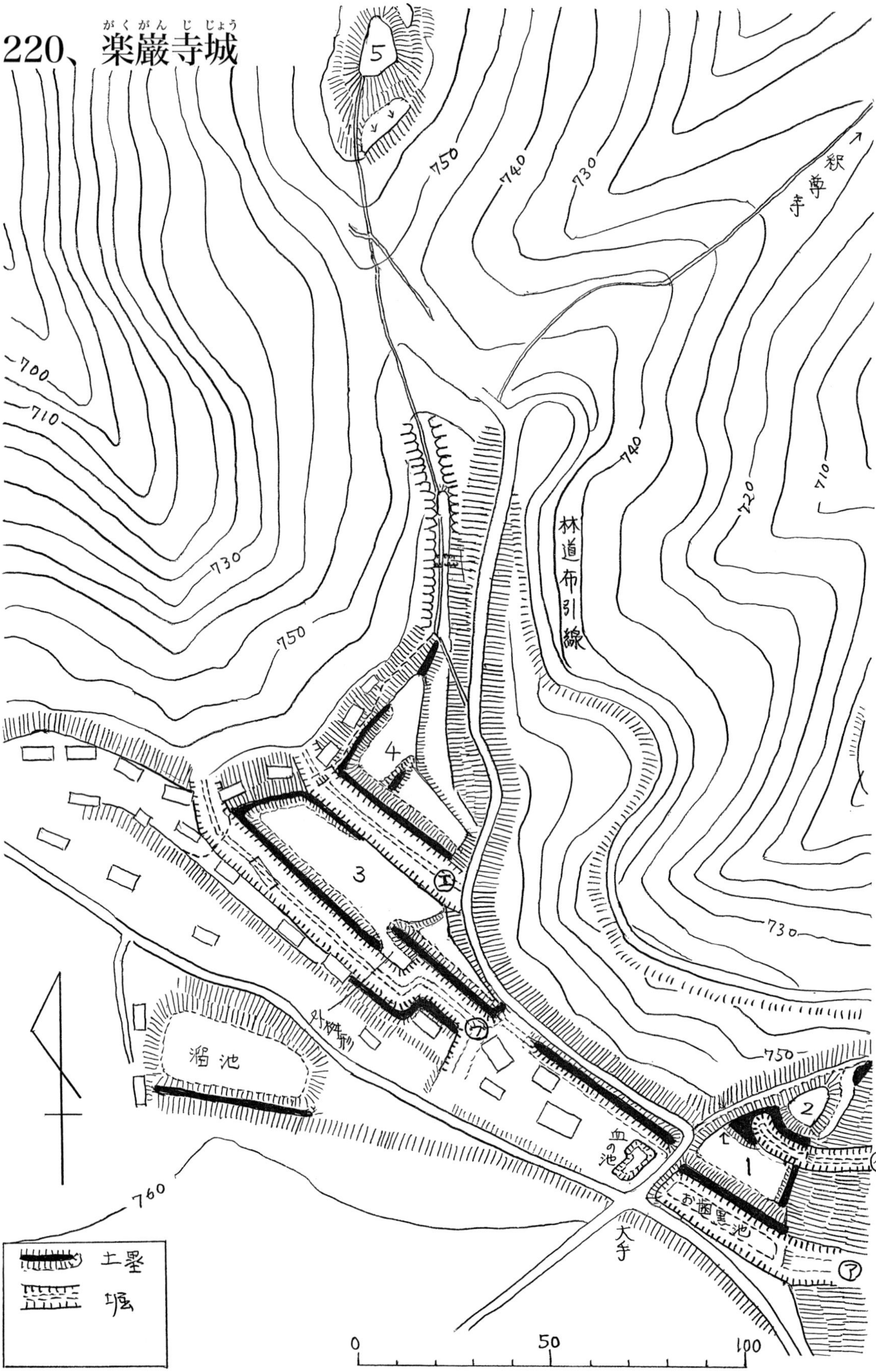

220、楽巌寺城《がくがんじじょう》

小諸市大久保不通字前法 386頁

平成11年8月19日調・同20日作図

標高768m．比高230（北の山下より）

〔南北断面〕

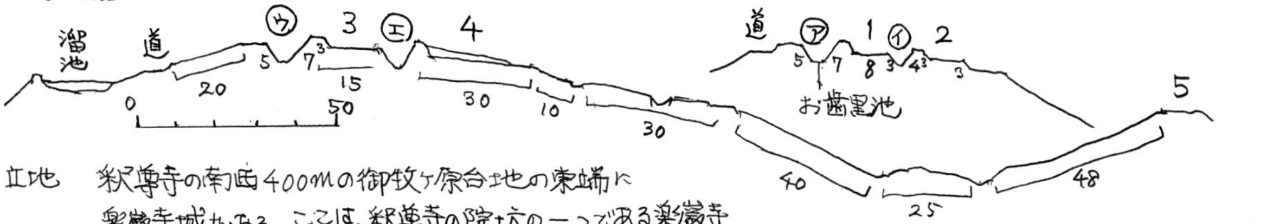

○立地　釈尊寺の南西400mの御牧ヶ原台地の東端に楽巌寺城がある。ここは、釈尊寺の院坊の一つである楽巌寺があったと思われる場所で、また釈尊寺参道の入口にも当る。不通《とおらず》の沢を隔てて西には堀之内城があり、布引城砦群の一つである。西、北、東の三面は急崖で、南だけが御牧ヶ原の台地に接している。従ってここを押えれば、釈尊寺は完全に守られることになる。断崖上の崖縁にあるために眺望はまことによい。

○城主・城歴　天文中楽巌寺の住僧に武勇に優れた楽巌寺雅方がおり、望月遠江守信雅の旗本として、砦を築き一山の防衛に当っていた。天文17年夏、武田氏に攻められ（布引城）釈尊寺本坊山下六坊（果成院、楽巌寺、神光寺、慈現坊、光岩寺、真福寺）ことごとく兵火にあい焼失落城。望月氏は武田に降ったが、楽巌寺氏と堀之内城の布下氏は村上氏の下へ走る。村上氏退転後は、武田氏に降るが後に疑われて成敗されたという。

東の沢中には、一山の院坊及び本坊があり、釈尊寺ののど元に当る位置である。

○城跡、現在道路や山荘により破壊が迫っている。大手は、血の池、お歯黒池と呼ばれる水堀のあたりで、食い違いの土塁があり、内部に1の勢溜まりの曲輪と、①の三日月堀の陰に②の曲輪があり、共に土塁が囲んでいる。1の西側の土塁は消滅している。大手から北西へ一直線の土塁が続き、その前面の堀㋒は、かつては血の池につながっていたと思われるが、途中で折れを伴い、北の崖まで150mほど続く。㋒の堀の内部は3の曲輪で、南東の隅に㋒の堀へ向かって虎口が開く。3の北は㋓の堀になり、その奥の土塁で守られた三角形の平場4が楽巌寺の跡で主郭に当る。北は1mにも満たない細尾根の先の鞍部から続く小山も物見に使われたであろう。鞍部から東へ巡れば釈尊寺である。

○1、2のあたりや、3、4の防御構築が堀之内城と類似していて、同一勢力下で手が入った可能性が高い。縄張りからして東の沢筋を守ることに徹しているところが貴重である。保存を考える必要がある。

4C

執念の結集である見事な石垣

小諸市の富士見城には見事な石垣がある。もともと岩の多い山であるが、曲輪の周りが石垣で固められており、特殊な趣を持った城である。こんなに石垣が多用されている中世の城は、長野県では珍しいということで新聞にも出た。

小諸市の高原美術館の建設に伴い、富士見城も公園として保存する計画があり、調査に出掛けたり整備保存の相談に乗ったりしてきた。文化財を大事にして、いい形で公園にしながら保存する試みがなされている。

見に行ってまず驚いたのは、石垣のすごさである。幼稚ともいえるような積み方だが、何段にも積み上げている様はなかなかのもので、長大なものもあったり、山全体が石垣で覆われているようで、それだけでも保存価値がある。一帯は以前は畑で、近年に積まれたらしい石垣もあり、中世はごく限られるが、百姓の執念が結集しているようで、おもしろい遺構である。

小諸市には石垣を多く残すもう一つの城がある。それは霧久保城跡で、これも見ごたえがある。富士見城が割石であるのに対し、こちらは千曲川の丸石が積まれている。畑になっていたから百姓が積んだ石も多いと思われるが、それが城跡に同化していい景観を作り出している。

百姓の石垣で思い出すのは、上田市の塩尻地区の山である。後背は虚空蔵山という険しい岩山である。そこに村上の連珠砦と言われるたくさんの砦がある。

それはさておき、岩山の中段に石垣を積んだ段々畑が残っている。今は藪の中に埋もれているが、小さな石を丹念に積み上げて幅三尺にも満たない段々をつくり上げている。それが山の中にずっと続いているのだから驚く。

この畑は蚕種に関係があり、蚕を飼うために桑畑をつくった。塩尻地区は蚕種業が盛んなため、このような畑がつくられたらしい。一株の桑を植えるために、岩を砕き石を積んでいく様は想像しただけでもたいへんである。できた桑を背負い下ろすには、きっと子どもも使われたに違いない。「娘を塩尻へ嫁にくれるくらいなら、背中へ荊《いばら》を背負わせたほうがいい」などという話も聞いたことがある。

百姓の考えることは、どこでも同じらしい。北信の木島平村の山手に馬曲《まぐせ》という所がある。山を越えると、栄村から越後へ通じる場所で、雪深い里である。

このごろは温泉ができて賑やかになったが、その村へ行く途中の田んぼの石垣が見事であったのを思い出す。どうやって動かしたかわからないような巨石を積み上げて、田んぼを造っている。小さな田んぼ一枚のために、飯山城の石垣に匹敵するような石垣を積んでいるのである。百姓を侮ってはいけないと、つくづく思うのである。

221、堀之内城《ほりのうちじょう》（布引城《ぬのびきじょう》）

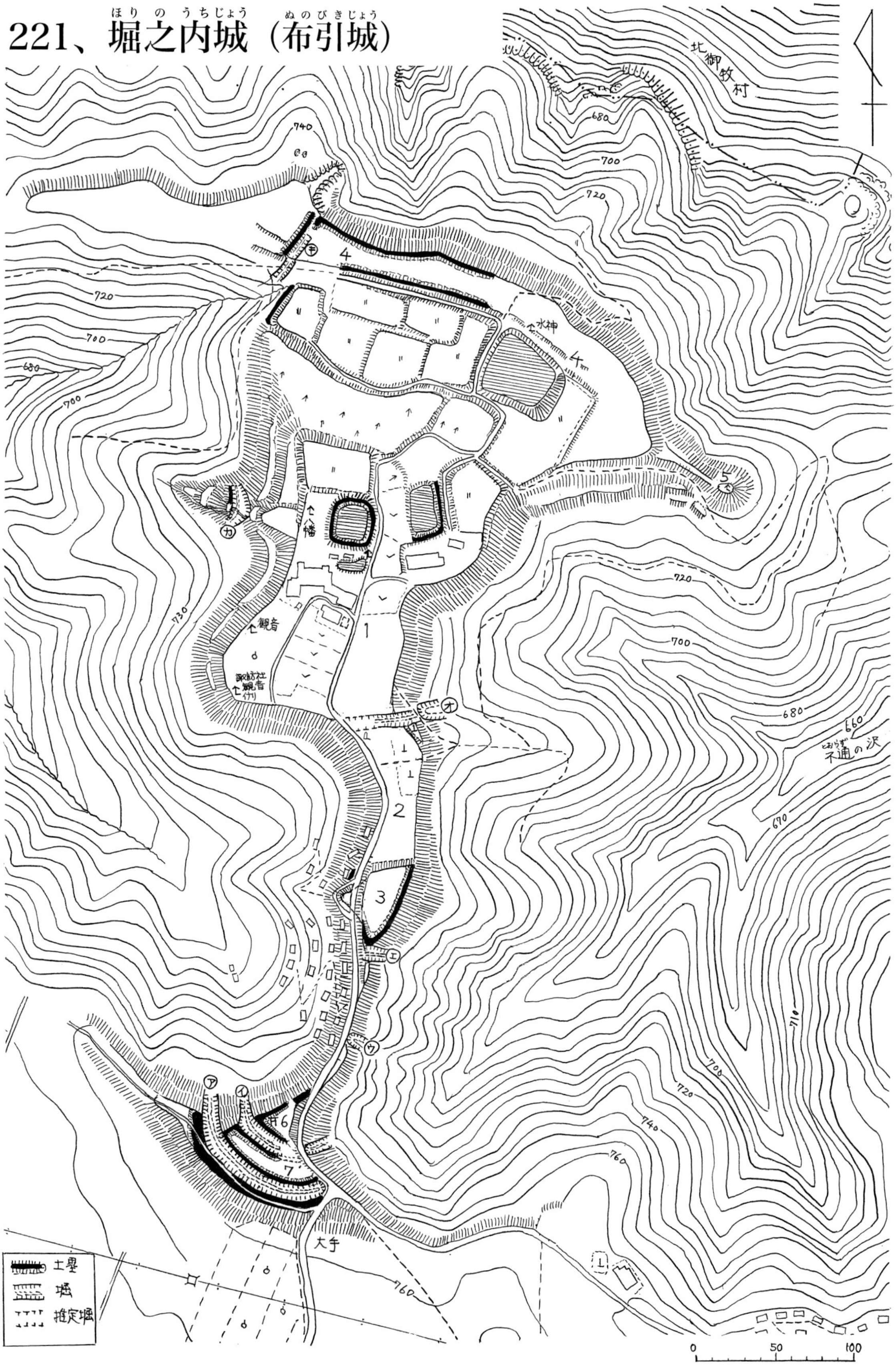

221、堀之内城《ほりのうちじょう》（布引城《ぬのびきじょう》）

小諸市大久保字堀ノ内　➔386頁

平成11年8月19日調・同日作図
標高765m、比高225m（北山下より）

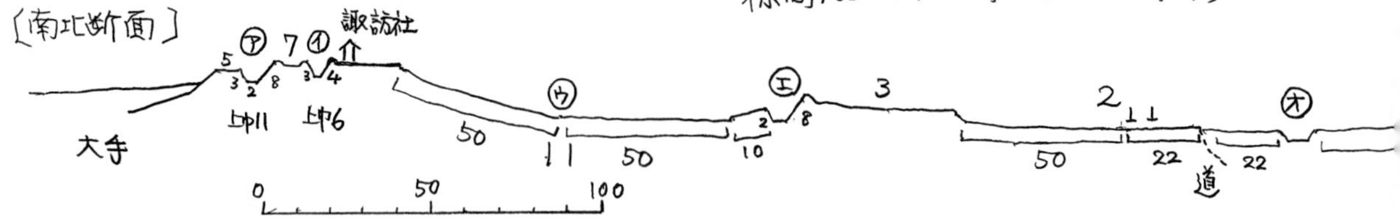

○立地　千曲川左岸の断崖の中に釈尊寺（布引観音）がある。同寺から西600mの御牧ヶ原台地の北端の崖上に堀ノ内城がある。西、北、東の三面は急崖で、南だけが細尾根で御牧ヶ原台地に接していて、ここに大手を設けている。南東400mには、楽巌《がく》寺城があり、望月氏の北の守りを受け持っていた。

ここは、布引きの断崖上にあるために、眺望はまことによく、浅間山麓一帯は言うに及ばず、上田方面まで一望にできる。

城の主要部のある台地は、東西、南辺で100m、北辺では200m余、南北270mの広大な場所で、南の大手を遮断すれば、外からの侵入は殆ど難しい要害の場所である。

○城主・城歴　西山下の布下村（北御牧村）の狐屋敷に住んだと言われる土豪布下仁兵衛雅朝が詰の城として築城したのが初めとされる。布下氏は望月氏に属し、近くの釈尊寺の僧坊の一つである楽巌寺（額岸寺）の荒僧、楽巌寺入道雅方が僧坊を要塞化して、釈尊寺の防衛に当っているのと同盟関係にあった。

天文17年武田氏の侵入に対して、望月遠江守信雅はついに抗し切れずに降ったのに対し、楽巌寺雅方と布下仁兵衛は、村上氏を頼って走り、やがて、何回か城の奪回を図ったようであるが果せず、村上氏没落後は、武田氏に属する。

楽巌寺雅方、布下仁兵衛が敗退後、武田氏は布引城を鍬立し、改修したようである。「天文十七年五月大乙亥十七日　信州布引ノ城鍬立」（『高白斎記』）

布引城の城主は望月新六で、その後諏訪刑部左衛門頼角と交替している。永禄十年の生島足島神社の起請文に諏訪五十騎の一人として、諏訪左右衛門として名が見られ、依田頼房以下六名の連署の中に、布下仁兵衛雅朝、楽巌寺雅方の名が見られ、2名は武田氏に属したことがわかる。『高白斎記』の「布引ノ城」はここと楽巌寺城が考えられている。

○城跡、　まず御牧原台地に接する大手の水堀の存在である。水気のない、台地辺縁部の断崖上に巨大な水堀が存在することが驚きである。粘土をつき固めた板築構造のために、雨水が貯められるようで、その長さは、100mにも及ぶ。堀の前面は、上幅5〜10mの土塁で、現在は東2/3ほどが水堀になっている。

長大な上幅11mの㋐の堀の背後は、南側68mの長さの土塁に囲まれた、7の細長い曲輪になる。大手の勢溜りになり、武者隠しにもなる空間である。㋐の堀の東端の虎口から入る。続いて、㋑の堀になる。上幅6mの小型のもので、道路や神社のために東半が破壊されている。おそらく東の沢まで続いていたと思われる。

2条の堀に守られた内部が、諏訪神社（大正10年にここへ移される。）のある6の曲輪になる。2辺に土塁が残るが、東側にもあったはずである。西側の沢は急峻で、ここを押さえれば、城内へは侵入できなくなる。この造りが三日月堀として、武田氏改修の決め手となっている。一般的に言う三日月堀とは若干異なり、これだけで武田氏によるものとは即断できないが、これだけの大工事を布下氏だけでできたとは思えないので、その点から大がかりな改修があったことだけはわかる。

なお、この造りは、楽巌寺城の大手とも共通するので後に考えたい。

※一帯の監視のための砦として活用されたことは考えられる。
また藩政時代に至っても、番士が置かれたことであろう。
また「布引城」が即堀之内城と断定はできないが、重要な候補であることは、間違いない。

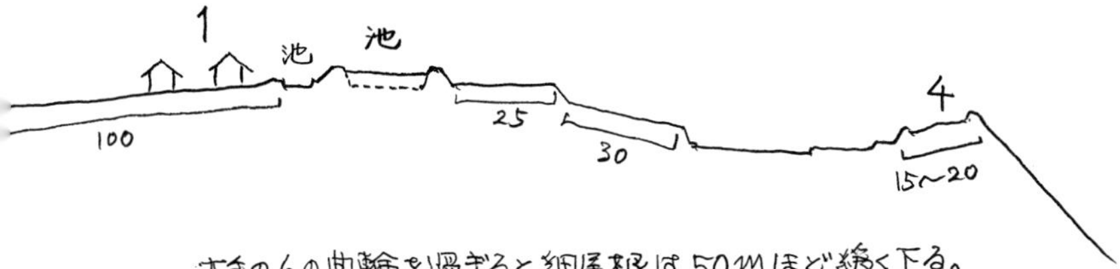

大手の6の曲輪を過ぎると細尾根は50mほど緩く下る。
そのあたりに両側を掘って土橋になっていたような地形がある。現在は道路開さくのために細部は失われているが更に50m先に㊁の堀がある。
3の曲輪は、道で西半がはっきりしないが、土塁で守られた一郭で、道は西側へ迂回したようである。続いて2の細長い平地になる。北辺が墓地で不通《とおさず》の沢へ下る道がある。ここに㋔の堀がある。大正時代に埋めてしまったが、水堀であったという。造りは粘土をたたき固めたもので、土地の人はそのことを「はがね」と呼んでいた。2、3は大手曲輪とも言うべきもので、ここから主郭部へ入る。
主郭の中心は、民家や貯池のあるあたりが最も高く、中枢部になる。最高所の貯池の南の池は、古くからの池で当時からの堀を兼ねた貯池であろう。4つの貯池があったという。現在の池と似たような所にあったのであろう。
西へ延びる尾根先には㋕の堀（上幅11m）があり、西の斜面には、辺縁より数m～15m位下に腰曲輪、あるいは武者走りが通っている。柵でも設けたかも知れない。
北の水田と貯池になっているあたりは、200×50mほどの広さがあり、往古も耕作された可能性はある。その辺縁部には居住区があったであろう。北の崖に面しての東西の尾根筋には、北側と南に土塁が残る。㊥の堀の土塁の北端に虎口があり、ここまでが城域となる。東の出っ張りの小山5は、かつて諏訪刑部が諏訪社を鬼門除としてまつった所で、物見台であろう。諏訪社は大手の位置に移され、現在石祠が残る。
○広大な城地は、耕作しながら生活できる場所であり、布下氏の逃げ込み城（詰城）として始まり、武田氏の時代にも※

222、芝生田館《しぼうだやかた》（柴生田城《しぼうだじょう》）

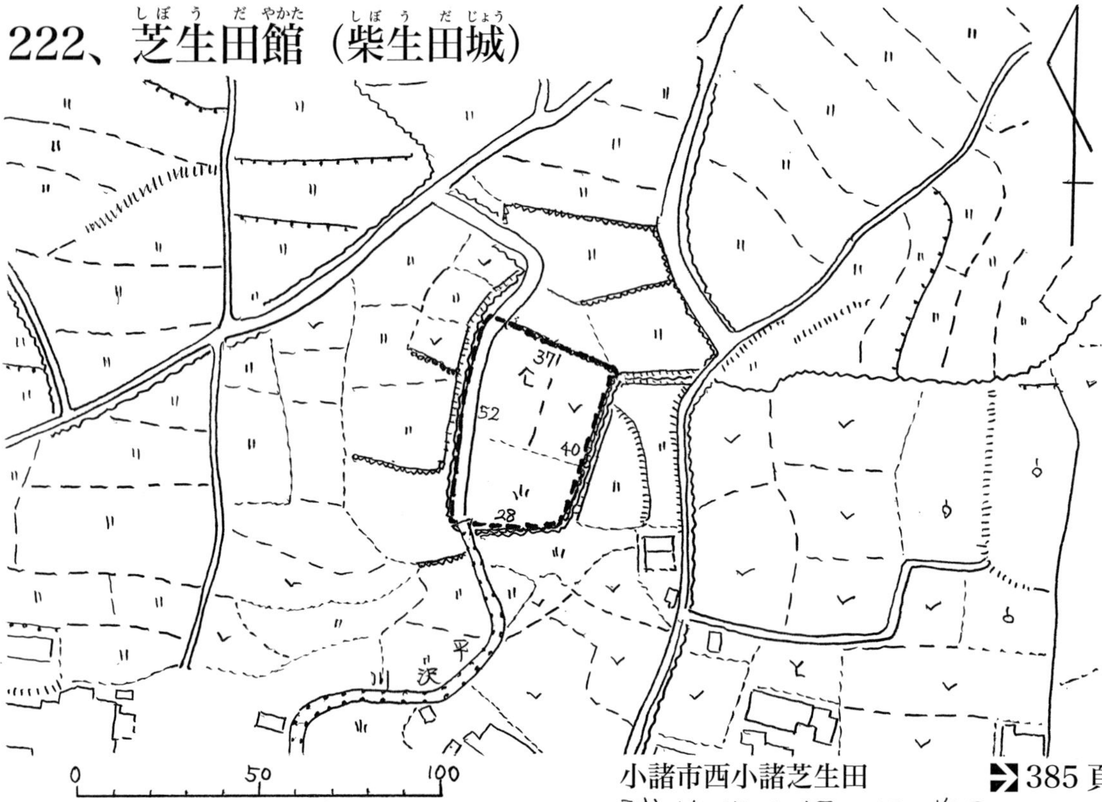

小諸市西小諸芝生田

➔385頁

平成14年11月24日調・ 同日作図
標高 637m

○立地． 芝生田集落の北．東漸寺南の田んぼ中に芝生田城と呼ばれる館跡がある。

○館主・館歴 『長野県町村誌』によると、「柴生田氏城跡」として、「芝生田組北の田間三町にあり。本郭東西二十間(36m)、南北三十間(54m)、三方に堀あり。……城の中に一碑石あり、三面に文字あれども磨滅して読みがたし…。」とあり．江戸中期、芝生田村民の志により建立された碑について述べている。「小笠原氏常盤外記長武之碑」と言われるもので、その内容については不明の点が多い。

勝山の小笠原文書によると，永享8年(1436)に．室町幕府の反体制派の芦田下野守を制圧するために．小笠原政康が芦田派の祢津氏の支城である柴生田、別府両城を攻略して，将軍足利義教から感状と太刀一腰が与えられている。

『諏訪御符礼之古書』 文明2年(1470)の花会の加頭に「柴生田石見守光信 御符之礼一貫八百文 十の外．文明12年明年花会御頭足に「宮頭 柴生田沙弥常能御符礼一貫八百」，文明17年花会明年頭番役事に「柴生田石戦并伊豆守直光御符礼一貫八百」のあることから．少なくとも3代は柴生田郷の領主として居住したものと考えられ、この館の主であろうと思われる。

○館跡． 『長野県町村誌』で言っている本郭は．図中の - - - で囲まれた畑を言っていて．現在も西，南，東の三面に水路がまわっている。

しかし．該地は．周囲より特別高い訳でなく、全体には窪地になっているために要害性は低く、館城に属するものである。攻められればひとたまりもない立地である。

そのために 北東350mの東漸寺宇賀観世音の横に宇賀山砦(仮称)を設け、赤岩地籍に大遠見の場が用意されている。 近くに城東．城西の腰，馬場，坪屋敷の名が残っている。

223、宇賀山砦《うがさんとりで》

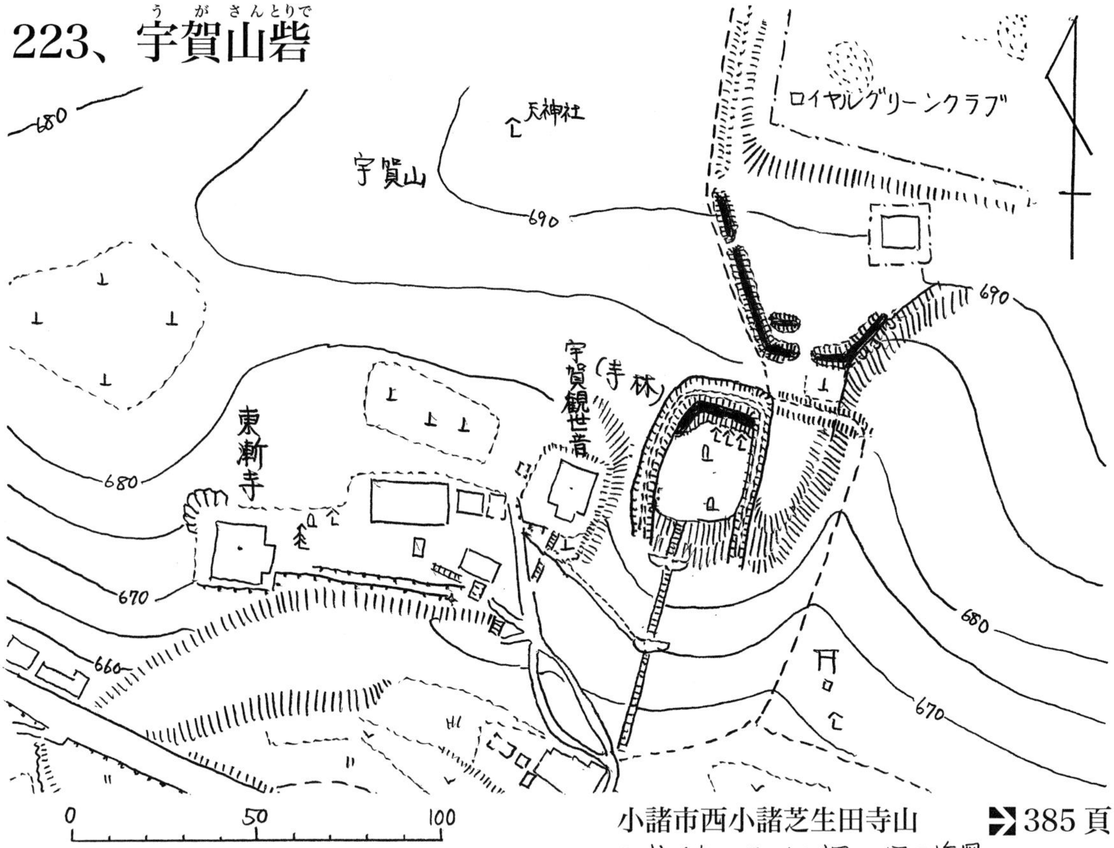

小諸市西小諸芝生田寺山 ➔385頁

平成14年11月24日調・同日作図
標高680m、比高22m.

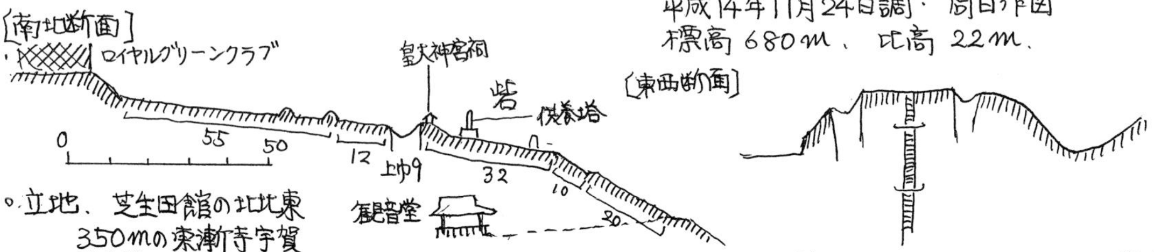

○立地、芝生田館の北北東350mの東漸寺宇賀観音堂の東の寺林地籍にこの砦がある。この山を宇賀山といい、東漸寺の山号にもなっていることから「宇賀山砦」と仮称する。山体は上面は平坦で、東側に沢があり自然の堀となっている。

○城主・城歴

位置からして、芝生田館との関連のものと思われ、その物見や詰め城、要害となったものであろう。

○城跡、南面する傾斜地で、観音堂の東の山尾根末端部を使い北と西、東の三方を堀で囲い南は急斜面で補っている。要害性はそれほど高くはないが芝生田館よりはましである。後背の北の堀は上幅が9mで、高さ2m弱の土塁がある。塁上に皇大神宮社祠、猿田彦大神碑、曲輪内に関東大災の供養塔がたつ。

北の堀から12m北に、北へ登る道に沿って全長45m（その先もあったかも）と東の沢との間に土塁がある。耕作の時に造られたものか、往古のものか即断はできないが、気になる遺構である。あるいは、外郭として増設したものともとれる。問題提起としておく。

224、川窪氏邸《かわくぼしてい》（川久保新十郎邸《かわくぼしんじゅうろうてい》）

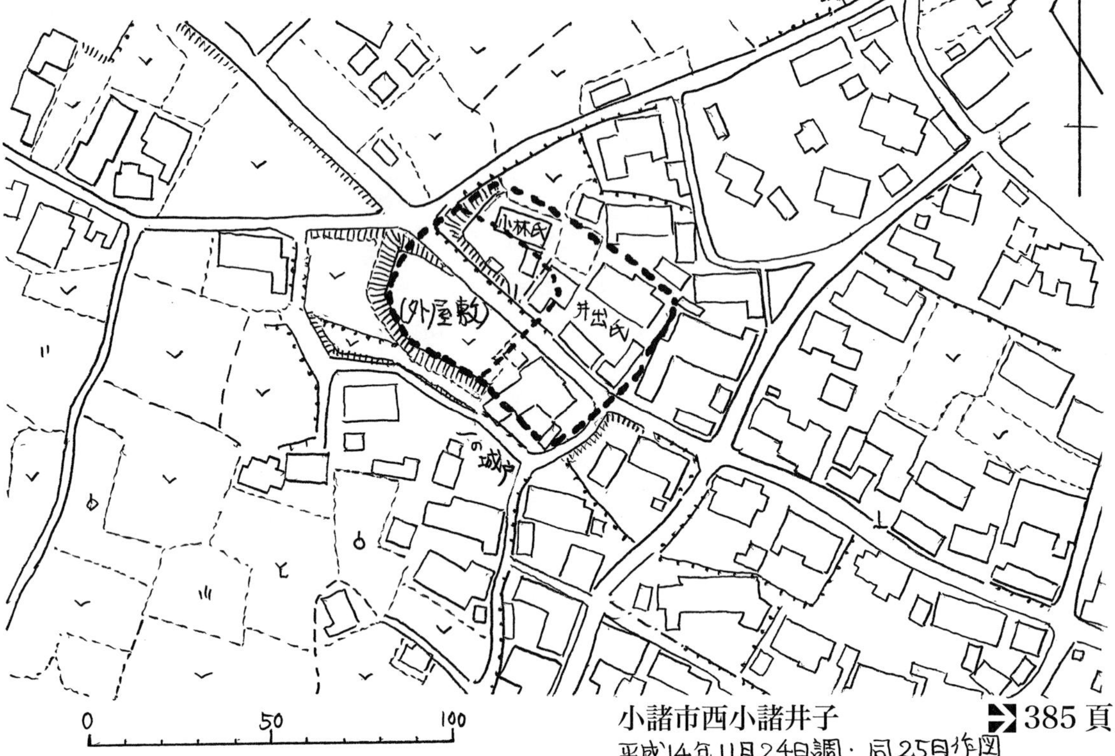

小諸市西小諸井子 ➔385 頁

平成14年11月24日調・同25日作図
標高765m. 比高5m.

○立地　井子集落中央部. 県道の南北にまたがってあったとされる。

県道の南の畑は「外屋敷」と呼ばれていて、南と西は崖になっている。

［南北断面］

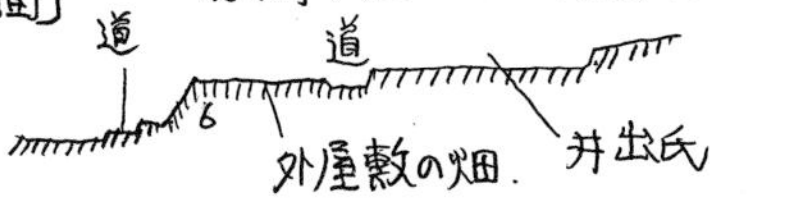

旧街道は南下を通っていて、南東のあたりを「一の城戸《きど》」と言っている。『滋野村誌』によると、方15間、面積にして225坪で小規模のものであるが. 周囲に堀があり石塁があったという。それからすると外屋敷の畑と小林氏の家にかけたあたりになろう。

○館主・館歴　昔修験が在住して川窪山と称したといい. 明治36年井子区総代並に氏子総代等の調査によると、三宝院宮十一ケ院触頭真言宗川久保山竜学院と称したと記されて、川久保氏は美濃出身という。

『小諸市誌』によると、「美濃国斎藤氏の家臣. 川久保八郎なる者が主家を離れて浪人となって、信濃を流浪して、井子村にたどりつき、一の城戸に住んでいた。次いで安則・その嫡長が川久保新十郎正信で専ら武芸の道に励んでいた。後に真言宗系の修験堂を開いて. 川窪山竜学院を称したという。その後、正信の長男が二代を継いで、爾来九代にわたって、井子で修験堂を守ったとされる。」とあり. 川久保新十郎は. 武田氏に仕えたという。

○館跡

上記したように屋敷跡は. 外屋敷の畑を中心とした一角であることが記録されている。この畑は井出氏の所有するところで、古い道との関係からみても、最大限井出氏の屋敷を含めたあたりと見てよいだろうと思われる。

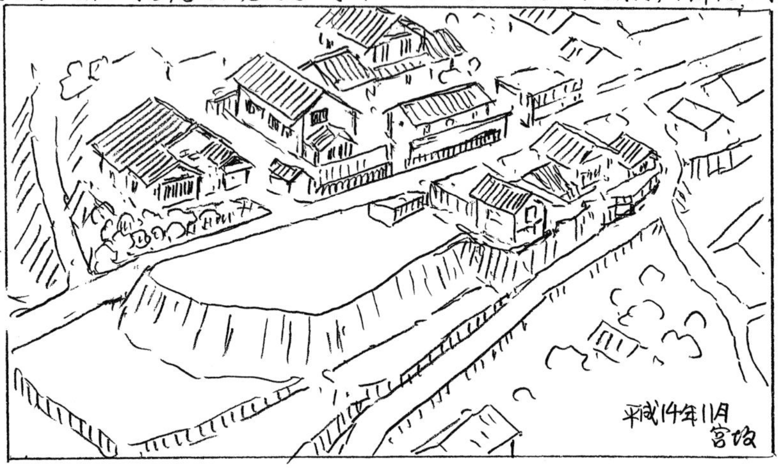

225、刈屋城《かりやじょう》（三宅城《みやけじょう》）

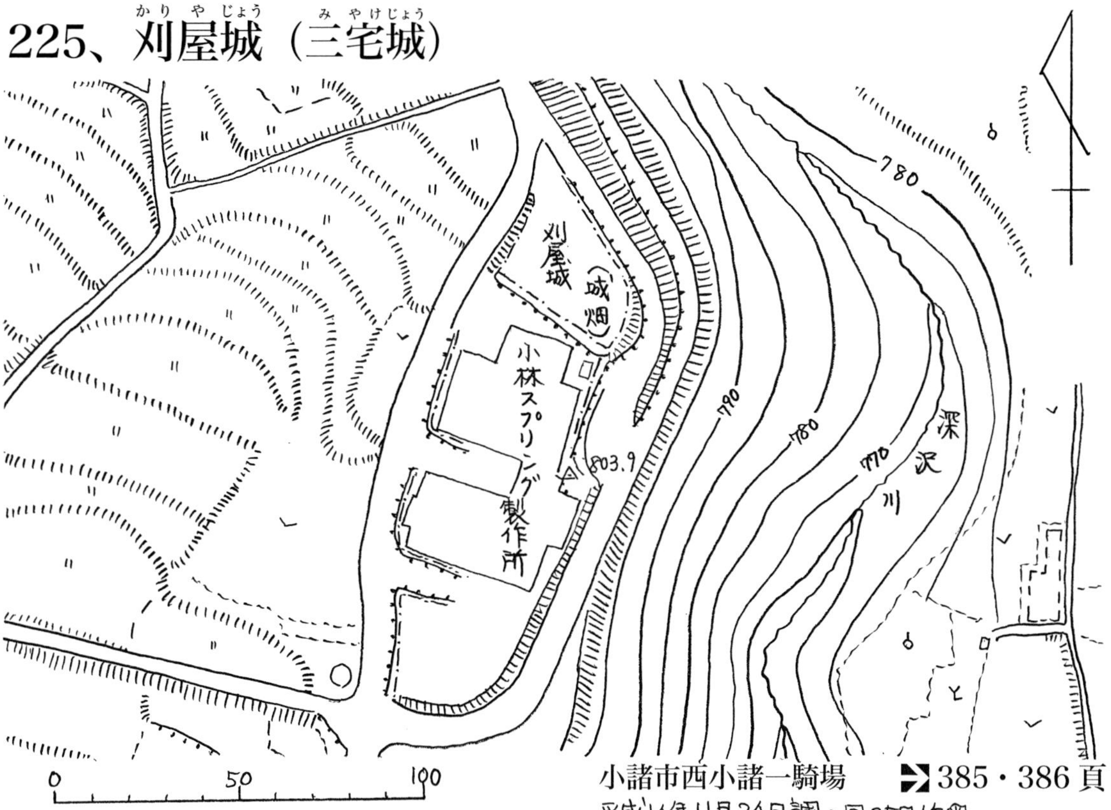

小諸市西小諸一騎場 ➡385・386頁
平成14年11月24日調・同25日作図
標高 806m.

◦立地　高峯山から流れ出す深沢川の右岸の崖を利用して刈屋城がある。この深沢川は名の示すように、滋野地域と小諸とを区画する大きな自然の堀となっている。この川の崖に沿って、400m上流に向かえば、旦田城があり、共に両側の勢力に属するものである。

◦城主・城歴

このあたりは、滋野方面から滝原、菱野、小諸方面への道が通っていたらしく、大事な地点と思われる。

里伝では、この城砦を刈谷城と呼び、三宅惣右衛門東貞が居住したという。三宅氏は滋野氏の一族で、祢津小次郎直家の後裔であるといい、従って刈屋城は祢津氏の属城であろうと考えられている。

この一帯は、武田氏滅亡後は、織田氏の臣滝川一益の甥道家彦八郎正栄が一時小諸城に居り、本能寺の変後は道家氏は関西へ去り、後へ芦田（依田）信蕃が小諸城へ、すぐに北条方の松井田城主大道寺が入り信蕃死後は徳川家康のために子康国が6万石で入るというように目まぐるしく変わり、第一次上田合戦の時にに徳川軍は小諸周辺へ大軍を集め付近の諸城は諸士の陣城に使用されたという。そうした時にこの刈屋城も徳川軍の陣城に利用されたものと言われている。（『滋野村誌』）

◦城跡　『滋野村誌』によると、城跡は規模が小さく、東西30間（54m）南北20間（36m）の小台地で、東西に石垣があり、北には堀があったと記録されているが、近年工場の駐車場、道路等により、その遺構は全く残っていない。

しかし、この地は城畑と呼ばれていて、現在の工場敷地より高く、その物見には適した所で、ここからの視野は広い。

深沢川の右岸に立地しているため、もともとは、小諸方面へ対する砦であったことが分かる。

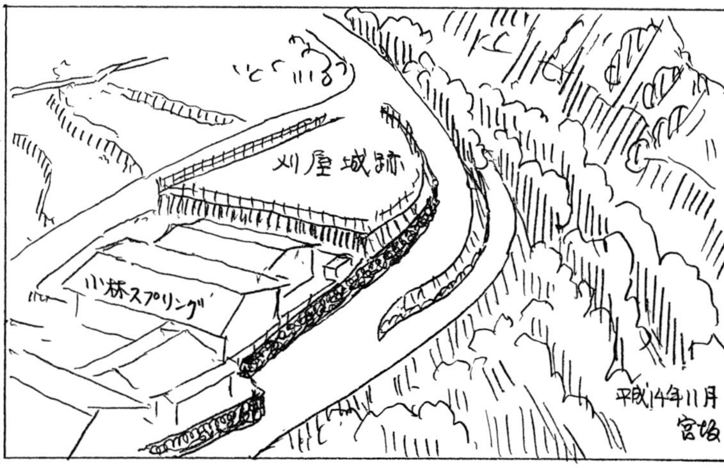

226、城《じょう》の峯館《みねやかた》（館《やかた》ヶ《が》峯《みね》）

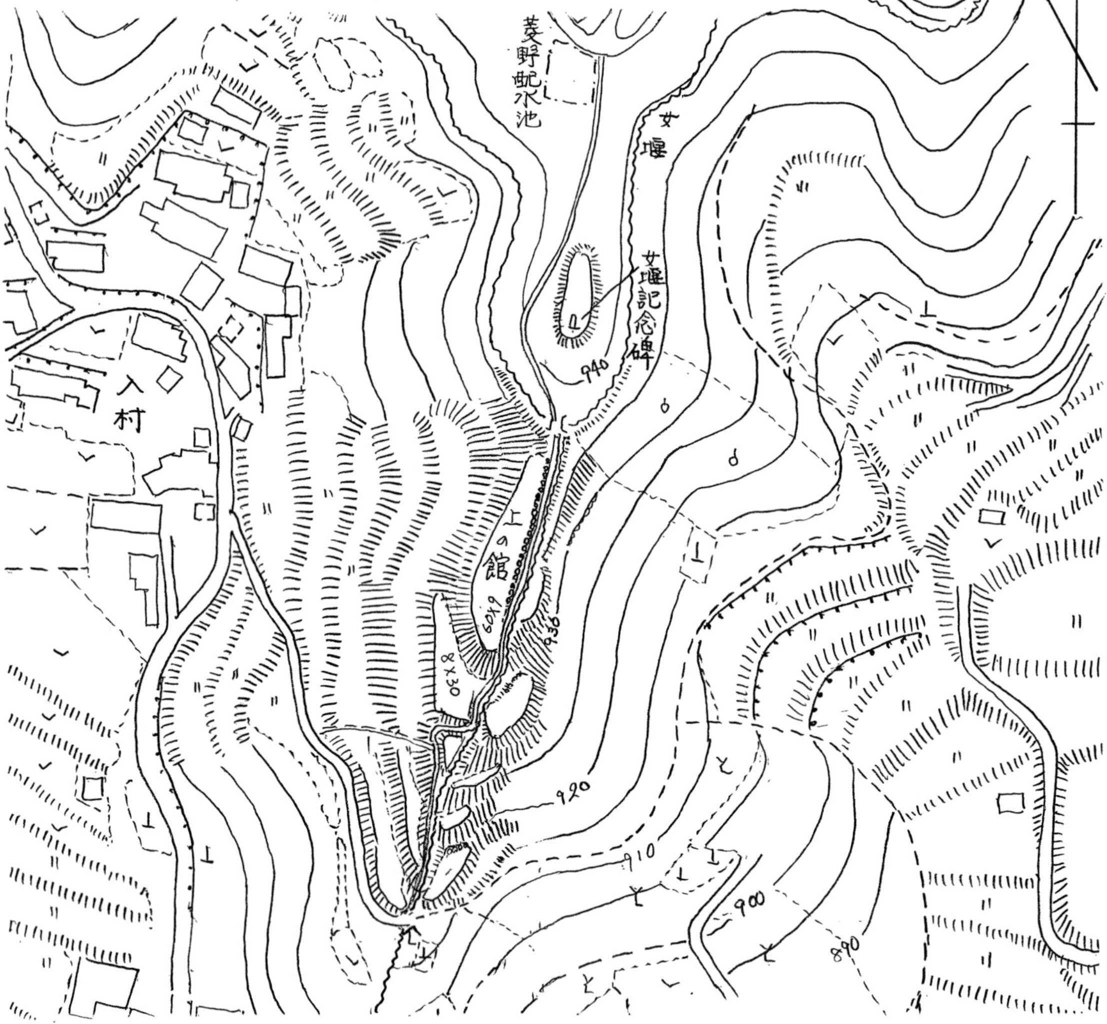

〔五輪塔出土地と下屋敷〕

226、城《じょう》の峯館《みねやかた》（館ヶ峯《やかたがみね》）

小諸市菱野入村 ➡387頁

平成14年11月24日調・同日作図
標高935m、 比高82m（下屋敷より）

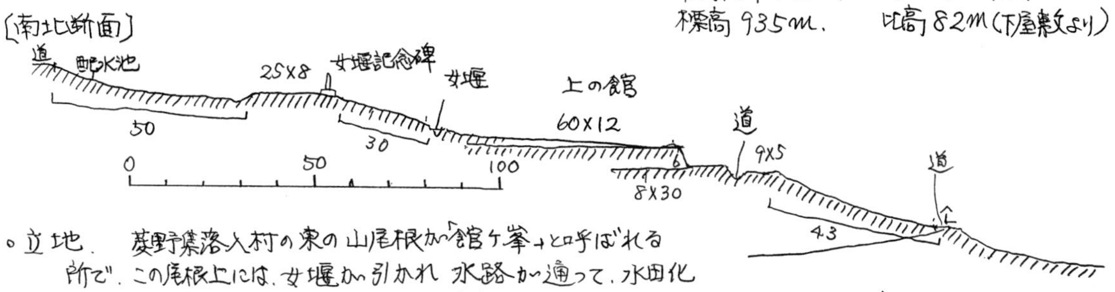

○立地　菱野集落入村の東の山尾根が「館ヶ峯」と呼ばれる所で、この尾根上には、女堰が引かれ水路が通って、水田化されていて旧態は失われている。菱野集落の後背の高台のために、千曲川流域から以西の一帯まで、広く視野に入る。近くには、菱形城、桃野城、荒城、富士見城、雲之助城などがある。

○館主・館歴　史料・伝承等不明。この地は古くから菱野牧が左馬寮の所領としてあり、中世には、山の前・桑木平、後平などの村落が形成され牧場経営により力を貯え木曽義仲軍に参加した大室氏、小室氏が輩出されたようである。この地の支配は大井氏で、菱野郷の地頭は大井氏であろうとされる。

菱野に地頭が居たのは、『守矢文書』により、嘉暦4年（1329）に「菱野郷地頭」が「諏訪上宮五月会付流鏑馬の頭役を勤仕し、玉垣二间を「比支野」が負担していることで分かる。また、天正6年（1578）の『上諏方大宮同前宮瑞垣外垣造宮帳』には、「一瑞籬三间　比支野・北原（滝原の古名）」とあり、菱野地頭の存在は知られるが、その館跡については、はっきりしない。

そうした中で、この館ヶ峯の女堰の下のあたりを「上の館」と言っており、更に中の久保の尾沼氏の屋敷地及びその周辺から多数の五輪塔が出土している（現在は成就寺にあり）ことや、その下の中込氏の屋敷の所に「下屋敷」の地名が残るなどのことから、この地に菱野地頭の館があったのではないかと考えられている。

菱野地頭が誰であるかということは、はっきりしないが、一説には大井兼光かとも言われる（『菱野誌』平成4年）がはっきりしたことは分からない。佐久の北半が大井庄であったと考えると、大井庄の庄官である小笠原系大井氏と菱野の地頭は何らかのつながりがあったとする説（『小諸市誌』昭和59年）がある。

しかし、何れにしてもこの城の峯館や下屋敷を菱野地頭の館とする確証は今のところない。

○館跡

菱野配水池の下、女堰の上の小山の山頂部は、25×8mほどの平地があるが地山で、削平の跡は残っていない。一角に女堰改修の記念碑が建っている。堀形も見当らない。

堰より下に、道と水路の両側に60×12mほどの平場がある。水田と畑の跡で、往古のものではないが、ここにある程度の平場があり、それを「上の館」と呼んでいるらしい。

南にも数段の削平地が続くが、開田によるもので、旧態は知ることはできない。

下屋敷の北西の隅には、かつて湧水もあったと言われ、上の館よりは、生活には便利であるが、上部の部分を砦として、下屋敷を根小屋とする見方もできるが、想像の域を出ない。

227、成就寺《じょうじゅじ》

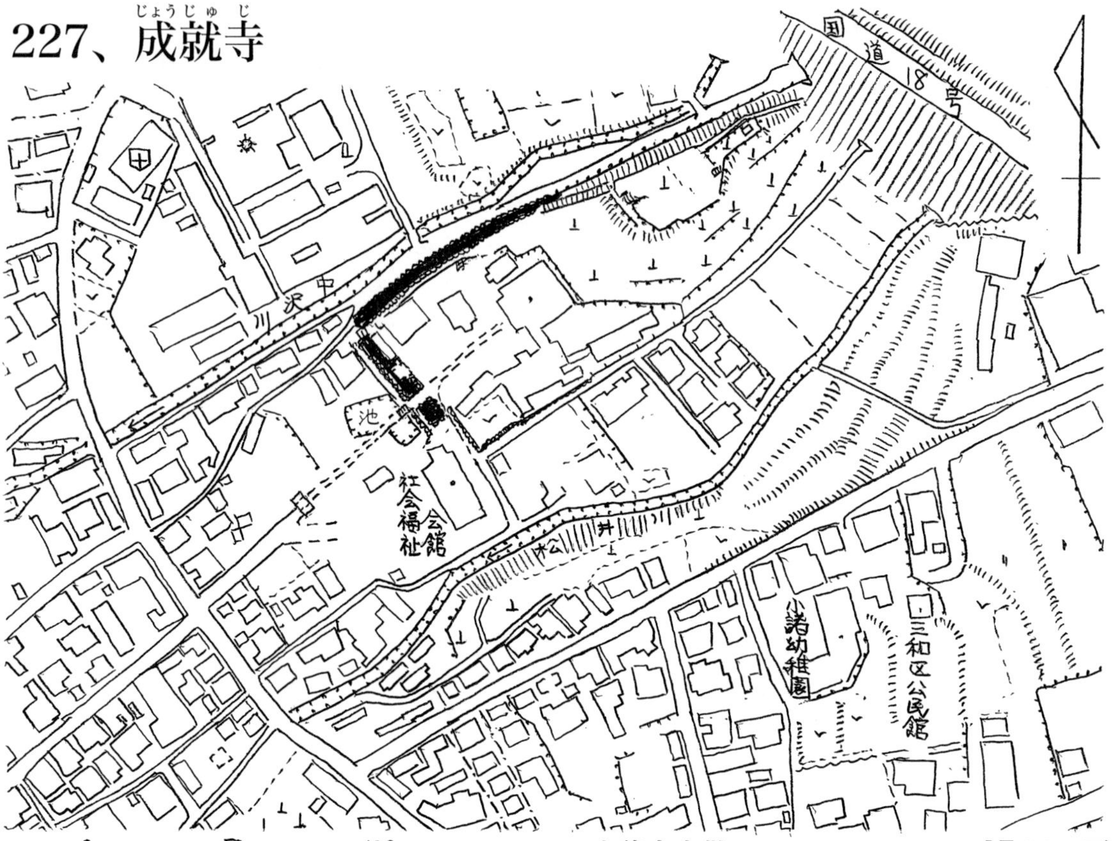

0　50　100

小諸市六供

384頁

平成14年12月27日調・同28日作図
標高　700m.

○立地.　小諸市街地の北部.現国道18号の南に位置する。北側に中沢川.南に松井川が流れる所で、南面する丘陵地の中にあって、谷部に当り、その点、要害地形とは言えない所である。

○寺歴.　『長野県町村誌』に成就寺は「東西廿七間半(49.5m)、南北二十四間(43.2m)面積二反二畝歩.真言宗、醍醐三宝院の末派なり。町の東字六供にあり。永正元年(1504)十二月僧快天開基創建す。」とある。

小諸城の前身である鍋蓋城が大井伊賀守光忠によって築かれたのは.長享元年(1487)で.光忠の子光為が鍋蓋城の支城として.乙女城(白鶴城)をのちの二の丸に築き、周辺に手城塚城.与良城.七五三掛城富士見城を配置して小諸防衛網が造られていく時期に、この成就寺が創建されている。

寺伝に.小諸城の鬼門除にこの寺が置かれたとするのは、鍋蓋城防衛構想の一環として考えられていたことが想像できる。しかし、これを現在見るような城郭構えにしたとは考えられず、問題は残る。

寛保2年(1742)の中沢川の水害はひどく そのために谷は浸食され深くなり.寺も被害を受けたために.石塁を築いたという。確かに中沢川に面して築堤されていて.城館とは異ることが肯ける。

○現況　まず.山门から入り、池を渡ると、両側に巨石の石塁があり.城门さながらで.塁上に鐘楼がある。

右手の中沢川に面して、70mに及ぶ石塁はみごとで、これをみれば城郭かと思う。背後の小山は櫓台として最適であり.寺そのものが.砦の形になっている。

以上のように、この寺の石塁は後のもので.城館とは関係なさそうであるが.お寺を防衛網の一環として配置したことの例として紹介する。

228、宇当坂《うとうざか》の館《やかた》

小諸市六供

384頁

平成15年3月13日調・同日作図
標高 720m～740m

。立地　中沢川の右岸の丘陵地の先端部あたりが宇当坂の館のあった所であろうと考えられている。

。館主・館歴

海野・望月・祢津党の一族とされる小室太郎光兼の館が宇当坂の近くにあったと伝えられるが(鎌倉時代の人)はっきりしたことは分からない。

文明16年(1484)2月、村上政清、顕国父子が一万二千の大軍で佐久郡に乱入し、大井城を攻め、落城し、岩村田の大井宗家は潰滅する。この時に大井光照が小諸へ移ったと言われ、その居館地が他の遺跡などから、六供の古宿のあたりであろうと推定されている。

この台地の先端部には、かつて榎の老木があり、その根方の石祠を「道見大明神」と呼んでいる。岩村田から逃れた光照の四男(五男とも)大井伊賀守光忠の法名が吉祥院殿源甫道見大禅定門であり、そのことと、六句集会場の北側の崖下(昔はバイパスの南にあったという説がある)に五輪塔、法篋印塔があり、大井一門の墓碑と伝えることなどから、このあたりに大井氏の館があったものと推定されている。

長享2年(1487)光忠は、戦乱に備えて鍋蓋城を築き、更にその子光安は乙女城を築いて、小諸城の原形ができあがることになる。(『小諸市誌』『定本佐久の城』)

。館跡　その場所を特定できる遺構は見当らない。中沢川の谷に面した台地上で、道見大明神のあるあたりも候補地になろう。

中沢川の谷は以前にはこれほど深くはなかったというので、要害性はそれほど高くはない。

台地の上部に御所平の地名もあり小諸太郎光兼の館ともあわせて、古宿の一帯としか言いようがない。

バイパス道路の下が成就寺になる。

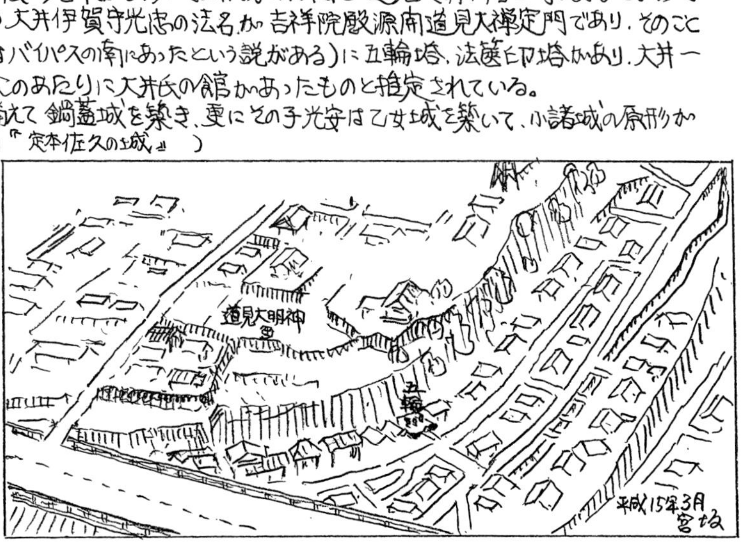

229、与良氏館《よらしやかた》

0　50　100

小諸市八幡町

384頁

平成15年3月13日調・同14日作図
標高　711m

○立地　小諸市街地 野岸小学校の隣接地、八幡社の所が与良氏の居館地とされる。

○館主・館歴

『長野県町村誌』に「与良氏屋敷跡」として、「町（小諸町）の辰（東南東）の方にあり八幡社鳥居前 正中年間（1324－25）与良左衛門佐、其男図書、其男但馬守、其男伯耆、其男因幡、其男民部逵、是れに居すと云ふ。事跡不詳。」とある。

『安田義定とその嫡流』によると、安田義定は甲州安田郷（現山梨市）の出で、源頼朝に仕えたがざん言により討手が向けられたため郷里甲斐に避けたがそこで自刃。義定より五代後の貞義は武蔵に在住。長子義景はその子義晴と共に佐久郡海ノ口城に居城。義定より十一代目の義和が小諸高津屋城に入城。その後与良郷に南城（与良城）を築いてこれに移り「安田」をすて「与良」を称したという。

天文23年（1554）、小室城が自落した後、武田氏の城下町計画により、弘治、永禄の頃に、松井郷の一部へ与良郷の集落を集め「与良松井」と改め、十四代長勝は率先して南城から与良松井の現在の八幡社の所へ新郷を設けて移転したという。与良氏については他にも説があるが『安田義定とその嫡流』の説がよさそうである。

○館跡

『町村誌』によると、八幡社の鳥居前とあるから、野岸小学校のグラウンドの所も含まれそうであるが、その範囲を限定するものは見当らない。

八幡社の境内を中心に100m内外の館があったものと思われる。

そして、周辺の諸城や寺院等と共に小諸城の防衛網を形成したものであろう。

周囲には土塁が巡っていたと思うが、堀跡等も確認できない。

230、五ヶ城《ごかじょう》

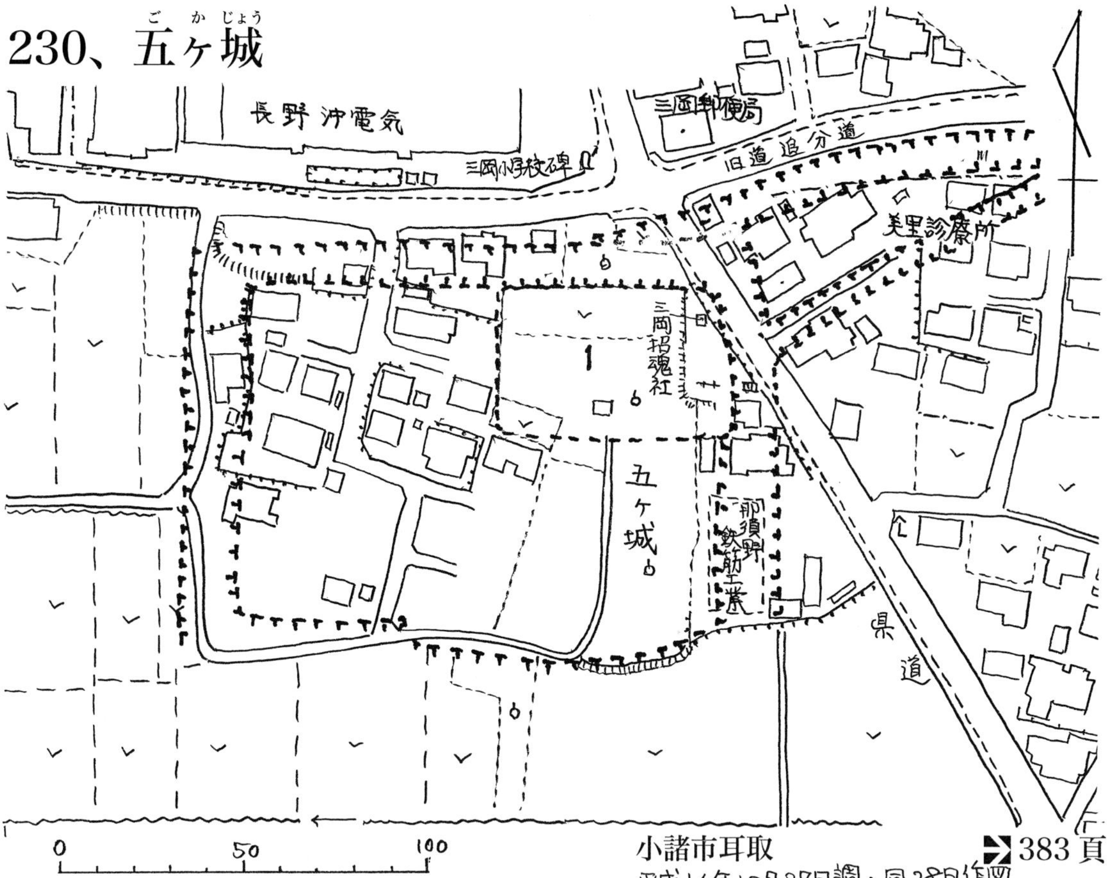

小諸市耳取

→383頁

平成14年12月27日調・同28日作図
標高680m、比高4m

○立地　三岡地籍、旧三岡小学校の跡地の南側の三岡招魂社のある所が五ケ城である。一帯は一面の平坦地で、台地上になるために、水利はよい場所とは言えない。現場は、住宅や工場、道路等により、城跡の遺構は殆ど失われ、わずかに道や微高地の地形等にその面影を伺い知ることができる。

○城主・城歴

史料等なくはっきりしないが、耳取大井氏に属し、その外郭城であったという伝承がある。しかし、この館城は、大井氏が五霊へ入居する以前からの在地土豪層の館跡と考えられている。(『小諸市誌』昭和59年) 水の少ないこの台地では、わずかの湧水を使って開田していたのを、古い時期に浅間山麓、現御代田町塩野の湧玉の湧水を遠く引いて、この一帯を開発した人があり、その開発領主がこの城主であろうと考えられている。(『小諸市誌』) それが後に耳取大井氏の支配下に組みこまれたと思われる。

その根拠は、城跡の北側に最近まで残っていた堰で、その源が前記塩野の湧玉湧水で、その水を館の周囲にまわして水堀とし、その水利を握って支配をしていたことが伺えるとする。

○城跡　上図の⊥⊥⊥や---の線は、小諸市誌の五ケ城見取図を現地に当てたものであるが、招魂社を含めた北東の隅の微高地が主郭1で、それを取り巻く形で水堀や水田があったもののようである。

東から引かれた水路は二つに分流して北の堰と東の堰へ流入していたようで、北と西には水堀がめぐり、その内部の団地のあたりも家士等の屋敷であったらしい。昭和55年の発掘調査で主郭の南に東西の堀が検出され、その他井戸、平安末以後の住居跡、墓地、宋銭等が出土している。

231、糠塚山狼煙台《ぬかづかやまのろしだい》

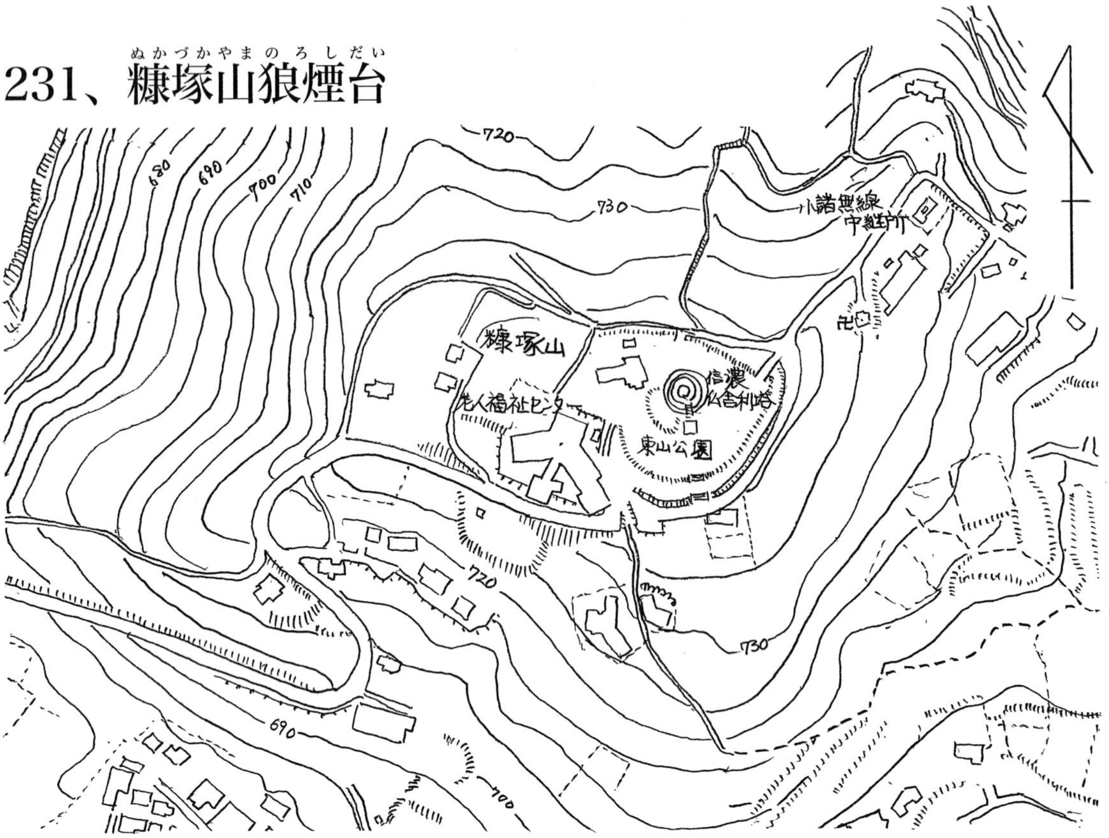

小諸市山ノ前糠塚山 ➔384頁

平成15年3月18日調・同日作図
標高745m. 比高 65m

○立地　小諸市街地の南方に独立した小山かある。比高は数十mで、さほど高い山ではないが、丘陵地の中にあって目立つ山である。この山頂に立てば、北佐久の平か一望にできる所で、近隣の諸城、狼煙台を見通せる位置である。現在山頂部には老人福祉センター糠塚園や仏舎利塔かあり、東山公園となっている。

○城主・城歴

史料・伝承等不明。　立地からみて、「佐久地方を通る武田氏の　仮説飛脚かがり図」（『定本　佐久の城』）に、狼煙台として想定されている。（岡村知彦氏）

確かにこの山は独立峰であるために、北佐久の各地より見える山で、狼煙台を置くには格好の山である。

それに北東山麓には、繰矢川城かあり、そこにしなの鉄道の乙女駅かある。これは「大遠見」から来た地名であり、即糠塚山との関連でついたとは断定できないが、この付近に大遠見の場かあったことは暗示している。しかも繰矢川城よりも40m高い糠塚山の方か死角はなく、遠見の条件は良いので、ここに狼煙台かあった可能性は高い。

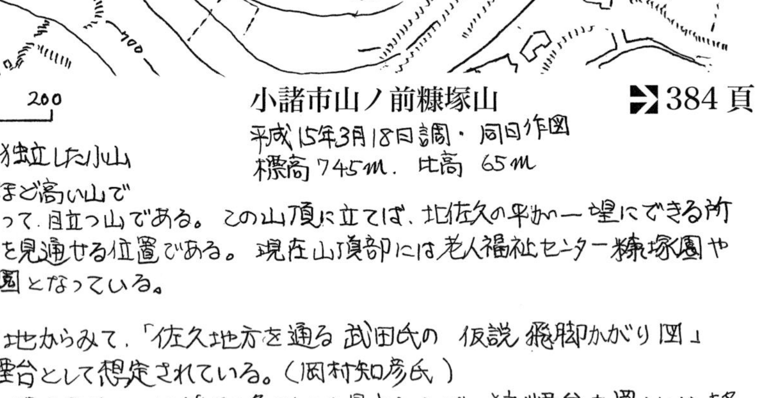

○山頂　現在の山頂は公園、寺の境内として、すっかり削平されてしまって旧態は全く分らないか、平坦な頂部で、その点要害性は高いとは言えない。

それに物見には、櫓などを組んで高台を造る必要かあったものと思われる。

ここに狼煙台かあったという確証はないか、まず間違いはないように思われる。